N I O N
Chabarowsk
Birobidschan
Harbin
Wladiwostok
Shenyang
Lüshun
Dalian
Ürümqi
Alma-Ata
Hami
Tschimkent
Taschkent
Beiping
(Beijing)
Yan'an
Lanzhou
Xi'an
C H I N A
Shanghai
Chongqing

Eva Siao

China – mein Traum, mein Leben

Eva Siao

China – mein Traum, mein Leben

Gustav Lübbe Verlag

Für Emi

Alles, was du brauchst, ist in dir.
(Aus einer alten chinesischen Legende)

Bildnachweis:
Alle Fotos im Tafelteil stammen, wenn nicht anders vermerkt, von Eva Siao, Beijing.

Umschlaggestaltung: Klaus Detjen, Hamburg,
unter Verwendung eines Fotos von Eva Siao
Satz: IBV Satz- und Datentechnik GmbH, Berlin
Druck und Einband: Ebner Ulm
Übersetzungen aus dem Chinesischen
von Helga und Erhard Scherner (S. 83f., 95f., 273, 368)
und Paul Wiens (S. 62, 425)

Printed in West Germany
ISBN 3-7857-0561-1

Inhalt

Ouverture . . . 7
Lehrzeit . . . 16
Auf neuen Pfaden . . . 28
Hin und her . . . 37
In der neuen Heimat . . . 42
Glückliche Jahre, schreckliche Jahre . . . 53
Abschied von der Sowjetunion . . . 65
Von Stockholm nach Yan'an . . . 72
Yan'an . . . 81
Als Gefangene bei der Guomindang in Xi'an . . . 97
Lehrjahre unter Menschen . . . 105
Glück im Unglück . . . 118
In Czernowitz . . . 151
Wiedersehen mit Emi . . . 159
Mit dem Fotoapparat durch das befreite China . . . 171
Beim Weltfriedensrat in Prag . . . 183
In Beijing und Berlin . . . 196
Karriere als Fotografin . . . 215
Auf nach Tibet, zum Dach der Welt . . . 223
Zwischen China und Europa . . . 237
Meine Arbeit als Fernsehkorrespondentin . . . 249
Johnny . . . 266
Der 15. Sommer . . . 281
Die Vorboten der Kulturrevolution . . . 293

Die Kulturrevolution 304
Im Gefängnis. Erster Teil 335
Im Gefängnis. Zweiter Teil 354
Frei – und doch geächtet 369
Unsere Rehabilitierung 383
Durch die weite Welt 393
Tod und Leben 404

Bücher von Eva Siao 426
Kurzbiographien ausgewählter Persönlichkeiten 429
Personenregister 443

Ouverture

China tauchte schon in meinen frühesten Märchenträumen auf, denn als Kind liebte ich Märchen über alles. Um sie selbst lesen zu können, brachte ich mir mit fünf Jahren anhand einer Fibel ganz allein das Lesen bei. Von da an verschlang ich ein Märchenbuch nach dem anderen. Ich lebte in einer Welt von Riesen und Zwergen, Hexen und Feen, Prinzen und Prinzessinnen. Ich selbst war Aschenbrödel, Schneewittchen, Dornröschen – und wartete ungeduldig auf meinen Prinzen.

An einem meiner Geburtstage – vielleicht war es der siebte oder achte – brachte mein um zehn Jahre älterer Bruder Herbert die Morgenpost ins Zimmer. In der Post war ein Paket für mich mit bunten ausländischen Marken und roten Siegeln. Neugierig riß ich die Sendung auf. Zum Vorschein kam ein Buch mit vielen seltsamen Schriftzeichen. In dem Buch lag ein Brief, den der »Kaiser von China« unterzeichnet hatte. Er gratulierte mir zum Geburtstag und hielt um meine Hand an. Mit ungelenken Schriftzeichen schrieb er mir auf deutsch, daß er mein Bild gesehen und sich in mich verliebt hätte. Da ich aber noch so klein sei, würde er warten, bis ich groß genug wäre, um ihn zu heiraten. Beiliegend schickte er mir als Geburtstagsgeschenk eine chinesische Grammatik, damit ich in der Zwischenzeit diese Sprache erlernen könnte.

Ich war starr vor Staunen. Den ganzen Tag ging ich wie benommen herum, denn all das paßte recht gut zu meinen märchenhaften Wunschträumen. Und warum sollte der erwartete Prinz nicht der Kaiser von China sein? Erst am Abend platzte der Traum wie eine Seifenblase: Herbert hatte sich zwar einen recht derben, aber merkwürdigerweise prophetischen Spaß mit mir und meinen Phantasien erlaubt. Denn wer konnte damals ahnen, daß ich den größten Teil meines Lebens in China verbringen und den letzten Kaiser Pu Yi tatsächlich treffen würde?

Der 15. September 1961 war ein goldener Herbsttag. Mit meinem zweitältesten Sohn Vitja stand ich an diesem Morgen auf der Freitreppe eines Regierungsgebäudes in Beijing und wartete auf die Kontaktperson, die mich mit Pu Yi bekannt machen sollte. Ich verfiel in meine kindlichen Märchenträumereien und stellte mir denjenigen, der längst kein Kaiser mehr war und über den ich nun einen Film drehen wollte, mit Ziegenbärtchen und Mandarinhut vor. In meine Gedanken hinein öffnete sich das große, mit Ornamenten verzierte Portal, vor dem wir standen. Heraus traten zwei Männer in hellen Sommeranzügen mit hochgeschlossenen Kragen. Der eine von ihnen war noch ziemlich jung, der andere ein älterer Herr mit Brille und kurzgeschnittenem, grauem Haar. Beide begrüßten uns sehr herzlich. »Werden wir heute mit Herrn Pu Yi sprechen können?« fragte ich etwas ungeduldig. Darauf antwortete der ältere: »Ich bin Pu Yi! Kommt herein, Genossen, bei einer Tasse Tee läßt sich besser plaudern.«

Ich fiel aus allen Wolken. Dieser einfache, bescheidene Mann sollte der verwöhnte, leichtsinnige, verschwenderische kleine Junge von einst sein, den der eigene Vater mit »Kaiserliche Hoheit« und die Brüder mit »Majestät« anreden mußten?

Bei dieser ersten kurzen Begegnung lud uns Pu Yi zu sich nach Hause ein. Mit Vergnügen nahmen wir an. Er wohnte in einem typisch chinesischen Haus zu ebener Erde, das ein Quadrat bildet und in dessen Innenhof sich ein Garten mit Bäumen und Blumen befindet, je nach Geschmack des Hausherrn. Pu Yi war damals 55 Jahre alt und unverheiratet. (Später heiratete er eine Ärztin.) Damit wir uns bei ihm nicht langweilten, hatte er, wie er mir bei der Begrüßung sagte, seine Schwestern mit ihren Männern und Kindern eingeladen. Als er Vitja und mir sein Arbeitszimmer zeigte – er schrieb gerade an seiner Autobiographie, die auch ins Deutsche und andere Sprachen übersetzt wurde –, trafen seine Verwandten ein. Die Kinder begrüßten Pu Yi stürmisch, und die Kleinste kletterte sofort auf seinen Schoß. Dabei mußte ich immerfort an seine bewegte Vergangenheit denken.

Im Garten war schon ein Tisch mit Tee, Früchten und Süßigkeiten gedeckt. Mit der ehemals kaiserlichen Familie saßen wir einträchtig zusammen und unterhielten uns über die Umwandlung Chinas von der Monarchie in einen sozialistischen Staat. Pu Yi sagte, er sei jetzt viel glücklicher und freier als damals als Kaiser. Denn in der Verbotenen Stadt sei er faktisch eingesperrt gewesen, und auch nach seiner Abdankung, nach der er von den Kaisertreuen noch jahrelang mit »Majestät« angeredet worden sei, habe man ihn völlig isoliert und auf Schritt und Tritt bewacht.

Eine tiefe Tragik klang aus seinen Worten, als er uns erzählte, was es für ihn bedeutet habe, als er begriff, daß die Japaner ihn nur deshalb in hohen Ehren hielten, um eine Marionette aus ihm zu machen, ein williges Werkzeug in ihren Händen gegen China, und daß sie ihn jeden Augenblick fallenlassen würden, wenn sie ihn nicht mehr brauchten.

Die Spannung in seinem Gesicht löste sich, als er hinzufügte, er sei jetzt ein freier Bürger unter 600 Millionen Landsleuten. Nicht jeder aus der gestürzten Feudalklasse könne nachvollziehen, was für ein ungeheures Glück das sei. Die Ehrlichkeit seiner Worte überzeugte mich. In meinen Augen war Pu Yi ein äußerst anschauliches und lebendiges Beispiel dafür, daß ein eitler, eingebildeter, grausamer Herrscher zu einem echten neuen Menschen umerzogen werden kann, wenn er nur will.

Beim Abschied konnte ich es mir nicht verkneifen, ihm kurz von dem Geburtstagsscherz meines Bruders zu erzählen. Ich sei zwar nicht mit dem Kaiser von China verheiratet, dafür aber mit dem Schriftsteller und Weggefährten Mao Zedongs Emi Siao (Siao San). China sei mein Schicksal, meine zweite Heimat. Pu Yi sah mich halb amüsiert, halb nachdenklich an. Vielleicht kam ihm in diesem Moment wie mir die, wenn auch nicht auf den ersten Blick erkennbare, Ähnlichkeit unserer beider Schicksale in den Sinn: er vom Kaiser zum Bürger und Deputierten der Politischen Konsultativkonferenz des Chinesischen Volkes (PKKdCV), ich vom verwöhnten Bürgerstöchterchen zu einem Menschen, der selbständig denken und handeln gelernt hat und mit allen Fasern seines Herzens und Verstandes für den Fortschritt lebt und arbeitet. Zum Schluß schüttelte er mir mit einem verständnisvollen Lächeln beide Hände.

Kurze Zeit darauf besuchte ich mit Vitja Pu Yi im Botanischen Garten von Beijing, wo er ein paarmal in der Woche arbeitete, um etwas Abwechslung von seiner schriftstellerischen Tätigkeit zu haben. Die Filmaufnahmen, die ich bei dieser Gelegenheit und bei Pu Yi zu Hause gemacht hatte, wurden zu einer kurzen Reportage zusammengefaßt und im DDR-Fernsehen ausgestrahlt.

Nach allem, was ich bis dahin an Schönem erlebt und an Entbehrungen durchgemacht hatte, glaubte ich, aus dem Gröbsten herauszusein. Ich hatte einen lieben, treusorgenden Mann, erwachsene Kinder und eine Arbeit, die mich ausfüllte und zufriedenstellte. Doch wie sich zeigen sollte, hatten meine Familie und ich das Schlimmste noch vor uns, hatte ich noch nicht alle Prüfungen meines Lebens bestanden.

Ich stamme aus einer deutsch-jüdischen Arztfamilie. Mein Vater, der Nervenarzt Richard Sandberg, war in jungen Jahren als Schiffsarzt tätig. Als er sich in meine Mutter, Franziska Rosenthal, verliebte, verlangte mein Großvater von ihm, daß er sich irgendwo niederließ; erst dann durfte er meine Mutter heiraten. So dauerte die Verlobungszeit fünf Jahre.

Mein Vater und sein bester Freund, ebenfalls Arzt, kauften zwei Häuser in Bad Landeck, einem schlesischen Kurort mit Schwefelquellen und Heilmoor. Dieses Städtchen lag sehr lieblich zwischen Bergen, Wäldern, Wiesen, Feldern und an einem kleinen Gebirgsfluß, der Biele. Das Sanatorium für Nervenkranke und die gegenüberliegende Villa Thalheim – mit einem Privatanbau für meine Eltern – waren nur im Sommer geöffnet. Neben dem Haus in Landeck besaßen meine Eltern eine Siebenzimmerwohnung im Erdgeschoß eines Mietshauses im südlichen Villenviertel von Breslau. Die Winter verbrachten sie zum Teil hier oder auf Reisen nach Italien, Ägypten und anderen fernen Ländern.

Sanatorium und Villa Thalheim lagen an der Thalheimer Straße. An derselben Straße, nur zwei Häuser weiter, befand sich die Villa Johanna. Dort praktizierte der Arzt Dr. Sally Lachmann; seine Frau Elfriede führte das Haus. Unsere beiden Familien waren eng miteinander befreundet. Im Februar 1902 wurde mein Bruder Herbert geboren, im Monat darauf Fritz Lachmann. Die beiden Kinder wuchsen wie Zwillingsbrüder auf. Im Sommer waren sie zusammen in Landeck, im Winter allerdings getrennt – Fritz mit seinen Eltern in Berlin, Herbert in Breslau oder mit den Eltern auf Reisen. Fast zehn Jahre später, im März 1911, wurde Franz Lachmann geboren.

So standen die Dinge, als ich am 8. November 1911 in der düsteren, altmodischen Wohnung von Großmutter Rosen auf der Freiburgerstraße 34 in Breslau das Licht der Welt erblickte – in demselben Bett, in dem Bruder Herbert fast zehn Jahre zuvor zur Welt gekommen war. Die Eltern gaben mir die Namen Eva Carola Beatrix.

Kurz vor meinem ersten Geburtstag starb im Oktober 1912 mein Vater. Er hinterließ meiner Mutter ein kleines Kapital, von dessen Zinsen wir leben konnten, und einen Teil der Einkünfte aus dem Sanatorium. Außerdem behielten wir die Wohnung in Breslau und das Häuschen in Bad Landeck. Unter der Obhut meiner Mutter und Herberts wuchs ich unbekümmert und verspielt auf, stets ausgerüstet mit meinen Märchenbüchern.

Die Zeit des Ersten Weltkrieges und der Novemberrevolution in Deutschland – von der in Rußland wurde nie gesprochen – verbrachte ich wohlbehütet hinter den Fensterscheiben meiner Kinderzimmer in Breslau und Landeck. Die Betreuerin meiner Kindheit war Fräulein Grete. Vom Kriege wußte ich nur, daß Fräulein Gretes Bräutigam »auf dem Felde der Ehre« gefallen war und daß es schlecht um Lebensmittel bestellt war.

Fräulein Grete stopfte mir Spinat und Kohlrüben in den Mund: einen Löffel für den Kaiser, einen für Mutter, einen für Herbert. Man ging nicht einkaufen, sondern »hamstern«. Das hieß, daß man hintenherum bei den Bauern für teures Geld Hühner, Eier, Speck und Butter erstand.

Durch die Märchen hatte ich von klein auf ein starkes Gerechtigkeitsgefühl entwickelt. Greuelgeschichten wie: Wenn die Polen kommen, schneiden sie dir die Ohren und die Zunge ab, glaubte ich einfach nicht. Warum sollten sie, ich hatte ihnen doch nichts getan? Auch mit dem Aufruf: »Gott strafe England«, den ich in meinem Lieblingsbuch *Nesthäkchen* gelesen hatte, wußte mein kleines Gehirn nichts anzufangen. Weshalb sollte Gott England strafen? So ein Quatsch!

Die deutsche Revolution vom 9. November 1918 und die Abdankung des Kaisers wurden von Mutter und Herbert freudig begrüßt. Sie hatten sowohl den Kaiser als auch den Krieg gehaßt. Von da an wählten sie sozialdemokratisch. Das alles schnappte ich bei ihren Gesprächen während der Mahlzeiten auf.

In den ersten Schuljahren ging ich im Winter in Breslau zur Schule und im Sommer in Landeck, zusammen mit meinem Spielgefährten Franz. Barfuß – das war so üblich –, ich im Dirndlkleid, er im Sepplanzug, die Schulranzen auf dem Rücken, liefen wir Hand in Hand in die Schule. Die Kinder neckten uns »Braut und Bräutigam«. Das brachte uns auf die Idee, Hochzeit zu spielen. Dazu gab es Kuchen und Himbeersaft. Anschließend feierten wir unsere Hochzeitstage und die Geburten der Puppenkinder. Und immer lockten wir den Müttern etwas zum Naschen ab. Franz wohnte in der Villa Johanna, ich in der Villa Thalheim. Im Kaiserhof gegenüber, einem kleinen Hotel, wohnten die beiden Fischer-Kinder. Wir vier waren unzertrennlich. In der flachen Biele, an deren Ufer wir in der Höhlung eines Baumstammes einen Geheimbriefkasten hatten, bauten wir Festungen und Dämme. Täglich schrieben wir einander »wichtige« und »geheimnisvolle« Briefe. Wir hatten keine blasse Ahnung von dem Elend in der Welt. Sehr bald bekam ich jedoch etwas von dem Ernst des Lebens zu spüren.

Als Vaters Arztfreund ebenfalls starb, wurde das Sanatorium verkauft; wir behielten nur unser Häuschen. 1921 begann die Nachkriegsinflation die Mark so stark zu entwerten, daß ein Pfund Brot oder eine Briefmarke zum Schluß Hunderte Millionen Reichsmark kostete. Mutter und Herbert verstanden von Gelddingen nichts. Als ihnen zu Anfang der Inflation gute Freunde rieten, Geld ins Ausland zu bringen, hielten sie das für unanständig. 1923, als 4,2 Billionen Mark plötzlich nur noch vier Mark wert waren, war Mutters Vermögen auf 16 Mark zusammengeschrumpft. Keiner der reichen Verwandten, die bestimmt ihr Schäfchen ins trockene gebracht hatten, gab ihr auch nur einen Pfennig. Ihr eigener Bruder lieh ihr Geld zu hohen Zinsen.

Als Tochter einer wohlhabenden Familie und auch in der Ehe brauchte Mutter nie im Haushalt zu arbeiten. Bei Vaters Tod war sie 38 Jahre alt. Sie war eine sehr schöne Frau. In unserem Haus verkehrten viele interessante Menschen – Ärzte, Musiker, Maler, auch Schriftsteller; aber es kam ihr nie in den Sinn, wieder zu heiraten. Sie war eine stille, gütige, bescheidene Frau. Niemanden, ganz gleich wer es war, behandelte sie von oben herab. Ich habe sie nie schimpfen hören oder müßig gesehen. Immer war sie mit etwas beschäftigt. Sie sprach fließend Französisch sowie Italienisch und korrespondierte auch in diesen Sprachen. Die Bücherregale im Wohnzimmer, die bis an die Decke reichten, waren voll mit schöngeistiger Literatur in allen Sprachen und Büchern über Wissenschaft und Philosophie, Musik und bildende Kunst. Mutter fotografierte auch gern und gut. Manchmal zeigte sie uns und Freunden Diapositive, die sie auf den Reisen mit Vater durch Europa und arabische Länder gemacht hatte. Mit ihren geschickten Händen verfertigte sie viele kunstgewerbliche Gegenstände, die sie an ihre Freunde verschenkte. Mutter und Herbert liebten einander abgöttisch.

Herbert war mir Bruder und Vater. Er nannte mich Trine, ich ihn Schnargus. Woher das kam, weiß ich nicht mehr. Als ich noch klein war, legte er mir jeden Abend ein ulkiges Gedicht mit einer Zeichnung auf mein Kopfkissen. Einige Sommer hindurch gab er mir in Landeck Unterricht in allen Fächern, und zwar meistens auf den Spaziergängen im Walde. Auch wenn ich im Herbst zurück in die Breslauer Schule kam, war ich meinen Mitschülerinnen weit voraus. Herbert verstand es sehr, den Unterricht interessant zu machen. Bei ihm habe ich eine Menge gelernt – auch von Musik. Er galt als musikalisches Wunderkind; von klein auf war Herbert in Musik versponnen. Er spielte Klavier und komponierte. In der Schule war er durchschnittlich. Sein Wissen erlangte er vor allem durch Selbststudium.

Nach dem Abitur 1919 ging Herbert als Korrepetitor ans Breslauer Stadttheater. Sein Lehrer und unser Freund, Professor Julius Prüwer, eröffnete ihm diese Möglichkeit. Zwei Jahre später, am 1. April 1921, schreibt Herbert in sein Tagebuch: »Nun liegt der Anfang meines Lebens hinter mir, der begann, als ich endlich von allem, was mir verhaßt war, durch das

Examen [Abitur] frei wurde. Viel Leben liegt in den letzten zwei Jahren, meine Anfänge am Theater, im Konzertleben und als Komponist. Und ein Jahr wundervollsten Erlebens an der Seite einer geliebten Frau und großen Künstlerin [der Sängerin Marcella Rösler; E.S.]. Nach den unschöpferischen Jahren von 1917 bis 1919 kam damit wieder der liebe Gott zu mir, und ich durfte wieder schreiben.« 1922 empfahl ihn Julius Prüwer an die Städtische Oper Berlin. Im August jenes Jahres begann dort Herberts wirkliche musikalische Laufbahn.

Als Mutter in Not war und ohne einen Pfennig Geld dasaß, schickte Herbert ihr regelmäßig einen großen Teil seines noch geringen Gehalts. Aber das reichte nicht aus zum Leben. Da beschloß Mutter von heute auf morgen, sich selbständig zu machen. Was sie früher nur zum Spaß gemacht hatte, damit verdiente sie jetzt unseren Lebensunterhalt. Bald sprach es sich herum, daß sie sehr gute Porträts anfertigte. Daraufhin ließen sich in Landeck immer mehr Kurgäste von ihr fotografieren. In der kleinen Dunkelkammer im zweiten Stock unseres Häuschens half ich Mutter beim Entwickeln und Kopieren der 13 mal 18 Zentimeter großen Platten. In Breslau waren wir – oft bis spät in die Nacht – mit Buchbinderarbeiten und dem Batiken von Stoffen und Seiden beschäftigt. Mutter machte sehr schöne Briefmapppen, Umschläge für Notizbücher und Einbände für Bücher; das Papier – Kleisterpapier in allen Farben – stellten wir selbst her. Diese Dinge wurden auf Oster- und Weihnachtsmärkten zum Verkauf angeboten. Mit der Zeit erhielt Mutter auch Aufträge von Inhabern kleiner Heimkunstläden. Mit Häkeln und Stricken von Puppensachen verdiente ich mir mein eigenes Taschengeld. Das alles machte mir viel Spaß. Um die Wohnungsmiete aufbringen zu können, vermietete Mutter ein paar Zimmer an Sänger und Sängerinnen des Stadttheaters. Anstelle des netten Fräulein Grete, des stillen Stubenmädchens Klara und der Köchin Hedwig hatten wir nur noch eine Haushilfe: Lisbeth, einen Hausdrachen.

So vermittelte mir meine Mutter den Sinn fürs Künstlerische, fürs Praktische und nicht nur den Willen, sondern auch die Fähigkeit, in allen Lebenslagen selbständig zu sein. Durch Herbert bekam ich die Liebe zur Musik mit auf den Lebensweg sowie eine großzügige und unsentimentale Denkweise und vieles andere mehr.

Dann war da noch Onkel Sally, der Vater von Herberts Freund Fritz und meines Spielgefährten Franz. Für Franz und mich war er die Verkörperung allen Wissens. Bei unseren Streifzügen durch den Wald, durch

Wiesen und Felder erzählte er uns alles Mögliche über Pflanzen und Tiere. An den Felsblöcken in unserer Gegend, in denen es Amethyste und Rosenquarz gab, lehrte er uns ein bißchen Geologie. Unter seiner Leitung zogen wir Goldfische und Laubfrösche; wir säten Zitronen- und Orangenkerne und verfolgten, was weiter geschah. Außerdem sammelten wir Schmetterlinge, Briefmarken und alle möglichen Kräuter, die wir in Alben preßten. Sowohl Onkel Sallys spartanisch eingerichtetes Sprechzimmer mit den vielen Büchern und medizinischen Instrumenten als auch seine Werkstatt im Keller betraten wir immer mit großer Ehrfurcht. Wenn wir anklopften und fragten: »Stören wir dich?«, antwortete er: »Mich stört man immer.« Dauernd war er mit etwas beschäftigt. Und dann hatte er doch immer Zeit für uns.

Onkel Sally besaß auch ein Fernrohr. Für Franz und mich war es immer ein Fest, wenn Onkel Sally uns an klaren Abenden mit auf den Dachgarten nahm und uns die Planeten, die Milchstraße und was da sonst am Himmel leuchtete und funkelte wortreich erklärte, so daß wir nur noch staunten.

Und schließlich war Onkel Sally ein fanatischer Zionist. Er wollte aus Franz und mir bewußte Juden (Zionisten) machen. Mutter und Herbert waren strikt dagegen, da sie dafür überhaupt nichts übrig hatten. Ich stand sehr unter Onkel Sallys Einfluß. Natürlich hatte ich damals noch keine eigene Meinung zu all diesen Dingen und verstand vieles auch nicht. Maßgebend für mich war das, was Franz machte. Und da verbotene Früchte nun mal besser schmecken als erlaubte, lernte ich heimlich bei Onkel Sally zusammen mit Franz Hebräisch. Ich ging mit ihnen in die Synagoge und hielt nach Möglichkeit die jüdischen Feiertage ein. In diesen Jahren bewies ich zum erstenmal, daß ich einen eigenen Willen hatte und daß ich durchsetzen konnte, was ich wollte.

Am 9. September 1925, an Onkel Sallys Geburtstag, starb Franz ganz plötzlich an einer Hirnhautentzündung. Nicht einmal sein Vater – der Arzt – konnte ihn retten. Das war der erste große Schmerz in meinem 14jährigen Leben. Nach dem Tod von Franz widmete mir Onkel Sally noch mehr Zeit, und ich versuchte recht und schlecht, ihm den geliebten Sohn zu ersetzen. Ich betrieb meine hebräischen Studien bis 1928, dem Jahr, in dem ich die Schule und auch Breslau verließ.

Onkel Sally war der erste, der mir den Gedanken eingab, daß man für ein Ideal leben muß, damit das Leben einen Sinn hat. Er sagte, jeder muß eine Weltanschauung haben. Darunter verstand ich nicht viel. 1933 ging

Onkel Sally nach Palästina. Er arbeitete dort als Arzt und Forscher. Kurz vor seinem Tod im Jahre 1941 bekam er einen ausführlichen Brief von mir aus Yan'an, dem Zentrum der Chinesischen Revolution. Wenn sich unsere Wege auch getrennt hatten und wir für verschiedene Ideale lebten, war er weise genug, mich zu verstehen.

Lehrzeit

Die Schule verließ ich 1928, ein Jahr vor dem Abitur. Unser Deutsch- und Lateinlehrer war Herr Hautz, ein Nazi um die Dreißig mit Schmissen im Gesicht. Viele meiner Mitschülerinnen himmelten ihn an, rissen sich darum, ihm Bücher und Hefte nach Hause tragen zu dürfen, brachten ihm Blumen ins Haus und waren eifersüchtig auf seine junge Frau. Obwohl ich an diesem Unsinn nicht teilnahm, oder vielleicht gerade deshalb, bekam ich in meinen beiden Lieblingsfächern immer die besten Noten in der ganzen Klasse. Als Herr Hautz eines Tages erfuhr, daß ich Jüdin bin – ich sah nicht jüdisch aus und nahm auch nicht am Religionsunterricht teil –, machte er eine totale Kehrtwendung. In seinen Augen war ich kein Mensch mehr. Er begann, mich auf alle möglichen Arten und Weisen zu schikanieren. Die Deutschaufsätze konnten noch so gut sein, ich bekam immer schlechte Noten. Die Aufgaben in Latein konnte ich wie am Schnürchen. Wenn Herr Hautz mich jedoch aufrief, tat er das mit so höhnischem Gebaren, daß mir das Wort im Munde steckenblieb. Ich hielt es nicht mehr aus und machte Schluß mit der Schule.

Es lag nahe, die Fotografie zu meinem Beruf zu machen. Ich nahm an einem einjährigen Fotokurs im Lettehaus in Berlin teil. Doch was ich im Lettehaus lernen konnte, genügte mir durchaus nicht. Deshalb beschloß ich, mich auf eine Zeitungsannonce hin an der Münchner Filmhochschule einzuschreiben. Herbert, der damals schon Kapellmeister an der Königlichen Oper in Stockholm war, schickte nicht nur Mutter jeden Monat Geld, sondern bezahlte auch noch meine gesamte Ausbildung, inklusive Lebensunterhalt.

Als ich im Sommer 1929 nach Landeck reiste, lag Mutter schwerkrank im Sanatorium von Professor Hermann, einem befreundeten Arzt. Im Laufe der Jahre war sie sehr dick geworden und auf Grund von Sorgen und Krankheit schnell gealtert. Ich war 17 Jahre alt, also kein Kind mehr. In diesen Sommerferien wurde mir Mutter vertrauter denn je. Der Abschied fiel mir besonders schwer. Es sollte ein Abschied für immer sein: Im November 1929 erlag Mutter einem Herzschlag. Sie starb ganz allein in ihrer Breslauer Wohnung, denn weder Herbert noch ich waren bei ihr. Sie war erst 56 Jahre alt. Das war der zweite schwere Schlag in meinem jungen Leben. Nun hatte ich nur noch Herbert.

In den Jahren 1929 und 1930 studierte ich die Fächer Foto und Film an der Staatlichen Lehranstalt für Film- und Lichtbildwesen in München-Schwabing. Zunächst dachte ich, der Film sei ein Sprungbrett in die weite Welt; aber es kam doch erst mal anders. Wir waren nur drei Mädchen – Käthe, Anneliese und ich – unter lauter Jungen, darunter ein Italiener und ein Weißrusse. Wir hatten freien Eintritt in alle Kinos, und ich sah mir alle möglichen Filme an, oft auch unbedeutende Streifen. Ohne es zu merken, geriet ich in das flotte Künstlerleben der Nachinflationszeit. Es gab vertanzte und verküßte Faschingsnächte mit unbekannten Partnern, die ich in meinem Leben nie wiedersah. Im Morgengrauen Weißwürstchen-Frühstück in irgendeinem Bräu, schnelles Kleiderwechseln in einem gemieteten Zimmer und dann ab in die Berge zum Skilaufen. Die Sommerwochenenden verbrachten wir am Starnberger See mit Schwimmen – und trotzdem studierten wir sehr ernsthaft und mit Erfolg. Ich las nicht mehr Märchen, sondern Romane. Von Politik war nie die Rede. Nicht einmal Hitler, der damals in München sein Unwesen trieb, wurde erwähnt. Wir sprachen nur über Kunst, ohne zu wissen, daß jede Kunst eine gewisse Weltanschauung widerspiegelt. Das geistige Leben war dürftig, weil der politische Hintergrund fehlte. Ich wurde Onkel Sally und seinen Ideen untreu – ich trieb an der Oberfläche des Lebens dahin.

Im Herbst 1930 kam ich als ausgebildete Fotografin und Filmemacherin nach Stockholm. Allerdings war nicht daran zu denken, in der Filmbranche tätig zu werden, da Frauen nicht einmal als Kameraassistentinnen zum Film zugelassen wurden. Obwohl Herbert schon ein angesehener Dirigent und schwedischer Staatsbürger war, bekam ich mit meinem deutschen Paß keine Arbeitserlaubnis. Um die schwedische Staatsangehörigkeit zu erlangen, mußte man fünf Jahre in Schweden leben. Herbert machte mich mit Anna Riwkin, einer 21jährigen russischen Jüdin, bekannt. Anna hatte kurz zuvor ihr eigenes Fotoatelier aufgemacht, und sie erlaubte mir, meine eigenen Fotoarbeiten bei ihr zu entwickeln und zu vergrößern. Wir freundeten uns an, ich wurde ihre Assistentin. Das heißt, ich arbeitete schwarz. Ich aß bei Anna, sie schenkte mir oft irgendwelche Kleidungsstücke, und sie gab mir, wenn sie konnte, jeden Monat etwas Geld. So war meine Arbeitsfrage gelöst. Anna sprach Russisch, Schwedisch und Deutsch, sie war eine ausgezeichnete Fotografin und machte sich mit der Zeit einen Namen. Auch heute, viele Jahre nach ihrem Tod, ist Anna Riwkin in Schweden unvergessen.

Damals – 1930 – lagen Annas Atelier und ihre Wohnung in der Odengatan in einem alten Haus, das noch mit Kachelöfen beheizt wurde. Ein paar Jahre später zog sie in ein modernes Hochhaus auf der Kungsgatan, mitten im Zentrum Stockholms. Nach wie vor arbeiteten wir zusammen. Anna fotografierte im Atelier, ich machte die Außenaufnahmen – eine Fabrik, ein Fest, eine Familie zu Hause, Straßenaufnahmen, Theateraufführungen usw. Entwickeln, Vergrößern, Retusche und Buchführung erledigten wir gemeinsam. In diesen Jahren habe ich unerhört viel gelernt, sowohl künstlerisch wie technisch.

Am liebsten machte ich Aufnahmen von Theateraufführungen, die dann unter »Atelier Riwkin, Foto Eva Sandberg« veröffentlicht wurden. Als Herberts Schwester stand mir die Oper offen. Jederzeit konnte ich bei Proben, Generalproben, bei jeder beliebigen Aufführung – auch hinter den Kulissen – fotografieren. Als Herbert noch am Breslauer Stadttheater arbeitete, hatte ich den Traum, hinter die Kulissen zu gucken, um wenigstens einmal die Prinzen und Prinzessinnen so ganz aus der Nähe zu sehen. Daß das dieselben Menschen waren, die täglich bei uns ein und aus gingen oder sogar bei uns wohnten, kam mir nicht in den Sinn. Aber Herbert tat geheimnisvoll und meinte nur, kleine Mädchen dürften da nicht hin. Er wollte den Zauber erhalten. Nun hielt ich mich schadlos »hinter den Kulissen«: Ich kletterte auf Gerüste und Dachböden, und wenn Herbert mich bei einer Probe vom Dirigentenpult aus mit der Kamera in der Hand an irgendeiner Strickleiter baumeln sah, warf ich ihm triumphierende Blicke zu. Theater fotografierte ich mit Leidenschaft, auch später immer wieder, was mir in Stockholm allerdings noch nicht einmal im Traum vorstellbar gewesen wäre.

Nach ein paar Wohnungswechseln – man hatte seinerzeit eine große Auswahl an Wohnungen aller Art – landeten Herbert und ich auf dem Norr Mälarstrand in einer Dreizimmerwohnung mit allem Komfort. Die Wohnung lag im ersten Stock, mit Blick auf den Mälaren. Unser Zusammenleben wurde in erster Linie von Musik bestimmt. Das Opernprogramm war reichhaltig – Mozart, Wagner, Verdi, Puccini, Rossini, Bizet, Tschaikowsky, Mussorgski, Strawinsky, Schostakowitsch. Im Anschluß an Premieren gab es immer Festessen im Opernkeller.

Sylvester wurde bei dem Intendanten der Oper, John Forsell, gefeiert. Geladen war die Elite der Oper: Dirigenten, Regisseure, Bühnenmaler, Sänger und Sängerinnen. Vorgeschrieben waren Frack und Abendkleid. Es ging sehr förmlich und steif zu. So durften Damen nur trinken, wenn ein Herr mit ihnen anstieß, oder man sprach in der dritten Person zueinander: haben Herr Sowieso, oder hat das Fräulein Sowieso – ganz im Gegensatz zum heutigen Schweden, wo sich jedermann duzt und man bei einer Premiere von der Jeans bis zum Abendkleid alles sehen kann. Die lange Tafel war mit allen nur vorstellbaren Delikatessen aus Schweden bedeckt, und trotz Alkoholrationierung gab es die verschiedensten Spirituosen. Das Essen dauerte lange; dann spielte man Karten, jemand setzte sich ans Klavier, oder die Opernstars trugen beliebte Arien vor. Danach nahm man an der frischgedeckten Tafel wieder Platz, und so ging es weiter bis zum frühen Morgen. Das war die obligate Sylvesterfeier.

Viel lustiger waren die sommerlichen Fahrten mit dem Motorboot auf offenem Meer in Badeanzügen – mit Herbert und Freunden und anschließendem Krebsessen auf der Insel Lidingö – oder die Wochenenden in den Schären. Einmal mieteten Herbert und ich ein Zweibettzimmer mit Blick aufs Meer. Niemand glaubte uns, daß wir Geschwister waren. Schon deshalb nicht, weil wir uns siezten. Zuerst hatten wir das nur aus Spaß gemacht, um die Leute zu schockieren. Dann ging es uns in Fleisch und Blut über. Sogar in unseren Briefen siezten wir uns. Beim Frühstück am Sonntagmorgen sagte die Pensionsvorsteherin spitz und ironisch: »Guten Morgen, Fräulein Sandberg«, mit Betonung auf dem »Sandberg«. Wir lachten uns tot und genossen unbeschwert den sonnigen Tag am Meer.

Manchmal hatten wir Gäste in unserem Stockholmer Heim, aber nur in kleinem Stil. Meistens waren es Herberts Musikerfreunde, die aus verschiedenen Ländern zu Gastspielen kamen, darunter Erich Kleiber, Otto Klemperer, Ernest Ansermet, Leo Blech und andere. Den Generalmusikdirektor Leo Blech und seine Familie lernten wir Anfang der 20er Jahre in Landeck kennen, wo die Blechs zusammen mit ihrer Freundin, der Sängerin Vera Schwarz, kurten. Lisel Blech war in meinem Alter, ihr Bruder Wolfgang etwas jünger als Herbert. Wir jungen Leute freundeten uns an. In den folgenden Sommern kam Lisel zu uns nach Landeck, und in den Winterferien wurde ich zu Blechs nach Berlin eingeladen. Leo Blech war von Herberts musikalischer Begabung tief beeindruckt. Er nahm ihn fast wie einen Sohn bei sich in Berlin auf. 1925 empfahl er Herbert an die Königliche Oper in Stockholm.

Erst in der Stockholmer Zeit sah ich richtig, welch ein Arbeitstier Herbert war. Daß er es vom Korrepetitor in Breslau bis zum Hofkapellmeister in Stockholm gebracht hatte, verdankte er sicher seiner großen musikalischen Begabung, aber auch seinem immensen Fleiß. Er komponierte, oft auch noch nach den Vorstellungen, bis tief in die Nacht, studierte Partituren oder übersetzte Operntexte aus dem Deutschen ins Schwedische. Darüber hinaus spielte er viel – und gut – Klavier; häufig begleitete er Sängerinnen bei Soloabenden. Musik bestimmte Herbert von früh an ganz und gar, und nicht nur in der Praxis. Die Tagebücher, die er im Alter von 13 Jahren zu schreiben begonnen hat, sind voll von Gedanken zur Musik und nichts als Musik. Obwohl ich selbst kein Instrument spiele und nicht singen kann, habe ich die Musik – Herberts Musik – von klein auf mitbekommen. Ich glaube, ich habe Musik in meinem Körper, in meiner Seele. Sie ist da im Glück und im Unglück.

Daneben war Herbert versessen auf Bücher. Griechische und lateinische Klassiker las er im Original. Intensiv beschäftigte er sich mit Mathematik und Philosophie; bevorzugt las er Schopenhauer und Nietzsche – aber nicht Hegel und Marx. Dazu reiche seine Zeit nicht, meinte er einmal auf eine entsprechende Frage von mir. Nach dem Tod der Mutter ließ sich Herbert unsere umfangreiche Breslauer Bibliothek nach Stockholm kommen, etliche Jahre später auch die noch größere aus Landeck. Für diese mußte er ein Zimmer bei einer Nachbarin mieten, da er in seiner Wohnung für die vielen Bücher keinen Platz mehr hatte. Alle diese Tätigkeiten verrichtete Herbert mit großem Ernst, konzentriert und sehr gewissenhaft.

So engagiert Herbert in den künstlerischen und geistigen Dingen war, so wenig wollte er mit Politik zu tun haben. »Das sollen die ohne mich machen!« Trotzdem hatte er eine klare Einstellung zu den Geschehnissen in der Welt. Er verabscheute jeden militärischen Drill und haßte Hitler. In den 30er Jahren komponierte er antifaschistische Lieder und schrieb Parodien auf Hitler. Für den Kommunismus hatte er nicht viel übrig; er war aber kein Antikommunist. Die Musikfestspiele in Leningrad und Moskau gefielen ihm. Dort hatte er auch Dmitrij D. Schostakowitsch kennengelernt, und die beiden Musiker verstanden sich auf Anhieb. Herbert war beeindruckt von dem Musikleben in der Sowjetunion. Aber er haßte *jede* Diktatur. Als Schostakowitsch in der UdSSR in Ungnade fiel, führte Herbert dessen Oper *Jekaterina Ismailowa (Die Lady Macbeth des Mzensker Kreises)* 1935 in Stockholm auf.

Mit dem gleichen Ernst, mit dem Herbert sich seiner Arbeit widmete, hatte er auch stets ein offenes Ohr für meine Probleme, Wünsche und Pläne, mit denen ich jederzeit zu ihm kommen konnte. Er setzte sich dann intensiv damit auseinander, gab mir Ratschläge und tröstete mich, traf Entscheidungen und half mir – auch materiell. So, wie er unsere Mutter finanziell unterstützt hatte, finanzierte er mein Studium; ohne seine »Zuschüsse« wären meine Reisen in die Sowjetunion und nach China kaum möglich gewesen. Umgekehrt hörte ich ihn ebenfalls an. Trotz unserer Verschiedenheit und unserer unterschiedlichen Lebensanschauungen hatten wir großes Vertrauen zueinander, auch in ganz persönlichen Dingen. Herbert war mir ein lebenslanger väterlicher Freund, Kamerad und Helfer. Obwohl er seit über 20 Jahren tot ist, denke ich oft: Was würde Herbert dazu sagen?

Wahrscheinlich konnte er sich ein anderes Verhalten gar nicht vorstellen, denn Herbert war ein Familienmensch. Die Mutter, Großmutter Sand, ich, seine Jugendfreundin und spätere Frau Lisel Blech sowie seine Tochter Irene waren die wenigen Menschen, die er wirklich liebte. Seine Sommerurlaube verbrachte er, für ihn selbstverständlich, mit uns in Landeck; nach Mutters Tod holte er jeden Sommer Großmutter Sand in Breslau ab und fuhr mit ihr nach Landeck. Der Tod der Mutter im Jahre 1929 war wohl der erste richtige Kummer in Herberts Leben, und das grauenvolle Lebensende von Großmutter Sand erschütterte ihn durch und durch – wie kein zweites Ereignis in seinem Leben.

Allerdings nahm Herbert mitunter nur ungenau oder gar nicht wahr, wie es den Menschen in seiner nächsten Umgebung wirklich ging. So antwortete er einmal auf die Frage nach dem Befinden Lisels, die häufiger unter Depressionen litt, im Brustton der Überzeugung: »Es geht ihr glänzend!«, obwohl genau das Gegenteil der Fall war. Solche Fehleinschätzungen unterliefen ihm öfter. War Herbert glücklich, dann waren es auch alle um ihn herum. Er liebte die Menschen auf seine sehr subjektive Weise.

Herbert war nicht auf Geld aus und lebte im wesentlichen von seinem Gehalt, das eventuell noch für einen Sommerurlaub reichte. Seine einzigen Nebenverdienste waren ab und zu Gastspiele innerhalb Europas, Platteneinspielungen und die Übersetzung von Libretti. Er meinte immer, je mehr er verdiene, desto mehr Steuern müsse er zahlen. Außerdem lebte er bis zu seinem Tod in der Dreizimmerwohnung in Stocksund, die wir zusammen gemietet hatten. Der einzige Luxus, den er sich in den 40er Jahren leistete, war ein eigenes Auto. Andererseits lebte Herbert aber auch aus dem vollen. Das betraf besonders seine Vorliebe für gutes und reichhaltiges Essen. Er mochte nur, was dick machte: Nudeln und Fleisch, mit reichlich Soße, Himbeersaft und Bier. Nur kein Obst und Gemüse! Kein Wunder, daß er im Laufe der Zeit immer korpulenter wurde – und ruhiger. Herbert regte sich ohnehin nicht auf, einerlei, in welcher Situation er sich befand. So wurde er einmal auf einer Autoreise nach Polen an der Grenze samt Wagen auf ein Polizeirevier gebracht, weil seine Papiere nicht in Ordnung waren. Mit einem entwaffnenden Lächeln sagte er zu den Beamten: »Sdrawstwuite towarischtschi, kak pojiwaite?« (»Guten Tag, Genossen, wie geht es Ihnen?«) – die einzigen Worte auf russisch, die er kannte. Damit hatte er die Sympathie der Grenzbeamten gewonnen und konnte sofort weiterfahren.

Mir versicherte Herbert ein ums andere Mal, daß er große Sehnsucht nach mir hätte. Wenn ich aber nicht ab 1952 einige Male nach Stockholm gekommen wäre, hätten wir uns nicht wiedergesehen. Und in Berlin haben wir uns auch nur deshalb ein paarmal getroffen, weil Herbert dort seine gelähmte Schwiegermutter besuchte – sie konnte nun mal nicht zu ihm kommen! Im Herbst 1960 gab das schwedische Ballett ein Gastspiel in Beijing. Herbert sollte mitkommen, lehnte aber mit dem Hinweis ab, er sei im Sommer schon in der DDR gewesen und könne jetzt nicht auch noch nach China reisen. Das sei einfach zu viel für ihn. Es war das einzige Mal, daß ich über Herbert tief gekränkt war.

Nach seiner Pensionierung übernahm er den Posten des Direktors an der Oper in Malmö, gab aber auch in Stockholm weiterhin Gastspiele, beides freilich nur noch wenige Jahre. Herbert hatte mit seinem Leben Raubbau getrieben. Am 7. Januar 1966 starb er 64jährig – schon bewußtlos – an einem Herzinfarkt. Er hatte sein Leben nach seinen Vorstellungen gelebt, und er starb, wie er es sich gewünscht hatte.

Als ich noch sehr klein war, sah ich eine Aufführung der Märchenoper *Prinzessin Huschwind.* Meine Lieblingsstrophe daraus lautete:

Wolken wandern in die Ferne,
ach – es kann sie niemand fesseln,
nur die kleinen Funkelsterne
sitzen fest auf ihren Sesseln.

Ein kleiner Funkelstern war Herbert sicher nicht, aber auf jeden Fall einer, der »auf seinem Sessel saß«: Ruhig ließ er die Dinge auf sich zukommen, beziehungsweise die Menschen mußten zu ihm kommen, um dafür um so stärker »hinaus zu funkeln«.

Ich wollte niemals ein kleiner Funkelstern sein. Und so war ich der »Huschwind«; zumindest wanderte ich mit den Wolken – mein Leben lang. Und das habe ich auch Herbert und seiner Musik zu verdanken.

Mit Anna Riwkin verband mich nur das künstlerische Interesse, die Fotografie. Sie und ihr schwedischer Mann Daniel waren begeisterte Zionisten, aber keine Kommunistenfreunde. In Schweden konnte damals jeder frei und furchtlos seine eigene Meinung vertreten. Menschen mit den unterschiedlichsten politischen Ansichten verkehrten freundschaftlich miteinander. Anna war großzügig und gastfreundlich. Ihre Türen standen jedem offen. Ihre Partys, die wir jahrelang gemeinsam organisierten, waren berühmt, und ich lernte dabei, die raffiniertesten Sandwiches zuzubereiten. Dazu gab es starken Tee und Warenje, auf russische Art eingemachte Früchte wie saure Kirschen, Himbeeren, Erdbeeren und anderes. Der Alkohol war in Schweden streng rationiert. Wer also trinken wollte, mußte selbst etwas mitbringen.

Nicht nur zu den Partys, sondern auch sonst war Annas Atelier der Treffpunkt einer bunten Gesellschaft. Zionisten, Sozialisten, Anarchisten und Salonkommunisten, die die Revolution nur im Munde führten, diskutierten heftig miteinander. Nur in einem waren sie sich ohne Ausnahme einig: Sie waren alle glühende Antifaschisten, viele sogar aktive.

Ich geriet in den Strudel dieser Menschen und lernte von ihnen und aus ihren Diskussionen. Begriffe wie Anarchismus, Sozialismus, Kommunismus – früher nur leere Bezeichnungen in meinem Gehirn – bekamen einen Inhalt. Ich fing an, Stellung zu beziehen. Hier wäre eigentlich die Gelegenheit gewesen, mich auf Onkel Sally zurückzubesinnen, dem Pfad meiner Kindheit zu folgen. Statt dessen fühlte ich mich immer stärker zu denen hingezogen, die vom Sozialismus und dem neuen Leben in der Sowjetunion erzählten. Anfang der 30er Jahre fuhren viele Schweden in die Sowjetunion, teils zum Studium, teils als Touristen. Die meisten kehrten begeistert zurück.

Auch etliche meiner Bekannten und Freunde schauten mit bewunderndem Blick auf die Sowjetunion. Am 1. Mai zogen wir untergehakt mit den Demonstranten durch die Straßen Stockholms. Ich hatte die Kamera über die Schulter gehängt. Die Johannisnächte, die hellsten aller weißen Nächte, verbrachten wir irgendwo außerhalb Stockholms – in einer Lichtung mitten im Wald oder am Ufer des Meeres, dessen Rauschen unsere Lieder übertönte. Abends trafen wir uns oft in Annas Atelier bei Tee und Warenje. Reichten die Stühle nicht aus, hockten wir auf Kissen auf dem Fußboden. Wir lasen gemeinsam Gedichte, Erzählungen russischer Autoren und radikale Zeitschriften. Wir diskutierten über sozialistische Literatur und Kunst, über Liebe, Sex und Psychoanalyse.

Im Januar 1933 kam das sowjetische Geschwister-Tänzerpaar Asaf und Sulamith Messerer vom Moskauer Bolschoi zu einem Gastspiel nach Stockholm. Anna, die selbst gern und auch recht gut tanzte, machte im Atelier hinreißende Aufnahmen von den Tanzbewegungen. Mit den beiden Messerers lernte ich zum erstenmal Menschen aus der Sowjetunion persönlich kennen. Bald danach kamen die Schriftstellerin Vera Inber und der Journalist Michail Kolzow in die schwedische Hauptstadt. Beide sprachen gut Deutsch. Alle forderten mich auf, unbedingt in die Sowjetunion zu kommen. Ich begann, Russisch zu lernen.

Im Sommer 1933 – ein halbes Jahr nach Hitlers Machtantritt – fuhren Herbert und ich wie immer zum Urlaub nach Landeck in unser Häuschen. In Breslau holten wir Großmutter Sand ab, Vaters Stiefmutter, die wir beide sehr liebten. Viele unserer jüdischen Freunde waren schon auf dem Sprung ins Ausland. Auch Onkel Sally sah ich in diesem Sommer zum letztenmal. Wir selbst wagten uns in die Höhle des Löwen, weil Herbert schwedischer Staatsbürger und ich Auslandsdeutsche war. Herbert fuhr eher nach Stockholm zurück, ich blieb noch kurze Zeit in Berlin.

Dort wohnte ich bei meiner gleichaltrigen Freundin Anneli, die mit ihrer verwitweten Mutter Flora in einer schönen alten Wohnung am Rüdesheimer Platz lebte. Eines Nachmittags begleitete ich Anneli ins Café des Westens am Kurfürstendamm, wo sie mich mit einigen ihrer Freunde bekannt machte. Unter diesen Freunden war ein junger Mann namens Helmut. Am Abend, bevor ich nach Stockholm fahren sollte, war ich mit einem in Berlin lebenden Cousin von Anna Riwkin verabredet. Ich traf mich mit Annas Cousin Hans in einem Gartencafé; er brachte seine Freundin Hilde mit. Beide hatten wenig Zeit, was nicht schlimm war, denn wir hatten einander wenig zu sagen. Nur – was sollte ich bis zwölf Uhr machen, da Anneli mich wegen eines Besuches gebeten hatte, nicht früher zu kommen? Da tauchte unvermutet als rettender Engel Helmut auf. Hans und Hilde verabschiedeten sich, und da saßen wir nun. Helmut erzählte mir, daß seine Eltern Deutschland verlassen hätten und auf dem Weg nach Palästina seien. Er wolle ihnen bald folgen. Da es noch ziemlich früh am Abend war, mußte ich ihm wohl oder übel sagen, daß ich aus bestimmten Gründen erst um zwölf nach Hause gehen konnte. Daraufhin schlug er vor, mit ihm in die elterliche Villa im Grunewald zu kommen. Es war ganz still. Die Villa im mondbeschienenen Garten sah aus wie ein verwunschenes Schloß. Helmut holte eine Flasche Wein. Wir gefielen einander – ich hatte mich verliebt.

Plötzlich sahen wir mit Schrecken, daß es schon zwei Uhr war. Am Morgen ging mein Zug nach Stockholm. Als wir auf einen Taxistand zugingen, hörten wir besoffenes Gegröle. Ein SA-Trupp mit vielen einfachen Bürgern im Schlepptau kam drohend auf uns zu. Wir standen mitten im Vollmondschein, weit und breit keine Menschenseele, ein Entrinnen war ganz unmöglich. Und schon machten sie halt vor uns: »Heil Hitler! Ausweise!« Helmut hatte nichts bei sich, und ich trug meinen Paß nie mit mir herum – Gott sei Dank! In meiner Tasche fand ich aber einen schwedischen Postausweis mit meinem Lichtbild; der Text war in schwedischer und französischer Sprache. Der »Anführer« drehte das Ding verlegen in seinen Händen herum. Schließlich sagte er forsch: »Französischer Paß, entschuldigen Sie, Heil Hitler!« Er schlug die Hacken zusammen, und weiter ging es im Trab. Ein lächerliches Stück Papier mit ausländischen Worten hatte uns gerettet. Schweigend gingen wir Arm in Arm zum Taxi.

Am Morgen stand Helmut am Stettiner Bahnhof vor dem Waggon Berlin – Stockholm mit einem Rosenstrauß. In der nächsten Zeit bekam ich oft Blumen aus Berlin und viele Briefe, später auch aus Paris. Helmut war emigriert. Vorläufig blieb er in Paris, dann wollte er nach Palästina gehen. Er lud mich ein, ihn in Paris zu besuchen.

Anna freute sich diebisch, daß ich mich ausgerechnet in einen jungen Mann verliebt hatte, der nach Palästina auswandern wollte. Obwohl es um Weihnachten und Neujahr herum immer sehr viel zu tun gab, ließ sie mich nicht nur Ferien machen, sondern sie und auch Herbert halfen mir bei der Finanzierung der Fahrkarte. In Paris war ich dann Helmuts Gast. Kurz vor Weihnachten fuhr ich los. In Hamburg mußte ich ein paar Stunden auf den Zug nach Paris warten. In dem düsteren Wartesaal stand ein riesengroßer Tannenbaum, voll behängt mit Hakenkreuzfähnchen, die von unzähligen Glühbirnen beleuchtet waren. Es war ganz furchtbar, und ich dankte Gott, als ich die deutsch-französische Grenze hinter mir hatte.

Ich war zum erstenmal in Paris. Helmut und ich genossen die Stadt als Verliebte; wir wohnten in einem kleinen Zimmer in einer Pension, aßen in kleinen Restaurants, strolchten durch die Straßen und am Ufer der Seine entlang, wo die Bouquinisten ihre Auslagen hatten, gingen in den Louvre und ins Musée Rodin. Ich lernte Paris zu Fuß, per Autobus und Metro kennen. Wir verlebten idyllische Wochen von Weihnachten 1933 über Neujahr bis in den Januar 1934 hinein. Die Romantik dieser Zeit und den Zauber der Stadt habe ich für mein ganzes Leben mitbekommen. Nun könnte man meinen, daß ich Helmut geheiratet hätte und mit ihm nach Palästina gegangen wäre; aber noch in Paris spürte ich, daß es die große Liebe doch nicht war – und so verlief unser Leben in ganz anderen Bahnen.

Die Geschichte mit Helmut hatte einen überraschenden Schluß. Nach 48 Jahren, im Jahre 1982, hatte ich ein Fernsehinterview mit Carola Stern und Gerd Ruge im Westdeutschen Rundfunk (WDR): *Eva in der Chinesischen Revolution*. Kurz darauf bekam ich einen Brief von Helmut. Er hatte die Sendung gesehen und mich erkannt. Er schrieb, er hätte mich in diesen langen Jahren nicht vergessen und freue sich, mich wiedergefunden zu haben. Er war verheiratet, hatte eine erwachsene Tochter und Enkelkinder. Wir trafen uns mehrmals, einmal in Beijing und einige Male in Europa.

Skoglar Tidström, ein junger Mann aus unserem Kreis, war 1933 zum Studium nach Moskau gefahren. Im Frühjahr 1934 machte er in Stockholm Ferien. Er war voller Begeisterung: »Du mußt in die Sowjetunion fahren, Russisch lernen und Literatur studieren. Alles ist dort neu – die Ideen und die Menschen.« Mit seinem Feuer ermunterte er mich immer wieder. Meine ersten fortschrittlichen Ideen habe ich zum größten Teil Skoglar zu verdanken. Von allen sogenannten Kommunisten, die ich in Stockholm traf, war er der einzig wirklich überzeugende, denn er wollte auch entsprechend leben und handeln. Skoglar ging, nachdem er einige Jahre in der Sowjetunion gelebt hatte, 1937 nach Spanien und kämpfte in einer der Internationalen Brigaden gegen Franco. Noch im selben Jahr fiel er im Spanischen Bürgerkrieg.

Ich machte im sowjetischen Konsulat eine Eingabe um ein Visum und lernte fleißig Russisch. Da lange keine Antwort kam, fuhr ich im Sommer noch einmal mit Herbert und der Großmutter Sand nach Landeck. Es war das letzte Mal. Auch die Großmutter sah ich nie wieder. Von der kleinen buckligen Tine – Großmutters Haushälterin – erhielt Herbert die entsetzliche Nachricht, daß die Neunzigjährige 1941 aus ihrer Breslauer Wohnung gezerrt, roh auf einen Lastwagen verfrachtet und in ein Konzentrationslager deportiert worden war, wo sie einen Monat später starb.

Herbert und ich kehrten im August nach Stockholm zurück. Noch einmal beantragte ich ein Visum für die Sowjetunion, wieder vergeblich; wahrscheinlich wegen meines deutschen Passes, wie der Konsul meinte. Er riet mir, eine einmonatige Touristenreise nach Leningrad und Moskau zu buchen; die bekäme jeder für gutes Geld, ganz gleich, welcher Nationalität er sei. Herbert, der immer bereit war, mir zu helfen – einerlei, ob Paris oder

Moskau, Zionismus oder Kommunismus –, schenkte mir eine solche Reise zum Geburtstag.

Annas Betrieb hatte sich inzwischen vergrößert; außer mir beschäftigte sie noch zwei Gehilfen. Sie war zwar etwas enttäuscht, daß aus mir und Palästina nichts geworden war, aber sie ließ mich in aller Freundschaft ziehen. Denn ich sagte ihr gleich, daß ich länger bliebe, wenn es die Möglichkeit dazu gäbe. Da Annas älterer Bruder Joseph, der sowjetische Literatur ins Schwedische übersetzte, und seine Frau Ester gerade vorhatten, nach Moskau zu fahren, fuhr ich mit ihnen. Erst mit dem Schiff nach Åbo (Turku) in Finnland, von dort aus weiter mit der Bahn nach Helsinki und Leningrad, wo wir einige Tage blieben, und dann weiter nach Moskau.

Auf dieser Reise entschied sich die Richtung meines weiteren Lebensweges, und zwar bereits nach sehr kurzer Zeit.

Auf neuen Pfaden

In Moskau machten mich Joseph und Ester mit Isaak Babel bekannt, dem großen, liebenswerten jüdischen Schriftsteller, den Joseph ins Schwedische übersetzte und dessen *Erzählungen aus Odessa* und *Budjonnys Reiterarmee* ich vor der Reise gelesen hatte. Babel hatte viel Mitgefühl mit mir, der deutschen Jüdin, die gern in der Sowjetunion bleiben wollte. Zu seiner Sekretärin Elena Isaakowna, die beim sowjetischen Schriftstellerverband arbeitete, sagte er: »Kümmern Sie sich um Eva, zeigen Sie ihr Moskau.« Darauf Elena: »Wie schade, in ein paar Tagen fahre ich nach Gagri, um in unserem Schriftstellerheim am Schwarzen Meer Urlaub zu machen.« Babel: »Das ist ja wunderbar, da nehmen Sie Eva mit. In einem kleinen Ort im Süden ist es bestimmt viel einfacher, das Visum zu verlängern; da ist man nicht so bürokratisch.« Auf Grund seines damaligen Ansehens und Einflusses machte Babel das Unmögliche möglich: Binnen einer halben Stunde war der Schriftstellerverband damit einverstanden, daß ich mit Elena in das Erholungsheim fuhr. Intourist ließ zu, daß ich aus ihrem Gesichtskreis verschwand; die Lebensmittelcoupons konnte ich im ganzen Land gebrauchen.

Elena war eine etwas über 30jährige, sehr mollige, rotblonde, von ihrem Mann geschiedene Jüdin. Sie konnte Jiddisch, ich ganz wenig Russisch. Trotzdem verstanden wir einander blendend. Ich besaß eine kleine Summe schwedischer Kronen. Elena riet mir, diese nicht anzurühren. Damals war bei den Frauen der Moskauer Intelligenz ausländische Kleidung sehr beliebt. Brauchte man Geld, war es nichts Ungewöhnliches oder Illegales, ein Kleidungsstück zu verkaufen; denn das wurde gut bezahlt. An eine ihrer Bekannten verkaufte Elena ein Kleid von mir. Mit dem Erlös konnte ich nicht nur die Rückfahrkarte nach Gagri – »weiche Klasse« – und den vierwöchigen Aufenthalt in dem Erholungsheim bezahlen, sondern mir blieb außerdem noch ein kleines Taschengeld. In Leningrad und Moskau herrschte naßkalter Herbst. Dementsprechend war auch meine mitgebrachte Kleidung, mit der ich im Süden der Sowjetunion jedoch nichts anfangen konnte. Elena borgte mir deshalb einen hellen Sarafan, ein baumwollenes Sommerkleid ohne Ärmel, wie sie dort üblich sind. Endlich fuhren Elena und ich dem Schwarzen Meer entgegen. Am zweiten Morgen – der Himmel über uns leuchtete dunkelblau, und durch das offene Fenster schlug uns sommerliche Hitze entgegen – hielt der Zug in Gagri.

Ich war jung, mit offenem Herzen und empfänglich für die wunderbare neue Welt – die riesigen Palmen, die im Wind flatternden roten Fahnen, die buntschillernde Landschaft, durch die wir im offenen Wagen zum Erholungsheim des sowjetischen Schriftstellerverbandes fuhren. Mittags aßen wir auf der Terrasse mit Blick auf das weite, blaue Meer. An dem Tisch, zu dem Elena mich beim erstenmal führte, saß ein – wie mir schien – junger, sehr sympathischer Chinese. Das war der 38jährige Dichter und Schriftsteller Emi Siao (Siao San). Es kam wie im Märchen – und es war Liebe auf den ersten Blick. Von Emi ging eine Ausstrahlung aus, der sich niemand entziehen konnte. In seinen Augen war Zärtlichkeit, etwas Zartes in seinem ganzen Wesen. Ich vergaß alles, was hinter mir lag. Für mich gab es nur Emi und den gegenwärtigen Augenblick. Was Emi so an mir anzog, weiß ich nicht; vielleicht meine Naivität, die mein Leben lang an mir haften blieb.

Einige Tage später meinte Elena besorgt: »Lassen Sie die Finger von ihm; er ist verheiratet und hat ein Kind.« Ich fragte ihn sofort: »Ist das wahr, daß Sie verheiratet sind?« Darauf er: »Ich war mit einer Russin verheiratet. Wir sind aber geschieden. Unser siebenjähriger Sohn Allan lebt bei der Mutter im Fernen Osten.« Wenige Tage später, am 8. November, feierte ich meinen 23. Geburtstag. Ein riesiger Strauß dunkelroter Rosen auf dem Frühstückstisch war die große Liebeserklärung, die meinen weiteren Lebensweg bestimmte: vom Bürgerstöchterchen zur Gefährtin eines Kommunisten *und* im Laufe der Jahre zu einem selbständig sowie revolutionär denkenden und handelnden Menschen.

Emi war anders als die Männer, die ich bisher kennengelernt hatte, vor allem anders als die Salonkommunisten in Stockholm, die ich bis vor kurzem noch für richtige Kommunisten gehalten hatte. Emi führte die Revolution nicht nur im Munde, sondern nahm schon seit 20 Jahren aktiv an ihr teil. Und er war liebevoll und zartfühlend zu mir, die ich, wie es schien, von einem anderen Planeten hierhergeweht worden war. Mit der Kraft seiner Liebe leitete Emi meine Gedanken langsam und geduldig auf die Chinesische Revolution. Auf unseren langen Spaziergängen wurden wir vom Rauschen des Meeres begleitet. Emis klare, einfache Sprache paßte sich meinen täglich wachsenden Russisch-Kenntnissen an. Eindringlich, mit vielen Wiederholungen und Erklärungen mir unbekannter Begriffe, erzählte er mir von sich, was ich hier nur verkürzt wiedergeben kann:

»Ich wurde 1896 in Südchina in der Provinz Hunan geboren. Mein Vater war Lehrer; ich sollte auch Lehrer werden. Mit zwölf Jahren begegnete ich in der Schule Dong Shan, dem 15jährigen Mao Zedong, der aus meiner Gegend stammte. Beide trugen wir bäuerlich grobe Kleidung und wurden oft von den übrigen fein und elegant gekleideten Mitschülern ausgelacht. Wir kamen uns schnell näher, da wir das obligate Paukprogramm zu den Lehren des Konfuzius nicht ausstehen konnten. Heimlich lasen wir klassische Romane, auch Erzählungen von den großen Helden der Welt, und erzählten uns gegenseitig den Inhalt. Mao blieb nicht lange auf der Schule. Nach einigen Jahren, 1911, kurz vor der ersten Chinesischen Revolution, trafen wir uns in Changsha auf der Lehrerbildungsanstalt wieder. Der 18jährige Mao, der inzwischen auf vielen Gebieten, wie in- und ausländische Philosophie, Literatur, Weltgeschichte, Geographie usw. bewandert war, organisierte uns Studenten. Er vermittelte uns sein reiches Wissen, und auf unseren Abendspaziergängen auf den Hügeln außerhalb der Stadt erzählte er uns, was in der Welt los war. Er erzählte uns von dem großen Revolutionär Sun Zhong-Shan [Sun Yatsen] und seinem Revolutionsbund [Tong Meng Hui]; später berichtete er uns täglich über die Ereignisse des imperialistischen Krieges [des Ersten Weltkrieges]. Wir bewunderten Maos Scharfsinn, seine Beobachtungsgabe und seinen politischen Weitblick, und wir lernten viel von ihm. Von unserem Lieblingslehrer, Professor Yang, lernten Mao und ich, uns abzuhärten: Wir frühstückten nicht, badeten im Freien bei jedem Wetter, trieben Sport und stählten unseren Körper.

Am 14. April 1918 wurde auf Maos Initiative hin die ›Gesellschaft zum Studium des neuen Menschen‹ [Xin Min Xüe Hui] gegründet. Ich gehörte zu den 13 Personen, die im Hause Cai He-shengs, Maos bestem Freund, an der Gründung teilnahmen. Aus dieser Gesellschaft gingen zahlreiche bekannte Revolutionäre hervor. Am 4. Mai 1919 war ich bei der antijapanischen Massendemonstration in Beiping dabei. Diese Demonstration ging in eine Volksbewegung für Demokratie und neue Wissenschaft über. Das heißt, man forderte eine neue Kultur und Literatur und wollte mit dem Feudalsystem konfuzianischer Prägung radikal brechen. Im Laufe dieser Ereignisse vereinigte sich die chinesische Intelligenz zum erstenmal mit den Arbeitern, und die Arbeiter lernten die Ideen des Marxismus kennen.

1920 reiste ich zusammen mit vielen anderen Studenten von Shanghai aus nach Frankreich. Mao begleitete uns zum Schiff; von Frankreich aus korrespondierten wir mit ihm. In Paris schrieb ich mich an der Universität ein; später arbeitete ich in einer Fabrik. 1921 wurde die Kommunistische

Partei Chinas gegründet. Man wählte Mao ins Zentralkomitee, da er die Hunaner Parteiorganisation ins Leben gerufen hatte. Da in Frankreich alles sehr teuer war, fuhr ich nach Deutschland. Dort war die große Inflation. Hatte man französisches Geld, konnte man billig leben. Einige Monate lang wohnte ich in Berlin bei einer deutschen Familie in der Kantstraße. Die zwölfjährige Tochter Käthchen brachte mir etwas Deutsch bei. 1922 fuhr ich nach Paris zurück und trat in die Kommunistische Partei ein – erst in die französische, dann in die chinesische. Zu Ende desselben Jahres fuhr ich nach Moskau. Dort hatte ich das Glück, an der Kommunistischen Universität der Werktätigen des Ostens (KUTW) zu studieren. Einer meiner Mitschüler war der türkische Dichter Nâzım Hikmet.

Am 21. Januar 1924, dem Tag, an dem Lenin starb, war ich in Moskau. Das war der dunkelste Tag meines Lebens. Als ich mit meinen chinesischen Genossen an Lenins Bahre Totenwache hielt, schwor ich mir, mein Leben lang der Revolution treu zu bleiben. [Heute, im Jahre 1986, 62 Jahre nach Lenins und drei Jahre nach Emis Tod, kann ich sagen, daß er sein Versprechen bis zum Ende gehalten hat.]

Sun Zhong-Shan, der die Guomindang [Nationale Volkspartei] gegründet hatte, war für freundschaftliche Zusammenarbeit mit der Kommunistischen Partei Chinas und der Sowjetunion. Nach meiner Rückkehr nach China 1924 arbeitete ich im Kommunistischen Jugendverband, wurde später dessen Sekretär und nahm aktiv an der Nationalen Revolution teil. Schon damals schrieb ich Gedichte, Artikel und Essays. 1926 heiratete ich in Beiping die junge Russin Wassa, die seit Beginn der 20er Jahre in China russischen Sprachunterricht gab. Sie war meine zweite Frau. Meine erste, mit der ich bereits als Kind von meinen Eltern verheiratet wurde, starb, als ich im Ausland war. 1927 fuhr ich im Auftrag der Partei wieder in die Sowjetunion. Wassa und ich lebten in Wladiwostok, wo Allan am 24. Dezember 1927 geboren wurde. Wladiwostok ist eine bergige Stadt mit steilen Gassen, die im Winter häufig vereist sind. Eines Tages glitt ich aus, stürzte hin und erlitt eine schwere Gehirnerschütterung. Monatelang mußte ich im Bett bleiben, aufopfernd von Wassa gepflegt, die hart arbeitete, um uns drei zu ernähren. Lange Zeit war ich nicht arbeitsfähig.

Nach dem Tod Sun Zhong-Shans im Jahr 1925 übernahm ein junger Offizier namens Jiang Jieshi [Tschiang Kai-schek] die Führung der Nationalen Volkspartei. Am 12. April 1927 verriet er die Revolution und richtete ein fürchterliches Blutbad an: Hunderttausende von Revolutionären, Kommunisten, Gewerkschaftsführern und Arbeitern wurden niedergemetzelt. Schon seit sieben Jahren wütete der Weiße Terror in China. Ich konnte nicht mehr zurückkehren und mußte vorläufig hierbleiben.«

Emi schenkte mir ein Büchlein mit seinen Gedichten, die kurz zuvor in der Sowjetunion auf russisch erschienen waren, und sagte: »Wenn du etwas wissen willst über die Leiden meines Volkes und seinen heldenhaften Kampf für Freiheit – hier, lies!« Natürlich konnte ich die Gedichte erst viel später verstehen, aber den Titel *Für Sowjetchina* und die Überschriften des Herausgebers zu den kurzen Einleitungstexten »Emi Siao – Sänger der Chinesischen Revolution«, »Emi Siao – Dichter Sowjetchinas«, »Zur Ankunft des Dichters der Chinesischen Revolution« – das verstand ich alles sehr gut.

Der gewaltige Sprung in zwei neue Welten – in die sozialistische Sowjetunion und in die blutige Chinesische Revolution – vollzog sich bei mir mehr gefühls- als verstandesmäßig. Die Chinesische Revolution brachte meinem Herzen Emi mit seinen Erzählungen sehr nahe. In der Sowjetunion stand ich mit beiden Beinen, und ich erlebte sie im wahrsten Sinne des Wortes von ihrer Sonnenseite. Zum erstenmal war ich im Süden. Wir besuchten Kindergärten, die tatsächlich in Gärten untergebracht waren, und Schulen, in denen der Unterricht im Freien stattfand. In Kollektivwirtschaften (Kolchosen) wurden wir von grusinischen Bauern auf das herzlichste mit Weintrauben und frischem Traubensaft bewirtet. Emi pflückte kleine knallrote Pfefferschoten und biß herzhaft in die scharfen Dinger, als seien es süße Früchte. Alles blühte und glühte; wir schwammen täglich im Meer – und das alles im November.

Wir – das waren außer Emi, mir und Elena der junge Journalist Nikolaj Karelski, der unter dem Pseudonym Artjom für die *Moskauer Arbeiterzeitung Trud* schrieb, Henriette Goldstein, genannt Henri, eine geschiedene lettische Jüdin, etwa 40 Jahre alt, der um einiges jüngere deutsche Schriftsteller Gustav Brandt, mit dem Henri zusammenlebte, und der norwegische Schriftsteller Nordahl Grieg. Auch Skoglar Tidström verbrachte seine kurzen Ferien in Gagri, aber in einem anderen Erholungsheim.

Der Anlaß, daß ich zunächst einmal länger bleiben konnte, war ein sehr trauriger: Unser Haus befand sich direkt am Strand, Skoglar kam täglich zu uns herüber. Unsere kleine Gruppe schwamm zusammen, faulenzte in der Sonne, spielte Wasserball. Eines Tages ging Skoglar plötzlich mit den Fäusten auf einige unserer Freunde los. Wir dachten natürlich, er mache

Spaß, amüsierten uns köstlich und »machten das Spiel mit«. Aber sehr schnell merkten wir, daß es Ernst war. Skoglar war tobsüchtig geworden. Wie es dazu kam, haben wir nie erfahren. Wild schlug er um sich und war nicht mehr zu bändigen. Mit vereinten Kräften brachten wir ihn ins Krankenhaus. Der behandelnde Arzt empfahl uns, Skoglar sofort in das nahe gelegene Suchum zu bringen, wo es eine psychiatrische Abteilung im Krankenhaus gab. Wenn Skoglar nicht tobte, war er völlig apathisch, erkannte niemanden, hatte sein schon ganz passables Russisch vergessen und reagierte nur schwach, wenn ich Schwedisch mit ihm sprach. Die Ärzte hielten es für unumgänglich, daß ich in erreichbarer Nähe blieb, um mich mit Skoglar im Notfall zu verständigen. Gleich nach meiner Ankunft in Gagri hatte ich eine Aufenthaltsverlängerung beantragt, allerdings erfolglos. Die Ärzte erreichten sofort das Gewünschte.

Emi war wieder nach Moskau zurückgekehrt. Die Sache mit Skoglar hatte er nicht mehr mitbekommen. Er schrieb mir täglich, und ich antwortete ihm mit meinem kläglichen Russisch. Als Elenas Urlaub zu Ende war, holten wir Skoglar ab und nahmen ihn in Begleitung eines Krankenwärters mit nach Moskau, wo er in eine Nervenheilanstalt eingeliefert wurde. Skoglar verhielt sich zwar ruhig, aber er gab kein Zeichen des Erkennens von sich. Ich blieb in ständiger Verbindung mit der Anstalt, da es ja meine Aufgabe war, mich um Skoglar zu kümmern. Außerdem schrieb ich an seine Mutter.

In Moskau wohnte ich bei Elena. Emi wohnte im Heim für politische Emigranten (MOPR), einem zweistöckigen Haus in der Obuchastraße (früher Woronzowo Pole, wie sie auch immer noch genannt wurde). Das erste Mal kam Emi zu Elena, um mich abzuholen und mir den Weg zum Wohnheim zu zeigen. Der Weg dorthin war ziemlich kompliziert, und man mußte öfter umsteigen. Das zweite Mal fuhr ich allein. Es war eine Fahrt mit Hindernissen, die einige Stunden dauerte, denn mein Besuch fiel gerade auf den Tag der Trauerfeierlichkeiten für Kirow.

Von seiner Ermordung Anfang Dezember 1934 hatten wir im Zug erfahren. Sergej Kirow, der Leningrader Parteisekretär, war Mitglied des Politbüros und neben Stalin der populärste Mann in der Führung der Sowjetunion, den das russische Volk sehr liebte. Alle Straßen zum Roten Platz waren vollkommen abgeriegelt. Die Straßenbahn stoppte, alle mußten aussteigen und zu Fuß weitergehen. Hätte ich den Roten Platz zu Fuß überqueren können, wäre ich schnell bei Emi gewesen; aber ich wurde natürlich nicht durchgelassen. Die Rotarmisten sagten mit Tränen in den Augen: »Sie müssen verstehen, wir haben großen Kummer.« Zum erstenmal sah ich – und es machte einen gewaltigen Eindruck auf mich – die echte Trauer von Zigtausenden um einen geliebten und verehrten Menschen aus der Führung ihres Landes. Ich mußte einen großen Umweg machen und kam erst nach Stunden bei Emi an, der schon in heller Aufregung mit Elena telefoniert hatte.

Zuerst sah ich mich richtig um bei Emi: Er bewohnte einen großen hellen Raum mit zwei Fenstern und Blick auf ein umzäuntes Vorgärtchen und die Straße. Im Zimmer stand ein Bett mit einem Vorhang davor, ein Kleiderschrank, Schreibtisch, ein Tisch und Stühle sowie ein kleines Tischchen, auf dem das Telefon stand. In den übrigen Zimmern auf der Etage wohnten Deutsche, Ungarn, eine Chinesin und andere politische Emigranten. Am Ende des Korridors befand sich eine Gemeinschaftsküche, in der jeder Bewohner seinen eigenen Tisch und Petroleumkocher hatte. Eine Treppe führte hinunter zum gemeinsamen Duschraum. Im Vergleich zu dem, wie ich bisher gewohnt hatte, war hier alles ziemlich einfach eingerichtet. Aber ich war verliebt, und so gefiel es mir.

Eines Nachts blieb ich bei Emi; das besiegelte unsere Beziehung. Wir wollten immer zusammenbleiben. Herbert, dem ich schrieb, hatte nichts einzuwenden. Niemand im Haus wunderte sich, daß ich mit Emi zusammenlebte. Es war die Zeit der freien Liebe in der Sowjetunion. Heiraten war bürgerlich, jeder konnte zusammenleben, mit wem er wollte, und auch jederzeit nach Belieben den Partner wieder verlassen. Wie die Frage unehelicher Kinder geregelt wurde, daran erinnere ich mich nicht mehr. Es gab keine Aufklärung über Verhütungsmittel. Abtreibungen waren zwar erlaubt, aber es zeigte sich, daß die Menschen noch nicht reif waren für soviel Freiheit. Die Frauen ließen am laufenden Band Abtreibungen vornehmen, und wenn sie dann wirklich Kinder haben wollten, konnten sie keine mehr bekommen, da die Gebärmutter den Embryo nicht mehr halten konnte. Das erzählten mir schluchzend viele Frauen, mit denen ich 1938 im Entbindungsheim lag.

Emi stellte mir seine chinesischen Freunde vor. Auch Artjom besuchten wir. Er bewohnte ganz in unserer Nähe am Jauski Tor (Jauskije Worota) zusammen mit seiner Frau Ira, deren Mutter und der kleinen Tochter Tanja ein großes Zimmer. Außerdem besaß die Familie ein kleines Landhäuschen (Datscha) außerhalb von Moskau in Kunzewo, wo sie oft die Wochenenden und Feiertage verbrachte. Artjom lud Emi und mich ein, den Sylvesterabend 1934 dort mit ihnen zu verbringen.

In dem eiskalten Moskauer Winter fror ich schrecklich in meiner dünnen Lederjacke. Da machte mir Emi sein erstes großes Geschenk. Er kaufte mir einen dreiviertellangen Pelz mit schwarzem, seidigem Fell. Erst jetzt erfuhr ich, daß Wassa, die mit einem russischen Juden, einem Sinologen, im Fernen Osten lebte, zur Zeit mit Allan in Moskau war und bei ihrer Schwester wohnte. Am 31. Dezember holte Emi Allan ab, und wir fuhren zu dritt – ich in meinem neuen Pelz – mit einem Vorortzug nach Kunzewo. Das russische Holzhaus, das tief im verschneiten Wald lag und dessen Öfen mit Holz geheizt wurden, erinnerte mich an das Pfefferkuchenhäuschen in *Hänsel und Gretel.*

Drinnen war es warm und gemütlich. In der Mitte des bäuerlichen, reich gedeckten Tisches dampfte die große Schale mit Glühwein, der im verdunkelten Zimmer um Mitternacht angezündet wurde. Mir war feierlich zumute. Was würde das neue Jahr bringen? Allan war ziemlich still. Von Zeit zu Zeit sah er mich neugierig an. Als alle müde waren, es war sicher schon zwei oder drei Uhr morgens, sagte Artjom: »Wir haben hier ziemlich wenig Platz.« Und etwas unsicher fügte er hinzu: »Kann man euch beide zusammenlegen?« Wir antworteten äußerst formlos und auch erleichtert: »Aber gewiß.« Artjom schrieb dann eine Novelle über uns: *Das Mädchen aus Norwegen.* Um uns zu schützen, machte er aus mir eine Norwegerin und aus Emi einen Neger.

Ich lernte nicht nur sehr schnell Russisch, sondern auch, mich frei und selbständig in Moskau zu bewegen. Ich ging einkaufen und gewöhnte mich erstaunlich schnell an die mir fremden Lebensbedingungen. Wir besuchten Henri und Gustav, die eine sehr hübsche, etwas altmodische Wohnung in einem Eckhaus auf der Kusnetzki Most hatten. Henri fertigte zu Hause Übersetzungen für die deutsche Ausgabe der *Internationalen Literatur* an, deren Redaktionsräume sich am Anfang der Kusnetzki Most befanden. Emi erledigte Redaktionsarbeiten für die chinesische Ausgabe der *Internationalen Literatur*, er schrieb auch Artikel und übersetzte für die Zeitschrift.

Auch Isaak Babel besuchten wir. Er lebte mit einer jungen Russin, Antonina Pawlowna, in einem Haus zusammen, das, wenn ich mich richtig erinnere, sein eigenes war und direkt gegenüber dem Emigrantenheim lag. Er und Emi gefielen einander. Babel war ein kluger, stiller und sympathischer Mann, energisch und trotzdem etwas schüchtern. Einmal spielte ihm Emi auf einer chinesischen Flöte vor. Babel hörte erstaunt zu. Seitdem bat er Emi jedesmal, wenn er uns besuchte, auf der Flöte zu spielen. Als ich

Babel 1934 kennenlernte, habe ich das Ungewöhnliche und Typische an ihm sicher nicht voll erfaßt. Um ihn treffend zu charakterisieren, möchte ich die Worte seines Schülers und Freundes G. Munblik zitieren: »Es ist schwer, einen Menschen so zu beschreiben, daß der Leser ihn vor sich sieht, und Babel zu beschreiben, ist ganz besonders schwer. Alles an ihm schien gewöhnlich, die gedrungene Figur mit dem kurzen Hals, das breite gütige Gesicht, die hohe Stirn, die sich oft kräuselte; das etwas schelmische Lächeln und das Blinzeln der Augen waren nur äußere Zeichen seiner Beziehung zu dem, was um ihn herum vorging. In Wirklichkeit war er durchdrungen von einer tiefen, menschenfreundlichen Neugier. Er hatte einen ungewöhnlich scharfen Blick und sah alles durch und durch. Das rief bei ihm aber keine Skepsis hervor, sondern fröhliches Erstaunen. Man könnte es auch so formulieren: Mit seinem scharfen Blick ging er auf Entdekkungsreisen, die ihm oft angenehme Überraschungen brachten.« (Aus dem Russischen von Eva Siao)

Trotz seiner guten Beziehungen konnte aber auch Babel uns nicht bei meinem größten Problem helfen: in der Sowjetunion bleiben zu dürfen. Nach dem Mord an Kirow war es für einen gewöhnlichen parteilosen Ausländer beinahe unmöglich, aus privaten Gründen eine Aufenthaltsgenehmigung zu bekommen.

In der Zwischenzeit ging es Skoglar wesentlich besser. Er erkannte mich, sprach mit mir, auch seine russischen Sprachkenntnisse kehrten zurück. Aber die Ärzte wollten ihn bis zur völligen Genesung in der Klinik behalten und anschließend in ein Sanatorium schicken. Nachdem mein Visum in Moskau schon einmal verlängert worden war, gab es nun keinen Grund mehr, dies nochmals zu tun. Auch Emi konnte trotz aller Anstrengungen und guten Verbindungen nichts erreichen. Selbst die Tatsache, daß wir heiraten wollten, zog nicht. So mußte ich am 5. Februar 1935 schweren Herzens nach Stockholm zurückfahren.

Hin und her

Am 8. Februar kam ich im Hafen von Stockholm an, wo Herbert mich abholte. Da es unbestimmt war, wie lange es dauern würde, bis ich meine Einreiseerlaubnis in die Sowjetunion bekam, bot mir Anna an, wieder bei ihr zu arbeiten. Herberts Freundin Jenia übersetzte gerade einen Roman aus dem Russischen ins Schwedische. Ich half ihr, die Übersetzung sauber abzutippen. So verdiente ich mir etwas Geld. Nebenbei lernte ich fleißig Chinesisch.

Emi und ich schrieben uns täglich heiße Liebesbriefe – auf russisch. Er rief mich auch sehr oft an. Wenn ich heute meine Briefe von damals lese, staune ich, wie gut ich mich in dieser mir fremden Sprache ausdrücken konnte, obwohl ich mich nur drei Monate in der Sowjetunion aufgehalten hatte. Ich verstand auch ohne weiteres alle Briefe, die Emi mir schrieb. Das habe ich wirklich ihm zu verdanken. Noch in Moskau hatte er mir ein bißchen Chinesisch beigebracht, auch die Transkription mit lateinischen Buchstaben und einige leichtere Schriftzeichen. Alle meine Kenntnisse verwertete ich ab und zu in meinen Briefen; auch Emi schrieb mir immer einige Zeilen auf chinesisch.

Emi versuchte alles, für mich die Erlaubnis zu bekommen, daß ich in die Sowjetunion einreisen und mich dort aufhalten durfte. Auch Babel, Vera Inber und sogar Alexandra Kollontai, die Kampfgefährtin Lenins und damalige Gesandtin der Sowjetunion in Schweden, bemühten sich sehr, aber vergeblich. Sehr bald, am 22. Februar, teilte Emi mir mit, daß ich, wenn ich in die Sowjetunion kommen und ihn heiraten wolle, die sowjetische Staatsbürgerschaft annehmen müsse. Zuerst hatte ich mich am Telefon ziemlich unüberlegt einverstanden erklärt, und Emi freute sich sehr. Dann begann ich jedoch nachzudenken. Auch Herbert meinte, ich solle mir das ernstlich überlegen. Denn in der damaligen Situation hieß ein solcher Entschluß, die westliche Welt, in der ich aufgewachsen war, ganz zu verlassen. Genauso schwer wie es für mich als Deutsche war, eine Einreise- und Aufenthaltsgenehmigung in der Sowjetunion zu bekommen, wäre es auch für mich als Sowjetbürgerin gewesen, aus meinem neuen Heimatland auszureisen. Ich war nicht nur politisch völlig unreif, sondern auch als Person noch nicht so weit, um eine solch schwerwiegende Entscheidung von heute auf morgen zu treffen.

Emi wiederum konnte das nicht gleich verstehen. Er schrieb mir:

»... das gestrige Telefongespräch mit Dir hat mich sehr betrübt. Ich konnte die ganze Nacht nicht schlafen. Wie ich sehe, hast Du Dich noch nicht entschlossen, die sowjetische Staatsbürgerschaft anzunehmen. Vielleicht liebst Du mich nicht so, wie Du denkst und in Deinen Briefen schreibst. Auf keinen Fall will ich Dich zwingen oder von Dir fordern oder Dich überreden, die sowjetische Staatsbürgerschaft anzunehmen. Ich will Dir nur – wie einem Genossen – erklären, warum ich Deine Meinung nicht gutheiße:

1. Was verlierst Du, wenn Du Sowjetbürgerin bist? Ich weiß, viele Ausländer träumen davon. Sowjetbürger zu sein, ist ein großes Glück, eine große Ehre. Natürlich muß ein Sowjetbürger seine Pflicht gegenüber seinem Staat erfüllen, aber das ist ein Staat der Volksmassen. Das heißt, das ist unser Staat, der Staat eines jeden. Ehrlich arbeiten für das Wohl der Allgemeinheit, und nicht nur für sich – das ist ein wirklicher Sowjetbürger und kein Spießbürger, deren es leider noch allzu viele bei uns gibt.

2. Stimmt es wirklich, daß Du, wenn Du Sowjetbürgerin bist, Dein Leben lang nicht mehr aus der Sowjetunion ausreisen kannst? Da denkst Du ganz falsch. Das liegt an Deinem mangelnden Verständnis für die internationale Lage und die Geschichte der Revolution. Es ist schwer, das alles in ein paar Worten zu erklären. Ich will Dir nur ganz einfach und kurz sagen: In einiger Zeit – wann genau ist natürlich noch unbestimmt – wird die Weltrevolution da sein. Zumindest in einigen Ländern wird die Arbeiterklasse siegen. Und dann wird die internationale Lage eine völlig andere sein. Das ist kein Optimismus, das ist elementares politisches Wissen. Wer weiß, ob man dann nicht einen von uns ins Ausland zur Arbeit schicken wird? Ob Du nun die sowjetische Staatsbürgerschaft annimmst oder nicht, mußt Du selbst entscheiden, unabhängig von unserer Liebe. Das ist eine politische Frage, die den politischen Standpunkt eines Menschen bezeugt.«

Dann schrieb er noch: »In Deinem Brief heißt es, daß Du Dich in Moskau wie zu Hause fühlst, in Stockholm hingegen fremd. Wenn Du wirklich so denkst, verstehe ich nicht, warum Du die Frage mit der sowjetischen Staatsbürgerschaft nicht lösen kannst. Das heißt doch nur, daß Du Dich hier noch nicht zu Hause fühlst. Ich muß Dir sagen: Meine Frau soll nicht aus einer Laune heraus Sowjetbürgerin werden, sondern dies aus politischer Überzeugung sein. Wenn das nicht so ist, kann ich sie nicht lieben.«

Wieder verstand ich mit dem Herzen alles. Ich wollte zu ihm, wollte in der Sowjetunion leben, arbeiten und ein neuer Mensch werden. Aber alle Brücken plötzlich hinter mir abzubrechen, dazu konnte ich mich nicht so schnell entschließen. Meine Briefe voller Aufrichtigkeit und Liebe überzeugten Emi letzten Endes. Er bereute seine heftige Reaktion. Schließlich war er Marxist und mußte verstehen, daß ein bürgerlich erzogenes junges Mädchen trotz aller Liebe nicht im Handumdrehen eine bewußte Sowjetbürgerin werden konnte. Das konnte ich nur an seiner Seite im täglichen Leben in der Sowjetunion. Wir beschlossen also, daß ich noch einmal mit Intourist kommen sollte. Herbert schenkte mir abermals das Geld für die Reise. Am 1. April 1935 fuhr ich zum zweitenmal in die Sowjetunion und blieb bis Mitte Juni.

Am 1. Juni kam Herbert auf Einladung des sowjetischen Musikerverbandes zu einem Musikfestival in die Sowjetunion. Da Emi sehr beschäftigt war, fuhr ich allein nach Leningrad und holte Herbert ab. Wir wohnten im Hotel Astoria. Ich konnte an allen Veranstaltungen teilnehmen und sah u.a. *Pique Dame* sowie *Schwanensee*. Oft konnte ich die ausländischen Gäste beim Essen und bei den Ausflügen beobachten und hören, wie sie vieles von oben herab bekrittelten. Da zog ich einen Strich zwischen ihnen und mir und schrieb an Emi: »... Ich fühle mich in der Gesellschaft dieser Leute nicht wohl. Sie sind eingeladen, um ein Stück einer neu entstehenden Welt zu sehen, und sie meckern herum und finden überall ein Haar in der Suppe, nur weil sie sich verpflichtet fühlen zu kritisieren. Wieviel Elend und Schlechtes es in ihren Ländern gibt, daran wollen sie natürlich nicht denken... Ich fühle mich hier mehr als Gastgeberin denn als Gast und kann es nicht erwarten, Dich zu sehen und im Kreise unserer Freunde zu sein...« Es war das erste Mal, daß mir solche Gedanken durch den Kopf schwirrten. Dies und die Tatsache, daß Herbert und Emi einander kennenlernten und sich gefielen, beschleunigte meinen Entschluß, die Sowjetbürgerschaft anzunehmen.

Am 4. Juni 1935 empfing uns Emi in Moskau. Er – der Dichter – und Herbert – der Musiker – hatten viel Sympathie füreinander. Sie sprachen Französisch miteinander. Kurz nach unserer Ankunft kam uns Babel besuchen. Er sprach Französisch und Deutsch und lud Herbert spontan ein, bei ihm in seinem Häuschen zu logieren. Herbert nahm mit Freuden an. Emi, Isaak Babel und Herbert bildeten eine harmonische Dreiheit. Im sommerlichen Moskau verbrachten wir unvergeßliche Tage – bis zum 15. Juni, dem Tag, an dem ich Moskau verlassen mußte. Mein Visum konnte nicht verlängert werden.

Bei seinem Besuch sah Herbert, daß Emi und ich einander wirklich liebten. Er bekam auch einen Begriff davon, daß die Sowjetunion ein Land mit großer Zukunft war. Und da Herbert schwedischer Staatsbürger war, konnte er mich ab und zu besuchen. Wir beschlossen, daß ich in Stockholm sofort eine Eingabe um die sowjetische Staatsbürgerschaft machen sollte. Wieder verließ ich Emi schweren Herzens, jedoch in der Hoffnung auf ein Wiedersehen – für immer.

Zum Abschied schrieb Emi auf russisch eine Widmung auf ein Foto, das ich von ihm in Gagri gemacht hatte. Darin heißt es: »Meiner teuren, einzigen, geliebten Evotschka! Möge das das letzte Mal sein, daß Du von mir getrennt bist und allein so weit von mir gehst. Ich hoffe, daß Du sehr bald zu mir zurückkehrst und wir für immer zusammen leben und arbeiten. Dein und nur Dein Emi.« In lateinischen Buchstaben ergänzte er noch auf chinesisch: »Vergiß mich nicht! Ich liebe Dich sehr! 15. Juni 1935.«

Emi und ich schrieben uns täglich Briefe und telefonierten häufig miteinander. Trotz meiner Eingabe um die sowjetische Staatsbürgerschaft hatte Emi noch mit vielen Personen zu sprechen, um die Sache zu beschleunigen. Alexandra Kollontai empfing Emi in Moskau und mich in Stockholm. Sie hatte viel Mitgefühl für unsere ungewöhnliche Liebe. In dieser Zeit las ich auch viel – sowohl klassische wie moderne russische Literatur. *Die toten Seelen* von Gogol auf deutsch, Novellen von Michail M. Sostschenko auf russisch. Ich las Babel, Vera Inber und andere. Und ich lernte hartnäckig Chinesisch. Tagsüber arbeitete ich sieben bis acht Stunden im Atelier von Anna, die Anfang Juli zur Erholung nach Kopenhagen fuhr.

Anfang Juli hatte ich das Gefühl, schwanger zu sein. Es stimmte. Ich wußte, daß Emi jetzt noch keine Kinder haben wollte; wir hatten darüber gesprochen. Als ich ihm am Telefon erzählte, daß ich schwanger sei, war er ganz erschrocken: »Wir können uns jetzt noch keine Kinder leisten. Meine Zukunft ist vollkommen unsicher, Du mußt etwas tun.« Emi hatte mir von Anfang an ganz offen und ehrlich gesagt, daß er bei der ersten sich bietenden Gelegenheit nach China fahren würde und ich nicht gleich mitkommen könnte. Trotzdem war ich fest entschlossen, seine Lebensgefährtin zu werden. Ich schrieb an Emi: »... ich liebe dieses Kind schon, Dein Kind, und weiß doch, daß ich es nicht bekommen darf... Ich kämpfe mit mir, aber da Du immerfort gesagt hast, daß Du jetzt noch kein Kind haben willst, werde ich alles tun, um Deine Arbeit nicht zu stören.«

In meiner Not – Herbert war im Urlaub in Landeck – rief ich Anna in Kopenhagen an. Sie gab mir die Adresse eines Arztes, den sie kannte. Damals stand Gefängnis auf Abtreibung. Der Arzt nahm den Eingriff in der regulären Sprechstunde – ohne Narkose – vor; und nicht auf einmal, sondern in drei Etappen, eine ziemlich barbarische Angelegenheit. Dafür verlangte er nur den gewöhnlichen Sprechstundenpreis: 10 bis 15 Kronen. Beim letzten Eingriff hatte ich große Schmerzen und starken Blutverlust. Ich durfte jedoch keine fünf Minuten länger bei dem Arzt bleiben, sondern mußte sofort mit einem Taxi nach Hause fahren. Am 25. Juli schrieb ich an Emi: »Ich bin sehr krank, habe starken Blutverlust. Anna kam extra früher aus Kopenhagen und wohnt bei mir, weil ich nicht aufstehen darf. Jetzt bin ich nicht mehr so allein.«

Als Herbert am 1. August aus Landeck zurückkam, meinte er: »Du bist ja verrückt. Warum hast du das nur getan?« Ich sagte: »Aber wir sind ja noch nicht einmal verheiratet, und die Zukunft ist so unsicher.« Darauf Herbert: »Na und? Da hätten wir eben ein Kindchen gehabt, so einen kleinen Komiker.« (Er nannte alle kleinen Kinder Komiker.) So war eben Herbert, für ihn war alles einfach.

Anfang August 1935 erhielt ich endlich die Einreiseerlaubnis in die Sowjetunion. Der Abschied von Anna, von allen Freunden und besonders von Herbert fiel mir äußerst schwer. Aber meine Liebe zu Emi und der Wunsch, ein neuer Mensch zu werden, waren stärker als alles andere. Und so machte ich voller Zuversicht und auch voller Ideale im Kopf den Sprung aus der alten in eine ganz neue Welt – in die Welt der Zukunft.

In der neuen Heimat

Endlich war ich da – für immer, wie ich glaubte. Mein neues Leben begann ich in dem schon erwähnten Gemeinschaftshaus. Nun lernte ich auch die anderen Nachbarn kennen, darunter einen Deutschen, eine furchtbar dicke Ungarin mit ihrer Tochter, die beide in einer Fabrik arbeiteten, und neben anderen die Chinesin Su-mama*. Die Ungarin konnte die kleine dünne Chinesin nicht leiden und fiel oft in der Küche mit fürchterlichen russischen Schimpfworten über die sprachlich wehrlose Su-mama her. Kurz nach meiner Ankunft kam auch Wassa für einige Zeit nach Moskau. Damals lernte ich sie kennen. Sie zog zu Lazar Aronschtam, einem Gewerkschafter, der auf demselben Flur wie Emi wohnte und dessen Frau Mira als Journalistin noch in Frankreich arbeitete.

Wassa war acht Jahre älter als ich. Sie stammte aus einer kleinbürgerlichen Arbeiterfamilie, gehörte jetzt aber als ausgebildete Lehrerin zu der neuen sowjetischen Intelligenz. Wassa war sehr belesen und hatte einen weiten Horizont. Leider glaubte sie, nur sie allein mache alles richtig, und alles mußte nach ihrem Willen gehen. War es anders, schimpfte sie viel und wurde heftig. Auf der anderen Seite war sie die Güte selbst, geradeheraus und ehrlich; auch bei der Arbeit, was nicht immer einfach war, wie ich später erfuhr. Wassa litt selbst am meisten unter ihrem Charakter, der nicht nur den ihr nahestehenden Menschen, sondern auch ihr das Leben verleidete. So konnte Emi, der ein ruhiger Mensch war und Krach und Unfrieden nicht ertrug, nicht auf Dauer mit Wassa zusammenbleiben.

Es war wohl ein seltsamer Zufall, daß Emi und Wassa ihre neuen Lebensgefährten fast gleichzeitig fanden. Kurz bevor Emi mich kennenlernte, hatte Wassa ihren zweiten Mann getroffen, einen russischen Juden namens Naum Ljubin, der von allen nur Sjan genannt wurde. Er war jünger als Wassa, liebte sie abgöttisch und trug sie auf Händen. An ihm prallte Wassas Hang zur Rechthaberei ab; er kümmerte sich einfach nicht darum. Sjan war Sinologe. Er und Wassa arbeiteten im Fernen Osten, in Chabarowsk, Wassa als Lehrerin, Sjan im Komitee für Chinesische Sprachreform. Wassa sprach auch etwas Chinesisch. Allan lebte zeitweise bei ihnen

* Su-mama war die Witwe des bekannten Revolutionärs Su Zhaozhen, der 1925 den großen Streik in Shanghai geleitet hatte.

und zeitweise bei uns. Er wuchs mit zwei Vätern und zwei Müttern auf, die ihn alle auf ihre Art liebten.

Unsere Nachbarn kannten Wassa; schließlich hatte sie jahrelang mit Allan und Emi hier gelebt. Und alle wußten auch um Wassas Charakter. Als sie nun plötzlich hier erschien, erwarteten alle schreckliche Eifersuchtsszenen zwischen uns beiden. Wir mußten die lieben Nachbarn sehr enttäuschen, denn es kam ganz anders, als sie gedacht hatten. Ganz selbstverständlich kam Wassa oft in unser Zimmer, das früher ja auch ihr Zimmer gewesen war. Wir tranken zusammen Tee und beschnupperten einander. Emi hatte viel zu arbeiten, oft auch Sitzungen. Er war etwas ängstlich, uns beide allein zu lassen. Eines Nachmittags saßen wir wieder einmal allein zusammen. Da bekam Wassa einen Herzanfall (ich wußte bis dahin nicht, daß sie herzkrank war). Niemand war in der Nähe, der hätte helfen können; es war furchtbar mitanzusehen, wie Wassa sich quälte. Ich tat alles, um ihr über den Anfall hinwegzuhelfen. Nachher war Wassa so geschwächt, daß sie nicht einmal den Kopf heben konnte; sie sah mich nur mit ihren großen guten Augen an. Plötzlich zog sie mich zu sich herunter und küßte mich. Der traurige Anlaß hatte uns zusammengebracht; von diesem Moment an waren wir Freundinnen und gingen zusammen durch dick und dünn – bis zu ihrem Tod im Jahre 1961.

Als Emi an diesem Abend sehr spät nach Hause kam, fand er zu seiner großen Freude ein friedliches Schwesternpaar vor. Bei Wassa lernte ich Russisch sprechen, da sie viel und deutlich redete. Außerdem brachte sie mir das Kochen bei – Wassa konnte mit den einfachsten Mitteln wahre Delikatessen zaubern. Die Nachbarn, die uns friedlich in der Küche sitzen sahen, kamen aus dem Staunen nicht heraus.

Emi schlug vor, unsere bis dahin wilde Ehe zu legalisieren. Wassa und Sjan hatten längst geheiratet. So gingen wir zum Standesamt und ließen uns trauen, was damals eine höchst einfache Formalität war. Abends fragte Wassa, wo wir am Nachmittag gewesen seien. Wir zeigten ihr die Heiratsurkunde. Sie war ganz außer sich vor Freude. »Und das erwähnt ihr so nebenbei!« Auf der Stelle rannte sie los und kam mit Wein und Delikatessen bepackt zurück. Und so feierten wir zu dritt oder viert – ich glaube, wir holten auch Lazar dazu – Emis und meine etwas ungewöhnliche Hochzeit. Kurz darauf machten wir unsere Hochzeitsreise nach Koktebel auf der Krim. Wassa schrieb uns aus Moskau:

»Lieber Emi! ... ja, mein Freund, ich bin sehr froh, daß mein Wunsch, eine gute Beziehung zu Dir zu behalten, in Erfüllung gegangen ist. Ich war immer sicher, daß wir beide (wenn niemand stört) ein gutes Gefühl füreinander behalten können, denn wir beide waren doch mehr als nur Mann und Frau. Wir waren Genossen – Kameraden in der Arbeit und im Leben. Kameraden werden wir im besten Sinne des Wortes auch bleiben. Mein Gefühl zu Dir war nicht nur wie das zu einem geliebten Mann, sondern auch wie das zu einem Sohn, zu einem Bruder. Dieses Gefühl wird nie vergehen. Ich freue mich, daß du eine so gute Frau hast. Und ein Teil meiner mütterlichen Gefühle wird ganz selbstverständlich auf sie übergehen. Lebt gut miteinander... Versuche, Eva ihre Jugend zu erhalten. Du bist jetzt alles für sie. Für Dich hat sie ihren Bruder und ihre Heimat verlassen. Das mußt Du ihr nun ersetzen.

Mit meinem jetzigen Leben bin ich zufrieden. Sjan ist ein sehr guter Mensch, und ich hatte wirklich Glück, ihm zu begegnen. Im letzten Jahr bin ich richtig jünger geworden...

Liebe Eva! Danke, daß Du mich nicht vergessen hast. Ohne Dich ist es hier sehr trübselig. So bin ich schon daran gewöhnt, mit Dir zusammenzusein. Du bist mir wie eine jüngere Schwester. Emi ist ein guter Mensch, nur manchmal sehr nervös. Das ist übriggeblieben von der schweren Krankheit, die er durchgemacht hat. Ich sehe, daß er Dich liebt, und ich bin froh, daß er sich gerade in Dich verliebt hat.« (Brief vom 22. September 1935)

In Koktebel wohnten wir in einem Erholungsheim des sowjetischen Schriftstellerverbandes. Wir hatten ein Zimmer mit Ausblick aufs Meer. Mitglieder des Schriftstellerverbandes erhielten diese Erholungsreisen umsonst. Da ich kein Mitglied war, mußte Emi für mich bezahlen, aber nur wenig. Wir genossen etliche Wochen lang die leuchtenden Farben des Südens – und wir genossen unsere Liebe. An Emis Seite lernte ich die Sowjetunion nach und nach kennen, ihre Menschen und deren Gedanken. Weder in Deutschland noch in Schweden hatte ich erlebt, daß Menschen von einer Idee besessen sind – nicht für das eigene Wohlergehen, sondern für die Gemeinschaft. In der Sowjetunion passierte etwas, das in die Zukunft gerichtet war. Die Idee diente dem Ziel, aus einem armen Land einen blühenden Staat zu machen, in dem die Maximen des Sozialismus verwirklicht waren. Alle Menschen, die ich damals kennenlernte, arbeiteten mit Begeisterung an der Erreichung dieses Ideals; diese Begeisterung war auch in der Öffentlichkeit spürbar.

Und es war schon viel erreicht worden in dem jungen, erst 18 Jahre alten Sowjetstaat. Es gab Errungenschaften, von denen man vor der Oktoberrevolution nicht einmal zu träumen gewagt hätte. So wurde das Analphabetentum beseitigt. Es wurden Abendschulen eingerichtet für Arbeiter und alle Erwachsenen, die nicht lesen und schreiben konnten. Die kulturellen Einrichtungen standen allen zur Verfügung, und nicht nur wenigen Privilegierten. Und der Wissensdurst war ungeheuer groß, was sich u. a. an der Nachfrage nach Büchern zeigte. Alles wurde gelesen – Klassiker und moderne Literatur, politische, wissenschaftliche, technische und Kunstbücher. Die Bücher waren billig, ebenso Kino- und Theaterkarten. Überhaupt war alles, was mit Lernen und Erziehung zusammenhing, preiswert oder sogar umsonst. Besonders beeindruckte mich, wieviel gerade in dieser Hinsicht für Kinder getan wurde. Es gab immer mehr Kinderkrippen und Kindergärten. Alle Kinder sollten und konnten zur Schule gehen; Kinder von Arbeitern und Bauern durften die Universitäten besuchen.

Zu den Errungenschaften des Sowjetstaates gehörten auch die Erholungsheime und Sanatorien für Arbeiter und die verschiedenen Schichten der Intelligenz, wie Ärzte, Lehrer, Künstler und Schriftsteller. Gerade die Künstler und Schriftsteller genossen besondere Privilegien. So bestanden nicht nur im Süden, sondern auch außerhalb der Großstädte Doma Tvortschestva (Heime für schöpferische Arbeit), in denen Schriftsteller auf unbegrenzte Zeit in Ruhe arbeiten konnten. Ich begleitete Emi mehrmals in solche Heime in der Nähe von Moskau.

Die Schriftsteller wurden verehrt und geliebt, denn sie gaben den Menschen die geistige Nahrung, nach der sie hungerten. In ihren Texten entlarvten sie die alte Gesellschaft, erzählten von dem harten Kampf der Unterdrückten und von der Revolution. Sie beschrieben die Menschen der Gegenwart, die selbstlose und mutige Jugend, die trotz zahlreicher Entbehrungen mit großem Enthusiasmus neue Städte baute und das Land fruchtbar machte. Mit ihren Gedichten, Erzählungen und Romanen machten sie den Menschen Mut, nicht aufzugeben, sich selbst zu vertrauen und durchzuhalten, denn Mühsal gehörte dazu, wenn man ein rückständiges, armes Land in ein fortschrittliches und wohlhabendes umwandeln wollte. Ich erinnere mich an Majakowskijs Poeme, die Emi seinerzeit ins Chinesische übersetzte. In ihnen und in den Romanen von Babel, Ehrenburg und Scholochow, die ich anfangs in deutscher Übersetzung las, fand ich jene neuen Menschen geschildert, auf die ich so neugierig war, als ich in die Sowjetunion fuhr.

Ungewohnt dagegen war für mich zunächst der sowjetische Alltag. Ich kam aus einem der reichsten westlichen Länder: Schweden. Dort gab es alles in Hülle und Fülle; man konnte teuer leben, aber auch sehr preiswert. Die Läden in der UdSSR waren verstaatlicht. In Moskau gab es nur ein kleines Warenangebot und das auch nur auf Marken. Ich glaube, es war Anfang 1935, als wenigstens Brot ohne Marken erhältlich war. Um Kleidung, Schuhe, tägliche Gebrauchsgegenstände wie Kochtöpfe und Geschirr, um schöne Kleiderstoffe oder importierte Schuhe mußten die Frauen viele Stunden, manchmal sogar eine ganze Nacht anstehen. Auch war die Zuteilung ziemlich unplanmäßig. Wenn so etwas wie Schlittschuhe oder Badeanzüge im Angebot waren, dann gab es die Schlittschuhe bestimmt im Sommer und die Badeanzüge im Winter.

Ich ging nun selbst regelmäßig einkaufen. An der Ecke unserer Straße war ein kleiner Bäckerladen mit mehreren Sorten Schwarz- und Weißbrot, Hefegebäck und vielen, bei den Russen überaus beliebten süßen und salzigen Teigwaren. Ganz in unserer Nähe gab es auch einen kleinen freien Markt, auf dem Bauern auf langen Holztischen Milchprodukte und andere Lebensmittel verkauften, die aber wesentlich teurer waren als in den Staatsläden. Im Zentrum Moskaus, auf der Kusnetzki Most, gab es einen Laden namens Insnab (was soviel bedeutet wie: Versorgung für Ausländer), in dem Diplomaten, ausländische Journalisten und politische Emigranten mit einem speziellen Ausweis einkaufen konnten und auch nicht Schlange stehen mußten. Emi besaß einen solchen Ausweis. Im allgemeinen verdiente Emi als freier Schriftsteller so viel, daß wir es uns leisten konnten, auf dem freien Markt zu kaufen. Ich fand das eigentümlich: das geringe Angebot bei fast allen Waren einerseits und die Privilegien für Ausländer andererseits.

In den Stockholmer Zeitungen gab es täglich mehrere Seiten mit Inseraten für freie Wohnungen. Auch verhältnismäßig billige Wohnungen waren modern ausgestattet: Küche mit Gasanschluß und Kühlschrank, Badezimmer mit fließend warmem und kaltem Wasser. In Moskau hingegen herrschte große Wohnungsnot. Viele Menschen, auch Elena, wohnten in kleinen altmodischen Wohnungen. In größeren Wohnungen waren mehrere Familien untergebracht, jede Familie in einem Zimmer. Waren die Räume sehr klein, bewohnte eine größere Familie zwei Zimmer. Küche und Toilette – oder Badezimmer, wenn es eins gab – wurden gemeinsam benutzt. Der Grund dafür, daß man sich die Wohnungen teilte, waren nicht überhöhte Mieten – wie heute im Westen –, sondern es fehlte einfach Wohnraum. Die Mieten in der Sowjetunion waren sehr niedrig.

An fünf Tagen der Woche wurde gearbeitet, der sechste war Ruhetag. Wenn ich mich richtig erinnere, hatte jeder Bürger einmal im Jahr das Recht auf bezahlten zwei- bis vierwöchigen Urlaub. Sonntage oder religiöse Feiertage gab es nicht. Der geschmückte Weihnachtsbaum hieß Neujahrstanne und wurde am Sylvesterabend aufgebaut. Und nicht der Weihnachtsmann, sondern Großväterchen Frost brachte den Kindern Geschenke. Die Aufhebung der Religion war vielen Menschen wahrscheinlich ein Dorn im Auge gewesen; aber da ich atheistisch erzogen worden war, stieß ich mich nicht an dieser Maßnahme.

In der Sowjetunion gab es zwei große Feiertage: den 1. Mai, den internationalen Feiertag aller arbeitenden Menschen, und den 7. November, den Tag der Oktoberrevolution. Neujahr wurde ebenfalls gefeiert und der 8. März, der internationale Frauentag. Auf ihn wurde schon etliche Tage vorher auf Plakaten, Transparenten, in der Presse und im Rundfunk aufmerksam gemacht. Darüber freuten sich die Frauen, da sie einen halben Tag frei hatten; an den Arbeitsplätzen wurde die Frauenfrage diskutiert.

An die noch bestehenden Mängel gewöhnte ich mich schnell; es fiel mir in meiner Begeisterung auch nicht schwer. Das Land und seine Menschen imponierten mir, ihr Leben und Denken steckten mich an. Daß der junge Staat bald von einem schrecklichen Terror heimgesucht werden würde, der die Ideale all dieser Menschen verriet, ahnten weder ich noch unsere Freunde.

Zu den Menschen, von denen Emi sagte, daß sie nur für das Wohl ihres Staates und das der Menschheit lebten und arbeiteten, gehörten Katerina und Alexander Dragunow, zwei Sinologen. Sie wohnten in Leningrad, später in Moskau. In beiden Städten arbeiteten sie an der Akademie der Wissenschaften und in Moskau auch noch am Ostasiatischen Institut. Die Dragunows zählten zu Emis besten Freunden. Beide waren kluge, liebe Menschen, aber die markantere Persönlichkeit war Katerina (genannt Katja), was ihr Mann auch ohne weiteres anerkannte. Katja war älter als ich – um wieviel, weiß ich nicht, denn sie hatte ein zeitloses Gesicht; über Jahrzehnte schien sie mir immer dieselbe. Sie war nicht hübsch, aber ihre klugen, lebhaften braunen Augen gaben ihrem Gesicht einen unwiderstehlichen Reiz. Katja kleidete sich einfach, fast bäuerlich, und selten habe ich sie ohne Kopftuch gesehen. Niemand sah ihr an, daß sie in Wirklichkeit eine Gelehrte war. Außer Russisch sprach sie Deutsch, Englisch, Chinesisch und stellte Lehrbücher in englischer Sprache zusammen. Außerdem interessierte sie sich für Botanik und Zoologie. Eigentlich interessierte sie sich für alles in der Welt. Katja war ein wandelndes Konversationslexikon.

Es gab kaum eine Frage, auf die sie nicht eine Antwort wußte. Als Emi und ich unsere Hochzeitsreise nach Koktebel machten, war Katja auch dort zur Erholung. Sie bewohnte ein großes Zimmer, in dem nur ein Eisenbett, ein Tisch und einige Stühle standen. Bücher lagen verstreut herum, und auf dem kahlen Fußboden spazierte ein Igel zwischen Töpfen mit allen möglichen Pflanzen herum, deren Bedeutung mir Katja gleich eifrig erklärte. Für Äußerlichkeiten hatte sie überhaupt keinen Sinn.

Nach unserer Rückkehr aus Koktebel, wir hatten noch Station in Odessa und Kiew gemacht, wohnten wir wieder in unserem Zimmer im Emigrantenheim. Emi war Mitglied des sowjetischen Schriftstellerverbandes und – mit der Erlaubnis der Kommunistischen Partei Chinas – auch in der KPdSU. Er nahm an Parteiversammlungen und Sitzungen des Schriftstellerverbandes teil. Ein paarmal in der Woche arbeitete er in der Redaktion der *Internationalen Literatur*. Außerdem korrespondierte er mit Lu Xün, dem Gorki Chinas. Lu Xün lebte in Chongqing und stand an der Spitze des Verbandes der linken Schriftsteller Chinas. Er war bekannt für seine kritischen Schriften, in denen er sich in scharfer Form gegen die korrupte Gesellschaft unter dem Regime der Guomindang wandte. In Vorträgen und Artikeln berichtete Emi über die Chinesische Revolution, über Lu Xün und den Schriftstellerverband. Emi schrieb oft bis spät in die Nacht oder bereitete seine Vorträge vor. Meistens ging ich früher schlafen und las noch im Bett. Wenn ich vor dem Einschlafen Emi am Schreibtisch sitzen sah, ganz vertieft in seine Arbeit, spürte ich großes Glück in meinem Herzen.

Obwohl Emi sehr beschäftigt war, nahm er sich soviel Zeit wie möglich für mich. Er erzählte mir die Inhalte seiner Artikel und Vorträge. Die kreisten natürlich hauptsächlich um die Chinesische Revolution, um deren Heldinnen und Helden. Oder er sprach über den linken chinesischen Schriftstellerverband. Manchmal übersetzte er mir auch seine Gedichte, oder er versuchte, mir Chinesisch beizubringen. Häufig wurde Emi von Fabriken eingeladen, um vor versammelter Belegschaft über die Chinesische Revolution zu sprechen, und mitunter begleitete ich ihn. Die Werksäle waren jedesmal geschmückt mit vielen roten Fahnen und Losungen. Das und die Begeisterung der Arbeiter beeindruckten mich tief. Einmal besuchten wir ohne vorherige Anmeldung ein paar von Emis Arbeiterfreunden. Innerhalb von fünf Minuten war der Tisch gedeckt mit Brot, Butter, Wurst, Schinken, Käse, Wodka und Süßigkeiten. Die Russen sind ein sehr gastfreundliches Volk.

Wenn wir abends nicht zu Hause blieben, gingen wir in den Schriftstellerverband. Dort hatte man eine künstliche Eisbahn angelegt, auf der wir Schlittschuh liefen. Der Verband organisierte auch Tanzabende. Manchmal sahen wir uns klassische und moderne Stücke im Ersten Moskauer Künstlertheater und in anderen Theatern an; oder Opern und Ballette in dem großen Theater auf dem Theaterplatz. Wir gingen außerdem oft ins Kino. Die beliebtesten Spielfilme waren damals gerade *Zirkus* und *Fröhliche Jugend* – beides Musikfilme. Wo immer wir auch hingingen, benutzten wir die öffentlichen Verkehrsmittel. Ich erinnere mich noch daran, daß wir im eiskalten Winter spätabends vor dem Schriftstellerverband oft lange auf die Straßenbahn warten mußten. Mit der überfüllten Bahn, in der viele laut schimpften und man herumgestoßen wurde, brauchten wir etwa eine Stunde bis nach Hause. Dort wärmten wir uns dann erst einmal mit heißem Tee mit Rum auf.

Ansonsten übte ich mich als Hausfrau. Ich räumte auf, schrubbte Fußböden und wusch Wäsche, kaufte ein und kochte. (Natürlich las ich auch noch nebenbei.) Diese Hausarbeiten machten mir Spaß, weil ich sie noch nie gemacht hatte und Emi sich dabei wohl fühlte. Er schien seine Theorien, daß ich Sowjetbürgerin werden müßte, um für das Wohl der Menschheit arbeiten zu können, vergessen zu haben. Auch wenn mich mein Hausfrauendasein damals nicht bekümmerte, ich war gewohnt zu arbeiten und wollte auch selbst etwas verdienen. So steckte ich mich zuerst einmal hinter Lazar Aronschtam, unseren Nachbarn, der beim Rundfunk arbeitete. Über ihn erhielt ich den Auftrag, eine Art Reklame für den Rundfunk zu machen. Durch Freunde lernte ich später deutsche Genossen im Fremdsprachenverlag kennen, die mir Gelegenheitsarbeiten übertrugen, wie Fotos machen, Buchumschläge anfertigen etc. Ein paarmal sollte ich historische Bücher illustrieren, das heißt, in Museen passendes Bildmaterial suchen. Außerdem lernte ich Leute von Intourist kennen, von denen ich gelegentlich Fotoaufträge erhielt. Auch auf meinen Reisen mit Emi machte ich Fotos für Intourist. Meine Arbeit vertrug sich mit dem Haushalt; unser beider Zusammenleben war harmonisch. Ich war wirklich glücklich.

Einen wichtigen Platz in unserem Leben nahmen die Begegnungen mit unseren Freunden ein. Emi und ich hatten gemeinsame Freunde, jeder aber auch seinen eigenen Freundeskreis. Das blieb auch später so, ganz gleich, wo wir uns aufhielten. Oft besuchten wir Babel. Artjom, der nur einen Katzensprung weit von uns wohnte, war unser beider bester Freund – wie Elena, die sich als Mutter unserer Ehe fühlte. Am nächsten von allen unseren Bekannten stand mir Henri, mit der ich seit den Tagen in Gagri befreundet war. Sie gab mir deutsche und russische Bücher zu lesen. Henri war klug und warmherzig; ich fühlte mich geborgen bei ihr.

Die Emi am nächsten stehenden Menschen waren der Übersetzer seiner Gedichte, Alexander Iljitsch Romm, und der Leiter der Außenabteilung des Schriftstellerverbandes und Chefredakteur der *Internationalen Literatur*, Michail Apletin. Romm war ein stiller, kluger Mensch, der im Zweiten Weltkrieg umkam. Emi kannte auch Fadejew, Ehrenburg, Simonow, Serafimowitsch und andere, aber ein näheres Verhältnis zu ihnen bekam er erst in den 50er Jahren. Später lernte ich noch Erich Weinert und Johannes R. Becher mit ihren Frauen, Willi und May Bredel sowie Heinz Willmann kennen.

Manchmal kamen Emis chinesische Freunde, allesamt politische Emigranten, zu uns nach Hause. Sie arbeiteten entweder im Fremdsprachenverlag oder bei anderen Organisationen, oder wurden vom Komitee für Emigranten, MOPR (Rote Hilfe), unterstützt. Besonders erinnere ich mich an Xu Zhizheng, der nach der Befreiung Chinas einer der führenden Genossen in den chinesischen Gewerkschaften wurde. In der Sowjetunion hieß er Schmidt. Er war mit einer koreanischen Frau verheiratet. Xu-Zhizheng war einer der besten Freunde Emis. Wenn die Chinesen zu uns kamen oder wir sie besuchten, unterhielten sie sich in ihrer Muttersprache. Ich saß dabei und hörte zu. Emi hatte dann keine Lust zu übersetzen, was ich ihm nicht übelnahm. Stundenlang konnte ich dabeisitzen, ohne etwas zu verstehen, und mir nur die Gesichter und das Minenspiel ansehen. So etwas kann ich auch heute noch, da in meinem Leben die Augen – die Fotografenaugen – eine wichtigere Rolle spielen als die Ohren. Kamen die Genossen am Sonntag, kochten sie zusammen chinesisch. Inzwischen war in der Küche Gas gelegt worden. Emi war ein vorzüglicher Koch. Damals aß ich zum erstenmal in meinem Leben chinesische Gerichte.

Eines Tages, Ende 1935 oder Anfang 1936, klingelte das Telefon. Eine Männerstimme fragte in gebrochenem Russisch, ob Emi Siao zu Hause sei. Ich frage: »Sprechen Sie Deutsch?« Ja, er sprach Deutsch. Es war Friedrich Wolf, der bekannte deutsche antifaschistische Schriftsteller und Arzt. Er hatte ein Theaterstück über China geschrieben, *Tai Yang erwacht*, und wollte sich mit Emi über einiges beraten. Er wohnte mit seiner Frau Else und den Kindern in einer kleinen Wohnung am Arbat. So lernten wir die Wolfs kennen. Die Söhne Mischa und Konrad (Koni) waren erst zwölf und zehn Jahre alt.

Über Friedrich Wolf als Schriftsteller ist viel geschrieben worden. Mit seiner Losung »Kunst ist Waffe« war er bis zum letzten Atemzug auf dem Posten. Noch bevor er Schriftsteller wurde, war er Arzt, und das sein Leben lang: im Ersten Weltkrieg auf deutscher Seite als Arzt und Kommunist, im Zweiten auf sowjetischer Seite als Arzt für die Verwundeten und als Seelenarzt für die gefangenen Hitler-Soldaten. Im Konzentrationslager Vernet verarztete er seine Mithäftlinge und schrieb das Theaterstück *Beaumarchais*.

»Wolf war ein fanatischer Gesundleber. Und als Arzt besessen von der Idee, allen Menschen den Weg zu einer gesunden Lebensweise aufzuzeigen... Sein Buch *Die Natur als Arzt und Helfer* wurde zu einer medizinischen Hausbibel, besonders in Arbeiter- und Landarbeiterfamilien des süddeutschen Raumes.« (Jens Grandt, *Das Doktorbuch des Friedrich Wolf*) Dieses Buch wurde auch zu meiner Hausbibel bis auf den heutigen Tag. Obwohl ich schon vieles auswendig weiß, steht es immer griffbereit in meinem Bücherschrank. »Licht, Luft, Sonne, Wasser, Massage und Bewegung, dazu eine vernünftige Ernährung«, daran habe ich mich Jahrzehnte lang gehalten.

Bei dieser ersten Begegnung in Moskau begann meine tiefe Freundschaft zu Else und Friedrich Wolf. Sie hielt bis zu beider Tod. Wolf starb kurz vor seinem 65. Geburtstag im Oktober 1953 bei der Arbeit am Schreibtisch; Else verstarb im Juni 1973. Friedrich habe ich leider zu selten getroffen in seinem viel zu kurzen Leben. In der Erinnerung ist er mir ein sehr vertrauter Freund, dessen Lehre ich meine zweite und dritte Jugend zu verdanken habe.

Ende Juni 1936 kamen Wassa und Sjan mit Allan nach Moskau auf Urlaub. Wer im Fernen Osten arbeitete und noch dazu krank war wie Wassa, bekam längeren Urlaub. Allein die Fahrt nach Moskau und zurück dauerte 18 bis 20 Tage. Den Urlaub – inklusive Fahrkarten – bekamen sie bezahlt. Im Juli fuhren wir alle zusammen in den Kaukasus. Jelesnowodsk ist ein typisch südlicher Kurort mit Zypressen und Palmen, inmitten von Bergen und Wäldern gelegen, mit Heilmoor und heißen Schwefelquellen. Das erinnerte mich ein bißchen an meine Heimat Landeck. Die weiß getünchten Häuser waren in saftiges Grün gebettet. Ewig grüne Bäume, wilde Pflanzen und bunte Blumenbeete verliehen dem Ort seinen besonderen Reiz.

An dieser Stelle muß ich noch etwas einflechten: Als ich im August

1935 endlich zu Emi zog, wollte ich ein Kind. Eigentlich wollte ich viele Kinder haben. Emi konnte es mir nicht mehr ausreden. Da ich nicht schwanger wurde, ging ich zu einem Privatarzt. Er nahm 50 Rubel für die Untersuchung, die im Krankenhaus einen Rubel gekostet hätte. Nach der Untersuchung sagte mir der Arzt, daß ich auf Grund der Abtreibung keine Kinder mehr bekommen könnte. Ich war ganz außer mir. Er riet mir aber, im Sommer nach Jelesnowodsk zu fahren. Dort gäbe es Heilmoor und Schwefelquellen. Ich könnte ja mal probieren, ob es mir etwas helfe. Nach meinem Bericht über die Abtreibung und dem Befund des Moskauer Arztes wurden mir abwechselnd heiße Moor- und Schwefelbäder verschrieben. Mit Beginn der Kur durfte ich keinen Geschlechtsverkehr mehr haben, mußte frühmorgens auf nüchternen Magen Quellwasser trinken und in den langen Gängen oder im umliegenden Park auf und ab gehen.

Emi hatte hier sein Paradies zum Schreiben gefunden, und zwar im Wald. In Moskau sagte er oft zu mir: »In der Stadt am Schreibtisch fällt mir nichts ein.« Nun war er in der stillen Natur, und es schrieb sich gut.

In den Augen der übrigen Kurgäste bildeten wir fünf eine seltsame Gesellschaft. Wir waren zwei Paare und ein Kind. Allan war damals acht Jahre alt. Zu dem Mann des einen Paares sagte er Papa, zu der Frau des anderen Paares Mama. Die Leute betrachteten uns erstaunt und tuschelten. Wir lachten amüsiert. Als Allan sah, daß wir vier einander aufrichtig gern hatten, faßte er Zutrauen zu mir. Wir schlossen Freundschaft, die bis auf den heutigen Tag hält. Wenn ich nicht gerade Anwendungen hatte, machten wir Ausflüge in die Berge, nach Kislowodsk und Essentuki, wo ich fotografierte.

Nach dieser vierwöchigen Pferdekur, die mir helfen sollte, endlich schwanger zu werden, ging ich zur Untersuchung. (Wir hatten uns brav an die Anweisung des Arztes gehalten.) Und? Ich war in der ersten Nacht schwanger geworden, noch vor Beginn der Kur. Seitdem halte ich nicht mehr viel von ärztlichen Diagnosen.

Glückliche Jahre, schreckliche Jahre

Sjan hatte für Emi eine Einladung aus Chabarowsk mitgebracht. Das Komitee für Chinesische Schriftreform bat Emi, ihnen einige Monate bei der Arbeit zu helfen. Wassa und Sjan luden uns vor ihrer Abfahrt aus Moskau Anfang September herzlich ein, in Chabarowsk bei ihnen zu wohnen. Emi wurde nicht nur die Hin- und Rückfahrkarte bezahlt, sondern in Chabarowsk erhielt er auch ein fürstliches Monatsgehalt vom Komitee. Ich hatte mit den Fotografien so viel verdient, daß ich zu meiner Fahrkarte einiges beisteuern konnte.

Mitte November ging die Reise los. Wir fuhren im internationalen Waggon (auf deutsch: erster Klasse) in einem Abteil für zwei. Emi kannte die Strecke schon; für mich war es die erste große Reise dieser Art. Wir hatten Proviant für neun Tage eingepackt – Brot, harte Eier, Wurst, Käse und Konserven. An jeder Station brachten Bauern alle möglichen Eßwaren an den Zug, wie Joghurt, gebratene Hühner und anderes. Es gab auch Stationen, auf denen örtliche Spezialitäten angeboten wurden: in Rjansk Pfefferkuchen, am Baikalsee der berühmte geräucherte Fisch. Es war zauberhaft, im geheizten Abteil durch das verschneite und vereiste Sibirien zu fahren. Ich las viel, und Emi schrieb.

Am neunten Tag unserer Reise kamen wir in Chabarowsk an. Sjan, Allan und Wassa bewohnten eine hübsche, helle Dreizimmerwohnung mit Küche und Bad in einer Siedlung außerhalb der Stadt. In den Zimmern waren Kachelöfen, der Eisenofen im Badezimmer wurde mit Holz geheizt. Emi und ich bekamen das kleine Zimmer, von dem aus eine Tür ins Eßzimmer führte.

Emi und Sjan fuhren jeden Tag mit dem Bus zur Arbeit in die Stadt. Wassa war Vorsteherin eines Kinderheims für chinesische Kinder, und Allan ging zur Schule. Eine Haushaltshilfe, Tante Polja, kam zwei- bis dreimal in der Woche. Sie räumte die Wohnung auf und wusch die Wäsche. Die übrige Hausarbeit erledigten Sjan und Wassa. Emi und ich wurden zur Hausarbeit nicht zugelassen. Sjan machte die Einkäufe in der Stadt, heizte die Öfen und war ein Meister im Reparieren und Installieren. Er hatte zwei goldene Hände. Allan und ich wurden verwöhnt: er, das einzige Kind, und ich, die Schwangere. Gab es einmal Obst, was in dieser Gegend zu jener Zeit eine Seltenheit war, bekamen Allan und ich täglich je einen Apfel oder eine Apfelsine.

Emis und seiner Freunde Gedanken und Handlungen waren beherrscht von der Revolution in China. Die Reform der chinesischen Schriftsprache war Teil dieser Revolution. Zu den wichtigsten Zielen bei der Beseitigung des Analphabetentums in China gehörte es, daß die Kinder statt einiger 1000 Schriftzeichen nur etwa 30 Buchstaben lernen mußten. Die Reaktionäre wehrten sich mit allen Mitteln gegen diese Reform, denn ein belesenes und gebildetes Millionenvolk bedeutete Macht, und vor dieser Macht fürchteten sie sich wie vor der Pest. Emi war einer der Pioniere in dieser Revolution, die heute, nach über 50 Jahren, zwar Fortschritte gemacht hat, aber immer noch nicht durchgesetzt ist. Es gibt Broschüren, Straßenschilder, Plakate mit lateinischen Buchstaben. Die Schulkinder lernen in der ersten Klasse zwar das lateinische Alphabet, aber im täglichen Leben werden immer noch die alten Schriftzeichen benutzt, auch wenn sie von Jahr zu Jahr vereinfacht werden. Nach 1949 stand Emi in enger Verbindung zu dem Komitee für Sprachreform in Beijing, dem er immer wieder neue Vorschläge machte. Jeden Tag, wenn er in der Presse die Namen fremder Länder und Städte, die Namen ausländischer Politiker, Schriftsteller und Künstler in chinesischen Schriftzeichen sah, schlug er wütend mit der Faust auf den Tisch: »Zumindest diese Dinge sollten Presse und Fernsehen mit lateinischen Buchstaben bringen. So versteht ja kein Mensch, wer oder was gemeint ist.« Damals, in den 30er Jahren, steckte das alles noch in den Kinderschuhen. Emi, Sjan und andere Sinologen, darunter die Dragunows, arbeiteten hart an der Schriftreform – natürlich mit dem Wunsch, sie in China zu verwirklichen.

Auch ich wollte nicht müßig zu Hause sitzen, trotz Emis Widerstand. Sjan verschaffte mir beim Stadtkomitee der Partei Fotoaufträge. Ich machte Aufnahmen in Kindergärten und Schulen, auch in Wassas Kinderheim. Sjan richtete mir im Badezimmer eine »Dunkelkammer« ein. Die entwickelten Negative lieferte ich ab. Um den Rest, Kopieren und Vergrößern, brauchte ich mich nicht zu kümmern. Die Fotos dienten vor allem für interne Dokumentationen oder wurden archiviert; manche wurden auch veröffentlicht.

Eines Tages fragte man mich, ob ich in die Taiga fahren wolle, um eine Holzfällerbrigade bei der Arbeit zu fotografieren. Ich war schon im sechsten Monat schwanger. Emi hatte Bedenken. Der sibirische Winter ist bitterkalt, fast immer 40 Grad unter Null, meistens jedoch sonnig und windstill. Ich wollte schrecklich gern fahren. Es war ja nur für wenige Tage. Sjan stand auf meiner Seite. Schließlich fuhr ich los – in dicken hohen Filzstiefeln, in einer langen, mit Fell gefütterten Wildlederjacke, Pelzmütze und der Kamera über der Schulter. Es waren nur einige Eisenbahnstunden zu fahren. In der Taiga bewegte man sich mit Draisinen fort, kleinen Waggons auf schmalen Schienen. Man wohnte und aß in gut beheizten Baracken mitten im tief verschneiten Wald. Ich machte viele Aufnahmen von den Ingenieuren und Arbeitern, diesen einfachen, starken, herzlichen und sehr offenen Menschen, bei ihrer schweren Arbeit. Voller Lebenslust kehrte ich nach Chabarowsk zurück.

Es war wohl Anfang 1937, als Emi mich mit nach Wladiwostok nahm, wo er Vorträge an der dortigen Lenin-Universität über die aktuelle politische Situation in China, über Lu Xün und die neueste Literatur der linken Schriftsteller halten sollte. In Wladiwostok lebten viel mehr Chinesen als in Chabarowsk. Sie bildeten eine richtige Gemeinschaft, wohnten in einer Siedlung außerhalb der Stadt mit Häusern, Schulen, mit Kino und Theater. Dieses ähnelte der Peking-Oper, die ich erstmals 1935 mit Emi gesehen hatte, als der weltbekannte Mei Lanfang Gastspiele in Leningrad und Moskau gab. Durch Emis Vermittlung hatte ich jederzeit Zutritt zu diesem Theater. Am Tage wurde im Freien gespielt, da das Klima in Wladiwostok viel milder ist als in Chabarowsk. Ich stand dann direkt an der Bühne und hatte das Gefühl, richtig dabei zu sein. Bei dieser Gelegenheit fotografierte ich zum erstenmal in meinem Leben die Peking-Oper, die später einmal mein Hobby werden sollte.

Nur einige Eisenbahnstunden von Chabarowsk entfernt liegt die Stadt Birobidschan. Die Stadt ist Zentrum eines autonomen Gebietes, das die Sowjetregierung 1928 für die Juden eingerichtet hatte. Die Juden waren seit langer Zeit im zaristischen Rußland verfolgt worden; seit 1933 wurden sie von Hitler systematisch vernichtet. Um so wichtiger war es, daß die Juden eine Heimat hatten, in der sie selbst ihre politischen und kulturellen Angelegenheiten regeln konnten. Emi war äußerst interessiert an diesem Projekt, und ich als Jüdin erst recht. Bis zur Ächtung und späteren Vernichtung der Juden durch die Nazis hatte ich mein Judentum nie als etwas Besonderes empfunden. Wenn man mich fragte, wer ich sei, hatte ich immer gesagt: »Ich bin Deutsche.« Nach 1933 antwortete ich, und das tue ich noch heute: »Ich bin deutsche Jüdin.« In der Sowjetunion waren die Juden eine Nationalität neben vielen anderen Nationalitäten. Deshalb ließ ich mir in meinen sowjetischen Paß als Nationalität »Jüdin« eintragen.

So fuhren wir für einige Tage dorthin. Birobidschan bestand allerdings lediglich aus einer einzigen Straße mit Holzhäuschen und Baracken. Nur das Theater war ein größeres Gebäude. Aber die Einwohner hatten große Pläne. In der Stadt sollte es ein Krankenhaus geben, Schulen und Kindergärten, um das Theater ein Kulturzentrum mit Konzertsaal und Kinos. Verständigen sollte man sich in Jiddisch und Russisch. Man wollte eine eigene Zeitung gründen, Bücher sollten in Jiddisch verlegt werden. Mit großem Enthusiasmus bemühten sich die Bewohner, das kahle Land fruchtbar zu machen und Industrie anzusiedeln. Wie durch eine Zauberbrille sahen Emi und ich schon blühendes Land, kultiviert und bewohnt von Juden aus allen Teilen der Sowjetunion. Doch trotz aller Bemühungen ist Birobidschan kein im eigentlichen Sinne jüdisches Land; nach wie vor leben die Juden verstreut über die ganze Sowjetunion, und in ihrem autonomen Gebiet bilden sie ebenfalls nur eine Minderheit.

Am 7. April 1937 setzten bei mir die Wehen ein. Emi und Sjan brachten mich in das städtische Krankenhaus von Chabarowsk, dessen Entbindungsstation so überfüllt war, daß für mich ein Bett im Korridor aufgestellt werden mußte. Am Nachmittag des 8. April brachte ich einen Knaben zur Welt – natürlich im Kreißsaal. Emi durfte unser Kind nur durch ein Glasfenster bewundern, und zu mir ließ man ihn auch nicht – wegen Infektionsgefahr. Am 11. April schickte mir Emi ein Briefchen: »...die Vorsteherin sagte, daß ich zu Dir nur kommen kann, wenn ich mich als Fotoreporter ausgebe, der die Entbindungsstation fotografieren will. Ich komme also in einem weißen Kittel mit einer Kamera und werde fotografieren – Du verstehst, nicht richtig, sondern ich tue nur so. Du darfst Dich nicht wundern und Dir nicht anmerken lassen, daß Du mich kennst. Ich will Dich ja nur ein paar Minuten sehen.« Und am 12. April schrieb er mir: »Wie froh war ich gestern, Dich und das Söhnchen zu sehen. Ich sah seine Füßchen und Händchen – so ein lieber Kerl.« Das Kind nannten wir Lion, chinesisch Li-Ang. Das klingt sowohl im Chinesischen wie im Deutschen hübsch.

Ich hatte zunächst keine Ahnung, wie man mit so einem winzigen Menschen umgeht. Emi brachte es mir bei, da er Erfahrung mit Allan hatte. Schlimm war, daß ich keine Milch hatte. Das Kind mußte mit der Flasche ernährt werden. Mit Hilfe eines deutschen Babybuchs bereitete ich in sechs Flaschen ein Milchpräparat vor. Diese Tagesration wurde in einem Aluminiumtopf sterilisiert und unser Kind regelmäßig alle drei Stunden gefüttert. Es gedieh prächtig und schien sich äußerst wohl zu fühlen. Bei Wassa spürte ich manchmal einen leisen Neid – im guten Sinne natürlich. Sie wollte nämlich gerne ein Kind von Sjan haben. Dieser Wunsch ging ein

Jahr später in Erfüllung: Am 21. April 1938 wurde Wassas und Sjans Wunschkind geboren, Felix, genannt Elik.

Als wir im Mai nach Moskau zurückkehrten, hatte Elena unseren Hausrat aus dem Emigrantenheim schon in unsere neue Wohnung befördert. Es war vor allem ihr Verdienst, daß wir eine Dreizimmerwohnung beziehen konnten im neunten Stock des Neubaus des sowjetischen Schriftstellerverbandes. Das Hochhaus lag in der Lawruschenski-Gasse gegenüber der Tretjakow-Galerie. In der Küche und im Korridor gab es Einbauschränke, die Küche hatte Gasanschluß und einen Alkoven für eine eventuelle Haushaltshilfe. Zum Bad gehörte ein kleines Nebengelaß, in dem ich mir eine Dunkelkammer einrichtete. Es gab fließendes kaltes und warmes Wasser. Gemessen an den üblichen Moskauer Verhältnissen war die Wohnung ein ungeheurer Luxus und zeigte, wie bevorzugt die Schriftsteller behandelt wurden.

Wir fühlten uns wie im siebten Himmel, und ich war glücklich, daß ich die Wohnung von meinem selbstverdienten Geld einrichten konnte; in Chabarowsk hatte ich mit meinen Fotoarbeiten rund 3000 Rubel verdient. Das Schlafzimmer ließ ich mit hellgrüner Ölfarbe anstreichen – bis heute meine Lieblingsfarbe. Ich kaufte einfache, billige Möbel sowie Lackfarben und strich die Möbel nach meinem Geschmack an. Aus geblümtem derbem Leinen ließ ich Bezüge für die Schemel, die Couch und die Kissen nähen. Bald hatten wir eine hübsche Wohnung. Emi hatte ein Arbeitszimmer; zusammen hatten wir ein Schlaf- und ein Speisezimmer. Lion lag in seinem Körbchen, das ich häufig ans offene Fenster stellte. Wir kauften ihm einen Kinderwagen und fuhren ihn im Park neben unserem Haus spazieren.

Um diese Zeit zog auch unser Freund Artjom mit Frau, Schwiegermutter und Töchterchen in unser Haus ein. Stalin hatte sein Revolutions- und Bürgerkriegsroman *Einsamkeit*, der unter dem Namen Nikolaj Wirta erschienen war, gut gefallen. Er ließ Artjom zu sich kommen und verlieh ihm bei dieser Gelegenheit zum erstenmal den neugeschaffenen Stalin-Preis für Literatur, der mit 100 000 Rubeln dotiert war. Damals verdiente man im Durchschnitt monatlich 600 bis 1000 Rubel. Daraufhin spielte Artjom ein wenig »neureich«. In einem Möbelladen kaufte er sich drei fertige Zimmer zu je 10 000 Rubeln, die nach meinem Empfinden nicht gerade sehr geschmackvoll waren. Als er uns einmal besuchte, meinte er: »Natürlich, du hast dir alles aus dem Ausland kommen lassen.« Als Emi und ich ihm lachend erzählten, woher unsere Wohnungseinrichtung stammte und was sie gekostet hatte, war er starr vor Staunen.

Im Juni kam Herbert nach Moskau zu Musikfestspielen. Mit sich brachte er eine Kiste mit Porzellan, Kristallgläsern und Silberbesteck – alles aus unserer Breslauer Wohnung. Ich hatte auf diese Dinge nie Anspruch erhoben. Damals, als er uns im Emigrantenheim besuchte, sagte er: »Dein mütterliches Erbe bekommst du erst, wenn du eine anständige Wohnung hast.« Nun hatte ich sie, wenn auch nicht auf sehr lange, und sie war nicht schlechter als unsere Wohnung auf dem Norr Mälarstrand. Auch konnte Herbert jetzt mit dem kleinen Komiker spielen, den ich 1935 dummerweise nicht hatte zur Welt kommen lassen.

Kurz nach Herberts Abreise bekam Lion Durchfall. Ich hatte keine Erfahrung. Wir zogen die besten Ärzte zu Rate, aber jeder sagte etwas anderes, und ich wußte nicht mehr aus noch ein. Es wurde immer schlimmer. Friedrich Wolf, zu dem ich am meisten Vertrauen hatte und den ich hätte fragen können, war verreist, und als er endlich wiederkam, war im August unser Kind, das erste Kind unserer Liebe, schon gestorben. Ich dachte, die Welt geht unter, und Emi erlitt nach der Beerdigung einen Nervenzusammenbruch. Nachdem er sich wieder ein wenig erholt hatte, schickte uns der Schriftstellerverband nach Jalta am Schwarzen Meer in eines seiner Erholungsheime. Ich hatte nichts anderes im Kopf, als so schnell wie möglich wieder ein Kind zu bekommen. Das war die einzige Möglichkeit, die uns über unseren schmerzlichen Verlust hinweghelfen konnte. Und wirklich, als wir Anfang November nach Moskau zurückkehrten, war ich wieder schwanger.

Im Herbst 1936 geschah etwas, das Emi und mich sehr bestürzte: Der deutsche Schriftsteller Gustav Brandt war verhaftet worden, und seine Frau, meine gute Freundin Henri, wurde kurz darauf aus Moskau ausgewiesen. Die Nacht, bevor Henri Moskau verlassen mußte, war ich bei ihr. Sie war sehr tapfer und glaubte, wie wir auch, an ein Mißverständnis, das sich bald klären würde. Auf meine Schwangerschaft anspielend sagte Henri: »Wir Juden sagen immer, wenn eine Frau schwanger ist, wird sie vielleicht einen Messias gebären. Eva – vielleicht wirst du einen Lenin gebären!« Ich sah Henri nie wieder. Erst in den 50er Jahren erfuhr ich, daß Gustav und Henri Brandt viele Jahre im Gefängnis und in der Verbannung zugebracht hatten und daß Henri kurz nach ihrer Entlassung an Krebs gestorben war.

Gustav Brandts Verhaftung war die zweite Alarmglocke gewesen. Aber ihr Schall drang ebensowenig zu uns durch wie der der ersten: die Ermordung Kirows 1934 durch »trotzkistische Banden«, wie es hieß und wie wir alle glaubten. In Wirklichkeit war er das erste Opfer einer von Stalin organisierten Mordserie. Ihm folgten die Morde an über 100 Mitgliedern des Politbüros der KPdSU. Im Verlauf der nächsten Jahre wurden Hunderttausende der besten, vom Sozialismus überzeugten Menschen von dieser »Säuberungsmaschine« erfaßt. In den Jahren 1938 und 1939 gab es die teuflisch inszenierten Schauprozesse, in denen Lenins Kampfgefährten Bucharin, Sinowjew und andere zum Tode verurteilt und erschossen wurden. Aber selbst die ersten Schauprozesse bekamen wir in ihrer Bedeutung nicht mit.

Die Verhaftungen nahmen zu. Unter den Verhafteten war ein enger Freund der Wolfs, Ernst Wloch, der im Ausland für die Komintern gearbeitet hatte. Als seine Frau Erna ins Gefängnis ging, um frische Wäsche zu bringen (sehen durfte sie ihren Mann nicht), drückte man ihr ein Bündel zerrissener, blutgetränkter Fetzen in die Hände. Sie wurde fast ohnmächtig vor Angst und Schrecken. Ein Wärter sagte zu ihr: »Sie glauben wohl, hier ist ein Sanatorium!« Wloch starb im Gefängnis oder im Lager. Friedrich Wolf verließ daraufhin Ende 1937 die Sowjetunion, um nach Spanien zu gehen. Mir gegenüber meinte er: »Ich gehe dorthin, wo gekämpft wird. Ich habe nämlich keine Lust, hier zu sitzen und zu warten, bis ich auch verhaftet werde.«

In Moskau herrschte Panik; jeder fürchtete, von der Straße weg verhaftet zu werden. Nur die engsten Freunde tauschten untereinander ihre Meinung aus. Die Panik hatte auch mich erfaßt; ich zitterte vor Angst, wenn Emi auf Sitzungen war, die oft bis tief in die Nacht dauerten. Ich konnte nicht schlafen, bis er wieder zu Hause war. Dann schimpfte Emi mit mir; er kritisierte, daß ich nicht an die Partei glauben würde. Die Partei mache keine Fehler. Das war die gleiche Haltung, die ich auch bei anderer Gelegenheit an Emi wahrgenommen hatte. So veranstaltete entweder der Fremdsprachenverlag oder die Redaktion der *Internationalen Literatur* eine Fahrt nach Jasnaja Poljana, dem Gut, auf dem Lew Tolstoi gelebt hatte. Wir besichtigten das Haus Tolstois, das jetzt als Museum eingerichtet ist. Ich entsinne mich noch eines Greises, der Tolstoi gedient hatte und nun das Haus bewachte. Beim Abschied fragte ihn Emi: »Nun, Großväterchen, ist das Leben jetzt nicht entschieden besser als zu Tolstois Zeiten?« Worauf der Angesprochene antwortete: »Ach nein! Als Tolstoi lebte, ging es mir viel besser.« Emi war halb beleidigt, halb verärgert. Er wollte sich mitunter nicht mit der Wirklichkeit abfinden, wenn sie nicht seiner Theorie entsprach oder dem, was in Zeitungen und Büchern stand.

Wie viele andere auch hielt Emi die Massenverhaftungen für das Werk von »Schädlingen«, die das Volk terrorisierten. Da niemand eine Erklärung wußte, galt der Terror als Auswuchs von Kräften, die die Partei bald in den Griff bekommen würde. Obwohl ich wenig theoretisches Wissen hatte, war ich gefühlsmäßig Feuer und Flamme für die Idee des Sozialismus. Mir tat das Herz weh, daß in diesem von mir so geliebten Land solche Dinge passierten. Das konnte nichts mit Sozialismus und Kommunismus zu tun haben. Wieso sollten all die ehrlichen Kommunisten, die wir kannten und die mit allen Kräften ihr sozialistisches Vaterland aufbauten, plötzlich Spione und Verräter sein?

Niemand kam auf die Idee, daß Stalin persönlich hinter diesen »Säuberungen« stand. Im Gegenteil: Er war die Verkörperung der Revolution, die Leute waren verrückt danach, ihn zu sehen. (Mich selbst hat Stalin übrigens nicht beeindruckt.) Im Glauben, daß Stalin nichts von dem wußte, was hier geschah, schrieben viele an ihn. Natürlich ohne Erfolg. Es sollte Jahrzehnte dauern, bis die Wahrheit herauskam und dann ausgesprochen werden durfte, daß Stalin Urheber und Organisator der Verhaftungen und Morde war, die alle in der Sowjetunion Lebenden – Sowjetbürger wie Ausländer – lange Jahre in Angst und Schrecken hielten und die die Aufbruchstimmung, wie ich sie noch erlebt hatte, untergruben und beendeten.

Zwei für uns persönlich besonders schmerzliche Ereignisse brachten Emi zur Besinnung. Ende April 1938, zwei Wochen nach Eliks Geburt, erhielten wir ein verzweifeltes Telegramm von Wassa, Sjan sei schwer krank. Sie bräuchten dringend Geld. Wir verstanden: Sjan war verhaftet worden. Emi begriff endlich, daß hier der Teufel am Werk war. Er schickte Wassa sofort 1000 Rubel. Was war passiert? Als Wassa aus dem Entbindungsheim nach Hause kam, war Sjan fort. Gleichzeitig waren fast alle chinesischen Freunde verhaftet worden. Wassa saß mit Allan und dem Baby ohne Geld da. Sjans Gehalt wurde ihr nicht mehr ausbezahlt. Emi telegrafierte, Wassa solle mit den Kindern sofort nach Moskau kommen.

Der zweite, uns ebenfalls persönlich treffende Schlag war, daß eines Tages im Jahre 1938 Isaak Babel verhaftet wurde. Das konnten wir nicht fassen. Dieser stille Mensch mit den gütigen Augen, dieser wahre Dichter der Revolution, dieser treue Bürger der Sowjetunion verschwand von der Bildfläche. Wir hatten einen lieben guten Freund auf schreckliche Weise verloren. Emi war von seinem sturen und blinden Glauben an die Partei geheilt. Erst Jahrzehnte später, nach seiner Rehabilitierung, erfuhren wir, daß Babel 1941 in einem von Stalins grausigen Lagern umgekommen war.

Am 6. Juli 1938 abends begannen die Wehen. Da Emi wieder einmal an einer Sitzung teilnahm, brachte mich Wassas Schwester Schura mit dem Taxi ins Entbindungsheim Klara Zetkin. Am 7. Juli, fünf Minuten vor drei Uhr nachmittags (die Uhr hing genau gegenüber von meinem Bett), brachte ich wieder einen Knaben zur Welt, den wir ebenfalls Lion nannten. Wir waren außer uns vor Freude.

Nach dem Tod unseres ersten Kindes hatte Else Wolf zu mir gesagt: »Wenn du wieder ein Kind hast, mußt du zu mir kommen. Ich helfe dir in den ersten Monaten, das Kind aufzuziehen.« Die Wolfs hatten eine Datscha in Peredjelkino, ein einfaches, zweistöckiges Haus, ohne jeden Luxus – ganz nach Elses Art. So wurde das Wasser aus einem Brunnen geholt. Weil Emi wieder auf Vortragsreise gehen mußte, fuhr ich am 15. Juli direkt vom Entbindungsheim nach Peredjelkino und blieb dort den ganzen Sommer über bis in den September. Die Datscha glich einem Bienenstock. Außer Else, mir und dem Kind wohnten dort noch der Bildhauer Will Lammert und seine Frau Hette, die Ärztin war. Hette arbeitete im Schutzbündlerheim in Moskau; sie fuhr jeden Morgen mit dem Vorortzug in die Stadt. Markuscha Fisher, die Frau des amerikanischen Journalisten Louis Fisher, war den Sommer über ebenfalls da. In den Sommerferien kamen noch Wolfs Kinder Mischa und Koni hinzu, die Fisher-Söhne Jura und Vitja, die Wloch-Kinder Lothar und Margot, sowie Lammerts Söhne Till und Ule. Sie waren alle fast gleichaltrig.

Unter Elses und Hettes Aufsicht gedieh Lion ganz prächtig. Ich hatte wieder keine Milch. Wir bekamen sie jeden Tag frisch von der Kuh nebenan. In der Nacht war Lion bei Else, damit ich ihn nicht auf den Arm nahm, wenn er schrie. Nach vier Wochen erhielt ich ein Baby zurück, das die ganze Nacht durchschlief. Tagsüber stand Lions Körbchen im Garten im Schatten. Wenn er schrie, riefen die Jungen: »Eva, der kleine Feuchtwanger schreit.« Sie wußten, daß Lion Feuchtwanger einer meiner Lieblingsschriftsteller war.

Durch Peredjelkino floß ein kleines Flüßchen. Genau sechs Wochen nach der Entbindung erlaubte mir Hette, in dem kalten Wasser zu baden. Ich glaube, ich habe es von Hette gelernt, mich täglich kalt abzureiben, kalt zu duschen oder zu baden. Bis Mitte September badeten wir jeden Tag.

Emi war überarbeitet und hatte vor, nach Jalta zur Erholung zu fahren, da er mich und das Kind gut aufgehoben wußte. Er schrieb mir täglich von dort. In einem seiner Briefe heißt es: »Mein heißgeliebtes Evachen!...

Deine Briefe haben mich sehr gerührt. Ich war ein bißchen durcheinander und den ganzen Abend traurig. Evachen, ich fühle mich sehr schuldig vor Dir. Dieses Jahr war ich viel zu wenig zusammen mit Dir. Ich war so beschäftigt mit allen möglichen Arbeiten. Ich wußte, daß Du einsam bist, aber ich mußte ja arbeiten. Und weißt Du, in diesem Jahr habe ich wirklich sehr viel getan. Das hast Du auch gesehen, nicht wahr? Ich konnte Dir von meiner Arbeit nicht alles erzählen, und das hat mich betrübt. Aber daß Du da warst, Deine Treue und Anhänglichkeit, war mir ein großer Trost. Jedesmal, wenn ich nach Hause kam, war ich so froh zu wissen, daß Du da bist, daß Du auf mich wartest...«

Dieser Brief hatte folgenden Hintergrund: Wassa hatte nach ihrer Ankunft in Moskau ausführlich von den haarsträubenden Ereignissen im Fernen Osten und von Sjans Verhaftung erzählt; auch davon, daß sie immer noch nicht wisse, wo Sjan sich befinde. Emi begriff nun gut, daß ich mit Recht Angst hatte, daß ihm oder mir etwas zustoßen könnte. Jetzt machte er sich nachträglich Vorwürfe, daß er mich gerade während der Schwangerschaft so viel allein gelassen hatte. Andererseits hatte er tatsächlich viel Arbeit, die er diszipliniert gegenüber sich selbst, aber vor allem der Partei gegenüber erledigte. Parteidisziplin und Parteidiktat hinderten ihn auch daran, mir vieles von seiner Arbeit zu erzählen.

In all diesen Jahren dachte Emi nur daran, nach China zurückzukehren. Er sagte oft: »Mein Volk kämpft um seine Freiheit, und ich sitze hier. Ich muß dabei sein, sonst trocknen mir mein Gehirn und meine Feder aus.« Am 7. Juli 1937 fielen die Japaner über die Marco-Polo-Brücke (Lu Guo Qiao) in Beiping ein. Mao Zedong schlug Jiang Jieshi im Namen der KPCh vor, eine Einheitsfront im Krieg gegen Japan zu bilden. Die Guomindang war gezwungen, diesen Vorschlag anzunehmen. Dieses politische Ereignis inspirierte Emi zu einem Gedicht:

Steh auf, Poet! Bei Traum und Blume
im Seufzerland genug geruht!
Blut fließt auf Chinas karger Krume –
Tausender junger Kämpfer Blut!
In ihrer Reih' ist deine Stelle.
Solang du nicht zu schießen weißt,
sei du die reine Liederquelle,
Poet, die ihre Herzen speist.

Emi fand überhaupt keine Ruhe mehr, ging ständig zur Komintern und bat immer wieder um Erlaubnis, nach China reisen zu dürfen. Die beiden Chinesen aber, die in der Leitung der Komintern saßen, hielten Emi hin. Ich weiß nicht, ob dies auf die Bürokratie zurückzuführen war oder ob sie etwas gegen Emi hatten. Erst als Emi seinen alten Freund Ren Bishi traf, der mittlerweile in der Leitung der chinesischen Abteilung der Komintern saß, konnte er ab Ende November 1938 mit den Reisevorbereitungen beginnen. Die Reise sollte Emi nach Yan'an, dem Zentrum der Chinesischen Revolution, führen. Dazu mußte er durch das Gebiet der Guomindang. Trotz der Einheitsfront verfolgte die Guomindang die Kommunisten auf Schritt und Tritt. Emis Reise war deshalb geheim. Und ich? Mit dem kleinen Kind konnte ich vorläufig nicht mitfahren, und in Moskau wollte ich alleine auf keinen Fall bleiben. Ich sagte zu Emi: »Wenn du hier weg bist, kräht kein Hahn mehr nach mir.« Schweren Herzens entschlossen wir uns, daß ich mit Lion zu Herbert nach Stockholm fahren sollte.

Bevor Emi nach China aufbrach, holte er Wassa, Allan und Elik nach Moskau. Der acht Monate alte Elik war ein dickes, gesundes Kind; Lion mit seinen fünf Monaten sah wie ein richtiges chinesisches Baby aus. Den Kindern schmückten wir eine Neujahrstanne; ein letztes Mal feierten wir in Moskau einen Sylvesterabend, bei dem nur Sjan fehlte. Von ihm wußte man nach wie vor nichts.

Im Dezember hatte ich noch ein unangenehmes Erlebnis. Ich hatte meinen Auslandspaß erhalten, brauchte aber noch ein Transitvisum durch Finnland, das ich mir selbst besorgen sollte. Also ging ich zur finnischen Gesandtschaft und erledigte diese kurze Formalität. Als ich das Gebäude verließ, kamen zwei junge Flegel auf mich zu und fragten schnoddrig, was ich in einer ausländischen Gesandtschaft zu suchen hätte. Ich fragte, wer sie seien. Daraufhin zeigten sie mir ihre Arbeitsausweise vom NKWD, der berüchtigten Organisation »Volkskommissariat des Inneren«, die das Volk schützen sollte und in diesen Jahren zum Schrecken der Sowjetbürger wurde. Ich zeigte ihnen meinen Paß und mein Transitvisum nach Finnland. Beide Lümmel beschimpften mich mit unflätigen Worten, es sei eine Schande für eine Sowjetbürgerin, ins Ausland zu fahren usw. Auf meine Antwort, ich hätte den Paß und die Genehmigung, ins Ausland zu fahren, von ihrer Organisation erhalten, beschimpften sie mich weiter. Schließlich liefen sie davon.

Die letzten Wochen vor Emis Abreise nach China vergingen schnell. Wir waren tiefer denn je miteinander verbunden. Im Februar 1939 nahm ich von Else und den anderen Freunden Abschied. Emi begleitete mich und Lion nach Leningrad zum Zug, der am 21. Februar abends nach Helsingfors (Helsinki) ging. Der Abschied fiel uns sehr schwer, denn wir wußten nicht, wie lange die Trennung dauern würde. Trotzdem waren wir voller Zuversicht. Emis Wunsch, nach China zurückzukehren, war auf jeden Fall in Erfüllung gegangen. Er drückte seine Gefühle in einem Abschiedsgedicht aus, das er auf die Rückseite eines Fotos schrieb, das ich von ihm gemacht hatte:

Abschied nehmend begleite ich Eva – meine Liebe.
Und geleit' ich dich auch tausend Meilen weit,
einmal muß geschieden sein.
Treu ergeben bleibe dieses Herz wie heut,
tausendalt und klar, dem Monde gleich.
Wie die Ströme unsrer Erde,
wie die Sonne, wie der Mond, im All bewegt,
werden wir uns wiederfinden, werden
treu erfüllen, was uns auferlegt.

Abschied von der Sowjetunion

Nachts kamen wir an die Grenze; es war bitter kalt. Da ich der einzige Passagier im Waggon Leningrad–Helsinki war, und dazu mit einem Baby, hätten die Zollbeamten ruhig zu mir ins Abteil kommen können. Aber nein, ich mußte raus, das schlafende Kind allein zurücklassen. Die Beamten brauchten über zwei Stunden, um das wenige Gepäck zu durchsuchen. Erst wühlten sie im Koffer herum – Lion fing an zu schreien. Sie beeilten sich nicht. Langsam nahmen sie ein Kleidungsstück nach dem anderen aus dem Koffer. Lion schrie wie verrückt, und ich stand wie auf heißen Kohlen. Sie öffneten die Milchflaschen und stocherten mit einer Stricknadel darin herum; sie schnitten die Apfelsinen auf – das Kind brüllte nach wie vor, ich kochte vor Wut. Das waren die gleichen Typen, die mir schon vor der finnischen Gesandtschaft über den Weg gelaufen waren. Was hatten diese Lümmel mit dem Sowjetstern, was mit Hammer und Sichel zu tun? Ich konnte mir diesen Widerspruch nicht erklären, und es sollte über 17 Jahre dauern, bis ich die Lösung des Rätsels erfuhr. Auf jeden Fall war ich erleichtert, als wir finnischen Boden erreichten.

Am 23. Februar 1939 schrieb ich an Emi aus Stockholm – zusammen mit Lion wohnte ich in meinem alten Zimmer auf dem Norr Mälarstrand: »Heute früh sind wir angekommen; ... Lion hat schon ein Bett und eine Badewanne. Ich habe ihn um sechs Uhr gebadet, und jetzt schläft er. Er ist recht launenhaft, aber das ist nur zu verständlich – so viele neue Eindrücke, neue Menschen. Er gefällt allen... Es wird schwer sein, ohne Dich zu leben. Schreib mir!... Heute bin ich ziemlich müde, und ich muß noch Milch zubereiten und Windeln waschen...« Herbert an Emi: »Lieber Freund, haben Sie Dank für Ihre Grüße. Ich bin sehr glücklich mit Eva. Ihr Sohn ist ein Meisterstück! Ganz wundervoll. Seien Sie herzlichst umarmt und gegrüßt von Ihrem Herbert.«

Da Emis Reise nach Yan'an illegal war, mußte ich ein Märchen erfinden: Emi schreibe an einem Buch, das mit vielen Reisen verbunden sei. Deshalb wollte er, daß ich mit Lion zu Herbert fuhr. Solange Emi noch in Moskau war, korrespondierten und telefonierten wir jeden Tag miteinander. Sein letzter Anruf erreichte mich in der Nacht vom 5. zum 6. März. Am 6. März 1939 verließ er Moskau, und dann brach die Verbindung ab. Ich erklärte das den anderen mit den schlechten Postverbindungen zwischen kleinen Orten in der Sowjetunion und dem Ausland.

Am 8. Juli veröffentlichte der sowjetische Kameramann Roman Karmen einen Artikel in der *Iswestija* (Nachrichten) über Yan'an, wo er einen Dokumentarfilm gedreht hatte. In dem Artikel beschrieb er seine Begegnungen mit Mao Zedong – und mit Emi Siao. Gleichzeitig erhielt ich einen Brief von Emi aus Yan'an. So war die Verbindung wieder hergestellt. Emi schrieb mir, er sei am 12. März in Alma-Ata angekommen und habe am 21. März wieder chinesischen Boden betreten. Er habe aufgeatmet, als er die Grenze überschritten hatte. Jetzt sei er in Sicherheit und habe keine Angst mehr. Ende April sei er in Yan'an gewesen. Sofort nach seiner Ankunft konnte er Mao Zedong begrüßen, den er über zehn Jahre nicht gesehen hatte. Der Artikel von Karmen legalisierte gewissermaßen Emis Aufenthalt in Yan'an. Wir schrieben einander oft, aber unser Briefwechsel von Juli 1939 bis August 1940 ist leider verlorengegangen. Außer Briefen schickte mir Emi ab und zu einfach aufgemachte Broschüren über das Leben in Yan'an und die Ereignisse an der Front. Die Texte – mit Bildern von Mao Zedong, Zhu De und anderen – waren mit chinesischen Schriftzeichen und in Transkription geschrieben.

Das Frühjahr 1939 brachte zwei freudige Ereignisse. Am 23. April erhielt ich einen begeisterten Brief von Wassa aus Moskau: »Eva, meine Liebe, es sind schon einige Tage vergangen, seit Sjan zurückgekehrt ist. Ich kann es immer noch nicht glauben, daß es kein Traum, sondern Wirklichkeit ist. Vorgestern haben wir den ersten Geburtstag von Elik gefeiert...« Und Sjan an mich: »...Es ist so schade, daß ich Sie, Emi und Lion nicht sehen konnte... Ich finde keine Worte, um meine Dankbarkeit für Ihre Umsicht und Fürsorge auszudrücken, mit denen Sie Wassa und die Kinder umgeben haben. Ich bin fest davon überzeugt, daß unsere beiden Familien noch oft einander treffen und gemeinsam viele Feiertage begehen werden. Im Mai werde ich in Moskau sein; dann rufe ich Sie an...«

Meine Freude war riesig. Sjan war frei, und sicher hatte Emi das seine dazu getan. Denn vor meiner Abreise hatte er mir versichert, daß er unbedingt versuchen würde, etwas für Sjan zu tun. Der Gedanke, daß Wassa und die Kinder ohne Schutz in Moskau lebten, peinigte ihn. Erst in Yan'an erfuhr ich von Emi nähere Einzelheiten. Er hatte an ein paar gute, einflußreiche Freunde geschrieben, von denen er glaubte, daß sie Sjan helfen könnten. Diese Briefe hatte er aber aus begreiflichen Gründen erst kurz vor Antritt seiner China-Reise abgeschickt. Die Angst, verhaftet zu werden, war der Grund, warum er nicht schon viel früher für Sjan tätig geworden war.

Solange ich in Stockholm war, korrespondierte ich regelmäßig mit Wassa, Sjan und Allan. Sjan versuchte, mir beim Chinesischlernen zu helfen. Er erklärte mir viel in seinen Briefen, und auch ich schickte ihm ab und zu etwas von meinen chinesischen Übungen. Kurze Zeit später zog Sjan mit seiner Familie nach Leningrad, wo er an der Akademie der Wissenschaften arbeitete.

Das zweite frohe Ereignis war, daß Herbert meine Jugendfreundin Lisel Blech heiratete. Die beiden gefielen einander schon seit den 20er Jahren in Landeck. Lisel war äußerst musikalisch und hatte eine sehr schöne Stimme. Die Musik verband die beiden. Meine Mutter, die Herbert abgöttisch liebte, und ich fanden diese Beziehung ganz in Ordnung und freuten uns. Als Vater Blech, der ein Despot war, von der Liebe der beiden erfuhr, verbot er ihnen, sich weiter zu treffen. Bei anderen jungen Leuten fand er nichts dabei, wenn sie Liebesbeziehungen zueinander hatten. Aber bei seiner Tochter – nein! So zerstörte er zwar eine Jugendliebe, aber Gefühle kann man nicht zerstören. Herbert ging nach Stockholm, hatte dort auch Freundinnen, aber er heiratete nicht. Lisel heiratete den ungarischen Pianisten Arpad Sandor und ging mit ihm nach Amerika. Beide führten eine unglückliche Ehe. Als ich im Juli 1938 mit Lion im Entbindungsheim lag, schrieb mir Herbert, er hätte Lisel in Berlin getroffen. Sie wäre von ihrem Mann geschieden, und es stände einer Heirat nun nichts mehr im Wege. Auch Leo Blech war inzwischen zur Vernunft gekommen. Im März 1939 kam Lisel nach Stockholm. Wir alle zogen in eine schöne Wohnung in Stocksund, das außerhalb von Stockholm liegt. Danach heirateten Herbert und Lisel. So hatte auch dieser Roman sein Happy End gefunden.

Anna Riwkin fragte mich, ob ich ihr nicht wieder bei der Arbeit helfen wollte. Ich nahm mit Freuden an. So lag ich Herbert nicht mehr ganz auf der Tasche. Dann kaufte ich mir für 50 Kronen ein gebrauchtes Rad und fuhr jeden Morgen zur Arbeit.

Gegenüber von Annas Atelier, mitten im Zentrum Stockholms, in der Kungsgatan, war das Büro für sexuelle Aufklärung, das von Ottar Jenssen und einer Hebamme, Gertrud Krögh-Karlsson, geleitet wurde. Seit einiger Zeit arbeitete dort der Sexualforscher und Kommunist Max Hodann. Er war als Kommunist aus Deutschland geflohen und lebte nun in Stockholm wie viele andere Emigranten aus Hitler-Deutschland mit ihm: Juden, Sozialisten, Kommunisten, darunter Maler, Schriftsteller, Regisseure, Ärzte usw. Hodann war mit einer Tschechin, Ruža, verheiratet. Wir freundeten uns an. Über Hodann lernte ich den Maler Hans Tombrock, einen früheren Landstreicher, kennen. Irgendwann im Sommer 1939 nahm mich Tombrock mit zu Bert Brecht, der seit April 1939 mit Helene Weigel und Margarete Steffin auf Lidingö wohnte. Ich erinnere mich an Brecht in seinem Arbeitszimmer, im Garten. Leider ist von den Fotos, die ich von Brecht im Garten machte, nur ein einziges erhalten geblieben. Brecht interessierte sich für Emi und seine Gedichte. Er wollte sogar einige übersetzen. Wir verabredeten ein weiteres Treffen, aber ich habe Brecht nie wiedergesehen, leider auch Jahre später nicht in Ost-Berlin, als ich im Theater am Schiffbauerdamm fotografierte. Damals überschlugen sich die politischen Ereignisse, die Brecht bewogen, Europa zu verlassen.

Hitler wollte sich die Welt Schritt für Schritt unterwerfen: 1936 hatte die Wehrmacht das Rheinland besetzt. 1938 wurde Österreich annektiert; es folgten die Besetzung des sogenannten Sudetenlandes (1. Oktober 1938) und des verbliebenen Böhmens und Mährens am 15. März 1939. Stalin begriff wohl, daß »der Appetit beim Essen kommt« und Hitler unersättlich war. Im Mai 1939 schlug die Sowjetunion deshalb der polnischen Regierung einen Beistandspakt für den Fall eines Angriffs von seiten Hitlers vor. Die polnische Regierung weigerte sich, die Rote Armee in ihr Land zu lassen. Die Westmächte gingen im Juli 1939 ebenfalls nicht auf direkte Verhandlungen mit der Sowjetunion über ein Militärbündnis ein, sondern teilten den Standpunkt der polnischen Regierung. Weder die Westmächte noch Polen ahnten, wie teuer sie diese Weigerung zu stehen kommen sollte und daß sie sich gegen Ende des Krieges doch mit der Sowjetunion verbünden und mit Stalin an einen Tisch setzen mußten.

Aber was tat Stalin nun? Zu unser aller Entsetzen veröffentlichte Ende August 1939 die *Berliner Illustrierte* ein Foto auf ihrer Titelseite, das Stalin in Großaufnahme zeigte, wie er Ribbentrop die Hand schüttelte. Die Sowjetunion hatte am 23. August einen Nichtangriffspakt mit Hitler-Deutschland geschlossen. Für mich wurde es fast unmöglich, die Sowjetunion zu verteidigen. Denn trotz all der abscheulichen, unverständlichen, ungerechten Dinge, die ich in der Sowjetunion im Laufe der Säuberungsaktion miterleben mußte, und trotz der Ereignisse vor der finnischen Gesandtschaft und an der Grenze habe ich in Schweden nie ein schlechtes Wort über die Sowjetunion verloren. Deshalb nannten mich viele verächtlich Stalinistin. Natürlich paßten diese häßlichen Vorfälle überhaupt nicht in mein Bild vom Sozialismus. Aber die Sowjetunion war nun mal das erste und einzige sozialistische Land in der Welt, und ich fand, daß man ihr Ansehen mit allen Mitteln schützen mußte.

Zunächst herrschte allgemeine Empörung. Aber dann kamen die sachbezogenen Erwägungen: Stalin war einfach zu dem Pakt gezwungen, um die Sowjetunion aus dem offenbar unvermeidlichen Krieg vorläufig herauszuhalten, um Zeit zu gewinnen, die Verteidigung der Sowjetunion gegen einen wahrscheinlichen Angriff genügend zu organisieren. Denn daß Stalin Hitler vertraute, konnte sich niemand vorstellen. Das war unsere damalige Einschätzung der Lage, und zunächst schien sie auch zu stimmen. Neun Tage nach Abschluß des Nichtangriffspakts, am 1. September 1939, griffen deutsche Truppen Polen an. Damit begann der Zweite Weltkrieg. Am 17. September marschierte die Rote Armee im östlichen Polen ein. Das übrige Polen mußte nach dem Einfall der deutschen Truppen und nach systematischer Bombardierung Warschaus am 27. September kapitulieren. Die hier lebenden Juden wurden nach und nach auf bestialische Weise vernichtet.

Der Urheber des Zweiten Weltkrieges – des entsetzlichsten, grausamsten, unmenschlichsten aller bisherigen Kriege – war der von Größenwahn besessene und verkrachte Kunstmaler Adolf Hitler. Hitler war nicht nur unser Gesprächsthema in diesen Tagen, Monaten, Jahren, sondern das Gesprächsthema der gesamten fortschrittlichen Menschheit. Er hatte alle persönlichen Rechte und Freiheiten in Deutschland aufgehoben, er verfolgte und ermordete alle Juden, Kommunisten, Sozialisten; er und seine Mordgesellen Göring und Goebbels rotteten die deutsche Kultur aus; alles Fortschrittliche wurde verbannt und verbrannt. Es war tiefe Nacht in und um Deutschland, und die Nazis tanzten ihren Siegertanz: in Holland, Belgien, Frankreich. Wo die deutschen Truppen hinkamen, wurde gemordet, zerstört, vernichtet. Als Deutschlands Niederlage schon gewiß war, führte Hitler den Krieg bis zur völligen Zerstörung des Landes weiter.

Als Hitler Dänemark (9. April 1940) und Norwegen (9. April bis 10. Juni 1940) besetzte, brach in Stockholm Panik aus. Im Handumdrehen waren alle Läden leer, es gab nichts, noch nicht einmal Haferflocken konnte ich für Lion bekommen. Die Hauptstadt und alle anderen schwedischen Städte wurden verdunkelt. Man zitterte vor den deutschen Bomben, und die Emigranten zitterten um ihr Leben. Es geschah jedoch nichts, und dafür mußte es natürlich einen Grund geben. Man wußte aber nichts Genaues. Es wurde gemunkelt, Schweden lasse, um selbst verschont zu bleiben, deutsche Truppen über sein Territorium ziehen.

Trotz des Krieges führten wir ein friedliches Familienleben in unserer neuen Wohnung in Stocksund. Herbert fuhr jeden Morgen mit dem Zug in die Oper, ich radelte ins Atelier. Lion hatte ich an den Arbeitstagen in einem Kindergarten in Kungsholmen untergebracht und nahm ihn nur an den Wochenenden mit nach Hause. Anna und ihr Mann Daniel Brick, Chefredakteur einer jüdischen Zeitung, hatten im selben Haus wie wir eine Wohnung, einen Stock über uns. Oft verbrachten wir die Samstagabende bei uns oder bei Anna. Wir führten ein sehr geselliges Leben, da wir viele gemeinsame Emigranten-Freunde hatten.

Eines Tages – es muß gegen Ende 1939 gewesen sein – erhielt ich einen Brief von Emi, in dem er schrieb, ich könnte mit Lion nach Yan'an kommen. Er, Emi, hätte die schriftliche Erlaubnis des Vorsitzenden Mao Zedong für unsere Reise nach Yan'an. Nur *wie* ich dorthin käme, das sei meine Sache, da könne er mir nicht helfen. Er schrieb noch, in Yan'an sollte ich besser nicht fotografieren, sondern Geburtshilfe leisten. Mit diesem Brief rannte ich in das sowjetische Konsulat. Der Konsul war beeindruckt von der »persönlichen Erlaubnis Mao Zedongs« und versprach, meine Bitte, durch die Sowjetunion nach Yan'an reisen zu dürfen, sofort nach Moskau weiterzuleiten.

Über meine Pläne beriet ich mich mit Max Hodann. Der empfahl mir, zuerst einen Kurs in dem Büro für sexuelle Aufklärung zu belegen. Während dieser Zeit sei zu überlegen, wo ich Geburtshilfe lernen könnte. So war ich nun halbtags bei Anna und halbtags im Büro. Dorthin konnte jeder kommen, der Hilfe suchte. Junge Mädchen und Burschen, frisch verheiratete und unverheiratete Paare kamen mit ihren sexuellen Sorgen. Gertrud Krögh-Karlsson war eine gutherzige, mütterliche junge Frau. Sie verstand es hervorragend, mit jungen Menschen umzugehen und ihr Vertrauen zu gewinnen. Viele junge Mädchen hatten Angst vor einer Schwangerschaft, und das beeinträchtigte ihren sexuellen Verkehr. Sie bekamen Pessare angepaßt, die es in verschiedenen Größen gab. Ich lernte u. a. bei Gertrud, Injektionen zu machen und Blut zu entnehmen.

Inzwischen hatte mich Max Hodann mit Professor Holmberg bekannt gemacht, dem Chefarzt der privaten Entbindungsklinik Pro Patria. Diese Klinik bildete in dreimonatigen Kursen Hebammen aus. Ich meldete mich zu einem an und wurde auch angenommen, gegen eine Kaution von 100 Kronen. Die Lehrzeit inklusive Essen und Wohnen – zu zweit auf einem Zimmer in der Klinik – bezahlten wir mit dem Geld, das wir uns als Pflegerinnen verdienten. Wir machten den Wöchnerinnen Frühstück, räumten die Zimmer auf, leerten die Nachtgeschirre und schafften nach den Entbindungen das ganze blutige Zeug weg. Die Hauptsache aber war, daß wir abwechselnd bei den Entbindungen dabei sein durften und allerlei ärztliche Hilfeleistungen kennenlernten. Da die meisten Kinder merkwürdigerweise nachts geboren werden, bat ich, einige Wochen hintereinander Nachtdienst machen zu dürfen. Es war zutiefst beglückend, jede Nacht mitzuhelfen, neues Leben zur Welt zu befördern und diese winzigen, zappelnden Nackedeis in den Händen zu halten. Als Mutter bekam ich nämlich die Erlaubnis, die von der Nabelschnur abgetrennten Babys sofort zu baden und zu wickeln.

Den Schülerinnen war es aber nicht erlaubt, selbst Entbindungen vorzunehmen, es sei denn, eine Wöchnerin erklärte sich damit einverstanden. Max Hodanns Frau Ruža, die um diese Zeit ihr erstes Kind erwartete, hatte so viel Vertrauen zu mir, daß sie mich die Entbindung machen ließ. Es ging glänzend! Das war am 23. Juni 1940. Das Kind – ein Junge – wurde Jan genannt. (46 Jahre später, im Oktober 1986, als in Stockholm eine Ausstellung von mir eröffnet wurde, traf ich Ruža und Jan wieder. Max Hodann war bereits im Jahre 1946 gestorben.) Das war meine erste und einzige Entbindung, die ich selbst gemacht habe, denn in Yan'an brauchte man mich überhaupt nicht. Weder meine Kenntnisse aus dem Büro für sexuelle Aufklärung noch mein Hebammenwissen konnte ich anwenden – in Yan'an gab es genügend Ärzte und Hebammen.

Kurz danach erhielt ich einen Brief von Emi, in dem er mir riet, ich solle Kinderpflege und Kindergartenarbeit lernen. Beides lernte ich bei meiner Freundin Elli Yfors in dem Heim, in dem Lion war. So sah ich ihn nun jeden Tag. Er nannte mich hartnäckig »Tante«, obwohl die anderen Kinder ihm immer wieder sagten: »Lion, das ist doch deine Mama.«

In der Zwischenzeit erhielt ich aus Moskau die Erlaubnis, durch die Sowjetunion nach Yan'an zu fahren. Das chinesische Visum müsse ich mir jedoch allein besorgen, da könne das sowjetische Konsulat nicht helfen.

Von Stockholm nach Yan'an

Bevor ich meinen Besuch in der chinesischen Gesandtschaft schildere, muß ich etwas über die Bedeutung von Yan'an und seine Vorgeschichte sagen. Denn meine Leserinnen und Leser können sonst nicht verstehen, warum ich mich vor dem Gang zur chinesischen Botschaft fürchtete.

Nach der bürgerlichen Revolution von 1911 wurde China eine Republik. 1912 wurde der letzte Kaiser Chinas, der sechsjährige Pu Yi, gezwungen, abzudanken. Die herrschende Partei war die Guomindang. Ihr Begründer, Sun Zhong-Shan (1866–1925), war ein begeisterter Patriot mit revolutionärer Erfahrung und internationalen Verbindungen. Am 1. Juli 1921 wurde die Kommunistische Partei Chinas (KPCh) gegründet. Unter den Gründungsdelegierten war Mao Zedong. Im Januar 1924 fand der erste Kongreß der Guomindang statt, auf dem Sun Zhong-Shan seine Linie durchsetzte, mit der Sowjetunion und der KP Chinas zusammenzuarbeiten und die Bauern und Arbeiter zu unterstützen. Kommunisten wurden als individuelle Mitglieder in die Guomindang aufgenommen, blieben aber Mitglied der KPCh. An dem Kongreß nahmen neben Mao Zedong auch andere Kommunisten teil. Das war die erste Einheitsfront zwischen der Guomindang und der KP Chinas, von der beide Seiten profitierten. Die Guomindang erhielt eine breitere Basis und ein von der Sowjetunion ausgebildetes Heer. Die noch sehr kleine KPCh gewann an politischem Einfluß, und ihre Mitgliederzahl wuchs enorm.

Gemeinsam führten Guomindang und KPCh revolutionäre Bürgerkriege durch. So wurde von Guangzhou (Kanton) aus der Nordfeldzug der nationalrevolutionären Armee organisiert, die aus Kommunisten und dem revolutionären Flügel der Guomindang bestand. Diese Armee, die im Juli 1926 aufbrach, um das Beipinger Regime der Militärmachthaber zu stürzen, schlug einen Bürgerkriegsgeneral nach dem anderen. Die Arbeiter- und Bauernbewegung breitete sich über das ganze Land aus.

1925 starb Sun Zhong-Shan. Sein Nachfolger war ein junger Offizier der Guomindang: Jiang Jieshi, der die Interessen der Grundbesitzer und Großkapitalisten vertrat. Am 12. April 1927 verriet er die Revolution und richtete unter den von der Kommunistischen Partei geführten Arbeitermassen in Shanghai, Nanjing und Wuhan ein blutiges Massaker an mit anschließender Verfolgung der Kommunisten. Die Arbeiter- und Bauernbewegung wurde brutal unterdrückt, und die Kommunisten begannen, aus der Illegalität heraus Widerstand zu leisten.

Der Zweite Revolutionäre Bürgerkrieg (1927–1937) fand zwischen der KP Chinas und der Guomindang statt. Er begann am 1. August 1927 mit dem Aufstand in Nanchang (Provinz Jiangxi) gegen die von Jiang Jieshi geleitete konterrevolutionäre Guomindang, an dem 30 000 Soldaten unter der Führung von Zhou Enlai, Zhu De, Ye Ting und He Long teilnahmen. An diesem Tag wurde nicht nur die Rote Armee gegründet, die spätere Befreiungsarmee, sondern ab diesem Zeitpunkt befand sich auch der weitere Verlauf der Chinesischen Revolution unter der Kontrolle der chinesischen KP-Führung.

Auf einer Sitzung des Zentralkomitees (ZK) der KPCh am 7. August 1927 wurden die »rechten Opportunisten«, die vor der Guomindang kapitulieren wollten, aus der Leitung ausgeschlossen. Da drei Viertel der chinesischen Bevölkerung Bauern waren, bestand die Hauptaufgabe des revolutionären Kampfes darin, die Bodenreform durchzuführen und die politische Macht im Land zu übernehmen. Daraufhin fand im Herbst 1927 unter der Leitung von Mao Zedong der »Aufstand der Herbsternte« in den Provinzen Hunan und Jiangxi statt. Anschließend zog sich Mao mit seiner Armee nach Jinggang Shan zurück, einer Berggegend an der Grenze zwischen Hunan und Jiangxi.

Im Jahr darauf vereinigten sich die revolutionären Truppen von Zhu De und Chen Yi mit denen von Mao in Jinggang Shan; es wurde die Vierte Abteilung der Roten Armee – die Neue-Vierte-Armee – gegründet. Von da an nannte man die Namen Maos und Zhus immer in einem Atemzug. In Jinggang Shan wurde außerdem der erste revolutionäre Stützpunkt errichtet. Im Jahr 1930 gab es solche Stützpunkte in den Provinzen Fujian, Anhui, Henan, Shaanxi, Gansu und auf der Insel Hainan. 1930 begann Jiang Jieshi auch seine fünf Vernichtungsfeldzüge gegen Jinggang Shan, von denen die ersten drei zurückgeschlagen wurden.

Am 18. September 1931 überfiel Japan die Mandschurei und die nördlichen Provinzen Chinas. Der Widerstand gegen Japan wuchs in der Bevölkerung, aber Jiang Jieshi wollte den inneren Feind vor dem äußeren schlagen. Trotzdem trat am 7. November 1931 in Ruijin (Jiangxi) eine demokratische Zentralregierung der Arbeiter und Bauern zusammen, zu deren Vorsitzenden man Mao Zedong wählte. Ende 1931 wurde in Jiangxi die erste Räterepublik gegründet mit der Hauptstadt Ruijin. Es gab eine Sowjetverfassung.

Im Oktober 1933 und im Februar 1934 schickte Jiang Jieshi eine 700000 Mann starke Armee nach Jinggang Shan, die auf Grund ihrer zahlenmäßigen Überlegenheit und von Fehlern in der Führung der KP Chinas die Rote Armee schlug. Die Schwächen in der KP-Führung rührten daher, daß es innerhalb der KPCh scharfe Gegensätze gab. Mao Zedong wollte die Revolution mit den Bauern machen, mit Bauernaufständen und Guerillakrieg, da eine Arbeiterklasse in China so gut wie nicht vorhanden war. Die in Moskau (Komintern) geschulten Anhänger Stalins plädierten für Arbeiteraufstände in den Städten und Stellungskrieg. Diese Linie vertrat Maos Gegenspieler Wang Ming, der gehorsam auf Stalin hörte, obwohl dieser offenbar wenig Ahnung hatte von China und seiner Revolution. Wang Ming und seine Leute, die »28 Bolschewiken«, hatten ihr Politbüro in Shanghai. Mao ließ sich aber von Stalin in nichts hineinreden. So gab es einen ständigen Kampf zwischen Mao Zedong und Wang Ming. Und wann immer man auf Wang Ming hörte, führte dies zu Niederlagen.

Im Oktober 1934 verließ Mao mit einem Teil der Roten Armee die Stützpunkte in Jiangxi und begann den »Langen Marsch«. Im Januar 1935 fand während des Langen Marsches in Zunyi (Provinz Guizhou) eine Konferenz des Politbüros des ZK der KPCh statt, auf der endgültig mit der »linken Abweichung«, also mit der Komintern-Linie, abgerechnet und die Position Mao Zedongs als Vorsitzender wiederhergestellt wurde. Das war ein bitteres Jahr in armen, oft bergigen Gegenden. Der Weg war mit schweren Kämpfen, Verlusten und Siegen verbunden, und die Rote Armee mußte mehr als 12000 Kilometer zurücklegen, bis sie den nördlichen Teil der Provinz Shaanxi erreichte. Von ursprünglich 300000 Soldaten waren nur mehr 30000 übriggeblieben. Das neue Zentrum der KPCh war zunächst im Distrikt Baoan und dann von Dezember 1936 bis 1947 in Yan'an. Auf einer Demonstration am 9. Dezember 1935 forderten Studenten: »Schluß mit dem Bürgerkrieg! Widersteht der japanischen Aggression!« Diese Forderung wurde zu einer nationalen Losung.

Im Dezember 1936 nahmen in Xi'an zwei Generale der Guomindang, die für ein Bündnis mit der KPCh im Kampf gegen Japan eintraten, Jiang Jieshi zwangsweise in Gewahrsam. Die Kommunistische Partei vermittelte in dieser Auseinandersetzung. Wahrscheinlich fanden Mao Zedong und Zhou Enlai es politisch nicht ratsam, aus Jiang einen Märtyrer zu machen. Zur Abschaffung des korrupten Regimes bedurfte es ohnehin einer Revolution. Um seine Freiheit wiederzuerlangen, mußte sich Jiang Jieshi schließlich zur Einstellung des Bürgerkrieges und zu einer gemeinsamen

Front gegen die japanischen Angreifer bereiterklären. Diese Einheitsfront kam am 7. Juli 1937 zustande, als Japan Beiping an der Marco-Polo-Brücke angriff, und hielt bis zur Niederlage Japans im Jahre 1945.

Die Lage in China war damals sehr schwierig. In dem Teil Chinas, in dem Jiang Jieshi herrschte, wurden die Reichen überreich, während das Volk in unsäglicher Armut lebte. Die Bauern wurden bis aufs Blut von den Gutsbesitzern ausgesaugt. Viele Männer griff man auf der Straße auf und steckte sie gegen ihren Willen in die Armee. Man kann sich vorstellen, daß sie ohne Begeisterung kämpften. Statt dessen räuberte und plünderte diese Armee und war der Schrecken des Volkes.

Mao Zedong kannte die unbeschreibliche Not der Bauern und betrieb daher als erstes die Agrarreform. Er sagte: »Wenn die Bauern wohlhabend sein werden, ist China gerettet.« In die Rote Armee gingen Männer und Frauen freiwillig. Viele rissen sich darum, aufgenommen zu werden. Diese Soldaten nahmen der Bevölkerung nichts weg, »keine Nadel, keinen Faden« (Worte Maos), sondern bezahlten alles. Sie wurden vom Volk wirklich geliebt und überall, wo sie hinkamen, als Retter und Befreier begrüßt. Jiang Jieshi hingegen war beim Volk sehr unbeliebt.

Zur Zeit der Einheitsfront von 1937 hatte die Guomindang die militärische Führung im Krieg gegen Japan. Die kommunistischen Armeen – die Achte-Weg-Armee und die Neue-Vierte – unterstanden der Guomindang und hatten ihre Stützpunkte auch auf deren Gebiet. Nicht nur, daß die Guomindang diese Armeen in ihrem Kampf gegen Japan nicht unterstützte, sie warf ihnen im Gegenteil auch noch ständig Knüppel zwischen die Beine, intrigierte und ermordete Tausende von Soldaten aus dem Hinterhalt. Am 7. Januar 1941, als ich in Yan'an war, ermordete die Guomindang 9000 Soldaten der Neuen-Vierten-Armee aus dem Hinterhalt. Diese als »Wanan-Ereignisse« bekannten Vorfälle trugen sich in der Provinz Anhui zu.

Die Sowjetunion unterstützte China in seinem Kampf gegen die japanischen Eindringlinge. Im August 1937 schloß sie einen Nichtangriffspakt mit China ab und erweiterte ihre finanzielle und militärische Hilfe. Da die Guomindang die offizielle militärische Führung innehatte, schloß die UdSSR dieses Bündnis mit ihr ab. Die Guomindang wußte jedoch genau, daß die Sowjetunion eigentlich auf seiten der Kommunistischen Partei Chinas stand. Deshalb wachte sie ängstlich darüber, daß die sowjetischen Diplomaten, Offiziere und Soldaten keine Verbindung zur KPCh unterhielten. Nur in Yan'an gab es mit Billigung der Guomindang eine Gruppe sowjetischer Berater. Die militärischen Stützpunkte der Sowjetunion befanden sich natürlich auf dem Gebiet der Guomindang.

Ich ging also mit mehr als nur gemischten Gefühlen in die Gesandtschaft der Guomindang in Stockholm, um ein Visum für Yan'an zu beantragen. Und was sich dann ereignete, ist wirklich wert, festgehalten zu werden. Denn wie sollte ich erklären, warum ich, die Sowjetbürgerin, nach China und noch dazu nach Yan'an fahren wollte? Ich nahm den knapp zweijährigen, sehr chinesisch aussehenden Lion mit in die Gesandtschaft, als Beweis dafür, daß mein Mann Chinese war. Ich wurde von einem bebrillten Chinesen unbestimmten Alters empfangen. Ich weiß nicht, ob er der Konsul selbst war oder sein Sekretär. Er saß an einem mächtigen Schreibtisch. Hinter ihm an der Wand hing eine große Karte von China.

Warum ich nach China fahren wolle?

»Mein Mann ist Chinese.«

Warum ich nicht chinesische Staatsbürgerin sei?

»Sowjetbürgerinnen nehmen bei der Heirat nicht die Staatsbürgerschaft ihres Mannes an.«

Wo mein Mann lebe?

»In Yan'an.«

Wooooo?

»In Yan'an.«

Mein Gegenüber fuhr mit einem Stöckchen kreuz und quer auf der Karte herum, bis er nach langem Suchen endlich den gewünschten Ort gefunden hatte. Was denn mein Mann da mache?

»Er ist Schriftsteller.«

So, so – und da wolle ich zu ihm fahren?

»Ja, das will ich, zusammen mit unserem Söhnchen.«

Er reichte mir ein paar Formulare, die ich sofort ausfüllte. In der Rubrik Telefonnummer trug ich die von Herbert ein. Dann sagte der Beamte noch, ich solle auf Nachricht warten. Beim Rausgehen dachte ich, weiß der Teufel, ob der mich jemals anrufen wird. Ich hatte allerdings mitbekommen, daß dieser verstaubte Intelligenzler in seinem über 10 000 Kilometer von China entfernten Büro nicht nur keine blasse Ahnung von Yan'ans Bedeutung hatte, sondern wahrscheinlich auch nichts von den Ereignissen wußte, die die ganze Welt erschütterten.

Als ich nach einiger Zeit aus dem Kindergarten nach Stocksund kam, sagte Herbert: »Man hat aus dem chinesischen Konsulat angerufen. Du sollst dir dein Visum abholen.« Am nächsten Tag stürzte ich hin – und traute meinen Augen nicht: In den Paß war ein Visum direkt für Yan'an eingestempelt worden. Ich glaube, ich war damals die einzige Privatperson, die ein solches Visum bekommen hat. Im sowjetischen Konsulat rissen sie vor Verwunderung die Augen weit auf.

Ende August oder Anfang September 1940 brachte Herbert uns zum Schiff. Er hatte Lion und mir die Fahrkarten bis Leningrad geschenkt. Wieder ein Abschied! Mit zwei leichten Köfferchen, meinem geliebten Rad und dem zweijährigen Söhnchen an der Hand – in der Tasche einige US-Dollar – begab ich mich auf die große Reise nach Yan'an. Im Hafen von Leningrad holte uns Sjan ab. Das war ein Wiedersehen! Vor Freude hatten wir beide Tränen in den Augen. Gemeinsam fuhren wir in die hübsche Wohnung. Wassa war schon wieder krank und mit dem erst einige Monate alten Dima in einem Sanatorium außerhalb Leningrads. Elik befand sich in einem Kindergarten auf dem Lande. So waren nur Sjan und Allan zu Hause. Sjan und ich hatten einander viel zu erzählen, aber über die Zeit im Gefängnis sprach er nicht.

Ich fuhr auf meinem Rad, Lion vorn im Körbchen, zu Wassa. Wir hatten uns im Januar 1939 zum letztenmal gesehen, und nun trafen wir uns wie zwei Schwestern, die lange voneinander getrennt waren. Wassa war glücklich, daß Sjan zurück war und sie zwei Kinder von ihm hatte. – Wassa und Sjan hatten die altmodische Angewohnheit, Kinder in die Ecke zu stellen, mit dem Gesicht zur Wand, wenn sie nicht gehorchten. So etwas kannten Emi und ich überhaupt nicht. Sjan versuchte seine Erziehungsmethode an Lion auszuprobieren, was allerdings scheiterte. Zum einen verstand Lion nur etwas Schwedisch und kein Russisch; er verstand also nicht, was Sjan ihm sagte. Und zum anderen hielt er das ganze für ein Spiel. Er stand einige Minuten artig in der Ecke, dann guckte er sich um, lachte spitzbübisch und lief davon.

Wassa erklärte mich für verrückt, als sie sah, daß ich ein Fahrrad mit nach Yan'an schleppen wollte. Mit Sjans Hilfe verkaufte ich schweren Herzens mein Rad und noch ein Kleidungsstück und hatte – zusammen mit meinen US-Dollars – genug Geld, um mit Lion erster Klasse über Moskau nach Alma-Ata zu fahren.

Während meines Aufenthalts in Moskau wohnte ich bei Else Wolf in Peredjelkino. Am Tage blieb Lion bei Else, und ich fuhr in die Stadt, um die weite Reise zu organisieren. Else verstand es wundervoll, mit Kindern umzugehen. Sie brauchte sie auch nicht in die Ecke zu stellen. Obwohl Lion kein Deutsch verstand, gehorchte er Else aufs Wort. Wenn ich spätnachmittags auf die Datscha zurückkehrte, kam mir die hochgewachsene Else mit dem winzigen Bübchen an der Hand entgegen. Der Schäferhund begrüßte mich stürmisch. Else erzählte mir, wie brav Lion war, der stolz seine ersten Worte auf Deutsch über die Lippen brachte: »das Brot«, »der Hund« (er sagte Chunt).

Ich ging zur Komintern und bat um Hilfe für die Reise von Alma-Ata nach Yan'an. Außerdem bat ich um die Erlaubnis, Rubel in Dollar umtauschen zu dürfen. Der Genosse versprach, daß mich in Alma-Ata jemand vom Bahnhof abholen und mir weiterhelfen würde. Gleichzeitig gab er mir ein Schreiben für die Bank, daß man mir vier US-Dollar (!) geben solle. Ich war ganz erstaunt: vier Dollar für eine Reise von Alma-Ata nach Yan'an? Er sagte kurz: »Das genügt.« Später begriff ich, daß er recht hatte.

Auch zu Michail Apletin ging ich. Er fiel beinahe um vor Staunen: »Yan'an? Ist das möglich?« Ich erzählte ihm, daß Emi die persönliche Erlaubnis von Mao Zedong hätte. Apletin gab mir einen Brief an Emi mit, datiert vom 17. September 1940. Darin heißt es: »Lieber Freund Emi! Wie gern würde ich Dich in der Minute sehen, wenn Du Deine Familie wiedersiehst. Der Kleine sieht Dir sehr ähnlich. Schon an den Augen erkennt man Dich wieder. Wir denken oft an Dich... Alexander Romm spricht von Deinem letzten Gedichtband mit Tränen in den Augen... Ich umarme Dich freundschaftlich und küsse Dich herzlich...«

Als es dann soweit war, brachte Else uns an den Zug; das muß zwischen dem 20. und 25. September 1940 gewesen sein. Lion und ich hatten ein Abteil für uns allein. Die Fahrt dauerte vier oder fünf Tage. Lion war sehr gesellig, hatte vor nichts und niemandem Angst. Man reichte ihn von einem Abteil ins andere, fütterte ihn mit Wassermelonen und Süßigkeiten. Ich wunderte mich, daß sein Magen das alles aushielt. Wir fuhren durch die öden Steppen Kasachstans, und ich dachte, daß es schrecklich sein müsse, hier zu leben. Ich konnte nicht ahnen, daß ich einmal gezwungen sein würde, in dieser Gegend dreieinhalb Jahre zu verbringen. In Alma-Ata wurden wir in einem schönen Hotel untergebracht. Lion amüsierte sich und tobte die Treppen rauf und runter. Einmal war er verschwunden. Trotz Suchens konnte ich ihn nirgends finden. Schließlich entdeckte ich ihn in einem anderen Stockwerk des Hotels in einem Empfangszimmer auf den Knien eines jungen Kasachen.

Nach ein oder zwei Tagen teilte man mir mit, ich könne am nächsten Morgen mit einem Diplomaten-Flugzeug nach Lanzhou fliegen, wofür ich nichts zu zahlen bräuchte. So erklärte sich, warum ich mit vier Dollar auskommen konnte. Damals gab es noch keine zivile Luftverbindung zwischen der UdSSR und China. Wir flogen zunächst bis Ürümqi (Urumchi); es war der erste Flug in meinem 29jährigen Leben. Einer der Piloten brachte Lion das erste russische Wort bei: »samoljot« (Flugzeug).

Ürümqi war einer der chinesischen Militärstützpunkte auf dem von der Guomindang beherrschten Gebiet. Das Lager bestand aus Baracken mit einem großen freien Platz davor. Dort machten Lion und ich einen Tag und eine Nacht lang Station. Die Soldaten – alles junge Männer – waren begeistert, eine Abwechslung in ihrem eintönigen Leben zu haben und eine junge Frau samt Kind bewirten zu können. Sie badeten Lion, gaben ihm zu essen und spielten mit ihm. Am nächsten Tag ging es weiter nach Hami. Dort mußten wir wieder übernachten. Aus welchen Gründen wir ein Zimmer im Haus des chinesischen Gouverneurs bekamen, weiß ich bis heute nicht. Alles war mit rotem Plüsch ausgeschlagen – Plüschsessel, Diwan und ein Prinzessinnenbett. Am nächsten Tag kamen wir endlich bis nach Lanzhou. Die Guomindang-Offiziere trauten ihren Augen nicht: ein Visum nach Yan'an, ausgestellt von einer Botschaft der Guomindang!

In Lanzhou wohnten wir im sowjetischen Konsulat. Der Konsul, Konstantinow, versprach, unsere Fahrt nach Xi'an zu organisieren. Er machte mich mit dem Genossen Wu Xiuqian bekannt, der den Stützpunkt der Achten-Weg-Armee in Lanzhou befehligte. Ich verstand, daß die Bekanntschaft zwischen den beiden sozusagen illegal war. Wu Xiuqian erklärte sich bereit, Emi telegraphisch zu benachrichtigen, daß ich mit Lion in Lanzhou sei. Nach ein paar Tagen erhielten wir Bescheid, daß wir nach Xi'an fahren könnten. Den Weg dorthin legten wir auf einem offenen sowjetischen Lastwagen zurück. Außer dem Fahrer fuhren noch zwei junge sowjetische Genossen in Zivil mit. Während der ganzen Fahrt herrschte strahlendes Sonnenwetter. Besorgt sahen die sowjetischen Genossen zum Himmel hinauf. Auf meine naive Frage, warum sie das täten, antworteten sie, daß die Japaner bei solchem Wetter gerne Bombenangriffe flögen. Ein- oder zweimal übernachteten wir noch in sowjetischen Militärlagern. Am späten Nachmittag des 12. Oktober erreichten wir Xi'an und hielten wieder vor einem sowjetischen Militärstützpunkt. Es war gerade Abendbrotzeit. Wir wurden herzlich eingeladen, an der langen Tafel Platz zu nehmen, die für Offiziere und Soldaten gedeckt war.

Nach dem Essen – es war schon dunkel – brachte uns ein Genosse zum Lager der Achten-Weg-Armee. Wir fuhren in zwei Rikschas, der Genosse saß in der ersten, Lion und ich in der zweiten. Das war das erste und bisher auch einzige Mal in meinem Leben, daß ich in einer zweirädrigen Rikscha fuhr, die von einem Menschen gezogen wurde. In einer kleinen Gasse ließ mein Begleiter anhalten. Wir gingen dann noch ein ganzes Stück zu Fuß, der Genosse voran, Lion und ich im Abstand hinterher. An einer Haustür, zu der einige Stufen führten, klingelte der Genosse. Die Tür wurde geöffnet, und ich sah, wie zwei Männer sich herzlich umarmten und küßten. Der uns die Tür geöffnet hatte, war der Leiter des Stützpunktes der Achten-Weg-Armee in Xi'an. Als er erfuhr, wer ich war, sagte er: »Siao San [Emi Siao] ist vor einer halben Stunde aus Yan'an eingetroffen.«

Es war, als wären unsere Herzen beim Wiedersehen aufeinander zugeflogen; Lion wich nicht von Emis Seite. Wir blieben eine Woche in Xi'an, gingen aber nicht aus, um der Guomindang nicht aufzufallen. Damals lernte ich Mao Dun kennen, einen der großen Schriftsteller Chinas. Am 20. Oktober brachen wir auf einem Lastwagen der Achten-Weg-Armee nach Yan'an auf, wo wir am 22. Oktober 1940 nachmittags ankamen.

Yan'an

In der Provinz Shaanxi, in der auch Yan'an liegt, wohnten die Menschen zumeist in Höhlen, die sie in die Berge gegraben hatten. In jede Höhle führte eine Tür, der Boden war aus gestampfter Erde, und die Bauern schliefen auf einem Kang, einem breiten, aus Lehm gebrannten Gestell, das von unten beheizt werden konnte. Auf dem Kang schlief meistens die ganze Familie. Am Tag wurden die Bettdecken und Kissen säuberlich in einer Ecke des Kangs aufgestapelt; dann diente er zum Sitzen und Essen. Bei den Mahlzeiten saß man mit gekreuzten Beinen vor einem niedrigen Tisch, der auf den Kang gestellt wurde.

Yan'an war eine Stadt mit Häusern; nur ein Teil der Bevölkerung wohnte außerhalb in Höhlen. Nachdem sich aber das Zentralkomitee der Kommunistischen Partei Chinas in Yan'an niedergelassen hatte, fingen die Japaner an, die Stadt zu bombardieren. Sie wurde fast vollständig zerstört und notgedrungen zu einer Höhlenstadt, in der außer der einheimischen Bevölkerung auch das ZK, Teile des Armeestabs sowie zugereiste Intellektuelle untergebracht waren. Berge zu bombardieren hatte keinen Sinn. Als ich in Yan'an war, gab es zwar einige Male Fliegeralarm, aber es geschah weiter nichts. Die Höhlen der Intellektuellen waren »luxuriös« eingerichtet, denn dort gab es Möbel aus Holz – wie Betten, Tische, Stühle usw. Außerdem wurden sie im Winter mit Holzkohlenöfchen beheizt. In Höhlen befanden sich auch die Schulen, das Krankenhaus, die Redaktion der Zeitung, die Universitäten. Damals gab es nur einige wenige Gebäude in dem Teil Yan'ans, in dem wir lebten.

Nach unserer Ankunft zog ich am Nachmittag einen Holzzuber auf den großen Platz vor unserer Wohnhöhle (zunächst im Klub für Kulturschaffende) und badete Lion in der warmen Oktobersonne. Dabei sah ich zwei Menschen den Berg zu uns hinaufsteigen. Der Mann, mit leicht ergrautem Haar und orientalischen Gesichtszügen, war so um die Dreißig; die schlanke Frau neben ihm war blutjung und bildhübsch. Das waren unsere ersten Gäste: der amerikanische Arzt (syrischer Herkunft) Ma Haide (George Hatem) und seine chinesische Frau Zhou Sufei. Sie waren entsetzt, daß ich das kleine Kind – es war ja schon Spätherbst – im Freien badete. Ich lachte sie fröhlich aus, und sie lachten mit – unsere Freundschaft war besiegelt.

Noch im Winter 1940/41 bezogen Emi und ich ein nahe gelegenes dreistöckiges Höhlengebäude. Im »zweiten Stock« hatten wir drei Höhlen, vor denen ein freier Platz lag. Eine Tür führte in die mittlere Höhle, in der wir aßen und badeten. Links führte ein kurzer Gang in die Höhle, in der ich mit Lion wohnte, und rechts lag die Höhle, in der Emi arbeitete und schlief. Meine und Lions Höhle hatten sogar Bretterboden. Die Fenster waren nicht verglast, sondern mit mattem Papier beklebt. Neben den drei Höhlen lag noch eine kleine Küche mit einem Ofen, der mit Holz und Kohle beheizt wurde. Das Wasser wurde täglich mit einem Maulesel den Berg heraufgebracht. Abends brannten wir Öllämpchen, denn Kerzen waren Luxus.

Geld gab es in Yan'an nicht. Jeder bekam Kleidung und Lebensmittel umsonst. Wir Ausländer erhielten zusätzlich noch Fleisch, Fett, Zucker, Eier. Außerdem bekam ich Milch für Lion. In der ersten Zeit buk ich zusammen mit dem Genossen Deng Jie mein eigenes Brot in einem Backofen, den er in einen Felsen eingebaut hatte. Später wurde für die Ausländer täglich frisches Brot gebacken.

In Yan'an gab es viele Jungen zwischen zehn und vierzehn Jahren, die »dazugehörten«. Das heißt, sie wurden eingekleidet, verpflegt und übernahmen kleine Dienstleistungen für die Funktionäre und auch für uns Ausländer. Man nannte sie »Xiao Gui« (kleine Teufel), was eine liebevolle Bezeichnung war. Wir hatten auch so einen Xiao Gui, der Wang Mingli hieß und etwa zehn bis zwölf Jahre alt war. Er betreute Lion. (Nach der Befreiung wurde Wang Mingli Funktionär in einer Provinz, heiratete und wurde Vater von fünf Kindern. In den 50er Jahren besuchte er uns mit einem seiner Söhne in Beijing. Mit Emi korrespondierte er bis Anfang der 80er Jahre. Er starb kurz vor Emi.) Außer Wang Mingli hatten wir noch einen Koch namens Lao Yan.

Über uns wohnten Lao Ma – so nannte ich Ma Haide bis zu seinem Tod Anfang Oktober 1988 – und Sufei; ferner der indische Arzt Basuhua, der indonesische Doktor Bi und später, nach seiner Rückkehr von der Front, der deutsche Arzt Hans Müller. Nicht weit von uns wohnte ein Malaie, Ali Aham; sein chinesischer Name war Wang Dacai. Wir nannten ihn alle nur Ali. Er war leitender Genosse in der Malaischen Kommunistischen Partei und politischer Flüchtling in Yan'an. Ali war klein von Wuchs, sehr dünn und häßlich wie ein Affe. Er war in jeder Hinsicht gebildet und sprach außer Deutsch, Englisch, Russisch, Französisch auch ein bißchen Chinesisch. Keine der Sprachen beherrschte er jedoch perfekt. Typisch für ihn war, daß er in allen Sprachen gleichzeitig redete. Man mußte also schon einigermaßen sprachbegabt sein, um ihn zu verstehen. Ali besuchte uns und unsere Nachbarn oft. Er war ein Fanatiker und Panikmacher, der uns alle mit seinen fixen Ideen verrückt machte.

So kam er eines Tages ganz aufgeregt angelaufen und verbreitete das Gerücht, irgendwo in der Nähe sei die Pest ausgebrochen. Heftig redete er auf uns ein, wie man sich davor schützen müsse. Ein andermal vertraute er Emi an, er, Ali, wisse aus sicherer Quelle, daß die Guomindang in allernächster Zeit Yan'an angreifen werde. Emi müsse mich und das Kind in Sicherheit bringen. Alles war natürlich nur Einbildung.

Anderthalb Jahre Trennung hatten Emi und mich zunächst einander noch näher gebracht, unsere Gefühle hatten sich vertieft. Ich glaube, es war kurz nach meiner Ankunft, als Marschall He Long uns besuchte und sagte: »Das muß ja eine große Liebe sein, daß du von so weit her nach Yan'an gekommen bist.« Ja, es war große Liebe. Ich war mit viel Enthusiasmus und großen Hoffnungen für immer hierhergekommen, wie ich dachte. Es gefiel mir in Yan'an, und das einfache Leben bereitete mir keinerlei Schwierigkeiten; ich vermißte weder unseren Moskauer noch meinen Stockholmer »Luxus«.

Emi beschrieb unsere damalige Stimmung in seinem Gedicht *Dem Herzen fehlt Gelassenheit*:

Dem Herzen fehlt Gelassenheit,
den Wind, die Blumen, Schnee und Mond zu preisen,
des zauberhaften Landes mich zu freun an diesem
[Tage hell und weit.

Weil mein Herz
so ganz und gar verlorenging,
an sie, ach, an sie.

Sie, die selber Blume ist und Wind.
Wo find' ich Schnee und Mond,
wo ich sie nicht fand?

Wenn sie fern ist, flieht der Mut,
frisch ans Tagewerk zu gehn;
selbst mein Dichten wird nicht gut.

Halte, halt sie fest, laß sie nie
mehr fort! Für die gute Sache brenne
ruhelos wie sie.

Durch Emi lernte ich einige der Führer der Chinesischen Revolution kennen – Mao Zedong, Zhu De, He Long, Wang Zheng, Hu Qiaomu, Ren Bishi, Wang Roufei, später auch Zhou Enlai und andere. Wenn sich einer von ihnen direkt mit mir unterhielt, dolmetschte Emi. Später verstand ich auch einfache Sätze. Führte Emi mit jemandem ein Gespräch, saß ich stundenlang dabei und verstand nichts. Wie schon in Moskau war ich eine gute Zuhörerin, oder besser gesagt, Zuseherin. Ich erhielt meine Eindrücke von diesen Menschen nicht über das, was sie sprachen, sondern davon, wie sie sich bewegten, wie ihr Gesichtsausdruck beim Sprechen war, von ihren Augen und Händen. Ich war beeindruckt, wie einfach diese hochgestellten Persönlichkeiten, in deren Händen die Zukunft Chinas lag, in ihrem Wesen und Verhalten waren.

Zhu De begegnete ich öfter, und von allen machte er den größten Eindruck auf mich. Der Oberbefehlshabende war äußerst unkompliziert in seiner ganzen Art und geradeheraus – eigentlich ganz unchinesisch. Wenn er mit mir sprach, sah er mir direkt in die Augen. Und diese Augen werde ich mein Leben lang nicht vergessen. Seinem Blick konnte man entnehmen, daß er ein eigenwilliger, unbeugsamer Mensch war, der den Teufel nicht fürchtete – und auch nicht die Viererbande Jahrzehnte später. Seinen starken Charakter hat er bis zu seinem Tod im Juli 1976 bewiesen.

Am 1. Dezember 1940 traf ich Zhu De zum erstenmal. Da kam er zu uns nach Hause und sagte zu mir: »In China muß man längere Zeit leben, um zu verstehen, was an diesem Land gut ist.« Am 16. Dezember besuchten Emi und ich ihn, der uns bei dieser Gelegenheit erzählte, daß er von 1922 bis 1925 in Deutschland gewesen war; daher sprach er auch ein bißchen Deutsch. Plötzlich kam Mao Zhuxi, der Vorsitzende Mao, zur Tür herein und gratulierte Zhu De zum Geburtstag, blieb aber nur wenige Minuten.

Zhu De und Mao Zhuxi traf ich manchmal samstags bei den Tanzabenden, die Emi als Leiter des Klubs für Kulturschaffende organisierte und die etwas ganz Neues für das spartanische Yan'an waren. Diese Abende mit europäischen Tänzen waren von vielen freudig begrüßt, von anderen aber auch kritisiert worden. Mao Zhuxi schien jedoch zu verstehen, daß Tanzen eine harmlose Erholung für diejenigen war, deren Leben nur aus Arbeit und Kampf bestand. Nachdem er selbst an einem solchen Tanzabend teilgenommen hatte, verstummte die Kritik, und nicht nur die Jugend, sondern auch ältere Funktionäre und die Führer der Chinesischen Revolution kamen oft in den Klub. Zhu De und Mao Zhuxi tanzten nicht richtig, sondern es war, als gingen sie mit ihren Partnerinnen zur Musik spazieren. Mao Zhuxi begegnete ich auch sonst öfter. Emi nahm mich manchmal zu ihm mit. Wir ritten dann – Lion saß vorn bei Emi auf dem Pferd – auf einem schmalen Pfad, links hohe Felsen, rechts steiler Abhang, und durch weite Felder nach Zaoyuan (Dattelgarten). Mao Zhuxi war stets freundlich zu mir. Wie alle anderen nannte er mich »Ye Hua« – das ist mein Name auf Chinesisch. Einmal, als ich einen blauen Anzug und Bastschuhe anhatte, sagte er: »Ye Hua ist ganz chinesisch geworden.« Darauf war ich sehr stolz. Lion spielte mit Mao Zhuxis kleiner Tochter Lina, während Mao sich mit Emi unterhielt. Ich saß still dabei und beobachtete.

Emi wollte eine Biographie über Mao Zhuxi schreiben, der aber entschieden dagegen war. So mußte Emi sich heimlich Notizen machen. Auf Bitten anderer Genossen erklärte sich Mao Zhuxi schließlich doch einverstanden. Von da an konnte Emi sein Notizbuch offen zeigen und die Gespräche mit ihm schriftlich festhalten.* Immer wurden wir bei diesen Treffen zum Essen eingeladen; soweit ich mich erinnere, war seine Frau Jiang Qing allerdings nie dabei.

Im Frühjahr 1941 kam Emis jüngste Schwester Siao Kun mit ihren beiden kleinen Söhnen aus Chongqing nach Yan'an. Zuerst wohnte sie mit den Kindern bei uns, zog dann aber in die Lu-Xün-Akademie für Kunst und Literatur, wo sie Arbeit fand. Sie war die erste von Emis Verwandten, die ich kennenlernte. Ich war damals wieder schwanger.

In Yan'an gab es sowjetische Berater, die auf Wunsch des Zentralkomitees der Kommunistischen Partei Chinas dorthin gekommen waren. Sie wohnten in der Nähe Maos in einem Haus in Zaoyuan. Ihre Tätigkeit in Yan'an wurde strikt geheimgehalten. Erst nach der Befreiung erfuhr ich, daß es sich bei ihnen um Nachrichtenspezialisten gehandelt hatte. Sie nannten sich »Korrespondenzbüro der TASS«. Mit dem Leiter Fjodor, der etwas älter war als wir, freundeten wir uns an. Auch Viktor Alexandrowitsch Gorelow gehörte zu dieser Beratergruppe. Er war sehr gebildet und belesen, schloß sich Emi an und besuchte ihn von Zeit zu Zeit. Dann tranken sie Wein und sprachen über Literatur und Poesie. Da ich mich manch-

* Emis Buch *Die Jugend Mao Zedongs* erschien im September 1949.

mal an diesen Gesprächen beteiligte, borgte Viktor mir russische Bücher, vor allem klassische Literatur. Übrigens übersetzte Emi in Yan'an Friedrich Wolfs Dramen *Professor Mamlock* und *Das trojanische Pferd* aus dem Russischen. Beide Stücke wurden in jenen Jahren mit großem Erfolg aufgeführt.

Am 22. Juni 1941 überfiel das Deutsche Reich die Sowjetunion. Die Nachricht schlug wie eine Bombe in Yan'an ein. Unsere sowjetischen Freunde waren ganz außer sich, daß sie hier sitzen mußten und nicht an der Front ihre Heimat verteidigen konnten. Zhu De hatte in seiner Wohnung eine große Weltkarte, auf der der Frontverlauf eingezeichnet war. Ich fragte Zhu De, wie es möglich sei, daß die Deutschen so tief in die Sowjetunion vordringen konnten. Er meinte, das hätte nichts zu bedeuten. (Damals konnte er nicht ahnen, was wir heute aber wissen, daß Stalin von verschiedenen Seiten gewarnt worden war. Der sowjetische Kundschafter Richard Sorge hatte Stalin den genauen Tag des Überfalls mitgeteilt. Aber Stalin schenkte ihm kein Gehör, sondern glaubte fest an den Vertrag mit Hitler. Deshalb traf ihn der Überfall unvorbereitet.) Wir sprachen auch über Antifaschisten und über die Juden, die aus Deutschland fliehen mußten. Zhu De sagte: »Ich bin ein wegen meiner Parteiarbeit aus Deutschland hinausgeworfener Chinese.«

Im Herbst 1941 wurde in Yan'an eine antifaschistische Konferenz abgehalten. Dazu fand am 21. September im Militärklub eine vorbereitende Sitzung statt, an der viele nationale Minderheiten teilnahmen wie Mongolen, Hui, Miao-Vietnamesen, Japaner, Koreaner, Taiwaner, Philippinen, Inder und Malaien; ich nahm als deutsche Jüdin teil. An diesem Tag wurde auch die antifaschistische Einheitsfront aller östlichen Nationalitäten gegründet, die ihre erste Sitzung am 26. Oktober abhalten sollte. Der Auftakt nachmittags um zwei Uhr fand jedoch nicht statt, denn es war Fliegeralarm: Japanische Flugzeuge kreisten über Yan'an. Erst nachdem der Alarm aufgehoben war, versammelten wir uns zum Essen im Nordwestlichen Restaurant (Xibei Caishi). Um sechs Uhr abends begann dann endlich die Eröffnungszeremonie im großen Saal des Zentralkomitees. Wir saßen in der dritten Reihe – ich links von Emi, der Dichter Ai Qing rechts von ihm. Zhu De saß hinter uns. Ali Aham hielt die Eröffnungsrede auf Englisch und Huang Hua dolmetschte. Dann sprach Ye Yianying. Alle anwesenden Studenten der japanischen Arbeiter- und Bauernschule kamen aufs Podium und legten den Schwur ab, in die Achte Armee einzutreten. Zhu De nahm ihr Gelöbnis entgegen. Dann wurde die Internationale gesungen.

Am 30. Oktober sprach Mao Zhuxi um drei Uhr nachmittags eine halbe Stunde lang. Dann hielt ich eine Rede, die zusammen mit dem Dolmetschen durch Emi 40 Minuten dauerte. Ich sprach über das Schicksal der Juden in Deutschland und in den von Hitler okkupierten Gebieten. Das war das erste Mal in meinem Leben, daß ich auf einer Versammlung vor so vielen Menschen sprach. Am darauffolgenden Tag sprach Emi im Namen der Schriftsteller. Anschließend wurde ein Komitee gegründet, dem 37 Personen angehörten, darunter Emi und ich als ständige Mitglieder. Ich beschreibe das deshalb so genau, weil es die einzige politische Aktion war, an der ich in Yan'an teilgenommen habe.

Am 9. Dezember brachte ich wieder einen Knaben zur Welt. Emi schlug vor, ihn nach unserem sowjetischen Freund Viktor zu nennen, was Sieger bedeutet. Sein Rufname ist Vitja. Er wurde um ein Uhr nachts in meiner Wohnhöhle geboren. Die Hebamme Li Yisheng (Doktor Li) half bei der Geburt. Am frühen Morgen kamen Lao Ma, Sufei und Basuhua, um uns zu gratulieren und das winzige Etwas in seinem Bettchen zu bewundern. Lion ging stolz umher und verkündete: »Wir haben ein Brüderchen zu Hause und viele Ratten.« Das stimmte. Es gab entsetzlich viele und sehr große Ratten. Man erzählte Schauermärchen, daß sie kleine Kinder fräßen oder ihnen zumindest Nase und Ohren abbissen. Sie rumorten unter dem Holzboden, und obwohl wir alle Löcher mit Glassplittern verstopft hatten, kamen sie doch manchmal heraus. Es war unheimlich. Die ganze Nacht über ließ ich ein Öllämpchen brennen.

Am Sylvesterabend 1941 – Vitja war gerade drei Wochen alt – luden uns unsere sowjetischen Freunde nach Zaoyuan ein. Sie holten uns mit einem Lastwagen ab – Ma Haide, Sufei, Basuhua, Doktor Bi, Emi, Lion und mich mit Vitja auf dem Arm. Ich war bepackt mit Milchflaschen und Windeln. Außerdem hatte Emi noch ein paar junge Mädchen mitgebracht, da es zu wenige Partnerinnen zum Tanzen gab. Nachdem ich die Kinder zu Bett gebracht hatte, wurden wir mit russischen Delikatessen bewirtet, die es in Yan'an nicht gab: Wurst, Schinken, Speck, sauren Gurken, Käse – und natürlich Wodka. Anschließend tanzten wir die ganze Nacht durch. Sogar Jiang Qing erschien an diesem Abend. Ich sah sie überhaupt nur bei Tanzvergnügungen.

Trotz der einfachen Verhältnisse führte Vitja ein ganz normales Babyleben. Da ich, wie schon bei Lion, auch bei Vitja keine Milch hatte, mußte ich ihn mit der Flasche ernähren. Es war tiefer Winter. Zum Heizen hatte ich zwei kleine Holzkohleöfchen. Ich badete Vitja jeden Tag. Die Decken,

Kissen, Matratzen für sein Bettchen und auch die Kinderkleidung hatte ich mit der Hand genäht. Das hatte ich von Sufei gelernt, die mir auch das Stricken beibrachte. In Yan'an habe ich Pullover, Hosen, Socken für die ganze Familie selbst gestrickt. Sufei war klug und studierte an der Lu-Xün-Universität. Außerdem war sie eine großartige Hausfrau. Obwohl sie nur einmal in der Woche nach Hause kam, funktionierte ihr Haushalt perfekt. Sie salzte alle möglichen Gemüse für den Winter ein – auch das habe ich von ihr gelernt – und kochte vorzügliche Gerichte. Im übrigen hatte Lao Ma auch einen Koch und einen Xiao Gui.

Im Zusammenhang mit Vitjas Geburt muß ich Lao Yan, unserem Koch, ein kleines, von Herzen kommendes Denkmal setzen. Lao Yan, ein etwa 40jähriger Junggeselle, war ein analphabetischer Bauer und sehr schweigsam. Er wohnte und aß nicht bei uns, war aber den ganzen Tag über da. Er liebte Vitja und lernte es schnell, ihn zu füttern, zu baden und anzuziehen. Wenn Lao Yan kochte, stand Vitjas Bettchen im Freien neben der Küche. Vitja schlief dann oder spielte mit den Kugeln, die wir über seinem Bettchen aufgehängt hatten.

Als Vitja etwas älter war, nahm Lao Yan ihn überallhin mit. Selbst wenn er aß oder Lebensmittel holte, trug er ihn auf dem Rücken. Seit er sich um Vitja kümmerte, pflegte er nicht nur den Kleinen, sondern wusch sich auch jeden Tag von Kopf bis Fuß – für einen chinesischen Bauern des Nordens etwas sehr Ungewöhnliches. Er sorgte für Vitja besser als jede europäische Kinderfrau. Natürlich liebte Vitja ihn auch, und wenn Lao Yan einmal fortging, ohne Vitja mitzunehmen, weinte dieser bitterlich. Ich habe für Lao Yan nie etwas Besonderes getan, aber ich fühlte seine Anhänglichkeit. Er ging für mich durchs Feuer. Als ich mit den Kindern Yan'an verließ, weinte er. Immer, wenn ich an Lao Yan denke, bin ich von neuem gerührt – der erste chinesische Bauer, der mir eine Ahnung von dem Charakter und der Bescheidenheit seines Volkes mit auf den Weg gab. Nach unserer langjährigen Trennung erzählte mir Emi, daß Lao Yan nach unserer Abfahrt aus Yan'an bei ihm geblieben sei und treu für ihn gesorgt habe. Erst als Emi mit einer anderen Frau zusammenlebte, verließ ihn Lao Yan. Er war *mir* treu geblieben.

Im Mai 1942 wurde Viktor A. Gorelow abgelöst. Mit ihm flog auch Fjodor in die Sowjetunion zurück. Der neue Leiter hieß Pjotr Wladimirow; sein chinesischer Name war Sunping. Mit ihm kamen ein zweiter Funker, Kolja, und ein Chirurg, Andrej Orlow. Orlow wurde im Krankenhaus untergebracht. Sunping hingegen wohnte nicht bei den anderen Beratern in Zaoyuan, sondern zusammen mit Alejew in zwei Wohnhöhlen direkt neben uns. Er kam als Verbindungsmann der Komintern zur Führung des ZK der Kommunistischen Partei Chinas nach Yan'an und war – wie ich heute weiß – gleichzeitig Militärkorrespondent für TASS. Sunping war 37 Jahre alt.

Natürlich gab es auch in der KPdSU zwei Richtungen in der Beurteilung Chinas. Auf dem Weg nach Yan'an hatte ich erlebt, wie herzlich die sowjetischen Diplomaten und Militärs zu den Chinesen Mao Zedongs waren. Da Sunping Vertreter der Komintern war, standen er und wahrscheinlich auch ein Teil der anderen sowjetischen Berater auf seiten Wang Mings. Das weiß ich aus den veröffentlichten Tagebüchern Sunpings (Wladimirows). Mit Emi sprach Sunping nie über diese Dinge. Obwohl Mao über Wang Ming gesiegt hatte, wurde dieser nicht aus dem ZK ausgeschlossen. Er lebte in Yan'an und blieb auch Mitglied des ZK, als er später in die Sowjetunion ging.

Ich hatte mich mit Leonid und Igor angefreundet, zwei sowjetischen Beratern; nun kam Kolja als dritter im Bunde noch hinzu. Wir waren fast alle gleichaltrig. Sie hatten furchtbare Sehnsucht nach Hause und sprachen viel von der Sowjetunion, von ihren Familien und dem schrecklichen Krieg. Am meisten litt Leonid unter der Trennung von seiner jungen Frau und seinem zweijährigen Töchterchen. Ich erinnere mich, daß Leonid mich am 9. Oktober 1942 allein besuchte. Er ritt auf seinem Pferd und führte ein zweites für mich mit. Er sagte, heute wäre sein 30. Geburtstag, und er wolle ihn mit mir feiern – den ganzen Tag.

Leonid lud mich in ein kleines Restaurant zum Essen ein. Wir tranken ein bißchen, und Leonid war gesprächiger als sonst. So erfuhr ich, daß er in Spanien als Freiwilliger gekämpft hatte und eine Zeitlang als Funker in Valencia war. Vier Tage vor seinem 25. Geburtstag, am 5. Oktober 1937, wurde er bei Zaragoza schwer verwundet. Eine Messerschmitt warf im Tiefflug Bomben ab, und Leonid hatte 21 Splitter im Leib, von denen 14 ohne Narkose herausgezogen wurden; sieben steckten noch in seinem Rücken. Ich hatte immer das Gefühl gehabt, daß Leonid anders war als die anderen, ernster, nachdenklicher. Nach dem Essen ritten wir nach Zaoyuan. Obwohl wir ein wenig getrunken hatten, ritten wir im Galopp über den schmalen Pfad, rechts neben uns die Schlucht. Es war ein wilder Ritt. Als wir Zaoyuan erreichten, kam ich mir vor wie der Reiter über den Bodensee.

Es war ganz natürlich, daß ich mich mit den jungen Russen am wohlsten fühlte. Schließlich hatte ich fünf Jahre in der Sowjetunion gelebt, und Russisch war meine zweite Muttersprache geworden. Wir hatten dieselbe Denkweise, die sich von der der Chinesen und sogar von der Ma Haides und Basuhuas unterschied. Wie in Moskau hatten Emi und ich auch in Yan'an außer den gemeinsamen Freunden jeder seine eigenen. Seit Sunping da war, sah ich meine Freunde jedoch nur noch selten. Die jungen Leute hatten sich stets gefreut, wenn ich sie besuchte und ein wenig Abwechslung in ihr eintöniges Leben brachte. Fjodor hatte dafür viel Verständnis. Unter Sunping hatten meine Freunde weniger Bewegungsfreiheit, da er zum Beispiel nicht wünschte, daß ich sie bei der Arbeit störte, was ohnehin nie der Fall war.

Nach wie vor machte ich am Morgen meine Kaltwasserkur. Zuerst hängte ich ein großes Laken vor meinem Fenster auf. Dann nahm ich ein paar Eimer mit kaltem Wasser und goß sie über mir aus, auch im Winter. Nachdem mir das Laken gestohlen worden war, machte ich dieselbe Prozedur in der mittleren Höhle in einem Holzzuber, in dem alle badeten – die anderen jedoch mit heißem Wasser. Übrigens machte Emi auch jeden Tag kalte Abreibungen.

Im Sommer frühstückten wir im Freien. Es gab frisches oder geröstetes Brot mit Schmalz und Tee. Ansonsten aß man in Yan'an Hirse, Gemüse, gedämpftes Brot – Mantou, in Yan'an Mo Mo genannt – oder Nudeln. Wir hatten auch Reis und Fleisch. Oft gab ich Lao Yan von meinem Brot ab. Am Fuß unseres Berges, neben dem Restaurant, buk ein Bäcker im Freien tellergroße Fladenbrote, Da Bing genannt, und alle möglichen chinesischen Brötchen. Im Sommer wuchsen auf den Feldern Wassermelonen, kleine süße Melonen und Kürbisse. Es gab auch Äpfel und Birnen; aus getrockneten Datteln kochte ich Mus. Lao Yan pflanzte am Bergabhang bei unseren Höhlen Tomaten, Kartoffeln, Kürbisse (deren Blüten wir auch als Gemüse brieten), Pfefferschoten usw.

In den Sommermonaten badeten wir in dem Flüßchen, das durch Yan'an fließt. Damals gab es noch keine Brücke. Wollte man an das andere Ufer, mußte man über Steine hüpfen oder durch das seichte Wasser waten. Die Sommer waren heiß und sandig, die Winter kalt und windig. Aber in unseren Höhlen waren wir vor Hitze und Kälte geschützt.

Wenn ich zurückblicke, hatte ich keinen Grund zu klagen. Ich war finanziell abgesichert, hatte einen Mann, der die Kinder sehr liebte, und nette Freunde, zumindest bis in das Jahr 1943 hinein. Und doch war ich nicht glücklich; das hatte mehrere Gründe. Wie damals in die Sowjetunion war ich voller Begeisterung nach Yan'an gekommen und wollte mit allen Kräften an der Revolution teilnehmen. Was das in der Wirklichkeit bedeutete, wußte ich allerdings nicht so recht. Ebensowenig hatte ich mir klargemacht, wie grundlegend die Unterschiede zwischen europäischem und chinesischem Wesen und der Denkweise sind. Aber ich brauchte mir das ja auch nicht klarzumachen, wie ich meinte. Denn Emi hatte mir Anweisungen gegeben! Ohne Angabe von Gründen hatte er mir nach Stockholm geschrieben, daß ich in Yan'an nicht fotografieren solle. Wichtiger sei, daß ich Geburtshilfe und Kinderpflege beherrsche. Danach hatte ich mich gerichtet. Nur – in Yan'an brauchte niemand eine solche Kraft. In der Poliklinik arbeiteten ausländische Ärzte, die auch die Kranken zu Hause besuchten und alle leitenden Funktionäre behandelten. Bei der Geburtshilfe gab es ebenfalls genügend Fachpersonal.

Emi meinte, ich solle mich erst einleben und vor allem Chinesisch lernen – was ich auch tat, so gut ich konnte. Wo ich ging und stand, malte ich Schriftzeichen in den Sand, und nach und nach konnte ich mich sogar ein wenig verständigen. Aber ernsthafte Gespräche konnte ich weder führen noch ihnen folgen. Im wesentlichen saß ich in unserer Höhle herum, kümmerte mich um den Haushalt und die Kinder; und das war mir auf die Dauer zu wenig. Schließlich wurde ich Beraterin in einem Kinderheim und in einer Schule. Die Frauenuniversität, genannt Ny Da, bat mich, bei der Ernährung und Erziehung kleiner Kinder zu helfen. Außerdem holte man mich in den Kindergarten der Lu-Xün-Universität, und später richteten mir Lao Ma und Dr. Müller ein Beratungsbüro für Mütter mit Kindern in der Poliklinik ein.

Das klingt alles großartig, war aber keine ausfüllende Tätigkeit. Als Ratgeberin mußte ich ab und zu in einen Kindergarten oder in eine Schule gehen. In das Beratungsbüro kamen nur wenige Mütter, und auch nur dann, wenn Lao Ma oder Dr. Muller sie schickten. Obendrein war ich mir nicht sicher, ob man meine Ratschläge überhaupt befolgte. So bekam ich allmählich das Gefühl, daß man mich nicht brauchte, daß ich diese Arbeit nur bekam, um mir eine Beschäftigung zu geben. Ich fühlte mich unausgefüllt, mitunter sogar überflüssig. Unbefriedigt ließ mich auch der politische Unterricht für Ausländer. Er fand in Englisch statt. Mein Englisch war damals gerade gut genug, um ein bißchen Konversation führen zu können; ich bekam vom Unterricht so gut wie nichts mit.

Als ich in Yan'an war, rief Mao die große Produktionsbewegung ins Leben, die sich auf alle befreiten Gebiete erstreckte. Man wollte damit die

Blockade der Guomindang umgehen, was auch gelang. Alle Chinesen in den befreiten Gebieten und in Yan'an beteiligten sich an dieser Bewegung. Männer spannen Garn und Wolle, und die Frauen strickten Pullover, Hosen, Socken für die Männer und Frauen an der Front. Sie nähten Kleidung, machten Schuhe und versorgten sich selbst. Jedes Stückchen freier Boden wurde mit Getreide, Gemüse und Obst bebaut.

An dieser Bewegung hätte ich mich beteiligen können, zum Beispiel mit Stricken und Nähen. Es kam mir gar nicht in den Sinn, daß es oft mühselige Kleinarbeit bedeutet, an einer Revolution teilzunehmen. Emi hätte mich politisch anleiten und erziehen können, aber das lag ihm nicht. Er war ein kluger, charmanter Mensch, dem die Herzen vieler Frauen und Männer zuflogen. Er schrieb sehr schöne Gedichte und war ein ausgezeichneter Redner und Organisator – Jahre später auch im internationalen Vergleich. Aber er konnte Menschen nicht erziehen. Dies ist ebenso eine Begabung wie Malen, Schreiben oder Musizieren. Er verlangte zwar von Anfang an, daß ich ein politisch bewußter Mensch werde, aber den Weg dorthin mußte ich allein gehen. Mein politisches Wachsen und Reifen vollzog sich in vielen Jahren täglicher Praxis, und meine heutige Weltanschauung hat sich im Laufe der Jahrzehnte entwickelt und gefestigt.

Eine anderes Ereignis ging ebenfalls fast unbemerkt an mir vorüber. Im Mai 1942 fand in Yan'an eine Beratung statt, auf der Mao Zedong seine berühmte Rede über Kunst und Literatur hielt. Emi nahm an dieser Veranstaltung teil. Davon und von dieser Rede erfuhr ich erst, als ich sie in den 50er Jahren las. Mao hatte 1942 in Yan'an eine Studienbewegung (Zheng Feng, wörtlich übersetzt: Ausrichtungsbewegung) entfacht, eine Bewegung, bei der die Intellektuellen sich durch Studium geistig stählen und sich die Ideen des Marxismus aneignen beziehungsweise vervollkommnen sollten.

Da Emi von seiner Arbeit kaum etwas erzählte und wie immer viel beschäftigt war – er schrieb, hielt Vorträge und Vorlesungen, organisierte kulturelle Veranstaltungen und nahm am politischen Leben teil –, fühlte ich mich ausgeschlossen. Tagelang war ich allein mit den Kindern; zunehmend gingen wir unsere eigenen Wege. Ich verbrachte viel Zeit mit den russischen Freunden. Sie waren die einzigen Menschen in Yan'an, mit denen ich mich richtig verständigen konnte und bei denen ich mich nicht wie das fünfte Rad am Wagen fühlte. Auch in Moskau hatte mich Emi oft allein gelassen, weil seine Arbeit es nicht anders zuließ. Aber dort war ich umgeben von Freunden, gemeinsamen und eigenen, mit denen ich mich jederzeit treffen und vor allem unterhalten konnte. In Yan'an war ich als einzige Europäerin ohnehin etwas isoliert; ich war es völlig, als im Laufe des Jahres 1943 Lao Ma und Sufei in eine andere Gegend zogen und ich sie nur noch selten sah; Basuhua war nach Indien zurückgegangen. Viktor war schon lange fort; Leonid und einige andere befreundete Russen sollten ebenfalls bald in die Sowjetunion zurückfahren. Ich hatte niemanden, mit dem ich sprechen, mit dem ich mich beraten konnte. Ich fühlte mich nicht nur einsam, sondern ich war es auch tatsächlich. Ich war unglücklich und hatte den Eindruck, daß mir etwas Wichtiges verlorenging, daß ich etwas Wichtiges versäumte. Nur was, das wußte ich nicht, und ich fand auch nicht den Schlüssel dazu.

Manchmal sprachen Emi und ich über meine Probleme, aber wir gingen ihnen nicht auf den Grund. Dann überlegte ich, ob ich es nicht doch mit dem Fotografieren versuchen sollte. Das war schließlich das einzige, was ich richtig konnte. Aber diese Gedanken äußerte ich Emi gegenüber nicht. Für ihn war die Situation in Yan'an recht schwierig, was ich aber nicht wußte. Man klatschte über ihn, daß er seine ausländische Frau nach Yan'an kommen ließ, um sich als etwas Besonderes darzustellen. Außerdem hieß es, daß er meinetwegen seine Arbeit vernachlässige, was nun wirklich nicht stimmte. Viele beneideten ihn obendrein darum, daß Mao Zhuxi ihn zu seinen Freunden zählte und ihm viel Zeit widmete. Die Hauptsache aber war, daß Kang Sheng, der Leiter des Qingbao Ju (Geheimpolizei), schon damals sein Unwesen in Yan'an trieb. Für ihn waren alle Ausländer Spione, besonders solche mit Fotoapparaten. Er verdächtigte sogar Edgar P. Snow und Roman Karmen.

Emi wollte mir das alles nicht erzählen, wahrscheinlich, um sich selbst, aber auch um mich zu schützen. Das Schweigen über diese Probleme und Schwierigkeiten war aber ein Grund mehr, daß sich unsere Mißverständnisse vertieften. An einem Tag im Sommer 1943, an dem ich wieder einmal mit mir und allem unzufrieden war, äußerte ich gegenüber Emi, daß ich mit den Kindern Yan'an verlassen wolle. Ich hatte eigentlich nur laut gedacht und meiner traurigen und einsamen Stimmung mit diesem Satz Ausdruck geben wollen. Einen konkreten Plan, wie und wohin die Reise gehen sollte, hatte ich nicht im Kopf. Emi verstand mein Signal jedoch nicht richtig, denn zu meinem Schrecken erklärte er sich sofort einverstanden – und wir sprachen kein Wort mehr darüber. Auch wenn sich die Situation nicht änderte und wir uns immer mehr entfremdeten, wollte ich im Grunde nicht fort von Yan'an, und auch nicht von Emi.

Um den 20. Oktober 1943 landete ein sowjetisches Flugzeug. Leonid Alejew und andere flogen am 24. zurück in die Sowjetunion. Den Abend zuvor verbrachte ich mit ihnen. Wenn ich Yan'an wirklich hätte verlassen wollen, wäre das sowjetische Flugzeug die einzige Gelegenheit gewesen. Aber es kam mir gar nicht in den Sinn.

Im November sagte Emi plötzlich, ich könnte mit den Kindern abreisen, ein Lastwagen der Guomindang führe nach Xi'an. Für mich kam das wie ein Donnerschlag. Ich wollte ja gar nicht fahren. Verstand er das nicht? Wir hatten doch nicht mehr davon gesprochen! Weggehen war doch überhaupt kein Thema mehr! Und wenn ich fort sollte – warum hatte er mich nicht mit dem sowjetischen Flugzeug fortgeschickt? Begriff er nicht, daß es gefährlich war, die Frau eines chinesischen Kommunisten mit zwei kleinen Kindern auf einen Lastwagen der Guomindang zu setzen? Aber anstatt zu reden, schwieg ich wieder. Ich war wie gelähmt.

Wir beschlossen, ein fiktives Scheidungsdokument ausstellen zu lassen, falls die Guomindang mich fragen sollte, warum ich Yan'an verlassen hatte. Im Herzen dachten wir wohl beide, daß eine kurze Trennung unsere Beziehung wieder in Ordnung brächte. Zhou Enlai Fuzhuxi (stellvertretender Vorsitzender) unterschrieb dieses Dokument. Wir sagten ihm ausdrücklich, daß wir uns *nicht* scheiden ließen, das Dokument sei ausschließlich für die Guomindang.

Die letzten Tage in Yan'an waren eine einzige psychische Quälerei. Emi hatte unsere Abreise bis ins Detail organisiert; an ein Zurück war gar nicht zu denken. Sehnlichst wartete ich auf ein paar Worte von ihm: »Bleib doch, wir versuchen es noch einmal.« Vielleicht erwartete er dasselbe von mir.

Bei den Abschiedsbesuchen war mir sehr ungemütlich zumute, besonders bei Mao Zhuxi. Ich kam mir ziemlich dumm vor. Jiang Qing saß in einem Sessel und strickte. Vor lauter Verlegenheit und nur, um etwas zu sagen, fragte ich sie, was sie da stricke. Spitz und ironisch antwortete sie: »Stricken scheint das einzige zu sein, was du hier gelernt hast.« Sie hatte recht – und auch wieder nicht. Ich war wütend auf Jiang Qing, weil sie mit ihrer Bemerkung einen empfindlichen Nerv bei mir traf. Mao Zhuxi hingegen war nett zu mir. Er schien Verständnis dafür zu haben, daß ich fort wollte, schüttelte herzlich meine beiden Hände und sagte, ich sei jederzeit willkommen, wenn ich zurückkehren wolle.

Der 23. November 1943, der Tag, an dem ich Yan'an mit den Kindern verließ, war der schwärzeste in meinem Leben. Bis zur letzten Minute hatte ich gehofft, Emi und ich würden uns aussprechen, aber wir schwiegen beide beharrlich weiter. Traurig verbrachten wir den letzten Abend. Und dann war es soweit. Emi brachte uns zu dem offenen Lastwagen, der vor dem Stadttor stand. Er vertraute uns tatsächlich einem Offizier der Guomindang an (ein Zeichen dafür, wie durcheinander Emi gewesen sein muß)! Wir sollten zum Hauptquartier der Achten Armee in Xi'an gebracht werden. Zum Abschied sagten wir nur: »Wir werden uns wiedersehen.« Als der Wagen anfuhr, wollte ich schreien: »Haltet doch! Ich fahre nicht mit!« Ich dachte nur daran, die Kinder zu nehmen, herunterzuspringen und dazubleiben. Aber es war, als hätte ein böser Geist mir die Sprache genommen, als wäre ich an Händen und Füßen gefesselt. Ich sagte nichts – und rührte mich nicht. Emi wurde immer kleiner, bis er aus meinem Gesichtskreis verschwand.

Das alles liegt über 40 Jahre zurück, und doch scheint es mir, als sei es gestern gewesen. Während ich dies schreibe, fließen mir die Tränen aus den Augen. Immer noch scheint mir unbegreiflich, daß wir uns in Yan'an trennten, obwohl ich heute weiß, was mir damals unklar war. Damit meine ich nicht nur die politische Lage in Yan'an. Ich weiß heute, daß Emis und mein größter Fehler war, daß wir nicht über die Probleme sprachen, daß wir keinen Mut hatten, uns gegenseitig alles anzuvertrauen, die öffentlichen Dinge ebenso wie die privaten, und alles gemeinsam zu ertragen. So wenig ich Emis komplizierte Stellung im ZK durchschaute, so wenig nahm er die Bedürfnisse seiner Frau wahr und ernst, eine aktive und ihr gemäße Rolle in seinem Leben zu spielen. Als ich beiläufig meinen »Plan« äußerte, war es schon zu spät: Wir konnten nicht mehr miteinander reden. Und so begingen wir diese größte Dummheit unseres Lebens!

Daß Emi genauso litt wie ich, kann man einem Gedicht entnehmen, das er nach unserer Abfahrt geschrieben hat:

Abschied
Staub stiebt auf,
eine Wolke
verhüllt die Mutter, die Söhne,
selbst die kleinen winkenden Hände
sind nicht mehr zu sehen.
Sie schwinden im Staub.
Diese Wolke trägt euch hinweg.
Auf der großen Straße stehe ich stumm,

nicht bei Trost
und starr.
Mühsam gehe ich ein paar Schritte,
verrenke mir nach euch den Hals.
Staub stiebt auf, eine Wolke
trägt euch hinweg,
die Tränen fließen.
Durch die Leute dräng' ich mich erschöpft,
späh nach Osten, schau nach Westen, doch vergebens…

Als Gefangene bei der Guomindang in Xi'an

Der Fahrer und ein Offizier saßen in der Kabine; ich mußte mit den beiden Kindern – Vitja zwei und Lion fünfeinhalb Jahre alt – auf der offenen Ladefläche sitzen. Es war eiskalt. Gott sei Dank steckten wir in wattierten Anzügen mit wattierten Mänteln darüber. Unser Gepäck bestand aus zwei Koffern, denselben, mit denen ich nach Yan'an gekommen war, und aus einem Ballen mit wattierten Decken und Matratzen, die uns später sehr zugute kamen. Innerlich war ich auf eine Fahrt von ein bis zwei Tagen eingestellt. Sie dauerte dann fünf Tage. Schon am ersten Abend verließen wir das »Sondergebiet« und befanden uns auf Guomindang-Territorium. Die Offiziere – es waren ihrer vier oder fünf – machten Umwege, besuchten alle möglichen Bekannten und Freunde und blieben über Nacht, wo es ihnen gefiel; ich war schon eine halbe Gefangene. Jeden Abend gab es Gelage. Am ersten Abend lud man mich ein, und ich mußte mithalten. Am zweiten Abend verlangten sie von mir, sie einzuladen. Als ich sagte, ich hätte kein Geld, machten sie derbe, obszöne Witze und zwangen mich zu dieser Einladung. Dabei ging fast alles Geld drauf, das ich für die Reise mitgenommen hatte. Nachher ließen sie mich in Ruhe.

Wir fuhren durch kahle, ärmliche Gegenden. Überall waren Sand, Felsen, Höhlenbehausungen. Trotz der Kälte liefen halbnackte oder in Lumpen gehüllte Kinder barfuß herum. So etwas hatte ich im Sondergebiet, vor allem in Yan'an nicht gesehen. Am Wegrand saßen oft Soldaten der Guomindang, die ihre Jacken ausgezogen hatten und Läuse knackten. Sie steckten sie zwischen die Zähne und zerbissen sie.

Am 28. November erreichten wir Xi'an. Wir hielten vor einem großen Tor, das geöffnet und, nachdem wir es passiert hatten, sofort wieder geschlossen wurde. Wir befanden uns in einem ziemlich weitläufigen Park, in dessen Mitte ein großes hohes Gebäude stand. Später erfuhr ich, daß hier der Generalstab der Guomindang residierte. Ich verlangte, zum Stützpunkt der Achten Armee gebracht zu werden, worauf die Offiziere antworteten: »Später, du mußt etwas warten.« Wir bekamen etwas zu essen. Dann schickte man die Kinder und mich trotz der lausigen Kälte bis zum Abend ins Freie. Als wir zurückkehrten, setzte man uns in einen Wagen, und ich dachte: »Endlich geht es weiter!« Aber nein, man brachte uns in ein Hotel und ließ uns wissen, es sei schon spät, wir sollten hier übernachten. Morgen würde man uns zum Stützpunkt der Achten Armee begleiten.

Wir bekamen ein großes Zimmer mit Bad. Ich wurde einer fließend Russisch sprechenden, etwa 35 bis 40 Jahre alten bebrillten Chinesin vorgestellt. Frau Li sollte uns betreuen und mit uns zusammen in einem Zimmer schlafen. Ich weigerte mich. Ich sei es nicht gewohnt, mit fremden Menschen in einem Zimmer zu schlafen. Sie bestanden darauf, wir stritten uns herum. Sie fänden meine Ablehnung sehr verdächtig (ich fand es meinerseits auch verdächtig). Da ich mich hartnäckig weigerte, wurden wir schließlich allein gelassen. Frau Li sollte jedoch im Zimmer nebenan schlafen. Kaum hatte ich die todmüden Kinder zu Bett gebracht, kam Frau Li und rief mich zum Essen. Hohe Tiere vom Stab waren versammelt. Ich erhielt einen Ehrenplatz an der reich gedeckten Tafel, und nun begann – lustiges Geplauder vortäuschend – das Verhör. Sie erkundigten sich nach der werten Gesundheit des Vorsitzenden Mao, des Oberbefehlshabenden Zhu De, nach Zhou Enlai und anderen. Ich antwortete, ich wisse nichts, da ich so hohe Herrschaften nicht kennen würde. Mein Mann sei Schriftsteller, und ich hätte zwei Kinder zu versorgen.

Warum ich nicht mit einem sowjetischen Flugzeug gekommen sei?

»Ich wußte nicht, daß sowjetische Flugzeuge nach Yan'an fliegen.«

Wie es den sowjetischen Beratern in Yan'an ginge?

»Ich habe keine Russen in Yan'an gesehen. Mein Mann verkehrte nur mit Chinesen.«

So ging es eine Weile weiter. Da sie nichts aus mir herausbrachten, wurden ihre Gesichter immer länger. Schließlich ließen sie mich schlafen gehen. Am nächsten Morgen kümmerte sich niemand um uns. Ich beschloß, mit den Kindern spazierenzugehen. Sofort merkte ich, daß mir in gewissem Abstand jemand folgte. Später erschien Frau Li und sagte, ich solle nicht allein ausgehen, das sei gefährlich für eine Ausländerin. Auf meine empörte Frage, wann sie mich endlich zum Stützpunkt der Achten Armee brächten, erhielt ich nur indirekte Antworten und Vertröstungen. Am darauffolgenden Morgen sagte Frau Li ganz frech, wir müßten umziehen, das Hotel sei zu teuer.

Ohne meine Einwände anzuhören, wurden wir mit höflicher Gewalt verfrachtet. Wieder öffnete und schloß sich ein Tor. Hinter dicken Mauern lag eine Garnison im chinesischen Stil, verzweigte Höfe mit einstöckigen Häusern, in denen die Soldaten wohnten. Man wies uns ein Zimmerchen mit Tür auf den Hof zu sowie einen Xiao Gui, der die Hausarbeiten verrichtete und meine eventuellen Wünsche weiterleiten sollte. Frau Li sagte, sie hätten Befehl vom »Generalissimus« (Jiang Jieshi), demzufolge

Ausländer in China nicht frei herumreisen dürften. (Das war natürlich purer Schwindel.) Sie und ihr Mann, General Wang, wohnten ebenfalls hier. Ihr Mann kehre in einigen Tagen von einer Reise zurück und werde sich dann mit mir unterhalten. Ich war also Gefangene. Warum? Auf wie lange? Ich konnte es nicht wissen. In meiner »Kammer« heulte und wütete ich, nach außen hin gab ich mich jedoch ruhig.

Der Tag war sonnig. Ich setzte mich in den Hof zu den Soldaten und ließ die Kinder spielen. Lion hatte sicher schon mitbekommen, daß wir bei der Guomindang waren. Gravitätisch stolzierte er im Hof auf und ab und brachte sein Yan'aner Vokabular an: »Ihr seid alle Verräter und Mistkerle!« Vor Schreck fiel mir das Herz in die Hosentasche, aber die Soldaten lachten nur gutmütig. Wie ich nach der Befreiung erfuhr, waren unter diese Soldaten viele Kommunisten eingeschmuggelt.

Nach ein paar Tagen führte mich Frau Li zu »ihrem Mann«. (Diese Ehe und alles Drumherum waren frei erfunden; beide waren ganz gewöhnliche Guomindang-Spitzel.) Wir saßen auf einer Glasveranda. »General Wang« war sehr freundlich zu mir und sagte, es täte ihm furchtbar leid, aber Befehl sei Befehl. Er habe zwar an den Generalissimus telegraphiert und um Erlaubnis gebeten, mich nach Lanzhou fahren zu lassen, aber eine Antwort sei bislang noch nicht eingetroffen. Er erzählte mir auch, daß er in der Sowjetunion in der Roten Armee gekämpft und für die Kommunisten viel Sympathie habe. Deshalb spräche er auch so gut Russisch. Ich solle nur sagen, wenn ich irgendwelche Wünsche hätte. Ausgehen dürfte ich allerdings nur in Begleitung.

Und dann begannen die Provokationen, jeden Tag eine andere. Eines Abends erschien ein Mann so um die 40 bei mir und sagte, er hätte den Auftrag, mich zu unterhalten, damit ich mich nicht langweile. Er quatschte ununterbrochen, so daß ich ihn überhaupt nicht loswerden konnte. Am nächsten Abend, als die Kinder schon schliefen, kam er wieder. Ob ich nicht spazierengehen wolle? In seiner Begleitung dürfe ich ausgehen. Natürlich wollte ich gern einmal aus diesem Bau heraus, und tatsächlich, das Tor wurde anstandslos geöffnet. Wir gingen in den Straßen spazieren. Am nächsten Morgen erschien Frau Li empört bei mir: Sie hätte erfahren, ich empfinge an den Abenden nicht nur Männerbesuch, sondern wäre sogar nachts mit einem Mann spazierengegangen. Das sei ja ein ganz unerhörtes Benehmen für eine junge Frau. Auf meinen Einwand, der Mann sei von ihnen geschickt und mir durchaus nicht sympathisch, ging sie nicht ein.

Eines Morgens kam Frau Li und tat ganz heimlich: Man verdächtige mich, eine Spionin zu sein, weil ich so gut Chinesisch spräche. Ich täte ihr furchtbar leid, solle sie aber um Gottes willen nicht verraten; sie habe gehört, man wolle mich hierbehalten, damit ich für die Guomindang arbeite. Ich antwortete, daß ich das nie im Leben tun würde. Dennoch bekam ich es mit der Angst zu tun und war dumm genug, nachts, als alles schlief, meine chinesischen Übungshefte und einige Fotos von Mao auf dem Hof zu verbrennen.

Ein andermal holte mich Frau Li zu einem Spaziergang ab und sagte, unterwegs würde sie die Kinder und mich heimlich zum Stützpunkt der Achten Armee bringen. Sie riskiere zwar eine Menge, wolle mir aber unbedingt helfen. Sie führte uns durch unbekannte Straßen, und plötzlich standen wir wieder vor unserem Tor. Frau Li tat sehr beschämt: Sie hätte es doch nicht gewagt, es sei zu gefährlich. Ich wußte nicht, was das alles sollte. Wahrscheinlich wollte man meine Nerven aufreiben und mich mürbe machen. Aber das gelang ihnen nicht. Ich war merkwürdig gelassen.

Eines Abends besuchte Frau Li mit mir die Peking-Oper. Am nächsten Morgen brachte sie mich zu General Wang, der Besuch von einigen hohen Offizieren hatte, die mich wieder sehr höflich nach Yan'an und Emi ausfragten. Sie bekamen nichts Neues zu hören. Plötzlich sagte einer von ihnen: »Schreiben Sie Ihrem Mann, er soll Sie hier abholen. Dann könnten Sie mit ihm zurück nach Yan'an fahren.« Ich sagte, erstens seien wir geschieden und zweitens dürften sie Siao San wirklich nicht für so dumm halten. Darauf der Offizier: »Überlegen Sie es sich noch einmal. Übrigens kenne ich Siao Sans Bruder in Chongqing sehr gut.« Er fragte mich, ob ich noch irgendeinen Wunsch hätte. Ich sagte, ich wolle ausreiten, da ich es nicht aushielte, immerfort in diesem Hof herumzusitzen. Als ich wieder in meinem Zimmer war, bemerkte ich, daß aus meinem Koffer ein Foto verschwunden war, das ich von Emi in Gagri gemacht und auf dessen Rückseite er mir 1939 ein Gedicht geschrieben hatte. (Dieses Foto bekam Emi übrigens in den 50er Jahren von seinem Bruder aus Chongqing zugeschickt. Ein Offizier hätte es ihm in den 40er Jahren geschenkt.)

Am Morgen darauf standen zwei gesattelte Pferde auf dem Hof, und General Wang persönlich begleitete mich auf dem Spazierritt. Die Kinder blieben in der Obhut des Xiao Gui. Kaum hatten wir die Stadt hinter uns gelassen, sagte der General, er wolle die Gelegenheit nutzen und mich mit seiner Freundin bekannt machen. Sie erwarte uns. Seine Frau dürfe nichts davon erfahren, da sie schrecklich eifersüchtig sei. In einem hübschen

Landhaus empfing uns eine gutaussehende junge Frau. Sie bewirtete uns mit Tee und Süßigkeiten. Da ich dieses »traute Ehepaar« und alles, was um mich herum geschah und gesagt wurde, durchschaut hatte, erzählte ich Frau Li gleich nach unserer Rückkehr die ganze Geschichte. Sie tat ganz verzweifelt und weinte: »So ein Schuft! Ich weiß, daß er mich betrügt, ich halte das nicht mehr aus! Vielen Dank, daß Sie mir das erzählt haben. Ich werde Sie bestimmt nicht verraten.« Dann machte sie mir noch Vorwürfe, daß ich die Kinder allein gelassen hatte. Sie hätten den ganzen Vormittag über geweint und geschrien, was überhaupt nicht stimmte. Der Xiao Gui sagte, die Soldaten und er hätten einträchtig mit den Kindern gespielt.

Dachten diese Leute wirklich, daß ich ihnen ihre schlechte Schauspielerei glaubte? Vielleicht, denn am nächsten Tag erschien Frau Li wieder bei mir. Sie müsse sich mit mir beraten, da sie so viel Vertrauen zu mir hätte. Um ihre Ehe stünde es schon seit langem sehr schlecht. Im Herzen sei sie Kommunistin, und man verdächtige sie auch schon seit einiger Zeit, so daß sie in die Sowjetunion fliehen wolle. Ob ich einen verantwortlichen Genossen im sowjetischen Konsulat in Lanzhou kenne? Sie hätte Mittel, ihn zu benachrichtigen, und wir könnten zusammen fliehen. Das ging mir dann doch über die Hutschnur. Ich sagte, es täte mir leid, aber ich kenne überhaupt niemanden im sowjetischen Konsulat in Lanzhou.

Nun hatte ich wirklich genug. Obwohl ich schon seit über drei Wochen Gefangene war, spürte ich auf einmal viel Energie in mir. Vor dem Einschlafen dachte ich, morgen bitte ich um Studienbücher und auch um schöngeistige Literatur. Dann verlange ich, jeden Tag mit den Kindern spazierengehen zu dürfen; sollten sie mich ruhig begleiten. So schlief ich guten Mutes ein. Am nächsten Morgen, die Kinder und ich waren gerade fertig angezogen, klopfte es an der Tür. General Wang gratulierte mir höchstpersönlich mit strahlendem Gesicht. Es sei ein Telegramm vom Generalissimus eingetroffen: Ich dürfe sofort mit den Kindern nach Lanzhou fahren. Damit hätte die Farce beendet sein können, aber sie ging leider weiter.

Die Fahrkarten für den Autobus mußten natürlich sie besorgen, denn schließlich war es ihre Schuld, daß wir so lange aufgehalten worden waren. Frau Li jammerte herum, wie schwer es sei, Fahrkarten zu kaufen. Wir müßten bis morgen warten. Dann kam sie wieder mit »freundschaftlichen«, »vertraulichen« Ratschlägen: In dem Autobus sei jemand, der mich genau beobachte. Wenn ich mir irgend etwas Verdächtiges zuschulden kommen ließe, würde man mich sofort nach Xi'an zurückbringen.

Wahrscheinlich war man mit den mageren Aushorchergebnissen sehr unzufrieden oder hatte sogar eins auf den Deckel bekommen. Deshalb versuchte man, mich so lange wie möglich unter Druck zu halten. Buchstäblich zehn Minuten vor der Abfahrt kam Frau Li angelaufen und sagte, ich müsse einen Koffer hier lassen, da es verboten sei, so viel Gepäck im Bus mitzunehmen. Sie würden mir den Koffer bald nachschicken. In aller Eile mußte ich umpacken. Gegen diese letzte Schikane war ich machtlos.

Wir waren vier Tage in einem geschlossenen Bus unterwegs und übernachteten in irgendwelchen Spelunken, die sich Gasthäuser nannten. Allen Widrigkeiten zum Trotz blieb ich meinen Gewohnheiten treu. Ich zog die Kinder aus, wusch sie und zog sie für die Nacht an. Im Bus paßte ich gut auf, aber niemand kümmerte sich um mich, niemand beobachtete mich.

Schließlich kamen wir in Lanzhou an, und wir fuhren zum sowjetischen Konsulat. Auf mein Klingeln öffnete der Konsul selbst. Er umarmte mich: »Schön, daß Sie endlich da sind. Wären Sie heute nicht gekommen, wäre ich morgen nach Xi'an gefahren, um Sie dort loszueisen. Wir haben uns um Sie und die Kinder gesorgt.«

Und nun erfuhr ich die ganze Wahrheit: Der Konsul – er hieß Sergej Sergejewitsch Serjogin – hatte mein Telegramm mit dem Abreisedatum aus Yan'an bekommen. Da ich nach einer Woche immer noch nicht in Lanzhou eingetroffen war, wurde er unruhig. Gleichzeitig erhielt er von Emi ein verzweifeltes Telegramm, ich und die Kinder befänden uns in den Händen der Guomindang. Er bat den Konsul, alles zu tun, um uns zu befreien. (Als ich Emi im April 1949 wiedertraf, erzählte er mir, er habe anonyme Telegramme aus Xi'an bekommen, in denen es hieß, ich sei verhaftet und würde gefoltert. Er solle sofort nach Xi'an kommen. Emi durchschaute diese Falle sofort, aber er machte sich dennoch große Sorgen.) Auf einige höfliche Anfragen des Konsuls bei den zuständigen Behörden hin ließ man ihn wissen, daß ihnen über mich nichts bekannt sei usw. Emi telegraphierte wieder und wieder. Am Ende riß dem Konsul die Geduld. Er schickte ein offizielles, in scharfem Ton gehaltenes Dokument nach Xi'an mit der ultimativen Forderung, mich und die Kinder unverzüglich nach Lanzhou zu schicken. Es sei gesetzwidrig, eine Sowjetbürgerin festzuhalten. Wenn ich nicht in wenigen Tagen mit den Kindern in Lanzhou einträfe, würden sie für die Guomindang folgenschwere Maßnahmen ergreifen. Das also war das Telegramm des Generalissimus!

Sergej machte mir schwere Vorwürfe, daß ich Yan'an verlassen hatte, ohne mich vorher mit ihm zu beraten. Meinungsverschiedenheiten zwischen Ehegatten seien in diesen Zeiten, wo überall Kriege tobten, einfach lächerlich. »Und Emi Siao, ist er denn völlig verrückt geworden, seine Frau und die beiden kleinen Kinder einem Offizier der Guomindang anzuvertrauen? Weiß er nicht, daß unser Bündnis mit der Guomindang ein reines Militärbündnis im Krieg gegen Japan ist und kein Herzenspakt? Weiß er nicht, daß die Guomindang trotz Einheitsfront auf Schritt und Tritt Kommunisten verfolgt? Die Guomindang weiß sehr genau, wem unser Herz in Wirklichkeit gehört. Es hat ihnen Vergnügen bereitet, mir Schwierigkeiten zu machen: erstens, weil Sie Emi Siaos Frau sind, an die Scheidung glaubt doch kein Mensch, und zweitens, weil Sie Sowjetbürgerin sind. Ihr beiden habt uns wirklich viele Sorgen gemacht.«

Ich hatte schon genügend Zeit gehabt, meine Dummheit zu bereuen. Ich flehte Sergej an, mich und die Kinder nach Yan'an zurückzuschicken. Er zuckte nur bedauernd die Schultern und meinte, in absehbarer Zeit ginge kein sowjetisches Flugzeug nach Yan'an, das mich mitnehmen könnte. Und den Weg noch einmal auf einem Lastwagen zurückzulegen, sei ganz unmöglich. Gern hätte er mir geholfen, vorläufig in China zu bleiben – in Lanzhou, Chongqing oder sonstwo – und etwas später wieder mit Emi zusammenzukommen. Aber während meiner mehrtägigen Fahrt von Xi'an nach Lanzhou hätte die Guomindang gefordert, daß ich China sofort verließe. Ich müsse so schnell wie möglich in die Sowjetunion reisen.

Wir bezogen ein schönes Zimmer, konnten im Speisesaal essen, und ich konnte mit den Kindern im Garten spazierengehen. Das Gelände des Konsulats durfte ich jedoch nicht verlassen. Es war eine widersprüchliche Lage. Vitja konnte noch nicht reden, und obwohl ich mit Lion immer Russisch gesprochen hatte, war er mehr an Chinesisch und Chinesen gewöhnt. Deshalb lief er in die Küche zu den chinesischen Angestellten, was aber Sergej nicht paßte, da die Chinesen Lion ausfragten und das Kind natürlich quatschte.

Am Sylvesterabend 1943 gab der Konsul ein Bankett, zu dem viele Guomindang-Funktionäre geladen waren. Sergej war sicher, daß sich die Leute nach mir erkundigten, denn sie drängten ununterbrochen auf meine Abreise. Er wollte ihnen sagen, daß ich Grippe und hohes Fieber hätte und deshalb auch meine Abreise verschieben müßte. Er erlaubte mir, den Abend mit den Kindern in seinem gemütlichen Arbeitszimmer zu verbringen. Ich schloß von innen ab und hing meinen schweren Gedanken nach. Nach Mitternacht erschien Sergej und brachte mir ein Tablett mit Sandwiches, Süßigkeiten und Wein. Er war ein reizender Kerl – mit einer russischen Seele. Sergej sprach mir immer wieder Mut zu. Lion wachte auf und bekam auch ein Glas Wein. Gemeinsam tranken wir auf das Jahr 1944! Meine Gedanken waren bei Emi. Würde ich ihn je wiedersehen?

In den ersten Januartagen 1944 brachte mir Sergej ein Telegramm von Emi. Er hatte dessen Nachricht erhalten, daß wir unversehrt in Lanzhou angelangt waren. Sergej sagte: »Das ist die letzte Nachricht, die Sie von Emi Siao bekommen haben. Fangen Sie ein neues Leben an.« Ich war jedoch sicher, daß Emi genauso wie ich litt. Er bestätigte mir das bei unserem Wiedersehen im April 1949. Er sei halb verrückt geworden vor Angst um uns. Jeden Tag habe er im ZK gefragt, ob eine Nachricht von mir eingetroffen sei. Am 1. Januar 1944 sei er mit einigen Freunden zu Mao gegangen, um ihm zu Neujahr zu gratulieren. Mao habe Sergejs Telegramm in der Hand geschwenkt und gesagt: »Eva und die Kinder sind wohlbehalten in Lanzhou.« Später – so erzählte mir Emi – habe einer »unserer Leute« in Xi'an zu verstehen gegeben, daß ich mich gut gehalten hätte. Darauf Mao: »Eva ist ein anständiger Kerl!«

Zwischen Januar 1944 und unserem Wiedersehen 1949 lagen jedoch über fünf Jahre, die ich zu überstehen hatte... Erst Ende Februar erhielt Sergej die Bestätigung, daß wir in die Sowjetunion reisen konnten. Wir flogen mit einem Diplomaten-Flugzeug nach Alma-Ata, mit einem Stopp in Ürümqi. Dort rieten mir verschiedene Leute, mich mit Nahrungsmitteln einzudecken, da diese wegen des Krieges in der Sowjetunion nur schwer zu bekommen seien. Leichtsinnigerweise schlug ich diesen Rat in den Wind und dachte, wenn andere dort leben, werde ich es wohl auch können. Außerdem hatte ich kein Geld. An der Grenze sah ich zu meiner großen Verwunderung, daß fast jeder Diplomat an die 16 bis 20 Koffer bei sich hatte. Ich hatte wirklich nicht die blasseste Ahnung, was mir bevorstand.

In Alma-Ata begrüßten mich zwei Genossen vom Roten Kreuz, das unter anderem auch zuständig war für politische Emigranten. So erfuhr ich, daß ich als politische Emigrantin aus China galt. Die Guomindang sei mir, der Frau Emi Siaos, auf der Spur, und deshalb müsse ich aus ihrem Gesichtskreis verschwinden. Ich dürfe nirgends wohnen, wo es eine Vertretung der Guomindang gebe, wie etwa eine Botschaft oder ein Konsulat, also weder in Moskau noch in Alma-Ata oder Taschkent. Für einige Zeit müsse ich mich in einem kleineren Städtchen verstecken, zum Beispiel in Tschimkent (Kasachstan), das an der Eisenbahnlinie Alma-Ata–Moskau liege. Außerdem dürfe ich niemandem erzählen, daß ich aus China käme. Statt dessen sollte ich mir irgend etwas anderes ausdenken. Und schließlich dürfe ich vorläufig mit keinem meiner früheren Freunde korrespondieren. Briefe an Emi könne ich den Genossen vom Roten Kreuz geben, die sie weiterleiten würden. Ich war maßlos enttäuscht, aber ich mußte mich fügen.

Auch in Tschimkent stand ich unter der Obhut des Roten Kreuzes. Sein örtlicher Leiter, Maxim Petrowitsch, war ein gebildeter, kultivierter älterer Genosse mit einem markanten Gesicht, gütigen Augen und schlohweißem Haar. Wie ich erst später erfuhr, war auch er ein »Fremder« in Tschimkent und arbeitete sonst in Alma-Ata. In Tschimkent vertrat er den eigentlichen Leiter, Wassili, der zum Militär einberufen worden war. Nun lebte er mit seiner liebenswerten Frau und Tochter hier. Alle drei bezeugten immer wieder viel Anteilnahme an meinem Schicksal. Ab und zu luden sie mich mit den Kindern ein, die begeistert mit dem Hündchen im Garten des Hauses spielten. Jedesmal wurden wir großzügig bewirtet. Es tat mir leid, als Maxim Mitte 1946 wieder nach Alma-Ata gerufen wurde. Diese Familie hatte ich liebgewonnen.

Maxim brachte uns in dem einzigen Hotel am Ort unter; ich sollte mir so schnell wie möglich eine Arbeit suchen und dann auch eine Wohngelegenheit. Zum erstenmal stand ich mutterseelenallein auf meinen beiden Beinen in der Welt. Ich war wie vom Himmel heruntergefallen in das Hinterland dieses grausamen Krieges. Die Losung lautete: »Alles für die Front.« Lebensmittel gab es nur auf Marken, wobei die Kategorien der Zuteilung weit gefächert waren: für hohe Funktionäre, für evakuierte Frauen oder Familien von Generalen und Offizieren, die an der Front kämpften, für gewöhnliche Evakuierte, für Arbeitende und Nichtarbeitende. Die Lebensmittel auf Marken bekam man in den Staatsläden. Dieselben Dinge kosteten auf dem freien Markt das 20- bis 100fache. So kostete ein Kilo Schwarzbrot auf Marken einen, auf dem freien Markt 100 Rubel. Nicht anders war es mit Mehl und Getreide. Auch Fleisch war unerschwinglich. Viel billiger waren Milch, Joghurt und frische sowie getrocknete Früchte – unsere Hauptnahrung für mehr als drei Jahre. Zweimal im Jahr gab es ein Kilo Zucker und ein Kilo Fruchtbonbons. Das Brot war meistens schlecht, schwer und klitschig. Oft stand ich ab fünf Uhr morgens in der Schlange vor dem Brotladen, der um sieben geöffnet wurde. Nachdem fünf, bestenfalls zehn Personen ihr Brot bekommen hatten, erklärte man uns, es gäbe nichts mehr. Nach einigen Stunden konnte man das Brot, das es im Laden »nicht mehr gab«, auf dem freien Markt zu überhöhten Preisen erstehen.

Die Bevölkerung in und um Tschimkent war kunterbunt zusammengewürfelt. Da waren Kasachen, Usbeken, Russen, auch Chinesen und Koreaner, die früher im Fernen Osten gelebt hatten und nach Kasachstan umgesiedelt worden waren. Es gab Evakuierte – einzelne und Familien, meistens aus der Ukraine – und Juden, die aus dem von Hitler besetzten Teil Polens evakuiert worden waren. Außerdem lebten dort Verbannte, frühere Gutsbesitzer und Aristokraten, noch aus der Zeit der Oktoberrevolution. Dann sogenannte »verdächtige Elemente« aus den 30er Jahren und den ersten Kriegsjahren, auch Frauen, deren Männer verhaftet worden waren. In diesem Strudel von Menschen mußte ich mich nun zurechtfinden.

Tschimkent war eine Provinzstadt mit einer Altstadt und einem neuen Teil. Die »Neustadt« bestand aus einer langen Hauptstraße – der Sowjetskaja – und ihren Nebenstraßen. Die Sowjetskaja begann in einer hügeligen Gegend und ging dann mitten durch die ganze Stadt. Kam man die Hügel herunter, lag auf der linken Seite der Kindergarten, in dem ich Lion und dann auch Vitja unterbrachte. Weiter unten befanden sich ein paar Regierungsgebäude, die Post, die Redaktion der Zeitung und die Miliz. Zwischendrin lagen Wohnhäuser.

Auf der rechten Seite gab es eine Poliklinik für höhere Funktionäre, in die ich später auf Empfehlung des Roten Kreuzes auch gehen konnte. Dann kam das Dinamo-Stadion, der Kulturpark mit einem Kino vor dem Eingang, das Stadtkomitee der Partei und das Theater. Am Ende der Sowjetskaja begann die Altstadt mit dem Fotoatelier Dinamo, dem Sportladen Dinamo und dem großen Marktplatz, auf dem vor allem Kasachen und Usbeken ihre Waren anboten: Butter, Käse, Joghurt, frisches und getrocknetes Obst, Gemüse, selbstgebackene runde Fladenbrote aus Weizen – eine Spezialität beider Völker. Daneben gab es auch Fleisch, Würste, Spirituosen und ich weiß nicht, was noch alles.

Wohlhabende Kasachen und Usbeken wohnten in ihren eigenen Häusern inmitten von Obst- und Gemüsegärten, durch die meistens ein künstliches Flüßchen – Arik genannt – floß. Ein solches Anwesen war nach chinesischer Art von einer hohen Mauer aus Lehm umgeben, mit einer Holztür als Eingang. Die meisten Kasachen und Usbeken hielten auch Kühe und Ziegen und verkauften die Produkte ihrer eigenen Arbeit. Auf dem zweiten Markt, auf dem sich die Spekulanten herumtrieben, konnte man von Kleidung über Uhren und Schmuck bis hin zu Fotokameras alles bekommen, sofern man Geld hatte. Auch auf diesem Markt war das in Wirklichkeit der Bevölkerung gestohlene Brot erhältlich. Ferner gab es in Tschimkent ein Krankenhaus, ein öffentliches Badehaus, einige Restaurants, auch ein Gefängnis – hauptsächlich für Kriminelle – und eine Buslinie. Bekannt war die Stadt wegen ihres Bleiwerks, eines der größten in der Sowjetunion. Den Rohstoff erhielt dieses Werk aus den Bleigruben, die bei Turksib lagen.

Da ich kein Geld hatte, bezahlte das Rote Kreuz das Hotelzimmer und gab mir auch etwas Geld zum Leben, bis ich Arbeit fand. Das reichte aber vorne und hinten nicht, und ich erinnere mich, daß wir immer hungrig waren. Schrecklich war es mit anzusehen, wenn die Kinder etwas zu essen verlangten und es nichts gab.

Um die Kinder im Kindergarten unterzubringen, mußte man Arbeit haben. Ich konnte aber keine Arbeit suchen, wenn die Kinder nicht versorgt waren. Schließlich fand ich einen Kindergarten am Anfang der Sowjetskaja. Die Vorsteherin, Tatjana Fjodorowna, war eine großartige Frau, von der ich später noch erzählen werde. Sie nahm Lion ohne weiteres auf; Vitja sei noch zu klein, sagte sie. Zuerst gab es jeden Tag Geschrei, denn Lion wollte nicht in den Kindergarten gehen, wahrscheinlich, weil er nur sehr wenig Russisch verstand. Er lernte es jedoch schnell.

Ich ging also auf Arbeitssuche. Auf das Nächstliegende – zu fotografieren – kam ich nicht, was mir rückblickend vollkommen unverständlich ist. Ich versuchte es im Krankenhaus. Dort nahmen sie nur Leute mit Diplom. Ich versuchte es in einem Restaurant. Ob sie eine Kellnerin brauchten oder sonst eine Arbeit hätten? Ich wurde mit großen Augen gemustert und bekam zu hören, daß ich für solch eine Arbeit wirklich zu schade sei. Später erfuhr ich, daß Kellnerinnen schon halbe Prostituierte waren. Ich ging zu einer Kinderkrippe, die Kinder für die ganze Woche aufnahm. Es war ein schönes Haus inmitten eines großen Gartens. Die Vorsteherin Elena war eine junge Frau, der ich sagte: »Ich kann bei Ihnen Nachtdienst machen, wenn Sie meinen Jungen aufnehmen.« Sie betrachtete mich mitleidig: »Lassen Sie das Kind hier und suchen Sie sich eine andere Arbeit. Für Nachtdienst sind Sie wirklich zu schade.« Wieder dasselbe. Ich muß wohl etwas Prinzessinnenhaftes an mir gehabt haben, daß ich für alle möglichen Arbeiten für zu schade befunden wurde. Aber den etwas über zweijährigen Vitja ganz allein dort zu lassen, konnte ich auch nicht übers Herz bringen. Ich ging zu Maxim Petrowitsch ins Büro und klagte ihm mein Leid. Er versprach, mir zu helfen. Nach einer Woche verwies er mich an den Parteisekretär von Wanowka namens Igor. Diesen kenne er zwar nicht persönlich, wisse aber, daß Igor Russe sei und aus der dortigen Gegend stamme. In Wanowka gebe es ein Sowchos (Staatsgut) mit Gemüse- und Obstgärten, einem Kindergarten sowie kleinen Häuschen für die arbeitenden Menschen. Ich könne dort leichte Arbeiten verrichten, bei der Gemüse- und Obsternte helfen, Äpfel, Birnen, Weintrauben pflücken. Die Kinder könnten den ganzen Sommer an der frischen Luft verbringen. Im Winter würde man dann weitersehen. Von Tschimkent aus müsse man zwei Stunden mit dem Zug nach Wanowka, einem sehr kleinen Ort, fahren und dann noch eine Stunde mit dem LKW in das Sowchos. Das klang ja ganz paradiesisch. So gegen Anfang Mai 1944 brachte Maxim uns an den Zug. In Wanowka werde uns Igor abholen und weiter für uns sorgen, meinte er noch zum Abschied.

Igor war Mitte 30, breit gebaut, grob – kein angenehmer Mensch. Er brachte uns in dem einzigen, sehr kleinen Gästehaus unter, das nur aus ein paar Zimmern bestand. In zwei Tagen wollte er uns in das Sowchos bringen. Am nächsten Morgen kam Igors Sekretärin, um nach mir und den Kindern zu sehen. Tamara war eine liebe, junge Frau. Ich fragte nach dem Sowchos, aber sie hatte keine Ahnung. Sie sei noch nie dort gewesen.

Auf dem Weg in das Sowchos, dessen Name mir entfallen ist, sagte mir Igor, wir würden in dem Haus eines alleinstehenden Agronomen wohnen, der für einige Monate verreist sei. Ich solle am nächsten Morgen zum Verwalter gehen. Der würde mir Arbeit anweisen und überhaupt alles für mich ordnen. Er, Igor, käme in genau zehn Tagen wieder her. Dann könnte ich ihn um fünf Uhr nachmittags an einer Stelle treffen, die er mir genau beschrieb, und erzählen, wie ich mich eingerichtet hätte. Das alles sagte er in völlig gleichgültigem Ton. Dann fuhr er weg.

Ich machte die Tür zu dem Haus auf – und stieß auf den Agronomen, der nicht verreist war. Das Haus bestand aus einem Zimmer mit einem Bett, einem Tisch und einem Stuhl. Der Fußboden war aus Erde. Der Agronom hieß Anton und war äußerst erstaunt. Er sollte am folgenden Morgen verreisen, aber niemand hatte ihm gesagt, daß in seiner Abwesenheit eine junge Frau mit zwei Kindern in diesem Haus wohnen sollte. Anton war ein nicht mehr junger Mann mit angegrautem, kurzgeschnittenem Haar. Er hatte kluge Augen, aus denen Wärme strahlte. Sein ganzes Wesen war sehr einfach. Ich erzählte ihm das Märchen von dem kleinen Paradies hier. Daraufhin faßte er sich an den Kopf: »Mein Gott, was sind das nur für verantwortungslose Menschen, die Ihnen das aufgetischt haben. Das ist ein ganz armes Dorf, in dem Mais, ein bißchen Weizen, Kartoffeln und Rüben angebaut werden. Von irgendwelchem Gemüse, gar Obst kann überhaupt nicht die Rede sein. Die Menschen hier sind so arm wie die Kirchenmäuse, es geht ihnen sehr schlecht. Ich kann Ihnen überhaupt nicht helfen, da ich morgen schon ganz früh fort muß. Ich bin nur selten hier. Deshalb macht es mir auch nichts aus, in diesem Loch zu wohnen. Gehen Sie morgen früh zur Verwaltung, vielleicht kann man Ihnen vorläufig irgendeine Arbeit im Kindergarten geben. Versuchen Sie, so schnell wie möglich wieder von hier wegzukommen.«

Ich legte unsere Yan'aner Matratzen und Decken auf den Boden. So verbrachten wir die erste Nacht in diesem »Paradies«. Morgens ging ich zur Verwaltung. Der Verwalter meinte nur grob, hier gäbe es keine Arbeit für mich. Auf meinen Hinweis, man habe mich aber hierhergeschickt, antwortete er, das ginge ihn nichts an. Ich fragte ihn, ob ich nicht im Kindergarten arbeiten könne, denn die Kinder und ich müßten ja von etwas leben. Darauf er, sie hätten Scharlachepidemie – sechs Wochen Quarantäne. Der Kindergarten sei geschlossen. Ich sagte, ich müsse zumindest zehn Tage warten, bis Igor wiederkäme. Er gab mir für diese Zeit Essensmarken und eine Bescheinigung, daß wir unsere täglichen Brotrationen erhielten.

Das Essen holte ich zweimal am Tag in einem Eimer, den ich mir angeschafft hatte. Jedesmal gab es eine Art dickflüssige Suppe mit ein paar Kartoffelstückchen darin. Richtiges Schweinefutter. In Tschimkent hatten die Kinder wenigstens etwas Milch, Obst und Möhren zum Brot gehabt. Wasser schöpfte ich im Brunnen gegenüber unserem »Haus«. Ich dachte nur daran, so schnell wie möglich nach Tschimkent zurückzukehren, da ich davon überzeugt war, daß Maxim nichts von der ganzen Schweinerei wußte.

So vergingen einige Tage. Ich spielte mit den Kindern. Sie liefen nackt herum, ich hielt sie aber sauber und wusch sie einige Male am Tag. Eines Morgens, ungefähr zwei Tage, bevor Igor kommen sollte, fühlte ich mich furchtbar schlecht und ganz zerschlagen. Nur mit Mühe konnte ich aufstehen; ich wankte und fiel wieder hin. Ich schickte Lion zur Nachbarin um ein Fieberthermometer. Ich hatte 40 Grad Fieber. Die Nachbarin sah mich entsetzt an und lief davon. Niemand kümmerte sich um mich. Schon vorher hatten sich die Menschen mißtrauisch von mir ferngehalten. Vielleicht dachten sie, ich sei hierher verschickt worden, und ich konnte ihnen auch nichts erklären. Ich dachte, nur die zwei Tage durchhalten, bis Igor kommt. Ich war unendlich schwach. Die Kinder holten mit dem Eimer das Essen, saßen nackt und verschmiert auf dem Fußboden und aßen aus dem Eimer. Mir zerriß es das Herz, aber sie weinten nicht und quälten mich auch nicht.

Am dritten Nachmittag – das Fieber war auf 41 Grad gestiegen – packte ich unsere paar Sachen, zog mich und die Kinder mit meinen letzten Kräften an und schleppte mich mit ihnen zu dem Ort, wo ich Igor treffen sollte. Auf meine Bitte, mich und die Kinder mit nach Wanowka zu nehmen, antwortete er empört, er dächte gar nicht daran, er hätte den »Befehl«, mich hier unterzubringen. Ich hatte keine Kraft für Erklärungen. Ich schrie nur: »Wollen Sie uns denn hier verrecken lassen? Ich habe 41 Grad Fieber. Nehmen Sie uns sofort mit.« Widerwillig lud er uns auf den LKW, holte mein Köfferchen und brachte uns wieder zu dem kleinen Gästehaus. Ich weiß nicht mehr, wo ich am nächsten Morgen die Kraft hernahm, mich mit den Kindern an der Hand ins Krankenhaus zu schleppen. Der Arzt sah mich nur an und sagte: »Flecktyphus«. Er konnte es nicht glauben, daß ich mich schon den vierten Tag damit herumschleppte und noch am Leben war. Als er erfuhr, daß ich hier mutterseelenallein mit den beiden Kindern war, fragte er nicht viel, sondern sagte: »Sie bleiben hier. Machen Sie sich keine Sorgen um die Kinder, um die kümmern wir uns.« Mir wurde der Kopf kahlgeschoren, die Kinder sahen noch zu – und dann erinnere ich mich an nichts mehr.

Als ich aus der Bewußtlosigkeit wieder aufwachte, befand ich mich in einem großen hellen Raum mit etwa acht Betten. Mein Bett stand an einer Wand, am Kopfende war ein großes Fenster. Die Krankenschwester sagte, ich sei über zehn Tage bewußtlos gewesen. Flüsternd verriet sie mir, der Chefarzt, Pjotr Eduardowitsch, sei Deutscher, was aber nur wenige wüßten. Er lebe hier bereits seit Jahrzehnten und habe dieses Krankenhaus mit aufgebaut. Er glaube, daß ich ein tragisches Schicksal hätte, und wisse auch, daß ich Deutsche sei. Er persönlich habe mich ganz aufopfernd gepflegt, sei auch nachts immer vorbeigekommen; ohne ihn gäbe es mich nicht mehr, denn mein Leben habe an einem Faden gehangen. Ich solle aber Russisch mit Pjotr Eduardowitsch sprechen und mir nicht anmerken lassen, was ich von ihr erfahren hätte.

Woher wußte Pjotr Eduardowitsch nur, daß ich Deutsche war? Und woher etwas über mein Schicksal? Vielleicht hatte ich phantasiert, dabei Deutsch gesprochen und vieles ausgeplaudert, woraus nur er sich einen Reim machen konnte. Pjotr Eduardowitsch freute sich, daß ich endlich wieder zu mir gekommen war. Er erzählte mir, daß die Kinder im Entbindungsheim mit einem Kriegsinvaliden zusammenlebten, den man vorübergehend dort untergebracht habe und der sich wie ein Vater um sie kümmere. Sie seien gesund und munter. Es grenze an ein Wunder, daß die Kinder sich nicht angesteckt hätten. Ich solle nun schnell wieder zu Kräften kommen. Das war leicht gesagt, denn ich war bis auf die Knochen abgemagert. Die Verpflegung war sehr schlecht, es war ja immer noch Krieg. 500 Gramm klitschiges Brot mit viel Stroh darin und zweimal am Tag Suppe. Die Frauen in den Nachbarbetten bekamen von zu Hause Brot, Butter, Eier, Joghurt. Mir drehte sich der Magen um. Keine von ihnen bot mir auch nur ein Krümchen an.

Eines Tages erschien Tamara, Igors Sekretärin, bei mir und brachte mir Brot, Butter und Joghurt. Wie eine hungrige Löwin stürzte ich mich darauf. Erst ein paar Tage zuvor hatte sie zufällig erfahren, daß ich hier mit Typhus lag. Igor hatte ihr kein Wort davon gesagt. Sie war der Annahme, ich sei mit den Kindern gut in dem Sowchos untergebracht. Tamara hielt (wie ich auch) Igor für einen Schurken. Sie konnte sich nicht erklären, wie er zu dem Posten eines Parteisekretärs gekommen war, und sei es auch nur in einem so gottverlassenen Nest. Er lebe durchaus nicht nur von seinem Gehalt, sondern habe ein Haus auf einem ziemlich großen Grundstück. Bei ihm gebe es Gemüse und Obst, außerdem Mais und Weizen.

Tamara kam noch ein- oder zweimal und brachte mir jedesmal etwas zu essen mit. Igor wußte nichts davon. Schließlich wurde ich gesund. Ich verließ das Krankenhaus mit einem Gefühl der Dankbarkeit gegenüber den gewissenhaften Schwestern, vor allem gegenüber Pjotr Eduardowitsch, der mir das Leben gerettet hatte. Die Kinder liefen mir quietschvergnügt und wohlgenährt entgegen.

Ich erinnere mich nicht mehr, wovon wir in den nächsten Monaten lebten. Wahrscheinlich hatte Igor Anweisung, mir jeden Monat etwas Geld und Brotmarken zu geben, denn ich war einige Male bei ihm zu Hause. Mitunter traf ich nur seine Mutter an; diese war eine großzügige russische Seele. Mit meinem geschorenen Kopf unter dem Kopftuch sah ich elend aus, und jedesmal steckte mir die alte Frau ein großes Paket mit Fladenbroten zu und sagte: »Mein Sohn ist ein Geizhals; er braucht das nicht zu wissen.« Dazu sagte sie ein russisches Sprichwort: »Ein Satter begreift den Hungrigen nicht.« Igor behandelte mich wie eine Verbrecherin, so, als sei ich hierher verschickt worden. Ich solle es nicht wagen, ohne seine Erlaubnis nach Tschimkent zu fahren. Es sei mir verboten, dort zu leben.

Es war wohl schon Ende Juni. Ich mietete bei einer alleinstehenden Russin namens Klawdija ein Zimmer, das voller Wanzen war. Also nahm ich die Kinder und schlief mit ihnen auf dem Dach. Da das Dach schräg war, mußte ich immerfort aufpassen, daß wir nicht herunterrutschten. Wenn ich frühmorgens nach Brot ging, schloß ich die Kinder im Zimmer ein. Eines Tages zerschlug Lion eine Fensterscheibe und stieg hinaus. Wahrscheinlich hatte er das von mir, daß er Unfreiheit nicht ertragen konnte. Klawdija schimpfte; ich versprach ihr, das Glas zu bezahlen. Ich erinnere mich noch, daß wir Lions sechsten Geburtstag am 7. Juli 1944 in diesem Haus verlebten. Lion schlug vor, ich solle seinen Wintermantel auf dem Markt verkaufen und ihm dafür Süßigkeiten zu seinem Geburtstag schenken. Daß ein Kind so etwas sagte, war typisch für diese Zeit und besonders für diese Umgebung. Ich wollte fort aus dieser Behausung.

Beim Einkaufen auf dem freien Markt hatte ich eine junge ukrainische Jüdin, Dora, kennengelernt. Sie verkaufte dort jeden Tag Borschtsch. Dora war eine rothaarige, vollbusige, etwas schmuddelige, aber gutmütige, alleinstehende junge Frau. Sie kannte eine Familie – wahrscheinlich frühere Gutsbesitzer –, die zwei Häuser in einem riesigen Obstgarten besaß. Eines der Häuser vermietete sie. Dora ging mit mir hin. »Haus« war übertrieben. Ja, es war ein Haus, mit zerschlagenen Fensterscheiben und zwei leeren Zimmern. Da der Preis aber niedrig und es außerdem Sommer war, zog Dora mit uns in dieses Haus. Klawdija verlangte von mir das Geld für die zerbrochene Fensterscheibe, das ich nicht hatte. Also mußte ich Lions Wintermantel als Pfand hinterlassen. Später löste ich ihn wieder aus.

In der neuen Behausung schliefen wir zunächst auf dem Fußboden. Mein verschlossenes Köfferchen stand in einer Ecke, und es war ein Wunder, daß mir damals nichts gestohlen wurde. Wieder plagten uns die Wanzen. Kurz entschlossen nahm ich die Matratzen und Decken, und wir legten uns in den Garten unter die Obstbäume. Der Garten lag ziemlich nahe an der Landstraße, und Dora fürchtete sich. Eines Abends brachte sie einen alten, ziemlich zerlumpten, graubärtigen Mann mit – einen Bettler, wie sich herausstellte. Dora sagte, er würde mit uns im Garten schlafen, da bräuchten wir keine Angst mehr zu haben. Der Mann sah vertrauenerweckend aus. Wer weiß, welches Schicksal ihn zum Bettler gemacht hatte. Wir waren eine richtige Vagabundenfamilie. Im Morgengrauen, wenn alle noch schliefen, ging ich mit einem Korb los, das Fallobst in unserem Garten und in den angrenzenden Gärten aufzusammeln, was uns eigentlich untersagt war. Das Obst bildete mit Brot, Brunnenwasser und manchmal Joghurt unsere Nahrung. Manchmal kochte ich die Äpfel, Birnen und Pflaumen auch auf Doras Ofen, den sie selbst errichtet hatte und der mit Kisjak geheizt wurde, einer zusammengestampften Mischung aus Kuh- und Pferdemist. Tagsüber ging Dora auf den Markt, und auch der Bettler verschwand. Am Abend versammelten wir uns alle wieder und hielten unsere Abendmahlzeit, zu der Dora und der Bettler immer etwas beisteuerten. Die Kinder genossen dieses Vagabundenleben.

In Wanowka gab es einen nicht sehr breiten, ziemlich seichten Bach, der mich an die Biele in Bad Landeck und an meine Kindertage erinnerte. Jeden Tag ging ich mit den Kindern in dem eiskalten Wasser baden. Die Leute waren entsetzt und meinten, es bedeute den sicheren Tod, nach einer Typhuserkrankung im kalten Wasser zu baden. Mir tat es jedoch gut. So wurde es August oder Anfang September, und ich mußte an den Winter denken. Ich beschloß, heimlich nach Tschimkent zu Maxim Petrowitsch zu fahren. Die Kinder und meinen Koffer ließ ich bei den Wirtsleuten.

In Tschimkent ging ich vom Bahnhof aus direkt zu Maxim ins Büro. Ich war immer noch sehr mager. Als ich das Kopftuch abnahm, sah er mich entgeistert an. Ich erzählte mir alles von der Seele herunter. Maxim hatte tatsächlich keine blasse Ahnung. Er war außer sich. Schließlich trug er die Verantwortung für mich und die Kinder. Ich solle mir sofort ein Zimmer in Tschimkent suchen und die Kinder zurückholen. Mit diesem Schurken würden sie abrechnen. Ich bat ihn, damit noch so lange zu warten, bis ich mit den Kindern wohlbehalten in Tschimkent angelangt sei.

Im Frühjahr hatte ich in Tschimkent zufällig eine junge jüdische Frau kennengelernt, die mit ihrer Mutter und zwei Kindern in einem großen Zimmer wohnte. Sie hieß, wie Igors Sekretärin, Tamara. Ihr Mann kämpfte seit dem ersten Kriegstag an der Front (und fiel am Tag des Waffenstillstands). Ich suchte sie auf, erzählte ihr meine Erlebnisse der letzten Monate und bat sie, mir bei der Zimmersuche zu helfen. Wir fanden etwas am Anfang der Sowjetskaja bei einer Russin namens Raja, die dort ein Häuschen hatte. Ich schlief zwei Nächte bei Tamara, dann holte ich die Kinder nach.

Raja war Mitte 30. Ihr Mann, ein Ingenieur, war während der stalinistischen Säuberungswelle verhaftet worden. Sie hatte nichts mehr von ihm gehört. Ihre Tochter Kira war etwa zehn, das Söhnchen Genka etwa acht Jahre alt. Rajas Häuschen auf den Hügeln hatte zwei Zimmer mit Holzfußböden und einen Stall mit drei Ziegen. In dieser Gegend gab es nur drei, vier Häuschen; ringsherum war Steppe. Ein künstlicher Kanal bildete die Grenze zum begrasten Abhang hin. Unten lag die Sowjetskaja und direkt am Fuß des Hügels, über die Straße, der Kindergarten. Raja wohnte mit ihren Kindern in dem kleineren Zimmer, in dem es einen Ofen mit Kochplatte gab. Uns überließ sie das größere vordere Zimmer, in dem zwei Betten, ein Tisch und ein paar Stühle standen und dessen Tür in den Stall führte. Für das Zimmer verlangte Raja 300 Rubel im Monat, was durchaus üblich war. Ein durchschnittliches Monatsgehalt lag bei etwa 500 Rubeln.

Als ich die Kinder in Wanowka abholte, hatte Maxim dem Zentralkomitee des Roten Kreuzes in Moskau telegraphisch von meiner Krankheit und den unglücklichen Umständen in Wanowka berichtet. Kurz darauf erhielt er die telegraphische Anweisung, mir monatlich 300 Rubel auszuzahlen und mir zusätzliche Brotmarken zu geben. Außerdem überwies man Maxim eine Extrasumme von 1000 Rubeln für mich, mit denen ich meine Erkrankung auskurieren und mich in Ruhe auf Arbeitssuche begeben konnte.

Im Kindergarten nahm Tatjana Fjodorowna Lion sofort wieder auf; Vitja behielt ich vorläufig bei mir. Jetzt konnte ich pünktlich die Miete bezahlen. Außerdem nahm ich Raja jeden Tag viel Milch für Lion und Vitja ab, so daß sie sich nicht weiter um den Verkauf zu kümmern brauchte. Das war eine Erleichterung für sie. Sie war zänkisch und haderte mit ihrem Schicksal. Ich verstand ihren Kummer. Mit der Zeit merkte sie, daß auch ich kein leichtes Leben in diesem Tschimkent hatte.

Wir lebten vor allem von Brot und Milch. Auf dem Markt kaufte ich auch getrocknete Früchte, die ich in heißem Wasser einweichte. Für den Weg zum Markt – von den Hügeln durch die ganze Stadt – brauchte man mindestens 45 Minuten. Um Wasser zu holen, mußte man mit einer Trage, an der zwei Eimer hingen, den Hügel hinunter und durch zwei Querstraßen zum Brunnen gehen. Da ich viel Wasser brauchte – ich wusch die Kinder und mich jeden Tag von Kopf bis Fuß mit kaltem Wasser –, mußte ich diesen Weg zweimal am Tag zurücklegen. Später holte ich auch für Raja Wasser, die allerdings viel weniger brauchte. Dafür wischte sie mir den Fußboden auf.

Da kam ein neues, unerwartetes Unglück: Ich bekam Furunkel an den Armen. Nach dem Typhus fehlte mir ordentliche Nahrung, so daß ich insgesamt sehr geschwächt war. Ich hatte furchtbare Schmerzen. Platzte ein Furunkel endlich auf, wuchs an einer anderen Stelle ein neues. Es gelang Maxim, mich in der kleinen Poliklinik für höhere Funktionäre unterzubringen, wo ich Bluttransfusionen erhielt. Erst nach einigen Monaten war ich geheilt.

Nun mußte ich Vitja doch in einer Kinderkrippe unterbringen, denn ich konnte ihn Raja nicht dauernd aufhalsen. Rajas Kinder Kira und Genka gingen bereits zur Schule. Ich ging also zu der Vorsteherin Elena, die im Frühjahr bereit gewesen war, Vitja aufzunehmen. Alles sah sehr einnehmend aus – das schöne Haus mit Glasterrassen inmitten eines Gartens voller Grün und Bäume. Elena war eine füllige, noch recht junge Frau mit einem vor Gesundheit strotzenden Baby, das ungefähr ein Jahr alt war. Überall an den Wänden hingen eingerahmte Prämien und Belobigungen für Elenas Fürsorge. Trotzdem ließ ich Vitja nur schweren Herzens dort.

An dieser Stelle möchte ich die Porträts zweier Frauen zeichnen, die in diesen schweren Kriegsjahren die ihnen anvertrauten Kinder versorgten und betreuten.

Tatjana Fjodorowna, die Vorsteherin des Kindergartens, war eine starke Persönlichkeit. Ich beschreibe sie so, wie ich sie heute, nach 42 Jahren, noch sehr lebendig vor mir sehe. Tatjana war eine mittelgroße, kräftige, aber nicht dicke Frau mit starkem Knochenbau. Sie muß wohl so um die 40 gewesen sein, hatte kurzgeschnittenes, leicht angegrautes Haar und trug eine Brille. Ihr Gesicht war streng und doch gütig. Tatjana trug immer lange dunkle Röcke und irgendwelche Blusen oder Jacken. Sie hatte zwei strohblonde Buben – Fedja und Jura. Ich glaube, sie waren älter als Lion. Wer und wo der Vater der Kinder war, erfuhr ich nie.

Tatjana war wirklich das, was ich mir unter einer Kommunistin vorstellte. Einmal zeigte sie mir den Lebensmittelspeicher, der von unten bis oben angefüllt war. Unten standen Säcke mit Mehl, Hirse, anderen Getreidesorten und Zucker. Auf den Regalen lagen Dauerwürste, Käse, Konserven, Brote und ich weiß nicht, was noch alles. Die Kinder bekamen jeden Tag Milch und Butterbrote. Öfter konnte ich mich davon überzeugen, daß bei Tatjana die Kinder – die neue Generation – immer alles bekamen, was ihnen zustand. Sie hatte eine äußerst liebe Köchin, und die beiden sorgten für die etwa 20 bis 25 Kinder, als ob es ihre eigenen wären. Diese kamen morgens und wurden abends wieder abgeholt. Oft blieben aber auch einige über Nacht. Im Sommer spielten die Kinder den ganzen Tag über im Garten, aber auch im Winter verbrachten sie viele Stunden im Freien. Tatjana und mich verband bald ein freundschaftliches Verhältnis.

Anders stand es mit Elena, der Vorsteherin der Kinderkrippe. Vitja war nicht gern dort. Wenn ich ihn sonnabends abholte, stürzte er sich zu Hause aufs Essen und knabberte frische Möhren wie ein Häschen. Am Montagfrüh weinte er und wollte um alle Welt nicht fort von mir. Vitja war gerade erst drei Jahre alt geworden und sprach noch ein ziemliches Kinderkauderwelsch. Zurst dachte ich, er wird sich schon noch eingewöhnen, aber irgendwie hatte ich keine innere Ruhe bei diesem Gedanken. Eines Tages ging ich in die Krippe. Dort hing direkt über dem Eingang eine neue Auszeichnung, die Elena nach einer Überprüfung des Kindergartens für ihre Fürsorge erhalten hatte.

Ich schaute mich nach einer Erzieherin um, die einen vertrauenswürdigen Eindruck auf mich machte, und fand auch eine. Von ihr erfuhr ich dann die Wahrheit: »Wenn Sie irgendeine Möglichkeit haben, nehmen Sie Ihren Jungen fort von hier. Sie haben ja keine Ahnung, was hier getrieben wird. Die Regierung sorgt für die Kinder, aber Elena stiehlt über die Hälfte der Lebensmittel, die für die Kinder bestimmt sind. Die Kinder sind alle hungrig, aber zu klein, um sich zu beklagen.« Sie fuhr fort: »Sehen Sie mal alle diese schönen Auszeichnungen. Die sind durch Bestechungen erworben. Kommt eine Überprüfungskommission, wird sie bewirtet mit kaltem Aufschnitt, Brot, Butter, Wein und Wodka, und wahrscheinlich wird da auch Geld zugesteckt. Dann wird das eigene Kind gezeigt, vielleicht noch ein paar besser ernährte aus der Krippe, und dann gibt es die Auszeichnungen. Elena und ihr Mann haben nicht nur einige Angestellte bestochen, sondern auch Helfershelfer in hohen Posten. Wir Erzieherinnen wagen es nicht, den Mund aufzumachen.« Sie war ganz aufgeregt. Ich versprach ihr, sie nicht zu verraten. Am nächsten Tag holte ich kurzentschlossen Vitja ab. Ich kannte jetzt den Grund seiner Abneigung, und hungern sollte er auf keinen Fall.

Tatjana war voller Mitleid mit den hungrigen Kindern; sie sah momentan jedoch keinen Ausweg, diesen Gaunern, die hohe Beamte im Rücken hatten, das Handwerk zu legen. Sie schlug mir vor, Vitja ebenfalls zu ihr zu bringen. Sie sagte: »Da habe ich auch mal so ein kleines Bübchen, das werde ich schon schaffen.« Von nun an ging Vitja strahlend an Lions Hand in den Kindergarten, und abends kamen sie zusammen zurück.

Der Kindergarten war sehr billig, und da wir sonst bescheiden lebten, konnte ich die 1000 Rubel verhältnismäßig lange nutzen. Aber nun waren sie aufgebraucht. Ich mußte etwas von meinen Sachen verkaufen und unbedingt an eine Arbeit denken. Und da hatte ich Glück im Unglück.

Ich ging die Sowjetskaja entlang und dachte bekümmert an die Zukunft. Am Postamt kam mir ein Pole entgegen. In Tschimkent lebten viele evakuierte polnische Juden. Ihnen sah man ebenso wie mir sofort an, daß sie keine Russen waren. Kurz und bündig sprach ich den Polen an: Ich hätte kein Geld, keine Arbeit, müsse etwas verkaufen. Ob er mir helfen könne? Er sah mich erstaunt an und fragte nach meinem Beruf: »Fotografin«, sagte ich. »Menschenskind, und da müssen Sie Ihre Sachen verkaufen? Mit Fotografie können Sie doch einen Haufen Geld verdienen. Wir Polen würden uns und unsere Kinder alle bei Ihnen fotografieren lassen.« War ich mit Blindheit geschlagen, daß ich nicht an das Nächstliegende gedacht hatte? Ich stürzte mich aufs Fotografieren. Meine Kleinbildkamera war in Ordnung. Ich weiß nicht mehr, wie es mir gelang, das anzuschaffen, was ich brauchte. Vielleicht half auch Maxim dabei. Jedenfalls hatte ich eines Tages alles zusammen – Vergrößerungsapparat, kleine Wannen, Papier, Filme und Chemikalien.

Tatjana war Feuer und Flamme. Als erstes fotografierte ich ihre Kindergartenkinder in Einzel- und Gruppenaufnahmen. Die Eltern rissen mir förmlich die Fotos aus der Hand. Dann ging ich zu den Polen. Sie blieben meine besten Kunden, bis sie Mitte 1946 in ihre Heimat zurückkonnten. In dem kleinen Tschimkent sprach sich schnell herum, daß ich gut fotografierte und vor allem nicht teuer war. Ich hatte alle Hände voll zu tun. Am Tag herumlaufen und fotografieren, Filme entwickeln und dann bis spät in die Nacht vergrößern, und das alles verbunden mit vielen Schwierigkeiten: Ich hatte kein fließendes Wasser, sondern nur Brunnenwasser. Papier und Filme konnte ich nur für teures Geld auf dem freien Markt kaufen, wobei es vorkam, daß die Filme verdorben waren. Dann mußte ich alles noch einmal aufnehmen, hatte also die doppelte Arbeit und das Geld verloren.

Obwohl es mir finanziell besserging, ernährte ich mich auch die weiteren Jahre in Tschimkent von Brot, Milch, Joghurt und allen Arten von Obst. Ich kochte nie etwas. Im Kindergarten erhielten die Kinder natürlich gekochte Kost. Sie waren kerngesund, von ein paar unvermeidlichen Kinderkrankheiten einmal abgesehen. Nach einem verhältnismäßig kurzen, aber harten Winter bekamen sie im Frühjahr 1945 Keuchhusten. Es war eine Epidemie in Tschimkent, so daß Tatjana für sechs Wochen den Kindergarten schließen mußte. Kira und Genka hatten auch Keuchhusten. So hüteten die vier Kinder Rajas Ziegen in der Steppe, was ihnen viel Spaß machte. Und ich konnte meiner Arbeit nachgehen. Dank der frischen Luft und der gesunden, vitaminreichen Kost überstanden Lion und Vitja rasch die Krankheit.

In all den Kriegsjahren hatte auf der Sowjetskaja vor dem Eingang zum Kulturpark eine Riesenkarte von der Sowjetunion gehangen, auf der mit roten Fähnchen der Frontverlauf gezeigt wurde. Vor dieser Karte standen immer viele Menschen, die aufgeregt und ungeduldig den Gang des Krieges diskutierten. Und endlich ging es dem Ende zu. Am 30. April 1945 hatte Hitler Selbstmord begangen, am 7./8. Mai die Deutsche Wehrmacht bedingungslos kapituliert. Damit war der Zweite Weltkrieg beendet. Am 9. Mai wurde in ganz Tschimkent per Lautsprecher das Ereignis, der Tag des Sieges über die Hitler-Barbaren, verkündet. Diesen Tag werde ich bis an mein Lebensende nicht vergessen. Dieser brausende Jubel! Menschen, die sich nicht kannten, umarmten und küßten sich in den Straßen. Es schien keine Unterschiede zwischen ihnen zu geben. Alles Schlechte und Böse war wie weggewischt. Es gab nur Freude. Selbst die verbittertsten Menschen atmeten erleichtert auf.

In Europa war nun der Krieg beendet, nicht aber in China. Ich dachte an Emi. In den 14 Monaten in Kasachstan hatte ich unzählige Briefe an ihn geschrieben, voller Liebe und Reue. Ich gab sie Maxim, der sie nach Moskau weiterleitete, bekam aber nie Antwort. (Emi hat diese Briefe auch nie erhalten.) Japan kapitulierte erst am 2. September 1945, nachdem die Sowjetunion Japan am 8. August den Krieg erklärt und die Mandschurei sowie Korea besetzt hatte. Um die Kapitulation Japans zu beschleunigen, hatten die Amerikaner zwei Atombomben auf die japanischen Städte Hiroshima und Nagasaki abgeworfen, was Abscheu und Empörung in der ganzen Welt hervorrief. Damit war auch der Krieg im Fernen Osten beendet. Ich dachte, nun endlich mit Emi in Verbindung treten zu können. Ich konnte jedoch nicht ahnen, daß Chinas endgültige Befreiung erst nach einem über vierjährigen Bürgerkrieg erreicht wurde.

Im Mai 1945 sagte mir Maxim, im Fotoatelier Dinamo sei die Stelle des Leiters und Porträtfotografen frei. Ob ich die nicht übernehmen wolle? Ich bekäme etwa 400 Rubel Gehalt und eine kostenlose Wohnung beim Dinamo-Stadion. 400 Rubel plus 300 vom Roten Kreuz waren zwar nicht genug zum Leben, aber immerhin etwas. Ich nahm an und zog um. Das Stadion war ein großer Sportplatz, umgeben von hohen Bäumen, vor denen Bänke standen. Tür und Fenster des einstöckigen Häuschens, in dem wir wohnten, gingen direkt auf den Sportplatz. Rechts vom Eingang waren zwei Zimmer, die ich mir mit den Kindern teilte. Bis zum Kindergarten und zum Atelier war es nicht weit. Außer mir arbeitete noch die Kassiererin Vera im Atelier. Diese saß im Vorraum, dann kam das Atelier mit einer 13x18-Porträtkamera, dahinter die Dunkelkammer.

Vera hatte zwei Kinder, die von ihrer Mutter betreut wurden, und eine sehr hübsche Wohnung. Ihr Mann war Offizier und jetzt in Berlin. Vera war schlank, blond, mit einem ausdruckslosen Gesicht. Sie thronte auf ihrem Kassiererinnenstuhl und stopfte sich im Laufe des Tages mit allen möglichen Leckerbissen voll. Eines Tages erschien sie im Atelier in einem mit Spitzen besetzten Nachthemd aus rosa Seidentrikot. Ich fragte mit gespieltem Erstaunen: »Wie können Sie nur im Nachthemd zur Arbeit kommen?« Sie wurde puterrot im Gesicht: »Das schöne Kleid hat mir mein Mann aus Berlin geschickt.« Ich sagte: »Na eben, ein gutes deutsches Nachthemd.« Vera war eine ziemliche Pute und, wie ich später erfahren sollte, keineswegs gutherzig.

Ich machte nun Porträtaufnahmen, eine äußerst langweilige Sache. Und ich mußte unbedingt nebenbei noch etwas verdienen. Ich bot den Kunden an, sie zu Hause mit ihren Familien zu fotografieren, was ich nach der Arbeit – die Sommerabende waren ja lange hell – oder in der Mittagspause erledigte. Vera, die nicht die geringsten finanziellen Sorgen hatte, sah mich mißvergnügt an, als nähme ich ihr persönlich etwas weg.

So ging der Sommer hin. Im Herbst kam Lion in die Schule. Er hatte zwei reizende Lehrerinnen, eine alte und eine junge. Vitja mußte nun allein in den Kindergarten gehen. Meistens brachte ich ihn hin, und Lion holte ihn ab. Er war noch nicht mal vier Jahre alt.

Der Winter war sehr hart. Nach Feierabend mußte ich Kohle in Eimern vom Markt nach Hause schleppen. Damals erfror ich mir beide Hände und bekam eine Ohrenentzündung mit schrecklichen Schmerzen. Nachts legte ich mich auf den Tisch, das Ohr dicht an einer winzigen elektrischen Platte. Wieder half mir ein Arzt aus der kleinen Poliklinik und machte mich gesund. Kaum war ich geheilt, bekamen Lion und Vitja zur gleichen Zeit die Masern. Vitja war ein geduldiges Kind, Lion nicht. Es mußte im Zimmer gut geheizt sein, ich mußte arbeiten und Essen auftreiben. Ich war ganz verzweifelt. Da erschien plötzlich eine junge, etwas bäurisch aussehende Russin bei mir und sagte, sie sei Fotografin. Ob ich sie nicht als Assistentin ins Atelier aufnehmen könnte? Das war für mich die Rettung in der Not. Schura, so hieß sie, wohnte nun auch bei uns im hinteren großen

Zimmer. Wir blieben im Durchgangszimmer, denn hier hatte ich den Ofen und einen Tisch zum Vergrößern.

Mir war längst klar, daß das Atelier eine Bürde für mich war. Wäre ich freie Fotografin, könnte ich eine Menge Geld verdienen. Schura war eine einfache und nicht sehr gebildete Person, aber gutmütig. Ich verhandelte mit ihr. Sie war bereit, das Atelier zu übernehmen – vorläufig jedoch nur inoffiziell. Vor Vera spielten wir Theater. Wir gingen zusammen ins Atelier, aber Schura übernahm mehr und mehr die Hauptarbeit, und ich verschwand immer öfter.

Inzwischen war noch ein junger Mann bei uns eingezogen, Sascha, ebenfalls Fotograf und Schuras Liebhaber. Sascha war ein hübscher, leichtfertiger, etwas vulgärer Junge, ein Typ dieser Zeit. Schura war bestimmt älter als er. Sie war ihm vollkommen hörig. Saschas Plan war sehr einfach: Er wollte das Atelier übernehmen und Schura dann hinausschmeißen. Und das tat er auch, nachdem sie ihm das Atelier im Handumdrehen überlassen hatte. Nun brauchte er sie nicht mehr. Nachts spielten sich im Nebenzimmer Szenen ab – nichts für Kinderohren. Aber meine beiden Söhne schliefen tief und fest. Eines Tages warf Sascha Schura aus dem Zimmer hinaus und schloß hinter ihr ab. Nun schliefen wir zu viert im vorderen Zimmer. Und dann passierte noch etwas Lustiges: Wir hatten eine Blechwanne, in der Schura ungeniert vor den Kindern badete. Als sie sich einmal den Kopf waschen wollte, nahm sie eine Perücke ab, und es kam ein kahler Kopf zum Vorschein. Die schönen, zu einem Kranz gesteckten Zöpfe waren falsch. (Später kam Schuras Bruder Kostja und holte seine Schwester ab. Gemeinsam fuhren sie in ihre Heimat zurück.)

Sascha, der mir zugetan war, weil ich mich in seine und Schuras Angelegenheiten nicht einmischte und weil ich Schura wortlos in unserem Zimmer aufgenommen hatte, weihte mich in viele Dinge ein. Er lachte gutmütig über meine naive Ahnungslosigkeit. Warum Vera wohl mit ihren 400 Rubeln Gehalt so ruhig herumsaß? Weil sie die Kassenbücher fälschte und sich jeden Tag 100 Rubel in die Tasche steckte. Das machte im Monat 3000 Rubel. Und sie sah gemütlich zu, wie ich mich abrackerte. Aber er, Sascha, hätte ihre Gemeinheit gleich durchschaut, hätte die Kassenbücher überprüft und Vera nun in der Hand. Ich wäre nie auf solch eine Idee gekommen, und wenn, hätte ich die Fälschung in den Kassenbüchern bestimmt nicht verstanden. Sascha meinte, er könne aus dem Atelier viel Geld herausholen. Na bitte, ich gönnte es ihm. Ich verdiente aber lieber auf meine Art Geld.

Meine Nachbarin im Stadion hieß Eva. Sie wohnte im Zimmer gegenüber von mir. Ihr Mann war Offizier. Sie hatten zwei Buben, so zwischen acht und zehn Jahren: Andrej und Kolja. Eva war eine vollschlanke Blondine mit einem Bubikopf und einem Madonnengesicht. Ich war voller Sympathie für sie. Sie arbeitete nicht, lebte wohl von dem Geld und den Zuteilungen, die Offiziersfrauen bekamen. Einmal stellte sie mir ihre Freundin Ljolja vor, die sie oft besuchte. Das nächste Mal Ljoljas Mann Wanja, einen LKW-Fahrer, der, wie ich später erfuhr, mit dieser Arbeit viel Geld verdiente, so daß Ljolja auch nicht zu arbeiten brauchte. Die drei spielten gerne Karten, wobei sie kräftig Wodka tranken. Im Sommer spielte sich das ganze im Freien ab. Oft betranken sie sich besinnungslos, und das alles vor den Augen von Andrej und Kolja. Eva ging auch öfter fort. Ich weiß nicht wohin. Die beiden Buben taten mir leid.

Es muß wohl Ende Oktober oder Anfang November 1945 gewesen sein, es dämmerte schon, als Andrej und Kolja schreiend angelaufen kamen: »Tante Eva, schnell, schnell – die Mutter!« Sie zogen mich auf den Weg rechts vom Sportplatz zu einem Baum, an dem Eva, ihre Mutter, hing. Mit einem Blick hatte ich die Situation erfaßt und den Schwindel durchschaut: Evas Füße erreichten die Lehne der Bank unter dem Baum noch gut – alles war nur Komödie. Ich holte sie herunter, sie hatte noch nicht mal Spuren am Hals, und schimpfte sie aus: »Schämen Sie sich nicht, die Kinder so zu erschrecken?« Sie gab keine Erklärung ab. Anfang 1946 kam Evas Mann zurück; er war demobilisiert. Wie sich herausstellte, war Eva schwanger. Es gab einen Höllenkrach, der Mann schlug sie wie wild und schrie, das Kind sei nicht von ihm. Kurz darauf nahm er die beiden Buben und verließ Eva.

Eva und ihre Saufkumpanen Ljolja und Wanja zechten weiter, als sei nichts geschehen. Im Herbst 1946 erzählte mir jemand, der Eva kannte, sie habe ein Mädchen zur Welt gebracht und lasse es buchstäblich verhungern. Sie gab ihm keine Milch, bis das Kind starb. Mir lief das Grausen über den Rücken. Das war Eva mit dem Madonnengesicht.

Die Verwaltung des Dinamo-Betriebes mitsamt der Hauptkassiererin Anna hatte ihr Büro im Stadion. Anna, eine Russin so um die 40, wußte genau, wie schwer ich es hatte. Trotzdem neidete sie mir meinen beruflichen Erfolg, wie ich überhaupt bemerkt hatte, daß diese Offiziersfrauen, denen es zu Hause leidlich gutging, während ihre Männer täglich an der Front ihr Leben einsetzten, besonders mißgünstig waren. Eines Tages erschien ein junger Mann in meinem Zimmer. Anna hatte mich angezeigt, ich betriebe ein unangemeldetes Gewerbe und würde mich ungesetzlich bereichern. Im Zimmer stand ein Tisch mit zwei Schubladen, in denen Vergrößerungspapier und einige unbelichtete Filme lagen. Der Mann fragte, wo ich mein Lager hätte. Ich prustete heraus: »Lager? Hier, das ist mein Lager.« Er machte meine beiden Köfferchen auf (das zweite, in Xi'an einbehaltene, war mir mittlerweile nachgeschickt worden, es fehlten aber viele Sachen), in denen sich unser ganzer Reichtum – ein paar armselige Kleidungsstücke – befand. Er durchschaute mit einem Blick die Intrige und sagte: »Ziehen Sie schnellstens um und mieten Sie sich irgendwo ein Zimmer. Da kümmert sich niemand drum, was Sie machen.« Er gab mir sogar noch die Adresse einer usbekischen Familie in der Altstadt, die Zimmer vermietete. Und da zogen wir auch hin.

Die niedrigen Häuser der Altstadt von Tschimkent waren von einer Mauer aus Lehm mit einer Holztür als Eingang umgeben. Wenn man hereinkam, betrat man als erstes den Hof, in dessen Mitte der Brunnen stand und an dessen rechter Wand ein Plumpsklo war. Das Haus bildete ein Dreieck. Links und rechts wohnten Russen, in der Mitte die usbekische Familie, bei der ich ein Zimmer gemietet hatte. Die Tür vom Hof führte zum Durchgangszimmer, in dem wir wohnten. In dem großen Zimmer dahinter lebte die fünfköpfige Usbekenfamilie. Rosa, eine Usbekin, hatte zwei Kinder von ihrem ersten Mann, ein Mädchen, Sonja, etwa 14 Jahre alt, und einen jüngeren Sohn, Envar. Von ihrem zweiten Mann Talib, einem Iraner, hatte sie das Baby Tahir. Talib war Direktor des freien Essensmarktes, und man kann sich vorstellen, daß es ihm nicht schlechtging. Rosa saß den ganzen Tag über zu Hause mit dem Baby, die beiden Größeren gingen schon in die Schule. Talib brachte Rosa täglich mehrmals zu essen: runde Fladenbrote, Milch, Wurst. Der Markt war nicht weit von unserem Haus. Talib war ein gutaussehender Bandit und Schwerenöter; er hatte eine Freundin.

Mich hätte Talib nie angerührt. Ich wohnte in seinem Haus, und somit stand ich unter seinem Schutz. Er hätte es auch nie geduldet, daß mich ein Mann besuchte. In dieser Zeit wurde nachts oft der Strom abgestellt. Vom Licht hing aber mein Auskommen ab: Konnte ich nachts nicht vergrößern, bekam ich am nächsten Tag auch kein Geld. Ich kannte einen jungen Elektriker, den ich mit einigen 100 Rubeln bestach. Er schaltete dann heimlich das Licht in unserem Haus ein. Einmal brauchte ich ihn wegen eines technischen Defekts und holte ihn mitten in der Nacht. Als Talib eine Männerstimme bei mir hörte, kam er in mein Zimmer und schrie furchtbar herum.

Er beruhigte sich erst wieder, nachdem er sich davon überzeugt hatte, daß der Mann wirklich nur am Lichtschalter und an meinem Vergrößerungsapparat herumhantierte. Unter Talibs ritterlichem Schutz fühlte ich mich in Tschimkent, wo sich viele Gauner herumtrieben, sehr sicher. Talib wurde auch mein Gönner. Als Direktor kannte er jedermann auf dem Markt. Die dort Handel treibenden Kasachen und Usbeken waren alle wohlhabende Leute. Durch Talibs Empfehlung kam ich an viel Kundschaft. Ich wurde in die schönsten Häuser und Gärten zum Fotografieren eingeladen. Und ich besaß Talibs volles Vertrauen. Die Miete bezahlte ich stets pünktlich. Wenn ich ihn manchmal um 30 bis 40 Rubel anpumpte, gab er sie mir anstandslos, weil er wußte, daß ich sie ihm zurückzahlte.

Durch meine Kleidung, ich trug Hosen, was damals etwas Außergewöhnliches war, und mein Aussehen war ich stadtbekannt. Das wollte ich für meine Arbeit nutzen. Also ging ich zum Direktor des Kulturparks, dem Genossen Kogan, und fragte ihn, ob ich den Sommer über nicht eine Art Fotoatelier im Park aufmachen könne. Ich würde nach Plan arbeiten und jeden Monat einige 100 Rubel abliefern. Er war einverstanden. Vor einem Rondell stellte ich ein Schild »Fotoatelier« auf und fotografierte die Leute im Park zwischen Blumen und Bäumen – Pärchen, Kinder, Familien. Neben dem Eingang zum Kulturpark lag das Kino. Ich fotografierte die Kinder des Kassierers. Lion und Vitja durften dafür umsonst ins Kino, wenn sie aus der Schule oder dem Kindergarten kamen. Stundenlang sahen sie sich mit großem Vergnügen Filme an, darunter zahlreiche aus Hollywood, mit denen Amerika seinen Verbündeten, die Sowjetunion, förmlich überschwemmte.

Einmal wurde ich gerufen, Kasachen bei einem Festessen zu fotografieren. Aber nur die Männer saßen mit gekreuzten Beinen auf der Erde um einen langen niedrigen Tisch herum. Einige Frauen hockten bescheiden in der Ecke. Sie durften erst nach den Männern die Reste essen. Bei dieser Gelegenheit trank ich zum erstenmal Kumis, Pferdemilch, von der man richtig beschwipst wird.

Ein anderes Mal wurde ich in einen Kolchos (Kollektivwirtschaft) gerufen, um die künstliche Befruchtung von Kamelen zu fotografieren. Ich kam gegen Abend an und wurde auf kasachisch bewirtet: Es gab Kultschetai, gekochte viereckige Teigschnitten mit Hammelfleisch. Man bekam nasse Tücher, um die Hände zu säubern; dann aß man mit den Händen. Natürlich saßen wir auf dem Boden um einen niedrigen Tisch. Die Männer sagten, wir müßten sehr früh aufstehen, die Kamele seien ziemlich weit weg. Ob ich reiten könne? Ich bejahte, aber sie glaubten mir nicht recht. Am nächsten Morgen ritten wir früh los, erst langsam, dann im Trab und schließlich im Galopp. Gott, war das schön, so über die Steppe dem Sonnenaufgang entgegenzugaloppieren! Ich vergaß alles um mich herum und auch alles, was hinter mir lag, und hatte eine Vorahnung, als ritte ich einer neuen Zukunft entgegen.

Es war wohl schon gegen Herbst 1946, als mich jemand auf der Straße ansprach und sagte, der Sekretär des Städtischen Parteikomitees bäte mich, zu ihm zu kommen. Verwundert fragte ich: »Er kennt mich doch überhaupt nicht. Was hat er denn zu Ihnen gesagt?« Der Sekretär hätte gesagt: »Wenn Sie das Mädchen in Hosen mit dem Fotoapparat sehen, bitten Sie sie, zu mir zu kommen.« Der Sekretär fragte mich, ob ich für die Lokalzeitung Aufnahmen in den Bleigruben bei Turksib machen wolle? Ich ließ, wie immer, wenn ich für längere Zeit fort mußte, die Kinder bei Tatjana. Selbst wenn man einen Ausweis hatte, war es ganz unmöglich, sich eine Eisenbahnfahrkarte zu kaufen. Deshalb fuhr ich einfach schwarz. Der Schaffner erwischte mich auf der Plattform zwischen zwei Waggons. Ich gab ihm 100 Rubel, und er ließ mich in ein leeres Abteil zweiter Klasse, wo ich wunderbar schlief.

Während des Fotografierens schimpften die Bergarbeiter furchtbar, daß sie ein Sauleben führten, schlecht bezahlt würden, keine Lebensmittel hätten, während die Leitung in Saus und Braus lebe. Sie flehten mich an, über diese Zustände in der Zeitung zu berichten. Ich versprach es ihnen, aber sowohl der Redakteur wie auch der Parteisekretär, es war übrigens nicht mehr derselbe, der Maxim das Märchen mit dem Obstgärtchenparadies aufgetischt hatte, sagten, es kämen viele Klagen; es brauche eben seine Zeit, um das Unheil des Krieges, das sich so viele schlechte Menschen zunutze gemacht hätten, wieder in normale Bahnen zu lenken.

Seit dem Frühjahr 1946 konnte ich wieder schreiben, an wen ich wollte, auch ins Ausland, und Tschimkent verlassen. Jetzt flogen meine Briefe in die Welt. Herbert antwortete mir sofort. Er war glücklich, mich wiedergefunden zu haben. Von Else Wolf hörte ich erst viel später. Die Akademie der Wissenschaften ließ mich wissen, daß Sjan im Herbst 1941 an der Leningrader Front gefallen und Wassa mit den Kindern evakuiert worden sei. Wassa war inzwischen jedoch verzogen, und ich fand sie erst im Sommer 1947 wieder.

In diesen schweren Jahren entwickelte ich einen richtigen Wissensdurst. Natürlich machte mir das Fotografieren nach fünf Jahren Abstinenz viel Freude. Aber ich brauchte außerdem Nahrung für meinen Geist. Schon Mitte 1945 hatte ich mir in der Bibliothek das chinesisch-russische Lexikon von Kolokolow ausgeliehen. Ich lernte einfache Worte auswendig und prägte mir ihre Schreibweise ein. Nun schrieb ich an Apletin nach Moskau, schilderte ihm meine Situation und bat ihn um einfache chinesische Literatur. Er schickte mir sofort ein paar Broschüren.

Neben dem Kindergarten stand ein sehr hübsches zweistöckiges Häuschen in einem großen Obst- und Gemüsegarten. Mit der Besitzerin, Jewdokija Alexandrowna, kam ich ins Gespräch, als ich sie einmal fotografierte. Ich sagte ihr, daß ich gerne mein Englisch auffrischen würde. Daraufhin machte sie mich mit Ekaterina Nikolajewna bekannt. Ekaterina war eine Gräfin, die nach der Oktoberrevolution aus Leningrad ausgewiesen und nach Kasachstan geschickt worden war. Sie war eine liebenswürdige alte Dame von über 60 Jahren, vollschlank und mit schneeweißem Haar – eine elegante Erscheinung. Ekaterina lebte allein in einer hübschen Zweizimmerwohnung.

Ekaterina fiel genauso aus dem Rahmen der Tschimkenter Gesellschaft wie ich, auch wenn unser beider Herkunft und Lebensschicksale sehr verschieden waren. Für sie war ich aus einer anderen Welt hereingeschneit, und das stimmte ja auch. Wir hatten viele gemeinsame Gesprächsthemen und unterhielten uns auf englisch; sie sprach es fließend, ich hatte einen ziemlichen Nachholbedarf. Ich fotografierte sie zwischen all ihren hübschen Andenken. Ekaterina war sehr ausgeglichen und mir eine große innere Stütze. In den darauffolgenden Jahrzehnten habe ich – nicht zuletzt auch bei mir – festgestellt, daß Menschen mit einem inneren Reichtum gegen schwere Schicksalsschläge besser gewappnet sind als solche, die dieses kostbare Gut nicht besitzen.

In diese Jahre fällt übrigens noch eine ulkige Geschichte. An einem warmen Tag im März 1944, als wir noch im Hotel wohnten, ging ich mit den Kindern spazieren. Wenn man aus dem Hotel kam und nach rechts ging, war man direkt in der Steppe. Die Kinder spielten. Ich zog meine Schuhe aus, legte mich in die Sonne und döste. Als ich mich wieder aufsetzte, waren dic Schuhe weg. In der Ferne sah ich zwei Buben. Sie waren jedoch schon zu weit weg, um sie noch einzuholen. Wie schade! Es waren neue blaue Wildlederpumps, in die das Herstelleretikett einer Stockholmer Firma eingenäht war. So mußte ich barfuß zurückgehen.

Irgendwann im Jahre 1946 wurden die polnischen Juden, die dem Zugriff Hitlers entrissen und nach Tschimkent evakuiert worden waren, in ihre Heimat zurückgeschickt. Viele von ihnen ließen sich vor der Abreise noch einmal fotografieren. Eines Tages, als ich in einer Familie Fotos von den Kindern machte, sah ich, daß die Mutter meine blauen Wildlederschuhe trug. Ganz spontan sagte ich: »Das sind ja meine Schuhe. Wo haben Sie die denn her?« Die Frau war empört und sagte, die hätte sie in Polen gekauft. Darauf ich: »In Polen? Ziehen Sie doch mal den rechten Schuh aus.« Natürlich waren es meine Schuhe mit dem eingenähten Etikett. Als ich ihr die Geschichte erzählte, gestand sie, die Schuhe vor langem auf dem freien Markt gekauft zu haben. Sie sahen auch schon recht schäbig aus. Ich fand die ganze Geschichte komisch.

Vielen brachte ich die letzten Fotos noch an den Zug. Ich nahm herzlich Abschied von meinen netten Bekannten, vor allem von dem, der mir damals zugeraten hatte zu fotografieren. Auch der Familie, bei der ich meine Schuhe gesehen hatte, brachte ich die Fotos. Sie schuldeten mir über 100 Rubel. Da gab mir die Frau ein Paket und sagte: »Nehmen Sie anstatt des Geldes Ihre Schuhe zurück.« Ich fand das reichlich unverschämt, mir anstelle des Geldes, das ich dringend brauchte, ein paar abgerissene Schuhe hinzuschmeißen. Ich machte gute Miene zum bösen Spiel und trug eine neue Erfahrung mit nach Hause.

Mitte 1946 wurde Maxim Petrowitsch von dem früheren Vertreter des Roten Kreuzes in Kasachstan abgelöst, der von der Front zurückgekehrt war. Wassili, genannt Wasja, war ein schlaksiger Geselle – ich schätzte ihn um die 40 – mit spärlichem blondem Haar und wäßrigen blauen Augen. Kein angenehmer Zeitgenosse. Ich sah ihn nur, wenn ich mir mein Geld im Büro abholte.

An einem frostigen Wintertag – Ende 1946 oder Anfang 1947 – ging ich ins Rot-Kreuz-Büro. Wassili fing ein Gespräch mit mir an. Er sähe, daß ich ein schweres Leben hätte und einsam sei. Er selbst wäre auch sehr einsam, ohne Familie, aber er hätte doch einige Menschen, mit denen er sich ab und zu träfe. »Einer meiner Freunde hat ein großes Zimmer auf der Sowjetskaja. Dort treffen wir uns manchmal, einige junge Frauen und Männer. Haben Sie nicht Lust, auch einmal hinzukommen? Wir würden uns alle sehr freuen.«

All die Jahre hatte ich nur für die Arbeit und die Kinder gelebt. Auch an den Abenden und in den Nächten kannte ich nur Arbeit. Obwohl mir Wassili reichlich unsympathisch war, dachte ich mir, es wäre schön, mal einen Abend unter Menschen zu sein, und so ging ich an dem vereinbarten Abend zu der Adresse, die er mir gegeben hatte. Das Zimmer des sogenannten Freundes war ein Raum, an dessen einer Wand ein Bett stand und an einer anderen eine Couch. In der Mitte war ein Tisch für vier Personen gedeckt mit Sachen, an die man in der damaligen Zeit kaum gelangte, wie geräucherter Fisch, Wurst, Schinken, Käse, Butter, Brot, saure Gurken und Wodka. Im Zimmer waren Wassili, sein Freund und eine ziemlich nuttig aussehende junge »Dame«.

Als ich mich erkundigte, wo denn die anderen seien, entschuldigte sich Wassili, die seien leider verhindert. Aber das mache ja nichts, denn zu viert sei es noch viel gemütlicher. »Bitte, laßt uns doch was essen.« Ich war auf der Hut. In den vergangenen Jahren hatte ich überhaupt keinen Alkohol zu mir genommen. Trotz dringenden Zuredens nippte ich nur am Glas. Nachdem die drei in Stimmung gekommen waren, sagten sie ungeniert: »Na, nu mal los!« Der Freund zog die Frau aufs Bett und löschte das Licht. Wassili wollte mich auf die Couch ziehen, ich gab ihm jedoch eine kräftige Ohrfeige, stieß ihn von mir und rannte hinaus. Die kalte trockene Luft tat mir gut. Der Schnee knirschte unter meinen Füßen. Zu Hause spielten die Kinder friedlich, es war noch nicht spät. Das war mein erster und letzter geselliger Abend in Tschimkent.

Einmal wurde ich zu einer Familie gebeten, um die Kinder im Garten zu fotografieren. Im Garten nebenan sah ich eine Frau Wäsche waschen. Ich fragte, wer denn diese Frau sei, und hörte, daß sie schwere Jahre hinter sich hatte. Die ganze Kriegszeit über sei sie mit den Kindern allein gewesen. Ihr Mann sei erst im vorigen Jahr demobilisiert worden und der Vertreter des Roten Kreuzes. Ich glaubte nicht richtig zu hören. Sofort ging ich in den angrenzenden Garten und fragte die Frau: »Stimmt es, daß Wassili Ihr Mann ist?« – »Aber ja«, sagte sie erstaunt. Ich erzählte ihr, wer ich sei und daß Wassili mir gesagt hätte, er sei alleinstehend. »So ein Schuft«, meinte die Frau, ohne sich besonders zu wundern. »Das sieht ihm ähnlich. Das jüngste Kind stammt aus seinem letzten Urlaub.« Wassili hatte also ein Haus in einem Obstgarten, eine nett aussehende, einfache Frau und fünf Kinder. Bei nächster Gelegenheit, als ich wieder einmal mein Geld abholte, sagte ich ihm gründlich meine Meinung. So glaubte ich, endgültig Ruhe vor ihm zu haben.

Eines Tages traf ich Wassilis Frau auf dem Markt. Sie sagte, ihr Mann führe demnächst in einen Kolchos, wo er viele Bekannte hätte. Ob ich nicht Lust hätte mitzufahren? Überall ließen sich die Leute gerne fotografieren. Statt Geld könnte ich Mehl, Butter und vielleicht noch ein paar andere Lebensmittel für die Fotos bekommen. Offenbar hatte die Frau ein

Ganz oben:
Meine Mutter Franziska Sandberg, geborene Rosenthal (1873–1929)

Oben: Zusammen mit meinem Bruder Herbert in Bad Landeck, um 1920 (Foto: Franziska Sandberg)

Oben: Mit meinem Spielgefährten Franz Lachmann in Bad Landeck, um 1917/18 (Foto: Franziska Sandberg)

Oben:
Großmutter Sand und Herbert. Bad Landeck, Juli 1935

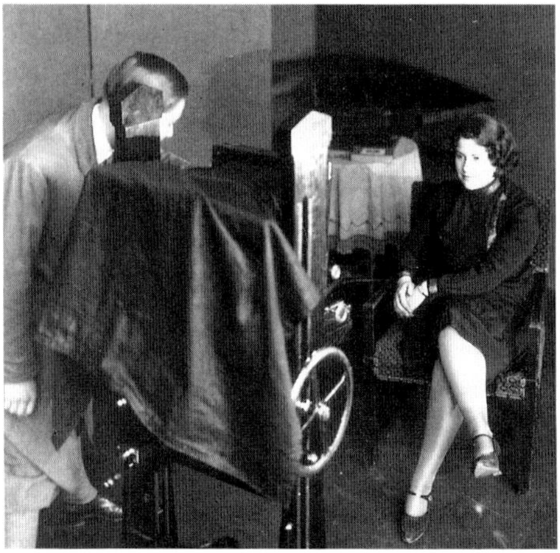

Links: An der Staatlichen Lehranstalt für Film- und Lichtbildwesen in München, 1930. Dies ist ein Reklamefoto für von uns gemachte Filmaufnahmen, bei denen wir mitspielten.

Oben: Zusammen mit Herbert in Stockholm. August 1934

Rechts: Emi vor dem Heim für politische Emigranten (MOPR) in der Ulitsa Obucha (Woronzowo Pole), in dem wir anfangs wohnten. Moskau 1935

Oben: Wassa, Sjan und Allan (v.l.n.r.) in Jelesnowodsk (Kaukasus). Juli 1936

Rechte Seite: Emi und ich. Moskau 1936

Oben: Zusammen mit Lion vor unserem Haus in Stocksund. August 1940

Rechts: Lion. Stockholm, Mai 1939

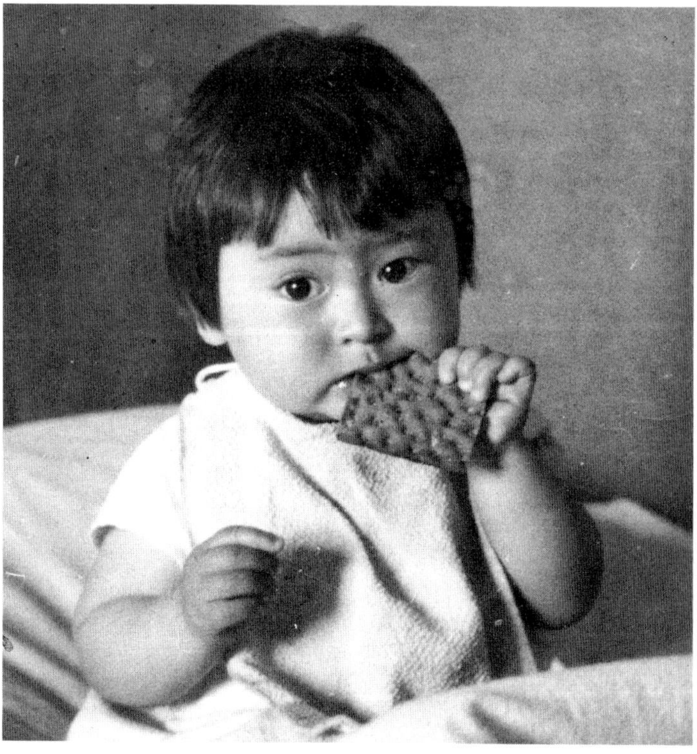

Ganz oben: Mao Zedong (rechts), Emi und zwei Xiao Guis, Jungen, die in der Achten Armee dienten. Yan'an 1939 (Foto: Roman Karmen)

Links: Edgar Snow (links) – amerikanischer Journalist, Schriftsteller, Autor des Buches *Roter Stern über China* – und Emi. Yan'an 1939 (Foto: Roman Karmen)

Oben: Das Foto zeigt die drei Höhlen (unten) in Yan'an, in denen wir von 1940 bis 1943 wohnten, mit dem großen Platz davor.

Oben: Emis Ansprache anläßlich der Gedenkfeier zu Puschkins 150. Geburtstag am Grab des Dichters in Michajlowskoje. Juni 1949

Rechts: Emi und ich auf einem Dampfer auf der Wolga bei Stalingrad (Wolgograd). Juni 1949

Rechts: Emi, die finnische Dichterin Elvi Sinervo und Pablo Neruda (v.l.n.r.) bei einer Fahrt auf der Wolga. Juni 1949

Oben: Elena Isaakowna Ufljand, die Stifterin unserer Ehe. 1934 hatte sie mich in Gagri am Schwarzen Meer mit Emi bekannt gemacht. Das Foto zeigt sie mit Vitja (links) und Lion im Moskauer Zoo. Juni 1949

Links: Badevergnügen am Meer in Dalian – mit Lion (links) und Vitja. September 1949

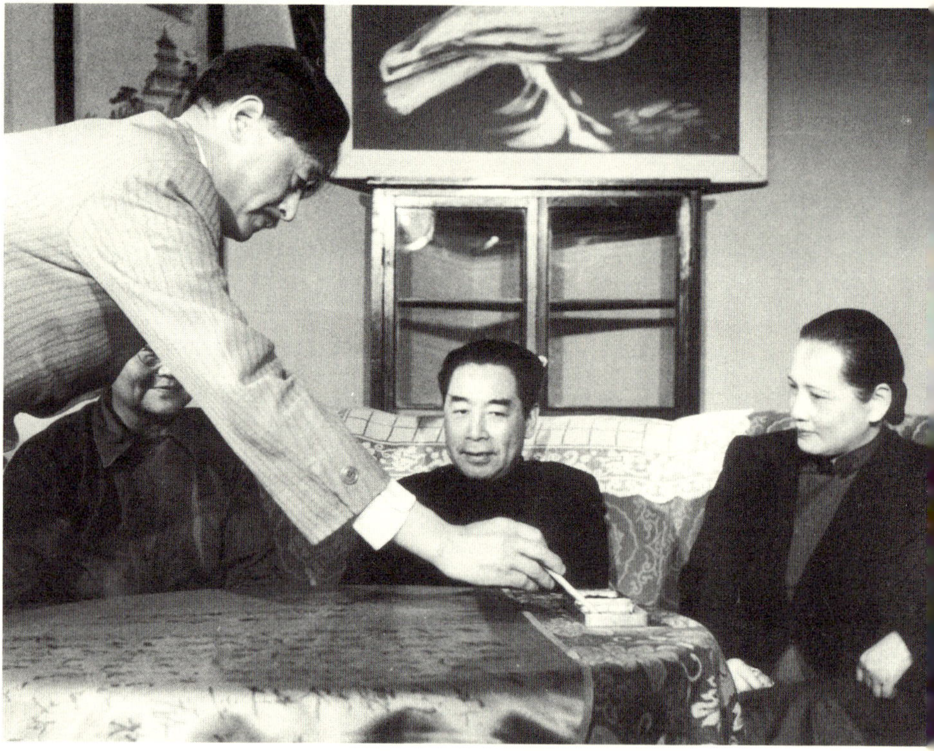

Linke Seite oben: Emi, Ministerpräsident Zhou Enlai und Song Qingling (v. l. n. r.), die Witwe Sun Zhong-Shans, unterschreiben den »Stockholmer Appell zum Verbot der Atombombe« in Beijing. April 1950

Linke Seite unten: Emi in Karlovy Vary. Sommer 1951

Oben: Emi (links) mit Frédéric Joliot-Curie, dem Präsidenten des Weltfriedensrates, beim Völkerkongreß für den Frieden in Wien. Dezember 1952

Unten: Emi und ich auf der Veranda des Hauses in Gagri, wo wir uns 1934 kennengelernt hatten. Dieses Foto stammt aus dem Mai 1952.

Linke Seite: Else Wolf (1898–1973), Gattin des Schriftstellers Friedrich Wolf, meine beste Freundin seit dem Jahre 1935. Lehnitz 1957

Oben links: Ilja Ehrenburg (1891–1967) bei einer Veranstaltung im Rahmen des Völkerkongresses für den Frieden in Wien. Dezember 1952

Oben rechts: Friedrich Wolf (1888–1953), ein sehr guter Freund von uns. Lehnitz 1952

Unten links und rechts: Marion Gore und ihr Mann Roy gehören zu meinen besten Freunden. Sie arbeitete als Biochemikerin in einem Londoner Versuchslabor, und Roy war Lehrer und Sekretär für Großbritannien beim Weltfriedensrat in Prag. 1953

Oben: Emi und Heping. Prag 1952

Rechts: Vitja (links) und Lion. Prag 1952

Oben: Emi mit dem bekanntesten Maler des modernen China, dem über neunzigjährigen Qi Baishi, in Beijing. März 1954

Links: Jing Shan (rechts), Schauspieler und Regisseur, und seine Frau Xun Weishi, Adoptivtochter Zhou Enlais und Regisseurin. Xun Weishi war Maos Gattin Jiang Qing ein Dorn im Auge, und sie ließ sie im Herbst 1968 in einem Gefängnis der Viererbande qualvoll ums Leben kommen. Das Foto stammt aus dem Jahre 1955 und wurde in beider Wohnung in Beijing aufgenommen. Mit Xun Weishi verband mich eine gute Freundschaft.

Oben links, oben rechts und rechts: Steinernes Pferd, steinerner Elefant und Grabwächter an der Heiligen Allee, die zu den Kaisergräbern der Ming-Dynastie führt. Mai 1954. Das Foto, das mich mit dem Grabwächter zeigt, machte Bodo Uhse.

Rechte Seite: Mein Freund Bodo Uhse (1904–1963) im Jahre 1954

Ganz oben: Im Gespräch mit einem Chinesen über Filmaufnahmen im Beijinger Behai-Park. Um 1960

Unten links: Der Dichter und Freund Emis Ke Zhongping. 1954

Unten rechts: Doktor Qi, Arzt der traditionellen Medizin, bei einer Nadeltherapie. Beijing 1957 mindestens zehn Personen. Als wir die Hälfte des Weges hinter uns hatten, stoppte Wanja mitten in der Steppe. Er und sein Assistent stiegen aus und forderten alle auf, noch einmal für die Fahrt zu bezahlen. Die Leute zeigten ihre Fahrkarten. Da lachten die beiden nur höhnisch: »Wenn ihr nicht sofort bezahlt, schmeißen wir euch vom Wagen. Dann könnt ihr zu Fuß nach Taschkent gehen.« Es war reine Erpressung. Jeder Fahrgast mußte mindestens 100 Rubel blechen. Von mir hatten sie im voraus genug bekommen. Deshalb ließen sie mich in Ruhe.

Wir kamen am Abend in Taschkent an. Nachdem alle ausgestiegen waren, die Haltestelle lag Gott sei Dank an einer belebten Straße, verlangte ich, daß Wanja uns zu Grete Bach fuhr. Er sagte: »Na gut. Du gibst die Kinder ab, und dann gehen wir zusammen essen.« Nun hatte ich aber wirklich genug. »Gilt denn Ihr Wort überhaupt nichts? Wenn Sie uns nicht sofort an Ort und Stelle bringen, schlage ich Lärm!« Er sah mich verächtlich an. Das »Männchen« war beleidigt. Wenn man sich weigerte, mit diesen elenden Typen zu schlafen, war man ein kalter Fisch oder eine Hundeschnauze. Ich kannte schon ihr Vokabular. Auch Wassili hatte mir zum Abschied noch an den Kopf geschmissen, er bedauere meinen Mann, einen solchen Stockfisch zur Frau zu haben. Wanja stand breitbeinig vor mir. Ich sagte drohend: »Nun, wird's bald«, und sah mich nach Hilfe um. Da kapierte er wohl, daß mit mir nicht gut Kirschen essen war, und brachte uns zu dem Haus, in dem Grete Bach wohnte.

Wir blieben einige Tage in Taschkent, wo die Kinder zum erstenmal in ihrem Leben eine Straßenbahn sahen. Die Vertreter vom Roten Kreuz waren sehr hilfsbereit. Sie kauften uns die Fahrkarten nach Moskau und setzten uns in den Zug. Wir fuhren harte Klasse Schlafwagen, ohne abgetrennte Abteile, immer drei Holzbänke übereinander. Hier erlebte ich noch einmal etwas Erstaunliches. In unserem Waggon war auch eine Gruppe von hübschen, kräftigen jungen Sportlern. Einige von ihnen verkauften auf den größeren Stationen Büstenhalter, Damenschlüpfer und anderes mehr. Mit dem Geld kauften sie Früchte wie Melonen, Äpfel usw. Wir waren kaum in Moskau angelangt, standen sie schon auf dem Bahnsteig und verkauften diese Früchte zu unwahrscheinlich hohen Preisen.

Bis zu meinem Weggang von Yan'an hatte ich immer inmitten der Intelligenz gelebt. Auch da gab es gute und schlechte Menschen, aber ich hatte die Mutter, meinen Bruder Herbert und dann Emi neben mir. In Kasachstan wurde ich ganz allein in den Hexenkessel des Lebens geworfen, und ich mußte lernen, mich unter allen möglichen und unmöglichen Menschen zurechtzufinden. Vor allem die schlechten Menschen, mit denen ich in Berührung kam und auf die ich oft angewiesen war, nahmen mir in Tschimkent beinahe den Glauben an die gute Sache des Sozialismus.

Aber den korrupten Verwaltern, den verluderten Frauen standen Menschen gegenüber wie der Arzt Pjotr Eduardowitsch, wie die Kindergartenleiterin Tatjana, wie Maxim Petrowitsch oder die einfachen kasachischen Kolchosbauern. Und diese waren es, die mir wieder Mut gaben. Sie waren wirkliche Sozialisten, und weil es sie gab, habe ich im Wirrwarr des Krieges und der Nachkriegsjahre nie meine Ideale verloren; das heißt auch nicht die Hoffnung, noch einmal dabeisein zu können bei dem Aufbau einer schöneren und besseren Welt.

Am 15. Oktober 1948 schrieb ich an Emi: »Ich habe mich in all diesen Jahren nie unterkriegen lassen, und ich habe nie die Hoffnung verloren, Dich einmal wiederzusehen. Mein einziges Ziel war, nach China zu kommen, dort zu arbeiten und meine entsetzliche Dummheit wiedergutzumachen – nämlich daß ich Dich verlassen und den Kindern den Vater und ein Familienleben genommen habe. Ich will mich nicht rühmen, aber ich bin gewachsen in diesen Jahren selbständigen Lebens. Ich habe gelernt, zu arbeiten und fest auf meinen Beinen zu stehen.«

In Czernowitz

Es war der 18. Oktober 1947. Am Bahnhof in Moskau nahm ich ein Taxi, das soviel kostete wie die halbe Fahrkarte Taschkent–Moskau. Und dann standen wir in der Ulitsa Obucha (Woronzowo Pole) Nummer drei vor dem Haus, in dem Emi und ich unsere ersten glücklichen Jahre verlebt hatten. Lazar und Mira empfingen uns wie liebe Verwandte. Mira lernte ich erst jetzt kennen; sie war ja in den 30er Jahren in Frankreich gewesen. Ihre Tochter Maja, ein schönes Mädchen in Allans Alter, studierte mittlerweile an der Fakultät für Theater. Zuerst wurden Lion und Vitja gebadet, und dabei sahen sie zum erstenmal einen Gasboiler, aus dem heißes Wasser direkt in die Badewanne floß. Sie kreischten vor Vergnügen.

Den ersten Weg mit den Kindern machte ich zum Vorsitzenden des Roten Kreuzes, Scharonow. Dank meiner Ernährungsweise und der ununterbrochenen Abhärtung waren wir drei sehr gesund, aber völlig abgerissen, was die Kleidung anbetraf. Es war schon kalt in Moskau, und wir hatten nur ziemlich schäbige, viel zu dünne Mäntel an. Scharonow war erschrokken, als er uns sah, und schlug vor, die Kinder ins internationale Kinderheim in Iwanowo-Wosnezensk zu geben. Ich sagte ihm, daß ich zu Freunden nach Czernowitz fahren wolle.

Ich brachte Lion und Vitja Ende Oktober nach Iwanowo. Vom Bahnhof aus ging man durch einen dichten Wald zum Kinderheim. Mir gefiel dort alles sehr: die Erzieherinnen, die Ärztin, die Räume, der Garten. Lion kam in die dritte Schulklasse, Vitja ging in den Kindergarten. Ich blieb noch bei den beiden, bis es Zeit zum Schlafen war. Vitja schlief sofort ein, aber Lion blieb noch wach, sagte nichts, sondern schaute mich nur mit traurigen, wie mir schien, vorwurfsvollen Augen an, weil ich ihn nun hier ließ und selbst fortfuhr. Traurig ging ich durch den nächtlichen Wald zur Station zurück. Es war das erste Mal, daß ich mich von den Kindern trennte.

Am liebsten wäre ich in Moskau geblieben, aber es war unmöglich, eine Aufenthaltsgenehmigung zu bekommen. Wie ich erfuhr, hatte unsere Wohnung in der Lawruschinski-Gasse einige Jahre leergestanden. Wäre ich 1944 gleich nach Moskau gekommen, hätte ich einziehen können. Jetzt wohnte die Witwe des Schriftstellers Afinogenow, eine Amerikanerin, dort. Ich besuchte sie. Alexander Nikolajewitsch Afinogenow war im Krieg gefallen, ebenso Emis liebster Freund und Übersetzer Alexander

Iljitsch Romm. Ich traf mich auch mit Apletin, der Emi nach wie vor sehr zugetan war. Er wunderte sich, daß Emi überhaupt nichts hatte von sich hören lassen. Was immer auch Emi in diesen Jahren geschrieben hatte, man würde ihn sofort übersetzen und veröffentlichen. Aber ich hatte ja auch seit fast vier Jahren nichts von Emi gehört!

Außerdem sah ich Artjom wieder. Er war nach wie vor eine einflußreiche Persönlichkeit und hatte soeben seinen zweiten Stalin-Preis erhalten. Auf seine Initiative hin bekam ich – als Emi Siaos Frau – vom Schriftstellerverband eine einmalige Unterstützung von 3000 Rubeln; Artjom gab aus eigener Tasche noch 1000 Rubel dazu. Leider konnte er mir aber auch nicht helfen, in Moskau zu bleiben, obwohl Lazar und Mira bereit waren, mich bei ihnen wohnen zu lassen. Ich kaufte mir also eine 100-Meter-Agfa-Filmrolle (35 cm), Vergrößerungspapier und einen Vergrößerungsapparat. Mit dieser Ausrüstung und einigen 1000 Rubeln, die ich aus Tschimkent mitgebracht hatte, fuhr ich Mitte November nach Czernowitz, wo ich am 17. November ankam.

Wassa bewohnte eine Zweizimmerwohnung mit Küche, Toilette und einem Vorraum in der Lermontow-Gasse im Zentrum der Stadt. In dem Zimmer, in dem wir alle schliefen, stand ein großer Kachelofen, der mit Kohle und Holz geheizt wurde. In dem anderen Zimmer, das als Wohn- und Eßzimmer diente, stand ein Küchenofen, auf dem Wassa kochte und mit dem man zugleich den Raum beheizte. Küche und Toilette waren unbeheizt.

Ich wurde von allen sehr herzlich begrüßt. Allan, den ich nur als Kind kannte, war nun fast 20, ein erwachsener, ernsthafter, stiller Mensch. Wir freundeten uns mit der Zeit näher an, aber es war eher eine schweigsame Freundschaft. Allan hatte die Mittelschule nicht beenden können, da der Krieg ihn zwang, arbeiten zu gehen. Er war beim Bezirkskomitee der Parteijugend (Komsomol) als Elektriker beschäftigt, beendete gerade die zehnte Klasse an einer Abendschule und trat in die Partei ein. Der neunjährige Felix ging zur Schule, Dima in den Kindergarten.

Nun erfuhr ich auch endlich Einzelheiten über Sjans Schicksal. Seiner Stellung als Offizier nach hätte er zunächst im Hinterland bleiben sollen. Da das eine Jahr im Gefängnis seine Biographie immer noch befleckte, obwohl er rehabilitiert worden war, wollte er seinen Patriotismus unbedingt unter Beweis stellen und ging sofort nach Kriegsbeginn als Freiwilliger an die Leningrader Front, wo er im Herbst 1941 fiel. Weder seine Vorgesetzten und Kollegen noch Wassa hatten ihn von seinem Vorhaben abhalten können. Wassa wurde mit den Kindern zuerst nach Tetjuschi (Tatarische ASSR) evakuiert. Während des Krieges trat sie in die KPdSU ein und wurde unmittelbar nach Kriegsende nach Czernowitz gerufen. Sjans Tod, die schweren Kriegs- und Nachkriegsjahre sowie die Tatsache, daß sie als Alleinstehende für drei Kinder sorgen mußte, hatten ihre an und für sich schon schlechte Gesundheit weiter ruiniert. Sie wurde in ihrer Arbeit immer wieder durch Krankheit unterbrochen.

Schlimm war, daß ihre zänkische Besserwisserei immer stärker geworden war. Sie verdarb den Kindern und mir, vor allem aber sich selbst, oft das Leben, und das meist wegen irgendwelcher Kleinigkeiten. So paßte es Wassa nicht, daß ich mich in der Frühe in der ungeheizten Küche von Kopf bis Fuß mit kaltem Wasser wusch, denn sie zog sich unter der Bettdecke an. Ich fegte den Boden, aber nicht richtig; ich wusch die Wäsche, aber anders als sie. In der öffentlichen Badeanstalt belehrte sie mich, wie ich mich zu waschen hätte – so ging das oft den ganzen Tag. Wassa kritisierte alles und jeden; mitunter fiel es mir wirklich schwer, ruhig zu bleiben und nicht zu widersprechen. Im Grunde war sie ein tief unglücklicher Mensch.

Auf der anderen Seite hatte Wassa ein gutes Herz, das sich in ihren schönen Augen widerspiegelte. Sie konnte großzügig sein und lachen, liebte die Kinder und mich. Nie war sie eifersüchtig auf mich (aber auf jede Frau in Allans Leben, angefangen von seinen Freundinnen bis zu seiner Ehefrau). Und Wassa war ehrlich und überaus korrekt. Als sie im Sommer 1948 Vorsteherin eines Pionierlagers in der Nähe von Czernowitz wurde, kontrollierte sie zum Beispiel täglich streng die Lebensmittelvorräte. Sie duldete einfach nicht, daß jemand von ihren Kolleginnen sich an den Lebensmitteln bereicherte, die für ihre Pfleglinge bestimmt waren. Wie selbstverständlich nahm sie es in Kauf, daß sie deswegen unbeliebt war und manchmal richtig angefeindet wurde.

Lazars Frau Mira besuchte uns über Neujahr für einige Wochen. Sie hatte die erste Nachricht von Emi bei sich, die ich seit Lanzhou zu sehen bekam. Er hatte an eine Bekannte in Moskau geschrieben und sich nach uns erkundigt. Er hatte geheiratet und zwei Kinder. Obwohl ich mir so etwas schon gedacht hatte, war es ein tiefer Schlag für mich. Mira und Wassa redeten auf mich ein, ich solle ein neues Leben beginnen und wieder heiraten. Aber ich dachte nicht daran, sondern war meiner selbst sehr sicher. An Emi schrieb ich am 20. Dezember 1947: »... Ich habe nicht wieder geheiratet und habe auch nicht die Absicht. Die ganzen Jahre lebte ich allein, nur für die Kinder. Ich habe sehr gelitten, weil ich wußte, daß Dich meine Briefe nicht erreichten, Du somit nichts von meinen Leiden erfuhrst und vielleicht dachtest, ich hätte Dich vergessen. Dabei habe ich jede Minute an Dich gedacht und nie die Hoffnung verloren, Dich wiederzusehen.

Vor ein paar Tagen habe ich erst erfahren, daß Du geheiratet und zwei Kinder hast. Ich möchte Dir nur sagen, daß von meiner Seite aus niemand unsere Freundschaft zerstören kann, selbst wenn Du noch ein Dutzend Kinder hättest. Ich habe oft das Gedicht gelesen, das Du in Leningrad vor der Abreise für mich geschrieben hast (es ist das einzige Andenken, das ich an Dich habe), und ich bin sicher, daß uns letzten Endes nichts und niemand auseinanderbringen kann, was auch zwischen uns geschehen sein mag. In meiner Einsamkeit habe ich viel nachgedacht und nur einen Wunsch, Dich zu sehen und über alles mit Dir zu sprechen. Ich weiß nicht, wer von uns beiden die Schuld hat; mir scheint, es ist unser beider Schuld; ich hätte geduldiger sein und bleiben sollen. Warum hast Du mich damals nie gebeten zu bleiben?... Es lohnt sich nicht, jetzt darüber zu reden, es sind so viele Jahre vergangen. Ich habe sehr gelitten und mich sehr gequält. Und Du? Das weiß ich nicht...«

Nachdem Mira abgereist war, hielt ich es zu Hause nicht mehr aus. Ich war zu sehr gewohnt zu arbeiten, selbständig zu sein. Zwar hatte ich Wassa nie auf der Tasche gelegen, sondern konnte von dem Geld, das ich aus Tschimkent mitgebracht hatte, jeden Monat genügend zum Haushalt beisteuern. Trotzdem sah Wassa von oben auf mich herab. Als ich ihr sagte, ich wolle mich nach Arbeit umsehen, meinte sie verächtlich: »Ach du mit deiner Fotografiererei!« Ich schwieg und sah mich in der Stadt um.

Czernowitz, ursprünglich eine österreichische Stadt, die später zu Rumänien gehörte, wurde nach dem Zweiten Weltkrieg der Sowjetunion zugesprochen. Bei der Übergabe der Stadt soll die Grenze eine Woche lang geöffnet gewesen sein. Jeder konnte entscheiden, ob er nach Rumänien gehen oder bleiben wollte. Diejenigen, die blieben, waren größtenteils Juden. Auf der Hauptstraße, der Kobyljanskaja, auf der ich häufig spazierenging, traf ich eines Tages Bekannte aus Tschimkent, russische Juden. Sie hatten schon viele Bekannte in Czernowitz, und so konnte ich meine Tschimkenter Arbeit, wenn auch nicht ganz legal, fortsetzen.

Ich wurde an einheimische jüdische Familien empfohlen, fotografierte ihre Kinder und kam so auch in die Kindergärten. Abends entwickelte und vergrößerte ich in unserem gemeinsamen Schlafzimmer. Kurze Zeit später erhielt ich über Allans Arbeitsstelle eine Empfehlung für ein kleines Fotoatelier in der Nähe unserer Wohnung, das Ukrfoto (Ukrainisches Foto). In dem Atelier arbeiteten zwei Personen: der Vorsteher, der gleichzeitig Porträtfotograf war, ein schon recht alter russischer Jude namens Ilja Abramowitsch, und die etwas jüngere Kassiererin Jenia, eine russische Jüdin, beide reizende, gebildete Menschen. Ich wurde als Kinderfotografin und für Aufnahmen im Freien angestellt und hatte ein monatliches Plansoll von 300 bis 400 Rubeln zu erfüllen. Ich hatte ein gutes Leben und Arbeiten in diesem Atelier, verdiente schnell recht viel Geld und konnte Wassa eine große Summe für den Haushalt geben. Jetzt hieß es nicht mehr: »Ach du mit deiner Fotografiererei!« Außerdem legte ich noch etwas für meine Reise nach Moskau und zu den Kindern zurück.

In Czernowitz wurde ich bald ebenso bekannt wie in Tschimkent. Dadurch bekam ich immer wieder überraschende Aufträge. So wurde ich eines Tages in eine kleine Schokoladenfabrik gerufen, um die Arbeiter zu fotografieren. Die Arbeiter durften in der Fabrik soviel Schokolade essen, wie sie wollten, aber keine mit nach Hause nehmen. Die Schokolade wurde ihnen schnell so über, daß sie sie nach kurzer Zeit nicht mehr anrührten. Bevor ich die Fabrik verließ, stopften mich die Arbeiter regelrecht mit Schokolade aus, da meine Taschen am Eingang kontrolliert wurden. Vollbusig erschien ich zu Hause. Dima und Felix betrachteten mich erstaunt, bis ich meine Bluse aufknöpfte, aus der zum Entzücken der Kinder Schokolade herauskullerte.

Die Lebensbedingungen hier waren nicht schlecht. Auf dem freien Markt konnte man Obst, Milchprodukte, Gemüse und Kartoffeln kaufen. An Brot war jedoch nur schwer zu kommen. In den Staatsläden gab es nicht genug, und auf dem freien Markt war es sehr teuer. Der Direktor der Brotfabrik, Vinakur, war ein gutaussehender, sympathischer russischer Jude, der mit Frau und Kind in einer der entzückenden Villen lebte, die es in Czernowitz gab. Ich weiß nicht mehr, wie ich Vinakur kennenlernte, nur, daß er mir meine Geschichte, mein Mann sei Chinese und die Kinder lebten in einem Kinderheim, nicht abnahm. Belustigt zwinkerte er mit den Augen, als ich sie ihm erzählte. Er hatte aber Mitgefühl mit mir und fand immer eine Gelegenheit, mich in der Fabrik mal die Arbeiter, mal einen Arbeitsprozeß fotografieren zu lassen. Wenn ich in den Backraum trat, verschlug es mir jedesmal fast den Atem. Dieser herrliche Geruch von frischgebackenem Brot! Vinakur hatte ein gutes Verhältnis zu den Arbeitern, da seine Maxime lautete: leben und leben lassen. Deshalb drückten die Arbeiter auch ein Auge zu, wenn ich beladen mit frischem Brot, Hefezöpfen und anderem die Fabrik verließ. Zu Hause war dann immer ein Freudentag.

Durch die Arbeit lernte ich viele Menschen kennen, hatte aber keine richtigen Freunde. Oft kam ich in die einheimischen jüdischen Familien, von denen es viele bereut hatten, geblieben zu sein. Sie hörten Radio Palästina und träumten davon auszuwandern. Die Kinder hingegen besuchten sowjetische Schulen, lernten Russisch und assimilierten sich schnell. So entstanden in den Familien große Widersprüche zwischen den Generationen.

Wassa nahm im Sommer 1948, als sie das Pionierlager leitete, Felix und Dima mit sich. Zu Hause war ich nun allein mit Allan. Wir führten ein friedliches Leben. Inzwischen hatte ich wieder angefangen, Chinesisch zu lernen. So wurde es August. Ich hatte nun genug Geld, um für einige Monate nach Moskau und zu den Kindern zu fahren; die Sehnsucht nach ihnen hatte mir keine Ruhe mehr gelassen.

Von Moskau aus begann ich, sehr intensiv mit Else Wolf zu korrespondieren. Sie lebte mittlerweile wieder in Berlin, und ich hatte sie bereits einige Zeit zuvor ausfindig gemacht. Im August 1948 schrieb ich ihr: »Liebe Else! Ich war in Iwanowo und fand die Kinder gesund und munter vor. Ich habe dort acht Tage gewohnt, war von früh bis abends mit ihnen zusammen... Vitja ist ein kräftiges Dickerchen, Lion ein ernsthafter Junge geworden. Er hängt sehr an mir, wich nicht von meiner Seite und weinte bitterlich, als ich fortfuhr. Die ganze Atmosphäre in dem Kinderheim ist sehr sympathisch, die Kinder haben es wirklich gut dort... Vorläufig habe ich bis zum September Urlaub. Bis dahin muß ich mich entscheiden – bleiben oder zurückfahren. Ich weiß noch nicht, was ich machen will. In Czernowitz gefällt es mir sehr, die Stadt ist klein, ruhig und hübsch. Früher nannte man es ›kleines Wien‹... Ukrfoto will ein spezielles Kinder-Fotoatelier aufmachen; der Vorsteher überredete mich sehr, zurückzukommen...«

Bei dieser Gelegenheit lernte ich auch die Tochter von Zhu De kennen, die schon seit vielen Jahren in dem Kinderheim von Iwanowo lebte. Sie war ein erwachsenes junges Mädchen, und ich gab ihr Briefe an Emi mit, die sie über ihren Vater weiterleitete. Kurz vor seiner Abreise in die Sowjetunion im Jahre 1949 erhielt Emi sie dann endlich.

In den acht Tagen in Iwanowo hatte ich viele Aufnahmen gemacht. Zurück in Moskau borgte ich mir einen Vergrößerungsapparat und stellte ein schönes Album als Dankgeschenk für das Rote Kreuz zusammen. Scharonow war zutiefst gerührt. Aber weder er noch der Schriftstellerverband noch Unterschriften von Fadejew und Artjom konnten bewirken, daß ich eine Aufenthaltsgenehmigung für Moskau erhielt. Man vertröstete mich von Tag zu Tag, genau wie 1935, als Emi für mich eine Einreiseerlaubnis in die Sowjetunion beantragte. Ich konnte jedoch nicht länger bei Lazar und Mira wohnen, ohne registriert zu sein. Außerdem hatte ich auf Grund der vielen Versprechen schon angefangen zu arbeiten und ein paar Kinderkrippen fotografiert. Die Eltern hatten mir die Fotos förmlich aus den Händen gerissen. In Moskau hätte ich ausgezeichnet arbeiten und viel Geld verdienen können. Nun fuhr ich noch einmal für eine Woche nach Iwanowo, um von den Kindern Abschied zu nehmen.

In einem Brief vom 21. Oktober berichtete ich Else Wolf davon: »... Ich fahre am 27. Oktober nach Czernowitz... Es war mir sehr schwer, mich von den Kindern zu trennen. Überhaupt ist das Leben irgendwie zerbrochen. Ich kann mir nicht verzeihen, daß ich Emi verlassen habe. Ich hätte mehr Geduld haben müssen – schon wegen der Kinder. Jetzt sind schon fünf Jahre vergangen, und immer noch kann ich mir mein Leben nicht richtig einrichten...«

In Czernowitz arbeitete ich dann wieder bei Ukrfoto; der Plan mit dem Kinder-Fotoatelier wurde vorläufig nicht realisiert. Als ich Wassa erzählte, daß ich gerne allein leben wolle, verstand sie meinen Wunsch. Bei einer mir bekannten Kindergärtnerin, die in einer Villa wohnte, war eine Dachstube frei, die sie an mich vermietete. Am 26. Dezember schrieb ich: »Liebe Else!... Jetzt bin ich schon wieder zwei Monate hier. Die Zeit verfliegt... Ich wohne allein und habe ein schönes Dachstübchen in einer Villa gefunden. Es ist klein – gerade richtig für mich. Ich esse bei Wassa, weil sie ohnehin kocht; so sehe ich sie jeden Tag. Jetzt bin ich allein, ohne Kinder, ohne Haushalt, und doch reicht die Zeit nicht aus. Ich möchte arbeiten, lesen, lernen. Die Tage sind zu kurz, ich sitze jeden Abend zu Hause, hier ist es so ruhig, und aale mich in der Stille... In den Kinos laufen viele deutsche Filme – hauptsächlich Opern- und Operettenfilme wie *Fledermaus* usw. Alles ›Trophäen‹. Ich gehe oft ins Kino, nie ins Theater. Hier gibt es nur ukrainisches und jiddisches Theater...«

Und am 10. Februar 1949 teilte ich Else mit: »Aus meinem schönen Zimmerchen mußte ich leider ausziehen. Wie sich herausstellte, nahm meine Wirtin einen zu großen Wohnplatz ein und hatte kein Recht, dieses Zimmer zu vermieten. So quartierte man in dieses Dachstübchen die siebenköpfige Familie eines im Kriege Gefallenen ein, die schon lange auf der Wohnungsliste stand. Und ich mußte zu Wassa zurückkehren. Ich habe vor, bis zum Sommer zu bleiben. Dann werde ich sehen. Ich will unbedingt zu den Kindern, ich habe schreckliche Sehnsucht nach ihnen.«

Eines Tages, Anfang April, als ich ins Ukrfoto kam, sagte Ilja Abramowitsch, zwei Leute hätten nach mir gefragt. Sie wollten, daß ich Stachanow-Arbeiter (Vorarbeiter) in einer Fabrik fotografiere. Nachmittags um zwei Uhr kämen sie wieder, um mich abzuholen. Ich solle mich erst einmal mit den Räumlichkeiten und den Lichtverhältnissen vertraut machen. Zur angegebenen Zeit erschienen zwei Männer mittleren Alters. Ich ging mit ihnen. Nach etwa zehn Minuten Fußweg blieben sie vor einem Haus stehen, das jedoch nicht nach einer Fabrik aussah. In meiner Verwirrung guckte ich mir nicht die verschiedenen, am Haus angebrachten Schilder an. Nachdem wir den zweiten Stock erreicht hatten, machten sie eine Tür auf und baten mich, einen Moment zu warten.

Nach einer Weile kamen sie zurück, führten mich in einen anderen Raum und machten die Tür hinter sich zu. Alles in diesem Zimmer deutete auf eine leitende Persönlichkeit hin. Der nett aussehende Mann hinter dem Schreibtisch lud mich ein, Platz zu nehmen. Dann sagte er: »Sie sind doch die Frau von Siao San [Emi Siao], nicht wahr?« Ich nickte. »In ein paar Tagen kommt Siao San mit einer chinesischen Delegation nach Moskau. Wollen Sie ihn sehen?« Mir wurde schwarz vor den Augen, so daß ich mich am Stuhl festhalten mußte. Ich dachte, nicht richtig gehört zu haben. Wie aus einer Ohnmacht heraus fragte ich: »Siao San kommt nach Moskau? Ob ich ihn sehen will? Natürlich will ich!« Ich war völlig durcheinander. Der Mann hinter dem Schreibtisch sah mich teilnahmsvoll an und sagte: »Machen Sie sich fertig. Morgen früh können Sie mit einem meiner Kollegen nach Moskau fliegen. Er wird sie dort unterbringen.«

Erst jetzt bemerkte ich, daß ich mich in der Czernowitzer Vertretung des Roten Kreuzes befand, mit dem ich eigentlich nichts mehr zu tun hatte. Die Geheimniskrämerei rührte wahrscheinlich daher, daß zum erstenmal in der Geschichte der Sowjetunion eine Delegation aus China kam, und noch dazu aus dem eben erst befreiten Beiping. Ich rannte nach Hause und fiel Wassa vor Freude um den Hals: »Wassa, Emi kommt in ein paar Tagen nach Moskau. Ich fliege morgen hin und werde ihn wiedersehen.«

Wiedersehen mit Emi

Am nächsten Morgen flog ich mit einem Mitarbeiter des Roten Kreuzes in einem kleinen, unbequemen Militärflugzeug nach Moskau. Die Maschine schaukelte derart, daß mir ganz schlecht wurde. Ich weiß nicht mehr, wie mich der Genosse ins Hotel Moskwa brachte, das direkt im Zentrum neben dem Roten Platz lag. Man gab mir ein schönes Zweibettzimmer mit Bad und sagte mir, ich solle auf weiteren Bescheid warten. Ich brauchte einen Tag, um wieder richtig zu mir zu kommen, so hatte mich der Flug mitgenommen. Dann konnte ich mich endlich freuen. In einem Laden im Hotel kaufte ich mir Brot, Wurst und Käse; ansonsten rührte ich mich nicht aus dem Zimmer. Am 10. April 1949 erhielt ich einen Anruf, Siao San sei vor ein paar Stunden angekommen und wohne im Hotel National. Ich flog mehr, als ich ging. Es waren ja nur ein paar Minuten. Und dann stand ich vor Emi. Wir umarmten uns stürmisch, und fünfeinhalb Jahre Trennung waren in Sekunden weggewischt. Es blieb nur das Glück des Wiedersehens. Wir wußten, daß wir uns freiwillig nie wieder trennen würden. Emi fand einen neuen Menschen in mir vor, ein geistig gewachsenes, sehr gesundes, weibliches und selbstbewußtes Wesen, in dessen Herz sich viel Zärtlichkeit angesammelt hatte.

Emi war mit der ersten Friedensdelegation gleich nach der Befreiung Beipings nach Moskau gekommen. Die große Weltfriedenstagung sollte in Paris stattfinden. Da Frankreich das befreite Beiping nicht anerkannte, erhielt die chinesische Delegation keine Einreisevisa. Offenbar wurden diese Visa auch Delegierten aus anderen Ländern nicht erteilt, so daß die Tagung sowohl in Paris als auch in Prag stattfand. Emi fuhr mit seiner Delegation nach Prag und kehrte am 29. April nach Moskau zurück. Er wohnte bei mir im Hotel.

Emi schrieb einen Brief ans Rote Kreuz und an das ZK der KPdSU mit der Bitte, mich und die Kinder mit nach China nehmen zu dürfen. Das konnte natürlich nicht so schnell entschieden werden, aber ich erhielt zumindest die Erlaubnis, so lange in Moskau zu bleiben. Emi ließ Allan kommen, den er zehn Jahre nicht gesehen hatte. Allan brachte meine persönlichen Sachen und meinen Vergrößerungsapparat mit. Zu dritt fuhren wir nach Iwanowo; die Freude der Kinder kann man nur schwer mit Worten beschreiben. Dieses Mal verließ ich Iwanowo leichteren Herzens, denn bald würden wir alle wieder zusammensein. Um den 10. Mai fuhr Emi mit der Delegation nach Beiping zurück, und auch Allan verließ Moskau in Richtung Czernowitz; ich zog zu Mira und Lazar. Ich fing sofort an zu arbeiten, da ich nicht wußte, wie lange ich auf die Ausreisegenehmigung warten mußte. Vor allem in Kindergärten hatte ich viel zu tun. Außerdem besuchte ich Artjom, der sich sehr mit mir freute, und meine alte Freundin Elena.

Am 6. Juni, ich war gerade mit meinen Fotos beschäftigt, klingelte das Telefon. Am Apparat war Emi. Er war als einziger Delegierter Chinas zu den Feierlichkeiten anläßlich des 150. Geburtstages von Alexander S. Puschkin in die Sowjetunion gekommen. Kaum in Beiping angelangt, hatte man ihn nach Moskau zurückgeschickt. Ich fuhr sofort ins Hotel National zu Emi. Kurz nach meinem Eintreffen erschien ein Vertreter der WOKS (Freundschaftsgesellschaft mit dem Ausland), Genosse Tschikarjow, und forderte mich auf, ich solle sofort meine Sachen holen und zu Emi ins Hotel ziehen. Ich sei eingeladen, als Emi Siaos Frau an allen Veranstaltungen und den damit verbundenen Reisen teilzunehmen. Aller Wahrscheinlichkeit nach könne Emi mich und die Kinder dann mit nach China nehmen. War das nicht wie im Märchen? Wir konnten es überhaupt nicht fassen und schwelgten in unserem Glück. Bis zu unserer Abreise nach China verbrachten wir richtige Flitterwochen.

An den Feierlichkeiten nahmen viele bekannte Dichter und Schriftsteller teil: unter anderen Pablo Neruda (Chile), Johannes R. Becher (Deutschland), Jan Drda (Tschechoslowakei), Elvi Sinervo (Finnland), Martin Andersen Nexø (Dänemark). Emi traf seinen alten Freund Apletin wieder sowie Fadejew, Simonow und andere. In Begleitung von sowjetischen Schriftstellern flogen wir für einen Tag nach Leningrad, dann nach Pskow, wo sich eine Puschkin-Gedenkstätte befindet. Am 12. Juni fuhren wir weiter nach Michajlowskoje, dem Ort, an dem Puschkin gelebt hat und wo er auch begraben ist. An Puschkins Grab, das vollbedeckt mit Kränzen war, hielten verschiedene Dichter Reden, darunter Emi. Er sprach sehr bewegende Worte, die dem Glück unseres Wiedersehens entsprungen waren. Am 16. Juni flogen wir nach Stalingrad (heute Wolgograd), wo wir neben anderen Sehenswürdigkeiten das Haus besichtigten, in dem Generalfeldmarschall Friedrich Paulus sich ergeben hatte. Zwischen den Ruinen zeigten sich überall die Zeichen des Wiedererstehens der Stadt.

Nach unserer Rückkehr feierte der Schriftstellerverband den 80. Geburtstag von Andersen Nexø. Simonow, Fedin und andere waren die

Gastgeber. Paul Robeson sang zu Ehren von Emi auch einige chinesische Lieder. Dann umarmten sich die beiden, unter dem stürmischen Jubel aller Anwesenden. Ansonsten waren die Tage in Moskau ausgefüllt mit Besichtigungen, Theatervorstellungen und Begegnungen. Emi empfing ununterbrochen alte Bekannte im Hotel.

Jeder der geladenen ausländischen Gäste durfte sich einen Ort auswählen, wohin er einige Tage fahren wollte. Ich schlug Emi vor, nach Czernowitz zu fliegen. Er hatte Wassa seit über zehn Jahren nicht gesehen, und wer weiß, wann er sie wiedersehen würde. So flogen wir am 23. Juni nach Czernowitz. Nach der Landung wurde Emi feierlich von den dortigen Regierungs- und Parteivertretern mit Blumen empfangen. Wir erhielten für unseren zweitägigen Aufenthalt eine Villa mit Badezimmer und Küche. Der Badeofen wurde abends extra für uns geheizt, und wir hatten sogar jemanden, der uns bediente. Emi erzählte ich lachend, daß ich vor kurzem noch mit Wassa und der ganzen Familie in einem Zimmer geschlafen hätte und wie ich aus dem Dachstübchen hinausgeschmissen wurde. Für Wassa war es eine große moralische Aufmunterung, daß Emi sie besuchen kam. Schon in Moskau hatte er mit jemandem vom ZK wegen Wassa und Allan gesprochen. Allans Wunschtraum war es, an der Parteihochschule in Moskau als Student aufgenommen zu werden. Emi glaubte, daß Allan sich darauf berechtigte Hoffnungen machen konnte und daß auch Wassa vielleicht eine Wohnung in Moskau bekommen würde. (Alle diese Wünsche gingen noch im selben Jahr in Erfüllung.)

An einem Abend konnte ich einen kleinen Triumph feiern: Wir gingen auf der Kobyljanskaja spazieren, wo sich an Sommerabenden viele Czernowitzer einfanden. Auf einmal sah ich Vinakur und seine Frau und machte sie mit Emi bekannt. Ich erzählte ihnen, daß ich bald mit Emi und den Kindern nach China führe. Da bekamen sie sehr erstaunte Augen, weil die Geschichte, die sie für erfunden hielten, doch stimmte.

Am 25. Juni flogen wir nach Moskau zurück. Zuvor machten wir in Kiew Zwischenstation, auf Einladung des Schriftstellerehepaars Alexander Korneitschuk und Wanda Wassiljewskaja. Wir wurden mit russischer Gastfreundlichkeit reichlich bewirtet. Die Stunden verflogen mit Erzählungen Alexanders und Wandas von dem schrecklichen Krieg gegen den Hitler-Faschismus; Emi berichtete vom Bürgerkrieg und der Befreiung Chinas.

Nachdem Japan 1945 kapituliert hatte, schickte Jiang Jieshi die Einheitsfront zum Teufel und begann seinen neuen Feldzug gegen die Kommunistische Partei Chinas. Es war Bürgerkrieg. Im März 1947 mußten die Kommunisten Yan'an aufgeben. Mao Zedong verließ es als letzter. Es dauerte noch genau zwei Jahre bis zur Befreiung Beipings, zwei bittere Jahre voller Entbehrungen. Yan'an verließen sie zu Pferd. Viele Frauen mit kleinen Kindern waren dabei. Auch unsere Freundin Sufei ritt, ihr dreijähriges Söhnchen in einem Körbchen neben sich, auf dem Pferd. Die Guomindang verfolgte den Abzug aus Yan'an mit Bomben. Deshalb mußte man sich tagsüber verstecken und konnte erst spätabends und die Nacht durch weiterziehen.

1948 kamen die Kommunisten nach Fupingxian. In dem Dorf Xibeipo hielten sie sich monatelang auf. Dort wurde unter der Leitung von Liu Shaoqi die Bodenreform durchgeführt. Man analysierte die Lage der Großgrundbesitzer und der armen Bauern. Man versuchte, gerecht zu handeln, den Großgrundbesitzern nur das Überflüssige fortzunehmen, um es den ärmsten Bauern zu geben. Ebenso war es mit der Landverteilung. Mao Zhuxi und Zhu De waren auch in Xibeipo.

Im Februar 1949 kam die Befreiungsarmee nach Shijingshan. Sie hatte Beiping von allen Seiten umstellt. Marschall Ye Yianying führte Verhandlungen mit dem Guomindang-General Fu Zuoyi über die friedliche Übergabe Beipings. Fu Zuoyi sah die überwältigende Stärke der Befreiungsarmee. Um unnötiges Blutvergießen zu verhindern, erklärte er sich bereit, Beiping ohne Kampf zu übergeben. Im März 1949 zog Emi mit der Armee, dem ZK und allen anderen in Beiping ein. Sie kamen nachts an. Der Befehl lautete: die Einwohner Beipings keinesfalls zu erschrecken, sie möglichst nicht aufzuwecken. Die Soldaten bewegten sich lautlos durch die Stadt, und trotz der bitteren Kälte schliefen sie in den Straßen auf dem nackten Boden. Als die Bevölkerung von Beiping am frühen Morgen dieses Bild erblickte, begrüßte sie ihre Befreier. Die Läden, die am Tag zuvor geschlossen worden waren, wurden schleunigst geöffnet. Ein ungeheures Erlebnis – diese Stadt voller Jubel und Verbrüderung, voller Demonstrationen mit Pauken und Trompeten, Tanz und Gesang, und Emi erzählte so mitreißend, daß wir drei Zuhörer das Gefühl hatten, dabei gewesen zu sein.

Ende Juni kamen Lion und Vitja in Begleitung einer Erzieherin aus Iwanowo nach Moskau und wohnten mit uns zusammen im Hotel. Emi und ich gingen mit ihnen ins Kindertheater und sahen *Onkel Toms Hütte*, Elena begleitete uns in den Zoo. Wir waren so glücklich, daß wir alles noch gar nicht richtig begreifen konnten. Inzwischen hatte ich meine Ausreiseerlaubnis bekommen, und die WOKS übernahm sämtliche Reisekosten für mich und die Kinder sowie alle Kosten für das Gepäck. Am 28. Juni schrieb ich an meine Freundin Else Wolf: »... Ich riskiere es, [nach Beiping] zu fahren. Emi liebt mich, und ich liebe ihn. Ich glaube, Du wirst mich verstehen. Emi hatte sehr energisch gefordert, daß man uns fahren läßt, und wie Du siehst, ist die Angelegenheit schnell entschieden worden. Ich bin sehr froh und kann es immer noch nicht glauben, daß es kein Traum ist. Die Kinder freuen sich natürlich schrecklich... Fast sechs Jahre war ich auf der Walze. Ich wagte gar nicht mehr zu hoffen, daß es ein solches Ende nehmen würde... Ich bin guter Laune und voller Energie. Seit Emi hier ist, bin ich wieder glücklich... Immer habe ich davon geträumt, an dem großen Befreiungskampf teilzunehmen. Dazu komme ich wohl etwas zu spät, China ist fast befreit... Auf jeden Fall kann ich mich jetzt an der Arbeit beteiligen, wenn die Chinesen ihr befreites Land aufbauen.«

Am 3. Juli 1949 flogen wir vom Flughafen Wnukowo ab. Apletin, Tschikarjow, Elena und viele andere Freunde begleiteten uns zum Flugplatz. Wir flogen bis Tschita; von dort aus fuhren wir mit der Eisenbahn weiter. Lions elften Geburtstag am 7. Juli feierten wir im Zug. Noch bevor er und Vitja aufwachten, stellten wir eine frische Blume auf das Tischchen vor dem Fenster. Dann kauften wir Lion auf einer Station noch Schokolade und chinesische Süßigkeiten. In Shenyang (Mukden) begrüßte uns Li Fuchun und lud uns zum Essen ein. Er war Mitglied des Politbüros und Gouverneur der Provinz. Der Zug hatte zu warten, bis wir mit der Mahlzeit fertig waren.

Als wir uns Beiping näherten, warfen wir endlich die Frage auf, die wir die ganze Zeit über verdrängt hatten, was mit der anderen Frau und den beiden Kindern geschehen sollte. Ich sagte, diese Frage müsse Emi selbst entscheiden. »Ich kann arbeiten und geduldig warten.« Er ließ keinen Zweifel daran, daß er sich von seiner chinesischen Frau trennen würde: »Unsere Liebe kann uns niemand nehmen.«

Von unterwegs hatte er mehrere Telegramme geschickt und gebeten, uns abzuholen und die Kinder und mich irgendwo unterzubringen. Am 9. Juli abends kamen wir in Beiping an; es goß in Strömen. Niemand holte uns ab, da anscheinend die Telegramme nicht angekommen waren. Zufällig trafen wir Chen Ming am Bahnhof, der uns ein Auto besorgte. So mußte uns Emi mit zum Schriftstellerverband in der Dongzong Buhutong nehmen, wo er mit seiner chinesischen Familie wohnte. Ich bekam ein Zimmer für mich und die Kinder, und nun mußten wir warten, was geschehen würde.

Am nächsten Morgen erschien Zhou Enlai, um Emi zu begrüßen und sich nach den Ergebnissen der Reise in die Sowjetunion zu erkundigen. Ich war auch dabei. Zhou Enlai fragte sehr freundlich, was ich machen wolle. Emi antwortete: »Eva ist Fotografin; ich will, daß sie in Beiping arbeitet.« Zhou Enlai fragte: »Warum ausgerechnet in Beiping?« Darauf Emi ganz unverblümt und undiplomatisch: »Weil ich mit ihr zusammenleben will.« Zhou Enlai ziemlich erstaunt: »Aber das hast du mir gar nicht gesagt.« Und zu mir auf Englisch: »Habt ihr euch nicht in Yan'an scheiden lassen?« Ich sagte: »Sie wissen doch, daß die Scheidung nur fiktiv war, um die Guomindang zu täuschen. Aber das wichtigste ist, die fünfeinhalb Jahre Trennung haben bewiesen, daß wir einander sehr lieben. Uns kann nichts mehr trennen.« Zhou Enlai sagte: »Diese Frage berührt drei Menschen, und Siao San muß sie selbst entscheiden.« Er organisierte umgehend ein Zimmer für mich und die Kinder im Hôtel du Nord (später Hotel der Befreiung) in der Hatamen Straße (jetzt Chongwenmennei Dajie), in das wir noch am selben Tag einzogen. Emi kam täglich zu uns. Er war über seine Kräfte beschäftigt mit Berichten, Sitzungen und seinen persönlichen Angelegenheiten, die sich viel schwieriger gestalteten, als er wohl erwartet hatte. Die Aufregung und die Juli-Hitze nagten an Emis Gesundheit. Ich konnte ihm aber nicht helfen. Nur wenn er bei mir und den Kindern war, beruhigte er sich.

Wir waren uns viel selbst überlassen und beschnupperten deshalb zu dritt unsere Umgebung. Gegenüber dem Hotel war ein großer leerer Platz, der sich in eine Lehm- und Schlammwüste verwandelte, wenn es viel geregnet hatte. Einen kleinen Teil des Platzes direkt an der Changan Straße nahm ein Trödelmarkt ein. Die Händler saßen auf dem Lehmboden und hatten vor sich ihre Waren ausgebreitet. Die Käufer feilschten mit ihnen um jedes Stück. Ende der 50er Jahre verwandelte sich das ganze Areal in einen herrlichen Park mit hohen Bäumen, künstlichen Felsen und Bänken zum Ausruhen zwischen Rasenflächen und Blumenbeeten. Dort, wo der Trödelmarkt war, liegt nun ein großer Sportplatz.

In der Hauptgeschäftsstraße, der Wang Fujing, befand sich der überdachte Dongan-Markt. Mit seinen vielen Ständen und Läden war er ein einziges Labyrinth, in dem wir auf Entdeckungsreisen gingen. Paradiesäpfel, Papierblumen, Goldfische, Süßigkeiten und Lebensmittel im Überfluß, Antiquitäten und Stoffe – auf diesem Markt konnte man offensichtlich alles haben. Wir hatten einen solchen Markt mit einer solchen Fülle des Angebots noch nie gesehen, auch ich nicht. Der gesamte Markt war in privaten Händen. Die Händler – meistens Männer – trugen über den Hosen lange, an den Seiten etwas geschlitzte Röcke. Viele von ihnen kannten uns bald, da wir fast jeden Tag dieses Märchenland besuchten. Sie lockten uns mit ihren Waren, aber wir hatten kein Geld und konnten die Dinge nur bestaunen.

Eines Tages ging Emi mit mir und den Kindern in das sowjetische Konsulat. Als wir das Zimmer des Konsuls betraten, traute ich meinen Augen nicht: Der Konsul, der auf uns zukam und uns herzlich umarmte, war Sergej Serjogin, der mich in Lanzhou nach meinem Weggang aus Yan'an so freundlich umsorgt hatte. Serjogin brachte eine Flasche Wein, und wir stießen gemeinsam auf unser glückliches Wiedersehen an. Ich traf noch einige alte Bekannte wieder, so Emis guten alten Freund aus Moskau und Yan'an Xu Zhizheng (Schmidt). Auch Lisa, die Frau von Li Lisan, die ich aus Moskau kannte, kam mich mit ihren beiden kleinen Mädchen besuchen. Schon 1946 war sie nach Harbin gekommen, ihre Familie aber erst vor kurzem nach Beiping gezogen.

Da Emis chinesische Frau nicht sofort in die Scheidung einwilligte, nahm sich Zhou Enlai unserer Probleme an und faßte einen weisen Beschluß: Danach sollten wir drei – Emi, seine chinesische Frau und ich – in verschiedene Richtungen auseinandergehen. Im Laufe eines halben Jahres sollte Emi dann entscheiden, mit wem er zusammenleben wollte. Wir fügten uns: Emis chinesische Frau ging nach Shanghai; ich fuhr mit den Kindern nach Dalian ans Meer, und Emi blieb in Beiping.

In Yan'an hatte ich den stellvertretenden Vorsitzenden Zhou Enlai nur flüchtig kennengelernt. In diesen Juli-Tagen entstand meine tiefe Sympathie für den Menschen Zhou Enlai, zu der später noch Bewunderung und Verehrung hinzukamen.

Wieder ein Abschied, aber so schmerzlich er auch war, wir wußten beide, daß uns niemand mehr auseinanderreißen konnte. Nachdem Emi uns am 3. August 1949 an den Zug gebracht hatte, schrieb er mir noch am selben Tag: »... Im Zimmer [Hôtel du Nord] ist noch dieselbe Luft, die um Dich war, im Badezimmer derselbe Geruch wie alle diese Tage. Aber Du und die Kinder sind nicht hier. Mir ist unerträglich schmerzlich zumute. Ich stand lange am Fenster und betrachtete die Silhouette der Stadtmauer. Ich bin traurig. Mut macht mir nur die Hoffnung, daß wir letzten Endes zusammen sein werden. Davon bin ich ganz fest überzeugt. Ich habe das Zimmer Nummer 37 noch für eine Nacht und bleibe auch hier.«

Nach einigen Tagen Aufenthalt in Shenyang erreichten wir am 9. August Dalian. Wir wurden in einem Hotel der Partei untergebracht, auf unseren Wunsch ganz oben in der siebten Etage. Das Haus war im japanischen Stil errichtet worden. Vor unseren Zimmern lag ein riesiger Dachgarten, von dem aus sich eine herrliche Aussicht über die hübsche und saubere Stadt bot. Einen Stock tiefer gab es einen großen Raum mit einigen Waschbecken, in denen ich Wäsche waschen konnte; außerdem waren Duschen installiert, und auf den Korridoren der einzelnen Stockwerke standen ziemlich große Elektroplatten, auf denen man kochen konnte. Lion und Vitja zeigten, was sie im Kinderheim gelernt hatten: Sie putzten, schrubbten die Fußböden und räumten auf, so daß bald alles blitzsauber war.

Emi hatte mir in Moskau in einem Kommissionsladen eine alte, sehr gute Leica mit verschiedenen Objektiven gekauft. Meinen Vergrößerungsapparat hatte ich ebenfalls mitgebracht, und ich richtete mir nun eine kleine Dunkelkammer ein. Von der Regierung erhielt ich monatlich soviel Geld, um davon einen bescheidenen Lebenswandel finanzieren zu können. Nach den Erfahrungen der letzten Jahre war ein monatlich festes »Einkommen« eine ungeheure Sache. Außerdem sollte ich in der Chinesisch-Sowjetischen Freundschaftsgesellschaft bald halbtags zu arbeiten anfangen. Ich begriff schnell, daß das wieder nur eine Tätigkeit war, um mich zu beschäftigen. Aber dieses Mal bekümmerte mich das nicht.

Jeden Tag verbrachten Lion, Vitja und ich viele Stunden am Meer, wir schwammen und aalten uns in der Sonne. Für den Weg zum Strand, den wir teils zu Fuß, teils mit der Straßenbahn zurücklegten, brauchten wir fast eine Stunde. Emis Freunde Xü Yixin und Lou Hong, die ich auch aus Yan'an kannte, lebten mit ihren beiden Buben in Dalian. Wir gingen sie oft besuchen, und sie halfen uns, uns in der ungewohnten Umgebung einzuleben.

Am 1. September war Schulanfang. Da ich nicht wußte, wie lange wir in Dalian bleiben würden, wollte ich die Kinder in der sowjetischen Schule unterbringen. Ich ging zur sowjetischen Kommandantur. (Laut einem Vertrag zwischen China und der UdSSR sollte nach dem Sieg über Japan im August 1945 sowjetisches Militär bis Anfang der 50er Jahre in Dalian und Lüshun [Port Arthur] stationiert bleiben.) Während ich noch mit einigen sich ziemlich bürokratisch aufführenden Angestellten verhandelte, erschien ein Offizier und fragte, wer ich sei und was ich wolle. Als er erfuhr, daß ich Emi Siaos Frau war, leuchteten seine Augen. Sofort erwirkte der

Offizier – sein Name war Koslow – die Erlaubnis, die Kinder in der Schule unterzubringen; Lion in der fünften, Vitja in der ersten Klasse. Auf seine Vermittlung hin erhielten wir auch Lebensmittelkarten für die höchste Offizierskategorie, so daß ich ab September jeden Tag im sowjetischen Kaufhaus einkaufen konnte.

In einem meiner Briefe an Emi heißt es: »...Du machst Dir Sorgen um unser materielles Wohlergehen. Wir leben wie im siebten Himmel! Wir bekommen auf sowjetische Marken jeden Monat zehn Kilo Mehl, zehn Kilo Reis, sechs Kilo Zucker, sechs Kilo Schokolade, elf Dosen kondensierte Schokoladenmilch, getrocknete Früchte, Wurst, Käse, Fisch, Fett, Butter sowie täglich frisches Brot. Und das alles zu spottbilligen Preisen. Die Kinder sind von Kopf bis Fuß neu eingekleidet. Lion hat fünf Paar Schuhe, Vitja vier. Anzüge, warme Jacken, Strümpfe, Wäsche – alles ist da. Und dann bekommt jeder von uns noch einen Mantel...« Mein Versprechen an die Kinder aus Tschimkent, ihnen nach dem Krieg einen ganzen Sack mit Lebensmitteln zu kaufen, war endlich in Erfüllung gegangen.

Ab Anfang September ging ich »zur Arbeit«, wo ich so unnützes Zeug erledigte, wie zum Beispiel Zeitschriften ordnen. Ich nutzte die Zeit jedoch auch für mich und lernte eifrig Chinesisch. Einmal begleitete ich eine Delegation chinesischer Frauen in sowjetische Kindergärten; dabei dolmetschte und fotografierte ich. Das war schon eher nach meinem Geschmack.

Vitja kam mittags als erster nach Hause. Er war sehr tüchtig und kochte auf der elektrischen Platte eine Nudelsuppe mit Kartoffeln. Ich fotografierte die Kinder noch und noch, entwickelte und vergrößerte die Aufnahmen und schickte sie Emi. Wir gingen auch in den Straßen spazieren und guckten uns die Auslagen in den Läden an. Die Kinder konnten sich nicht satt sehen, und jetzt konnten wir sogar etwas kaufen; zum Beispiel bestickte wattierte Decken für die Kinder. Einmal sah Lion eine scharlachrote Seidendecke (später stellte sich heraus, daß es eine typisch chinesische Matratze war), die mit Drachen in Gold bestickt war, und verlangte, daß ich sie für mich kaufte. Überhaupt war Lion sehr besorgt um mich. Ich sollte mich schön anziehen. Also kauften wir zusammen Stoff, aus dem mir eine weißrussische Schneiderin ein Kostüm nähte. Der Schnitt war völlig unmodern. Dazu bekam ich ein komisches Hütchen. Ich sah aus wie meine Mutter auf einem Gemälde, das um die Jahrhundertwende von ihr gemacht worden war, und fühlte mich äußerst ungemütlich in meiner Haut. Lion war jedoch begeistert. Auch die sowjetische Delegation, die ich kurz darauf traf, fand mich außerordentlich elegant. In Beijing nähte mir dann ein Schneider den ganzen Kram um.

Wir führten ein herrliches Leben, und wann immer ich an die vergangenen Jahre dachte, desto glücklicher fühlte ich mich. Nur Emi fehlte mir. Er war wie nie zuvor mit Arbeit überhäuft; das zeigten seine Briefe aus dem Spätsommer. Zu seinen zahlreichen Aufgaben und Arbeiten war eine weitere hinzugekommen: Emi war verantwortlich für die neu entstehende Chinesisch-Sowjetische Freundschaftsgesellschaft, der gerade ein Haus in Beiping eingerichtet wurde. Offiziell wurde die Gesellschaft am 5. Oktober 1949 gegründet, Song Qingling (die Witwe Sun Zhong-Shans) zur Vorsitzenden gewählt und Emi zum Leiter der Verwaltung. An den Feierlichkeiten nahmen 1000 chinesische und ausländische Gäste teil.

Emi schrieb mir: »... Die Broschüre über Marx habe ich noch nicht beendet, aber das Büchlein über die Reise in die Sowjetunion bereits angefangen... Im November finden ein Kongreß der Gewerkschaften Asiens und Australiens und ein Kongreß der Friedensfreunde in Beiping statt. Bereits am 2. Oktober werden der ›Tag des Weltfriedens‹ und eine große Massendemonstration in Beiping durchgeführt. An all diesen Veranstaltungen muß ich teilnehmen...« (24. August) »... Bald fängt die Konsultativkonferenz an, und alle werden beschäftigt sein. Die Konferenz wird zehn Tage dauern, dann nimmt die Zentralregierung ihre Tätigkeit auf. Ab diesem Zeitpunkt wird auch die Chinesisch-Sowjetische Freundschaftsgesellschaft ihre Arbeit beginnen...« (8. September)

Am 16. September heißt es: »Gestern abend hat die Freundschaftsgesellschaft ein großes Bankett und Konzert zu Ehren von 70 bis 80 sowjetischen Experten gegeben, die vor kurzem hier angekommen sind... Es gab endlose Toaste und Reden... Ich war gleichzeitig Conférencier, Dolmetscher, Begleiter, Vorsteher – und habe mich geradezu zerrissen. Der Hauptgastgeber war natürlich Zhou Enlai. Ich habe schreckliche Sehnsucht nach Dir. Meine einzige Rettung ist die Arbeit... Ich muß oft auf Versammlungen sprechen und Vorträge halten... Vor kurzem habe ich im Sun-Zhong-Shan-Park vor 6000 Menschen einen Vortrag über die Kultur und die Erziehungsarbeit in der Sowjetunion gehalten...«

Am 25. September erhielt ich ein Telegramm von Emi, in dem er mich bat, sofort nach Shenyang zu kommen, da wir uns dort sehen könnten. Leider gingen die Züge nach Shenyang nicht täglich, so daß ich erst am 28. losfahren konnte. Emi hatte eine sowjetische Delegation in Harbin zu begrüßen und war mit ihr auf der Durchreise ein paar Stunden in Shenyang geblieben. Am 29. September mußte er weiter nach Beiping reisen. Voll Schmerz schrieb ich an Emi: »Emi, mein Geliebter, eben waren wir noch zusammen, und jetzt bin ich wieder allein. Wie ich diese Züge hasse, die uns trennen... Dieses große Zimmer ist so leer ohne Dich... Nicht einmal eine Nacht konnten wir zusammen sein... In ein paar Monaten werden wir für immer zusammen sein. Dann werden Dich keine Züge mehr von mir trennen.«

Diese Monate gingen in Chinas Geschichte ein. Am 1. Oktober 1949 rief Mao Zedong auf dem Tiananmen-Platz die Volksrepublik China mit Beijing (bisher Beiping) als Hauptstadt aus. Emi war mit der sowjetischen Delegation auf der Tribüne Zeuge. An diesem Tag trat der Rat der Zentralen Volksregierung zum erstenmal zusammen, und der Vorsitzende Mao Zedong und sechs stellvertretende Vorsitzende, unter ihnen Zhu De, Liu Shaoqi, Song Qingling, übernahmen ihre Ämter. Der Rat der Zentralen Volksregierung ernannte Zhou Enlai zum Ministerpräsidenten des Verwaltungsrates der Regierung und zum Minister für Auswärtige Angelegenheiten.

Am 3. Oktober schrieb mir Emi aus Beijing: »... Ich sitze im Saal, höre das Konzert und denke ununterbrochen an Dich. Ich hätte so gern, wenn Du jetzt bei mir wärst... Als Genosse Mao Zedong den Saal betrat, wurde er mit so starken Ovationen begrüßt, daß man es gar nicht mit Worten beschreiben kann... Und als der Oberbefehlshabende Zhu De auf der Konferenz der Friedensfreunde mitteilte, die sowjetische Regierung habe die Volksrepublik China anerkannt, gab es donnernden Applaus im Saal. Alle kamen auf die Tribüne zu den sowjetischen Delegierten und schüttelten ihnen die Hände; alle umarmten und küßten einander. Das dauerte mindestens zehn Minuten...«

Und am nächsten Tag: »Schon acht Tage sind vergangen, seit wir uns in Shenyang getrennt haben, und keine Nachricht von Dir. [Die Post brauchte damals furchtbar lange.] Ich habe solche Sehnsucht nach Dir, obwohl es dieser Tage heiß zugeht... Die Gäste werden bis zum 11. Oktober in Beijing sein. Dann fahren sie nach Nanjing und Shanghai. Ich soll sie begleiten... In diesem Fall werde ich erst Ende Oktober wieder in Beijing sein... Ich gehe jede Nacht um zwei Uhr schlafen, gestern sogar erst um vier, aber ich denke immerfort an Dich...«

Von seiner Reise nach Nanjing und Shanghai schickte mir Emi täglich Briefe, so am 11. und 23. Oktober: »Die Lage im Süden ist nicht so ruhig wie im Norden, aber wir haben Leibwachen bei uns... Die Tage in Shanghai waren sehr anstrengend; deshalb konnte ich nicht viel schreiben. Es war auch gefährlich, denn sowohl am Himmel als auch auf der Erde gibt es Reste der Guomindang. Es ist gut, daß nichts passiert ist. In Jinan war es ruhig, was die Lage anbetrifft, aber auch viel Arbeit...«

Inzwischen ging unser Leben in Dalian weiter. Mein Chinesisch wurde besser; außerdem begann ich, zusammen mit einer Frau von der Frauenliga ein Buch über Kindererziehung aus dem Russischen zu übersetzen. So etwas machte mir Spaß, nicht aber das tägliche Einerlei in der Freundschaftsgesellschaft. An Emi schrieb ich: »...Ich kann nicht administrativ arbeiten, sondern muß frei sein. Ich kann sehr viel arbeiten, aber aus freiem Willen. Ich kann mich nicht unterordnen. In der Sowjetunion habe ich oft Tag und Nacht gearbeitet und für die Kinder gesorgt, aber ich war immer meine eigene Herrin... Vor kurzem bekam ich ein Honorar für das, was ich geschrieben habe. [Ich weiß nicht mehr, was es war.] Mein erstes Schriftstellerhonorar!«

Hier bricht unser Briefwechsel ab. Nachdem die sowjetische Delegation China wieder verlassen hatte, kam Emi zu mir nach Dalian; das muß wohl in den ersten Novembertagen gewesen sein. Die Zeit der Trennung, die nicht sechs Monate gedauert hatte, sondern nur drei, war zu Ende. Emi hatte gegenüber den Genossen durchgesetzt, daß wir wieder zusammenleben konnten. Wir holten die Kinder bei Xü Yixin und Lou Hong ab und blieben noch einige Zeit in Dalian. Am 7. November waren wir zu den Feiern aus Anlaß des Jahrestages der Oktoberrevolution in die sowjetische Botschaft eingeladen. Alle kannten unseren verschlungenen Lebensroman, dafür hatte Koslow gesorgt, und wir wurden überaus herzlich aufgenommen.

Am darauffolgenden Tag, meinem Geburtstag, an dem ich 38 Jahre alt wurde, fuhren wir gemeinsam nach Lüshun. Emis Liebeserklärung, die er mir in Gagri gemacht hatte, lag auf den Tag genau 15 Jahre zurück. Obwohl es in Lüshun schon recht kalt und windig war, verbrachten wir dort überglücklich diesen Freudentag. Mitte November kehrten wir nach Beijing zurück. Wir waren wieder ein legales Ehepaar und begannen ein neues gemeinsames Leben.

Mit dem Fotoapparat durch das befreite China

Wir wohnten in einem einstöckigen Häuschen japanischen Stils auf dem Gelände der Chinesisch-Sowjetischen Freundschaftsgesellschaft in der Yu Heqiao. Für Emi waren es nur ein paar Schritte durch den Garten zu seinem Büro. Wir hatten zwei Zimmer mit einem Vorraum, den wir dann auch in ein Zimmerchen umwandelten, eine Küche mit einem Ofen, der mit Kohle geheizt wurde, sowie einer Nische für den Koch. Da es in dem ebenfalls vorhandenen kleinen Duschraum kein fließend warmes Wasser gab, war ich die einzige, die sommers wie winters täglich duschte. Die Kinder wuschen wir in einer großen Schüssel, und Emi ging in das nur ein paar Minuten entfernte Hotel Wagon-lit, um bei Bekannten zu baden. Die Zimmer heizten wir mit Eisenöfen. Im Garten gab es einen künstlichen Felsen, auf dem die Kinder im Sommer spielten.

Die Yu Heqiao ist eine breite Straße mit großen Villen zu beiden Seiten, meistens Botschaften oder Gesandtschaften. In der Mitte der Straße gibt es eine Allee mit hohen Bäumen und Bänken zum Ausruhen. Die Yu Heqiao mündet in die Dongjiao Mingxiang, eine lange Straße, die damals Legation Street hieß. Die sowjetische Botschaft, das Konsulat, die Vertretung von TASS in Beijing sowie die russische Schule und der Kindergarten befanden sich in der Dongjiao Mingxiang. Lion und Vitja gingen zuerst in die russische Schule.

Den Sylvesterabend 1949 feierten wir in den Räumen der Gesellschaft. Es wurde getanzt, und ich traf meine alten Freunde aus Yan'an wieder: Ma Haide und Sufei mit ihrem Sohn Youma, der einen Tag, bevor ich Yan'an verließ, zur Welt gekommen war und gerade seinen sechsten Geburtstag gefeiert hatte, und Hans Müller, der die Japanerin Zhong Cun geheiratet hatte und nun im Tientan-Krankenhaus arbeitete. Ich lernte Anna Wang kennen, eine Deutsche, die seit 1936 in China lebte und in Song Qinglings Wohlfahrtsorganisation in Shanghai tätig war. Emis junger Freund Zhu Ziqi, der ebenfalls in der Gesellschaft arbeitete, und andere Freunde und Mitarbeiter von ihm waren auch dabei. Die schweren Jahre lagen hinter mir. Etwas beschwipst, aber selig und voller Zuversicht schwebte ich zusammen mit Emi in das neue Jahr 1950 hinüber.

Das neue Jahr begann damit, daß ich bemerkte, daß sich neues Leben in mir regte. Vom ersten Augenblick unseres Wiedersehens an wollten Emi und ich ein drittes Kind, das unsere Liebe besiegeln sollte.

Ich lernte den Vertreter von TASS, Wladimir Rogow, kennen. Als er hörte, daß ich Fotografin sei, schlug er mir vor, für TASS zu arbeiten. Wir machten einen Vertrag, wie viele Aufnahmen ich pro Monat abzuliefern hatte. Dafür erhielt ich monatlich 100 US-Dollar in chinesischen Yuan. Das war damals eine überaus stattliche Summe. In Emis und meinem Zimmer hatte ich mir eine »Dunkelecke« eingerichtet, so daß ich auch tagsüber entwickeln und vergrößern konnte. Erst jetzt merkte ich, wie viel ich in den vergangenen sechs Jahren gelernt hatte; meine schweren Erlebnisse kamen mir nun gar nicht mehr so sinnlos vor.

Rogow war schon lange in China und sprach fließend Chinesisch. Er half mir, mich einzuarbeiten, nahm mich überall mit hin, zeigte mir Beijing zu Fuß oder in seinem Wagen. Zuerst besuchte er mit mir neu eingerichtete Kinderkrippen und Kindergärten. Meine Fotos wurden sofort in Moskauer Zeitschriften veröffentlicht.

Im März 1950 fand in Stockholm eine internationale Friedenskonferenz statt, an der Emi als Delegierter Chinas teilnahm. Bei dieser Gelegenheit traf er nach 13 Jahren Herbert wieder und lernte auch Lisel und das achtjährige Töchterchen Irene kennen. Frédéric Joliot-Curie, der Präsident der Weltfriedensbewegung, Ilja Ehrenburg und Alexander Fadejew aus der UdSSR, Pietro Nenni aus Italien, James Endicott aus Kanada und viele andere waren anwesend. Am 19. März 1950 wurde der berühmte »Stockholmer Appell zum Verbot der Atombombe« veröffentlicht, in dem es unter anderem heißt: »Wir fordern das absolute Verbot der Atomwaffe, einer Aggressions- und Vernichtungswaffe...« (Das waren dieselben Worte, die Joliot-Curie im Jahre 1935 bei der Verleihung des Nobelpreises an ihn und seine Frau in Stockholm gebraucht hatte.) »Wir rufen alle Menschen der Welt, die guten Willens sind, auf, diesen Appell zu unterzeichnen.«

Die ersten, die diesen Aufruf nach Emis Rückkehr Anfang April unterschrieben, waren Ministerpräsident Zhou Enlai, Song Qingling, der Präsident der Akademie der Wissenschaften, Guo Moruo, und Emi Siao. Ihnen folgten Millionen. Hier begann auch meine Arbeit für den Weltfrieden und die Freundschaft zwischen den Völkern. Emi sprach auf Großveranstaltungen in den Höfen des alten Kaiserpalastes. Tausende und Abertausende unterzeichneten jedesmal den Appell. Ich fotografierte Demonstrationen für den Frieden und Yang-Ge-Tänze in den Straßen und im alten Kaiserpalast. Rogow schickte alle Fotos nach Moskau, aber natürlich wollte ich auch für China fotografisch arbeiten.

Nach Emis Rückkehr besuchte ihn das Politbüromitglied der KPCh, Hu Qiaomu. Beide Männer kannten sich seit langem. An diesem Nachmittag spielte er bei mir Schicksal. Denn als er erfuhr, daß ich Fotografin sei, setzte er sich sofort mit Shi Shaohua in Verbindung, dem Leiter der Fotoabteilung der Nachrichtenagentur Xinhua. Dieser hatte zusammen mit Emi am ersten Weltfriedenskongreß in Prag im April 1949 teilgenommen. Die Fotoabteilung steckte nach der Befreiung noch in den Kinderschuhen und brauchte dringend qualifizierte Kräfte. Ich erhielt eine Stelle als Fotokorrespondentin, und es begann eine jahrelange gute Zusammenarbeit mit Shi Shaohua. Hu Qiaomu nahm auch später intensiven Anteil an unserem Leben. Er leitete Briefe unserer Söhne an das ZK weiter, die diese nach unserer Entlassung aus dem Gefängnis nicht selbst abgeben konnten. 1982 lag Hu Qiaomu eine Zeitlang im selben Krankenhaus wie Emi. Damals schrieben sie einander Gedichte. Hu Qiaomu hielt die Abschiedsrede für Emi bei der Trauerfeier. Auch nach Emis Tod half er mir, wo immer er konnte, und alle Privilegien, die ich seit Emis Tod genieße, habe ich Hu Qiaomu zu verdanken.

Emi, der Dichter Ai Qing und noch einige andere Schriftsteller sollten durchs Land fahren und Stimmen für den Stockholmer Appell sammeln. Ich durfte sie begleiten. Das war meine erste Reportagereise. Wir fuhren nach Nanjing, Shanghai, Hangzhou, Guangzhou, Changsha und Wuhan. Da diese Städte schon oft genug beschrieben worden sind, gebe ich nur ein paar persönliche Eindrücke wieder, die mir auch nach 36 Jahren noch in Erinnerung geblieben sind. Überall wohnten wir in den besten Hotels, und für Emi und mich war es unsere »Hochzeitsreise durch China«.

Die schillernde Exotik des chinesischen Südens, vor der man großen Reichtum und tiefste Armut auf engstem Raum nebeneinander antraf, war für mich erschütternd. Das bezieht sich vor allem auf Shanghai und Guangzhou. In Shanghai fuhren wir mit dem Auto die elegante Nanjing Road mit ihren Luxusgeschäften entlang. Ein Schwarm zerlumpter Bettler und bettelnder Kinder umringte unseren Wagen und stoppte ihn. Hunderte hungriger Augen sahen mich flehend an. Mir zerbrach es fast das Herz. So etwas sah ich zum erstenmal. In Beijing gab es zwar auch viele Bettler, aber nicht in diesem Maße. Und so ging es uns überall in Shanghai, ganz gleich, ob wir zu Fuß waren oder im Wagen fuhren. Nur drei Jahre später habe ich weder in Beijing noch auf meinen Reisen durchs Land und durch andere Städte auch nur einen einzigen Bettler gesehen. Das war eines der ersten von vielen Verdiensten der neuen Regierung.

In Guangzhou herrschte auf dem Wasser, dem Perlfluß, die schlimmste Armut. Tausende verbrachten ihr Leben von der Geburt bis zum Tod auf Dschunken. Zur Zeit des Guomindang-Regimes durften die auf dem Wasser lebenden Menschen nur bestimmte Straßen in Guangzhou betreten. Hier hatte ich später das große Glück, eine der letzten Familien für den Deutschen Fernsehfunk (DDR) zu filmen, die auf ihrer Dschunke eine Abschiedsmahlzeit zu sich nahm, bevor sie in eine neue richtige Wohnung übersiedelte.

In Hangzhou sahen wir nur die liebliche Seite des Lebens. Wir wohnten direkt am Ufer des zauberhaften Westsees, in dem ich jeden Morgen schwamm. Wir machten Bootsfahrten und tranken in einem Teehaus, das an einem Goldfischteich lag, Blumentee, der mit besonders wohlschmekkendem Wasser zubereitet worden war. Außerdem besuchten wir einen waldartigen Park, in dem ich zum erstenmal in Felsen gehauene Buddhas und andere Figuren sah und fotografierte.

In Nanjing besuchten wir das Grab von Sun Zhong-Shan, zu dem man Hunderte von Stufen hinaufsteigen mußte. Sun Zhong-Shan war der Vater des Fortschritts, des Humanismus, der Demokratie in China; er wollte aus China ein harmonisches Reich machen. Nun lag er hoch oben, als wolle er überwachen, was in China geschah. Schade, daß er nicht miterlebte, wie man endlich anfing, seine Ideen in die Wirklichkeit umzusetzen.

In Shanghai war unsere kleine Delegation zu Gast bei Song Qingling. Sie war eine außergewöhnliche Persönlichkeit von großer Schönheit, die wohl ihre Seele ausstrahlte. In der ganzen Volksrepublik war diese Frau anerkannt und beliebt. Neben ihrem Vorsitz der Chinesisch-Sowjetischen Freundschaftsgesellschaft übte sie etliche weitere Ämter aus, so zum Beispiel den Vorsitz im Nationalen Komitee zum Schutz der Kinder. Sie gründete das chinesische Wohlfahrtsinstitut. In all diesen Gremien entfaltete sie eine weitreichende und wirksame Tätigkeit bis zu ihrem Tod im Jahre 1980. Ich nutzte unseren Besuch, um in den von Song Qingling gut eingerichteten Kindergärten nach Herzenslust zu fotografieren.

Die Zugreisen nahmen viel Zeit in Anspruch. So gab es noch keine Brücke über den Yangzijiang, so daß der Zug auf einer Fähre übergesetzt werden mußte. Die Provinz Hunan mit ihrer Hauptstadt Changsha war Emis Heimat. Obwohl er aus Xiangxiang stammte, wußte er, daß er in Changsha viele Verwandte, die er jahrzehntelang nicht gesehen hatte, treffen konnte; vor allem seine beiden älteren Schwestern sollten nach Changsha kommen. Emi wollte gern ein paar Tage länger dort bleiben, aber seine Reisegefährten waren strikt dagegen. Dies sei eine Vortragsreise. Wenn sich da jeder wegen irgendwelcher Verwandten länger aufhalten wolle, würde die Reise überhaupt kein Ende nehmen. Nun muß man wissen, was mir damals auch nicht geläufig war, daß chinesische Verwandtschaft unübersehbar ausufern kann. Fast alle, die den Namen Siao (ein bestimmtes Schriftzeichen) tragen, sind miteinander verwandt. Vor der Befreiung wollten die meisten Siaos mit ihrem kommunistischen Verwandten Siao San nichts zu tun haben. Nun strömten sie herbei, und zwar in Mengen. Den größten Teil der Verwandtschaft kannte Emi überhaupt nicht. Er konnte sich des Ansturms kaum erwehren.

Über das Wiedersehen mit seinen beiden Schwestern freute sich Emi sehr. Sie hatten ihn nie verleugnet. Es waren zwei alte Damen, die ihr Leben lang nicht aus der Provinz Hunan, vielleicht noch nicht einmal aus ihrem Dorf herausgekommen waren. Sie hatten noch nie eine Ausländerin gesehen und betrachteten mich wie ein fremdartiges Tier. Sie befühlten meine nackten, behaarten Arme und guckten mich erstaunt, aber freundlich an. Die älteste Schwester sollte mit uns nach Beijing kommen und zunächst bei uns wohnen. Ich weiß nicht mehr, aus welchem Grund ich mit ihr von Wuhan aus nach Beijing fuhr. Die Delegation reiste noch nach Xi'an und weiter, aber Emi wollte, daß ich vorzeitig zurückkehrte. Ich war im fünften Monat schwanger. Bei der irrsinnigen Hitze im Abteil schwitzte ich wie verrückt in meinem kurzärmeligen Rohseidenanzug. Die alte Dame jedoch lag den ganzen Tag unter einer wattierten Decke!

Als Konsul Serjogin von meiner Schwangerschaft erfuhr, meinte er, für das Baby müßte ich eine Kinderfrau, eine Njanja, haben, der ich vertrauen könnte. Lisa kannte eine Frau, die unseren Vorstellungen entsprach: Pascha, eine Sowjetrussin, war 1929 mit ihrem chinesischen Mann, einem Bäcker, aus Moskau nach China gekommen. Ihr Mann hatte irgendwo in der Provinz Shandong eine kleine Farm, die in seiner Abwesenheit von seiner Mutter bewirtschaftet wurde. Pascha hatte im Krieg viel durchgemacht. Erst starb die Schwiegermutter, dann der Mann. Schließlich schlug sie sich mit ihrer Tochter bis Tianjin durch; später kam sie nach Beijing. Die Tochter hatte einen Chinesen geheiratet, mit dem sie einen kleinen Jungen hatte. Kurz bevor wir Pascha kennenlernten, kam die Tochter bei einem Unglücksfall ums Leben. Pascha war um die 50 und stand mutterseelenallein in der Welt. Bevor Emi und ich Anfang Mai in den Süden fuhren, kam Pascha zu uns, um uns den Haushalt zu führen und Lion und Vitja zu betreuen. Sie kochte exzellent russisch und chinesisch. Pascha blieb bei uns bis zu ihrem Tod im Jahre 1971. Pascha war Analphabetin. Sie sprach ein chinesisches Kauderwelsch, mit dem sie sich aber durchaus verständlich machen konnte. Als ich mit meiner Schwägerin in Beijing eintraf, richteten wir ihr das kleine Vorzimmer her. Pascha, die jahrelang auf dem Land gelebt hatte, verstand sich sofort mit der alten Dame, die sich ihrerseits wie zu Hause fühlte.

Von der Reise kehrte ich mit einer reichen Fotoausbeute nach Beijing zurück. Sowohl Rogow als auch die Vertreter von Xinhua waren sehr zufrieden mit mir. Emi und seine Gefährten hatten täglich in einer anderen Stadt stundenlang auf irgendwelchen Versammlungen gesprochen. Ich fotografierte bei diesen Veranstaltungen, aber auch sonst alles, was mir unter die Augen kam oder wo man mich speziell hinführte. In Beijing war es in diesem leuchtenden Sommer sehr heiß. Die Märkte waren voll mit Waren und leider auch noch voll mit Bettlern. Vor dem Markt der Oststadt, dem Dongdan-Markt, standen große Körbe mit Erdbeeren, die ganz billig waren. Ich hatte einen Heißhunger auf Erdbeeren. Pascha kaufte jeden Tag einen Korb und brachte ihn auf einer Rikscha nach Hause. Wir schwelgten in Erdbeeren, aber auch in anderem Obst, Gemüse und Eiern.

Emi hielt die Anstrengungen in der Hitze nicht durch. Eines Tages klappte er zusammen und mußte vorzeitig nach Beijing zurückkommen. In der Gesellschaft beschloß man, daß er für ein paar Monate nach Dalian in ein sowjetisches Sanatorium zur Erholung fahren sollte. Da die Schulferien ohnehin bald begannen, waren die Kinder und Pascha auch dabei. Emi und ich wohnten in einem Sanatorium direkt am Meer; Pascha war mit den Kindern nicht weit von uns in einem Häuschen untergebracht. Ein Koch sorgte für das leibliche Wohl der drei. So gut hatte es Pascha wohl noch nie in ihrem Leben gehabt. Morgens brauchte sie nur das Menü für den ganzen Tag zu bestellen, und dann machte der Koch alles alleine. Pascha blühte auf. Ich gönnte es ihr von Herzen. Sie war hochgewachsen, nicht dick, hatte aber einen vorstehenden Bauch. Eines Tages fragte Vitja sie: »Tante Pascha, hast du auch ein Baby in deinem Bauch?« Unter der fürsorglichen Pflege der sowjetischen Ärzte und Schwestern erholte sich Emi nach und nach. Es war ein Sanatorium, wie wir es aus der Sowjetunion kannten.

Ich war wieder mit dem Fotoapparat bewaffnet. Zwei- bis dreimal in der Woche bekam ich einen Wagen zur Verfügung gestellt, um in der Stadt, in Fabriken und auf der Werft zu fotografieren. Die Arbeit wirkte

Wunder auf meine geistige Frische. Für meine Gesundheit setzte ich andere Wunder ein.

Wann meine Liebe zum Wasser, zu Seen, zu Flüssen und vor allem zum Meer entstanden war, vermag ich heute nicht mehr zu sagen. Ich schwamm und schwimme leidenschaftlich gerne, ohne dabei irgendwelche Rekorde aufzustellen. Ich schwimme nicht schnell, sondern einfach nur, weil es mir Spaß macht. Ich konnte mich auch stundenlang im Meer bewegen, ohne zu ermüden, und das klappt heute noch. Ich schwamm bei jedem Wetter, ob es regnete oder stürmte. Vor dem Sanatorium lag das Meer; weit draußen ein sowjetischer Dampfer. Ich wettete mit Emi und den Kurgästen am Strand, bis zu dem Dampfer schwimmen zu können, und das, obwohl ich schon im achten Monat schwanger war. Als ich das Schiff erreichte, wollten die Matrosen mich an Deck ziehen. Ich genierte mich mit meinem dicken Bauch, aber mein Sträuben half nichts. Als die Matrosen mich sahen, fielen sie fast um vor Staunen. Auf keinen Fall wollten sie mich allein zurückschwimmen lassen, sondern schickten zwei Matrosen zu meiner Begleitung mit. Nachdem ich die beiden nach einer Weile davon überzeugt hatte, daß ich mich wie ein Fisch im Wasser fühlte, ließen sie sich überreden zurückzuschwimmen.

Ein anderes Mal tobte ein Sturm, schwere Wolken hingen am Himmel. Niemand konnte mich zurückhalten, im Meer schwimmen zu gehen. Emi kannte mich ja schon und regte sich nicht besonders auf. Aber die Ärzte und Schwestern liefen so lange aufgeregt am Strand auf und ab, bis ich quietschvergnügt zurückkam. Für mich ist es die größte Wonne, bei Sturm im Meer zu schwimmen. Das Kind, das nach diesen Prozeduren im Oktober 1950 zur Welt kam, war ein gesunder Junge, der mit 14 Jahren professioneller Schwimmer wurde und größer gewachsen ist als seine eben auch nicht kleinen Brüder.

Das war ein produktiver und in jeder Hinsicht lehrreicher Sommer. Abgesehen von der entsetzlichen Armut, die mich erschreckt hatte und die binnen einem Jahr nicht beseitigt werden konnte, sah und fotografierte ich überall zuversichtlichen Optimismus, der in den Augen und dem Benehmen der meisten zum Ausdruck kam. Die Zeit eines ungeheuren Aufschwungs hatte begonnen.

Nachdem Emi seine volle Arbeitskraft wiedergewonnen hatte, fuhren wir nach Beijing zurück. Dort wurden wir Zeugen der Kampagne für Hygiene. Danach sollten Fliegen, Mücken, Ratten und Mäuse vernichtet werden. Auf den Straßen standen Kinder mit trompetenartigen Lautsprechern und riefen zur Hygiene auf. In den Straßen wurde es sauberer, die Fliegenschwärme über den Eßwaren der Straßenhändler verschwanden allmählich, und die Nahrungsmittel wurden mit Plastikhauben oder ähnlichem abgedeckt. In den Lebensmittelläden benutzten die Verkäufer Fliegenklappen.

Eine allgemeine Begeisterung lag in der Luft. Das Leben kochte. In den Theatern wurden viele neue Stücke gespielt, darunter auch solche aus der Sowjetunion, die ins Chinesische übersetzt worden waren, so *Wie der Stahl gehärtet wurde* von Nikolaj A. Ostrowskij. Im Oktober besuchte ich öfter mit Emi musikalische Abende und Darbietungen verschiedener Volksensembles, die Kamera immer dabei. Am 16. Oktober abends waren wir wieder bei einer solchen Vorstellung, als bei mir die Wehen einsetzten. Emi brachte mich schleunigst nach Hause. Als ich meine Sachen für die Klinik zusammenpackte, hörte ich Lion und Vitja im Nebenzimmer flüstern: »Mama geht ein Kind gebären.« Am 17. Oktober, um ein Uhr nachts, kam unser dritter Sohn zur Welt. Wir nannten ihn Heping – Frieden. Für mich heißt er nur »Pupsik«. Als Lisa mich einmal fragte, wie lange ich ihn so noch nennen wolle, sagte ich: »Bis zu seinem 40. Geburtstag.«

An Else Wolf schrieb ich: »... vor zwei Wochen ist unser dritter Sohn zur Welt gekommen. Wenn ich ihn füttere, muß ich immer an den Sommer in Peredjelkino denken, als Lion so klein war. Seitdem sind schon zwölf Jahre vergangen. Was haben wir nicht alles durchgemacht in diesen Jahren! Und trotzdem scheint mir, als ob das alles erst vor ganz kurzem war... Hier entsteht eine vollkommen neue Welt, man baut ein neues, freies China. Und ich kann hier zusammen mit Emi leben und arbeiten. Noch vor zwei Jahren hätte ich nicht einmal davon zu träumen gewagt... Ich treffe oft Franz Weiskopf und seine Frau Grete. Er ist Botschafter der ČSR in Beijing...«

Das Schriftstellerehepaar Franz Carl und Margarete Weiskopf (sie schrieb unter dem Pseudonym Alex Wedding) hatte ich schon im Frühjahr getroffen und mich mit ihm sehr angefreundet. Emi kannte Franz Carl Weiskopf schon seit langem. Die Botschaft der Tschechoslowakei lag in einem schönen Haus mit Garten direkt an der Hauptstraße, der Changan Jie. Weiskopfs hatten Schwierigkeiten, da sie nicht nur Diplomaten, sondern auch Schriftsteller waren. Wenn sie schreiben wollten, mußten sie Bewegungsfreiheit haben, und als Diplomaten mußten sie sich dem Protokoll unterwerfen. Schließlich setzten sie durch, daß sie vom Außenministerium auch als Schriftsteller anerkannt wurden und vieles besichtigen konnten, was Diplomaten im allgemeinen nicht zugänglich war.

Manchmal gingen Grete und ich gemeinsam auf Entdeckungsspaziergänge. So besuchten wir Heime, in denen Bettlerkinder ein »Zuhause« gefunden hatten. Es war kaum zu glauben, daß diese sauber angezogenen, teilweise sehr hübschen und höflichen Kinder noch vor kurzem verlaust, zerlumpt, verwahrlost und bettelnd durch die Straßen gezogen waren. Wieder erlebten wir eines der Wunder der neuen Regierung. Grete schrieb ein Kinderbuch über die Bettlerkinder und ihr neues Leben, *Das eiserne Büffelchen*, das 1955 im Verlag Neues Leben in Berlin unter ihrem Pseudonym erschien.

Neben den Bettlern versuchte man, die Prostitution abzuschaffen. Für den größten Teil der Prostituierten, deren Sklavenleben in den Bordellen die Hölle bedeutete, war es eine Befreiung. Grete und ich besuchten einige dieser Heime, in denen die ehemaligen Prostituierten zunächst untergebracht waren. Sie wurden alle ärztlich untersucht, und wer krank war, kam in Behandlung. Auch sie erhielten in diesen Heimen ein »Zuhause«, wurden eingekleidet und konnten einen Beruf erlernen. Viele von ihnen heirateten später, bekamen Kinder und wurden wieder »Menschen«. Grete, Emi und ich sahen uns ein Theaterstück an, das einige frühere Prostituierte über sich und ihr Leben geschrieben hatten. In dem Stück spielten sie sich selbst. Ich hatte noch nie etwas so Ergreifendes gesehen. Das war kein Spiel, sondern wahres Leben, und die Tränen, die die jungen Frauen vergossen, brachten uns ihre vergangenen Leiden nahe.

Bei Grete entdeckte ich einen seltsamen Widerspruch, was Kinder anbetraf. Sie liebte Kinder, und die Kinder liebten sie. Lion und Vitja gingen außerordentlich gern in die Botschaft. Dort bewirtete Grete sie mit den köstlichsten Torten und Leckereien, und die Kinder konnten überall herumtoben. Wie sie mit Kindern umging, erlebte ich einmal in einem Bei-Hai-Kindergarten. Grete brachte den Kindern dort eine Torte, die so groß war wie ein runder Tisch. Die Kinder jubelten vor Freude, sprangen um Grete herum, tanzten und sangen. Aber um nichts in der Welt wollte sie eigene Kinder haben.

Als ich nach Hepings Geburt aus der Klinik nach Hause kam, war Grete die erste, die mich besuchte und jede Menge Geschenke bei sich hatte. Beim Anblick des wirklich niedlichen Kindes in seinem Bettchen stieß sie plötzlich mit völlig verzerrtem Gesicht aus: »Mein Gott, wie gräßlich, so etwas in sich gehabt zu haben!« Das Ganze dauerte nur einen winzigen Augenblick, dann war sie wieder die alte Grete. Sie lächelte Heping freundlich an und unterhielt sich mit mir. Ich weiß nicht, was in Grete damals vorging, aber ich habe diese seltsame Szene bis heute nicht vergessen, sprach allerdings mit Grete auch nie wieder über das Thema Kinderkriegen. Später, 1953, zogen Franz und Grete in die DDR. Emi und ich waren auch weiterhin mit ihnen befreundet, bis zum Tod von Franz im Jahre 1955 und von Grete im Jahre 1966.

Emis älteste Schwester wohnte nicht mehr bei uns, sondern war in ein schon ziemlich verfallenes, leerstehendes Haus gezogen, das einem Bruder Emis gehörte, der im Ausland lebte. Einmal besuchte Emi mit mir seine Schwester. Sie saß am Fenster und nähte ein weißes Gewand. Als ich sie fragte, was sie da nähe, sagte sie, ihr Totenkleid. Nach ihrem Tod würde man sie in diesem Kleid in den Sarg legen. Sie führte mich ins Nebenzimmer und zeigte mir voller Stolz und glückselig lächelnd einen Sarg, der neben ihrem Bett stand. Mir grauste, das kam mir richtig gespenstisch vor. Emi erklärte mir, daß – gemäß der Tradition – ältere Menschen einen Sarg kauften und ihn in ihrem Zimmer aufstellten. Erst dann könnten sie beruhigt den Tod erwarten.

In diesen Monaten lernte ich die feudalistischen chinesischen Sitten noch etwas besser kennen. Auch in Beijing machten sich Emis sogenannte Verwandte bemerkbar. Viele mit dem Namen Siao meinten, Emi sei ihnen verpflichtet. Jeden Tag kamen irgendwelche Personen, die von sich behaupteten, mit Emi verwandt zu sein. Sie jammerten, wie sehr sie unter der Guomindang zu leiden gehabt hätten. (Als ob sie von jeher mit den Kommunisten sympathisiert hätten.) Die höflicheren unter ihnen baten um Hilfe, die übrigen verlangten sie kategorisch, das heißt Geld und Arbeit. In dieser Situation offenbarte Pascha ihre Künste. Sie empfing die Leute, bat sie ins Zimmer, gab ihnen Tee, unterhielt sich mit ihnen und verstand es wirklich zu unterscheiden. Diejenigen, die ihrer Meinung nach Heuchler und Betrüger waren, verabschiedete sie unter irgendeinem Vorwand. Diese Menschen kamen zwar wieder, aber Pascha hatte Geduld. Die anderen, die sie für anständig befand, ließ sie zu Emi vor. Aber selbst unter diesen waren Emi die meisten vollkommen fremd.

Ende Oktober 1950 fuhr Emi über Moskau und Prag nach Warschau zum zweiten Weltfriedenskongreß. Ursprünglich sollte der Kongreß in Sheffield stattfinden. Da die englische Regierung jedoch die Visen verweigerte, wurde er in die polnische Hauptstadt verlegt und vom 16. bis 22. November abgehalten. Auf diesem Kongreß, an dem Berühmtheiten aus der ganzen Welt teilnahmen, wurde Emi als Sekretär der Volksrepublik China in den Weltfriedensrat gewählt. Der Sitz des Weltfriedensrates war in Prag, was bedeutete, daß die ganze Familie im Frühjahr 1951 dorthin übersiedeln mußte.

Kurz nachdem Emi nach Warschau gefahren war, erzählte mir Rogow, daß in der Moskauer Gorki Straße ein ganzes Fenster der TASS mit meinen Fotos dekoriert sei und auch mein Name erwähnt werde. Außerdem hätten viele Zeitungen und Zeitschriften meine Bilder veröffentlicht. Die Fotoabteilung von Xinhua hatte ebenfalls alle meine Fotos angenommen, die ich im Sommer auf unserer Reise und in Dalian gemacht hatte. Am 7. November begleitete mich Lion auf den Tiananmen-Platz, wo ich sowjetische Autobusse der Gesellschaft fotografierte, die als rollende Kinos überall dorthin aufs Land fuhren, wo es noch kein elektrisches Licht gab und die Menschen noch nie Filme gsehen hatten.

Unser Pupsik gedieh prächtig. Zu seinem ersten Sylvesterabend schmückten wir eine Neujahrstanne, die er auf dem Bauch liegend bewunderte. Abgesehen von Emis Krankheit war 1950 ein gutes, glückliches Jahr gewesen. Wir hatten gesehen, wie das neue China seine ersten Schritte machte, und nun blickten wir wieder einem neuen Leben, einer neuen Arbeit entgegen.

Das Jahr 1951 begann zunächst jedoch mit einem Abschied. Von Anfang Januar bis Mitte März nahm Emi an Sitzungen, Konferenzen und Tagungen des Weltfriedensrates teil. Ich bekam Briefe aus Irkutsk, Moskau, Genf, Bern, Zürich, Prag. Aus Berlin schrieb er mir am 20. Februar: »... ich sah unzählige zerstörte Häuser; meistens waren es Trümmerhaufen. Es war fürchterlich anzusehen. Das Herz tat mir weh. Unsere Delegierten fanden es noch schlimmer als in Warschau. Das hat Hitler aus seiner Hauptstadt und aus seinem Volk gemacht! Mich quält das alles vielleicht mehr als die anderen, weil ich Berlin in so guter Erinnerung habe. Ich glaube, wenn Du hier wärst, würdest Du genauso empfinden wie ich...«

Anfang Februar erlebte ich zum erstenmal das Frühlingsfest (chinesisches Neujahr) in seiner ganzen Buntheit und seinem fröhlichen Lärm, mit Knallfröschen und Feuerwerk. Rogow besuchte mit mir die berühmten Märkte in Changdian und in der Liulichang. Am 8. März, dem Internationalen Frauentag, zeigte er mir den Park der Werktätigen. Die Menschen tanzten und sangen in den breiten Gängen unter den teils immergrünen, teils noch unbelaubten Bäumen. Wo wir auch hinkamen, alles war voll neugieriger, hoffnungsvoller Menschen – was auf meinen Fotos auch zum Ausdruck kam. Denn nicht nur für mich, sondern auch für die Bevölkerung von Beijing war vieles neu. Shaohua gefielen meine Bilder, denn es gab kaum jemanden in der Agentur, der solche Themen fotografierte.

Mitte März kehrte Emi zurück, aber nur, um uns abzuholen. Denn am 9. April mußte er bereits wieder in Prag sein. Schweren Herzens verließen wir Beijing und begaben uns wieder auf Wanderschaft – dieses Mal aber alle zusammen.

Beim Weltfriedensrat in Prag

Im April 1951 flogen wir mit Kind und Kegel (und Pascha, die bereits zur Familie gehörte) über Moskau nach Prag. Lion und Vitja blieben in Moskau bei Wassa, um das Schuljahr in einer sowjetischen Schule zu beenden. Wassa hatte inzwischen für sich und die Kinder zwei Zimmer mit Gemeinschaftsbad und Küche in einer Kommunalwohnung bekommen. Und Allan hatte die Aufnahmeprüfung für die Parteihochschule in Moskau glänzend bestanden.

Der Weltfriedensrat bildete sich zum erstenmal auf dem zweiten Kongreß der Weltfriedensbewegung im November 1950 in Warschau. Er trat vor allem für die friedliche Koexistenz, Abrüstung und Kernwaffenverbote ein. Häufig unterstützte er Kampagnen, die in dieser Hinsicht von der Sowjetunion ausgingen. Der Präsident des Weltfriedensrates war von 1951 bis 1958 Frédéric Joliot-Curie. Die kollektive Leitung dieser Organisation lag in den Händen von Generalsekretär Jean Laffitte und etwa sechs Sekretären. Der Sekretär aus der UdSSR war z. B. Guljajew, aus China Emi Siao, aus Großbritannien Roy Gore, aus Brasilien Borsari. Das Ressort Wirtschaft und Finanzen hatte ein tschechischer Kommunist namens Křižek unter sich. Es gab auch noch andere tschechische Angestellte, aber nicht sehr viele. Die ausländischen Mitarbeiter im Weltfriedensrat kamen außerhalb der Arbeit kaum mit Tschechen in Berührung. Der Sitz des Weltfriedensrates war – inmitten Prags – eine in sich abgeschlossene Insel. Emi und ich, die Sekretäre, ausländischen Schriftsteller und Künstler trafen vor allem im Heim der tschechischen Schriftsteller in Dobříš mit einheimischen Intellektuellen, Dichtern und Künstlern zusammen.

Der Weltfriedensrat hatte einen großen Stab an Personal, meistens junge Männer und Frauen, darunter Franzosen, Italiener, Engländer, Spanier, Schweden. Die offizielle Verkehrssprache war Französisch. Viele Frauen arbeiteten als Dolmetscher, und die Frauen der Sekretäre, die zwar einen Beruf erlernt hatten, ihn aber hier nicht ausüben konnten, übernahmen Schreibarbeiten.

In Prag wohnten wir die ersten Wochen im Hotel. Damals lernte ich Magda kennen. Magda Reinerova war tschechische Jüdin und mit dem ungarischen Bildhauer Martin Reiner verheiratet. Ihren einzigen Sohn aus erster Ehe hatte ihr geschiedener Mann mit nach Südamerika genommen, wo das Kind einige Jahre später starb. Das war Magdas Lebenstragödie.

Sie hatte dann keine Kinder mehr. Magda war hochgebildet; sie sprach fließend Deutsch, Französisch, Englisch, Ungarisch. Diese äußerst liebenswerte Frau war die gute Seele im Weltfriedensrat, das Mädchen für alles. Magda war einige Jahre älter als ich; wir gefielen einander auf den ersten Blick und unterhielten uns über alles, sehr bald auch über persönliche Probleme. Emi hatte ebenfalls großes Vertrauen zu ihr, und nach kurzer Zeit bat er darum, Magda für seinen Aufgabenbereich abzustellen; sie wurde seine engste Mitarbeiterin. Emi ließ noch seinen jungen Freund Zhu Ziqi, der etwas Russisch konnte, aus Beijing und Li Fongbai mit seiner französischen Frau Denise aus Paris kommen. Li Fongbai dolmetschte aus dem Französischen.

Neben Magda und Martin Reiner befreundeten wir uns sehr eng mit dem britischen Sekretär des Weltfriedensrates, Roy Gore, und mit dessen Frau Marion. Roy war 30 und Lehrer für Geographie an einem Jungengymnasium, bevor er zum Weltfriedensrat kam. Seine Frau hatte Biochemie studiert und im Labor eines Londoner Krankenhauses gearbeitet. In Prag durfte sie aber ihren Beruf nicht ausüben, sondern mußte auf der Schreibmaschine Texte abtippen. Man mißtraute im Grunde nämlich allen Ausländern. Roy und Marion bewohnten seinerzeit eine große Villa in Barrandov inmitten von Gärten und Parks. War Emi nicht in Prag, fuhr ich mit der Straßenbahn dorthin, und wir verbrachten lustige Abende miteinander. Besonders schätzten beide meine chinesischen Kochkünste. Meine Spezialität war eine Suppe, in die alle Reste hineinkamen (und die man über die ganze Woche hin strecken konnte). Marion und Roy waren und sind sehr liebenswerte, kluge, an allem in der Welt interessierte Menschen. Auch heute noch sind wir, trotz aller Gewitterstürme am politischen Himmel, die besten Freunde, die man sich denken kann.

Da die für uns bestimmte Wohnung noch nicht fertig renoviert war, verbrachten wir den Sommer in Dobříš, einem alten Schloß mit Garten, Parkanlagen, Wald und einem Flüßchen, etwa 40 Autominuten von Prag entfernt. Emi fuhr fast jeden Tag nach Prag, ich später auch.

Wir wohnten Tür an Tür mit dem Dichter Pablo Neruda, dem Maler José Venturelli, beide Chilenen, dem brasilianischen Romancier Jorge Amado und ihren Frauen. Amados hatten ein Söhnchen, Juan, und ein Baby namens Paloma; das war Pupsiks erste Braut. Heping und Paloma – Frieden und Taube! José Venturelli war ein gutaussehender Mann, unterhaltsam, der gerne Leute um sich hatte, amüsante Geschichten erzählte und großen Wert auf Essen legte. Ich hatte den Eindruck, daß sich bei ihm unter einer scheinbar phlegmatischen Oberfläche ein heißblütiger Kern verbarg. In Dobříš wohnten auch Stefan und Gertrude Heym. Sie waren gerade aus den USA gekommen und warteten auf ihr Einreisevisum in die DDR. Der dicke Jan Drda, der damals wohl populärste tschechische Schriftsteller, und seine schlanke, zarte Frau wurden unsere guten Freunde, ihre Kinder die Freunde unserer Kinder.

Am 12. Juli feierten wir Pablo Nerudas 47. Geburtstag. Neruda war gesellig und herzlich im Umgang. Sein Äußeres war unauffällig und entsprach überhaupt nicht dem, was ich mir unter einem »Dichter« vorstellte. Zu der Gartenparty brachte jeder Gast ein typisches Gericht seines Heimatlandes mit. Emi kochte chinesische Spezialitäten, Jean und Georgette Laffitte gingen in den Wald, sammelten Schnecken und bereiteten sie schmackhaft zu. Jan Drda, der leidenschaftlich gern aß und Unmengen an Bier trinken konnte, hatte eine ganz besondere Überraschung. Er fragte mich vor dem Fest (da er wußte, daß ich auf meine schlanke Linie achtete), was ich gerne äße. Darauf ich: »Was ich gern mag, kannst du mir ja doch nicht servieren.« – »Was ist das?« – »Flußkrebse.« Zu dem Fest kam er tatsächlich mit einer Schüssel voll kleiner Krebse zurück, die er in dem Flüßchen gefangen hatte! Nach Anbruch der Dunkelheit brieten wir Würstchen auf offenem Feuer im Wald. Dann wurde getanzt und in allen Sprachen gesungen.

Im August kamen Lion und Vitja nach Prag. Beide Jungen erhielten hier, während der Dauer unseres Prager Aufenthaltes, Privatunterricht. Emi und ich fuhren mit Lion nach Berlin zu den Internationalen Jugendfestspielen. Als der Zug langsam in den Berliner Bahnhof einfuhr, stand ich am geöffneten Fenster. Da streckten sich mir auf einmal zwei Hände entgegen: »Willkommen in der Heimat.« Das war Friedrich Wolf. Ich hatte ihn 13 Jahre lang nicht gesehen. Meine letzte Erinnerung an Deutschland war der mit Hakenkreuzen vollbehängte Weihnachtsbaum in der düsteren Hamburger Bahnhofshalle im Dezember 1933. Und nun befand ich mich 18 Jahre später in dem sommerlichen, vom Faschismus befreiten, festlich geschmückten demokratischen Berlin. Wir wohnten im neuerbauten Johannishof. Dort trafen wir Schriftsteller und Künstler, alte und neue Freunde – wie Stephan Hermlin und Arnold Zweig. Wir fuhren mit Lion zu Friedrich und Else Wolf nach Lehnitz. Else, die Lion als Zweijährigen 1940 zum letztenmal gesehen hatte, erkannte ihn gleich wieder. Lion konnte sich natürlich nicht an Else erinnern, aber er sagte zu mir: »Bei dieser Tante möchte ich gern bleiben.«

Joris Ivens, den ich in Prag kennengelernt hatte, drehte einen Film über die Festspiele; Koni Wolf, der an der Filmhochschule in Moskau studierte, war sein Kameraassistent. Zum letztenmal hatte ich Koni 1939 gesehen, da war er 14 Jahre alt. Jetzt waren wir Kollegen, die die Festspielereignisse mit der Kamera festhielten.

Ab dem 1. Oktober 1951 arbeitete ich offiziell im Weltfriedensrat, und zwar in der Abteilung für Propaganda. Um diese Zeit bekamen wir auch endlich unsere neue Wohnung in der Nábřeží Legii, Nummer 39, mit Blick auf die Moldau. Schräg gegenüber am anderen Ufer lag das Národní divadlo, das Nationaltheater.

Mit den Mitarbeitern des Weltfriedensrates verstand ich mich gut; wir besuchten einander oft. Wenn Emi nicht in Prag war, ging es ziemlich formlos bei uns zu Hause zu. Ich bekam plötzlich einen Anruf am späteren Abend: »Wir kommen jetzt, mach etwas zu essen«, und dann kamen sie. Wir aßen Würstchen aus Büchsen, Brot, Butter, Käse und tranken Wein dazu. Pascha war keine Spielverderberin. Sie hatte es gern, wenn es lustig bei uns zuging. Wir verständigten uns auf französisch oder englisch. War Emi in Prag, gab es häufig offizielle Einladungen. Er lud die Sekretäre samt ihren Frauen ein oder ausländische Gäste. Dann kam der Koch der chinesischen Botschaft, und er und Pascha kochten zusammen. Emi und ich waren auch oft eingeladen.

Obwohl Emi öfter krank war, ging er regelmäßig und pünktlich ins Büro und nahm an allen Sitzungen teil. Er war sehr beliebt im Weltfriedensrat. Da er charmant war, flogen ihm die Herzen aller zu, auch die der Gäste und der vielen Tagungsteilnehmer. Das war natürlich wichtig für seine Arbeit, die an sich aus trockener Organisation und Verwaltung bestand. Emi wurde wegen seiner großen Fähigkeit, in Konflikten zu vermitteln, von den Kollegen und Mitarbeitern scherzhaft und doch respektvoll »Volksdiplomat« genannt.

Finanziell ging es uns in diesen Jahren so gut wie noch nie. Emi bekam sein Gehalt aus China in US-Dollar, und meines überwies mir der Weltfriedensrat in tschechischen Kronen. Zum erstenmal lebten wir im Überfluß und konnten uns alles leisten, was uns Spaß machte, auch wenn wir in Wien waren. Pascha und die Kinder wurden schrecklich verwöhnt. Wäre Emi nicht so oft krank gewesen, hätten wir restlos glücklich sein können, denn die Arbeit und unser persönliches Leben waren ideal.

Anfang November war eine Tagung des Weltfriedensrates in Wien, die erste, an der ich offiziell teilnahm. Zum erstenmal in meinem Leben fotografierte ich Menschen aus aller Herren Länder, die unter einem Dach vereint waren. Am 8. November gab die sowjetische Delegation unter Fadejew ein Bankett. Als man erfuhr, daß an diesem Tag mein 40. Geburtstag war, wurde es gleichzeitig für mich eine Geburtstagsfeier. Neben vielen anderen Persönlichkeiten lernte ich in Wien Anna Seghers und Helene Weigel kennen. Anna Seghers war warmherzig und mütterlich zu mir. Obwohl wir nie miteinander korrespondierten, verstanden und unterhielten wir uns immer sofort gut, wenn wir uns trafen. Später besuchte ich sie einmal in ihrer schön eingerichteten Wohnung in Adlershof, und bei dieser Gelegenheit lernte ich auch ihren Mann Rodi kennen. Einige Jahre darauf widmete sie mir ein Exemplar ihrer zweibändigen Erzählsammlung *Der Bienenstock* mit den Worten: »Du sitzt immer bei uns, wir sind immer bei Dir.«

Mit reicher Ernte kehrte ich nach Prag zurück. In den Räumen des Weltfriedensrates machte ich eine kleine Ausstellung. Daraufhin durfte ich mir eine Dunkelkammer einrichten, bekam Geld für einen Vergrößerungsapparat, für Filme, Papier und Chemikalien – überhaupt alles, was ich brauchte. Man war sehr großzügig. Die Ausstellung hatte darüber hinaus noch etwas Gutes: Joris Ivens, Bruno Frei, die Sekretäre und andere Mitarbeiter wurden aufmerksam auf mich. Daß Ivens, der große Fachmann, mich lobte, machte mir Mut. Und Bruno Frei, der österreichische Journalist, der mich zunächst sehr von oben herab behandelt und ein Angebot von mir, etwas zusammen zu machen, recht hochnäsig ausgeschlagen hatte, änderte nun seine Meinung. Er war von meiner Arbeit beeindruckt! 1958 erschien von uns in Beijing eine Reportage über den Großen Sprung in China unter dem Titel »Stahl und Chrysanthemen«. In einer Widmung zu einem seiner späteren Bücher schrieb Frei: »Der Künstlerin des Lichts«.

Emi war es in der letzten Zeit nicht gutgegangen; er litt unter Depressionen. Einen dieser Anfälle erlebte Fadejew mit, und Emi erhielt von ihm eine Einladung zu einem Kuraufenthalt in der Sowjetunion. Auch in dieser Situation erwies sich Fadejew, der Vorsitzende des sowjetischen Schriftstellerverbandes, als guter, persönlicher Freund Emis. Die beiden Männer schätzten einander sehr. Fadejew bestand darauf, daß ich Emi auf seiner Erholungsreise begleitete.

Daß Emi in unserer Prager Zeit (April 1951 bis Juli 1953) so häufig krank war, hatte politische Gründe. Intrigen von gewissen Chinesen, denen seine Kontakte zu Ausländern, seine Erfolge und sein Ansehen suspekt waren, sowie Denunziationen bei Zhou Enlai führten dazu, daß Emi sich in Krankheiten flüchtete. Das war nicht immer so. Bei anderen Gelegenheiten, wie zum Beispiel in der Kulturrevolution, konnte er, der Sensible, willensstark sein und Hindernissen entschlossen entgegentreten.

Ich begleitete Emi nach Sotschi am Schwarzen Meer. Uns wurde auf dem Gelände eines Sanatoriums ein kleines Häuschen zur Verfügung gestellt. Am nächsten Morgen lief ich allein zu Fuß an den etwa 20 Minuten entfernten Strand – und schwamm hinaus in mein geliebtes Meer. Das tat ich dann jeden Tag. Als es Emi besser ging, fuhren wir nach Gagri. Wir standen auf der Terrasse, auf der wir uns 18 Jahre zuvor kennengelernt hatten, und waren selig vor Glück, diesen Augenblick zu erleben.

Nach Prag zurückgekehrt, hatte ich kaum Zeit, meinen kleinen Pupsik in die Arme zu schließen, da mußte ich ihn schon wieder verlassen und nach Berlin reisen. Aus Anlaß des Koreakrieges fand dort vom 1. bis 5. Juli 1952 eine außerordentliche Tagung des Weltfriedensrates statt. Auf den Sitzungen ging es heiß her, und außerdem herrschte eine Bruthitze in Berlin. Emi war auch gekommen, und zusammen besuchten wir die Wolfs in Lehnitz. Für die Tagungsteilnehmer gab der Präsident der DDR, Wilhelm Pieck, einen Empfang auf seinem Amtssitz, Schloß Niederschönhausen. Wir saßen an einer langen Tafel in dem mit Lampions beleuchteten Park, was dem Ganzen etwas Phantastisches gab. Musikalische Darbietungen und Ballettvorführungen rundeten den festlichen Rahmen ab. Ich saß zwischen Ehrenburg und Emi, ganz in der Nähe von Wilhelm Pieck.

Nach der Tagung in Berlin fingen wir an, den Völkerkongreß für den Frieden vorzubereiten, der in Wien abgehalten werden sollte. Ilja Ehrenburg kam für längere Zeit nach Prag, um die Arbeit unserer Propagandaabteilung zu leiten. Der Begriff Propaganda ist vieldeutig. Man kann für eine gute, gerechte Sache ebenso Propaganda machen wie für eine schlechte, ungerechte, bei der Recht und Unrecht verdreht werden. Mit unserer damaligen Propagandaarbeit deckten wir die Verbrechen des C-Waffen-Krieges auf, den die USA in Korea führten. Wir wollten einen neuen Weltbrand verhindern; Ehrenburg war der rechte Mann dafür, alle Aktivitäten zu koordinieren, da er auf vielen Gebieten – besonders in Literatur, Kunst und Politik – bewandert war. Ehrenburg war ein treuer Bürger seiner sozialistischen Heimat, aber kein Konformist. Er dachte selbständig und sagte offen seine Meinung; weil das oft in zynischer Weise geschah, hatte er Schwierigkeiten, sich mit seinen Gedanken durchzusetzen. Aber er setzte sich durch! Selbst Stalin schien Achtung vor ihm zu haben. Mit liebenden, sarkastischen, mitunter sogar hassenden Augen beschrieb Ehrenburg die Zeit, in der er lebte. Der Nachwelt hinterließ er neben seinen Erinnerungen auch historische Werke wie *Der Fall von Paris, Sturm* und *Die neunte Woge*. Ich verehrte diesen schöpferischen, lebendigen Geist sehr und war glücklich, mit ihm zusammenarbeiten zu dürfen. Außerdem war ich stolz darauf, daß er mich – auf seine Art – anerkannte.

So hatte er verlangt, daß ich zu der vorbereitenden Sitzung Mitte Oktober in Wien mitkommen sollte, um Fotos für den Völkerkongreß unter dem Motto: »So etwas darf nie wieder geschehen« zu machen. Als Ehrenburgs Begleiterin besaß ich Privilegien. Man stellte mir einen Wagen zur Verfügung, und eine junge Frau begleitete mich. Wir fuhren und liefen durch das mir aus der Jugendzeit vertraute Wien. Überall Ruinen – Mahnungen an den schrecklichen Krieg. Wien war eine geteilte Stadt. Das amerikanische und das sowjetische Informationsbüro lagen nebeneinander. Vor den Büros hingen Vitrinen mit der jeweiligen »Propaganda« zum Koreakrieg. Zeigten die sowjetischen Fotos eindeutig die Verbrechen, die die USA in Korea begingen, stellten die schön aufgemachten Fotos der USA den Krieg in völlig falschem Licht dar. Kein friedliebender, fortschrittlicher Mensch in der Welt glaubte den Amerikanern, daß sie einen gerechten Krieg führten.

Kurz nach meiner Rückkehr aus Wien erhielt ich von Heinz Willmann, dem Generalsekretär des Deutschen Friedenskomitees, eine Einladung, für eine Woche nach Berlin zu kommen. Er wollte, daß ich mich mit der deutschen Friedensbewegung vertraut machte, um dieses Wissen für meine zukünftige Arbeit in China zu nutzen. Meinen Geburtstag verlebte ich bei den Wolfs in Lehnitz. Friedrich schenkte mir ein Exemplar seines gerade erschienenen Romans *Menetekel* mit der Widmung »Für Eva mit einem Geburtstagskuß«. Ich sehe ihn noch vor mir, wie er mich durch die Gartenpforte zum Wagen begleitete, mich umarmte und sagte: »Auf baldiges Wiedersehen!« Ich sah ihn nie wieder.

Der Völkerkongreß für den Frieden in Wien (12. bis 19. Dezember 1952) bedeutete den Höhepunkt meiner Arbeit für den Weltfriedensrat. Er war ein überwältigendes, einmaliges Ereignis für mich. Mit den Worten Stephan Hermlins möchte ich die Atmosphäre, die auf dem Kongreß herrschte, schildern (aus: *Der Sinn des Lebens*):

»...Im Kongreßsaal, in den Gängen, im Foyer treffen sich die 1700 Delegierten, die zahllosen Beobachter, die Presseleute... Während Joliot-

Curie die Eröffnungsansprache hält, zählt man schnell die Banner der Nationen, die links und rechts im Hintergrund in vier Staffeln untereinander geordnet sind. Es sind 83... Wir haben nicht nur neue Nationen für den Kampf um den Frieden gewonnen, sondern in allen anderen Nationen auch neue Verbündete.

Der Völkerkongreß untersuchte drei große Fragen: die Frage der nationalen Unabhängigkeit und Sicherheit, die der Einstellung der gegenwärtigen Kriege, schließlich die Frage, wie man zur Entspannung der internationalen Lage beitragen könne...

Es sprachen die bekanntesten Vertreter der Weltfriedensbewegung, wie Ehrenburg und Anna Seghers, Endicott und Kuo Mojo, Yves Farge und Isabelle Blume. Es sprachen Han Serya aus Korea... Es sprachen Aragon und Sartre...

Alle diese Reden... kamen aus dem tiefen Willen, die für alle notwendige und alle annehmbare Lösung zu finden... Man hatte den Kongreß nicht verbieten können, und man wollte ihn totschweigen... In dieser berühmten Stadt weilten eine Woche lang Nobelpreisträger, Wissenschaftler, Dichter, Maler, Politiker, Sportler von Weltruf... Alles das existierte nicht für die Journaille. Die Wiener fanden dennoch ihren Weg in die Vortragssäle.

Sie fanden vor allem ihren Weg durch die Straßen Wiens an jenem Nachmittag und Abend des 13. Dezember, an dem die Demonstration der österreichischen Friedensanhänger stattfand. Ich stand auf der Tribüne, eingezwängt zwischen Australiern und Ägyptern, als die ersten Kolonnen vom Schwarzenbergplatz her die Ringstraße heraufkamen. Arbeiter, Jugend, Frauen, junge Ehepaare, die ihre Kinder auf Armen und Schultern mittrugen. Ein unendliches menschliches Wogen, ein unaufhörliches Fordern in dem ständig wiederholten Wort ›Frieden‹; das tausendfältige Winken unzähliger Hände, das Staunen von Augen, die in der kurzen Spanne vor der Tribüne zu erraten suchten: Wer ist das? Woher kommt er?...

Ein Jubel ohne Maßen erfaßte die Tausende, während die Demonstration ihrem Ende entgegenging. Die Australier neben mir skandierten: ›One, two, three: Peace!‹, und die Ägypter waren entfesselt: ›Salam, Salam!‹ Die Menge wollte nicht mehr weitergehen. Sie drang rufend und lachend gegen die Tribüne vor...

Was auf diesem wahrhaften Kongreß der Völker zusammengekommen war an Berichten und Erwägungen, an Gedanken, Anklagen und Meinungen, floß zusammen in einige Appelle und Vorschläge. Der Kongreß bekannte sich zu der Auffassung, daß es zwischen den Staaten keine Differenzen gibt, die nicht durch Verhandlungen bereinigt werden könnten. Er rief die Regierung der fünf Großmächte auf, sofort Verhandlungen über den Abschluß eines Friedensvertrages zu beginnen. Er verlangte einen sofortigen Waffenstillstand in allen Ländern, in denen gegenwärtig der Krieg tobt. Er proklamierte das Recht aller Völker, ihr Schicksal selbst zu entscheiden und ohne Einmischung von außen zu wählen...

Ich werde mich immer der Stunde erinnern, in der das Präsidium das Ergebnis der Wahl bekanntgab. Es war der 19. Dezember gegen drei Uhr morgens. Von 1647 Delegierten hatten 1626 für die Entschließungen des Kongresses gestimmt. Der Kongreß erhob sich. Eine ungeheure Freude ließ fast eine halbe Stunde hindurch das riesige Gebäude erbeben. Ungezählte Stimmen riefen in allen Sprachen durcheinander. Wolken von Konfetti barsten unter der Saalkuppel. Über dem tausendfachen rhythmischen Klatschen der Hände sprachen die Rundfunkreporter unhörbar in ihre Mikrophone. Hunderte von Tüchern wehten. Die amerikanischen Neger neben mir begannen einen Hot zu tanzen. Man sah in der Menge Menschen, die sich in den Armen lagen, jeder den Mund am Ohr des anderen, mit tränenüberströmten Gesichtern, als müßten sie einander jetzt sofort ein Geheimnis anvertrauen – Amerikaner und Koreaner, Franzosen und Vietnamesen.«

Bei allem, was Stephan Hermlin hier beschreibt, war ich dabei. Während er auf der Tribüne stand, lief ich auf der Straße herum und fotografierte mitten im Getümmel der Demonstranten. Während er im Plenum oder im Präsidium des Kongresses saß, schwirrte ich mit der Kamera im Saal herum. In den Pausen bewegte ich mich unter Menschen aus fünf Kontinenten und dolmetschte hier und dort bei persönlichen Gesprächen zwischen ihnen. Pablo Neruda, Jorge Amado, Diego Rivera, Nicolás Guillén, Guo Moruo, Fadejew, Ehrenburg, Anna Seghers, Arnold Zweig – alle wurden sie von meinem Objektiv eingefangen. Die Fotos, für die ich verantwortlich war, erschienen in unserem täglichen Bulletin und wurden schließlich in einem Bildband veröffentlicht; Bruno Frei und ein Franzose betreuten die Texte. Ich war wie in einem Rausch. Auch heute, nach 34 Jahren, lebt der Kongreß immer noch in mir. Beim Schreiben dieser Zeilen ertönt in mir eine, wie mir scheint, vor langem gehörte Symphonie, bei deren Darbietung ich mit meiner Kamera eine der Geigen spielen durfte.

Am 5. März 1953 starb Stalin. Nie hatte ich irgendein Gefühl für ihn gehabt, weder ein gutes noch schlechtes. Mit den grauenvollen Verhaftungen, Verschleppungen und Morden, die ich in der Sowjetunion miterlebt hatte, hatte ich ihn – wie viele andere auch – nicht in Zusammenhang gebracht. Stundenlang standen meine Kollegen und ich eingezwängt in eine Menschenmasse am Straßenrand und warteten auf den organisierten Trauerzug, der sich durch die Straßen Prags bewegte.

Ja, wir führten ein sorgenfreies, schönes Leben. Aber gerade in den Jahren von 1951 bis 1953 ereigneten sich in der Tschechoslowakei sehr widersprüchliche Dinge. In der Hauptstadt des Landes entfaltete der Weltfriedensrat seine Tätigkeit für Frieden und Freundschaft zwischen den Völkern. Auf dem Völkerkongreß für Frieden in Wien hatten sich alle Teilnehmer einstimmig dafür ausgesprochen, daß die Völker ihr Schicksal ohne jede Einmischung von außen selbst bestimmen sollten. Und plötzlich erlebten wir hier dasselbe wie in den 30er Jahren in der Sowjetunion: Der beim Volk beliebte Generalsekretär der KP der Tschechoslowakei, Rudolf Slánský, wurde plötzlich als Verräter und Feind des Volkes verhaftet und hingerichtet. (1963 wurde er durch den Obersten Gerichtshof der ČSSR postum rehabilitiert.) Wieder wurden unschuldige Menschen verfolgt und verhaftet.

Auch im Weltfriedensrat gab es politische Spannungen und Intrigen. So versuchte der sowjetische Sekretär Guljajew, alle Macht an sich zu reißen. Guljajew war ein Bürokrat, der in seinem kleinen Reich alles und alle beherrschte und der freie Gedanken, überhaupt jede Form von Freiheit unterdrücken wollte. Damit verkörperte er in seinem Denken und Handeln genau das Gegenteil von Ehrenburg, der deshalb Guljajew auch ein Dorn im Auge war. Guljajew wurde von Laffitte angehimmelt; dieser überließ ihm weitgehend die Zügel. Auch die anderen Sekretäre wagten nicht, ihm zu widersprechen. Emi allerdings spielte dabei nicht mit. Hartnäckig vertrat er die Interessen Chinas und ließ sich in nichts hineinreden. Vielleicht hatte Guljajew gerade deshalb Achtung vor ihm.

Magda, für die Emi und ich unsere Hände ins Feuer gelegt hätten, wäre fast unter die Räder gekommen. Der bereits erwähnte Křižek verfolgte sie auf Schritt und Tritt. Magda, die den Parteiunterricht unter den tschechischen Mitarbeitern im Weltfriedensrat leitete, war bei allen beliebt, und die Leute hörten ihren lebendigen Vorträgen aufmerksam zu. Křižek versuchte jedoch, ihr ein Bein zu stellen und Fehler im Unterricht nachzuweisen. Magda brachte kein Wort mehr heraus. Als sie mir dies alles erzählte, dachte ich an meinen ehemaligen Deutsch- und Lateinlehrer, Herrn Hautz, der mir das Leben im Gymnasium vergällt hatte. Křižek verleumdete und denunzierte Magda bei seinen Vorgesetzten, um sie aus dem Weltfriedensrat hinauszuekeln. Da mischte sich Emi ein. Er sprach deutliche Worte mit Guljajew, mit dem Križek ein Herz und eine Seele war, und verlangte, man solle Magda in Ruhe lassen. Er, Emi, bürge persönlich für Magdas politische Zuverlässigkeit. Widerwillig gab Guljajew klein bei, und Magda blieb. Emi hatte sich wieder einmal als Volksdiplomat erwiesen.

Später verließ Magda den Weltfriedensrat, weil sie die fortgesetzten Schikanen Križeks nicht länger ertragen konnte. Nach einiger Zeit wurde sie aber rehabilitiert und kam wieder in Amt und Würden. Zu all diesen unerfreulichen Dingen sagte Guljajew ja und amen; Jean und Georgette Laffitte auch. Nur Borsari meinte einmal ironisch zu mir: »Wenn man zum Weltfriedensrat kommt, um hier zu arbeiten, muß man Guljajew erst einmal beweisen, daß man kein Spion ist.« Magdas Geschichte ging mir zu Herzen, und ich litt sehr darunter. Ich konnte mir jedoch zusammenreimen, daß der Wind aus der Sowjetunion wehte und daß das nicht mit dem zusammenging, wofür wir im Weltfriedensrat arbeiteten und kämpften.

Ende April oder Anfang Mai 1953 fand eine Sitzung des Weltfriedensrates in Stockholm statt, bei der ich administrative Aufgaben erledigen sollte, da sie niemanden hatten, der Schwedisch sprach. Emi, der zu einem Kuraufenthalt in Karlovy Vary (Karlsbad) war, kam nicht mit nach Stockholm. Für die Sekretäre und Mitglieder des Büros sollte ich im Hotel Malmen in Söder Zimmer bestellen und sie vom Flugplatz abholen. Roy Gore begleitete mich. Ich weiß nicht, wie oft wir in diesen Tagen zum Flughafen und zurück fuhren. Wir nahmen Joliot-Curie, Bernal, Montagu, Fadejew und alle anderen in Empfang. Mit Fragen und Wünschen sollte man sich an mich wenden.

Die Teilnehmer an dieser Bürositzung kamen überwiegend aus westlichen Ländern; für sie war Stockholm kein siebtes Weltwunder. Guljajew forderte jedoch von mir, daß ich für die Angestellten des Weltfriedensrates in der Freizeit kollektive Spaziergänge, Bootsfahrten, Besichtigungen oder sonst etwas organisierte, damit sie nicht allein unterwegs waren. Die höheren Persönlichkeiten sollte ich begleiten oder unauffällig beobachten, damit ihnen nichts zustieße. Wünschte jemand Ehrenburg zu sprechen – zum Beispiel Journalisten –, sollte ich sie abwimmeln und niemanden zu ihm vorlassen. Obwohl ich Guljajew schon kannte, war ich sprachlos. Gott sei Dank hatte er keine Zeit nachzuprüfen, ob ich seine Anordnungen befolgte oder nicht. Nachdem ich Ehrenburg am Flughafen abgeholt und in sein Zimmer gebracht hatte, lud er mich ein, mit ihm zu frühstücken. Ich erzählte ihm von Guljajews Anordnungen. »Waaas?« fragte er. »Lassen Sie jeden zu mir, der mich sehen will.«

Schon 1951, als wir nach Prag kamen, hatte mich Herbert eingeladen, ihn in Stockholm zu besuchen. Wir hatten einander seit elf Jahren nicht gesehen. Da ich Sowjetbürgerin war, mußte ich die sowjetische Botschaft in Prag um Erlaubnis für diese Reise bitten. Dort sagte man mir, ich unterstünde Guljajew und er hätte das zu entscheiden. Er erlaubte es mir nicht mit dem Hinweis: »Sowjetbürger machen keine privaten Reisen.« Ich fühlte mich in die 30er Jahre zurückversetzt.

Im März 1952 ergab sich dann eine Gelegenheit zu einem Wiedersehen. Wir flogen nach Oslo zu einer Tagung, und auf dem Rückweg fuhren wir über Stockholm. Herbert und Lisel wohnten noch in derselben Wohnung in Stocksund. All die Jahre, in denen ich so viel erlebt hatte, waren an Herbert offensichtlich spurlos vorübergegangen, so, als wäre in der Welt nichts geschehen.

Jetzt, im Mai 1953, waren wir wieder in Stockholm. Da ich aber viel zu tun hatte, konnte ich Herbert kaum sehen. Ein Teil der Mitarbeiter blieb nach Tagungsende noch etwas länger. Eigentlich hätte ich auch noch einiges zu tun gehabt, aber Guljajew bestimmte, daß ich mit der ersten Gruppe nach Prag zurückflog. Weinend flehte ich ihn an, noch bleiben zu dürfen, ich hätte meinen Bruder kaum gesehen. Was sagte er darauf? Es sei sehr verdächtig, daß ich länger bleiben wolle. Er würde Emi Bericht erstatten. Das war Guljajew.

Im Juni 1953 war eine Tagung in Budapest, die letzte, an der ich teilnahm und auf der ich fotografierte. Damals wurde in den USA gerade das jüdische Ehepaar Julius und Ethel Rosenberg ohne die geringsten Beweise als Kommunisten und Spione angeklagt und auf dem elektrischen Stuhl hingerichtet. Dieses Verbrechen schrie zum Himmel, es schrie gellend hinaus in die Welt. Unzählige persönliche Briefe und Petitionen aus aller Welt gingen an die verantwortlichen Stellen in den Vereinigten Staaten mit der Forderung, die unschuldigen Rosenbergs freizulassen. Auch die Weltpresse setzte sich tagtäglich in Artikeln und Aufrufen für deren Leben ein. Wir, die Tagungsteilnehmer, hofften bis zur letzten Minute, daß die Gerechtigkeit siegen würde. Aber nein! Das grausige Urteil wurde vollstreckt. Julius und Ethel Rosenberg, die frei von jeder Schuld waren, hatten einen qualvollen Tod auf dem elektrischen Stuhl erleiden müssen. Über 1000 Menschen, die aus aller Welt nach Budapest gekommen waren, um für Frieden und Gerechtigkeit zu kämpfen, erhoben sich in stummem Entsetzen. Das erschütterte Schweigen im Saal schien eine ganze Ewigkeit zu währen.

In die Zeit dieser Tagung fielen auch die Ereignisse des 17. Juni 1953 in der Deutschen Demokratischen Republik. Wir waren zu weit weg vom Geschehen, um uns erklären zu können, was eigentlich passierte.

In Beijing und Berlin

Nach unserer Rückkehr wohnten wir zunächst im Hotel Beijing. Auf unserem Flur direkt gegenüber war der Neuseeländer Rewi Alley untergebracht. Seine Verdienste um China sind unermeßlich. In all seinen Gedichten und Prosatexten beschrieb er ausschließlich dieses Land. Er übersetzte Li Taipo und andere klassische Dichter. In den schweren 30er und 40er Jahren errichtete Rewi Alley Kooperativen und holte Waisenkinder zur Arbeit heran. Rewi, der sein Leben lang ein eingefleischter Junggeselle war, adoptierte einige der Waisenkinder, von denen er wieder Enkelkinder hatte, die ihn liebten und verwöhnten. Überhaupt liebte Rewi Kinder, und die Kinder liebten ihn. Sein Zimmer war mit den wunderlichsten Dingen vollgestopft und übte eine magnetische Anziehungskraft auf den knapp dreijährigen Heping aus. Daran kann sich Heping bis auf den heutigen Tag erinnern. Rewis riesige Sammlung chinesischer Antiquitäten hatte er dem Staat geschenkt. Die Schule, an der er wirkte, ist heute Museum. Rewi war einer der selbstlosesten Menschen, die ich je kennengelernt habe.

Im April 1987 wurde ihm zu Ehren eine große Feier veranstaltet, da er seit sechs Jahrzehnten in China lebte. Rewis engste Freunde waren Ma Haide und Hans Müller. Das war eine historische, unverbrüchliche Freundschaft, und ich muß sagen, daß ich stolz darauf bin, diese drei zu meinen Freunden zählen zu dürfen. (Leider starb Rewi kurz nach seinem 90. Geburtstag am 27. Dezember 1987.)

Unser Leben lief sich ein. Emi arbeitete in der Abteilung für Verbindung zum Ausland im Schriftstellerverband. Lion und Vitja wohnten in der Schule und kamen nur an den Wochenenden nach Hause. Ich arbeitete wieder in der Fotoabteilung der Agentur Xinhua. Mit dem Rad und der Kamera fuhr ich los, um Beijing zu entdecken. Mein erstes Ziel war der Kaiserpalast, nur wenige Minuten vom Hotel entfernt. Die ehedem Verbotene Stadt war nun jedermann zugänglich. Ich konnte mich nicht satt sehen an all den Herrlichkeiten. In den vielen Höfen und in dem Park mit künstlichen Felsen und hohen Bäumen konnte man tage- und wochenlang herumstrolchen. Zuerst machte ich, was eigentlich gar nicht meine Art ist, Fotos ohne Menschen. Die herrlichen Bauten mit den kunstvoll verzierten Dächern, die geschwungenen Brücken und mit Drachen verzierten Treppen, die Nischen und schmalen Gänge mit Laternen, die Löwen und Riesenkessel aus Bronze faszinierten mich. Erst ein Jahr später begann ich, die Besucher des Kaiserpalastes zu fotografieren und die architektonischen Schönheiten als Hintergrund für die Menschen zu verwenden.

Bei meinen Erkundungsreisen lernte ich die junge Regisseurin Xun Weishi kennen, die Adoptivtochter Zhou Enlais. Sie war gerade dabei, einen Kinderfilm nach Michailkows Kinderstück *Das weiße Häschen* zu drehen, und lud mich ins Studio ein. Im Laufe von ein paar Monaten machte ich eine Unmenge Aufnahmen von ihr und ihrer Arbeit, und wir bekamen Achtung voreinander: ich vor ihrer lebendigen und schöpferischen Art, Regie zu führen, sie vor meinen Fotos, die ebenfalls sehr lebendig ihre Arbeit mit den kleinen Schauspielern wiedergaben. Wir wurden langjährige Arbeitsfreundinnen. Wann immer sie ein neues Stück inszenierte, lud sie mich zu den Proben und zur Premiere ein. Mehrmals besuchte ich sie und ihren Mann, den Regisseur und Schauspieler Jing Shan, in ihrem Heim und fotografierte das sympathische Ehepaar inmitten seiner Bücher und Blumen.

Kurz darauf kamen Stephan Hermlin und Jan Petersen, die vom chinesischen Schriftstellerverband eingeladen worden waren, zu einem Besuch nach China. In Beijing begleitete ich sie öfter auf ihren Rundgängen. Mit Stephan fuhr ich auch einmal in ein Dorf, wo er die Bauern über ihr neues Leben interviewte und ich fotografierte. Ein paarmal entwischten wir zwei den Betreuern und Dolmetschern, und ich zeigte Stephan Beijing auf meine Art.

Leider fiel in Stephans China-Aufenthalt ein Ereignis, das mich zutiefst erschütterte. Als Stephan am 7. Oktober von einer Feier in der DDR-Botschaft zurückkam, erzählte er mir, daß Friedrich Wolf ein paar Tage zuvor ganz plötzlich gestorben war. An Else schrieb ich: »... Du hattest es mehr als irgend jemand verdient, noch viele glückliche Jahre mit ihm [Friedrich Wolf] zu verleben. Ich kann nur schwer alles schreiben, was ich fühle und denke; aber Du kennst mich gut genug und weißt auch, wie sehr ich mit meinem Herzen bei Dir bin.«

Über mich schrieb ich in demselben Brief: »Ich habe mich schon wieder ganz gut in meiner neuen-alten Heimat eingelebt. Dieses Mal bin ich schweren Herzens von Europa fortgefahren, was eigentlich dumm von mir war. Denn ich sage mir jetzt oft, das Leben ist so kurz. Man soll nicht immer der Vergangenheit nachhängen, sondern in der Gegenwart leben, alles Gute und Schöne genießen und sich am Leben freuen, solange man es hat.

An den Kindern habe ich viel Freude. Lion ist schon ganz erwachsen, und ich habe beinahe einen Freund in ihm. Vitja ist noch ein Kind, sehr zärtlich und anhänglich. Und der Kleine ist so niedlich und frech wie Lion, als dieser ein Kind war. Er sieht Lion unheimlich ähnlich... Lion spricht schon sehr gut Chinesisch, und Vitja fängt auch an...

Wir wohnen noch im Hotel, haben aber eine Wohnung in Aussicht gestellt bekommen. Die Arbeit macht mir riesigen Spaß, und ich fühle mich wohl... Emi war wieder einen Monat lang in Europa, in Wien, Sofia, Moskau... Trotz seiner Arbeit im Schriftstellerverband wird er auch Zeit zum Schreiben haben...«

Am 17. November flog Emi nach Wien zu einer Tagung des Weltfriedensrates. Von dort schrieb mir Stephan Hermlin: »...ich freute mich, Emi zu sehen... Schade, daß Du nicht mitgekommen bist. Du fehlst einem eben, wenn man in den Saal blickt. Die anderen Fotografen können Dich nicht ersetzen. Honi soit qui mal y pense...« Das war natürlich Öl auf die Wunde, daß ich Emi nicht begleiten konnte.

Mit dem Rad fuhr ich auch weiterhin kreuz und quer durch die Straßen Beijings. Wo immer ich hinging, hatte ich meine Kamera dabei – eine Leica oder eine Exacta. Im März 1954 besuchten Emi, Ai Qing, José Venturelli und ich den ältesten und bekanntesten Maler des modernen China, den über 90jährigen Qi Baishi. Zum erstenmal war ich in einem ebenerdigen chinesischen Häuschen mit Gärtchen. Der alte Mann saß in einem Sessel, umgeben von Bildern und Pinseln. Während die anderen sich mit Qi Baishi unterhielten, fotografierte ich.

Ende April zogen wir in ein anderes Hotel, das viel hübscher und gemütlicher war. Es war ein einstöckiges Haus mit Garten, so daß Heping ab dem frühen Morgen an der frischen Luft sein konnte.

Stephan Hermlin schrieb uns am 23. April: »... Dieser Tage kommen zwei gute Freunde zu Euch: Ludwig Renn und Bodo Uhse. Ich glaube, Emi und Du kennt sie beide nicht, ich meine persönlich. Bodo Uhse ist sehr mit Venturellis befreundet. Ich höre Euch im Geiste schon im Beijing-Hotel klönen...« Am 28. April kamen sie auf Einladung des chinesischen Schriftstellerverbandes an. Emi, ich und noch ein paar Freunde nahmen sie am Flughafen in Empfang. Da ich damals noch kein Tagebuch führte, lasse ich Bodo Uhse erzählen: »... Menschen, Begegnungen, das stille schnurrbärtige Gesicht des Dichters Emi Siao, Professor Fung breit schmunzelnd, der kleine Fan. Am Abend, taumelnd vor Müdigkeit, ein Fest wie eine kleine Flamme: Umarmung und Wiedersehen mit Delia und

José [Venturelli], der hier als Delegierter des lateinamerikanischen Friedenskomitees. Emi und seine deutsche Frau Eva durften nicht fehlen bei der freundschaftlichen Tafelrunde, in der auch Ludwig sich wohl fühlt, so daß er gar an seinem Glase nippt...«

Am 8. Mai besuchten uns Bodo Uhse und Ludwig Renn in dem kleinen Hotel. Bodo schreibt darüber: »... Am Nachmittag zu Besuch bei Emi und Eva Siao. Vor den im Erdgeschoß gelegenen Hotelzimmern wird Ping-Pong gespielt. Durch die halbgeöffneten Fenster dringt das klappernde Geräusch der aufschlagenden Zelluloidbälle. Ich kann das Spiel nicht sehen, folge ihm aber lauschend mit großer Spannung. Tack-tack, tack... aha, ein Ball wurde ins Aus geschlagen.

Wir trinken Kaffee und chinesischen Kognak und unterhalten uns in einem merkwürdigen Sprachgemisch, bald französisch, bald deutsch, bald russisch, wobei dann Ludwig oder Eva Siao übersetzen. Emi spricht vom Leben in Jenan [Yan'an], jener so entscheidungsvollen Periode der chinesischen Revolution.

Aber es bleibt nicht bei den persönlichen Erinnerungen an die Jahre des Höhlenlebens. Emis Bericht rührt an die Wurzeln der großen Umwälzung, welche China durchlebt hat, zeichnet in knappen Worten die Entwicklung der Kommunistischen Partei Chinas nach, deckt den Weg auf, der nach 30 Jahren des Kampfes zur Befreiung führte.

Hin und wieder wird sein Bericht unterbrochen, die Tür öffnet sich, und durch den Spalt schaut ein Jungenkopf herein. So lernen wir – einen nach dem anderen – die drei Söhne der Siaos kennen. Das Spiel draußen geht indessen ununterbrochen weiter.

Emi Siaos Stimme ist leise. Er lächelt unter dem schwarzen Schnurrbart und spricht auch in den fremden Sprachen, deren er sich unseretwillen bedienen muß, mit Worten des Dichters vom eigentlichen ›Geheimnis‹ der Befreiung Chinas – denn die Aufgabe schien oft übermenschlich groß, und die Kräfte waren bei weitem nicht ausreichend. Wie dennoch möglich wurde, was heute Wirklichkeit ist? Neben allem anderen gehörte als entscheidende Voraussetzung dazu die Oktoberrevolution, als nicht hinwegzudenkendes Element die Existenz der Sowjetunion, als Impuls und kraftspendender Faktor – ihr Vorbild, ihre große, nachbarliche Hilfe. Welch ein schönes, die Dinge kennzeichnendes Wort hat die chinesische Sprache dafür gefunden. Der große Bruder – so heißt im chinesischen Volksmund die Sowjetunion. Ein gutes einsichtsvolles Gespräch...«

Am 9. Mai begleitete ich Bodo Uhse und Ludwig Renn zur Großen

Mauer und zu den Ming-Gräbern. Auch ich machte diesen Ausflug zum erstenmal. »Ein Ausflugstag in zahlreicher lustiger Gesellschaft, mit einem Picknick bei freundlichem Wetter und allem, was dazu gehört.« (Bodo Uhse) Die Eindrücke dieses Tages waren überwältigend, und Bodo hielt sie in bewegten Worten fest. Meine Empfindungen glichen ganz den seinen:

»Aber das große Erlebnis dieses Tages, das Erregende und mich noch jetzt mit frohem Staunen erfüllende Wunder bildet die Allee der Grabwächter. Sie erstreckt sich über mehr als einen Kilometer durch das von den Bergen umrahmte, wie es heißt, früher einmal paradiesisch bewachsene, heute aber öde Tal. Rechts und links, paarweise einander gegenüberstehend, die teils überlebensgroßen Figuren von Tieren, Fabelwesen und Menschen – Würdenträgern des Hofes und Kriegern in zeremonieller Hoftracht und ornamentgeschmückter Rüstung, bis auf geringe Verschiedenheiten des Gesichtsausdruckes zu völliger Unpersönlichkeit versteinert. Anders die zahlreichen Tiere, Kamele, Elefanten, Pferde, aber auch das Einhorn und uns unbekannte, fremde Fabelwesen... Stehend oder liegend säumen sie unseren Weg.

Welch ein Leben, welche Kraft, welche Bewegung in ihrer ruhenden Haltung! Und das trotz aller Strenge der Form, die sich der Künstler auferlegt hat, trotz allen Zwanges zu rituell gefordertem Maß, dem er sich unterwerfen mußte. Sieh doch den Lauf der Ader im Ohr des Elefanten! Glaubst du nicht auch zu spüren, wie das Blut hindurchpulst? Sieh nur das Auge des Pferdes! Kann sein Blick dich unberührt lassen? Aber es ist nicht das realistische und eben auch noch stilisierte Detail, es ist das Ganze, die Komposition, das harmonische Verhältnis aller Teile zueinander, die diesen Eindruck natürlicher Würde, der Schönheit – und des Lebens wecken.

Noch einmal blicken wir uns um. Die Sonne sinkt, die Berge verfärben sich, lang und dunkel kriechen die Schatten über den glühenden Sand.

Noch einmal sehen wir sie uns an, die fremden Fabelwesen und die uns vertrauten Tiere, die hier seit 500 Jahren Wache halten. Da erheben sich, die im Sande liegen, und die da stehen, wandern langsam, ohne uns zu beachten, davon.«

Aus diesem ganz persönlichen, gemeinsamen Erlebnis heraus – inmitten einer fröhlichen Gesellschaft – entstand eine tiefe Freundschaft zwischen Bodo und mir.

Am 11. Mai fuhren Bodo und Ludwig ins Landesinnere. Um die Monatsmitte begab sich Emi auf eine mehrmonatige Reise. Er fuhr zu einer Tagung des Weltfriedensrates nach Berlin, dann nach Prag und anschließend zu einer Kur nach Karlovy Vary, die er dringend brauchte. Im Juli flog er mit Ai Qing und Zhao Yiming nach Chile, um dort Pablo Nerudas 50. Geburtstag zu feiern. Ehrenburg kam ebenfalls nach Santiago und überreichte Neruda den Friedens-Preis. Von unterwegs schickte mir Emi ausführliche Briefe, die voll Sehnsucht nach mir und China waren.

Bodo schrieb aus Nanjing: »... unterwegs hat man oft an Dich gedacht. Wie sind die Fotos der Tempelwächter geworden?« Bevor er nach Berlin zurückkehrte, konnte er sie bei einem kurzen Zwischenaufenthalt in Beijing bewundern. Er war begeistert und schlug mir vor, gemeinsam ein Buch zu machen, mit Fotos von mir und Text von ihm. Ich war ganz trunken von dieser Idee.

Auf dem Heimweg schrieb mir Bodo am 29. Juni aus Moskau: »... erst spät nach Mitternacht fuhren wir weiter nach Nowosibirsk. Als es hell wurde und man hinunterschauen konnte auf das dunkle Blaugrün der endlosen sibirischen Wälder, stellte sich auf einmal der Schmerz des Abschieds ein. Wehmut ist wohl ein Wort, das es nur in der deutschen Sprache gibt. Wie schön und voller Wunder ist doch die chinesische Reise gewesen. Unausschöpfbar der tiefe Zauber dieser letzten Tage in Beijing. Das Herz kann nicht fertig werden mit dem Reichtum, der ihm zugeflossen ist.

Die Erinnerung klammert sich an Einzelheiten. Der Abend mit Ding Ling – die trunkenen klugen Augen Ai Qings und der anderen...

Da ist der letzte Blick auf die goldgelben Palastdächer bei der Fahrt zum Flugplatz, und mir ist, als striche jemand sanft mit den Fingerspitzen über meine altersstruppigen Augenbrauen. Es läßt sich nicht vergessen. Und hartnäckig ist der Wunsch da, das Einmalige zu gestalten. Doch darf der unverdient erworbene Reichtum des Herzens kein Raub sein. Die Quelle, aus der geschöpft wurde, darf nicht versiegen, sondern soll weiter strömen. Schau, alle Kunst des Lebens besteht darin, aus der Sehnsucht eine schöpferische Kraft zu machen...

Immer wieder spüre ich, wie viel ich von dort [China] mitgenommen habe. Ich habe klare Augen bekommen, einen frischen Sinn. Das Leben ist mir sozusagen ganz dicht auf die Haut gerückt.«

Mir ging es auch so. Ich bekam neuen Arbeitselan, ein frischer Wind durchpulste mich in dem brutheißen Beijing, ich fühlte mich wie neugeboren. An Bodo schrieb ich: »Mir ist, als habe man mir das Leben neu geschenkt...« Und er antwortete: »Dieser Satz klingt wie eine Musik in mir – eine gute Musik, die man immer wieder hören will.« Inzwischen war mir manches klargeworden.

Nach unserer Rückkehr aus Prag geriet ich nach und nach in große Widersprüche zu mir selbst. Mein Traum hatte sich erfüllt, ich war endlich in China. Es gefiel mir, die Arbeit machte mir Freude, und ich war überwältigt von all dem Schönen, Neuen, Seltsamen. Ich hatte alles, was man sich nur wünschen konnte. Emi war gut zu mir, las mir jeden Wunsch von den Augen ab und verwöhnte mich; die Kinder waren lieb und nett. Und doch überkam mich manchmal eine unheimliche Sehnsucht nach Europa. Stephan Hermlin schrieb mir einmal, daß mein Fall unlösbar sei: »In Europa wolltest Du nach China, in China zurück nach Europa.«

Und dann trat Bodo in mein Leben. Diesem ungewöhnlichen, sensiblen Menschen hatte ich viel von mir erzählt. Unser gemeinsames wortloses Erleben der Tempeltiere, Bodos Begeisterung für China und meine Fotos, seine mir das Herz wärmende Freundschaft und der Wunsch, mit mir einen Bildband zu machen, halfen mir, meinen Konflikt zu bewältigen. Ich mußte meine Liebe zu Emi und zu China sowie meine Sehnsucht nach Europa miteinander in Einklang bringen. Einerseits mußte ich China nach Europa tragen, andererseits meine europäischen Freunde China durch meine Augen sehen lassen, ihnen China nahebringen. Erst dann würden mein Leben und meine Arbeit einen Sinn bekommen. Bodo ebnete mir diesen Weg.

Ein paar Monate später schrieb er: »... die Leute des Sachsenverlages (Dresden) waren hier. Ich zeigte ihnen die Fotos. Sie waren begeistert. Ihr Vorschlag: ein Bildband ›Peking alt und neu‹ (einschließlich Ming-Gräber, Mauer und Oper), etwa 160 Bilder von Dir und einen einleitenden Text von mir... Schreib mir, ob Du damit einverstanden bist und wann man Dich in Berlin erwarten kann, darf, soll, muß!«

Freudig machte ich mich an die Arbeit, denn ich mußte ja noch viel für das Buch fotografieren. So fuhr ich eines Abends allein mit dem Rad ins Changan-Theater, um mir eine Peking-Oper anzusehen. Gegeben wurde die Oper *Yu Tang Chun* (Frühling in der Jadehalle), in der die bekannte Schauspielerin Du Jinfang mitwirkte. Ich war von dem Spiel, der Mimik, der Gestik, der reichen Kleidung fasziniert, nicht aber von der Musik. An diese haben sich meine Ohren bis heute nicht gewöhnt. Von der Mitte der ersten Reihe aus machte ich über 100 Aufnahmen; Shi Shaohua war von den Fotos hellauf begeistert. Er riet mir, mich auf die Peking-Oper zu spezialisieren, was ich später auch tat. Ich war überglücklich. Als Emi Mitte

September nach Beijing zurückkehrte, fand er eine ausgeglichene Eva vor, die ihn voller Sehnsucht erwartete.

Emi war großzügig genug, mir bei Freundschaften, bei meiner Arbeit und bei meinen Reisen nach Deutschland und in andere Länder jede Freiheit zu lassen. Er hatte seine persönlichen Freunde, zumeist Chinesen, die ihm gaben, was ich ihm nicht geben konnte, und mit denen er über seine Arbeit und chinesische Dinge redete. Bis heute kann ich schöne Literatur und Lyrik auf Chinesisch nur mit großer Mühe buchstabieren, mit der Hand Geschriebenes kaum entziffern. Emis und meine gemeinsame Sprache, auch die mit den Kindern, war das Russische.

Von meinen Freunden – hauptsächlich Künstler und Schriftsteller – nahm ich, was Emi mir nicht geben konnte: Mit ihnen sprach ich über Europa und alles, was dazugehörte, las ihre Bücher, hörte ihre Musik, betrachtete ihre Gemälde. Mit ihnen konnte ich westliche Themen diskutieren; mit Emi ging das nicht. Für europäische Kunst und Musik hatte er nur wenig übrig, und Bücher in deutscher Sprache konnte er nicht lesen. So fehlten uns, was westliche Literatur betraf, die Gesprächsthemen.

Immerhin waren unsere gemeinsamen Freunde in der Mehrzahl – so Ma Haide, Sufei, Hans Müller, Basuhua, der ab und zu nach China kam, Rewi Alley, die Freunde aus der Prager Zeit – Magda und Martin, die Gores, Venturellis, Amados, Pablo Neruda –, dann Franz und Grete Weiskopf sowie John und Tutti Heartfield. Und unsere sowjetischen Schriftstellerfreunde waren in den 50er Jahren einer nach dem anderen bei uns zu Gast. Jeder von uns beiden hatte so ein Abflußrohr für seine persönlichen Interessen gefunden, und uns blieb das Kostbare unserer wohl einzigartigen Beziehung erhalten.

Emi und ich respektierten auch unsere oft recht unterschiedlichen Gewohnheiten. So frühstückte Emi schon am frühen Morgen ausführlich, während ich noch meine Gymnastik und Massage machte und ausgiebig eine kalte Dusche nahm. Später trank ich Kaffee und aß etwas Konfekt oder Schokolade. Dabei leistete mir Emi Gesellschaft. Er war dann immer unter einem Berg von Zeitungen vergraben, ohne die er nicht leben konnte und die er täglich verschlang. Manchmal las er mir aus der Zeitung vor, oder wir erzählten einander unsere Erlebnisse und kleinen Sorgen, auch solche, die unser beider Arbeit betraf. Sofern Emi keine dringenden Sitzungen hatte oder ich irgendwelche Aufnahmen machen mußte, gehörten diese späten Morgenstunden ganz uns. Die Kinder wuchsen in dieser Atmosphäre prächtig heran. Pascha war der gute Geist des Hauses, »eine echte ›Baba‹, die den ganzen Haushalt leitet und beherrscht«. So beschrieb sie Paul Distelbarth nach seinem Besuch bei uns in »Abschied von Peking« (in: *Blüte der Mitte*).

Im August 1954 fuhr ich mit den Kindern und Pascha nach Beidaihe und tobte mich im Meer aus. Und dann bekamen wir die langersehnte Wohnung: ein Häuschen in einer kleinen Gasse in der Oststadt, im Zentrum von Beijing, mit sieben Zimmern zu ebener Erde, Badezimmer, Küche, einer Garage, die zuerst mal Rumpelkammer wurde, und einem kleinen Raum, den ich mir als Dunkelkammer einrichtete. Dieses Häuschen, das vorn außerdem noch einen Hof und nach hinten raus einen kleinen Garten hatte, verdankten wir Pascha. Sie hatte herausbekommen, daß eine Familie russischer Emigranten in die Sowjetunion zurückging und das Häuschen frei wurde. Der Schriftstellerverband, in dessen Besitz das herrenlose Anwesen übergegangen war, ließ es renovieren, und dann konnten wir Ende September endlich alle zusammen einziehen. Als erstes machten wir uns auf Möbelsuche. Wir waren ganz verrückt auf chinesische Möbel, die damals spottbillig waren.

Erst nach Emis Rückkehr im September hatte ich erfahren, daß er auf seiner Reise in Chile einen schweren Autounfall gehabt und mit einer Gehirnerschütterung über zehn Tage lang im Krankenhaus gelegen hatte. Davon hatte sich Emi immer noch nicht erholt. Für den November war eine Tagung des Weltfriedensrates in Stockholm vorgesehen. Im Anschluß daran sollte die chinesische Delegation in Prag noch Station machen. Wir beschlossen, daß Emi von Prag aus nach Karlovy Vary zur Erholung fahren sollte. Da es auch Herbert nicht gutging, er hatte einen Herzinfarkt gehabt, wollte ich mit nach Stockholm kommen. Während Emi in Prag und Karlovy Vary war, wollte ich in Berlin mit Bodo Uhse das geplante Buch machen. Anschließend wollten wir uns in Moskau treffen und zusammen nach Beijing fliegen. Und so geschah es auch.

Am 28. November 1954 begann ich, Tagebuch zu schreiben. Mit einer Unterbrechung von zwölf Jahren (1967–1979) habe ich diese Gewohnheit bis heute beibehalten. »Sonntag, 28. November, Stockholm–Berlin... Mit Emi und den anderen Chinesen im tschechischen Flugzeug nach Berlin. Erleichtert, daß Herbert wieder fast gesund ist. Bodo am Flugplatz. Emi fliegt nach 40 Minuten weiter nach Prag. Ich wohne im Hotel Newa... Mit Bodo, José Venturelli und Joris Ivens im Restaurant zusammen zu Abend gegessen.«

Ich besuchte Trude (Gertrud Kühnke), meine Freundin aus Tschimkent, die ich auch schon bei früheren Berlin-Aufenthalten getroffen hatte. Sie arbeitete bei der *Täglichen Rundschau* und lebte allein. Ich lud sie in die Komische Oper ein, wo wir *Eine Nacht in Venedig* von Johann Strauß (Sohn) in einer Felsenstein-Inszenierung sahen – »eine bezaubernde Aufführung mit viel Phantasie und Geist«. Mit Bodo schaute ich mir Ivens' Film *Das Lied der Ströme* an – »ein wundervoller Film«. Anschließend waren wir in der Möwe, einem netten Künstlerrestaurant.

Am Mittwoch, dem 1. Dezember, fuhren Bodo und ich frühmorgens nach Dresden, um mit den Leuten vom Sachsenverlag zu sprechen. Ihnen gefielen meine Fotos, und sie waren bereit, einen Vertrag mit uns abzuschließen. Wir vereinbarten, welche Themen ich noch fotografieren sollte. »Wie kann ich Bodo für all das je danken? Ich wagte nie, an so etwas zu denken... Um drei Uhr holte Genosse Klemm uns mit dem Wagen ab, um uns den Zwinger zu zeigen. Ein bezaubernder Herbsttag mit etwas Sonne – unglaubliche Beleuchtung. Der Zwinger, halb Ruine, halb wieder aufgebaut, erinnert mich an Wien... Mit Bodo in ein Bücher-Antiquariat, ich kaufte Michelangelo, er Kleist... Abends kamen die Genossen Klemm und Reich mit ihren Frauen ins Hotel und luden uns zum Essen ein. Wir unterschrieben den Kontrakt...«

Am Samstag darauf, mittlerweile waren wir nach Berlin zurückgekehrt, fuhr ich mit José Venturelli zu Bodo nach Groß-Glienicke. »Ein bezauberndes Haus am See, ringsherum Wald. Bodos Arbeitszimmer befindet sich in einer Laube und liegt direkt am See.« Bei dieser Gelegenheit lernte ich auch Almas 14jährigen Sohn Joel kennen. (Bodos Frau Alma war Amerikanerin; beide hatten sich in Mexiko kennengelernt. Alma war mit ihrem gemeinsamen Sohn Stefan, der an schwerem Asthma litt, für einige Zeit in ein Sanatorium in der Sowjetunion gefahren.) Nach einem ausführlichen Spaziergang durch den Wald kehrten wir in der Dämmerung zu Bodos Haus zurück. (»Alles ist so vertraut und heimatlich. Ich dachte an Landeck und an meine Spaziergänge mit Herbert.«)

Am 8. Dezember, als Bodo gerade bei mir war, rief Lotte Janka, die Frau von Walter Janka, dem Leiter des Aufbau-Verlags, an und sagte, daß Leonhard und Charlott Frank am folgenden Tag nach Leipzig kämen. Charlott Frank, geborene Jäger, war eine Jugendfreundin meiner Schwägerin Lisel und von mir. Herbert und Lisel hatten mir 1952 in Stockholm erzählt, daß Lottchen Ende der 40er Jahre Leonhard Frank in den USA geheiratet hätte. Und im Herbst 1954 hatte mir Stephan Hermlin nach Beijing geschrieben: »... Vor zwei Wochen müssen Dir ständig die Ohren geklungen haben. Du mußt nämlich wissen, daß Leonhard Frank und Frau längere Zeit hier zu Gast waren. Frank verlebte hier seinen 72. Geburtstag, und ich war draußen bei ihnen. Ich erzählte ihr, der Charlott, von Dir, und das war für sie natürlich eine Riesenüberraschung. Sie interviewte mich stundenlang und wollte alles von Dir, Deinem Mann und Deinen Kindern wissen, und ich gab so gut Antwort, wie ich konnte... Die beiden leben in München.« Als 13jährige hatten Lisel und ich begeistert Franks Liebesroman *Bruder und Schwester* verschlungen. Und nun kam mein Jugendschwarm nach Leipzig – mit Lottchen, pardon, mit Charlott! Bodo meinte, da fahren wir eben nach Leipzig.

Wir kamen am 10. Dezember spätabends dort an, nahmen uns Zimmer im Palast-Hotel und saßen bis tief in die Nacht in Auerbachs Keller bei Kaviar und Sekt. Ich war in gehobener Stimmung und steckte Bodo an. Am nächsten Morgen hatten wir zum Frühstück Kaffee und Cognac. Bodo trank viel; ich konnte auch einiges vertragen, aber nicht so viel wie er. So machten wir uns auf den Weg zu den Franks im Hotel Kontinental – ich doch ein wenig beschwipst von dem Alkohol auf nüchternen Magen.

Das Wiedersehen mit Lottchen nach 25 Jahren war stürmisch. Am Tisch saß, ich traute meinen Augen nicht, der blendend aussehende, elegante »Konstantin« aus *Bruder und Schwester* – allerdings ein 70jähriger Konstantin mit schlohweißem Haar. Auf Charlotts Frage: »Frankie, wie gefällt dir denn meine Eva?« antwortete er langsam, mich bewundernd betrachtend: »Ich wußte ja nicht, daß da eine 17jährige ins Zimmer kommt.« Ich wurde ganz blaß vor Verlegenheit. Daß Leonhard Frank, in dessen Büchern die Frauen immer bezaubernde Wesen von auserlesener Schönheit waren, mir solch ein Kompliment machte, kitzelte meine Eitelkeit. Frank, den alle, ich weiß nicht warum, Frankie nannten, was überhaupt nicht zu ihm paßte, war ein großartiger Mensch. Er, der aus einer ganz armen Arbeiterfamilie stammte, war ein glühender Antifaschist und Pazifist und erhielt in Anerkennung seines Werks den ersten DDR-Nationalpreis für Literatur. Nach dem großen Wiedersehen gingen Bodo und ich in die Universität, wo Leonhard Frank aus *Links, wo das Herz ist* las, einer Art Autobiographie. Anschließend fuhren die Franks mit dem Auto nach Berlin. Bodo und ich bummelten noch einen Tag durch Leipzig. Am 13. Dezember waren wir wieder zurück in Berlin.

Leonhard und Charlott Frank wohnten ebenfalls im Hotel Newa. An einem der folgenden Tage, Charlott war heiser und lag im Bett, aß ich mit

Frank zu Mittag. Er erzählte viel aus seinem Leben, von seiner Beziehung zu Lotte, die er liebte und auf die er hörte, auch wenn er ihren wahren Charakter durchschaute, und von seinen Buchplänen. So sagte er mir, daß er ein Buch mit dem Titel *Lenin und der Papst* schreiben wolle. Ob daraus je etwas geworden ist, weiß ich nicht. Diese Stunden mit Frank waren sehr anregend, wir verstanden einander. Er war reizend und charmant – ein progressiv-politischer Mensch, wie den meisten seiner Bücher zu entnehmen ist. Am Abend fuhren die Franks zurück nach München.

Mein Besuch in Berlin neigte sich dem Ende zu. Ich traf mich noch mit Stephan Hermlin, Else Wolf, Trude und besuchte die Weiskopfs, die sich in Deutschland überaus wohl fühlten. Mit Bodo war ich jeden Tag zusammen. Gemeinsam gingen wir über den Weihnachtsmarkt auf dem Marx-Engels-Platz und erfreuten uns wie die Kinder an der märchenhaften Beleuchtung, an der Kindereisenbahn, dem Pony-Karussell, den Buden mit Würstchen und Lebkuchen. An meinem letzten Abend in Berlin feierten Bodo und ich bei einer Flasche Sekt Abschied und sprachen über unser Buch. Im nächsten Frühjahr sollte ich mit den neuen Fotos nach Berlin kommen. Am 19. Dezember, einem Sonntag, brachte mich Bodo nach Schönefeld zum Flughafen und sagte: »Bisher hast du mich nur von der Sonnenseite kennengelernt.« Der Abschied von Bodo, dem ich unendlich viel zu verdanken hatte, fiel mir schwer. Gleichzeitig freute ich mich auf Emi, nach dem ich mich schon sehnte. Emi hatte mich angerufen und gesagt, daß er mich am 19. in Moskau erwarte. Er hätte Unannehmlichkeiten. Kaum war ich im Hotel National angelangt, erfuhr ich, was los war.

Im Dezember 1954 sollte der Zweite Sowjetische Schriftstellerkongreß in Moskau stattfinden. An dem ersten im Jahre 1934 hatte Emi teilgenommen und als Vertreter der Liga der linken Schriftsteller Chinas, zu denen neben anderen Lu Xün gehörte, gesprochen. Auf diesem Kongreß hatte er Maxim Gorki kennengelernt und eine Reihe anderer namhafter sowjetischer Autoren. Auf Grund seiner umfangreichen schriftstellerischen Tätigkeit wurde Emi nach und nach sehr bekannt in der UdSSR. Natürlich wollte er brennend gern bei dem zweiten Kongreß dabei sein.

Emi besaß viele Freunde in China, in der Sowjetunion und in anderen Ländern. Unter den chinesischen Schriftstellerkollegen gab es aber auch solche, die ihm seinen Erfolg neideten und ihn anfeindeten. Wenn auch die Revolution gesiegt hatte, so doch nicht in ihren Köpfen. Ihnen war jedes Mittel recht, Emi zu demütigen, und so wurde ihm seine Bitte, an dem Kongreß teilnehmen zu dürfen, abgeschlagen.

Es traf sich, daß Emi während des Kongresses ohnehin in Moskau war. Als Fadejew das erfuhr, rief er ihn an und versprach Emi, ihm eine Einladung zu schicken. Diese Einladung gelangte jedoch nie in seine Hände. Emis gute Freundin Ding Ling, die zu der dreiköpfigen chinesischen Delegation gehörte, erzählte ihm, daß die Einladung von dem Delegationsleiter abgefangen worden sei. Das war pure Schikane. So war Emi bei meinem Kommen denkbar schlechter Laune.

Alle unsere Schriftstellerfreunde waren in Moskau: Anna Seghers, Stefan Heym mit Frau, Amados, Pablo Neruda und viele andere. Wir trafen sie täglich, und sie erzählten von der Tagung. Alle fragten nach Emi, denn niemand schenkte der offiziell ausgestreuten Version Glauben, er sei krank. Vielmehr führten alle Emis Abwesenheit auf dem Kongreß auf eine Intrige zurück.

Zum Abschluß der Tagung gab Pablo Neruda am 25. Dezember ein großes Fest im Hotel Metropol. Emi und ich saßen an einem Tisch mit Ehrenburg, Ding Ling, Lao She, den Amados, Louis Aragon, Elsa Triolet, deren Schwester Lilja Brik (der Witwe Majakowskijs) und der Tänzerin Lipischinskaja. Später kam noch Kirsanow, unser Nachbar im Schriftstellerhaus. Dieser Abend war ein Triumph für Emi, und befriedigt konnte er Moskau verlassen.

Da im Laufe der nächsten Tage keine Flugzeuge von Moskau nach Beijing gingen, fuhren wir mit dem Zug. Vor mir lagen neun Tage mit Emi in einem Abteil erster Klasse. Ich las viel – so den Roman *Weggefährten* von Vera F. Panova, Bücher von B. Traven über Mexiko und von Maupassant – und führte eifrig Tagebuch. Am Freitag, dem 31. Dezember 1954, notierte ich: »... durch Sibirien. Die Landschaft ist zauberhaft schön. Verschneite Wälder, minus 30 Grad... Sylvester feierten wir im Speisewagen. Die chinesischen Genossen von den Gewerkschaften luden alle Ausländer ein – Argentinier, Vietnamesen, Indonesier, eine französische Journalistin. Ein sehr netter internationaler Abend bis zwei Uhr...

Am Tag der Abreise hatte ich von Bodo einen Neujahrsbrief bekommen: ›... Laß von Dir hören, schöne Reisende. Alles Gute wünsche ich Dir zum Neuen Jahr, es ist ein Wunsch, der von ganzem Herzen kommt. Alles Gute auch für Emi und die Söhne. Das gehört ja dazu. Bewahre Dir Deinen frohen Blick und Dein gutes Lachen – welche Lebensfreude kannst Du doch damit geben. Und auch darauf wollen wir trinken, daß das Buch im nächsten Jahr fertig, daß es ein gutes Buch wird...‹

Sonnabend, 1. Januar 1955. Auf einer winzigen Station spazierengegangen. Minus 43 Grad. Ganz zauberhaft schön. Das neue Jahr beginnt wie im Märchen: strahlende Sonne. Alle Bäume mit Schnee bedeckt. Ich sehe stundenlang zum Fenster hinaus: die sibirische Steppe – zwischen langen Strecken kleine verschneite Dörfer, Jungen auf Skiern, Frauen, die Wasser aus dem Brunnen holen, aus jedem Schornstein steigt dicker Rauch auf, dahinter glüht die Sonne. Unheimlich schön, wenn man vorbeifahren kann. Dort leben – nein.

Am vierten [Januar] abends sind wir endlich in Beijing. Am Wochenende sind alle versammelt: Lion, Vitja und Pupsik. Emi ist heiter und ausgeglichen, das ist die Hauptsache.«

Sofort nach unserer Rückkehr kurbelte ich die Arbeit an. Bis Ende April fotografierte ich eine Menge: in der Kunstakademie Töpfer, Papierschneider, Holzschnitzer, in Staatsbetrieben Jade- und Elfenbein- und Lackschnitzereien sowie Emaillearbeiten. Vitja begleitete mich ins Puppentheater; dort hielt ich den Entstehungsprozeß einer Puppe im Bild fest. In der berühmten Liulichang beobachtete ich verschiedene Handwerker beim Anfertigen von Musikinstrumenten. Und ich besuchte ein Stahlwerk sowie eine Fabrik, um die Arbeiter und Arbeiterinnen zu fotografieren. Hier hörte ich, daß die Arbeiter jetzt besser lebten, es Kindergärten, Schulen und ein Krankenhaus gäbe. Zum Frühlingsfest ging ich auf den Neujahrsjahrmarkt und fuhr aufs Land, wo sich die Bauern, Arbeiter und Soldaten bei Tanz und Spiel vergnügten. »Abends im Freien Filmvorführung. Es ist eiskalt, aber die Menschen sind aufmerksam und vergnügt. Es ist bewundernswert, bei so einem harten, primitiven Leben so vergnügt zu sein.«

Im Filmstudio von Beijing drehte der sowjetische Regisseur Jakowljew einen Film mit Mei Lanfang. Die Aufnahmen wurden in der Nacht gemacht. Mehrmals fuhr ich spätabends mit dem Rad hin und blieb bis fünf Uhr morgens. So lernte ich Mei Lanfang kennen, den legendären Schauspieler der Peking-Oper, zu dem ich bis zu seinem Tod im Jahre 1961 eine gute »Foto-Beziehung« hatte.

Bei uns zu Hause machte ich Porträtaufnahmen von dem Maler Li Keran, der für seine Tuschzeichnungen mit Wasserbüffeln, auf denen Kinder sitzen, berühmt war. Reproduktionen seiner Werke waren in Kunstbänden erschienen. In einer Pause zeigte ich ihm einen großen Breughel-Band, von dem er begeistert war. Dann fotografierte ich ihn bei sich zu Hause beim Malen. Alle Fotos entwickelte und vergrößerte ich wie immer selbst. Unser Buch nahm Gestalt an, wurde lebendig.

Emi ging es nicht gut. Zwar meinte der behandelnde Arzt, ein sowjetischer Professor, ich sollte mir keine Sorgen machen, Emi brauche nur etwas Ruhe, aber ich hatte trotzdem ein schlechtes Gewissen wegen meiner Fahrt nach Berlin. Das Buch war mir jedoch so wichtig, daß ich bei der Auswahl der Fotos selbst dabeisein wollte. Am Tag meiner Abreise bekam Heping plötzlich Fieber. »Alles liegt mir wie ein Stein auf dem Herzen. Abschied von Pupsik. Er guckt so traurig, daß es mir das Herz zerreißt.«

Am 22. April kam ich in Berlin an. Da war gleich viel los. Ich traf viele Menschen – so Gisl Kisch, Arnold Zweig, Franz Carl und Grete Weiskopf, Ludwig Renn, Jan Petersen, Stephan Hermlin – und lernte Bodos Frau Alma sowie den kleinen Stefan kennen. Stefan faßte gleich Vertrauen zu mir, er war zärtlich und anschmiegsam. Bodo wunderte sich darüber und meinte, Stefan sei Fremden gegenüber sonst sehr scheu. Alma und ich kamen gut miteinander aus, wohl deshalb, weil wir ganz verschiedene Charaktere waren; wir freundeten uns an, und zwischen uns herrschte nicht die Spur von Eifersucht. Alma hatte etwas Exotisches an sich und war trotz ihrer Extravaganzen bei Bodos Kollegen überaus beliebt. So machte sie Urlaub in Mexiko und hielt sich ein Reitpferd, was in Berlin natürlich für Aufsehen sorgte. Sie führte ein bohemienhaftes Leben und tat sich schwer mit den Verhältnissen in der DDR. 1961 verließ sie mit den Kindern Bodo und kehrte in die Vereinigten Staaten zurück. Als ich sie Anfang der 80er Jahre in den USA wiedersah, gestand sie mir: »Damals, in Berlin, war ich nur Frau Uhse; hier in Amerika bin ich wieder jemand.«

Mit Bodo arbeitete ich intensiv an unserem Buch. Wir saßen dann gewöhnlich in seiner Laube und gönnten uns nur wenige Unterbrechungen. Zwischendrin badete ich immer wieder einmal im See, oder wir schauten uns den Beethoven-Film von Stephan Hermlin an, »einen guten Dokumentarfilm, ganz ungewöhnlich schön im Gegensatz zu den vielen Filmen über große Männer, die... unecht wirken«.

Außerdem führte ich ein langes Gespräch mit Arnold Zweig. Zweig, den ich im Juni 1953 bei der Tagung des Weltfriedensrates in Budapest wiedergetroffen hatte, hinterließ mir vor seiner Abreise einen rührenden Brief, in dem er aus seiner Sympathie für mich keinen Hehl machte. (Leider ist dieser Brief verlorengegangen.) In den folgenden Jahren bis etwa 1962 traf ich ihn fast jedesmal, wenn ich in Berlin war. Manchmal kam er zu mir ins Hotel – allein oder mit seiner Frau Beate – und lud mich zum Essen ein. Er erzählte immer viel und beschämte mich mit seinem Wissen. Er sprach auch viel von Brecht, dessen Tod ihm nähergegangen zu sein schien als sonst irgend jemandem, den ich traf. Auch Lion Feuchtwangers Tod war ein Schlag für ihn. Als ihn diese Nachricht ereilte, sagte er eine Verabredung mit mir ab. Er sei sehr mitgenommen und wolle lieber allein sein.

Eines Nachmittags besuchte ich die Zweigs. Arnold Zweig erzählte von seiner Arbeit, seinen neuen Plänen und zeigte mir im Keller das Zimmer, in dem die Manuskripte aufbewahrt wurden, ein Zimmer mit Liegestuhl, Sesseln und Büchern. Ich bewunderte seinen Optimismus und die enorme Energie des 70jährigen. Beim Kaffee zeigte mir Zweig Jugendbilder von sich und seiner Frau. Genauso hatte ich mir Bertin und Leonore aus *Junge Frau von 1914* vorgestellt. Zweig stand mit beiden Beinen mitten im Leben; andererseits fand ich ihn manchmal ganz weltentrückt. Von seiner Frau Beate hatte ich immer den Eindruck, als sei sie immer noch die Frau von 1914.

Am 10. Mai fuhren Bodo und ich mit dem Auto nach Dresden. Der Leiter des Sachsenverlages, Ernst Reich, hatte sich die Fotos schon in Berlin angesehen und war begeistert. Das Buch sollte heißen: *Peking. Eindrücke und Begegnungen.* Im Verlag saßen wir dann noch stundenlang über den Fotos, die, wie Bodo in sein Tagebuch schrieb, »mir am Schluß schon leid sind«.

Was war passiert? Bei unserem Abschied im Dezember 1954 hatte Bodo zu mir gesagt, bislang hätte ich ihn nur von der Sonnenseite kennengelernt. Erst dieses Mal begriff ich den Sinn seiner Worte. Bodo, dieser wunderbare, sensible, stille Mensch, war unglücklich und zerrissen. Er und die charmante, kluge, temperamentvolle, aber etwas hysterische und unordentliche Alma paßten nicht zueinander. Zwei so wertvolle Menschen quälten sich gegenseitig und jeder sich selbst. Bodo liebte die Kinder abgöttisch. Er hatte Ärger mit Joel, der die Schule schwänzte und schlecht lernte, und sorgte sich Tag und Nacht um den kleinen, kranken, liebesbedürftigen Stefan. Anstatt Bodo zu helfen, warf ich ihm immer wieder vor, er hätte zu wenig Zeit für mich. Damit trug ich zu seiner Unruhe und Verstörtheit bei.

Am nächsten Nachmittag hatten wir im Hotelzimmer ein Gespräch. Ich redete eine Dummheit nach der anderen, und Bodo meinte nur, ich sei nicht klug. In seiner zynischen Art machte er mir klar, daß ich Erotik mit Liebe verwechselte. Da fiel mir plötzlich ein Schleier von den Augen: Meine Liebe gehörte wirklich für immer Emi, er war meine Heimat. Mit Bodo verband mich eine schöpferische Freundschaft mit dem dazugehörigen vorübergehenden Verliebtsein.

Bodo schrieb über denselben Tag in sein Tagebuch: »So ist man also versöhnlicher gestimmt, und die Spannungen lösen sich am Nachmittag des zweiten Tages im gelben Licht, das durch die Vorhänge des Hotelzimmers dringt, durch ein merkwürdiges Gespräch, verhalten und ohne Sentimentalität, verzichtend und ohne Resignation, spielerisch und doch ernst. Daraus erwächst eine gelassen-heitere Stimmung für die Rückfahrt im so schönen Triebwagenzug nach Berlin, wo Alma auf dem Bahnsteig wartet.«

Ich hatte noch viel zu lernen, was menschliche Beziehungen betraf und die Fähigkeit, sich in andere hineinzuversetzen.

Am 13. Mai 1955 fuhr ich mit Bodo und Alma nach Weimar, wo eine Feier zu Schillers 150. Todestag stattfand. »Die Fahrt war bezaubernd durch den deutschen Frühling, auf den ich so sehnsuchtsvoll gewartet hatte und den ich nun wirklich genießen kann. Mit Stephan Hermlin in den Klub der Künstler zu einem Schriftstellertee. Dort viele Bekannte – es war die alte Atmosphäre der Kongresse –, ich war ehrlich guter Laune... Mit Bodo und Alma ins Nationaltheater zu *Wallenstein*. Wir sehen den ersten Teil. Es gefiel mir, ich habe so lange kein deutsches Theater mehr gesehen.«

Am nächsten Tag hörte ich mir den Vortrag von Thomas Mann über Friedrich Schiller an. »Zum Schluß Streichquartett von Schubert und Beethoven... Nach dem Vortrag mit Bodo und Alma ins Belvedere, einem Park aus Goethes und Schillers Zeiten. Wir fanden dort einen Treibhausgarten mit subtropischen Bäumen und Gewächsen, ganz märchenhaft. Abends ins Belvedere zu einer Aufführung des *Parasiten*... Wir kamen strahlender Laune ins Hotel und saßen dort mit Franks, Hermlin und anderen zusammen.«

Am 15. Mai »mit Alma im Wagen nach Buchenwald, dem früheren KZ. Das war so unbeschreiblich grausig, daß ich überhaupt nicht davon loskam. Elektrischer Stacheldraht und der Blick auf das bezaubernde Weimar – auf die Freiheit. Im Mai eiskalter Wind. Ich fror im Wintermantel. Wie muß es im Dezember, Januar gewesen sein, barfuß und zerlumpt, von der Folter nicht zu reden. Dieses entsetzliche Leben (kann man es überhaupt Leben nennen?), Tag für Tag, Jahr um Jahr. Und es hat Menschen gegeben, die das durchhielten. Es ist nicht zu begreifen. Unter Tränen erzählte ich Bodo davon. Alle sollten öfter daran erinnert werden...«

Seit unserem Gespräch in Dresden war meine Beziehung zu Bodo entspannt. Nachdem er der Arbeit an dem Peking-Buch überdrüssig geworden war, schlug er nun vor, gemeinsam ein zweites Buch in Angriff zu nehmen. Dabei dachte er an Tibet als Thema. Dr. Beyer vom Brockhaus Verlag in Leipzig interessierte sich für diese Idee und versprach, uns einen schriftlichen Auftrag zu geben.

In diesen Monaten hatte ich noch zwei eindrucksvolle Erlebnisse. Zum erstenmal sah ich im Theater am Schiffbauerdamm ein Stück von Brecht, und zwar den *Kaukasischen Kreidekreis* in der Inszenierung des Berliner Ensembles mit Helene Weigel, Erwin Geschonnek und Ernst Busch. Sowohl die sparsamen Kulissen als auch die Tatsache, daß bei Brecht vieles nur durch Mimik und Gestik »angedeutet« wird, erinnerten mich an chinesisches Theater.

Als ich Helene Weigel um die Erlaubnis bat, eine Aufführung des *Kreidekreises* fotografieren zu dürfen, war sie zunächst ablehnend. »Der ist schon hundertmal fotografiert worden!« Darauf ich: »Aber ich möchte ihn gerne fotografieren. Gib mir eine Karte in der ersten Reihe Mitte, und ich werde niemanden stören.« So geschah es denn auch. Ich fotografierte den ganzen *Kreidekreis*. Die Aufnahmen gelangen mir sehr gut und gefielen, wie mir John Heartfield später erzählte, Bert Brecht und Helene Weigel. Zum Dank ließ mir Brecht ein Exemplar seines Buches *Theaterarbeit* – leider ohne Widmung – zukommen, und von Helene Weigel erhielt ich eine Freikarte für *Mutter Courage*, von der ich ebenfalls hingerissen war.

Und zum anderen lernte ich John Heartfield und seine Frau Tutti kennen. Das hatte ich mir schon lange gewünscht, aber John Heartfield beachtete mich kaum. Gisl Kisch arrangierte daraufhin ein Treffen im Restaurant Theaterkeller. Als sie ihm erzählte, ich sei Fotografin und lebe in China, wurde er neugierig und lud mich zu sich nach Hause ein. An einem der folgenden Tage besuchte ich die Heartfields in ihrer Wohnung in der Friedrichstraße. John zeigte mir einige seiner Fotomontagen, die ich immer so bewundert hatte, und ich zeigte ihm Fotos, die ich vom chinesischen Theater, von Handwerkern etc. gemacht hatte. »Er war ganz weg, mir scheint, ehrlich begeistert, und ich freute mich, daß gerade ihm die Fotos gefallen.«

Aus diesem und einem weiteren Treffen in Berlin entwickelte sich eine langjährige Freundschaft, auch zu Emi. Die Heartfields besuchten uns in Beijing, wenn sie von offizieller Seite eingeladen waren, und ich traf sie in Berlin, wann immer ich dorthin kam.

Dann hieß es wieder einmal Abschied nehmen, von Joris Ivens, der mir so viel geholfen und mir im Westen Filme sowie Vergrößerungspapier besorgt hatte (ich bin immer verschwenderisch mit dem Material umgegangen, habe gleich mehrere Fotos und Abzüge gemacht), und von Stephan und Gudrun Hermlin, die mich zum Flughafen begleiteten, »beide schön und bezaubernd – und fröhlich wie Kinder. Es war ein guter Abschied von Berlin.« Nach einem mehrtägigen Zwischenaufenthalt in Moskau flog ich zurück nach Beijing. Endlich war ich wieder zu Hause.

Karriere als Fotografin

Leider ging es Emi gesundheitlich nicht gut. Der Arzt, Professor Kolik, meinte, Emi brauche dringend Ruhe. Er müsse sich in acht nehmen. Also fuhren wir mit Kind und Kegel, das heißt inklusive Pascha, nach Beidaihe. »Wohnen im Haus der Schriftsteller ganz für uns. Lion und Vitja säubern eifrig das Haus, sogar Heping wäscht die Korbsessel. Emi liegt meistens im Garten, kommt manchmal ans Meer. Wir sind sehr glücklich, sitzen oft abends im Garten bei einem Glas Wein. Ich erzähle von Berlin, von Frank und Charlott, und er hört interessiert zu.« An einem anderen Abend »tauschen Lion und ich Erinnerungen aus, denken an die Abfahrt von Yan'an und an Tschimkent. In der Erinnerung ist alles abenteuerlich, manchmal sogar komisch. Aber wie war es damals? Wieviel Kummer und Tränen? Emi hört zu – mit Interesse und Entsetzen. Wenn er nur wieder gesund wird.«

Jeden Tag verbrachten wir viele Stunden am und im Meer, auch bei Regen und Sturm. Pupsik hatte überhaupt keine Angst vor dem Wasser. Erst schwamm er vergnügt auf seinem Gummifrosch, aber dann warfen ihn seine beiden größeren Brüder eines Tages ins Meer, und siehe da, unser Pupsik konnte auch so schwimmen. Schon nach kurzer Zeit sprang Pupsik allein von den Felsen ins Meer; er war furchtbar stolz auf seine Leistungen. Immerhin war er noch keine fünf Jahre alt. Eines Tages, kurz vor unserer Abreise, erzählte ihm eine ältere Frau, daß ihm mit 100 Jahren alle Zähne ausfielen. Pupsik war ganz verwirrt, verstand nicht, was das heißt, 100 Jahre alt zu werden, und sprach den ganzen Abend noch davon. Im Bett, kurz vor dem Einschlafen, sagte er, er wolle niemals alt werden, sondern immer jung bleiben. Auf der Fahrt zurück nach Beijing fragte Pupsik jeden im Eisenbahnwaggon: »Kannst du schwimmen?« Die meisten konnten es nicht, so daß Pupsik auf seine Leistung noch stolzer war.

Roy Gore traf ich wieder, der mit einer Delegation nach China gekommen war. Wir schwelgten in Erinnerungen an die gemeinsame Prager Zeit. Das Wiedersehen mit dem Freund erfrischte, belebte und inspirierte mich. Ich setzte mich aufs Rad und fuhr durch das herbstlich-goldene Beijing. Ich entdeckte dabei einen neueröffneten Park, den Jingshan Gongyuan, in dem ich über zwei Stunden herumlief und fotografierte. Von dort aus hat man einen herrlichen Ausblick auf den Beihai-Park und auf die Verbotene Stadt (Gugong).

Am meisten fesselten mich bei meinen Erkundungsfahrten aber die Menschen. Mit der Kamera in der Hand ging ich zu Fußballspielen, in die Blumenstraße mit den vielen Heimkunstläden, in Hotelküchen, in Warenhäuser und an den Sonntagen in die Parks. In der ältesten chinesischen Apotheke fotografierte ich die Herstellung von Medizin, und ich machte sogar Modeaufnahmen. Außerdem fotografierte ich viel Theater. Ich war wie in einem Arbeitsrausch.

Rewi Alley und ich wollten einen Bildband über die Peking-Oper machen, mit Text von ihm und Fotos von mir. Wir sahen uns daraufhin mehrere Opern an, ich natürlich durch das Objektiv. Zusammen mit Rewi, der viel davon verstand, war das ein Vergnügen. Unser Band erschien dann im folgenden Jahr (1957), und zwar auf englisch, französisch, spanisch und deutsch. Zusammen mit Nan Green, die den Text lektoriert hatte, feierten wir diesen großen Erfolg gebührend bei einem netten Essen mit viel Wein. Wann immer die Peking-Oper später auf Auslandstournee ging, nahm man unser Buch mit und verkaufte es in großen Mengen.

Obwohl ich mit Hingabe bei der Arbeit war, hatte ich Schwierigkeiten. Ein Grund dafür war die Sonderstellung, die ich in unserer Fotoabteilung innehatte: Ich ging nicht jeden Tag zur Arbeit, sondern arbeitete nach Plan, hatte jeden Monat 15, später 25 gute Bilder abzuliefern. Deshalb wurde ich von einigen Kollegen hinter meinem Rücken kritisiert. Aber wie sah die Wirklichkeit aus? Meine Reporterkollegen kamen pünktlich zur Arbeit und warteten bei Tee und Zeitungslektüre, bis sie losgeschickt wurden. Dann machten sie einige gestellte Aufnahmen, lieferten die Filme ab, und damit hatte es sich. Damit meine ich nicht meinen engsten Mitarbeiter Jiang Qisheng, der eher meinen Arbeitsstil hatte. Oft war ich Tag und Nacht beschäftigt und entwickelte und vergrößerte selbst. Aus dieser Zeit habe ich noch Hunderte unveröffentlichter Aufnahmen.

Ein weiterer Grund lag in der Art meines Fotografierens. Solange ich fotografiere, habe ich Schnappschüsse gemacht. Mich interessieren lebendige Fotos, die Mimik, die Gestik eines Menschen im Gespräch, bei Diskussionen, in der Gruppe, auf der Straße, bei seiner Arbeit. Deshalb halte ich eine Aufnahme nur dann für geglückt, wenn sie der Wirklichkeit entspricht, wenn sie echt und nicht gestellt ist. Das Bild muß ein lebendes Bild sein. Dieses Prinzip entspricht meiner Eigenart, daß sich mir Menschen zunächst einmal bildlich einprägen, daß ich sie mit den Augen kennenlerne und nicht mit den Ohren.

Das Prinzip verfolgte ich von Anfang an, es wurde mir aber erst im

Laufe meiner Praxis bewußt. In den Jahren 1930 bis 1950 war mein Fotografieren nur ein Tasten; ich fotografierte gern, schließlich mußte ich auch meinen Lebensunterhalt damit verdienen (wobei ich eine Menge lernte). Die Arbeit im Weltfriedensrat war dann eine Art Generalprobe für meine weitere fotografische Laufbahn. Ich mußte schnell und flexibel sein, wollte ich die verschiedenen Eindrücke auf den Tagungen und Kongressen richtig wiedergeben; ich mußte die spezielle Situation erkennen, in der sich ein Tagungsteilnehmer in seiner ganzen Persönlichkeit zeigte, um ein glaubhaftes Porträt von ihm zu machen. Und ohne daß ich es direkt darauf anlegte, diente meine Fotografiererei dem Frieden. Damit kam zu dem künstlerischen Prinzip ein geistiges. Das Fotografieren hatte ein Ziel und einen tieferen Sinn bekommen. Es war mir zum Lebensbedürfnis geworden.

Die Menschen in Beijing kamen diesem Bedürfnis sehr entgegen. Wenn ich planlos mit dem Rad durch die Stadt fuhr, plötzlich anhielt, die Kamera zückte, wurde ich zunächst verwundert angestaunt. Aber nach und nach gewöhnte man sich an mich und beachtete mich kaum, sondern ging seinen Geschäften weiter nach. Das war mein Kamera-Augenblick! So verfuhr ich auch in der Peking-Oper. Ich fotografierte die Schauspieler während der Vorführung von der ersten Reihe aus (aber auch beim Schminken, Umkleiden usw.) – ich quälte sie nicht mit gestellten Aufnahmen nach der Vorführung, wenn sie verschwitzt und erschöpft waren.

Alles, was mich interessierte, fotografierte ich immer wieder, oft über Jahre hinweg: Straßen, Märkte, Parks, den Kaiserpalast, die Peking-Oper, chinesisches Theater und immer wieder Kinder, auf der Straße, in Kindergärten, in Schulen. Und ich mache nicht nur eine Aufnahme von einem Motiv, sondern eine Serie von bis zu 20 Bildern, aus denen ich dann die auswähle, die mir am charakteristischsten, am lebendigsten und wahrsten erscheinen. Auf diese Weise sind Hunderte von Fotos an bestimmten Orten in Beijing entstanden, zum Beispiel vom alten Bahnhof.

Das Fotografieren in dieser Weise war in China ungewöhnlich. Fast unmöglich erschien es, daß sich jemand tagelang in einer Kooperative aufhielt oder in der Kunstakademie, um die Menschen bei ihrer Arbeit im Bild »einzufangen«. Das Hineinwachsen in die Fotografie war ein ebenso langsamer wie natürlicher Prozeß – in der Praxis wie gefühlsmäßig. Deshalb könnte ich nie Unterricht in Fotografie geben, weil man gefühlsmäßiges Arbeiten nicht übertragen kann. Mehrfach schon habe ich gesagt, daß ich alles selbst machte: die Aufnahmen, das Entwickeln und die Vergrößerungen. Die sichere Handhabung der technischen Angelegenheiten hatte ich im Atelier von Anna Riwkin gelernt.

Mein fotografisches Credo stimmte jedoch nicht mit dem von Lao Xü überein; das war der Redakteur bei der Xinhua, der meine Fotos auszusuchen hatte. Er wollte ausschließlich gestellte Bilder haben, wie man sie damals oft in sowjetischen Magazinen sah. Die Menschen mußten in allen Lebenslagen sauber angezogen sein und vor allem immer lachen. Ein Künstler, der eine Jadefigur schnitzt, lacht nicht dabei; die Aufnahme muß im Gegenteil seine Konzentration, seine intensive innere Beteiligung zeigen. Dieser Ernst auf den Gesichtern der Arbeiter oder auch der Kinder beim Spielen und Lernen war nicht »optimistisch« genug, während ich im Gegenteil glaubte (und immer noch glaube), daß gerade solche Fotos den optimistischen Willen zeigten, das neue China aufzubauen. Auch über meine Serie chinesischer Medizin waren wir vollkommen geteilter Meinung. Lao Xü lehnte die Serie ab, da auf ihr die Menschen mit den Händen arbeiteten. Es war zum Lachen und zum Verzweifeln.

Aber ich blieb beharrlich bei meiner Linie, die von meinem Chef, Shi Shaohua, unterstützt wurde. Mit ihm verstand ich mich glänzend. Er ermunterte mich, alles zu fotografieren, auch »rückständige« Motive. Das sei für die Zukunft, wo es diese Dinge nicht mehr gebe, sehr wichtig. Er sollte recht behalten. Heute, nach über 30 Jahren, freue ich mich, daß ich auf ihn gehört habe. Die Menschen dankten mir mit ihrer Freude, wenn ich ihnen ihr Foto schenkte, beziehungsweise mit Lob und Anerkennung.

Auch Emi bekam Schwierigkeiten, auf die sein ewiges Kränkeln und seine Depressionen zurückzuführen waren. Es gab Leute, die ihn kritisierten, verleumdeten, ihm Stöcke zwischen die Beine warfen. Ich fand das empörend. Emi erledigte trotz seiner schwachen Konstitution viel Arbeit, bei uns waren viele ausländische Gäste zu Besuch – Freunde aus der Friedensbewegung, sowjetische Schriftsteller und andere. Emi schrieb und übersetzte, nahm an politischen Veranstaltungen und Parteiversammlungen teil. Immer wieder mußte ich ihn daran erinnern, wie sehr ihn seine wirklichen Freunde – Chinesen und Ausländer – liebten. Venturellis, die mit ihrem Töchterchen Paz im selben Haus wie Rewi Alley in Beijing lebten, erzählten Emi, daß die südamerikanischen Freunde sich immer noch nach ihm erkundigten.

In diesem Jahr wurde auch politischer Unterricht in englischer Sprache für die Ausländer organisiert. Das Plenum kam alle paar Monate zusammen. Ansonsten arbeiteten wir zu viert oder fünft in Kleingruppen und trafen uns wöchentlich einmal, abwechselnd in einer unserer Wohnungen. Ich war in einer Gruppe mit Nan Green, Sid Shapiro, Israel Epstein und anderen. Mit Nan Green hatte ich mich von allen ausländischen Experten am meisten angefreundet. Die Engländerin war zehn Jahre älter als ich; ihr Mann, Ted Brake, war Korrespondent des *Daily Worker*. Auf diese Weise wurde ich endlich gezwungen, mich auch theoretisch mit Politik zu befassen. Wir besprachen die täglichen politischen Ereignisse in China und in der Welt, lasen politische Broschüren, diskutierten über Reden von Zhou Enlai und anderen. In unserer Gruppe war ich wohl die einzige, die nur nach Gewissen und Gefühl lebte, und im Grunde genommen tat ich das auch weiter.

Am 14. Januar 1956 war ganz Beijing voller Freude. »Flaggen und Demonstrationen mit Trommeln und Fanfaren. Sozialisierung der kleinen Kapitalisten. Eine Revolution mit Feuerwerk.« Die Kleinunternehmer hatten begriffen, daß es für sie günstiger war, sich mit dem Staat zusammenzuschließen. Sie behielten ihr Kapital, wurden Direktoren in ihren Fabriken oder Unternehmen und waren prozentual am Gewinn beteiligt. Am Tag darauf fand auf dem Tiananmen-Platz in Anwesenheit von Mao Zedong eine Feier aus diesem Anlaß statt.

Um die Chinesen und alles, was bislang nur an der Oberfläche meines Bewußtseins war, besser zu verstehen, hatten mir die zwei Monate politischen Studiums recht gutgetan. »Wir sprechen über Mao Zedongs *Über die Praxis*. Ich habe es nicht gelesen und verstehe wenig, aber ich folge aufmerksam der Diskussion zwischen Patience, Nan und Sid. Es ist eine Schande, wie wenig philosophische und politische Literatur ich gelesen habe. Es ereignen sich große Dinge: der Plan für zwölf Jahre Landwirtschaft in China, Zhou Enlais Rede über die Rolle der Intelligenz … Dann sprechen wir über den XX. Parteitag der KPdSU mit den wichtigen Reden von Chruschtschow, Mikojan, Suslow, die offen Stalin und die letzten 20 Jahre kritisieren und sagen, es habe keine kollektive Führung gegeben, sondern einen Personenkult …«

Am 28. März diskutierte unsere Studiengruppe wieder die Rede von Chruschtschow auf dem XX. Parteitag. Wir waren froh, daß jetzt klar gesagt wurde, daß Stalin an den Verfolgungen, Prozessen, Morden beteiligt gewesen war. Mir kam es vor, als sei endlich eine Eiterbeule geplatzt. Trotzkis Witwe schrieb daraufhin an Chruschtschow und forderte, daß ihr Mann rehabilitiert werden müsse. (Eine Ansicht, die übrigens auch

Arnold Zweig vertrat.) Außerdem kamen wir auf den Personenkult und demokratischen Zentralismus zu sprechen.

Noch am selben Abend wußte mir Emi höchst interessante Dinge zu erzählen. Er hatte den ganzen Abend über *Cankao Xiaoxi* gelesen, eine Zeitung, die nicht jeder lesen durfte und in der die gesamte westliche Presse zum Thema Stalin zitiert worden war. Danach hatte Chruschtschow zu Ende des XX. Parteitags einen Geheimbericht über Stalin abgegeben, in dem die Rätsel der letzten 20 Jahre aufgedeckt wurden. Danach hatte selbst innerhalb des Zentralkomitees niemand gewagt, Stalin zu widersprechen. Alle fürchteten ihn. Er konnte jeden beseitigen, der ihn störte. »Es ist grausig zu denken, was er angerichtet hat. Andererseits fällt einem ein Stein vom Herzen, daß alles langsam eine Lösung findet.«

Ilja Ehrenburg, der in seinem 1954 bis 1956 erschienenen Roman *Tauwetter*, den er mir persönlich überreichte, Dinge über Stalin geschrieben hatte, die bis dahin noch niemand offen auszusprechen gewagt hatte, sagte 1961 in einem Gespräch mit Bodo Uhse, daß Chruschtschow noch nicht einmal ein Hundertstel von Stalins Verbrechen aufgedeckt hätte. China äußerte sich zu diesen Dingen in einem Artikel unter der Überschrift: »Über die historischen Erfahrungen der Diktatur des Proletariats«, in dem der Personenkult scharf abgelehnt wurde. Gegen Ende des Jahres erschien ein weiterer Artikel – »Mehr über die historischen Erfahrungen der Diktatur des Proletariats« –, in dem Stalin einer »gerechten Kritik« unterzogen wurde und in dem man zu dem Schluß gelangte, daß seine, Stalins, Vorzüge die Nachteile überwiegen, eine Einschätzung, die, wie wir heute wissen, vollkommen falsch war.

Als ich in unserem Diskussionskreis die Überzeugung vertrat, daß Stalin ein Diktator war, stieß ich weitgehend auf Unverständnis. Chruschtschows Zerstörung von Stalins Bild war offensichtlich nicht wirkungsvoll genug. »Sie sehen immer noch Ideale. Auch denke ich, daß diese Engländer und Amerikaner in meiner Gruppe von den 30er Jahren in der Sowjetunion keine Ahnung haben«, notierte ich in meinem Tagebuch.

In China blühten inzwischen die »100 Blumen«. Im März erläuterte Lu Dingyi, der Direktor der Propagandaabteilung des ZK der KPCh, die Politik der Partei gegenüber Kunst, Literatur und Wissenschaften und forderte die Intellektuellen auf: *Laßt 100 Blumen blühen, laßt 100 Gedankenschulen miteinander wetteifern!* Diese Broschüre von Mao, die in seine Abhandlung *Über den Widerspruch* einging, war gerade erschienen.

Auch meine Arbeit blühte und gedieh. Ich machte Fotos für den Modeaußenhandel und ging mehrmals in die Kunstakademie und fotografierte in Mal- und Bildhauerklassen. Vor allem aber hielt ich mich im Theater auf. Zu dem Theaterfestival, das vom 3. bis 29. März im Tianqiao-Theater stattfand, waren auch Ausländer eingeladen. Ich fotografierte zahlreiche neue chinesische Dramen, allesamt ziemlich mittelmäßige oder schlechte Schauspiele. An den Abenden entwickelte ich sofort die Filme und machte Sechsmalneun-Vergrößerungen, um sie bei der Xinhua zeigen zu können. Außerdem machte ich auch weiterhin Bilder von der Peking-Oper, darunter von der mongolischen Oper *San Zho Shan* (Drei Berge). Meine Arbeitsfreundin Xun Weishi, die Regisseurin am Experimentaltheater war, lud Emi und mich zu *Romeo und Julia* sowie zu *Diener zweier Herren* von Goldoni ein.

Im ersten Halbjahr 1956, in dem ich meinen Plan sogar übererfüllt hatte, hatte ich einige Erfolge aufzuweisen: Das Theaterinstitut kaufte der Xinhua alle Bilder ab, die ich von den Aufführungen der Stücke *Der Pfirsichblütenfächer, Ljubow Jarowaja* und *Diener zweier Herren* gemacht hatte, da sie ihnen so außerordentlich gut gefielen. Die Mitarbeiter von New World Press suchten für das Buch über die Peking-Oper, das ich zusammen mit Rewi Alley machen wollte, 200 Aufnahmen aus. Und dann bekam ich im Juli 25 Belegexemplare des Peking-Bildbandes, an dem Bodo und ich gearbeitet hatten. Ich schwamm im Glück.

Es war nicht einfach, nach Tibet zu reisen. Obwohl 1955 die erste Delegation ausländischer Journalisten das Land besucht hatte, war es immer noch ein geheimnisvolles Gebiet. Ich hätte mit einer Regierungsdelegation fahren können, wollte aber lieber mit Bodo fahren, um bei der Arbeit unabhängig zu sein. Damit Bodo mitkommen konnte, mußte er von jemandem eingeladen werden, der direkt darüber entscheiden konnte. An wen sollte ich mich wenden? Nach einigem Grübeln fiel mir Emis alter Freund Zhao Yiming ein. Ich ging zu ihm ins Büro und trug ihm meine Bitte vor. Statt irgendwelche Einwände zu machen, reagierte Zhao Yiming überaus positiv. Er begrüßte es, wenn ausländische Schriftsteller Interesse an Tibet bekundeten, und erklärte sich bereit, Bodo zu helfen.

Ich schrieb sofort an Bodo und an den Verlag. Dr. Beyer war glücklich über die Entwicklung und schickte mir eine Art Vorvertrag. Von Bodo hörte ich nichts. Ich schrieb einen Brief nach dem anderen an ihn – keine Antwort. Auch Dr. Beyer konnte keine definitive Antwort aus ihm herausbekommen. In meiner Verzweiflung bat ich Else Wolf, mit Bodo zu sprechen. Sie wollte das nicht und schrieb mir, ich sollte mich nicht auf Bodo versteifen. Im Moment sei Harald Hauser, von dem Friedrich Wolf viel gehalten habe, in Beijing. Ihn sollte ich fragen.

Hauser besuchte ich im Hotel und fragte ihn schüchtern, ob er vielleicht mit mir nach Tibet fahren wolle. Erst glaubte er, nicht richtig gehört zu haben. »Was, nach Tibet? Das ist ja mein Traum seit frühester Jugend.« Er stellte nur die Bedingung, daß seine Frau Gisela mitkommen durfte. Zhao Yiming war mit allem einverstanden, und auch nach Haralds Rückkehr nach Berlin ging dort alles glatt. Dr. Beyer schrieb mir, Bodo hätte wegen einer Reise nach Indien abgesagt (wo er gar nicht hinfuhr). Mir gegenüber äußerte sich Bodo nicht. Dieses Geheimnis sollte erst im Dezember in Berlin gelüftet werden.

Ende Juli nahm ich Harald und Gisela in Beijing in Empfang. Harald war in meinem Alter, Gisela 15 Jahre jünger. Auch Emi gefielen meine neuen Partner, und er freute sich darüber, daß ich diese Exkursion mit ihnen unternahm. Kurz vor unserer Abreise erhielt ich auf das Peking-Opern-Buch einen Vorschuß in Höhe von 500 Yuan. Wie sich herausstellte, sollte mir dieser Reichtum in Tibet viel helfen.

Auf nach Tibet, zum Dach der Welt

Tibet gehört seit undenklichen Zeiten zu China; die Tibeter sind eine chinesische nationale Minderheit, genauso wie die vielen anderen nationalen Minderheiten. Tibet war, neben Taiwan, die letzte Provinz, die 1950/51 befreit wurde. Die Befreiungsarmee bestand vor allem aus Han-Chinesen, es gab in ihr aber auch Tibeter – die Zang. 1951 wurde ein Friedensvertrag zwischen der Zentralregierung in Beijing und Lhasa unterzeichnet. Mao Zedongs Politik verfolgte das Ziel, den Tibetern zu helfen und sich nicht in ihre internen Angelegenheiten einzumischen.

Tibet war ein Priesterstaat mit dem 14. Dalai Lama als geistlichem Oberhaupt und dem Panchen Lama, der zweithöchsten Inkarnation des tibetischen Lamaismus. Bis 1951 herrschte in Tibet Leibeigenschaft, und das Volk wurde von den wenigen Aristokraten, Gutsbesitzern, adligen Lamas unterdrückt. Das Land war voller Gewässer, wie Flüssen und Seen, aber die Bevölkerung durfte sich nur an bestimmten Tagen waschen. Wurde diese Vorschrift durchbrochen, konnte man schwer bestraft werden. Die Leibeigenen konnten geschlagen, gefoltert, getötet werden, und kein Hahn krähte danach. Ohne die Erlaubnis der Herren durften die Leibeigenen nicht heiraten. Es gab noch unzählig viel andere Gesetze, die das Volk unterdrückten. All das sollte nach 1951 aufhören, aber wahrscheinlich ging das nicht im Handumdrehen.

Unsere Reise, die von der chinesischen Regierung finanziert wurde, begann am 7. August in Beijing und dauerte bis zum 15. Oktober 1956, dem Tag unserer Rückkehr. Offenbar wollte man mit diesem generösen Verhalten, das in der Kulturrevolution kritisiert wurde, in der Weltöffentlichkeit um Verständnis für die Politik Chinas werben. Auch war es bis dahin noch niemandem gestattet worden, frei in Tibet herumzureisen und sich alles anzusehen. Dieses Unternehmen, das jetzt rund 30 Jahre zurückliegt und zu den großen Erlebnissen meines Lebens gehört, erzähle ich weitgehend anhand meiner damaligen Tagebuchaufzeichnungen.

»In Xi'an haben wir Lunch. (Welch schlimme Erinnerungen an das Jahr 1944, als ich Gefangene im Stab der Guomindang war.) In Lanzhou empfangen uns Vertreter vom Friedenskomitee, vom Schriftstellerverband, von kulturellen Organisationen, die uns zu einem modernen Hotel bringen. Jeder von uns bekommt ein Apartment – zwei Zimmer, Bad, große Garderobe – mit herrlicher Aussicht auf die Berge. Auf dem Tisch steht eine Schale mit Wassermelonen und süßen Hami-Melonen. Wir fühlen uns wie Ehrengäste...«

Wir blieben ein paar Tage in Lanzhou, sahen uns die Gegend an und wurden in einem Magazin der Armee mit warmen Sachen gegen die Kälte eingekleidet, wie Handschuhen, Pelzmützen, wattierten Anzügen, Pelzmänteln, festen Schuhen. Am Sonntag, dem 12. August, brachen wir von Lanzhou aus nach Xining auf.

»Alle begleiteten uns zur Brücke, wo wir noch eine Schule besichtigen. Um zehn Uhr geht es endlich los: zwei Lastwagen mit 27 Soldaten und einer Kanone (für alle Fälle), ein PKW mit dem Dolmetscher Zheng Jiarui, dem jungen Armeearzt und dem Kommandeur; im zweiten PKW sitzen wir drei. Der Koch fährt auf dem LKW mit.« In Xining wurden wir wieder in einem angenehmen Hotel untergebracht und mit allen Arten von Melonen verwöhnt.

Am nächsten Tag fuhren wir zu dem berühmten tibetischen Kloster Ta'er Si (Kumbun), rund 20 Kilometer von Xining entfernt, zu dem eine von Bäumen gesäumte Chaussee führte, dahinter Felder, Berge, Wolken. »Plötzlich stehen wir vor dem Kloster, einem riesigen Areal, mit goldenen Dächern, Pagoden, Tempeln. An 40 Tagen im Jahr dürfen Frauen nicht in das Kloster, und es ist gerade diese Zeit. Der Lama, der uns begrüßt, meint jedoch, da wir von so weit kämen, mache man eine Ausnahme; schon gestern hätten sie darum gebetet, daß ihnen diese Sünde verziehen werde. Wir sehen die Innenräume. Überall laufen Lamas herum, die sich vor den Buddhas verneigen oder zu Boden werfen – junge und alte. Beträume, phantastisch ausgestattet mit hohen Säulen, die mit Teppichen bespannt sind, auf denen Inschriften stehen. Wir steigen den Berg hinauf zu den Räumen, in denen der Panchen Lama vor der Befreiung sechs Jahre gelebt hat. In den Tempeln brennen Lichter aus ranziger Jak-Butter. Ein Licht verbrennt ein Pfund Butter am Tag. Es gibt Hunderte dieser Lichter in Bronzeschalen...«

Am Dienstag, dem 14. August, brachen wir morgens um acht Uhr auf. »Es geht aufwärts, die Landschaft wird grüner, die Berge hoch, wir sehen in der Ferne schneebedeckte Berge; dann wieder am Gelben Fluß [Huanghe] entlang. Nach etwa 50 Kilometern gibt es eine Stockung. Der Fluß ist angeschwollen, die Brücke zu schwach für Lastwagen. Vor uns stehen auf einer Strecke von einem Kilometer LKWs, die weiterkommen wollen. Wir warten ebenfalls. Es gießt in Strömen. Wir werden bestiert von der Bevölkerung und fürchterlich dreckigen, völlig abgerissenen und halbnackten, aber anscheinend gutgenährten Kindern. Unsere Soldaten sagen: ›In acht bis neun Jahren werden das gute Soldaten abgeben. Sie sind kräftig und abgehärtet.‹ Wir warten und warten. Dann geht es im Schneckentempo weiter. Wir halten immer wieder an, bis man uns sagt, wir müßten zurück nach Xining. Ein Lastwagen muß ausgewechselt werden. Also zurück...«

Zwei Tage später fuhren wir wieder los. »70 Kilometer denselben Weg wie vorgestern. Am Nachmittag taucht der Kukunor-See [Qinghai-See] vor uns auf, tiefblau unter Bergen und Wolken, die wie Skulpturen am Himmel hängen und Schatten auf die Berge werfen. Stundenlang fahren wir am See entlang. In der Mitte ist eine Insel, auf der Mönche leben, die nur einmal im Jahr, wenn der See vereist ist, an Land kommen, um Nahrung zu holen... Gegen sieben Uhr abends kommen wir zu dem Lagerplatz, wo wir übernachten sollen. Harald besteht darauf, daß wir im See baden. Zum Entsetzen der Chinesen gehen wir hinunter zum See, der sich am Ufer als entsetzlich dreckig erweist, weil da die Jaks gebadet haben. Wir beißen jedoch die Zähne zusammen, da wir uns keine Blöße geben dürfen, und schwimmen hinaus in das klare blaue Wasser.«

Wir sahen ganz unterschiedliche Menschentypen: Mongolen in traditionellen Gewändern und Tibeter. Die Tibeter waren – anders als die Han-Chinesen – freundlich, offen, temperamentvoll, ausdrucksstark in Mimik sowie Gestik und tanzten viel. Auf unserer Reise konnten wir mit früheren Leibeigenen reden und sie fotografieren, was vor 1951 unmöglich gewesen wäre. Am darauffolgenden Sonntag, dem 18. August, kamen wir nach Ge Ermo, einer Zeltstadt in der Wüste mit über 1000 Einwohnern. (Heute ist Ge Ermo ein industrielles Zentrum, in dem vor allem Salz gewonnen wird.) Wir erhielten Zimmer in einem neuerrichteten Haus aus Stein – bis jetzt hatten wir immer nur in Zelten übernachtet – und fanden auch Waschstellen vor. Es war furchtbar heiß und sandig, aber schön.

»Wir kommen an die ersten Gletscher heran. Ein Wegweiser zeigt 4700 Meter Höhe an, 458 Kilometer bis zur tibetischen Grenze. Auf dem Hochplateau umringt von Gletschern und Schneebergen. Die Höhe bekommt uns dreien gut.«

Auf unserer Fahrt sehen wir »Füchse, Hirschkühe, merkwürdige Feldmäuse oder Wiesel – alle furchtlos, weil man Tiere hier nicht töten darf. Adler in den Lüften. Ein Zeltlagerplatz heißt Wenquan (warme Quellen, die es hier auch gibt). Trotz der Höhe wachsen Gras und allerlei Pflanzen.

Nach Wenquan steigt die Straße steil an. Es kommen Gletscher mit Schneeverzierungen, die aussehen wie Lätzchen, Schürzen, Tischtücher und die in der Sonne funkeln. Gegen vier Uhr nachmittags erreichen wir den Tang-Gulashan-Paß – 5417 Meter hoch.

Dann geht es weiter zwischen Gletschern und Bergen in allen Farben, an Flüssen vorbei, dahinter die phantastischsten Wolkengebilde. Wir kommen zu einem Platz, wo man wirklich fühlt, daß die Erde rund ist. Wir befinden uns auf dem Dach der Welt. Hinter den Gletschern geht die Sonne unter. Plötzlich fahren wir durch Hagel und Regen, dann wieder Schnee. Vor dem Dunkelwerden tauchen die ersten Jak-Herden mit Hirten auf. Wir sind in Tibet.«

Viele aus unserer Gruppe litten unter der Höhenkrankheit. Die Landschaft war auch hier zauberhaft, und das Wetter spielte nach wie vor verrückt: Es regnete und hagelte, und dann schien plötzlich wieder die Sonne. Am 24. August erreichten wir abends um acht Uhr bei strömendem Regen Heihe, ein großes Militärlager in Tibet. Der örtliche Parteisekretär empfing uns bei heißem Tee; dann wies man uns unsere Zimmer an. Später erfuhren wir, daß unsere Straße nicht passierbar war und wir nicht weiterfahren konnten. Was sollten wir mit den Kranken machen?

»Sonnabend, 25. August: Die Chauffeure streiken, wollen nicht fahren. Erst sagen sie, der Weg sei schlecht, dann, daß es kein Benzin gebe, und schließlich, daß überall Räuber seien. Ich schlage Krach und zwinge sie zu fahren. Man muß die Kranken ins Tal bringen. Um zehn Uhr geht es los. Der Lastwagen mit der Kanone voran! Wir kriechen – zwölf Kilometer in der Stunde. Aus dem Fenster herrliche Aufnahmen. Wir bleiben oft stehen, sehen Herden, Hirten – meist bildschön, aber furchtbar dreckig. Die kleinen Wagen müssen immer wieder von den großen durch die Gebirgsflüsse gezogen werden. Bei starken Steigungen gehen wir zu Fuß. Wir drei fühlen uns wunderbar. Bei anbrechender Dunkelheit kommen wir an den weißen, länglichen Häusern der tibetischen Aristokraten vorbei, vorbei an Hütten mit Gebetsfahnen.«

Auf einem Rastplatz kurz vor Lhasa machten wir Abschiedsaufnahmen von den Soldaten, die von hier aus nach Lanzhou zurückkehrten. Einer dieser Soldaten war unser Spezialleibwächter. Gingen Gisela oder ich abends aufs Klo, das manchmal ziemlich weit von unserem Zelt entfernt war, begleitete er uns. Es war ein reizender, blutjunger Kerl. Wir nannten ihn »Häschensoldat«, weil die Ohrenklappen seiner Pelzmütze wie Hasenohren aussahen. Am Abend erreichten wir Lhasa. Direkt vor uns lag der Potala – welch unbeschreiblicher Anblick –, ein Schloß inmitten einer Dorfstadt. »Wir fahren direkt ins Hotel, gegenüber vom Potala. Wir bekommen Zimmer mit Riesenteppich, Bett, Schreibtisch, Sesseln, Waschtisch, Tee, Zigaretten, Tinte.« Jetzt befanden wir uns in 3600 Meter Höhe, 2015 Kilometer von Lanzhou entfernt. Die Autofahrt hatte insgesamt zwölf Tage gedauert.

»...mit dem Wagen in die Stadt, ein dreckiges, kleines Städtchen, die Menschen vor Schmutz starrend. Die Häuser zweistöckig mit kleinen Fenstern, oft ohne Glasscheiben, überall Blumen davor. Auf der Straße Handel mit tibetischen Mützen, Teppichen, Kleinkram, hohen Gummistiefeln; die Eßwaren von Fliegen übersät, die man nicht totschlagen darf. Die Händler sitzen auf der Erde; die Straßen sind matschig, die Leute sehen uns freundlich an. Am Lhasafluß badende Kinder, Frauen, die Wäsche waschen. Abends Bankett. Die Spitzen der Stadt – Parteisekretär, Generale – laden ein. Gisela und ich trinken etwas über den Durst. Hier herrscht eine gelöste Atmosphäre, wie ich sie in China noch nie erlebt habe, alle sind reizend, besonders ein Genosse und ein junger General. (Wir nannten ihn den Baby-General, weil er so unerhört jung aussah.) Zum Schluß gießt der General Gisela und mir den letzten Tropfen Wein in die Kehle. Die Chinesen hatten auch nicht wenig getrunken. (Nur Harald trinkt nichts und raucht auch nicht.)

Am nächsten Tag bummeln wir erneut durch die Stadt und sehen uns die Geschäfte an, die klein und primitiv sind, aber voller Waren – Seidenstoffe aus Indien, australische Wolle, amerikanische Lippenstifte und Hautcreme, Schweizer Uhren, Nescafé und Schokolade. Alles spottbillig, da kein Zoll erhoben wird. Meine 500 Yuan sind wirklich ein großer Reichtum. Die Menschen drängen sich um uns.« Übrigens hatte Tibet sein eigenes Geld – große schwere Silberdollars –, gegen die wir unser Geld eintauschten. Unsere Betreuer hatten mehrere Säcke voll davon auf den Lastwagen mitgeschleppt.

Ende August besichtigten wir den Potala-Palast. So etwas an Mächtigkeit, Schönheit, grauenerregender Pracht und Mittelalterlichkeit hatte ich noch nie zuvor gesehen. Überall blinkte Gold, wurden Tausende Pfund Butter in goldenen Töpfen verbrannt, gab es kopfgroße Edelsteine über Grabmalen und furchterregende dunkle Kammern, die mit Buddha-Statuen vollgestopft waren. Über allem lag ein Gestank von verbrannter Butter – zum Übelwerden. Die Lamas empfingen uns freundlich und waren auch bereit, sich fotografieren zu lassen.

»Sonntag, 2. September: Wir gehen zu zwei adligen Familien. Die erste ein Ehepaar, er 42, sie 31, fünf Kinder, davon drei lebende Buddhas. Der jüngste, sechs Jahre alt, in einem gelben seidenen Gewand, ist gerade aus dem Kloster ins Elternhaus zurückgekehrt. Die Eltern sehr elegant, er in einem grauen Seidenrock, das Haar in Zöpfen über den Kopf gelegt, mit roten Bändern geflochten, darüber eine Schnalle aus Gold mit einem wertvollen Stein, sie etwas dick, freundlich lächelnd. Wir bekommen Tee und viele Süßigkeiten. Er erzählt, daß er Angst vor den Kommunisten gehabt hätte, jetzt aber einsehe, daß sie gut seien. [Wir glaubten ihm nicht ganz. Drei Jahre später erfuhr ich, daß er einer der wohlhabendsten und grausamsten Gutsbesitzer in Tibet war.]

Die zweite Familie: Er, 78 Jahre alt, ist der reichste Mann in Tibet und hat ein bewegtes Leben hinter sich. Seine Frau, eine nette alte Dame, sieht aus wie eine Usbekin. Wir sitzen an einem niedrigen Tisch auf Polstern. Überall brennen Lampen vor den Buddhas; daneben Porträts von Mao Zedong, Zhou Enlai, Liu Shaoqi und Zhu De. Unser Wirt hat dem 13. Dalai Lama das Leben gerettet, ist mit ihm in die Mongolei, nach Beijing und später nach Indien geflohen. Dafür bekam er große Reichtümer. Er zeigte uns sein Haus mit einem Andachtsraum voller Statuen, Gebetstrommeln, Lampen – alles vergoldet, sehr prachtvoll –, dann den Garten, das Treibhaus und den Gemüsegarten.«

Am selben Tag trafen wir noch den 77jährigen tibetischen Dichter Ca Zhu A Wang Lo Sang, der aus einer adligen Familie stammte und mit sechs Jahren als lebender Buddha auserwählt worden war. Er begleitete den 13. Dalai Lama ebenfalls in die Mongolei und nach Beijing und wurde später von diesem wegen seiner Kenntnisse des Buddhismus nach Indien gerufen. Mit 47 Jahren verliebte er sich in ein 16jähriges Mädchen und hatte vier Jahre lang ein heimliches Verhältnis mit ihr. Als das herauskam, konnte er wählen zwischen dem Kloster und der Frau. Er entschied sich für die Frau, weil sie seine große Liebe war, und verlor alle Posten; seine Reichtümer wurden konfisziert. Die beiden lebten in ärmlichen Verhältnissen und ernährten sich von dem Geld, das er mit Unterrichtsstunden verdiente. Später nahm die Regierung in Beijing sich seiner an, berief ihn wieder in Amt und Würden. Mit seiner Frau hatte er fünf Kinder, vier Mädchen und einen Jungen. Er fühlte sich nicht als lebender Buddha, sondern war Gelehrter, Dichter, Schriftsteller, Übersetzer – ein charmanter und ganz und gar ungewöhnlicher Mensch. Während er uns sein Leben erzählte, machte ich eine ganze Fotoserie von ihm.

»Mittwoch, 5. September: Wir fahren zum größten Kloster bei Lhasa, Zhebong [Drepung], das ganz in den Bergen liegt. Es soll das reaktionärste Kloster sein. Als Gisela und ich zu Fuß den Berg hinauflaufen wollen, meint Zheng Jiarui streng: ›Königinnen müssen im Wagen fahren.‹ Oben verwandeln wir uns allerdings sofort in Sklavinnen: Wir werden von den Lamas überhaupt nicht beachtet. Harald überreicht die übliche ›Hata‹ – den weißen Seidenschal – und Geschenke – zwei Vasen und Stoff für zwei Lamagewänder. Drei Lamas in roten Tuniken führen uns; vor ihnen laufen zwei Knaben mit merkwürdigen Geräten auf den Schultern. Wir gehen durch dunkle Gänge, verwinkelte Treppenhäuser, unheimliche Räume und klettern atemlos auf ein Dach mit goldenen Gegenständen, zwei Gazellen, in der Mitte ein goldenes Rad. Es geht immer höher. Endlich stehen wir ganz oben in einem Raum mit Blick ins Weite.

Beim Empfang durch die Klosteroberen dürfen Gisela und ich uns mit an den Tisch setzen. Die Unterhaltung dauert eine Stunde. Bei dieser Gelegenheit erfahre ich, daß in dem Kloster 7700 Mönche leben. Bevor wir gehen, geleitet man uns in die Räume des Dalai Lama, in denen er einmal im Jahr drei Tage lang wohnt. Dann werden wir zum Ausgang gebracht; neben mir geht ein Lama in roten Gewändern, und alle paar Minuten lächeln wir uns höflich zu. Mit der flachen Hand, so wurde uns gesagt, deutet man an, wenn man etwas schön findet. Ich zeige dem Lama die flache Hand.

Zum Schluß passiert noch etwas Unvorhergesehenes: Beim Wenden überfährt der Chauffeur ein Hündchen, das ihm direkt über den Weg läuft. Wir erschrecken; die Gesichter der Lamas erstarren zu Eis, kein Abschiedslächeln – betreten fahren wir los. Das war typisch: Ihre Sklaven schlugen, folterten sie, durften sie umbringen – aber einer Fliege durfte man nichts zuleide tun.«

»Donnerstag, 6. September: Auf dem Weg zur medizinischen Lamaschule sehen wir eine Menschenmenge vor dem Potala. Eine Riesendemonstration von Arbeitern und Arbeiterinnen, die den Bau des Flughafens beendet haben und mit dem Bau einer neuen Straße beginnen, gehen zum Dalai Lama, um seinen Segen zu erbitten. Ich fotografiere alles. Dann fahren wir in die Schule zurück. Dort begrüßt uns der Direktor, ein 57jähriger Lama. Wir gehen aufs höchste Dach, von wo aus man ganz Lhasa sieht. Geier kreisen über uns.

Ich sehe mir einen Raum mit Buddha-Statuen an, in dem Lamas beten, wobei sie mit einem an einen Stock befestigten Klöppel auf einen Gong schlagen. Sie lachen mich vergnügt an und flüstern miteinander. Nachher stellt sich heraus, daß dies der Unterrichtsraum ist und daß der Unterricht hauptsächlich im Beten besteht. Sie hätten viele Arten zu heilen, erzählt der Direktor. Solange der Kranke lebt, betet man für seine Gesundheit; ist er tot, betet man für sein Seelenheil. Dann gibt es die chinesische ›Nadelkur‹. Auf die Bitte, Nadeln sehen zu dürfen, bringt man zu unserer Verwunderung ein kleines Messer. Damit wird die Haut eines Menschen an einer Stelle aufgeritzt, da man überzeugt ist, daß mit dem austretenden Blut der böse Geist den Körper verläßt. Auch chinesische Ärzte aus dem Lhasa-Volkskrankenhaus kämen zu ihnen, und jedes Jahr würden vier Lamastudenten in das Volkskrankenhaus geschickt, um dort zu lernen. Wie immer sitzen wir an einem Tisch, auf dem Süßigkeiten stehen. Man bietet uns tibetischen Tee mit Milch, Salz und Jak-Butter an, aber wir sind bislang darum herumgekommen, ihn trinken zu müssen.

Freitag, 7. September: Um halb eins in die Sommerresidenz Norbulingka des Dalai Lama. Gleich am Eingang müssen wir warten, da nach Abschluß einer Zeremonie beim Dalai viele Adlige und Lamas durch den Mittelgang herauskommen. Dann fahren wir in den Garten und werden in einen Pavillon geführt, der inmitten von Blumen liegt. Dort begrüßt uns der ältere Bruder des Dalai, Lobsang Samten, ein klug aussehender junger Mann, der sich ungezwungen mit uns unterhält und sich fotografieren läßt. Um zwei Uhr werden wir vom Dalai Lama empfangen. Wir steigen steile Treppen zu einem kleinen Haus mit goldenen Türmchen hinauf, in ein schönes Zimmer mit hochgelegenen Fenstern, Parkettboden, Teppichen, schön bemalten Schränken und niedrigen Sesseln. Der Dalai – ein charmanter und netter Jüngling – begrüßt uns per Handschlag. Harald interviewt ihn; der Dalai antwortet schnell und klug. In Marxismus scheint er gut geschult zu sein. Persönlich glaube ich, daß er auf unserer Seite ist. Er lächelt oft verschmitzt und sieht noch reizender aus als auf allen Fotos. In der Ecke sitzt ein älterer Lama, der genau aufpaßt, was der Jüngling sagt, aber immer zufrieden mit den Antworten zu sein scheint. Er ist beim Dalai verantwortlich für außenpolitische Angelegenheiten.«

Während ich eine Unmenge von Aufnahmen machte, drehte sich das Gespräch zwischen Harald und dem Dalai Lama um Gerüchte über dessen Flucht nach Indien, über die Veränderungen in Tibet seit dem Einmarsch der Roten Armee und um die Zukunft des Landes. Harald schreibt darüber in unserem Tibet-Buch:

»Kurz nach Beginn unseres Gespräches steuerte ich ohne viel Umschweife auf eine Frage zu, die mir vor vielen anderen am Herzen lag. Ich wollte wissen, ob der Dalai Lama von den mannigfachen und oft einander widersprechenden Gerüchten Kenntnis habe, die seit dem Einzug der chinesischen Armee in Tibet in einigen Ländern über ihn im Umlauf sind. Ohne zu zögern und anscheinend ohne nachzudenken, aber auch ohne sichtbares inneres Beteiligtsein, antwortete der 14. Dalai Lama: ›Nur selten höre ich von solchen Dingen. Ich muß gestehen, es fällt mir schwer, die Motive derer zu begreifen, die ein Interesse daran haben könnten, Ungenauigkeiten, Mutmaßungen oder Unterstellungen über mich zu veröffentlichen. Es wurde mir berichtet, daß gewisse Bücher und Zeitungsartikel Unwahrheiten über mein Leben enthalten. Jemand soll geschrieben haben, daß ich vor der Ankunft der chinesischen Armee nach Indien geflüchtet sei. Wer sich ernsthaft informieren wollte, konnte unschwer erfahren, daß ich nicht in Indien war, sondern im südlichen Teil Tibets, nördlich der indischen Grenze. Ich verstehe, daß die großen Entfernungen und die durch sie bedingten Schwierigkeiten bei der Übermittlung wahrheitsgetreuer Informationen die Lebensdauer unwahrer Behauptungen verlängern konnten. Aber das wird sich ändern: Schon gibt es in Tibet viele tausend Kilometer Autostraßen. Eine Fluglinie wird eröffnet. Eisenbahnen werden unser Land durchkreuzen. Schon ist das Telefon eingezogen, und der Telegraf rückt weit auseinander liegende Orte zusammen. Bald wird es nicht mehr so einfach sein, Unwahrheiten zu verbreiten.‹

Später, nachdem der Dalai Lama seinerseits eine Reihe Fragen über Deutschland an mich gerichtet hatte, lenkte ich seine Aufmerksamkeit auf mögliche grundsätzliche Widersprüche zwischen der Weltanschauung der Chinesen aus Peking und der Religionsphilosophie des Buddhismus. Und wieder erhielt ich eine unmittelbare Antwort: ›Mensch sein, bedeutet lernen. Jeder Gutgeartete ist geneigt, Gutes aufzunehmen. Gerechtigkeit ist gut. Sie ist dem Buddhismus inhärent. Insoweit – und das bedeutet sehr weit – gibt es keinen Widerspruch. Ich habe in den letzten Jahren sehr viel gelernt und bin überzeugt, daß ich noch sehr viel zu lernen habe. Ich beschäftige mich gründlich mit den neuen Ideen meines Landes. Sie erscheinen mir wertvoll...‹ «

Danach gingen wir im Garten des Dalai Lama spazieren. Er war reizend zu uns, sprach ein wenig Englisch und recht gut Chinesisch und benahm sich wie ein netter Junge, der sich gut amüsiert. Offenbar gefiel es ihm, daß wir ihn wie einen Menschen behandelten. »Das ist der ›Gott von Tibet‹? Kein schlechter, wie ich finde. Was wohl in fünf bis zehn Jahren aus ihm wird?«

Und noch einmal Harald Hauser: »Als wir uns ... vom 14. Dalai Lama verabschiedeten, gab er uns auf den Weg: ›Ich sehe ein helles Morgen. In unserem wirtschaftlich rückständigen Land hat die Zukunft begonnen. Ich bin gewiß, daß es eine Zukunft des Friedens und der Gerechtigkeit sein wird. Es beglückt mich, ihr dienen zu dürfen.‹ Eben hatte der Dalai Lama noch in spielerischer Versonnenheit da eine Blüte, dort ein Blatt gepflückt, sie in seinen schlanken Fingern hin- und hergedreht und an ihnen gerochen, und nun saß er in einer auf Hochglanz polierten Limousine, winkte noch einmal freundlich und verließ in zügiger Fahrt den Märchengarten seines Sommersitzes, um sich zu einer Vorlesung in die Potala zu begeben, wo einige hundert bevorzugte Mönche seiner harrten.«

Später war der Dalai Lama noch so freundlich, für unser Tibet-Buch ein Geleitwort zu schreiben. Darin heißt es: »Die Autoren dieses Buches schildern das Leben im heutigen Tibet so, wie es tatsächlich ist. Sie haben die Gedanken, die Hoffnungen und das Streben des tibetischen Volkes verstanden. In Bild und Wort dieses Buches werden die unbegrenzten Kräfte unseres großen Vaterlandes sichtbar, die sich jetzt entfalten ... Mögen die Leser unsere Freunde werden, wie wir die Freunde all derer sind, die den Frieden lieben und sich dem vorwärtsschreitenden Leben zuwenden.

1. Oktober 1956 Dalai Lama.«

Am 10. September begaben wir uns auf die Reise, die uns nach Xigazê, Gyangzê und über das Himalaya-Plateau nach dem südlichsten Flecken Tibets – nach Yadong – führte. Wir fuhren mit einem sowjetischen Jeep, der mühelos auf 5400 Meter kletterte. Es war eisig kalt und windig, und man konnte nur schwer atmen. Der Blick in das Tal, aus dem wir heraufgekommen waren, war überwältigend. Die Nacht verbrachten wir alle zusammen in einem Zelt; ich schlief auf einem Stein, den wir deshalb »Dornröschenbett« nannten.

Am nächsten Tag gelangten wir nach Xigazê, 3500 Meter hoch gelegen. »Alle vermeckert, da schlecht geschlafen. Nur ich fühle mich blendend. Es hat geschneit, ich wasche Gesicht und Oberkörper mit Schnee vom Zeltdach. Bei Sonnenschein kommen wir an den Yarlung Zangbo Jiang (Brahmaputra). Wir werden samt Autos (wir hatten wieder einen Lastwagen mit Soldaten) auf einer Fähre übergesetzt. Nach sieben Uhr erreichen wir Xigazê, wo sich das Riesenkloster des Panchen Lama befindet, ein herrlicher rot-weißer Bau mit unendlich vielen goldenen Dächern.

Donnerstag, 13. September: Um zwölf Uhr fahren wir zum Panchen

Lama (Erdeni), der uns in seinem Haus empfängt, das nicht so hübsch ist wie das des Dalai. Zuerst sehr steif und feierlich. Dann stellt sich heraus, daß er keine Ahnung hat, wer wir sind. Er ist 21, sieht klug und sympathisch aus. Da er nur wenig Zeit hat und unser Wang-Baby [der zweite Dolmetscher] heute schlecht dolmetscht, schlägt der Panchen vor, in seinen Garten zu fahren, um dort zu fotografieren. Er fährt in einem zitronengelben Auto. Der Garten ist bezaubernd, ein buntes Häuschen, Zelt, ein winziger Teich, von Blumen eingefaßt. Der Panchen ist plötzlich freundlich, aufgeschlossen und läßt sich sogar zusammen mit Harald, Gisela und mir von Zheng fotografieren. Bei der Verabschiedung wünscht er uns Glück.«

Am Freitag ging es dann weiter nach Gyangzê. Nach etwa vier Stunden Fahrt kamen wir dort mittags bei herrlichem Sonnenschein an. Das erste, was wir von der Stadt sahen, waren eine Burg und eine große Klosteranlage. 1904 verteidigten sich die Einheimischen von dieser Burg aus gegen die Engländer, die unter der Bevölkerung von Gyangzê ein Gemetzel veranstalteten.

»Um drei Uhr fahren wir zum Kloster. Die Stadt sieht ganz anders aus als Lhasa oder Xigazê. Das Kloster hat eine Dagoba [Pagode] mit goldener Kuppel und bunten Malereien. Innen sind künstlerisch beeindruckende Buddha-Statuen, ganz anders als in den bisher besuchten Klöstern. Dann fährt man uns zu einer Teppichweberei, zu der man viele Treppen hinaufsteigen muß. Die Arbeiter weben in dunklen, schmutzigen Räumen. Auf unseren Wunsch hin bringen sie die Teppiche ins Freie und weben dort weiter. Für einen Teppich braucht ein Arbeiter zehn Tage, und er verdient ungefähr 30 Yuan dabei.«

Tags darauf stiegen wir bis auf 5800 Meter Höhe und fuhren stundenlang am Himalaya-Massiv entlang, dessen Gipfel leider in Wolken gehüllt waren. Das Wetter wurde immer grauer und stürmischer, und bei der Abfahrt nach Pagri, 48 Kilometer vor Yadong, begann es zu regnen. Wir durchquerten ein Flußtal, und plötzlich kam die Sonne wieder heraus. Bei strahlendem Wetter fuhren wir in das bezaubernde Yadong.

»Die Menschen sehen sauber aus, und von den Gebetsfahnen abgesehen riecht es überhaupt nicht nach Buddhismus. Wir werden in einem Bungalow mit Blick auf Fluß und Berge untergebracht, der früher Engländern gehörte und in einem großen Garten mit Apfelbäumen liegt.«

Fünf Minuten von unserer Unterkunft entfernt lag die malerische Hauptgeschäftsstraße. Da die Grenze zwischen Indien und Tibet noch nicht endgültig festgelegt war, wurde kein Zoll erhoben. Deshalb waren die Angebote noch billiger als in Lhasa. Wir kauften wie wild ein: Seife, Hautcreme, Zahnpasta, Pulverkaffee, Kakao, Seidendecken, Wolle, Kamelhaardecken, Uhren und vieles andere. Die Läden waren im indischen Stil eingerichtet. Auf dem Weg zur Geschäftsstraße begegneten wir scheinbar endlosen Eselkarawanen. Manche Tiere waren mit Waren, andere mit Geldsäcken bepackt. Die Treiber trugen zu ihrem Schutz Gewehre.

»Montag, 17. September. Früh ganz klarer blauer Himmel über Yadong. Hinter dem Haus gibt es fließendes Wasser, das von den Bergen herunterkommt. Als ich mich dort wasche, sehen alle Soldaten staunend zu. Das Wasser ist ganz weich und erfrischend...«

Von Yadong aus machten wir einen Ausflug zur tibetisch-nepalesischen Grenze. Dort bot sich uns wieder ein vollkommen neues Bild. »Dörfer am Fluß, Gebetsfahnen, die im Wind flattern, Pagoden, die Bevölkerung arm und schmutzig, aber immer freundlich. Überall Wasser und Bäume. Wir werden in einen Obstgarten geführt, wo es auch Gemüse gibt, wie Schnittlauch, Radieschen, Kohl. Herrlicher Blick auf die Berge, deren Grat die Grenze zwischen Tibet und Sikkim bildet.«

In Yadong blieben wir bis zum 23. September. Wir gingen viel spazieren, lagen unter den Apfelbäumen, badeten sooft wie nur möglich in den Flüssen, besuchten eine Schule sowie ein Krankenhaus und waren oft eingeladen. Dabei gab es immer viel Wein zu trinken. Wir trennten uns nur schwer von den netten Menschen, die wir getroffen hatten, und von der zauberhaften Landschaft.

Über Pagri (»dieses Mal bei strahlendem Sonnenschein«) ging es zurück nach Gyangzê. Auf der Fahrt fotografierte ich Yak-Herden, Menschen, Häuser mit dem schnee- und eisbedeckten Himalaya dahinter. Unterwegs trafen wir eine Gruppe tschechoslowakischer Testfahrer, die in diesem unwegsamen Gebiet Tibets Tatra-Autos und Motorräder ausprobierten. Dem Dalai Lama und dem Panchen Lama hatten sie je ein Motorrad geschenkt. Der Panchen Lama revanchierte sich mit zwei Leopardenbabies für den Prager Zoo. »Ich werde mit den Leoparden fotografiert. Mein Lieblingsfoto ist das, wo eines der kleinen Tiere zärtlich auf meinem Nacken sitzt.«

»Mittwoch, 26. September: Morgens um fünf Abfahrt nach Xigazê. Die Tschechen fahren auch los. Bei Sonnenaufgang über den Zangbo. Wir kommen an den Zelten vorbei, wo ich auf dem Hinweg auf dem Dornröschenbett geschlafen habe. In einer Pause fotografieren wir Geier, Wolken,

Frauen mit Schmuck und rußbeschmierten Gesichtern. Wieder über den 5800 Meter hohen Paß. Unser Chauffeur wird krank, so daß Harald bis Lhasa fahren muß. Er macht das ganz ausgezeichnet und gewinnt sogar noch eine Wettfahrt mit den Tschechen. Um halb sieben sind wir in Lhasa. Als wir den Potala sehen, fühlen wir uns ganz heimisch.«

Am 1. Oktober, dem chinesischen Nationalfeiertag, ertönte in Lhasa schon früh von überall her Feiertagsmusik. Der Platz vor dem Potala war mit vielen bunten Fahnen geschmückt, und auf der Tribüne waren Lamas, Adlige, Militärs und ausländische Gäste versammelt – »die tollsten Typen mit hohen Hüten, Ohrringen und in tibetischen Gewändern«. Reden wurden gehalten und verschiedene Darbietungen gezeigt. Um fünf Uhr nachmittags fand ein Bankett statt, auf dem viel getrunken wurde, so daß alle etwas beschwipst waren.

Nach Schluß kamen der »tanzende Lama« (Gisela und ich hatten ihn so getauft, weil er den ganzen Abend über mit uns getanzt hatte) und Lobsang Samten mit einer Flasche Wein zu uns beiden Frauen und forderten uns auf, mit ihnen zu kommen. Aus purer Neugierde wären wir gern mit ihnen gegangen, um herauszufinden, was sie wohl mit uns anstellen würden, aber Harald verhinderte es. Er meinte nur, wir seien einfach unmöglich.

In Lhasa erfuhren wir, daß wir nach Lanzhou nicht, wie ursprünglich geplant, fliegen würden, sondern mit Jeeps fahren mußten. Also brachen wir am 6. Oktober auf. Am folgenden Abend übernachteten wir in Tao Taohe. »Die schlimmste Nacht der ganzen Reise. Von elf Uhr nachts bis vier Uhr in der Frühe mit Harald, Gisela und Zheng in einem kalten, kahlen Raum, ich auf einem Feldbett. Wir lagen unter fürchterlich dreckigen wattierten Decken, die uns Arbeiter rührenderweise besorgt hatten. (Sie selbst blieben die Nacht über ohne Decken.) Der arme Wang stand mit einer Maschinenpistole Wache, da der uns begleitende Soldat erkrankt war. Unser Lastwagen ist weit zurück, wir fahren nur noch mit einem Soldaten und dem maßlos feigen Koch. Harald wechselt sich mit den beiden Chauffeuren ab.«

Am 10. Oktober, Emis 60. Geburtstag, kamen wir nach Xining. »Auf fast leeren Magen trinke ich auf Emis Gesundheit eine Viertelflasche Whisky und werde so betrunken, daß ich nichts mehr mitkriege. Zwei starke Kaffee helfen mir wieder auf. Nach einer heißen Dusche und dem Abendessen rufe ich Emi an, um ihm zu gratulieren – eine riesige Geburtstagsüberraschung für ihn!« Von Xining aus ging es über Lanzhou nach

Beijing. Das Wiedersehen mit Emi und den Kindern war schön. Emi freute sich, daß wir gesund zurückgekehrt waren. Harald und Gisela blieben noch einige Tage und bekamen zwei Abschiedsessen, eines bei uns zu Hause mit unseren Freunden und ein offizielles mit Peking-Ente. Am 21. Oktober flogen sie zurück nach Berlin.

In Harald und Gisela hatte ich neue Freunde gefunden. Zweieinhalb Monate auf einer so langen Reise ohne den geringsten Mißton zusammenzuarbeiten, das bedeutet schon etwas. Wir waren ein harmonisches Dreigespann. Harald war ein stets gutgelaunter Kamerad. Auf den oft tagelangen Autofahrten unterhielt er uns unermüdlich mit interessanten Geschichten und pikanten Anekdoten. Wir lachten viel, hatten aber auch ernste und nachdenkliche Gespräche, zu denen unsere täglich neuen Eindrücke häufig den Anlaß gaben. Harald war ein sportlicher, mutiger Mensch. In der Hitlerzeit hatte er in Frankreich im Widerstand gekämpft. Mit ihm und mit Gisela konnte ich über alles sprechen. Sie ist eine warmherzige Frau, mir eine wunderbare Freundin und Harald – ich glaube das sagen zu dürfen – eine ideale Lebensgefährtin, Kameradin und Mitarbeiterin. Trotz vieler zeitbedingter Widersprüche und 23jähriger Trennung hat unsere Dreier-Freundschaft keinen Schiffbruch erlitten.

Zwischen China und Europa

Ich hatte viel Arbeit vor mir. Rund 1000 Fotos, die ich auf der Tibet-Reise aufgenommen hatte, mußten entwickelt und vergrößert werden, Probeabzüge waren zu machen und eine erste Auswahl zu erstellen. Meine Fotoagentur bekam mehrere hundert Bilder für ihr Archiv und zur Veröffentlichung im In- und Ausland. Für den Bildband vergrößerte ich so viel wie nur möglich. Den Rest wollte ich mit nach Berlin nehmen, wohin ich vom Schriftstellerverband der DDR eingeladen worden war. Da irgend etwas mit der Kohleversorgung nicht klappte, konnten wir in unserem Haus nicht richtig heizen, und es war furchtbar kalt. Wenn ich nicht mit einer Wärmflasche am Schreibtisch saß, segelte ich mit einer Flasche Scotch Whisky, die ich aus Tibet mitgebracht hatte, unter dem Arm durch das Haus.

Am 9. Dezember 1956 feierten wir Vitjas 15. Geburtstag, und am Tag darauf flog ich nach Berlin. Von dieser Reise, die mich außerdem nach Moskau, Prag, Leipzig, Stockholm, London und Weimar führte, kehrte ich erst am 4. April 1957 nach Beijing zurück. In Moskau traf ich außer meinen alten Freunden den Chefredakteur der Zeitschrift *Theater*, Singermann. Er hatte Theaterfotos aus China bei mir bestellt und diese in vier Nummern von *Theater* veröffentlicht. Die Aufnahmen hatten ihm so gut gefallen, daß er mich bei unserem Gespräch bat, regelmäßig über die Peking-Oper und chinesische Dramen in Wort und Bild zu berichten.

Ehrenburg ließ mich mit seinem Wagen zu einem Mittagessen in seinem Landhaus außerhalb Moskaus abholen. Mit einiger Verblüffung hörte ich, daß er und seine Frau Ljubow Michailowna sich siezten. Ilja Grigorjewitsch sprach über die Ereignisse in Ungarn, die, wie er glaubte, noch lange die Gemüter erschüttern würden. Meiner Meinung nach stand der Aufstand in unmittelbarem Zusammenhang mit der Aufdeckung von Stalins Untaten durch Chruschtschow. Nur so konnte ich mir erklären, daß die Menschen wutentbrannt gegen das Regime losgingen, das Stalin-Denkmal zerstörten und es zu überaus blutigen Zwischenfällen kam.

In Berlin hatte ich dieses Mal eine reizende junge Betreuerin vom Schriftstellerverband: Helga Zeilinger. Sie und der Fahrer Walter wurden in den folgenden Monaten meine Kumpane. Zunächst war ich im Hotel Adlon untergebracht. Ende der 20er Jahre war eine Übernachtung im Adlon das höchste der Gefühle für mich gewesen – ein unerfüllbarer Traum.

Doch der einstige Glanz war dahin. Das Gebäude, halb Ruine, war mir unheimlich und hatte nur unfreundliche Zimmer, so daß ich ganz erleichtert war, als ich in das Hotel Newa umziehen konnte. Joop Huiskens, Freund und Assistent von Joris Ivens, den ich aus Beijing kannte, borgte mir einen Vergrößerungsapparat, so daß ich im Hotel vergrößern konnte.

Viele Zeitungen und Zeitschriften – darunter *Freie Welt, Elternhaus und Schule, Berliner Illustrierte, Magazin, Neues Deutschland* – wollten Reportagen über Tibet bringen und Interviews mit mir und den Hausers machen. Dieses unbekannte Land interessierte und faszinierte die Menschen sehr, und unsere Fotoreportagen erschienen manchmal in bis zu drei Folgen. Vor lauter Arbeit kam ich keine Nacht vor zwei ins Bett. Neben der Arbeit an den Fotos waren meine Tage in Berlin von frühmorgens bis in den späten Abend oft ausgefüllt mit Treffen, Gesprächen und notwendigen Besorgungen. Ein typischer Tag sah ungefähr folgendermaßen aus: Um neun Uhr morgens kommen Mitarbeiter eines Kinderkalenderverlages, um Fotos anzusehen und auszusuchen. Dann ist jemand von der *Berliner Illustrierten* bei mir. Zwischendrin klingelt das Telefon, Tutti Heartfield, Bodo, ein Redakteur der *Freien Welt* wollen mich sprechen. Dann muß ich Fotos zum Zentralbild zum Aufglänzen bringen. Um ein Uhr sind Leute vom Friedensrat bei mir, die noch Bilder für eine Diaserie suchen. Dr. Beyer vom Brockhaus Verlag meldet sich an, um die neuesten Fotos zu begutachten. So geht das weiter bis um halb fünf am Nachmittag. Günther Weisenborn holt mich ab und fährt mit mir zu Bodo Uhse, da Alma mit Stefan nach Mexiko fliegt und sich von mir verabschieden will. Es war ein unbefangenes Wiedersehen, bei dem die Tibet-Reise nicht erwähnt wurde.

Ein paar Tage später traf ich Bodo auf einen Kaffee im Kulturbund. Ich fragte ihn, was eigentlich los sei und warum er meine Briefe nicht beantwortet hätte. Da sagte er, daß ich geschrieben hätte, daß er »gemein« sei – was von mir nicht böse gemeint war, sondern Bodo nur daran erinnern sollte, daß er sich lange nicht gemeldet hatte. Daraufhin hatte Bodo, überempfindlich wie er war, die folgenden Briefe von mir erst gar nicht geöffnet, obwohl der Brief sehr zärtlich gemeint gewesen war. Bodo hatte meine Zärtlichkeit völlig mißverstanden. Jetzt versöhnten wir uns bei einem Brandy, auch wenn es mir schwerfiel, solch eine Reaktion zu verstehen.

Außerdem fuhr ich mit Harald und Gisela Hauser für vier Tage nach Leipzig, um unseren Tibet-Band unter Dach und Fach zu bringen. Wir legten den Aufbau des Buches fest und suchten rund 160 Fotos aus. Mit blutendem Herzen sah ich, daß nicht alle Bilder hineinkamen, die ich gern aufgenommen hätte. So hätte ich, wenn ich den Band allein zu machen gehabt hätte, weniger Farb- und Landschaftsaufnahmen genommen und dafür mehr Fotos von Menschen. Ferner hätte ich das Ganze nicht chronologisch aufgezogen, sondern in eine Geschichte gekleidet.

Es traf sich gut, daß meine Freundin Magda Reinerova mich nach Prag eingeladen hatte. Ich beschloß, etwas Ferien zu machen, und fuhr mit Heinz Willmann und einer Friedensdelegation im Berlin–Prag–Wien-Expreß nach Prag. Dort wohnte ich bei Magda und Martin in der mir vertrauten Wohnung voller Blumen und Sonne. Wir saßen viel beisammen und sprachen über die Jahre seit 1953. Das Leben hier war viel besser als damals, und in den Läden gab es alles, was man sich nur wünschen konnte. Ich besuchte Martin in seinem Atelier und fotografierte ihn bei der Bildhauerarbeit. Er gestaltete schöne Plastiken, u. a. Büsten von Joliot-Curie und Emi, die in der ganzen Welt gezeigt wurden, war aber pessimistisch und depressiv. Das kam daher, weil seine Skulpturen in der Tschechoslowakei keine Anerkennung fanden und als zu formalistisch eingeschätzt wurden. Zusammen gingen wir in die Nationalgalerie und sahen uns die Franzosen an, die sechs Jahre zuvor, als Ehrenburg sie mir zeigen wollte, noch weggeschlossen waren und nicht besichtigt werden durften – darunter Werke von Daumier, Rodin, Monet, Renoir, Gauguin, Picasso.

Mehrmals traf ich mich mit Roy Gore, der mit der Friedensdelegation im Hotel Flora wohnte. Wir unternahmen lange Spaziergänge durch das kalte, sonnige Prag, die Stadt, die ich so liebte und mit der sich die angenehmsten Erinnerungen für mich verbanden. Am Ufer der Moldau entlang gingen wir ins SIA, wo sich seinerzeit der Sitz des Weltfriedensrates befunden hatte und wo jetzt die Internationale Gewerkschaftsföderation untergebracht war. Es war merkwürdig, in den einstmals so vertrauten Räumen wieder herumzugehen. Beim Abschied fragte Roy: »Wo sehen wir uns das nächste Mal? In Tokio, New York, London?« Und plötzlich: »Warum kommst du nicht nach London? Marion würde sich schrecklich freuen, und du könntest unsere beiden kleinen Mädchen sehen.« Und so geschah es auch. Im März 1957 flog ich nach London.

Nachdem ich zurück in Berlin war, nahm ich meinen ganzen Fotokram und fuhr zu Else Wolf nach Lehnitz, um dort meine Vergrößerungen zu beenden. Zum Wohnen und Arbeiten erhielt ich Wolfs Zimmer. Else, die 13 Jahre älter war als ich und im Juni 1973 starb, war mir seit unserem Kennenlernen in Moskau Ende 1935 stets eine mütterliche Freundin, die beste, die ich je in meinem Leben hatte. Sie war eine hochgewachsene, kräftige und sehr sympathische Frau. Ihre ganze Persönlichkeit strahlte Energie und Güte aus. Ich fühlte mich in ihrer Nähe immer geborgen. Wenn ich Kummer oder Probleme hatte, ging ich zu Else. Ich brauchte oft gar nicht viel zu reden. Es genügte, daß sie da war. Und Else war eine mutige Frau. Ende der 30er Jahre, Friedrich Wolf war schon in Frankreich, half sie Frauen, deren Männer verhaftet worden waren, was nicht ungefährlich war. Besonders erinnere ich mich an Erna Wloch, deren Mann nach seiner Verhaftung im Gefängnis oder in einem Lager starb. Else nahm Erna und ihre Kinder bei sich auf, bis diese 1940 die Sowjetunion verlassen konnten und nach Deutschland zurückkehrten. 1938 wurde Lotte, eine ehemalige Freundin Wolfs, mit der er ein Kind hatte, verhaftet. Die vierjährige Lena wurde in ein Kinderheim im Kaukasus geschickt. Alle wußten, daß die Kinder von »Volksfeinden« schlecht behandelt wurden. Als ich im Sommer 1938 mit Lion in Peredjelkino war, fuhr Else kurz entschlossen in die Höhle des Löwen und holte die kleine Lena aus dem Kinderheim heraus.

Else hatte einen unbeschreiblichen Einfluß auf Kinder. Lena beispielsweise war ein sehr eigensinniges Kind, aber Else gehorchte sie aufs Wort und war ihr in ihrem weiteren Leben viel tiefer verbunden als der eigenen Mutter, die nach Jahren aus der Haft entlassen wurde. Den kleinen Lion vertraute ich Else blindlings an. Er schloß sich ihr sofort an und lernte gleich einige Worte Deutsch von ihr.

Nach dem Krieg bauten sich die Wolfs ein Haus in Lehnitz bei Berlin. Für mich gehörten dieses Haus und Else zusammen. Es wurde auch ein Haus für mich, wenn ich – fast jedes Jahr – nach Berlin kam; oft verbrachte ich in den 50er Jahren Weihnachten und Sylvester hier. Dann war die ganze Familie zusammen – und Mischa und Koni, die Söhne, wetteiferten im Kochen.

Nach Friedrichs Tod widmete sich Else ganz dem Nachlaß ihres Mannes. Sie machte Mikrofotos von allen seinen Werken und edierte unveröffentlichte Texte. So entstand hier das Friedrich-Wolf-Archiv; nach Elses Tod wurde das Haus zum Friedrich-Wolf-Museum. Im Wolf-Archiv befindet sich auch die umfangreiche Korrespondenz zwischen Else und mir. Selbst in den Jahren der Kulturrevolution riß der briefliche Verkehr zwischen uns nicht ab; Else reagierte äußerst beunruhigt auf meine Briefe. Ihren 70. Geburtstag am 19. Mai 1968 konnte ich nur in Gedanken mit ihr verbringen – im Gefängnis. Als ich entlassen wurde, lebte diese große und für mich so wichtige Frau nicht mehr.

Im Februar 1957 besuchte ich Herbert und Lisel in Stockholm. Sie wohnten nach wie vor in Stocksund, und mir schien alles beim alten geblieben. Auch in Schweden war das Interesse an Tibet groß, und so kauften mir Blätter wie *Expressen, Vi* oder *Sia,* eine Gewerkschaftszeitschrift, Fotos ab, zu denen ich die Texte schrieb. Natürlich ließ ich es mir nicht nehmen, Herbert beim Dirigieren zuzuschauen. Mich faszinierte jedesmal aufs neue, daß er am Dirigentenpult ein ganz anderer Mensch wurde – ernsthaft und konzentriert. Ich besuchte die Generalprobe, die Premiere und eine weitere Vorstellung von *Turandot* sowie eine Aufführung der *Zauberflöte.* Bevor Herbert zu Plattenaufnahmen nach München flog und ich zurück nach Berlin, feierten wir am 26. Februar noch ausgelassen seinen 55. Geburtstag.

In Berlin traf ich mich in diesen Tagen oft mit Bodo. Vor ihrer Abreise nach Mexiko hatte Alma mir ihn anvertraut und mich gebeten, mich um ihn zu kümmern. Bodo und ich waren uns wieder sehr nahe. Aus vielerlei Gründen war er furchtbar deprimiert und meinte immer nur: »Bei euch blühen ja die 100 Blumen« – eine Anspielung auf Mao. Ich verteidigte glühend unsere blühenden Blumen, ohne zu wissen, daß sie schon zum Verdorren verurteilt waren. Immerhin war ich sicher, daß Bodo meine Anwesenheit guttat, und so feierten wir am 12. März bei ihm zu Hause in Niederschönhausen seinen 53. Geburtstag mit Mohnkuchen und einem festlichen Essen. Die Freunde kamen, darunter Stephan Hermlin und Maj Bredel, und abends gingen wir zusammen in die »Möwe«.

Am Freitag, dem 15. März, wollte ich meine London-Reise antreten. Helga und Walter, meine beiden treuen Begleiter, brachten mich bei strömendem Regen nach West-Berlin zum Flughafen Tempelhof. Wir strolchten noch etwas durch das Flughafengebäude. Dann gab ich meinen Koffer auf, der durch ein Loch rutschte, um verladen zu werden, und ging zur Paßkontrolle. Ich durfte jedoch nicht abfliegen, da ich kein westdeutsches Transitvisum hatte. Der Beamte hielt meinen sowjetischen Paß wie eine Giftbombe in der Hand. Alles Flehen, eine Ausnahme zu machen und mich reisen zu lassen, half nichts. Unterdessen flog die Maschine davon – natürlich mit meinem Koffer an Bord.

Wir fuhren zum Haus der Alliierten, um das Visum zu bekommen. Da es um die Mittagszeit war, empfing mich niemand. So ging ich mit Helga und Walter ins Restaurant Lukullus essen und versuchte es anschließend noch einmal. Die Leute stellten mir ohne weiteres ein Transitvisum aus. Auf dem Korridor erklärte mir der diensthabende Offizier, erst in gebrochenem Deutsch, dann recht gut auf russisch, nun sei alles in Ordnung. Offenbar wollte er den seltsamen Vogel selbst in Augenschein nehmen, der da mit einem sowjetischen Paß privat nach London flog.

Anschließend mußten wir noch einmal zurück nach Tempelhof, um für den Sonntag einen Platz in der Maschine nach London zu buchen. Mein Koffer wurde so lange in Hamburg aufbewahrt, wo ich einen Zwischenstopp machen wollte. Günther Weisenborn hatte mich gebeten, in Hamburg ein Flugzeug zu überspringen und für einige Stunden sein Gast zu sein. Um ganz sicher zu sein, fragte ich einen Grenzbeamten, ob ich denn nun wirklich durch Westdeutschland reisen könne. Er sah sich meinen Paß an, sagte, ich bräuchte keine Angst zu haben, und meinte halb entschuldigend, halb bitter: »Wir leben eben in einem geteilten Land...« Das hatte ich zum erstenmal am eigenen Leib verspürt.

Der Mann bei der Paßkontrolle fragte mich, ob ich ständig in Rußland lebte. Auf meine Antwort, ich lebte in China, flüsterte er entsetzt: »Da möchte ich nicht mal begraben sein.« Bei diesem Besuch bei Joy und Günther Weisenborn, die mich außerordentlich verwöhnten, lernte ich die Literaturagentin Ruth Liepman und ihren Mann Heinz, einen Journalisten und Schriftsteller, kennen. Von diesem Tag datiert Ruths und meine gute Freundschaft, und sie war es auch, die mich immer wieder ermunterte, meine Autobiographie zu schreiben.

Abends um neun flog ich nach London weiter. Beim Anflug auf die Stadt wurde in der Kabine das Licht ausgemacht, und es bot sich mir ein Anblick, wie ich ihn zuvor noch nie gesehen hatte: Ein riesiges buntes Lichtermeer – grün, blau, gelb, rot – breitete sich unter uns aus. Der Einwanderungsbeamte fragte mich bis aufs Blut aus. Wir kamen aber schnell auf China und Tibet zu sprechen, und unsere angeregte Unterhaltung endete damit, daß er mir eine Aufenthaltsgenehmigung für vier Wochen gab, obwohl ich nur eine Woche bleiben wollte. Dann nahm er meinen Koffer und begleitete mich zur Bushaltestellte zum Victoria Air Terminal. Dort erwartete mich Roy. Wir fuhren mit seinem Auto nach Hampstead, wo die Gores ein Haus bewohnten. Marion trug kurzgeschnittenes Haar und sah jung aus. Mir war, als hätten wir uns gestern erst getrennt.

Roy und Marion waren reizende Eltern von zwei kleinen süßen Mädchen. Die ältere, die dreieinhalbjährige Sheila, betrachtete ich immer ein bißchen als mein Patenkind. Als ich Marion in Prag kennenlernte, hatte sie gerade eine Fehlgeburt hinter sich. Dann wurde sie wieder schwanger und bangte um das Kind. Fast während der ganzen Schwangerschaft mußte sie liegen. War Emi fort, holte ich sie zu mir, und als sie wochenlang im Krankenhaus war, schrieb ich ihr fast jeden Tag einen Brief auf englisch, den sie mir dann korrigiert zurückschickte.

Immer wenn Marion Zeit hatte, zeigte sie mir die Stadt, die voller Leben und Menschen war und einen ungeheuren Eindruck auf mich machte – und der Frühling, mein erster Londoner Frühling, machte alles noch bunter. Roy nahm mich ins House of Commons mit, wo gerade heftig darüber debattiert wurde, ob es an den Schulen kostenlose Mahlzeiten geben sollte oder nicht. Ich besichtigte das House of Lords, die Bibliothek mit historischen Schriften, den Hinrichtungsbefehl für Charles I., den Sitzungssaal mit einem Thron für Königin Elisabeth II. und die große Terrasse des Parlaments direkt an der Themse. Roy ging mit mir auch in die Bibliothek und den Leseraum im British Museum, wo Marx und Lenin gearbeitet hatten. An ihren Plätzen waren kleine Schilder angebracht. Im Old Vic sahen wir uns gemeinsam den *Kaufmann von Venedig* an. In der National Gallery reichte die Zeit gerade für ein paar Blicke auf Renoir, Seurat, Rubens, Goya und Botticelli – allein hier hätte man Tage verbringen können, um die vielen Bilder in Ruhe zu betrachten.

Es war ein großes Programm für die wenigen Tage, und übervoll von all den neuen Eindrücken verließ ich am 23. März meine Freunde und die Stadt, in die ich mich auf Anhieb verliebt hatte. Ich kam gerade rechtzeitig nach Berlin, um mit Bodo an der Pressevorführung von *China – Land zwischen gestern und morgen* teilzunehmen, einem Film von Joop Huiskens mit Texten von Bodo Uhse. Stephan Hermlin hielt die Einleitungsrede, und ein Gedicht von Günther Weisenborn wurde vorgelesen. Stephan und Bodo, die am nächsten Tag zu einer Schriftstellerkonferenz nach Weimar mußten, luden mich ein, mit ihnen zu kommen.

Bei strahlendem Frühlingswetter fuhren wir nach Weimar und nahmen uns Zimmer in dem eleganten Hotel Elephant. Spätabends feierten Bodo und ich im Theaterkasino ungestört bei einer Flasche Sekt meinen Abschied von Europa. Bodo sprudelte nur so von Zukunftsplänen: Er wollte einen neuen Bildband mit mir machen, als ADN-Korrespondent nach China kommen usw. In diesem Moment glaubte er bestimmt, all diese Pläne würden sich verwirklichen lassen. Ich ließ mich von seiner Euphorie anstecken – aber aus allem wurde nie etwas. Die Hoffnung auf eine neue schöpferische Zusammenarbeit und die Vorfreude auf Beijing machten mir den Abschied leicht.

Am 29. März flog ich über Moskau nach Beijing, wo ich am 4. April ankam, stürmisch begrüßt von Emi, Vitja und Heping. Die vergangenen Monate waren beglückend aufregend gewesen. Aber immer saß mir die Sehnsucht nach Emi und den Kindern im Herzen. Nun war ich wieder zu Hause, keine Zigeunerin, keine Junggesellin mehr. Ich badete meinen kleinen Pupsik nach so schrecklich langer Zeit und fiel dann erschöpft und glücklich ins Bett. Gleich nach meiner Rückkehr unternahm ich wieder Fotoausflüge durch Beijing, diesmal auch in ein Entbindungsheim, wo ich eine Serie fotografierte: »Ein Beijing-Bürger wird geboren.« Manchmal begleitete mich Emi. Dann war er immer gelöst. Die Idee, einen Bildband mit ihm zu machen, erschien mir überaus reizvoll, nicht nur, weil Emi China viel besser kannte als all die ausländischen Autoren. Schlug ich ihm ein solches Projekt vor, sagte er immer nur: »Ja, ja, ganz bestimmt«, und verschob es auf später. Unserer Beziehung hätte es bestimmt gutgetan, wenn wir wenigstens ab und zu zusammengearbeitet hätten und unter unser beider Namen schöne Bücher erschienen wären. Aber das blieben unerfüllte Träume, ohne daß mir bis heute klar ist, warum Emi nicht mit mir gemeinsam veröffentlichen wollte.

Bei meiner Arbeit hatte ich zwei neue chinesische Freunde gewonnen: Sheng Jingguang und Fang Zhilong. Sheng Jingguang arbeitete bei der Xinhua im Versuchslabor der Fotoabteilung. Er fand meine Vergrößerungen nicht besonders gelungen, kam zu mir nach Hause und half mir, mich zu vervollkommnen. Außerdem kannte er einige Schauspieler der Peking-Oper, mit denen er mich bekannt machte. Wir besuchten sie in ihren Wohnungen, wo ich sie in der häuslichen Umgebung fotografierte. In die Peking-Oper gingen wir auch oft zusammen. Fang Zhilong war Journalist, sprach fließend Englisch und begleitete mich u. a. zu den Aufnahmen bei den Malern Zhang Ding und Li Keran. Die beiden kamen oft zu uns und nahmen auch an unseren Parties teil.

Zu diesen Parties, die wir an Feiertagen wie dem 1. Mai, dem Nationalfeiertag, an Weihnachten, Neujahr oder zu anderen Anlässen veranstalteten, luden wir immer auch ausländische Experten ein, von denen eine große Gruppe in Beijing lebte. Unter ihnen waren Ärzte, Journalisten, Dolmetscher, Sinologen etc. Jeder gab etwas Geld für Speisen und Getränke, und dann feierten wir fröhlich und ausgelassen. Oft tanzten wir bis spät in die Nacht. Dabei vergaß Emi all seine Sorgen und machte vergnügt mit. Manchmal brachte Sheng einige Auslandschinesen mit, die ihre Instrumente dabeihatten und Musik für uns machten.

Um diese Zeit hatte Mao Zedong eine Studienbewegung entfacht, eine ideologische Bewegung gegen Bürokratie, Aberglauben und andere schlechte Überbleibsel aus vergangener Zeit. Ich glaube, es war die erste seit jener in den 40er Jahren in Yan'an. Fehler, ganz gleich, wer sie begangen hatte, sollten nach Mao ausdiskutiert und die Menschen dadurch zu vernünftigen Ansichten gebracht werden. Seine Idee war es, daß Blumen blühten, aber kein Unkraut wuchs. Was Mao unter blühenden Blumen und was unter Unkraut verstand, erklärte er ausführlich in seinem Text *Laßt 100 Blumen blühen*. In ihm wurden die Menschen zur Kritik aufgerufen, zum Beispiel an der politischen Führung oder an ihren Vorgesetzten. Viele machten ihrem Herzen Luft, sagten oder schrieben frisch von der Leber weg, was sie dachten und fühlten – einleuchtend, wie es schien. Leider mußten wir nur zu bald erfahren, daß man die verständlichsten Dinge falsch auslegen und anwenden kann, so daß es ein leichtes ist, die Dinge auf den Kopf zu stellen und aus Weiß Schwarz zu machen. So wurde plötzlich behauptet, in dieser Bewegung seien viele Rechtsabweichler aufgetaucht, und alles schlug in eine Bewegung gegen die »Rechten« um. Mein engster Mitarbeiter, Lao Deng, wurde plötzlich zum Rechtsabweichler, da er die Partei und vieles in der Agentur kritisiert hatte.

Im September 1957 wurde Lao Deng angeklagt. Die Wände waren voll Zeitungen mit Beschuldigungen gegen ihn. Lao Xü fragte mich über ihn aus, in der Hoffnung, daß ich Lao Deng denunzieren würde. Lao Deng war in den USA geboren, dort aufgewachsen und sprach fließend Englisch. Gerade deshalb wurde er bei der Xinhua dringend gebraucht. Jetzt war er ein Feind. Die Anklageversammlungen fanden unter Ausschluß der Öffentlichkeit statt, und es war eine große Ausnahme, wurde sogar als »Ehre« angesehen, daß ich als Ausländerin zu der Versammlung eingeladen wurde, auf der Lao Deng kritisiert werden sollte. Jeder, der gegen ihn etwas vorzubringen hatte, konnte reden. Es hagelte nur so von Anschuldigungen, als hätten sich meine Kollegen, die ich immer für recht anständig gehalten hatte, in Hyänen verwandelt. Mein Lob über seine Loyalität und Qualitäten kam dagegen nicht an. Ich fand das Verfahren widerlich und nahm nie wieder an solch einer Tribunalsitzung teil. Nach der Versammlung ging Lao Deng mit schuldbewußter Miene herum. Mir tat er schrecklich leid. Eine Zeitlang arbeitete er noch in der Agentur. Ich weiß nicht mehr, wann er, ohne triftigen Grund, aus Beijing ausgewiesen wurde. Solche Fälle wie den seinen gab es zu Tausenden. Die meisten der Betroffenen wurden erst nach über 20 Jahren rehabilitiert. Heute lebt Lao Deng, wie ich vor kurzem hörte, im Ausland.

Eines Tages kam Emi niedergeschlagen aus dem Schriftstellerverband nach Hause: Ding Ling war kritisiert worden. Das betraf auch ihn, da Ding Ling und Ai Qing seit den Tagen in Yan'an zu seinen besten Freunden zählten. Wie so viele andere Schriftsteller gerieten auch diese beiden unter die Räder. Emi ließ man nach einer Selbstkritik in Ruhe, wobei ich bis heute nicht weiß, wofür er sich hätte kritisieren müssen. Einen treueren Parteigenossen als ihn konnte man wohl kaum finden. Derjenige, der Schriftsteller zu »Rechten« abstempelte, war Zhou Yang, Mitglied des ZK, derselbe, der Emi im Dezember 1954 daran gehindert hatte, an dem Schriftstellerkongreß in Moskau teilzunehmen. Emi kam dieses Mal wohl deshalb ungeschoren davon, weil er im Ausland, vor allem in der Sowjetunion, zu bekannt war.

Nun wurde Emi wieder überallhin eingeladen, so zu dem Bankett, das Liu Shaoqi zu Ehren einer Delegation des Obersten Sowjet der UdSSR gab, zu Zhou Enlai, um diesem eine Gruppe indischer Schriftsteller vorzustellen, am 1. Oktober 1957 auf die oberste Tribüne am Tiananmen, wo er eben diese Schriftsteller Mao vorstellen sollte. Bei dieser Gelegenheit begrüßte Mao Emi überaus herzlich, das erste Mal seit Jahren, schüttelte ihm die Hände und sagte: »Siao San, wir haben uns ja so lange nicht gesehen.« Als mir Emi dies zufrieden erzählte, dachte ich bei mir, daß das wohl an Mao und nicht an Emi lag und daß man Emi bestimmt nicht so oft kränken würde, wenn der Große Vorsitzende sich ein wenig mehr um seinen alten Freund kümmerte. Und Liu Baiyu hatte Emi gesagt, man sei mit seiner Rede und Selbstkritik sehr zufrieden gewesen. Was für eine Komödie!

Anderen erging es nicht so gut. So wurde Ding Ling im Dezember 1957 aus der Partei ausgeschlossen, und als Emi von der Sitzung nach Hause kam, auf der das beschlossen worden war, wurde er krank. Tagelang lag er mit hohem Fieber im Bett. Das war seine Art, auf diese schreiende Ungerechtigkeit zu reagieren, gegen die er machtlos war. Ding Ling, Ai Qing und viele von Emis Freunden und Bekannten begannen damals ihren Leidensweg, der erst Ende der 70er, Anfang der 80er Jahre mit ihrer Rehabilitierung endete.

Mitte September 1957 kamen John und Tutti Heartfield für zwei Monate nach China, er mit fünf Fotoapparaten »bewaffnet«. Auf der Reise quer durch das Land sollte ich die beiden auf ihren Wunsch hin begleiten; leider ging das nicht. So konnte ich ihnen nur »mein« Beijing zeigen – die Altstadt, die Akrobaten in der Tianqiao (Himmelsbrücke), den Himmelstempel (Tiantan) und die verschiedenen Märkte. Während des China-Aufenthaltes wurde John in der DDR der Erste Nationalpreis verliehen. Begeistert folgte man seinen Vorträgen im Friedenskomitee, in der Xinhua, im Verband der Maler und anderswo. Dabei beschäftigte er sich mit Fotografie, ihrer Bedeutung für die Gegenwart und der Frage, ob sie Kunst sei oder nicht. Fotografen müßten neu sehen lernen, die Komposition von Gemälden studieren, lernen, mit Licht umzugehen. (Letzteres war für mich und meine Porträtfotografie von größter Wichtigkeit: Das Spiel mit dem Licht bestimmte meine Arbeit.) John sprach auch über Kitsch und über gute Ideen, die schlecht ausgeführt wurden. Er erzählte aus seinem Leben und wie er auf die Idee gekommen sei, Fotomontagen zu machen. Diese Art von Kunst sei in den 20er, 30er Jahren wichtig gewesen und auch heute noch aktuell. Überall hörte man ihm aufmerksam zu. Später mußte ich jedoch feststellen, daß auch er in den Wind geredet hatte.

Durch John lernte ich Heinz Grote und Hubert Kintscher vom Fernsehfunk der DDR in Beijing kennen. Die beiden, denen meine Arbeiten bekannt waren, befanden sich auf einer Reportagereise durch China. Eines Tages Anfang Dezember meldeten sie sich bei mir – beide in Sommerkleidung und mit einem großen Strauß Nelken. Beim Kaffee fragten sie mich, ob ich nicht Lust hätte, als ständige Korrespondentin über China zu berichten und Filme für das DDR-Fernsehen zu drehen. Heinz Grote war bevollmächtigt, einen Vorvertrag mit mir abzuschließen; das Filmen brächten sie mir auch noch bei. Natürlich wollte ich brennend gern, denn so eine Arbeit war nach meinem Geschmack. Zuerst mußte ich aber noch mit Emi und mit Shi Shaohua darüber sprechen. Als mir beide ebenso wie die oberste Leitung der Xinhua grünes Licht gaben, zeigte mir Heinz Grote die Handhabung der französischen 16-mm-Pathé-Webo-Kamera. Zu dritt gingen wir in den Kaiserpalast; schnell wurde ich mit der Kamera vertraut, denn schließlich hatte ich das ja einmal in München studiert. Anfang 1958 sollte ich nach Berlin kommen und mir in der Praxis Filmkenntnisse aneignen.

Emi und ich hatten ein produktives Jahr hinter uns, hatten viel Arbeit geleistet. Er in Sitzungen, mit seinen Gedichten und Artikeln, mit seinem Einsatz für die Schriftreform. Ich mit meinen unzähligen Fotos. Der Bildband über die Peking-Oper war mit großem Erfolg erschienen; Harald und ich hatten unsere Tibet-Reportagen in der DDR, in Schweden, in der Sowjetunion untergebracht, und am 29. Dezember trafen bei mir die ersten Belegexemplare des Tibet-Bandes ein. Er übertraf meine geheimsten

Erwartungen, so schön war er geworden. Der Clou war natürlich die persönliche Widmung des Dalai Lama.

Der Sylvesterabend versammelte wie immer viele Freunde und Bekannte bei uns, darunter Joris Ivens, der uns ganz überraschend besuchte. Sheng und sein Balalaika-Orchester spielten auf, und Emi und ich tanzten mit unseren Gästen zufrieden und mit vielen Hoffnungen in das Jahr 1958.

Meine Arbeit als Fernsehkorrespondentin

Im Februar 1958 flog ich über Moskau nach Berlin. Heinz Grote war mein direkter Vorgesetzter. Bis auf den heutigen Tag verbindet uns – trotz aller Gewitterstürme – eine gute Freundschaft. In den zwei bis drei Wochen, die ich im Funk arbeiten sollte, schaute ich mir alle Studios, Schneide- und Vorführräume sowie die übrige technische Einrichtung an. Oft war ich bei Redaktionssitzungen dabei, begleitete die Kollegen mehrmals zu Aufnahmen und drehte auch selbst einige Filmstreifen. Und dann unterschrieb ich zusammen mit Heinz Grote den Vertrag. Meine Arbeit wurde gut bezahlt. Für chinesische Verhältnisse erzielte ich ein überdurchschnittlich hohes Gehalt: 500 Yuan im Monat. Außerdem hatte ich 24 Tage bezahlten Urlaub, eine jährliche Freifahrt nach Berlin, und die Kosten für Fahrten innerhalb Chinas wurden vom Funk erstattet. Meine jetzige Reise, inklusive Hotelkosten und Tagegeldern, trug ebenfalls mein neuer Auftraggeber. Ich schwamm im Glück.

Nachdem dies alles geregelt war, wollte ich von Berlin aus nach London fliegen, da mich Roy und Marion zu sich eingeladen hatten. Mit dem Taxi fuhr ich zum britischen Konsulat, um mein Visum abzuholen. Es war der erste strahlende Frühlingstag. Beim Bezahlen sagte der Taxifahrer herzlich lächelnd: »Ich wünsche Ihnen einen glücklichen Tag und viel Erfolg.« Erstaunt und angenehm berührt antwortete ich ihm: »Vielen Dank, ich kann's gebrauchen.« Im Konsulat meinte dann die junge Frau, die meinen Antrag bearbeitete: »Stellen Sie sich vor, gerade hat meine Kollegin telefonisch die Bestätigung Ihres Visumantrags entgegengenommen.« Vor Freude strahlte ich so, daß mich auf der Straße alle neugierig anguckten. Beschwingt ging ich zu Helga und sagte: »Gib mir einen Schnaps!«

In Hamburg hätte ich gerne wieder eine Zwischenstation eingelegt, um die Weisenborns und Ruth Liepman zu sehen. Aber dieses Mal bekam ich kein Transitvisum durch die Bundesrepublik, obwohl sich der Offizier im Haus der Alliierten, der so gut Russisch sprach, sehr darum bemühte. Wie er mir verriet, gab es irgendein Geplänkel zwischen der Bundesrepublik und der Sowjetunion, in das er sich unmöglich einmischen könne. »Kalter Krieg«, sagte er seufzend. Also mußte ich am 19. März über Brüssel nach London fliegen.

Heinz Grote hatte mir zum Üben eine 16-mm-Amateurfilmkamera mitgegeben. Am 4. April fuhr ich mit Roy, Marion und der kleinen Dilys

(Sheila war nicht in London) zum Trafalgar Square, wo eine Demonstration gegen die Wasserstoffbombe stattfand, an der Tausende von Menschen teilnahmen, darunter viele Familien mit ihren Kindern und Babys im Wagen. Anschließend setzte sich ein langer Zug friedlicher Demonstranten in Bewegung, der nach Aldermaston marschieren wollte, um dort vor dem englischen Versuchsgelände gegen Atomwaffen zu protestieren. Das war eine gute Gelegenheit, die Filmkamera auszuprobieren und zu fotografieren.

Die Zeit in London verging wie im Flug. In der Tate Gallery stillte ich meinen Hunger nach Gemälden des 19. und 20. Jahrhunderts, ich sah mir einige Filme an und besuchte das Theater. Am Tag der Abreise brachte mich Roy zum Flughafen. Dort stellte sich heraus, daß das Reisebüro mir eine falsche Abflugzeit genannt hatte und die Maschine nach Berlin längst weg war. Was sollte ich tun? Mein Visum war abgelaufen und konnte nicht verlängert werden, da es Samstagnachmittag war. Sollte ich nach Paris, Amsterdam oder sonstwohin fahren? Plötzlich blitzte es bei mir: Ich hatte ein Visum für Schweden, und tatsächlich ging kurz darauf ein Flugzeug nach Stockholm. Roy tröstete mich: »Wie langweilig wäre es gewesen, wenn du nach Berlin geflogen wärst.« Und: »Come back next year!« (Ich sollte ihn, Marion und die Kinder erst nach 23 Jahren wiedersehen.)

Lisel war in Berlin. So verbrachte ich mit Herbert ein paar Junggesellentage in Stockholm, die an alte Zeiten erinnerten. Wir gingen zusammen ins Kino, und ich sah mir eine Aufführung der *Trojaner* von Hector Berlioz an, bei der Herbert dirigierte. Diese Oper, vor 100 Jahren entstanden, war immer noch modern. Ich besuchte Anna Riwkin, meine frühere Chefin und Freundin, in ihrem Atelier auf der Kungsgatan. Sie war in der Zwischenzeit viel in der Welt herumgereist und hatte schöne Kinderbilderbücher veröffentlicht. Außerdem machte ich die Bekanntschaft Otto Klemperers, der in einem Konzert Stücke von Brahms, Hindemith und Bach dirigierte, und seiner Tochter Lotte. Sie war ein hübsches Mädchen – und die Krankenschwester ihres damals 73jährigen Vaters. Klemperer hatte einen Gehirntumor und bereits einige Schlaganfälle hinter sich. In diesem Licht betrachtete ich seine antikommunistischen Ausfälle etwas versöhnlicher, mit denen er recht taktlos und ungezogen nach dem Konzert über mich hergefallen war. Klemperer lud uns alle nach Stallmästaregården zu einem Smörgåsbord ein. Wie sich nun herausstellte, war er entschiedener Antifaschist, der in der Hitlerzeit gegen den Faschismus gekämpft hatte. Und so schloß ich Frieden mit ihm. Von Stockholm aus flog ich über Berlin und

Moskau zurück nach Beijing. In meinem Gepäck befanden sich eine Filmkamera und Dutzende von Filmen. So konnte ich mittels Film meinen Traum China den Deutschen in Ost und West näherbringen.

Am Abend des 6. Mai ereignete sich etwas Entsetzliches: Vitja hatte sich beim Ausrasieren versehentlich die Schläfe aufgeschnitten und saß blutüberströmt in seinem Zimmer. Ich brachte ihn sofort ins Beijing-Krankenhaus und sah zu, wie man die klaffende Wunde reinigte und bei örtlicher Betäubung nähte. Vitja war tapfer und muckste sich nicht. Zu Hause war er vergnügt, aß zu abend, ging zu Bett und schlief ein, als sei nichts gewesen. Mir wurden noch im nachhinein die Knie weich bei dem Gedanken, wie das hätte ausgehen können.

Shi Shaohua kam zum Essen zu uns. Es war ein Abschied von der Xinhua, aber nicht von ihm. Wir blieben Freunde, und wenn ich später einmal Sorgen oder Fragen hatte, beriet ich mich stets mit ihm. Auch von Lao Xü verabschiedete ich mich. Er war reizend zu mir und sagte, ich solle für die Agentur weiter arbeiten und ihnen meine Fotos geben, wenn ich gute hätte. Er zeigte mir zwei japanische Zeitschriften, in denen 13 Fotos von mir veröffentlicht worden waren. Seine Freundlichkeit machte mich sprachlos, da ich gedacht hatte, er sei froh, mich endlich loszuwerden.

Meine Tätigkeit als Fernsehjournalistin konnte beginnen. Die Generalprobe fand bei den Ming-Gräbern statt, wo von 100000 Menschen ein Wasserreservoir angelegt wurde. Von oben bot die Baustelle mit all den Maschinen und Menschen, die wie Ameisen geschäftig hin und her liefen, einen überwältigenden Anblick. Meine Premiere war am 1. Juni 1958, am Internationalen Kindertag. Aus diesem Anlaß marschierten auf dem Tiananmen-Platz Tausende von Pionieren auf. Vier von ihnen legten am Denkmal der Volkshelden Kränze nieder. Der Internationale Kindertag wird überall in China groß begangen. In allen Parks von Beijing gab es Spiele und Darbietungen, Stände mit Spielsachen, Luftballons und Süßigkeiten. Ich filmte den ganzen Tag über. Abends begleiteten mich Pascha und Pupsik zum Kohlenhügel, wo ein großes Lagerfeuer für die Pioniere abgebrannt wurde. Heinz Grote war mit meinen Erstlingswerken zufrieden, die Filme waren technisch einwandfrei und wurden gesendet.

Mein offizieller Ansprechpartner in China war das Informationsbüro (Informbüro) des Außenministeriums der VR China. Als akkreditierte Journalistin des Fernsehfunks der DDR wurde ich zu allen Pressekonferenzen (manchmal mitten in der Nacht), zu Banketten, Parties und sonstigen Veranstaltungen eingeladen. Ich hatte viel Freiheit bei meiner Arbeit und konnte filmen, wozu ich Lust hatte. Das Informbüro ließ mich auch dort drehen, wo es nicht erlaubt war. Da genügte meistens ein Anruf. Fuhr ich im Land herum, benachrichtigte das Informbüro die Städte, durch die ich kam, und ich erhielt jede Hilfe, Führer, Dolmetscher, Fahrer, Hotelzimmer etc. Wenn ich mich richtig erinnere, ist mir keine einzige Bitte ausgeschlagen worden. Vielleicht lag das auch daran, daß ich die Mitarbeiter von Inform an meiner Arbeit teilhaben ließ und ihnen oft meine kurzen Dokumentarfilme zeigte. Meine beruflichen Wege kreuzten sich öfter mit denen von Willi Lange, dem Rundfunkkorrespondenten der DDR in China. Er hatte einen eigenen Wagen und nahm mich auf Reportagefahrten mit, auch wenn wir getrennte Aufgabenbereiche hatten.

Meine erste Reise führte mich vom 19. bis zum 28. Juni zusammen mit anderen ausländischen Journalisten in die Provinz Henan. Wir besuchten die Städte Zhengzhou, Luoyang und das Wasserbauprojekt Sanmenxia. Von uns »Deutschen« fuhr außer mir nur Walter Eckleben mit, ein junger, aber sehr erfahrener Journalist, der für den ADN arbeitete und mir oft mit guten Ratschlägen half.

Im Sommer 1958 hielt sich der Altmeister der Fotografie, Henri Cartier-Bresson, auf Einladung der Chinesischen Freundschaftsgesellschaft mit dem Ausland in Beijing auf. Da wir ihn unbedingt kennenlernen wollten, lud Emi ihn zum Abendessen zu uns nach Hause ein. Natürlich zeigte ich ihm bei dieser Gelegenheit meine Fotos und erzählte von meiner Filmtätigkeit. Seine Skepsis gegenüber dem Filmen konnte ich damals nicht verstehen, denn ich war von diesem Medium noch ganz hingerissen. Auch Cartier-Bresson hatte gefilmt, war aber zur Fotografie zurückgekehrt. Wie er mir gestand, arbeitete er nur mit Leicas, ohne Blitz. Heute geht es mir wie ihm damals; seit Jahren beschränke ich mich auch nur noch auf die Fotografie. Fotografieren ist schwerer als Filmen, da man in einem Foto ausdrücken muß, was auf einem Filmstreifen in vielen Bildern dargestellt werden kann. Auch ist ein Foto etwas Bleibendes. Man kann es immer wieder ansehen – wie ein Gemälde. Und Schwarzweiß-Bilder wiederum sind schwerer zu machen als Farbaufnahmen, da Farbe immer »blendet« und hübsch ist. Übrigens machte Cartier-Bresson nur Schwarzweiß-Fotos. Zu meinem Tibet-Band sagte er: »Das ist ein Buch mit vielen schönen Bildern, aber nicht Ihr Buch.«

An einem der folgenden Tage sprach Cartier-Bresson vor dem Fotografenverband – bescheiden, fast schüchtern und sehr gut. Zur modernen chinesischen Kunst vertrat er dieselben Ansichten wie John Heartfield und meinte zu der Frage, ob Fotografie Kunst sei, sie stelle sich ihm erst gar nicht. Denn Fotografie sei Auge, Ohr, Herz und der Fotoapparat ein Instrument wie der Füllfederhalter oder der Pinsel.

Am 18. Juli 1958 fand vor der englischen Botschaft eine Demonstration gegen den angloamerikanischen Imperialismus statt. Anlaß dazu war das Eingreifen Großbritanniens in das politische Geschehen in Jordanien. Alle Wände der Botschaft waren mit Losungen, Plakaten und Gemälden vollgehängt. Daß ich – die Ausländerin – filmte, verärgerte einige Leute. Jemand kam auf mich zu und sagte empört: »Ich bin gegen den Imperialismus.« Darauf ich freundlich: »Ich auch.« Da lachte er und ging weiter. Auch wollten einige nicht begreifen, warum ich die Mütter mit den Kinderwagen fotografierte, die an der Demonstration teilnahmen. Ich erklärte ihnen, daß diese Veranstaltung der Sicherung des Friedens diene und zum Schutz der Babies in den Kinderwagen sei. Joris Ivens drehte über diese Demonstration einen Film, *Aufschrei von 600 Millionen*, mit einem Text von Emi.

Anfang August fuhr ich mit Lion, Vitja, ihren beiden Freunden Vedja und Dina – sie kannten sich noch aus dem Kinderheim in Iwanowo – und Pupsik nach Beidaihe in Ferien und stürzte mich sofort ins Meer. Als ich hinausschwamm, holte mich ein Boot zurück, da es Haifische gebe. Dabei wäre ich am liebsten bis zum Horizont geschwommen. Das Wasser war warm und weich, und es träumte sich so schön in ihm. Ich fand, daß das Meer eigentlich der beste Liebhaber der Welt war – nie langweilig, nie enttäuschend. Gleich nach unserer Ankunft in Beidaihe erreichte mich ein Brief von Heinz Grote. Darin schrieb er mir, man sei mit meiner Arbeit sehr zufrieden, und die Filme über die Demonstration hätten auch in der Bundesrepublik und in den USA Beachtung gefunden. Heinz Grotes Lob inspirierte mich. Ich beschloß, einen kleinen Ferienfilm zu drehen, in dem Vedja und Dina die Hauptrollen spielten. Lion, Vitja, Pupsik und Lisas Töchter waren ebenfalls mit von der Partie. Der Inhalt der Geschichte war einfach und erzählte das Ferienleben junger Leute am Meer – mit Schwimmen, Bootsfahrten, Spaziergängen, Fischessen usw.

Bruno Frei, der mich beim Filmen beobachtete, machte mir Komplimente, die ich gern hörte: Ich könnte Regisseurin werden und sei eine große Künstlerin. Ich war skeptisch. Wie viel hatte ich noch zu lernen, wie primitiv war mein Gefilme. Trotz allem, auch Joris Ivens gefielen mein Manuskript und später der Film. Er meinte, um zu filmen, muß man nicht verrückt sein, aber es hilft. Das war schön gesagt und paßte auf mich.

Emi kam später nach Beidaihe. Er war in Beijing auf einem Empfang von Mao Zedong gewesen, auf dem ihn dieser freundlich begrüßt und behandelt hatte. Mir schien, das war wichtig für Emi, für sein Wohlergehen und besser als alle Medizin. Politisch gesehen waren in China »Die Generallinie«, »Der Große Sprung« und die »Volkskommunen« die Ereignisse des Jahres 1958, die das ganze Land in Atem hielten; so auch mich. Nach Mao sollten die Volkskommunen das Leben so verbessern, daß alle genug zum Essen und Anziehen hätten und China in zehn Jahren die Sowjetunion, die Vereinigten Staaten und Großbritannien wirtschaftlich überholt hätten. Wenn ich es richtig verstanden hatte, sollte jede Volkskommune ein kleines, in sich abgeschlossenes Reich sein, sich selbst versorgen und im Falle eines Krieges unabhängig operieren. Dazu sollte es eine eigene Industrie, eine eigene Landwirtschaft und eigenes Militär geben. Die Frauen brauchten nicht zu kochen, sondern alle würden in Speisesälen essen, und zwar soviel, wie jeder mochte. Das war wie im Schlaraffenland. Funktionieren konnte das eigentlich nicht, aber zunächst waren wir hellauf begeistert.

Am 22. Oktober besuchte ich die Modell-Volkskommune Rote Fahne in Xushui (Provinz Hebei) südwestlich von Beijing. (Später stellte sich heraus, daß diese Kommune vollkommen falsch organisiert war.) Nach rund zweieinhalb Stunden Eisenbahnfahrt (weiche Klasse) kam ich an und wurde mit dem Auto am Bahnhof abgeholt. Äußerlich glich die Kommune mit den bemalten Häusern, Kindergärten, Gemeinschaftsküchen, Krankenhäusern, Kinos usw. den Dörfern in der Provinz Henan. Aber der innere Aufbau der Kommune war kommunistisch. Neu waren die riesigen Eisenschmelzöfen. Ich blieb anderthalb Tage und filmte die Schmelzöfen, deren Feuer in der Nacht phantastisch leuchteten, eine Werkstatt, in der Teppiche für den Export hergestellt wurden, Weizen-, Baumwoll- und Kohlfelder, eine Straße mit schön angemalten Häusern und die Baustelle einer chemischen Fabrik, in der zum erstenmal in China synthetischer Kautschuk hergestellt wurde. Aus dem reichen Material, das ich nach Beijing mitbrachte, sollte ich für den Fernsehfunk eine Reportage unter dem Titel *Ein Tag in einer Volkskommune* zusammenstellen. Dazu kam es aber nicht, da man sich in den übrigen sozialistischen Bruderländern bald gegen die Volkskommunen stellte.

Ziel des »Großen Sprungs« war es, daß jedermann Stahl schmolz, den er zu Hause entbehren konnte, wie alte Kochtöpfe und ähnliches. Das Alteisen wurde in kleine Fabriken gebracht, und das Schmelzen von Stahl wurde so etwas wie eine Art Volkssport. Ich filmte eine Gruppe afrikanischer Schriftsteller, die im Hof des Schriftstellerverbandes in kleinen Hochöfen Stahl schmolzen, oder die Ballerina Bai Shuxiang, einmal in *Schwanensee* und dann bei der Arbeit am Hochofen.

Das ganze Land war in einem Rausch. Nan Green dämpfte meine Begeisterung und sagte, die Zeitungen brächten falsche Zahlen. »Ich setze meine ganze Kraft in die Arbeit und tippe schnell auf der Schreibmaschine. Aber das zehnfache von dem, was ich jetzt leiste, kann ich nicht bringen – und verspreche es auch nicht. Die anderen versprechen das Blaue vom Himmel und sagen dir ab heute eine zehn- bis zwanzigfache Steigerung pro Tag zu. Das ist unredlich!« Nan hatte recht. Die zugesagten Steigerungsraten, die in allen Zeitungen sofort veröffentlicht wurden, waren so unwahrscheinlich hoch, daß sie nie erfüllt werden konnten. Es war nur eine Frage der Zeit, bis alles krachend in sich zusammenstürzte. Im Jahre 1959 fuhr der Verteidigungsminister Peng Dehuai durchs Land und deckte den ganzen Schwindel auf. Er schrieb einen Brief an Mao (wovon wir Normalsterblichen erst nach Jahrzehnten erfuhren) und erzählte ihm die Wahrheit. Daraufhin wurde Peng auf schändliche Weise abgesägt. Erst 1962 gab Mao zu, daß die Politik des Großen Sprungs die Wirtschaft Chinas ruiniert hatte.

Mit welcher Härte diese revolutionären Bewegungen mitunter in das Leben einzelner eingriffen, erlebte ich auf erschütternde Weise bei meinem Privat-Zahnarzt Dr. Zhang. (Wahrscheinlich gab es Tausende solcher Tragödien, vor denen viele die Augen verschlossen.) Er rief mich eines Tages an und bat mich, zu ihm zu kommen. Ich fand einen gebrochenen Mann vor, nervös, mit Tränen in den Augen. Er erzählte von den Drangsalen der Studienbewegung unter den Privatärzten. Zwanzigjährige Dinger stellten Verhöre an, als ob sie einen Feind vor sich hatten, und behandelten ihn, den 60jährigen, wie einen Schulbuben. Sie drohten, seine Privatpraxis zu schließen, sein Haus zu konfiszieren, in dem er seit 30 Jahren lebte, und ihn in eine Poliklinik zur Arbeit zu schicken. Dr. Zhang war zu allen Zugeständnissen bereit, aber er wollte weiterhin in seinem Haus wohnen und arbeiten.

Seine 27jährige Tochter, verheiratet, Lehrerin, Parteimitglied, war ihm gegenüber hart, grausam und schimpfte andauernd mit dem »rückständigen« Vater. Das Kind dieser Tochter durften die »rückständigen« Großeltern jedoch aufziehen und versorgen. Dr. Zhang meinte resignierend, seine Tochter wäre bestimmt fähig, ihn zu denunzieren, wenn er sich ihrer

Meinung nach einen Fehler zuschulden kommen ließe. Nur dann wäre sie ein gutes und kluges Parteimitglied. Dr. Zhang, den ich seit Jahren schon kannte, war ein ausgezeichneter Zahnarzt, der ein Hobby hatte: die Taubenzucht. Er war ein gutmütiger alter Mann, dem weder Emi noch ich helfen konnten. Aber es war wichtig für ihn, daß er sich einfach mit jemandem unterhalten und seinen Kummer loswerden konnte. Zum Trost sagte ich ihm noch, daß diese Schweinereien nichts mit den Idealen zu tun hätten, für die wir kämpften. Dr. Zhang wurde nicht aus seinem Haus vertrieben; er starb in den Jahren der Kulturrevolution.

Am 27. April stand auf der ersten Plenarsitzung des II. Nationalen Volkskongresses die Wahl des Staatspräsidenten an. Mao Zedong, der bis dahin sowohl das Amt des Parteivorsitzenden als auch das des Staatspräsidenten innegehabt hatte, gab das eine ab und wollte sich verstärkt der Parteiarbeit widmen. Neuer Staatspräsident wurde Liu Shaoqi. Beim Wahlgang war ich mit der Kamera dabei und filmte aus nächster Nähe, wie Mao Zedong, Zhou Enlai, Zhu De und andere ihre Stimmzettel in die Wahlurne steckten. In einer Pause sah ich den Panchen Lama, der Volksdeputierter war. Ich lief auf ihn zu und übergab ihm die Fotos, die ich 1956 in Tibet von ihm gemacht hatte. Die ihn begleitenden Chinesen erstarrten und verstanden vor Schreck überhaupt nichts. Da halfen auch Emis Vermittlungsversuche nicht weiter. Wie sich herausstellte, hatte ich gegen das Protokoll verstoßen. Denn ich hätte mich mit dem Informbüro in Verbindung setzen und die Fotos durch seine Mitarbeiter übergeben lassen müssen. Ich fand es so aber persönlicher, und der Panchen hatte sich sichtlich gefreut. Es sollte nicht mein letzter Verstoß gegen das Protokoll sein.

Am nächsten Tag war die Schlußsitzung des Volkskongresses, an der Mao Zedong, Liu Shaoqi und Zhou Enlai einträchtig nebeneinandersaßen. Auf dem anschließenden Demonstrationszug wurden Riesenporträts von Mao Zedong und Liu Shaoqi in gleicher Größe durch Beijing getragen. In der Großen Proletarischen Kulturrevolution, die 1966 begann, wurde Liu Shaoqi plötzlich von den sogenannten Massen kritisiert. An allen Straßenecken hingen Karikaturen von ihm und seiner Frau Wang Guangmei. Zhou Enlai erhob zwar Einspruch, konnte aber nichts bewirken. Die Wogen schlugen über Liu Shaoqi zusammen. Er starb 1969, nach schwerer Krankheit, ohne die nötige Pflege, völlig vereinsamt.

Wie war das möglich, ohne daß Mao davon gewußt hätte? Seine Person war damals tabu, und wehe dem, der seine Stimme gegen ihn erhob.

Noch ein anderes Ereignis hielt uns in China im Frühjahr 1959 in Atem: der Aufstand in Tibet. Mich wunderte das überhaupt nicht, denn bereits drei Jahre zuvor hatte ich den Konflikt zwischen Aristokratie und einfacher Bevölkerung heraufziehen sehen. Nun waren die Zeitungen voll mit Berichten über die Ereignisse. Wie es hieß, war der Dalai Lama am 17. März von Banditen entführt, der Aufstand völlig niedergeschlagen worden. Die alte Regierung hätte man abgesetzt, und an die Stelle des Dalai sei der Panchen Lama getreten, der gute Beziehungen zum tibetischen Volk und zur Zentralregierung hätte.

Am 7. April wurde eine Pressekonferenz abgehalten, auf der General Zhang Jingwu, der Unterzeichner des Vertrages von 1951, über die aktuelle Lage in Tibet berichtete. Auch wenn der 14. Dalai Lama außer Landes sei, würde man ihn anerkennen. Allerdings dürfe er weder in Wort noch in Tat etwas gegen die Zentralregierung unternehmen, die übrigens schon lange vorher von den Aufstandsvorbereitungen gewußt hätte. Über den Dalai Lama waren viele Gerüchte im Umlauf: So soll er an die Regierung in Beijing geschrieben und um Schutz gebeten haben. Andere meinten, man hätte ihn gezwungen, nach Indien zu gehen. Und wieder andere sagten, er sei freiwillig gegangen.

Ab Mai wurde gemunkelt, eine Gruppe von Journalisten solle nach Tibet fahren, um die Lage dort mit eigenen Augen zu sehen. Im August 1959 war es dann endlich soweit: Das Informbüro hatte für die in China akkreditierten Journalisten eine Flugreise organisiert, die uns über Xining, wo wir wegen schlechten Wetters ein paar Tage Aufenthalt hatten, nach Lhasa und ins Landesinnere führte. Wir waren drei Deutsche: Willi Lange vom DDR-Rundfunk, Lutz Zempelburg vom *Neuen Deutschland* und ich. Außerdem nahmen Kollegen aus der ČSR, UdSSR, aus Polen, Bulgarien, Rumänien, Großbritannien, Frankreich und Italien an dieser Informationsfahrt teil. Unsere chinesischen Begleiter waren Zhu Lie, Chen Xiuxia und Kang Maozhao, alle vom Informbüro.

Die 72jährige amerikanische Journalistin Anna Louise Strong und ihre persönliche Begleiterin Feng Feng flogen ebenfalls mit. Anna lag im Flugzeug auf einem Bett, umgeben von Sauerstoffkissen. Zum Potala wurde sie in einer Sänfte getragen, und als wir uns auf den Feldern das Einholen der Ernte ansahen – es war die erste eigene Ernte der früheren Leibeigenen –, trug ein Soldat der Befreiungsarmee Anna auf dem Rücken durch die flachen Bäche, durch die ich mit nackten Füßen watete.

Anna war als Journalistin in der UdSSR tätig gewesen, wurde aber in der Stalinzeit ausgewiesen. Chruschtschow rehabilitierte sie später. Nach ihrer Ausweisung wählte sie China zu ihrer neuen Heimat. Sie schrieb jeden Monat *Briefe aus China,* in denen sie die Amerikaner mit der aktuellen Politik Chinas bekannt machte. Anna stand unter dem persönlichen Schutz von Mao Zedong, mit dem sie in den 40er Jahren jenes legendäre Gespräch geführt hatte, in dem Mao sagte, alle Imperialisten seien Papiertiger. Damit ging Anna in die Annalen der Chinesischen Revolution ein.

Sie war »berüchtigt« für ihre Grobheit und Ungeduld, aber das war eher Fassade. Als ich sie später in Beijing, wo sie in demselben Haus wohnte wie Rewi Alley, und Beidaihe besuchte, lernte ich eine zwar resolute, aber auch außerordentlich mitfühlende Frau kennen, die zum Beispiel furchtlos in Wort und Schrift für mich kämpfte, als ich am Vorabend der Kulturrevolution in Ungnade gefallen war. Wenn Anna erzählte, wirkte sie oft wie ein junges Mädchen, verspielt und ein wenig eitel. So schilderte sie mir ausführlich, welches Kleid sie getragen hatte – »mit etwas Dekolleté!« –, als am 25. November 1965 Mao Zhuxi anläßlich ihres 80. Geburtstages für sie und einige ausländische Freunde in Shanghai einen Empfang gab. Anna starb im Frühjahr 1971.

Lhasa war seit meinem letzten Besuch sauberer geworden: Es gab keine Fliegen mehr, und die Straßen waren gefegt. Nur die vielen herumstreunenden Hunde störten. Die Menschen – teils schmutzig und zerlumpt, teils westlich angezogen – waren neugierig und lächelten immer freundlich. Am ersten Abend nach unserer Ankunft gab General Zhang Jingwu ein Bankett mit anschließendem Tanz. Beim Essen saß ich neben ihm, und den Tanz eröffnete er mit mir. Ich fand ihn sympathisch, lebendig, menschlich. Wir sprachen über Yan'an; er war im Oktober 1940 aus der Provinz Shandong dorthin gekommen. Später gehörte er zum Stab von He Long. General Zhang lebte, von einigen Unterbrechungen abgesehen, seit 1951 in Tibet. Trotz seiner Machtstellung war er bescheiden und freundlich gegenüber jedermann geblieben. Mir wurde es warm ums Herz. Seine Menschlichkeit hob ihn sehr von so vielen aufgeblasenen Wichtigtuern ab, die ich kannte.

Am nächsten Tag erzählte uns General Zhang mit viel Humor die Geschichte Tibets, die vor über 1300 Jahren begann, als die chinesische Prinzessin Wencheng aus der Tang-Dynastie den tibetischen König Srongtsan Gambo heiratete. Seit jener Zeit gab es politische, wirtschaftliche und verwandtschaftliche Bande zwischen China und Tibet. Dann kam er zur Gegenwart und sprach über Tibet nach der Befreiung im Jahre 1951, über die jüngsten Ereignisse sowie über die Beziehung der Han-Chinesen zu den tibetischen Aufrührern und zu denen, die sich nicht am Aufstand beteiligt hatten. Aristokraten, die an der Erhebung nicht teilgenommen hatten, wurden überschüssiges Land, Häuser usw. ordnungsgemäß abgekauft, während man bei den Aufständischen alles konfiszierte. Ebenso erging es den Viehbesitzern mit ihren Herden und Weiden. Ich bewunderte die kluge Politik der Chinesen und den Mann, der sie umsichtig ausführte. (Wenn ich mich richtig erinnere, geriet General Zhang später unter die Räder der Kulturrevolution.)

Gemeinsam nahmen wir an einer Anklageversammlung gegen einen Adligen teil, die im Hof seines Hauses stattfand. Der »La Lu«, einer der reichsten und grausamsten Adligen Tibets, stand gebückt vor den anwesenden Frauen und Männern, früheren Leibeigenen, die ihn seiner scheußlichen Verbrechen heftig anklagten. Diese einfachen Menschen aus dem Volk sprachen frei und temperamentvoll. Die Wut blitzte ihnen aus den Augen. Eine alte Frau, die in der ersten Reihe saß, riß sich das Hemd auf, schlug sich auf die Brust und gestikulierte wild mit den Händen. Ebenso ein junger Mann neben ihr. Dann wurde eine Kiste mit Steuer- und Schuldpapieren hereingeschleppt, Dokumenten über Abgaben, die die Leibeigenen an den La Lu zu leisten hatten. Die Papiere wurden herausgerissen, auf dem Boden verstreut und angezündet. Es gab keine Steuern, keine Schulden mehr – und auch keine Folterungen.

Man zeigte uns das Haus des La Lu. Da sah ich auf einem Foto ein bekanntes Gesicht: Er war der reiche Adlige, den wir vor drei Jahren besucht hatten und dessen sechsjähriger Sohn ein lebender Buddha war. Nun hatte er gebückt vor der Volksmenge im Hof gestanden, ohne daß ich ihn wiedererkannt hätte. Man zeigte uns sein Warenlager, das voll war mit Schmuck, Silbergeschirr, Pelzen, Kosmetika, Kisten mit Geld und zahlreichen anderen luxuriösen Dingen. Daneben waren die Lumpen und Fetzen der Leibeigenen ausgestellt. Außerdem sahen wir uns das Hausgefängnis des La Lu an: ein Stall mit etwas Stroh auf dem Boden, schweren Eisenketten und Folterinstrumenten. Seine Leibeigenen konnte er wegen der geringsten Vergehen hier einsperren, foltern und auch töten lassen.

Immerhin hatte die Geschichte einen glücklichen Ausgang. Als der La Lu im Gefängnis saß, besann er sich wohl eines Besseren. Man sagte, er hätte seine Verbrechen eingesehen und bereut. Jedenfalls kam er nach Jahren wieder frei und hat jetzt einen höheren Posten inne.

Wir besuchten das Kloster Zhebong (Drepung) – die rotgoldene Klosterstadt in den Bergen, über denen die Wolken schwebten – und wurden von demselben dicken, lächelnden Lama begrüßt, der uns auch schon 1956 empfangen hatte. Von den ehemals 7700 Mönchen lebten nur noch 3000 im Kloster. Ein Teil war geflohen, ein Teil nach Hause gegangen. Man hatte demokratische Reformen durchgeführt, nach denen die Lamas eine Leitung wählen konnten, die ihre Interessen vertrat. Eine Ausstellung von Bildern, die einfache Lamas gemacht hatten, zeigte die früheren abscheulichen Zustände. Und wir sahen ein Theaterstück, das Lamas geschrieben hatten und das von ihnen selbst aufgeführt wurde. Die Darstellung ihres einst traurigen Lebens erinnerte mich an das Stück der ehemaligen Prostituierten von 1950. Auf welch schändliche Weise der Buddhismus – diese weise, friedliche Religion – von den Oberen mißbraucht worden war!

Nach dem Theater gingen wir zu einer Versammlung, auf der drei reiche Lamas ihrer Verbrechen angeklagt wurden. Die drei standen tiefgebückt – sicher kein Vergnügen, aber nichts gegen das, was sie den armen Lamas jahrzehntelang angetan hatten. Ein armer Lama packte einen der Angeklagten bei den Ohren und hielt ihm seine Verbrechen vor. Ein anderer zeigte vernarbte Wunden auf seinem Rücken. Es ging genauso offen und temperamentvoll zu wie bei der Anklageversammlung gegen den La Lu.

Am 23. August fuhren wir nach Xigazê, wo der Panchen Lama residierte. Im Gegensatz zu Lhasa hatten der Adel und die Klöster hier immer auf der Seite der Zentralregierung gestanden und an dem Aufruhr nicht teilgenommen, sondern der Befreiungsarmee geholfen. Deshalb wurde der Gruppe um den Panchen auch nicht der Besitz konfisziert. Tags darauf waren wir beim Panchen Lama eingeladen. Bei der Begrüßung erkannte er mich sofort wieder. Nach der Übergabe der Geschenke fand ein Gespräch statt zwischen dem Panchen und uns Journalisten, das ich filmte. Der Panchen sagte, unter der Flagge des Buddhismus seien viele Verbrechen begangen worden, und es sei nun an der Zeit, alles Unsaubere aus ihm herauszuwaschen. Er sprach klug und frei nach kurzen Notizen. Wir wurden mit Tee und Süßigkeiten bewirtet, später mit Joghurt und Gebäck. Anschließend schauten wir uns die Kunststücke seiner Amateurreitergruppe an. Diese Reiter konnten vom Pferd aus mit Pfeil und Bogen oder mit Gewehren auf bestimmte Ziele schießen und beim Reiten ihre weißen Seidenschals, die Hatas, vom Boden aufheben.

Der Panchen ging unbefangen herum oder saß mit meinen Kollegen in einem der Zuschauerzelte. Seine Mutter, eine 43jährige Tibeterin, war auch dabei. Das alles dauerte bis etwa fünf Uhr. Dann gab es in einem der Zelte, an dessen Wand eine chinesische Flagge und ein Bild von Mao Zedong angebracht waren, ein großes Essen mit viel Wein. Danach wurden uns tibetische Volkstänze und religiöse Tänze vorgeführt, deren Musik und Masken mir unheimlich waren. Die Tänzer stammten aus der Dienerschaft des Panchen. Er selbst bewegte sich dieses Mal mitten unter den Menschen, alle sahen ihn frei an. Es war ein anderes Bild als 1956.

Was war der Sinn dieses Tages? Offenbar wollte man uns Journalisten den Panchen Lama und seine Politik näherbringen und gleichzeitig um Verständnis für das Vorgehen der KPCh in Tibet werben. Alles klang so überzeugend, und ich hätte es gerne unbefangen geglaubt. Aber war nicht auch im Jahre 1956 alles schon glaubwürdig? Wir sahen viel – und nichts.

Im Kloster Zashilunbu entdeckten wir eine Schule für kleine Lamas, eine Gründung des Panchen Lama, die von zwei weltlichen Lehrern geleitet wurde. Die Kinder saßen auf dem Boden der Holzveranda und schrieben eifrig auf Schiefertafeln. Und in einer Siedlung ganz in der Nähe, in der arme Leute Häuser erhalten hatten, trafen wir Kinder, die unter ihrem Schmutz bezaubernd schön waren und leuchtende Augen hatten. Sie tauten auf, als Willi ein Lied von ihnen auf Tonband aufnahm und anschließend abspielte.

Anfang September fuhr ich nach Loka, wo wir 1956 nicht gewesen waren, und wurde Augenzeugin einer Landverteilung. Auf den Feldern waren schon viele tibetische Bauern versammelt, die Holzgeräte bei sich hatten und Schilder auf der Schulter trugen. Dann wurden die Namen der Anwesenden verlesen, sie erhielten einer nach dem anderen ihr Stück Land zugewiesen und schlugen die mitgebrachten Schilder in den Boden. Alle waren vergnügt und lachten, das Wetter war sonnig, der Weizen schaukelte im Wind. Allein um dieses historischen Augenblicks willen hatte sich die Fahrt nach Loka gelohnt.

Zurück in Lhasa besuchte ich einen Adligen und seine Familie, die das Land nicht verlassen hatten, in ihrem Haus. Der Hausherr war zunächst ziemlich verschlossen, sogar abweisend, seine Frau ebenfalls sehr zugeknöpft. Und dann erlebte ich eine Überraschung: Im Gespräch erkannte ich die beiden wieder. Der Mann hatte 1956 die Delegation geleitet, die den Segen des Dalai Lama erbat. Ich hatte ihn vor dem Potala fotografiert, im gelbseidenen Gewand, mit einem Helm mit roten Fransen auf dem

Kopf. Die Frau hatte ich in der Frauenliga getroffen. Als ich sie daran erinnerte, erkannten sie mich auch wieder, und nun sprachen beide unbefangen und herzlich. Sie erzählten von der Vergangenheit, von ihrer Reise nach Zentralchina im Jahre 1955 und von ihrer Einstellung zum jetzigen politischen System. Ihr einziger Sohn, 22 Jahre alt, studierte in Beijing. Wir – mein Dolmetscher und ich – wurden mit Tee und Kuchen bewirtet. Dann zeigten sie mir ihr Haus. Die Zimmer boten einen herrlichen Ausblick auf die Berge und Gärten, waren aber scheußlich eingerichtet. Die früheren Leibeigenen schienen ganz zur Familie zu gehören, denn ihre Kinder liefen frei im Haus herum.

Am 9. September flogen wir von Lhasa aus über Xining, wo wir einen Tag Zwischenstation machten, nach Beijing zurück. Über diesen letzten Teil unserer Tibet-Reise schrieb ich in mein Tagebuch: »Am Flugplatz geht die Sonne auf. Mit Anna Louise und einigen anderen fliege ich in einem bequemen Flugzeug. Anna Louise liegt in einem Bett. Wir fliegen 6500 Meter hoch, ich brauche keinen Sauerstoff, fühle mich pudelwohl. Das Kunlun-Gebirge mit seinen Schneekuppen leuchtet in der Sonne. In Ge Ermo landen wir wie auf Samt. Von oben sah der Boden aus wie schneebedeckt, es ist aber Salz. Nach einem kurzen Mittagessen fliegen wir weiter. Der Kukunor-See und die schneebedeckten Gebirge liegen klar und märchenhaft in der Sonne...«

Vielleicht war meine zweite Reise nach Tibet historisch interessanter, aber märchenhafter, schöner und reicher an Erlebnissen und menschlichen Beziehungen war die im Jahre 1956.

In den Wochen vor den Feiern anläßlich des zehnten Jahrestages der Gründung der Volksrepublik China hatte ich alle Hände voll zu tun: Begrüßung von ausländischen Delegationen auf dem Flughafen und am Bahnhof, endlose Versammlungen, Ausstellungseröffnungen, Pressekonferenzen. Die Delegation aus der DDR mußte ich überallhin begleiten.

Als einzige akkreditierte Filmkorrespondentin hatte ich so manches Hindernis im Umgang mit den Behörden und den Verantwortlichen zu überwinden. So legte mir Ma Shuying vom Informbüro ausführlich dar, was ich bei meiner Arbeit alles *nicht* tun dürfe. Und dabei war die Arbeit schon aufreibend genug. Am 30. September 1959 sollte Nikita Chruschtschow nach Beijing kommen. Bereits zwei Monate im voraus hatte mich der Fernsehfunk gebeten, die Ankunft Chruschtschows auf dem Flughafen unbedingt für sie zu filmen. Das war leichter gesagt als getan.

Am 30. September mußten wir Journalisten uns um zehn Uhr in einem Extraraum des Flughafengebäudes einfinden. (Die Ankunft Chruschtschows war für elf Uhr vorgesehen.) Dort erklärte uns Xü Huang vom Informbüro, wie wir uns zu benehmen hätten. Es war, als spräche ein Lehrer zu ungezogenen Kindern, etwa so: Jetzt haben wir euch alles gesagt, und wenn ihr nicht gehorcht, werdet ihr etwas erleben. Dann händigte man uns die Einladungskarten für das Bankett aus mit dem Hinweis, welch hohe Ehre es sei, daß wir daran teilnehmen dürften. Wir sollten hinter den wartenden Diplomaten stehen und von dort aus die Ankunft fotografieren bzw. filmen. Man hatte bei mir keine Ausnahme gemacht; mein Ärger war unbeschreiblich. Euch werde ich es schon zeigen, dachte ich mir und kletterte eine Gangway hoch, von der aus ich den Platz überblicken und wenigstens mit Tele etwas machen konnte. Von Chruschtschow sah ich dann allerdings nur wenig. Also ging ich die Treppe wieder runter, wurde aber von den Journalisten unfreundlich zurückgedrängt, so daß ich nur die Hinterteile von Mao und Chruschtschow hätte filmen können. Welch eine Vorstellung! Ich schlüpfte durch die Menge und gelangte fast zu Zhou Enlai. Zhu Lie, der einzige »Mensch« unter allen, zwinkerte mir aufmunternd zu. (Ihm hatte ich vorher meinen ganzen Ärger geschildert.) Da rief mich plötzlich jemand, der auf einer Leiter stand, zu sich herauf – und ich drehte eine ganze Filmrolle mit gelungenen Aufnahmen von Mao und Chruschtschow.

Kaum war ich von der Leiter heruntergestiegen, brüllte mich Xü Huang an, ich hätte mich nicht an seine Anweisungen gehalten. Nun explodierte ich auch, schmiß ihm alles mögliche an den Kopf, drohte, mich bei höchster Stelle über ihn zu beschweren. Schließlich ginge es um die Beziehung zwischen zwei Staaten, und er versuche, mit allen Mitteln meinen journalistischen Auftrag und dessen Ausführung zu torpedieren. Zu Hause überkam mich allerdings Angst wegen meiner heftigen Reaktion. Doch Emi beschwichtigte mich: Ich solle mich bei den Leuten vom Informbüro entschuldigen und mich mit ihnen versöhnen. Dann könnte ich mich beklagen. Widerwillig befolgte ich seinen Rat, da ich eingesehen hatte, daß ich nur so mein Ziel erreichen konnte, ungehindert zu arbeiten. (Später söhnte ich mich mit Xü Huang aus.) In meinen Augen gehörte der ganze Vorfall zu jenen bürokratischen Schikanen, die Mao mit seinen verschiedenen Bewegungen immer hatte ausmerzen wollen.

Der Besuch Chruschtschows war der Anfang einer großen Tragödie: der Abspaltung Chinas vom übrigen sozialistischen Lager, mit Ausnahme

Albaniens. Bevor Chruschtschow nach China kam, war er in den USA gewesen, und die Zeitungen waren wochenlang voll davon. In China betrachtete man seinen Besuch höchst unwillig. Als ich auf der Leiter stand, hörte ich, wie Chruschtschow zu Mao sagte, er sei direkt aus den Vereinigten Staaten gekommen, habe in Moskau nur das Flugzeug gewechselt. Darauf lächelte Mao äußerst ironisch. Damals verstand ich natürlich noch nicht die ganze Tragweite dieser Situation.

Bevor ich wieder einmal meine Koffer packte, um am 17. November über Moskau nach Berlin zu fliegen, feierten wir meinen Geburtstag. Lion und Vitja schenkten mir ein handgeschriebenes und bemaltes Zertifikat, in dem sie mir zum 16. Geburtstag (es war mein 48.) und damit zur Volljährigkeit gratulierten. Sie räumten mir auch alle Freiheiten ein. So betrachteten mich also meine erwachsenen Söhne, mit denen mich gute und – vor allem zu Vitja – auch zärtliche Freundschaft verband. Abends saß ich an Pupsiks Bett. Er stellte mir eine Menge Fragen über Gott, die Wolken, den Regen, die Erde, über Raketen, Satelliten und den Mond. Seufzend und mit etwas schlechtem Gewissen dachte ich, daß ich viel mehr Zeit für ihn haben müßte.

In Moskau hatte ich ein kleines, aber bemerkenswertes Erlebnis: Einmal kam ich mit einem Taxifahrer, einem Mann so um die 50, ins Gespräch. Wir unterhielten uns, ich weiß nicht mehr aus welchem Grund, über das geteilte Deutschland. Im Krieg hatte er bei Königsberg gekämpft und so viel Schlimmes erlebt, daß er keine eigenen Kinder haben wollte. Und in der Sowjetunion sei das Leben auch nicht schön, lägen zu viele Dinge im argen. Dieser Staat werde nicht nach den Grundsätzen von Marx und Lenin regiert und müßte von Grund auf reformiert werden. Was mache man aber statt dessen? Man flicke den alten Kittel immer wieder aufs neue.

Auch die Berliner Taxifahrer hatten in den letzten Jahren kein Blatt vor den Mund genommen und mit Kritik nicht gespart. Und von den Kolleginnen im Funk hatte ich Dinge erfahren, die in keiner Zeitung standen und die in einem sozialistischen Staat eigentlich nicht vorkommen durften, wie drastische Gehaltsunterschiede, Bestechungen, Vetternwirtschaft und dergleichen mehr. Ich war immer dafür, der Wahrheit ins Gesicht zu sehen, und wollte nach wie vor dabei sein, eine bessere Welt mit aufzubauen. Mir wurde jetzt jedoch überdeutlich klar, daß um diese Welt gekämpft werden mußte, wo immer es auch war.

Mein erster Gang in Berlin führte zum Fernsehfunk: Der Tibet-Film mußte geschnitten werden. Vor allem die Aufnahmen von der Anklageversammlung gegen den La Lu waren eindrucksvoll, echt, ungestellt. Hubert Kintscher erklärte sich spontan bereit, einen Text zu schreiben. Der Film wurde am 6. Januar 1960 im Anschluß an ein kurzes Interview zwischen Kintscher und mir unter dem Titel *Frühling im Schneeland* ausgestrahlt. Der Film erhielt einhelligen Beifall, vor allem auch vom Intendanten des Fernsehfunks, Heinz Adameck. Tibet war immer noch ein geheimnisvolles Land, besonders nach dem Aufruhr, für das sich die Menschen brennend interessierten, von dem sie aber nichts wußten, wie ich beim Schneiden des Films feststellte. Wie schon drei Jahre zuvor waren viele Zeitungen und Zeitschriften daran interessiert, meine neuen Tibet-Fotos zu veröffentlichen. So brachte die *Freie Welt* eine dreiteilige Serie. Und der Brockhaus Verlag verlegte einen zweiten Bildband unter dem Titel *Sterne über Tibet*. Der Text nach meinen Reiseaufzeichnungen stammte von Harald Hauser, die Bilder von mir. Zu guter Letzt kam Rudi Löbner vom Postreiter-Verlag auf mich zu und bestellte ein Kinderbuch bei mir – mehr hätte ich mir von dieser Berlin-Reise kaum erhoffen dürfen!

Johnny

In Beijing erwartete mich gleich eine freudige Überraschung: Lion hatte die 101. Schule beendet und war am Beijinger Filminstitut aufgenommen worden, da er Kameramann werden wollte. Das Studium dauerte vier Jahre. Lion wohnte im Institut; die Wochenenden und die freie Zeit verbrachte er zu Hause. Aus Berlin hatte ich dieses Mal eine Filmschneidemaschine mitgebracht, die mir der Fernsehfunk zur Verfügung gestellt hatte, die ich aber nicht zu bedienen wußte. Als ich Lion eines Tages bat, mir zu helfen, saß in seinem Zimmer ein Studienfreund von ihm, der sich mit der Maschine auskannte.

Die Begegnung mit Johnny – so nannten wir den jungen Mann, und so werde ich ihn auch weiter nennen – am 28. Januar 1960 war ein Wendepunkt in meinem Leben. Trotz des großen Altersunterschiedes von 28 Jahren begann hier eine Freundschaft, die bis auf den heutigen Tag anhält und sich im Laufe der Jahre mehr und mehr vertieft hat. Johnny nennt mich Freundin, Schwester, Mutter; er ist mir Freund, Bruder, Sohn. Die Frau, die er später heiratete, wurde meine Wahltochter, und seine mittlerweile erwachsenen Söhne gehen bei mir zu Hause ein und aus wie meine eigenen Kinder.

Meine Ehe mit Emi war nach 26 Jahren in ruhige Bahnen geglitten. Wir waren gut miteinander und hatten neben den gemeinsamen Freunden jeder auch seine eigenen. Kurz nachdem ich Johnny begegnet war, lernte Emi eine junge Chinesin, Zhu Qing, kennen, mit der er sich anfreundete und die ihm das gab, was ich ihm nicht geben konnte. Zhu Qing war intelligent, klug, gebildet, belesen und in chinesischer Geschichte und Literatur bewandert. Obwohl sie in einem Verlag arbeitete und Mann und Kinder hatte, war sie Emi eine wichtige Hilfe, eine Art freiwillige Sekretärin. Zhu Qing und Johnny paßten sich harmonisch in unsere Familie ein.

Jahre später schrieb ich einmal für mich selbst eine kleine Hymne auf Johnnys und meine Freundschaft. Hier ein kleiner Ausschnitt: »Unsere Freundschaft beruht auf den gleichen Idealen, den gleichen künstlerischen Interessen und der Liebe zur Kunst. In Fragen des Geschmacks sind wir einer Meinung. Wir hören Musik mit denselben Gefühlen, betrachten Gemälde, Filme, Fotografien und vieles andere mehr mit denselben Augen. Es ist eine schöpferische, uns vorwärtstreibende Freundschaft.« Johnnys vielseitige Begabung setzte mich immer wieder in Erstaunen. Er konnte ausgezeichnet kochen, nähen, alles mögliche reparieren, hatte einfach goldene Hände. Sprachen flogen ihm zu. Wir trafen uns oft, schrieben uns aber auch Briefe – nur zum Spaß – in einem Gemisch aus Chinesisch mit lateinischen Buchstaben und Russisch, Englisch und Deutsch. Ebenso war unsere Umgangssprache, die außer uns niemand verstand. Manchmal genügten halbe Worte oder auch Schweigen, um etwas zu sagen.

Einmal hatte ich einen Traum: Unter strahlend blauem Himmel schwamm ich im spiegelglatten, durchsichtig klaren Meer auf eine Insel zu. Je näher ich der Insel kam, desto schmutziger wurde das Wasser. Schwarze Wolken zogen am Himmel auf und verdeckten die Sonne. Schließlich steckte ich tief im Schlamm. Nur mit Müh und Not konnte ich mich dem Ufer der Insel nähern, an dem ich Johnny erblickte. Er eilte auf mich zu und zog mich mit beiden Händen aus dem Schlamm. Da brach die Sonne durch die Wolken. Helle Wassertropfen glitzerten auf meinem sonnengebräunten Körper, der sauber und glatt war wie nach einem Bad in einer sprudelnden Quelle. Das Meer war wieder klar und durchsichtig. Auf der Insel, einem tropischen Eiland, zirpten inmitten der zauberhaften Natur buntschillernde Vögel. Alles blühte und leuchtete.

Als ich aufwachte, begriff ich, wie sehr Johnnys Freundschaft mein Leben verändert hatte. Vor uns lag ein Buch mit vielen weißen Seiten, auf die wir nach und nach die schönsten Bilder malten. Unter Johnnys Einfluß begann ich, die Welt mit neuen Augen genauer und kritischer zu betrachten, den Kindern und allen Menschen um mich herum freundlicher und offener zu begegnen, ich reagierte nicht mehr so gereizt und konnte zuhören. Die Harmonie, die in mich eingezogen war, sollte auf meine Umgebung ausstrahlen.

Johnny wollte das Institut verlassen, um als mein Assistent mit mir zusammenzuarbeiten. Beim Filminstitut bestand man jedoch darauf, daß er erst sein Studium beendete. Man hatte aber nichts dagegen, daß er mir in seiner freien Zeit half, da das eine gute Praxis für ihn war. Immerhin war das kein schlechter Ausweg, denn Johnny hatte recht viel Zeit, so daß wir oft zusammen arbeiteten. Vitja, der sich mit Johnny angefreundet hatte und sich auch für Fotografie interessierte, gesellte sich zu uns. Als erstes drehten wir einen Dokumentarfilm über das Institut, an dem Lion und Johnny studierten, dann einen Film über José Venturelli bei der Arbeit in dessen Beijinger Atelier und über seine Gemälde, die in leuchtenden Farben das rauhe Leben seiner chilenischen Landsleute darstellten, über die Taxifahrerinnen von Beijing und über die Volkskommune Huang Tugan. Außerdem machten wir eine Reportage über ein Restaurant, in dem Hammelfleisch auf einem Ofen gebraten wurde, der 150 Jahre alt war und mit Holzkohle geheizt wurde. Zum Essen hatte ich Freunde von Johnny und Lion eingeladen, die sich über diese unerwartete Delikatesse riesig freuten.

Ende Juni 1960 unternahm ich eine Reportagereise in die Provinz Shandong und besuchte u. a. Qufu, die Stadt, in der Konfuzius vor über 2400 Jahren gelebt hat. Der Tempel des Konfuzius lag in einem großen Park mit uralten Bäumen, auf denen Unmengen von Kranichen saßen. Sie belebten die alten Gebäude und verliehen dem Ganzen einen ungeheuren Reiz. Dann filmte ich noch die Gräber des Konfuzius und seiner Familie. Heute bin ich froh, daß ich damals die Tempelanlage mit eigenen Augen gesehen und gefilmt habe; denn in der Kulturrevolution wurde sie zerstört (mittlerweile aber wieder aufgebaut).

Im Anschluß an diese Reise machte ich mit Johnny, Vitja und einigen ihrer Freunde Ferien in Beidaihe. Hier wollte ich endlich den Bildband in Angriff nehmen, den der Postreiter-Verlag bei mir in Auftrag gegeben hatte. Also sprach ich mit der Direktorin des Kinderheims, Frau Gao, einer dicken, braungebrannten und netten Person. Sie war 40 Jahre alt, unverheiratet und liebte Kinder abgöttisch. Frau Gao hatte nichts dagegen, daß wir uns zwei »Hauptdarsteller« unter ihrer Kinderschar aussuchten. Wir fotografierten die beiden – ein Mädchen und einen Jungen – beim Essen, Schwimmen, Schlafen etc., hielten einen Tagesablauf mit der Kamera fest. Die Kinder bewegten sich vollkommen frei, merkten überhaupt nicht, daß wir sie fotografierten, da sie ganz in sich eingesponnen waren. Der Band, zu dem ich auch den Text geschrieben hatte, erschien 1962 unter dem Titel *Das kleine Teufelchen.*

Als wir aus Beidaihe zurückkamen, fand ich Emi abgespannt und müde in Beijing vor. Ich machte mir Vorwürfe, nicht darauf bestanden zu haben, daß er mit uns in Ferien fuhr. In Wirklichkeit hatte Emis Niedergeschlagenheit aber keinen gesundheitlichen, sondern einen anderen Grund: Am politischen Himmel zogen Wolken auf. Zunehmende ideologische Auseinandersetzungen zwischen der UdSSR und China führten dazu, daß im August 1960 plötzlich alle sowjetischen Experten aus China abberufen wurden. Vieles, was mit Hilfe der Sowjetunion gebaut werden sollte, war unfertig, und allein, ohne die Sowjets, konnten die Chinesen die Projekte nicht vollenden. Außerdem wurden sämtliche Teile und Ersatzteile abtransportiert. Die sowjetischen Experten, die den Chinesen mit viel Hingabe geholfen hatten, wollten den Abbruch der Zusammenarbeit einfach nicht glauben. Auf dem Abschiedsbankett, das Zhou Enlai für die Experten gab, zeigte er ihnen aber das entsprechende Dokument mit Chruschtschows Unterschrift.

Natürlich war die Lage in China sehr gespannt. Anfang September erzählte mir Zhu Lie, der einzige im Informbüro, mit dem ich frei reden konnte, daß die Abberufung der sowjetischen Experten zu einer drastischen Verschlechterung der ökonomischen Situation in China geführt hätte. Man brauchte sie hier, hätte gebeten, sie nicht abzuziehen. Aber die Bitte wurde abgeschlagen. Auf chinesischer Seite versuchte man zu retten, was noch zu retten war, und beschwor in unzähligen Reden die »unverbrüchliche Freundschaft« zwischen den beiden Völkern. So leitete Liu Shaoqi am 5. November eine Delegation nach Moskau, und zwei Tage darauf, am Jahrestag der Oktoberrevolution, nahm Mao Zedong mit allen aus der Führung der KPCh, die nicht in die UdSSR gereist waren, am Empfang in der sowjetischen Botschaft in Beijing teil. Am 9. Dezember kehrte Liu Shaoqi aus Moskau zurück. Mao Zedong, Zhou Enlai und andere begrüßten ihn am Flughafen, was ich für das Fernsehen filmte. In der sowjetischen Hauptstadt hatte man eine gemeinsame Erklärung abgegeben, die zur Zufriedenheit aller ausgefallen war und mit der man alle Mißstimmigkeiten ausgeräumt zu haben glaubte. Leider war dem aber nicht so.

Mitte Dezember flog ich wieder nach Berlin. Bei einem Stopp in Moskau traf ich Wassa und Allan. Allan meinte zum chinesisch-sowjetischen Konflikt, allen Parteiorganisationen in der Sowjetunion sei mitgeteilt worden, die chinesische Regierung habe die sowjetischen Experten von heute auf morgen hinausgeschmissen. Als ich ihm erzählte, wie es in Wirklichkeit gewesen war, glaubte er mir nicht. Wassa glaubte mir jedoch. Sie stand ganz auf seiten Chinas und sagte, die Menschen seien glücklich über Liu Shaoqis Besuch und die gemeinsame Erklärung. Kein einfacher Bürger hier wolle Streit mit China. Ebensowenig wie kein einziger einfacher chinesischer Bürger Streit mit der Sowjetunion haben wollte. Aber wir wußten beide, daß nirgends in der Welt die einfachen Menschen das politische Wetter machen.

Auch in Berlin gab es Widersprüche über Widersprüche. Heinz Grote sagte mir, sein längeres Schweigen hätte mit der politischen Situation zu tun gehabt. Die Genossen vom ZK der SED hätten jedoch gemeint, China existiere – und müsse auch gezeigt werden. Als ich mir zusammen mit Else Wolf in Lehnitz einen Rückblick auf das Jahr 1960 im Fernsehen ansah, wurde China weder im Wort noch im Bild erwähnt – es war einfach nicht mehr vorhanden. Es lag etwas in der Luft. Ende Juli 1961 wurde in der Sowjetunion der Entwurf eines neuen Parteiprogramms der KPdSU veröffentlicht – ein Vorbote des XXII. Parteikongresses vom 17. bis 31. Oktober. Meine Kollegen aus der DDR wunderten und ärgerten sich, warum die politische Führung Chinas sich nicht dazu äußerte, wo doch alle Zeitungen der Welt mit Kommentaren zu dem Programm voll waren. Trotz dieser unüberhörbaren Alarmglocken luden wir zu Emis Geburtstagsfeier am 10. Oktober, er wurde 65 Jahre alt, auch unsere Freunde aus der sowjetischen Botschaft ein – Oleg Rachmanin und Jakow Woskobojnikow. Das brachte uns, wie wir später erfuhren, auf die schwarze Liste.

Zur Eröffnung des XXII. Parteikongresses der KPdSU am 17. Oktober 1961 reiste Zhou Enlai an der Spitze einer chinesischen Delegation nach Moskau. Die Reden von Chruschtschow und Zhou Enlai wurden auch in China diskutiert. Als der Generalsekretär der KPdSU die Albanien-Frage vor aller Öffentlichkeit behandelte, fand das Zhou Enlai unmarxistisch. Aus Protest verließ er vorzeitig Moskau. Ende Oktober besuchte ich Oleg Rachmanin in der sowjetischen Botschaft. Rachmanin sagte mir, die Arbeit auf dem Parteikongreß gehe zügig voran, das Volk sei enthusiastisch und glaube fest an die Verwirklichung des Zwanzigjahresplans. Im Dezember hörte ich in Moskau genau das Gegenteil. Die Leute lachten über den Zwanzigjahresplan, und allgemein herrschte Angst vor einem Krieg. Seife, Streichhölzer, Salz und anderes waren plötzlich ausverkauft. So sah Rachmanins Theorie in der Praxis aus.

In seinem Schlußwort zum XXII. Parteikongreß ging Chruschtschow nochmals auf die Verbrechen Stalins ein. Den in den Jahren 1937 bis 1939 schuldlos Umgekommenen wollte er ein Denkmal setzen; ich stellte mir vor, wie ungeheuer groß ein wirkliches, nicht nur aus Worten bestehendes Denkmal sein müßte, um auf ihm die Namen der unzähligen Opfer des Terrors zu verewigen. In den chinesischen Zeitungen stand nicht, daß die Leiche Stalins in aller Stille aus dem Mausoleum am Roten Platz entfernt, verbrannt und an der Kremlmauer beigesetzt worden war. Am Telegraphenamt in der Gorkistraße, wo bis dahin die Porträts von Lenin und Stalin gehangen hatten, wurde das von Stalin gegen ein Porträt von Chruschtschow ausgetauscht. Und das, obwohl Chruschtschow seit 1956 gegen den Personenkult Stalins wetterte. Unwillkürlich fragte man sich, was Chruschtschow gemacht hatte, als Stalin an der Macht war. (Er hatte einen leitenden Posten in der Ukraine inne.) Hatte er sich nicht an Stalins Verbrechen beteiligt? Warum übte er keine Selbstkritik?

China schlug in Sachen Stalin einen eigenen Weg ein: Es ehrte ihn! Kurz vor der Einäscherung Stalins hatte eine chinesische Delegation Kränze an seinem gläsernen Sarg niedergelegt: »Stalin, dem treuen Marxisten-Leninisten«. Dieser Stalin war ein millionenfacher Mörder.

Ungeachtet aller politischen Vorkommnisse bestand Emi darauf, meinen 50. Geburtstag am 8. November groß zu feiern. Ich flehte ihn an, das um des lieben Friedens willen sein zu lassen. Emi ließ sich aber nicht beirren und meinte: »50 Jahre wird man nur einmal im Leben.« Er lud dieselben Leute ein wie zu seinem Geburtstag, darunter auch die sowjetischen Freunde. Als Hans Müller und Ma Haide das erfuhren, sagten sie ab. Sie hielten uns für völlig verrückt. Aber Emi war eigensinnig und blind für alles, was um ihn herum vor sich ging. Auch diese Geburtstagsfeier spielte ein paar Jahre später eine große Rolle, als man versuchte, uns als sowjetische Spione zu enttarnen.

Im Februar 1961 machten Johnny und ich eine Reportage über das Frühlingsfest in Guangzhou. Unter anderem filmten wir im Hafen die Ankunft eines englischen Schiffes, das Auslandschinesen nach China brachte. Als das Schiff in den Hafen einlief, sah ich viele Menschen an Bord vor Freude darüber weinen, daß sie sich heimatlicher Erde näherten. Die Heimkehrer filmten wir dann auf dem berühmten Guangzhouer Blumenmarkt und begleiteten sie auch auf ihren Spaziergängen durch die Parks, in denen um diese Jahreszeit unzählige Chrysanthemen blühten. Außerdem filmten wir eine Arbeiterfamilie bei ihren bescheidenen Vorbereitungen für das Frühlingsfest und eine reiche Emigrantenfamilie, die nach Guangzhou zurückgekehrt war. Welch ein Unterschied! Zur Ehrenrettung der Emigranten muß ich jedoch sagen, daß sie viel Geld für ihr Vaterland spendeten. Den zweiten Teil des Films über das Frühlingsfest drehten wir in Beijing, um einen deutlichen Kontrast zu erreichen zwischen dem sommerlich warmen Guangzhou mit seinen Besonderheiten und dem winterlich kalten Beijing mit seinen Märkten und Feierlichkeiten.

Im Juni fuhr ich noch einmal allein nach Guangzhou und drehte den 30minütigen Film *Die Enkel der Guangzhouer Kommunarden.* Der Aufstand von Guangzhou im Jahre 1927, der für wenige Tage zur Bildung der Kommune von Guangzhou geführt hatte, war niedergeschlagen worden. Trotzdem ging dieses Ereignis in die Geschichte ein, und mit meinem Film wollte ich zeigen, daß das, wofür die Kommunarden seinerzeit gekämpft hatten, mittlerweile verwirklicht worden war. Ich filmte ein paar historisch interessante Plätze des Aufstandes, dann Pioniere am Grab der Kommunarden und einen Teilnehmer der Kommune, der von damals erzählte. Um den Bezug zur Gegenwart herzustellen, zeigte ich am Schluß das moderne Guangzhou: Kindergärten, Schulen, Läden voller Waren, neue Häuser, Felder usw.

Bei unseren Aktivitäten kam Johnny und mir zugute, daß mein Kollege vom ADN, Erich Henschke, sich ein neues Auto kaufte und mir sein altes mit Erlaubnis des Fernsehfunks überließ – einen kleinen Ifa F9. Wir nannten ihn das »blaue Kätzchen«. Da ich mich im Gegensatz zu Johnny schwertat, das Autofahren zu erlernen, riet mir unser Fahrlehrer, Werner Völker, der Fahrleiter der DDR-Botschaft, Johnny den Vortritt zu lassen. Schon nach zwei Wochen machte er seinen Führerschein. Dagegen habe ich das Autofahren nie richtig erlernt.

Joris Ivens besuchte uns in Beijing; zuvor hatte er zwei Dokumentarfilme in Kuba gedreht. Mit ihm kam ein frischer Wind ins Haus. Er sah sich meine Filme an, fand *Sommerferien in Beidaihe* als Erstlingswerk recht nett. Auch der Tibet-Film mit seinen dramatischen Szenen gefiel ihm gut. Dann gab er mir einen wichtigen Rat: »Beim Fernsehen mußt du viele Nahaufnahmen machen; erst kurz zeigen, worum es geht, dann nah heran, immer groß, große Gesichter, Hände etc. Alles sehr interessant machen. Du darfst nicht als Außenstehende beobachten, sondern mußt mitgehen, die Kamera muß dabeisein. Fernsehen sieht man zu Hause, jeden Moment kann man es abdrehen. Das Kind hat eigene Wünsche, der Vater will dieses, die Mutter jenes sehen. Alles muß so interessant sein, daß es jeder sehen möchte und von Anfang an gefesselt wird. Die Kamera muß also mitten drin sein.« In Joris steckten viel jugendliches Feuer und Enthusiasmus, er war immer dort, wo man ihn brauchte. Und dabei war er schon über 60. Seine Maxime lautete: »Ich helfe allen. Warum soll ich dir nicht helfen?«

Ich hatte einen Artikel von Kurt Stern über Filmkunst gelesen, in dem er u. a. schreibt, man müsse das reale Leben so zeigen, wie es ist, und nicht, wie man möchte, daß es wäre. Das entsprach ganz meinen Überzeugungen. Allerdings sollte die Darstellung der Wirklichkeit so sein, daß sie den Menschen hilft, sie vorwärtstreibt. Das führte mich erneut zu dem Problem, wie ich Inhalt und Form in eine richtige Beziehung zueinander setzen und die Wahrheit so zeigen konnte, daß sie verstanden wurde. Als ich Vitja davon erzählte, sagte er, ich solle Mao Zedongs Schrift *Über den Widerspruch* lesen, das würde mir das Leben erleichtern.

Am 8. August 1961 starb nach kurzer Krankheit der Schauspieler Mei Lanfang. Sein Tod ging mir sehr zu Herzen, denn ich hatte ihn in den vergangenen sechs Jahren beim Filmen und Fotografieren als einen der wenigen ganz großen Künstler kennengelernt. Seine Bescheidenheit, die ja meistens nur wirkliche Künstler besitzen, hatte mir stets imponiert. Obwohl wir nie viel miteinander gesprochen hatten, verstanden wir uns – wahrscheinlich deshalb, weil ich ihn nicht mit gestellten Fotos quälte, sondern immer bei seinen Auftritten fotografierte. Zu Mei Lanfangs Tod schrieb Emi ein Gedicht:

Ein Genius dieser Zeit nahm Abschied von der Welt.
Die Küsten hören das Wort, fließt ein Tränenstrom wie Seide.
Derweil das Wellenmeer in Fluten innehält,
Verweht mein Vers in grenzenlosem Leide.

Und noch eine traurige Nachricht erreichte uns: Am 13. August 1961 war Wassa nach schwerer Krankheit gestorben. Ich hatte das schon geahnt, denn bei meinem letzten Besuch in Moskau hatten sie schwere Herzanfälle gequält. Es war ein Schlag für mich! In den Jahrzehnten unserer Beziehung war mir Wassa Freundin und Schwester gewesen. Obwohl das Schicksal es mit mir so viel besser meinte als mit ihr, war sie nicht neidisch auf mich. Emi und ich hatten ihr zwar all die Jahre finanziell geholfen, aber was wir ihr nicht geben konnten, war Glück. Auch ihr einziger Wunsch, noch einmal nach China zu kommen, ging nicht in Erfüllung, da die sowjetischen Stellen ihr die Ausreise nicht bewilligten, trotz offizieller chinesischer Einladung und unserer Eingaben beim Außenministerium in Moskau.

Das Jahresende 1961 verbrachte ich in der DDR. Zusammen mit John und Tutti Heartfield sowie ihrem Hund Adam fuhr ich am 31. Dezember vormittags in ihr Landhaus nach Waldsieversdorf. Auf der Fahrt dorthin sprachen wir über die politische Lage in der Welt. Zu China meinte John, da sie in der DDR nur widersprüchliche Dinge hörten, könnten sie nicht beurteilen, was richtig und was falsch sei. Er liebte China sehr und sprach mit großer Wärme von den Menschen und den Dingen, die er dort erlebt hatte. Die Diskussion über Fragen der Kunst in der DDR bezeichnete er als grauenhaft, engstirnig und erdrückend.

Das Häuschen, das mitten im Wald am Ufer eines kleinen Sees lag, war zauberhaft, aber ungeheizt und deshalb eiskalt. Ich sah mich erst einmal um. Die drei Zimmer waren geschmackvoll und urgemütlich eingerichtet, die Farben der Bezüge, Kissen, Tapeten etc. aufeinander abgestimmt, und durch die großen Fenster mit entzückenden Gardinen sowie Rolljalousien fiel ausreichend Licht in die Räume. Das ganze Anwesen, mit hölzernen Pflanzentrögen auf der Veranda und einem Springbrunnen im Garten, wirkte wie eine Idylle, wie ein Märchenschlößchen auf mich. Wer hätte gedacht, daß der große sozialkritische Künstler und Urheber bissiger Fotomontagen sich in einer solchen Idylle heimisch fühlte und untröstlich war, als er bemerkte, daß ihm ein Kaktus erfroren war! Direkt nach unserer Ankunft inspizierte Tutti die sorgfältig abgedeckten Beete und fütterte die Vögel; dann gingen wir alle zusammen spazieren. Es war ein grauverhangener Tag, der einen ganz eigenen Zauber hatte. Zum erstenmal bemerkte ich, wie sehr John den Wald, die Natur liebte. Bevor wir am Nachmittag zurück nach Berlin fuhren, verteilte Tutti liebevoll Neujahrsgeschenke an die Nachbarskinder.

Heartfields Stadtwohnung in der Friedrichstraße zeichnete ein angenehmes künstlerisches Chaos aus, das mir gefiel. Die Wände waren vollgehangen mit Gemälden, Fotos und anderen Dingen. Alles war sehr geschmackvoll – und dennoch einfach und bescheiden. Tutti zeigte mir auch die Rumpelkammer, in der sie schlief, und fand das ganz in Ordnung. Am Abend zündete sie im großen Zimmer viele Kerzen an; John spielte mir eine Plattenaufnahme der *Dreigroschenoper* mit Lotty Lenya vor. Dann kamen Elisabeth Hauptmann, eine frühere Freundin Brechts, und ein amerikanischer Schriftsteller namens Jerôme. Er lebte seit zwei Jahren in Moskau, war erst an diesem Tag nach Berlin gekommen und stellte mir viele Fragen zu China. Vom guten Rotwein erhitzt, legte ich meine ganze Liebe zu diesem Land in meine Antworten. Natürlich wurde wieder die Gretchenfrage gestellt, welche der beiden Seiten nun recht habe, ohne daß einer von uns eine schlüssige Antwort geben konnte. Jerôme verstand mich und sagte, andere redeten auch so von China, das viel Sympathie genieße. Jedenfalls gehörten die letzte Stunde des Jahres 1961 und die erste von 1962 mit all meinen Gedanken, Wünschen und Träumen China.

Auch Bodo Uhse hätte gerne den Sylvesterabend bei Heartfields verbracht, mußte aber, zu seinem großen Ärger, an einem offiziellen Empfang teilnehmen. So trafen wir uns, bevor ich zu John und Tutti ging, und tranken einen Maotai, einen ebenso starken wie teuren chinesischen Schnaps. Bodo war in Kuba gewesen und hatte dort José Venturelli getroffen, von dem 16 Zeichnungen für Bodos neuestes Buch *Die Sonntagsträumerei in der Alameda* stammten. Er schenkte mir ein Exemplar mit der Widmung:

»Eine Weihnachtsüberraschung für Eva.« Dies war sein letztes Geschenk an mich und zugleich sein letztes Buch – eine schöne fiktive Geschichte über den mexikanischen Maler Diego Maria Rivera.

Das Jahr 1962 begann mit Diskussionen, die sich über Jahre erstrecken sollten. Jetzt hieß es, China wolle die Macht im Osten, China wolle keine friedliche Koexistenz, China wolle Krieg. Dabei war es Zhou Enlai gewesen, der als erster auf einer internationalen Konferenz in Bandung im Jahre 1955 die »Fünf Prinzipien der friedlichen Koexistenz« verkündet hatte. Verwirrt ging ich zu Stephan Hermlin. Wenn mir jemand diese Widersprüche erklären konnte, dann war er es. Denn Stephan war ein politischer Mensch mit einem klaren Kopf und einer eigenen Meinung, aus der er nie einen Hehl machte. Auch aus der großen Polemik im sozialistischen Lager zog er seine eigenen Analysen. Später bewies er mir, wie unsinnig Chinas Schriften über Stalin, Jugoslawien und andere Fragen waren. Mit der Politik der Sowjetunion und der DDR war er auch nicht immer einverstanden. Stephans Mut, immer und überall offen hinter der Wahrheit zu stehen und für sie zu kämpfen, beeindruckte mich sehr und hat bis auf den heutigen Tag großen Einfluß auf mich.

Ich verließ Berlin mit Filmrollen im Gepäck, neuen Aufträgen und Plänen sowie der Aufforderung, in Ruhe weiterzuarbeiten, da die Meinungsverschiedenheiten nur vorübergehend seien. Ein grundlegender Irrtum. In China war in meiner Abwesenheit schon wieder eine Bewegung entfacht worden. Dieses Mal jedoch nicht gegen die Rechtsabweichler, sondern gegen die Revisionisten. Dazu zählte man solche Leute, die Stellung gegen China bezogen oder mit Menschen aus dem anderen Lager (der Sowjetunion) befreundet waren. Natürlich wurden Emi und ich den Revisionisten zugeschlagen. Es dauerte aber ziemlich lange, bis wir das durchschauten.

Wir befanden uns in einer seelischen Krise, jeder von uns beiden für sich und auch gemeinsam. Emi hatte wie immer viel gearbeitet, hatte u. a. Vorträge im Fernsehen und im Filminstitut gehalten, stets mit großem Erfolg. Die Menschen mochten ihn nun mal. Am 1. Juli 1961, zum 41. Geburtstag der KPCh, war der Band *Geming Lieshi Shichao* erschienen, der überall großen Anklang fand. Er enthielt eine Auswahl von Gedichten über die gefallenen Helden des Bürgerkrieges und der Revolution, die Emi gesammelt, sorgfältig ausgewählt und mit einem Vorwort eingeleitet hatte. Er hatte sein ganzes Herz in diese Arbeit gelegt und verzichtete freiwillig auf ein Honorar. Trotzdem wurde Emi dauernd kritisiert – offen und hinter seinem Rücken. Dabei spielte immer die Tatsache eine große Rolle, daß wir sowjetische Freunde hatten.

Mich quälten die Meinungsverschiedenheiten zwischen China, der UdSSR und der DDR, jenen drei Ländern, mit deren Menschen ich mich verbunden fühlte und für deren Freundschaft untereinander ich so viele Jahre gearbeitet hatte. Und natürlich bangte ich um meine Arbeit für den Fernsehfunk, an der mein Herz hing und die ich zu verlieren fürchtete. Da ich vorläufig aber günstige Nachrichten aus Berlin erhielt, machte ich eifrig weiter. So ließ man mich wissen, daß mittlerweile wieder jeden Abend in der Aktuellen Kamera über China berichtet werde, meine Filme immer zur rechten Zeit kämen und viel Aufklärungsarbeit leisteten.

Mein wichtigster Film 1962 war der Streifen *Meine Straße*. Dabei handelte es sich um die kleine Gasse, in der wir nun schon seit acht Jahren wohnten, eine winzige Straße in dem immer moderner werdenden Beijing. Hier ging es recht lebhaft zu. Jeden Tag kam ein Wagen mit Gemüse, um den Hausfrauen das Einkaufen zu erleichtern, und jede Woche einmal war ein Handwerker da, der direkt vor der Haustür Kochtöpfe und Geschirr lötete. Es gab auch Werkstätten, um Schirme oder Fahrräder reparieren zu lassen, und uns gegenüber lag das Verlagsgebäude der *Beijinger Tages- und Abendzeitung*. Ich filmte chinesische Setzer bei der Arbeit und die Herstellung einer Zeitung. In unserer Gasse befanden sich außerdem ein Kindergarten und eine Schule. All das zeigte ich im Film, und natürlich kamen auch unser Haus, Emi, die Kinder, Pascha sowie unsere Nachbarn darin vor.

Im Herbst begleitete mich Emi zu großen Weinfeldern in der Nähe von Beijing, wo ich die Menschen bei der Weinlese filmte. Als wir am nächsten Tag eine Kellerei besuchten, die Exportwein herstellte, und ich drehen wollte, untersagte mir dies der Direktor des Unternehmens. Er hatte nämlich erfahren, daß ich für den DDR-Fernsehfunk arbeitete. Wie er mir erzählte, hatte die DDR eine große Ladung Wein nicht angenommen mit der Begründung, der Wein sei schlecht, sauer oder sonst etwas, was nach Meinung des Direktors aber nicht stimmte. Man hielt es für reine Schikane. Da das Verbot zu filmen nichts mit uns persönlich zu tun hatte, wurden Emi und ich freundschaftlich aufgefordert, viele Weine zu probieren. Reichlich heiter zogen wir von dannen.

Ende Oktober unternahm ich mit Vitja eine Reportagereise nach Shanghai. Vitja war verliebt – in ein Mädchen, das drei Jahre später seine Frau wurde – und guter Laune. Das Erlebnis dieser Tage war für mich die

Bekanntschaft mit dem Dichter Lu Mang, einem Freund Emis. Lu Mang war ein ungewöhnlicher Mensch, offen und herzlich. Mit ausdrucksvoller Gestik und sehr viel Humor erzählte er die revolutionäre Geschichte Shanghais. Bei der friedlichen Befreiung der Stadt war wie bei der von Beijing kein einziger Schuß gefallen. Shanghai, seine Geburtsstadt, kannte Lu Mang in- und auswendig und wußte zu jeder Ecke eine Anekdote. Drei seiner fünf Töchter lernte ich im Laufe unserer Unterhaltung kennen. Ihnen hatte er ein Gedicht gewidmet: »Wenn ich nach Hause komme, / begrüßt mich ein Bukett / aus fünf Blumen.« Später, auf meiner großen Reportagereise durch den Süden, trafen wir uns erneut. Lu Mang war schwerkrank, hatte sich aber eigens für unser Treffen Urlaub aus dem Krankenhaus genommen. In den Wirren der Kulturrevolution verloren wir uns leider aus den Augen.

Im Dezember wurde ich von Heinz Grote und den Kollegen sehr herzlich in Berlin empfangen. Grote wollte den Film *Meine Straße* selbst bearbeiten. Zur aktuellen politischen Lage hätte er den Kollegen in einer Sitzung klipp und klar gesagt, daß China ein bedeutendes sozialistisches Land sei, das dieselben Ziele verfolge wie die UdSSR oder die DDR, daß die Meinungsverschiedenheiten bestimmt bald geklärt würden und daß man China nicht ignorieren könne, sondern im Fernsehen zeigen müsse. Dies und das Lob von Günther Freigang, einem Redakteur beim Fernsehfunk, mein Film hätte ihm außerordentlich gut gefallen, ich hätte viel gelernt und *Meine Straße* sei trotz der Längen nicht eine Minute langweilig, waren Balsam für mein banges Herz.

Weihnachten und Neujahr verbrachte ich bei Herbert, Lisel und Irene in Stockholm. Am 24. Dezember abends kamen Herberts und Lisels Freunde zu Besuch. Ein Korb mit Geschenken wurde hereingetragen und die hübsch verpackten Päckchen verteilt. Herbert schenkte mir eine Gesamtaufnahme des *Barbiers von Sevilla* auf italienisch. Vor Mitternacht fuhren Lisel und Irene zur Christmette in die Kirche. Am Sylvesterabend besuchte ich allein eine Aufführung des *Barbiers von Sevilla,* die Herbert dirigierte.

Dieses Mal war es mir lieb, daß Herbert sich nicht um Politik kümmerte, daß hier überhaupt niemand über Politik sprach. Am letzten Abend meines Besuches saßen wir gemütlich zusammen. Herbert ließ sich Erdbeeren mit Schlagsahne schmecken. Er war furchtbar dick, aber munter wie ein Fisch im Wasser, schlief wenig und sprühte vor Energie. Er lud mich ein, nächstes Weihnachten wieder bei ihnen zu verbringen, und Lisel meinte auch, man sollte dies zu einer festen Gewohnheit werden lassen. Wer konnte ahnen, daß es von Herbert ein Abschied für immer und von Stockholm einer auf Jahrzehnte war.

Kurz nach meiner Rückkehr nach Beijing erlitt ich einen Nervenzusammenbruch. Ich heulte andauernd, ohne einen konkreten Grund zu haben, und stand irgendwie neben mir. Natürlich hatte das viel mit den politischen Spannungen zwischen China und der Sowjetunion zu tun. Die beiden Lager, UdSSR und DDR einerseits, China andererseits, führten einen regelrechten Papierkrieg gegeneinander. Bereits Ende 1962 hatte China angefangen, Pamphlete loszulassen, denen weitere Artikel – insgesamt neun – und eine Generallinie in 25 Punkten folgten. (Alles, was damals in China geschrieben worden war, vor allem die neun Artikel, wurde in den vergangenen Jahren als völlig falsch abgelehnt.) Es war schrecklich zu sehen, wie diese drei sozialistischen Länder einander begeiferten, sich mit Dreck beschmissen und wie die Marktweiber beschimpften. Selbst so kluge Leute wie Arnold Zweig, Ilja Ehrenburg und andere Schriftsteller beteiligten sich daran, wenn auch in mehr oder weniger literarischer Form. Jedes dieser drei Länder war überzeugt, nur seine Politik verkörpere den wahren Marxismus-Leninismus, und jeder, der gegen sie war, wurde als Revisionist abgestempelt – hier wie dort. Ich stand mitten zwischen diesen beiden Lagern und glaubte immer noch ernsthaft, in diesem Streit vermitteln und den Völkern auf der anderen Seite mit meinen Filmen und Fotos die chinesischen Menschen näherbringen zu können – einfache Menschen, die das Volk verkörperten. Denn ich wußte, in keinem Land der Erde will das einfache Volk Krieg – weder einen echten noch einen auf dem Papier.

Vitja half mir, den Nervenschock zu überwinden. Wieder forderte er mich auf, die revolutionäre Theorie zu studieren und die Werke Mao Zedongs zu lesen, der den Marxismus-Leninismus in einer einfachen Sprache interpretiere, so daß er jedem zugänglich sei. Jeden Tag hatte ich Unterricht bei Vitja und studierte mit großem Eifer Maos Schriften *Über die Praxis* und – immer noch – *Über den Widerspruch*. Trotz Vitjas geduldiger Hilfe hatte ich mit der Lektüre Schwierigkeiten; theoretische, philosophische Literatur hatte ich bis dahin noch kaum gelesen, und in dieser Weise zu denken, war mir kaum vertraut. *Über den Widerspruch* las ich zunächst auch noch im chinesischen Original, weil ich mich schulen wollte, und so zog sich das Studium dieser Schrift endlos lange hin. Mit der Zeit erkannte ich aber, daß alles, was Mao geschrieben hatte, von jedermann im täglichen Leben angewendet werden konnte (ungeachtet der Tatsache, daß Mao Zedong später selbst gegen seine eigene Theorie handelte).

Über die Zeit meiner Depressionen schrieb ich am 31. Mai 1963 in mein Tagebuch: »Februar, März, April, Mai waren schlimme Monate. Die Nerven waren kaputt, zerrissen. Ich war unbeständig, tatenlos, haßte mich in diesen Monaten und konnte nicht aus meiner Haut heraus. Ich hatte mich nicht in der Hand, flatterte willenlos hin und her und warf alle guten Einsichten und Vorsätze des letzten Jahres über den Haufen. Jetzt, wo ich wieder normal bin, kann ich über diese Zeit schreiben. Ich glaube, ich war sehr krank. Jetzt ist es vorüber.«

Anfang Juni hatte ich ein langes, mich aufbauendes und aufmunterndes Gespräch mit Shi Shaohua, an dem Vitja teilnahm. Ich fragte meinen alten Freund, was wohl geschehen würde, wenn man mich beim Fernsehfunk nicht mehr haben wolle? Shaohua sagte, China würde mir immer helfen, wenn ich in Schwierigkeiten sei. (Das dachte er damals wirklich.) Ich dürfe die Arbeit nicht aufgeben, sondern solle so viel wie möglich fotografieren und filmen. Eine gute Arbeit bleibe eine gute Arbeit. Ob die Sachen momentan gebraucht würden oder nicht, solle mich nicht kümmern. »Denk nur an die Arbeit und halte das jetzige Leben fest, seinen Geist, den Atem der Zeit.«

Am 4. Juli 1963 erfuhr ich von einer Bekannten, daß Bodo Uhse zwei Tage zuvor gestorben war. Ich war fassungslos und konnte meinen Gefühlen erst freien Lauf lassen, als sie weg war. Warum hatte ich nicht versucht, ihn im vorigen Winter öfter zu treffen? Warum hatte ich ihm nicht geschrieben? Noch gestern hatte ich daran gedacht, ihm die letzte Aufnahme von den Ming-Tieren zu schicken. Alles Versäumte fiel mir ein – und mit niemandem konnte ich darüber reden. Es quälte mich, daß ich Bodo nicht wiedersehen würde, nicht mehr mit ihm sprechen konnte. Mir klang unser letztes Telefonat noch in den Ohren. Erinnerungen an Weimar und an unsere gemeinsamen Arbeitspläne stiegen in mir auf. Warum war daraus nie etwas geworden? Ich hätte ihm helfen und mit Briefen sein Leben wenigstens um Stunden heller machen können. Denn ich wußte, daß Bodo, seit Alma mit den Kindern in Amerika lebte, unglücklich war. Wie sehr er an mir hing, zeigt sein letzter Brief, den er am 28. Mai 1962 aus Reinhardsbrunn an mich schrieb:

»Liebe, gute Eva, bitte sei nicht bös. Erst heute antworte ich auf Deinen Brief. Dabei hat er mir so gut getan mit Deinen Worten über die *Sonntagsträumerei*. Sie waren Freude und Stärkung und wurden als beides gebraucht. Hier ist das Buch in völligem Schweigen untergegangen. Nur ein paar Freunde, die ich als solche noch nicht kannte, schrieben mir. Dabei brauche ich ein wenig Zuspruch bei der Höllen-Aufgabe, mit der ich mich jetzt quäle. Und es soll nicht und wird nicht die Erledigung einer lustigen Pflichtarbeit sein. [Gemeint ist damit die Arbeit am zweiten Band der *Patrioten,* der nie vollendet wurde.] ... Das Schreiben ist so viel schwerer geworden, und die Arbeit wird länger dauern, als ich dachte. Wovon ich ab August leben soll, ist mir schleierhaft. Dabei möchte ich so gern, so gern im Herbst eine größere Reise machen. Wohin? Das ist mir gleichgültig, nur sollte es möglichst weit weg sein.

Die große Freude meines Lebens jetzt sind die Briefe von Joel und Stefan, die ziemlich regelmäßig eintreffen, gescheit sind und erstaunlich lieb.

Noch eines, Eva. Laß Dich bitte nicht entmutigen, aufzuschreiben, was Du zu erzählen hast. Da gibt es doch viel Merkwürdiges und Bemerkenswertes – setz Dich schon nun an die Arbeit, wann immer Du Zeit hast, und laß es mich lesen, wenn Du zum Winter kommst.

Bis dahin aber laß von Dir hören und vergiß nicht Deinen Bodo.«

Der 15. Sommer

Am 5. Juli 1963 flog eine hochrangige Parteidelegation mit Deng Xiaoping an der Spitze nach Moskau, um an Beratungen aller Kommunistischen Parteien teilzunehmen. Am Sonntag, dem 21. Juli, kehrte sie nach Beijing zurück. Mit Johnny, Lion und Vitja fuhr ich zum Flughafen. Es war ein zauberhaft sonniger Tag mit tiefblauem Himmel und Wolken. Am Flughafen hatten sich 5000 Menschen mit Fahnen, Transparenten und Trommeln versammelt, die gesamte Regierung, hohe Funktionäre und ausländische Diplomaten waren zum Empfang erschienen. Dann traf die Delegation – darunter Peng Zhen, Wu Xiuquan, Liu Ningyi – in zwei sowjetischen Flugzeugen des Typs TU 104 ein und wurde von Mao Zedong, Liu Shaoqi, Zhou Enlai und Zhu De begrüßt. Anschließend wurden auch die beiden Flugzeugbesatzungen von Mao, Liu, Zhou und den anderen willkommen geheißen. Sie schüttelten jedem die Hand und dankten ihnen auf russisch: »Spasibo, spasibo!« Die sowjetischen Piloten schienen etwas verlegen zu sein, da sie einen solchen Empfang wohl kaum erwartet hatten. Nach der Begrüßungszeremonie machte Mao einen Rundgang. Die Menschen jubelten ihm zu, und die Witwen von Qü Qübo und von Lu Xün hüpften ihm wie junge Mädchen entgegen. Alle auf dem Flughafen waren glücklich, Mao Zhuxi so nahe zu sein und ihn gesund und fröhlich zu sehen. Bescheiden ging er herum und winkte den Menschen zu. Mao, Zhou und Zhu De trugen hochgeschlossene, hellgraue Anzüge. Ihre Gesichter waren glatt und wirkten jung, trotz ihrer 60 bis 70 Jahre und der wahnsinnigen Hitze. All das hielten wir im Bild fest.

Mit Pupsik fuhr ich in die Ferien nach Beidaihe. Ich hatte ein Zimmer in einem der Häuschen des Außenministeriums gemietet, das nur fünf Minuten vom Strand entfernt war. Gemeinsam badeten wir bei Sonne, Sturm und Regen im Meer oder unternahmen Radtouren. Ich versuchte, Pupsik etwas Verständnis für die Naturschönheiten zu vermitteln, für den abendlichen Himmel und die untergehende Sonne, für das tiefe Blau über den frischen Feldern und grünen Wiesen. Es waren schöne Ferientage. Gut, daß ich ausgeruht nach Beijing kam, denn da gab es gleich Unannehmlichkeiten.

Emi war aus dem Komitee Asiatisch-Afrikanischer Schriftsteller, in dem er Vizepräsident gewesen war, ausgeschlossen worden; ebenso aus der Parteigruppe. Später sagte ihm Lo Hong, die er seine kleine Schwester nannte und mit der er seit Jahren alles besprach, was ihn beschäftigte, daß man über uns klatsche, ich sei eine Revisionistin. Mit der Zeit mußten wir erfahren, daß jemand ganz absichtlich Gerüchte über uns ausstreute. Wer das war, erfuhren wir aber erst Ende der 70er Jahre.

Es gab aber auch Erfreuliches: Lion und Johnny bestanden ihre Abschlußprüfungen am Filminstitut. Lion wurde im populärwissenschaftlichen, Johnny im Dokumentarfilmstudio ein Arbeitsplatz zugewiesen. In den Ferien half mir Johnny bei den Dreharbeiten zu meinem neuesten Film: *Mein Beijing*. Der Film zeigte auf vielfältige Weise einen Tag in der chinesischen Hauptstadt und begann bei der Marco-Polo-Brücke (Lugou Qiao), über die wie zu Marco Polos Zeiten Kamele und Maultiere zogen, die vor Wagen gespannt waren. Es folgten morgendliche Beschäftigungen, wie Schattenboxen, und das moderne Beijing, darunter der Bahnhof und der Flughafen. Am Abend wurde Peking-Oper gezeigt und zum Abschluß ein Feuerwerk. Ich drehte bis in den Winter hinein.

Von seinem ersten Gehalt kaufte mir Johnny zwei Geschenke: ein Gemälde von Wu Zuoren (Schwimmende Fische) und einen Porzellanbecher für meinen täglichen Kaffee. Reichlich beschenkte er auch seine Mutter; schon Wochen im voraus hatte er sich darauf gefreut, endlich einmal Geschenke machen zu können.

Am 28. Dezember 1963 erhielt ich einen Brief von Heinz Grote, in dem er schrieb, man habe nach reiflicher Überlegung beschlossen, ich solle momentan nicht nach Berlin kommen. Aufgeschoben sei nicht aufgehoben, denn an unseren vertraglichen Abmachungen ändere das nichts. So viel mich Heinz Grote in den folgenden Briefen auch zu trösten und aufzumuntern versuchte, das alles könne nicht lange dauern – es dauerte dann doch 22 Jahre, bis ich Berlin wiedersah.

Emi war zum Jahresende 1963 vergnügt, denn am Sylvesterabend hatte man ihn zu einer Party im Schriftstellerverband eingeladen. Mao Dun war der Gastgeber. Alle waren ganz furchtbar nett zu Emi – wie schon lange nicht mehr. Die Presse wandte sich ihm ebenfalls wieder zu und bestellte bei ihm Gedichte, die in der *Volkszeitung* veröffentlicht wurden. Im neuen Jahr fuhr Emi dann für mehrere Wochen in das Sanatorium Conghua bei Guangzhou und anschließend in die Provinz Hunan. In dieser Zeit kam Zhu Qing mich besuchen. Sie kannte Emi gut und verstand auch seine oft berechtigten Depressionen. Ich bat sie, Emi moralisch zu unterstützen. Sie war wirklich eine gute Freundin.

1964 ging Johnny mit einem der besten Kameramänner des Landes für ein Jahr nach Chongqing (Provinz Sichuan), um dort zu arbeiten. Bevor er losfuhr, machten wir ein großes Abschiedsessen für ihn, seine Eltern und seinen Bruder Li Hua. Ich war traurig, zugleich aber auch froh für Johnny, daß er aus Beijing herauskam und selbständig wurde. Wir schrieben uns oft, wie gewohnt in allen möglichen Sprachen. Auf diese Weise nahm Johnny das ganze Jahr über großen Anteil an meinem Leben, meiner Arbeit und allem, was in dieser Zeit mit mir geschah.

Anfang Februar 1964 kehrte Vitja begeistert aus Changchun (Provinz Jilin) zurück, wo er seine Freundin Guang Sai besucht hatte, und erzählte, daß er an der dortigen Jilin-Universität lernen und arbeiten wolle. Vitja wollte Russisch lehren, aber auch an den anderen Fakultäten Kurse in Literatur, Philosophie usw. belegen. Außerdem könne er im Theaterinstitut, wo Guang Sai arbeitete, am Unterricht teilnehmen und auch an den Proben im Theater. In Changchun gäbe es das größte Filmstudio, und eine Fernsehanstalt sei gerade im Entstehen. Vitja sollte zunächst einmal als nicht-staatlicher Angestellter arbeiten. Das klang ja wie das reinste Studienparadies – es wurde nie etwas daraus. Das ist typisch Vitja: Immer ist er schnell Feuer und Flamme für etwas – ein Gefühlsmensch wie ich. Aber seine Gefühle haben ihn öfter getrogen als mich. Er täuschte sich auch in Menschen. Wen er liebte, der stand hoch über allem in der Welt. Und dann kam die Enttäuschung. So ging's auch mit seiner Ehe. Jeder muß eben aus seinen eigenen Erfahrungen lernen.

In Wirklichkeit hatte Vitja harte Jahre vor sich. Nachdem er die Schule beendet hatte, wollte er studieren. Im Informbüro sagte man mir aber, jetzt herrschten andere Zeiten, man bräuchte keine Universitäten, sondern könne überall lernen und arbeiten. Das war der Anfang des Kulturrevolutions-Wahnsinns, in dessen Verlauf überhaupt nichts mehr gelernt wurde.

Vorläufig lebte Vitja jedoch zu Hause, und ich setzte mit großem Erfolg meine Nachhilfestunden in den philosophischen Werken Maos bei ihm fort. Außerdem studierte ich fleißig die ununterbrochen erscheinenden Streitschriften gegen den Revisionismus, gegen die Sowjetunion. Es war ein Gift, wie Opium, das nicht nur mir, sondern dem ganzen chinesischen Volk in täglichen Dosen eingeflößt wurde und uns zunächst alle berauschte. In der Sowjetunion und ihren Satelliten bekamen die Völker entsprechendes Gift zu schlucken. Mit einem Wort: Wir wurden gegeneinander aufgehetzt.

In China war es schon lange Sitte, Kritik und Selbstkritik zu üben.

Manchmal machten wir das auch zu Hause. Eines Tages war ich dran. Vitja, Lion und Pupsik sollten mich kritisieren. Es war wohl das erste Mal in meinem Leben, daß sich jemand so eingehend mit mir und meinen guten Seiten beschäftigte, die besprochen werden sollten: Ausdauer, Beharrlichkeit beim Lernen, intensives und konsequentes Arbeiten. Politisch mache ich Fortschritte. Ich sei feinfühlig, taktvoll, könne mit Menschen umgehen, weil ich sie alle als gleich betrachte, und sei bescheiden. Dann wurden hervorgehoben meine Hygiene, die sportlichen Aktivitäten, meine Lebenslust und mein Optimismus. Ich war erstaunt, daß ich so viele gute Seiten hatte, und war gerührt über diese »Kritik« der Kinder. Pupsik hörte sich alles nur an, ohne etwas zu sagen.

Seit ich angefangen hatte, Mao Zedongs Schriften zu studieren, begann ich auch, ihn zu bewundern. Mir gefiel, was und wie er schrieb, und ich begrüßte es deshalb sehr, als alle Chinesen aufgerufen wurden, seine Texte zu lesen. Dahinter stand Marschall Lin Biao. Er stellte später auch das rote Büchlein *Worte des Vorsitzenden Mao* zusammen – eine gut bedachte Sache. Erst nach Jahren erlebten wir, daß dahinter ein böser Plan steckte.

Tutti Heartfield schrieb mir, sie und John hätten Heinz Grote getroffen, der mir ausrichten ließe, ich solle nur Geduld haben, alles würde schon gut werden. Durch diese Worte ermuntert, beschloß ich, eine Reportagereise durch den Süden Chinas zu machen und einen Film zu drehen: *Der 15. Sommer* – zum 15. Jahrestag der Gründung der VR China am 1. Oktober 1964. (Übrigens sollte dies meine letzte Reportagereise für den Deutschen Fernsehfunk sein.) Vitja, der nach meiner Abfahrt am 10. Juni 1964 für immer nach Changchun gehen wollte (es wurden – mit Unterbrechungen – 14 Jahre daraus), half mir bei der Ausarbeitung eines Konzepts.

Nachdem die Route feststand, meldete ich die Reise beim Informbüro des Außenministeriums an. Seitdem ich akkreditierte Korrespondentin des Deutschen Fernsehfunks war, wurden alle meine Fahrten von diesem Büro organisiert. Wo ich auch hinkam, wurde ich von Vertretern von Intourist oder der Außenabteilung der jeweiligen Städte vom Flugplatz oder Bahnhof abgeholt, in einem Hotel untergebracht, und jemand von ihnen begleitete mich bei meinen Aufnahmen. Das war eine große Annehmlichkeit für mich, zumal alle meine Wünsche bezugs Reisen und Arbeitsplänen, auch vor Ort, berücksichtigt und erfüllt wurden. Auch diese Route wurde in Beijing ohne Probleme genehmigt, denn hier kannte man mich.

Aber in den anderen Städten gab es diesmal häufiger Probleme. Die Polemik im sozialistischen Lager war auch nach hier gedrungen, so daß meine Betreuer aus dem Kader sich zunächst reserviert, mitunter sogar feindlich verhielten. Ich war schließlich Sowjetbürgerin und arbeitete für das DDR-Fernsehen. Was wird die hier schon filmen wollen? hieß es immer wieder. Aber ich konnte die Bedenken meiner Begleiter stets schnell ausräumen. In der »einfachen« Bevölkerung begegnete ich solchen Aversionen nicht. Die Menschen aus dem Volk, die ich auf dieser Reise traf, waren offen und herzlich; die ideologischen Streitereien hatten ihnen die Köpfe noch nicht vernebelt. Und jene hätten sie wohl auch gleichgültig gelassen, da die Menschen nur daran interessiert waren, ihr sozialistisches Vaterland getreu nach Maos Devise »mit eigenen Kräften« aufzubauen.

Ich hatte meinen Film so angelegt, daß ich an allen Orten, die ich im Laufe der Reise besuchte, als roten Faden Neugeborene, Kindergartenkinder, Schulkinder, Pioniere und Komsomolzen (Jungkommunisten) filmen wollte, um so die Spanne seit der Staatsgründung – 15 Jahre – angemessen zu umfassen. Darüber hinaus wollte ich möglichst viele Produktionsstätten filmen, um zu zeigen, daß überall, einerlei was produziert wurde, die Menschen mit großem Eifer am Aufbau Chinas arbeiteten. Und so war es auch: Wo ich hinkam, ob in die vielen Fabriken in Shanghai – wie Fahrrad-, Uhren-, Konserven- oder Textilfabriken, um nur einige zu nennen – oder in der Provinz, in den Städten, auf dem Land, China befand sich in einem ungeheuren Aufschwung; die Menschen versuchten, Maos Lehren in die Tat umzusetzen. Immer wieder traf ich in den Fabriken Arbeiter, die in den Pausen seine Werke studierten. Es war nicht so, wie ich meiner täglichen Lektüre von *Prawda* und *Neuem Deutschland* entnahm, daß in China alles drunter und drüber ging.

In Shanghai wurde ich Zeuge, wie Fabrikdirektoren an bestimmten Tagen mit den Arbeitern zusammen arbeiteten, um in der Praxis das zu lernen, was sie vom Schreibtisch aus zu entscheiden hatten. Wie nie zuvor erhielt ich dadurch auf meiner Reise, die mich außerdem nach Hangzhou, Guangzhou und Wuhan-Hankou führte, Einblicke in die verschiedensten Produktionsabläufe. Jedesmal bemühte ich mich, die Atmosphäre und das Charakteristische der jeweiligen Betriebe zu erfassen. So bekam ich in einer Fabrik für Thermoskannen einen Begriff davon, wieviel Arbeit in so einer Kanne steckt, angefangen von den Glasbläsern bis hin zu den Arbeitern, die Hunderte kleiner Handgriffe verrichten müssen, bis das Produkt fertiggestellt ist.

Ich zeigte, wie auf veralteten Maschinen oder einfach mit der Hand in einer Kunststoffabrik Sandalen, Kämme, Spielsachen, Knöpfe und Seifenschachteln produziert oder mit großer handwerklicher Kunst Fächer angefertigt wurden. Dieses Unternehmen existierte seit 1875 in Hangzhou, stand 1949 aber kurz vor dem Ruin. Die alten Meister, wahre Künstler ihres Fachs, mußten sich als Rikschafahrer oder Schuhflicker verdingen. Nach der Revolution rief man sie zurück, um wieder Fächer zu fertigen. Außerdem sollten sie ihr Wissen jüngeren Kräften vermitteln. Als ich die Fabrik besuchte, waren dort 130 Arbeiter beschäftigt, die über 400 verschiedene Arten von Fächern herstellten, insgesamt eineinviertel Millionen pro Jahr.

Einer der Höhepunkte meiner Filmreise war der Besuch des größten chinesischen Stahlwerks, Wugang, in Wuhan-Hankou. 40000 Arbeiter waren hier beschäftigt; ein Werk dieser Größe gab es vor der Revolution nicht. Zum Stahlwerk gehörten neben anderen sozialen Einrichtungen Kindergärten, Vor- und Mittelschulen; auch das war eine für China neue Errungenschaft. Die Genossen bekamen mich nicht von der Stelle, als ich den »chugang« drehte, den flüssigen Stahl. Es war mir, als flösse da flüssig gewordene Sonne hinab. Bei den Öfen war es irrsinnig heiß, aber ich fühlte mich leicht wie eine Feder und schwitzte nicht einmal. Ich filmte die Arbeiter in ihren verschmierten Anzügen und mit glühenden Gesichtern beim Abstich und in der Mittagspause. Drei Millionen Tonnen Stahl sollten hier nach Plan jährlich produziert werden; von einem Faß flüssigen Stahls konnte man 150 Lastwagen fertigen.

Gigantisch, wenn auch auf ganz andere Weise, war das Fleischkombinat in Wuhan-Hankou. Täglich wurden hier 5000 bis 8000 Schweine geschlachtet und verarbeitet – alles voll mechanisch. Die Fabrik, 1957 errichtet, stand in einem ehemaligen Banditenviertel, in dem niemand seines Lebens sicher gewesen war. Nun arbeiteten hier 3000 Männer und Frauen. Wir besichtigten auch die Kühlräume, in denen bis zu 40000 Schweinehälften hingen. Eingehüllt in wattierte Mäntel und Kapuzen überstanden wir den Temperatursturz von plus 40 Grad draußen auf minus 28 Grad hier drinnen. Zur Erholung fuhr ich anschließend zum Ostsee (Donghou) und träumte über eine Stunde lang schwimmend vor mich hin – eine wunderbare Erfrischung angesichts der tropischen Temperatur. Auch nachts kühlte es kaum ab; der Balkon meines Hotels wurde zum Schlafzimmer.

Natürlich durfte eines der größten Projekte des neuen China in meinem

Film nicht fehlen: die Chang-Jiang-Brücke über den Yangtze bei Wuhan-Hankou. Monumental spannt sie sich über den ungeheuer breiten, träge dahinfließenden Strom, der zum Hineinspringen und Schwimmen verlockte. Die Brücke war von 1955 bis 1967 errichtet worden. (Im Jahre 1950 waren wir hier noch mit der Fähre übergesetzt worden.)

Fabriken der Leicht- und Schwerindustrie auf der einen Seite, das Leben der Bauern und ihre Arbeit auf der anderen Seite, das sollte meinen Film bestimmen. Und so zeigte ich eine Teeplantage in Hangzhou sowie den gesamten Verarbeitungsprozeß der Teeblätter. In der Dali-Volkskommune kam ich gerade rechtzeitig zur Reisernte, und in der Volkskommune Xin Tang bei Guangzhou filmte ich die Bananenernte und den Bananenmarkt. Obwohl es Bananen wirklich im Überfluß gab, durfte ich nicht eine einzige essen; dafür entschädigte man mich überreichlich mit Huangpi-Früchten.

Berauschend war die Landschaft um den Westsee bei Hangzhou, wo ich auf Schritt und Tritt Wasserbüffeln begegnete, auf deren Rücken Kinder lagen, hockten oder ritten – wie lebendig gewordene Bilder des Malers Li Keran. Obwohl es regnete, unternahm ich eine Bootsfahrt auf dem Westsee; ich besichtigte die Höhlen mit den 400 Buddhas und fuhr zur Nephritquelle, deren Wasser zur Zubereitung des Longjing-Tees dient.

Immer wieder lenkte ich den Blick auch auf den einzelnen Menschen; ich zeigte eine Frau auf dem Feld, einen Mann in der Werkstatt, eine Familie beim Essen. Vieles, was diese Menschen besaßen, wie emaillierte Waschschüsseln, Thermoskannen, Radiogeräte, Uhren und Fahrräder, stammte aus den Fabriken, in denen ich gefilmt hatte. Diese Details nahm ich auf, um so die Verbindung zwischen Stadt und Land und umgekehrt herzustellen. Es mag erstaunen, daß ich gerade auch auf diese Einzelheiten so großen Wert legte, denn sie scheinen selbstverständlich zu sein. Aber das waren sie seinerzeit nicht. Die Arbeiter und Bauern führten ein völlig anderes Leben als vor der Revolution. Vor 1949 hatte diese Bevölkerungsgruppe das elendigste Leben im ganzen Land; jetzt hatte sie genügend zu essen, die Arbeiter und Bauern konnten sich angemessen kleiden und notwendige Gebrauchsartikel kaufen. Denn diese waren so billig, daß sie sich jeder leisten konnte. In diesem 15. Sommer war China satt und bekleidet, und die Arbeiter und Bauern dankten es mit ihrem Enthusiasmus, mit dem sie am Aufbau ihres Staates mitwirkten.

Ich lernte nicht nur die verschiedenen Tätigkeiten kennen, sondern vor allem die Menschen selbst. Da war Wang Moyi, Leiter der Außenabteilung von Shanghai, der in fünf Fremdsprachen brillierte, darunter auch Deutsch, und der mir begeistert Aufbau, Organisation und Planung seiner Behörde erläuterte. Da war der Direktor des Ban Xi Jiujia, eines berühmten Restaurants in Guangzhou, das die Einwohner der Stadt nachmittags aufsuchten, um Tee zu trinken und Gebäck zu essen. In Beijing gab es diese Sitte nicht. Das Restaurant, im chinesischen Stil erbaut, lag in einem Garten mit Felsen, Bach, Springbrunnen und vielen Bäumen. Der Direktor war früher einfacher Koch gewesen. Enthusiastisch erzählte er von seinen 200 verschiedenen Geflügelgerichten. Ich lud mein tägliches Kollektiv, den Parteisekretär und den Direktor zum Essen ein. Er stellte ein vorzügliches Mahl aus lauter Delikatessen zusammen – Huhn und Gans mit Krabben und anderen Meeresfrüchten, und dazu sehr viele Bananen, Ananas und Lizhi-Früchte. In diesem Kreis war keine Fremdheit mehr zwischen Chinesen und mir, ich fühlte mich rundum wohl.

Und da waren die alten Arbeiter in dem Sanatorium, das traumhaft in den Bergen bei Hangzhou lag mit einem märchenhaften Blick auf den Westsee. Sie wohnten in hübsch eingerichteten Zimmern und wurden von einer mit modernsten Apparaten ausgerüsteten medizinischen Abteilung betreut; auch das eine Errungenschaft des neuen China. Die Alten erzählten von ihrer schrecklichen Jugend und den unmenschlichen, harten Bedingungen vor der Revolution – was sich ihre jüngeren Zuhörer kaum noch vorstellen konnten. Sie alle begeisterten mich mit ihrem Optimismus. Das galt auch für die Soldaten, die im Freien gruppenweise Maos Werke studierten. Es grenzte an eine Sensation, daß ich in Guangzhou militärische Einrichtungen filmen durfte. Normalerweise war es Ausländern streng untersagt, sich militärischen Sperrgebieten auch nur zu nähern und dort Aufnahmen zu machen. Die Erlaubnis hatten zwei chinesische Genossen erwirkt, was ich zu Recht als großen Vertrauensbeweis verstand. In der Garnison wurde ich von zwei Bataillonskommandeuren im Rang von Majoren begrüßt. Meinetwegen hatte man extra Schießübungen angesetzt. Zwei Rekruten schützten mich mit Sonnenschirmen gegen die Bruthitze und reichten mir von Zeit zu Zeit aus einer Thermoskanne kalten Tee.

In seinen Werken fordert Mao die Menschen wiederholt zu mehr Höflichkeit im Umgang miteinander auf. Um mich davon zu überzeugen, welche Auswirkungen die Lektüre in der Wirklichkeit hatte, filmte ich in Guangzhou einen Bus der Linie 5, die für ihre vorbildlichen Fahrer und Schaffnerinnen bekannt und preisgekrönt war. Obwohl eigens eine Fahrt für mich organisiert wurde, filmte ich nur das, was man auch sonst sehen konnte, nämlich die Hilfsbereitschaft gegenüber schwangeren Frauen und Müttern mit kleinen Kindern beim Einsteigen, gegenüber alten Leuten, die sich setzen wollten, gegenüber allen, die einen Fahrschein lösen mußten. Begeisterung fand ich auch bei den Kindern einer Mittelschule in Guangzhou, die kleine Maschinen bauten, die anschließend im Unterricht eingesetzt wurden. In einer Wohnung neben der Schule halfen Kinder einer alten Frau beim Aufräumen, Fensterputzen und Wäschewaschen. Andere lasen im Garten leichtere Schriften Maos – das war der Geist des 15. Sommers.

Ihn spürte ich auch bei meinen Betreuern, ohne die ich den Film nicht hätte realisieren können, die Verbindungen herstellten, Türen öffneten oder einfach nur dolmetschten beziehungsweise beim Filmen halfen. Für sie war es sicher ungewöhnlich, einer nicht mehr jungen Frau zu begegnen, die energisch ihre Filmpläne durchsetzen wollte, sich wenig Ruhe gönnte, mit den unterschiedlichsten Leuten sprach und diskutierte. Recht bald hielten sie mich nicht mehr für eine »lao tai tai«, eine »alte Dame«, wie in China eine 50jährige Frau genannt wird – und zwar nicht als Kompliment. Nennen muß ich vor allem Xiao Xiong, ein junges, zierliches, fast gebrechliches Mädchen mit ausgezeichneten Russisch-Kenntnissen, und Lao Yu, meinen Fahrer. Er war gerade aus der Armee entlassen worden, wo er LKW-Fahrer gewesen war. Lao Yu wurde zu einer Art rechter Hand von mir; er opferte auch seine Sonntage und sonstige freie Zeit, um mir beim Filmen zu assistieren. An einem meiner letzten Tage in Guangzhou machte er mir ein Erinnerungsgeschenk: einen kleinen steinernen Löwen mit roten Augen. Er überreichte ihn mir mit den Worten: »Löwe bedeutet Ausdauer und Mut!« Bewegt dankte ich ihm. So war ich noch von keinem Menschen in China geehrt worden, so hatte mir noch niemand Mut zu meiner Arbeit gemacht. Lao Yu gehörte zu diesen neuen Menschen, die den Geist des 15. Sommers prägten. Ich schenkte ihm zum Abschied ein Foto von Mao Zedong, das ich 1963 auf dem Flughafen gemacht hatte.

75 Filmrollen hatte ich gedreht, um den Geist des 15. Sommers festzuhalten; ich konnte es kaum erwarten, den entwickelten Film anzusehen. Vom Fernsehfunk erhielt ich die Filmrollen zurück mit einigen Bemerkungen zur Qualität. Der Gang der politischen Ereignisse brachte es mit sich, daß die 75 Rollen 21 Jahre lang bei mir im Schrank lagen. 1985, bei meinem Besuch in der DDR, sollte ich den Film endlich sehen können, aber es gab nichts zu sehen: Der ganze Film war nur noch schwarz. Eine Erklä-

rung dafür gibt es nicht. Natürlich war meine Enttäuschung riesengroß, aber das ungeheuer positive Erlebnis dieser Reise konnte sie mir nicht nehmen.

Der Propagandakrieg war während meiner Reise mit unverminderter Härte weitergeführt worden, wie ich bei meiner Rückkehr nach Beijing feststellen mußte. Verstärkt beschäftigte ich mich mit der Idee, die chinesische Staatsbürgerschaft anzunehmen. Schon früher hatte ich darüber nachgedacht, auch mit Emi, ohne allerdings etwas unternommen zu haben. In dem großen Streit stand ich auf seiten Chinas; daraus machte ich keinen Hehl, obwohl ich Sowjetbürgerin war und für die DDR arbeitete. Mir ging es um China und nicht um dogmatische Rechthabereien. Niemand hatte meiner Meinung nach das Recht, sich über den anderen zu erheben, nur weil man glaubte, im Besitz der einzig richtigen Wahrheit zu sein.

Ende Juli 1964 hörte ich zum erstenmal aus Emis Mund den Begriff »Kulturrevolution«. Die Peking-Oper sollte revolutioniert werden, da ihre Handlung und ihre Figuren zu reaktionär seien. Die Partei, genauer gesagt Maos Gattin Jiang Qing, die plötzlich das ihr auferlegte Schweigen brach, wünschte, daß eine wirklichkeitsnahe, revolutionäre Kunst geschaffen werde. Und so verschwanden für zehn Jahre der Himmels- und der Affenkönig, die Mandarine und Minister, der ganze bunte Hofstaat, die Äbte und Nonnen, die Nymphen und die sittsamen Jungfrauen in ihren prächtigen, farbenfreudigen Gewändern. Statt dessen bevölkerten die Bühne nur noch Parteitreue und Verräter in alltäglicher Kleidung. Eine dieser Opern hieß *Die Eroberung der Tigerburg*. Auf der Burg befand sich eine Bande der Guomindang, die die Gegend unsicher machte. Da verkleidet sich ein Offizier der Befreiungsarmee in einen Banditen und erobert die Burg mit kühner List. In dieser Oper kommt die Befreiungsarmee auch aufs Land. Die Bauern fürchten sich, weil sie an die Repressalien der Guomindang gewöhnt sind. Aber die Soldaten der Befreiungsarmee helfen den Bauern und geben ihnen zu essen; außerdem wirken sie mit beim Bau einer Eisenbahn. Die anderen Opern spielten im neuen China. Da gab es Volkskommunen, in denen Verräter Sabotage trieben. Junge Leute gehen diesen auf den Leim, aber die guten Parteisekretäre retten sie. Liebe, Ehe und Kinder blieben in den von Jiang Qing propagierten und redigierten vier »Modellopern« ausgesperrt. Mit den unerträglichen Schwarzweiß-Klischees wurde ein ganzes Volk ein Jahrzehnt lang »gefüttert«.

Emi wurde wieder ignoriert. Er fuhr aufs Land, wahrscheinlich, um seine Verbundenheit als Intellektueller mit dem »einfachen« Volk unter Beweis zu stellen. Aber er kehrte bald zurück. Angeblich hatte ihm dieser Ausflug gutgetan, was ich aber nicht so recht glaubte. Auch aus anderen Gründen schloß man ihn aus; die Zeitungen veröffentlichten nichts mehr von ihm. Man gab ihm zu verstehen, nicht mehr mit Ausländern zu verkehren. Die Kaltstellung schob Emi daher auf seine »ausländische Frau«, was mich betroffen machte. Emi fand auf einmal vieles, was mir gefiel, »bürgerlich«, zum Beispiel, daß ich nach meiner Rückkehr mein Zimmer mit meiner Lieblingsfarbe Grün strich. So stark war Emi schon von dem aufkommenden Unsinn angesteckt! Die Ursache seiner Kaltstellung war sicher nicht ich, sondern Emis gute Kontakte zur Sowjetunion. Der wirkliche Grund aber war, daß jemand von »oben« gegen uns stänkerte – wie schon seinerzeit in Yan'an. Es half uns nur wenig, daß alle Ausländer argwöhnisch betrachtet wurden, auch solche, die glühende Kommunisten und Anhänger Chinas waren, wie zum Beispiel Venturelli.

Ende August gab ein mich tief berührendes Erlebnis den Anstoß, die chinesische Staatsbürgerschaft sofort zu beantragen. Wie jeden Tag besuchte ich das Freibad des Internationalen Klubs. Da ging, während ich schwamm, ein fürchterliches Gewitter nieder, das eine Stunde dauerte. Ich war ganz allein. Zuerst zogen schwarze Wolken am Himmel auf, dann wurde es ganz dunkel. Es blitzte und donnerte, als teile sich der Himmel. Die Blitze schossen im Zickzack über den Himmel. Teils fand ich es großartig, teils war mir ungemütlich zumute, da ich mir nicht sicher war, ob man im Wasser vom Blitz erschlagen werden kann oder nicht. Ich dachte, daß es schade wäre, jetzt zu sterben, wo ich doch gerade angefangen hatte, das Leben zu begreifen. Es goß in Strömen, und der Regen hüpfte auf dem Wasser. Es war ganz warm. Stundenlang hätte ich so schwimmen können. In dieser Stunde dachte ich über vieles nach. Als ich pitschnaß und blendender Laune zu Hause ankam, war ich voller Tatendrang und beschloß, die Paß- und Arbeitsfrage schleunigst zu regeln.

Am 1. September 1964 ging ich zum sowjetischen Konsulat. Ich gab meinen sowjetischen Paß zurück und beantragte unmittelbar danach die chinesische Staatsbürgerschaft. Am nächsten Morgen wurde ich ins Informbüro gerufen und erfuhr, daß es Angehörigen von Chinesen auf Grund einer neuen Bestimmung untersagt sei, für Ausländer zu arbeiten. Das war natürlich Unsinn. Als chinesische Staatsbürgerin, das wußte ich, mußte ich meine Arbeit für den Deutschen Fernsehfunk aufgeben. Man nahm mir auf der Stelle meinen Journalistenausweis ab. Mein Vertrag mit dem Fernsehfunk verlängerte sich automatisch von Jahr zu Jahr, wenn er nicht von einer der beiden Seiten für beendet erklärt wurde. Nun löste ich ihn. Ich saß da und wartete auf meine chinesische Staatsbürgerschaft. Die Zeit verbrachte ich mit Lesen und dem Renovieren unserer Wohnung.

Am 17. Oktober 1964, Hepings 14. Geburtstag, erhielt ich die chinesische Staatsbürgerschaft. Am Nachmittag begleitete mich Heping zum Gong Anjü, dem Amt für Öffentliche Sicherheit, wo mir die Urkunde von Genosse Zhang ausgehändigt wurde. Sie war am 8. Oktober ausgestellt worden und trug die Unterschrift Zhou Enlais. Dieser 17. Oktober war der widersprüchlichste Tag in meinem Leben: Überaus glücklich hielt ich das Dokument, das meine chinesische Staatsbürgerschaft beglaubigte, in den Händen. Daß es zudem die Unterschrift von Zhou Enlai trug, des Menschen, den ich von allen Staatsmännern am meisten bewunderte und verehrte, steigerte noch mein Glück. Gleichzeitig begann an diesem Tag aber auch mein 15jähriger Leidensweg, auf dem ich – trotz allem – an meiner Liebe zu China festhielt.

Es war der Anfang eines neues Kapitels in meinem Leben.

Die Vorboten der Kulturrevolution

Am 14. Oktober 1964 wurde Chruschtschow gestürzt. In der Sowjetunion und in den westlichen Ländern wurde er heftig kritisiert. Von seinem großen Verdienst, Stalins Verbrechen als erster aufgedeckt zu haben, sprach man seltsamerweise nicht. In China dachte man, das Verschwinden Chruschtschows von der politischen Bühne werde zu einer Verbesserung der Beziehungen zwischen der UdSSR und China führen. Zhou Enlai fuhr mit einer großen Delegation zu den Feierlichkeiten aus Anlaß der Oktoberrevolution am 7. November 1964 nach Moskau. Leider änderte sich aber nichts, sondern die beiden Länder fuhren fort, einander in der Presse und in den anderen Medien zu beschimpfen. Zu meinem Leidwesen sprach sich auch Ehrenburg gegen Chinas Politik aus, nicht gegen einzelne Personen. Von Emi forderte man, etwas gegen die »sowjetischen Revisionisten« zu schreiben, denn ein Schriftsteller müsse sich äußern. Emi ließ sich aber nicht provozieren. Er brachte es einfach nicht über sich, seine bisherigen Freunde als Feinde zu betrachten.

In China gab es wieder einmal eine »Bewegung«: die »Bewegung der vier Bereinigungen«. Die Intellektuellen und höheren Funktionäre sollten für einige Zeit aufs Land gehen, körperliche Arbeit verrichten und Bürokratie, Korruption, Aberglaube sowie Rückständigkeit beseitigen. Das galt auch für die Kinder dieser Personenkreise, denen es angeblich viel zu gut ging und die faul und satt geworden waren. Lion fuhr mehrmals mit einer »Arbeitsbrigade« aufs Land und schrieb nach einiger Zeit begeistert, er arbeite in der Buchhaltung. Schon nach 20 Tagen hätte seine Brigade einen kleinen Sieg errungen, denn sie hätte einen Buchhalter entlarvt, der die Bauern um Geld, Arbeitstage und Lebensmittel betrogen habe. Daraufhin hätten die sich zunächst reserviert verhaltenden Bauern begriffen, daß die jungen Intellektuellen wirklich eine Hilfe für sie waren. Emi fuhr ebenfalls ab und zu aufs Land, nicht weit von Beijing; er wollte die Bauern kennenlernen und Material sammeln, um etwas über sie zu schreiben.

Auch ich wollte arbeiten. Da ich nun chinesische Bürgerin war, dachte ich, das sei einfach; aber weit gefehlt. Schon vor einiger Zeit hatte mir mein früherer Chef und Freund Shi Shaohua gesagt, daß Frauen über 40 in China als Reporterinnen nicht mehr eingesetzt würden, sondern administrative Arbeiten verrichten müßten. Das fand ich lächerlich. Hans Müller riet mir, in einer Schule Deutsch zu unterrichten und nebenbei zu fotografieren, in den Ferien zum Beispiel. Er meinte, wenn ich Deutsch unterrichten wolle, würde man sich um mich reißen. Es riß sich aber niemand um mich. Eine Bekannte, die in einer Mittelschule Englischunterricht gab, sagte mir, an ihrer Schule brauche man dringend eine Deutschlehrerin. Also wurde ich vorstellig. Der Direktor wollte mich anrufen, aber es geschah nichts. Auch Shi Shaohua, der versprochen hatte, mir zu helfen, meldete sich nicht. Hans hatte dem Expertenbüro mitgeteilt, daß ich jede Arbeit annehmen würde, aber auch von dort hörte ich nichts.

Das waren jedoch nicht meine einzigen Sorgen. Auch mit Emi und den Kindern lief nicht alles so, wie ich es mir wünschte. Emi war als einziger nicht als Volksdeputierter wiedergewählt worden (was ihn zutiefst kränkte), da einer seiner Freunde, den man in letzter Zeit heftig kritisiert hatte, wiedergewählt worden war. Und von Vitja erhielt ich einen vollkommen verkorksten Brief aus Changchun. Er hatte all seine Liebesgeschichten öffentlich bekannt; solche öffentlichen »Beichten« legten viele ab, da es an den Schulen und Universitäten verlangt wurde. Dahinter standen kleinere Funktionäre, die aus der Revolution, dem Kommunismus etwas »Heiliges« machen wollten. Revolutionäre dürfen eben nicht an Liebe denken! Hans war empört und meinte, die Kommunistische Partei sei doch nicht die katholische Kirche. Kurz darauf wetterte Zhou Enlai ebenfalls gegen diese Schnüffelpraxis und befand, Bettgeschichten gehörten nicht in Parteiberichte. Ich war erleichtert, daß der von mir verehrte Staatsmann genauso dachte wie ich. Trotz alledem waren Vitjas Briefe auch weiterhin voll selbstanklägerischer Romantik.

»Spreche mit Emi darüber, warum man mir keine Arbeit gibt. Er glaubt, man hält mich für eine Spionin. Er hat da entsprechenden Klatsch gehört.« Mir wurde das Herumsitzen und Warten zuviel. Jeden Tag zerschlug ich deshalb die nicht zerkleinerten Kohlestücke bei minus zehn Grad mit dem Hammer im Hof unsres Hauses und beheizte anschließend damit den großen Ofen unserer Zentralheizung. Da ich bei der Arbeit schwitzte, war ich nur mit einem kurzärmeligen Pullover und mit Shorts bekleidet. Dann fuhr ich täglich mit dem Rad ins Arbeiterstadion und schwamm 2000 Meter – und das, obwohl es fror. Außerdem machte ich morgens noch meine Gymnastik und nahm eine kalte Dusche. Ich übertrieb das alles so, daß ich beim Radfahren und Schwimmen Atembeschwerden bekam, die immer schlimmer wurden. Das alles gehörte zu meiner Sucht, mich vor mir selbst und vor den anderen beweisen zu wollen. Bei einer Untersuchung in der Klinik stellte Hans fest, daß mit meinem

Herzen etwas nicht in Ordnung war. Er verordnete mir absolute Bettruhe. Daß ich mich in keiner Weise sportlich betätigen durfte, war ein ziemlicher Schlag für mich.

Mitten in meine Rekonvaleszenz hinein erreichte mich ein Anruf von Shi Shaohua, der mich zu einem Gespräch zu sich bat. Vom Büro für ausländische Experten habe er erfahren, daß man sich dort mit meiner Arbeitsanfrage beschäftigte. Seiner Ansicht nach solle ich fotografieren, doch nur so nebenbei. Überhaupt solle ich nicht eilen, nichts überstürzen. Das würde mir nur schaden, denn das Expertenbüro könne ohne einen Wink von oben – vom Kaderministerium – nicht aktiv werden. Vielleicht könnte Emi etwas unternehmen. Dann korrigierte er sich aber und sagte, Emi solle ebenfalls nicht eilen und zwei bis drei Monate warten. Vor allem sollte ich erst einmal wieder gesund werden. Ich ließ mich von dem Geschwätz einlullen, da mir die Kraft zur Gegenwehr fehlte. Dabei fühlte ich, daß seine Worte nur faule Ausreden waren und ich im Gegenteil etwas unternehmen mußte. In dieser Ansicht hatte mich übrigens auch Hans Müller bestärkt.

Emi und ich liebten einander, aber es gab Zeiten, in denen wir nicht darüber sprachen, was uns beschäftigte. Ich weiß nicht, warum das so war. Anfang 1965 erlitt ich einen schrecklichen Herzanfall. Dieses Ereignis und der Druck, der auf uns lastete, veränderten Emis Haltung. Er öffnete sich gegenüber den Kindern und mir. Wir sprachen uns über vieles aus. Manchmal saß die ganze Familie an meinem Bett, und Emi erzählte, was Mao über den Klassenkampf und die Revolution gedacht und gesagt hatte. »Man muß den Klassenkampf fortsetzen, ein Jahr, drei Jahre, dann sechs bis sieben Jahre und nach einigen Jahren wieder.« Ein andermal erzählte Emi von seiner Vergangenheit, das erste Mal überhaupt. Er entstammte einer abgewirtschafteten Gutsbesitzerfamilie. Die Mutter, die sechs Jahre älter war als der Vater, hatte mit 23 Jahren geheiratet und wurde von der Schwiegermuttter grausam unterdrückt. Die Kinder liebten die Mutter innig. Nachdem die Großmutter gestorben war, erzählte die Mutter oft von ihrem eigenen Leben und beklagte sich über den Vater, auch wenn der dabeisaß und zuhörte. Obwohl die Kinder viel Schlechtes über den Vater wußten, hatten sie ihn dennoch geachtet. Die Eltern starben kurz nacheinander. Emi erfuhr von ihrem Tod, als er in Moskau im Krankenhaus lag.

In einem anderen Gespräch ermunterte Emi mich, meine Gedanken aufzuschreiben. Aber das wagte ich nicht, weil ich Anna Louise Strongs

Briefe aus China vor Augen hatte. Emi ließ jedoch nicht locker und meinte, jeder hätte seine eigene Art zu schreiben. Mir kam die Idee, ebenfalls Briefe zu schreiben, und zwar an meine Freunde in aller Welt, und in ihnen zu schildern, was sich in China ereignete. Außerdem wollte ich unbedingt beweisen, daß China in seiner Polemik recht hatte. Ich erinnere mich nicht mehr genau, was ich schrieb; aber meine Briefe waren einseitig, rechthaberisch und im Ton verletzend. Die ersten Antworten erreichten mich nach Monaten und zeigten mir, daß ich das Gegenteil von dem erreicht hatte, was ich wollte. Heartfields schrieben lediglich, mein Brief sei hochinteressant gewesen. Bruno Frei lobte meine Einschätzung, kritisierte aber die Form. Mit Schimpfkanonaden könne man nichts erreichen. Statt dessen müßte ich analysieren, in ruhigem Ton und mit Sachargumenten überzeugen. Ein glänzendes Beispiel hierfür seien Anna Louise Strongs Briefe! Beleidigt reagierte Gisela Hauser, was mich überraschte und verletzte. Sie stellte sogar meine Autorschaft in Frage, verbat sich die Anpöbelungen unter Kommunisten und empfahl mir, doch über meine Familie zu schreiben. Mein Brief und ihre Antwort führten zu einer über 20jährigen Funkstille zwischen den Hausers und mir.

Mein Schreibdrang war so groß, daß ich Papier und Bleistift stets griffbereit bei mir am Bett hatte. Wenn ich nicht las oder mir Notizen machte, hörte ich Radio. Nach seiner Rückkehr aus Chongqing Ende 1964 hatte mir Johnny das neueste Gerät auf dem Markt – Modell Shanghai – geschenkt, mit dem ich nun die halbe Welt per Äther an mein Krankenbett holen konnte. Das war ein faszinierender Zeitvertreib, und Johnny freute sich über dieses Wunderding selbst wie ein Kind.

Nachdem ich einigermaßen wiederhergestellt war, besuchte ich Rewi Alley, den ich monatelang nicht gesehen hatte. Er riet mir, mich nicht aufzuregen, ruhig abzuwarten, mich auszukurieren. Ich sollte mich meiner Freiheit freuen und würde noch mehr Arbeit bekommen, als mir lieb sei. Der Besuch munterte mich auf. Hans, der mir das Radfahren wieder erlaubt hatte, wenn ich es nicht übertrieb, war der gleichen Ansicht. Allerdings konnte er sich auch nicht erklären, warum ich keine Arbeit bekam. Um die quälende Zeit des Wartens und der Selbstzweifel zu überbrücken, setzte ich mir immer wieder neue Aufgaben. Zwischen Juli und September 1965 begann ich, die Türen in unserem Haus mit Ölfarbe zu streichen. Emi war nicht gerade begeistert davon. Und als ich Lions Zimmer anmalte, gab es großen Streit zwischen uns. Emi verstand nicht, daß ich mich körperlich betätigen mußte, um über meine innere Unruhe hinwegzukommen. Anstatt ruhig mit ihm zu sprechen, ging ich wie eine Tigerin auf ihn los. Wie dumm! Nachher versuchte ich, es wiedergutzumachen. Emi sagte: »Früher warst du zart und still; jetzt bist du wie eine aggressive Wildkatze.«

Lion kehrte begeistert vom Land zurück. Er genoß es, trotz der ärmlichen Verhältnisse, mit den Bauern zu arbeiten und zu essen – im Gegensatz zu den meisten anderen, die sich mit dem Landleben schwertaten. Wie er berichtete, gingen viele der Bauernkinder nicht zur Schule. Außerdem war die Ernährung überaus frugal. Lion hatte auch alte Leute getroffen, die in ihrem Leben noch nie weißes Mehl oder Zucker gegessen hatten.

Vitja kam nach Beijing, um mit mir nach Beidaihe zu fahren. Von dort aus schrieb ich einen Brief an Zhou Enlai, in dem ich ihn bat, mir eine Arbeit zu geben. Vitja übersetzte den Brief ins Chinesische; ansonsten arbeitete er an seinem Lehrmaterial. Die Tage am Meer waren wunderbar, wir gingen spazieren, schwammen und waren ein Herz und eine Seele. Beim Abschied, der mir dieses Mal wegen dunkler Vorahnungen besonders schwerfiel, konnte ich die Tränen nicht zurückhalten.

Zurück in Beijing besuchte ich mit Emi die Venturellis. José erzählte von Finnland, Japan, Kuba, wo er an internationalen Kongressen gegen die Atombombe und für den Frieden teilgenommen hatte, und von seiner Begegnung mit Pablo Neruda. Kurz darauf sagte mir Emi, man sähe es nicht gerne, daß er Venturellis träfe. Das war doch die Höhe! José Venturelli hatte sich überall offen auf die Seite Chinas gestellt, seine Partei ergriffen. Unter fadenscheinigen Gründen mußten wir daraufhin eine Einladung zum Essen bei uns wieder rückgängig machen.

Am 10. Oktober 1965 feierten wir Emis 69. Geburtstag zusammen mit Freunden im Xiangshan Gongyuan (Park des duftenden Berges). Abends umarmte mich Emi und dankte mir für diesen Tag, für das ganze Leben. »Wir sind auf einem guten Weg!« schließt meine Tagebucheintragung. Wir ja, aber in China wurde wieder einmal verrückt gespielt. Man feierte Helden, die ihr Leben für das Vaterland opferten. Ein solcher Held war Jiao Yulu. Er, der schwer krank war, wollte nicht warten, bis er gesund wurde, sondern arbeiten. Binnen weniger Monate schuftete er sich zu Tode. Das nannte man dann einen »Heldentod für das Vaterland«, und die Parole »Keine Schwierigkeiten fürchten, den Tod nicht fürchten« wurde überall in der Öffentlichkeit ausgegeben. *Wir* zogen es vor, für das Vaterland zu leben, wie zum Beispiel Lion, der seit August wieder auf dem Land lebte und dessen Briefe Kraft, Energie und Freude ausstrahlten.

Von den Schwimmwettkämpfen in Shanghai, an denen er teilgenommen hatte, kehrte Heping in sommerlicher Kleidung zurück, obwohl draußen ein kalter Sturm wütete. Ich dachte, was geht in seinem Kopf vor? Will er sich abhärten? Andererseits konnte ich ihm nicht böse sein, da ich mich ähnlich verhielt. Auf Angebote meinerseits, sich mir zu öffnen und zu sagen, was mit ihm los war, ging Heping zunächst nicht ein. Erst allmählich taute er auf. So fragte er mich eines Tages nach dem Schwimmen, ob wir uns nicht gemeinsam *Dongfang Hong* (Der Osten ist rot) – ein revolutionäres Melodram – zu Ende anhören könnten. Das waren erste schüchterne Freundschaftsbeweise. Trotzdem hing bei Heping noch etwa fest. Eines Nachmittags rückte er dann mit der Sprache heraus. Man hatte ihn als Berufsschwimmer ausgewählt und dem Beijing Dui, der Beijinger Schwimmgruppe, zugeteilt. Er sollte im Arbeiterstadion wohnen. Was ich dazu sagte? Blitzschnell schossen mir viele Dinge durch den Kopf. Da Schwimmen mein Lieblingssport war, willigte ich schließlich ein, und auch Emi war einverstanden.

Emi war wieder aufs Land gefahren. Ich vermißte ihn. Emi nahm an Versammlungen der Bauern teil; nach dem Jahreswechsel sollte er dort Vorlesungen abhalten. Diese Aussicht gab ihm neuen Schwung, er wollte von vorn anfangen und riet mir, es auch zu tun. All das und die Gewißheit, in Emi, Johnny, den Kindern gute Freunde zu haben, ließen mich einigermaßen hoffnungsfroh das Jahr 1965 beschließen.

Das neue Jahr begann mit schlechter Nachricht: Am 7. Januar 1966 war mein Bruder Herbert gestorben. »Herbert – mein lieber, fröhlicher, lebenshungriger Herbert ist tot. Ich kann es nicht begreifen, denke nach, grüble. Nie habe ich daran gedacht, weil er von Gesundheit strotzte. Sicher hatte er sich übernommen – das Hetzleben zwischen zwei Städten, der wenige Schlaf, das haltlose Fressen. Wie hatte er mit seinem Leben gewütet! Bei allem, was ich tue, denke ich an meine Kindertage mit Herbert, an Stockholm, an meine verschiedenen Abschiede von ihm – jedesmal eigentlich auf immer. Wie unsentimental Herbert war, und wie gern er mich doch hatte.«

Der Schriftstellerverband hatte mich wissen lassen, daß man bemüht sei, mir Arbeit zu verschaffen; im Moment würden jedoch keine Lehrer benötigt. Rita Kheir, die Frau des sudanesischen Dichters Ahmed Kheir, die im Zweiten Fremdspracheninstitut Deutsch unterrichtete, hatte sich sehr für mich eingesetzt und erreicht, daß im Institut einige meiner Filme gezeigt wurden, darunter *Volkskommune Xu Shui, Reise nach Henan, Die En-*

kel der Guangzhouer Kommunarden und einen Teil von *Mein Peking.* An der Vorführung nahmen rund 20 Personen und der Direktor, Lei Wen, teil, dem die Filme zusagten. Er wollte Kopien ziehen und die Filme zu Lehrzwecken in verschiedenen Sprachen synchronisieren lassen. Außerdem regte ich bei einem weiteren Treffen mit Lei Wen an, Fotoausstellungen im Institut zu arrangieren und neue Filme eigens für ihre Zwecke zu drehen. Lei Wen war mit allem einverstanden und ordnete an, mir ein Büro zu geben. Das Institut werde eine Filmabteilung einrichten. Ich sollte so schnell wie möglich einen entsprechenden Arbeitsplan erstellen. Die Genossen Li und Zhang zeigten mir ihre Ausrüstungsschätze: Magnettongeräte, Film- und Fotoapparate. Ich war Feuer und Flamme, hatte aber etwas Angst, mich zu früh zu freuen.

»Sie haben große Pläne. Es sieht wirklich so aus, als wollten sie mich beschäftigen. Bis jetzt waren es aber nur Versuchstage gewesen; ich sollte alles vorbereiten. Was für eine wunderbare Arbeit, von der ich nie zu träumen gewagt hätte. Ich fahre mit Lao Li und Lao Cui, Mitarbeitern des Instituts, in die Tanzschule und drehe vier Rollen ab – nach anderthalb Jahren zum erstenmal wieder!« An einem der nächsten Tage fuhr ich mit Kollegen vom Institut und afrikanischen sowie südamerikanischen Studenten zur Großen Mauer, wo ich den ganzen Tag über filmte. Ich war überglücklich! Lao Cui nahm meine Kamera und alle Filme mit ins Institut.

»Um halb acht holt Rita mich mit dem Wagen ab. Im Institut hat man einen Schreibtisch für mich hergerichtet. Ich habe ein neues Leben, ein neues Ziel gefunden. Wir sehen uns drei Rollen eines französischen Lehrfilms an. Bevor meine Filme gezeigt werden, erklärt Lao Cui etwa 30 Lehrern, daß ich jetzt hier arbeite, daß das meine Filme seien, die als Lehrmaterial eingesetzt werden könnten, und daß wir ab sofort für den Unterricht fotografierten und filmten. Mir wurde aufgetragen, zwei junge Mädchen, die in unserer Foto- und Filmabteilung arbeiten sollen, in Fotografie zu unterrichten. Um zwölf Uhr verlasse ich strahlend zusammen mit Rita das Institut. Kaum sitze ich im Wagen, kommt Lao Cui angerannt: Ich solle morgen nicht erscheinen, man würde mir noch mitteilen, wann ich wieder kommen sollte. Eine dunkle Ahnung überkommt mich, die ich aber beiseite schiebe.«

Am Nachmittag rief mich Rita an: Lei Wen und Lao Shen, der stellvertretende Direktor, wären bei ihr gewesen mit schlechten Nachrichten für mich. Die Institutsdirektion hätte von oben den Befehl erhalten, mich nicht zu beschäftigen. Warum, wüßten sie nicht. Die Absage täte ihnen furchtbar leid, aber sie könnten alleine keine Personalentscheidungen treffen. Sowohl meine Vorschläge als auch meine Arbeit hätte ihnen zugesagt, da sie jemanden wie mich dringend brauchten. Ich sollte den Kopf nicht hängen lassen, weiter studieren usw. Das war ein niederschmetternder Donnerschlag für mich! Ich ging zu Rewi, um ihm mein Leid zu klagen. Er tröstete mich, sagte, solche Sachen hätte er schon oft erlebt, ich sollte nicht verzweifeln. Als ich wieder zu Hause war, rief Anna Louise an, die über Rewi von meiner Tragödie erfahren hatte. Ich solle nicht allein zu Hause bleiben, sondern zu ihr kommen. Sie war reizend, machte mir Mut. Anstatt zu heulen, sollte ich für mein Recht kämpfen und denjenigen, der gegen mich stänkerte, entlarven. (Dieser Stänkerer, der noch Tausende auf dem Gewissen hatte, wurde erst 13 Jahre später entlarvt.) Ich müsse mich durchboxen. Sie hielt meine Hand, während sie sprach, und küßte mich zum Abschied.

Hans Müller versicherte mir, alle meine Freunde würden für mich kämpfen. Und tatsächlich: Anna Louise kämpfte. Sie wollte schon im vergangenen Jahr – empört über meine andauernde Arbeitslosigkeit – meine Filme sehen. Sie ließ den Friedensrat einen Brief an Lei Wen schreiben, rief selbst einen höheren Funktionär an und beschimpfte ihn fürchterlich, daß das Faschismus sei, wenn man anständigen Menschen keine Arbeit gebe. Aber es half nichts, alle Ohren waren taub. Nachdem ich Lei Wen einen Brief geschrieben hatte, kam er einmal zu uns nach Hause und sagte, er sei machtlos. Da hätten höhere Mächte ihre Hände im Spiel. Ich bekam meine Filme und Fotos zurück. Vorläufig gab es keine Hoffnung auf Arbeit. Später kam übrigens auch der gutherzige und hilfsbereite Lei Wen unter die Räder der Kulturrevolution.

Intensiv betrieb ich nun wieder das Studium der Werke Maos, vervollkommnete mein Chinesisch und las Zeitungen und Broschüren. Die Widersprüche, die sich bei der Zeitungslektüre auftaten, verwirrten mich zusehends. In den Monaten April, Mai und Juni des Jahres 1966 setzte in den Zeitungen eine umfassende Kampagne gegen die sogenannten »bürgerlichen konterrevolutionären Schriftsteller« ein, die die Fortsetzung zu der von Jiang Qing lancierten Kritik an der Peking-Oper darstellte. Und in der *Armeezeitung* vom 5. Mai 1966 stand ein Artikel über die »Sozialistische Kulturrevolution«, den Mao redaktionell betreut hatte. Immer wieder wurde Kritik geübt an den Werken der drei Schriftsteller Wu Han, Deng Tou und Liao Mosha. Aber auch die sowjetischen Revisionisten klagte man des Verrats an, unter ihnen den Nobelpreisträger Scholochow. Dessen Film *Menschenschicksal* wurde schwer kritisiert. Heping berichtete von Diskussionen um Deng Tou, der als Führer der angeklagten Schriftstellergruppe auftrat. Wie es schien, wurde eine große Intellektuellen-Verschwörung aufgedeckt. In Wirklichkeit war es der Beginn der Kulturrevolution. Wu Han und Deng Tou nahmen sich bald darauf das Leben. Nach der Kulturrevolution wurden alle drei Schriftsteller rehabilitiert.

Die Große Proletarische Kulturrevolution begann offiziell am 16. Mai 1966 mit einer Proklamation Mao Zedongs. Diese ideologische Revolution war als eine Massenbewegung gedacht, die Feudalismus, Aberglauben, Bürokratie und alles ausmerzen sollte, was den Aufbau des Sozialismus störte. Die Losung Maos lautete: »Kämpft mit Worten, nicht mit Waffen!« Er glaubte fest an die Volksmassen und daran, ideologische Auswüchse jederzeit wieder in die Hand zu bekommen. Darin hatte sich Mao nicht nur furchtbar getäuscht, sondern auch überschätzt. Vielleicht wußte er nicht, wozu die Massen fähig sind, wenn sie in die falsche Richtung geleitet werden. Bestimmt konnte er nicht absehen, daß seine Gattin Jiang Qing, der vom ZK und dem Politbüro der KPCh politische Betätigung untersagt worden war, eines Tages aus seinem Schatten hervortreten und zusammen mit ihren Hintermännern Kang Sheng, Lin Biao und anderen die politischen Zügel an sich reißen würde. Wie das überhaupt möglich war und wieviel Mao von all den schrecklichen Vorkommnissen der nächsten Jahre wußte, kann niemand sagen. Ihr Handeln rechtfertigte Jiang Qing mit den Worten Maos, die er 1927 im Laufe der revolutionären Bauernbewegung in der Provinz Hunan geschrieben hatte. Bezogen auf die damalige Situation hatte er u. a. gesagt: »Eine Revolution ist kein Gastmahl«, »Eine Revolution ist eine blutige Angelegenheit« usw. Außerdem vertraten diejenigen, die man später als Viererbande bezeichnete, die Ansicht, daß man sehr wohl mit Waffen kämpfen müsse, wenn es nötig sei.

Zunächst waren alle von der Kulturrevolution und ihren Zielen begeistert und glaubten, daß sie etwas Gutes sei. Peng Zhen, der Bürgermeister von Beijing, wurde abgesetzt, angeblich, weil er einen Umsturz vorbereitet hätte, wie Heping berichtete. Das Komplott sei aber noch rechtzeitig aufgedeckt worden. Überall tauchten Wandzeitungen (Chinesisch: Dazibao = Zeitung mit großen Buchstaben) auf, in allen Formaten und Farben, mit Pinsel und Tusche oder mit Feder und Tinte geschrieben. Jeder konnte so eine Wandzeichnung verfassen und darin anklagen, wen er wollte. Damit wollte man eine Art von Demokratie praktizieren, bei der jedermann frei seine Meinung äußern konnte. Aber das Ganze artete recht schnell aus.

Haß, Neid, Eifersucht, Mißgunst kamen ins Spiel. Persönliche Dinge wurden ins Politische gezogen, was den in den Zeitungen Angeprangerten, ohne daß die Aussagen auf ihren Wahrheitsgehalt geprüft worden wären, entsetzlichen Schaden zufügte – bis hin zu langjähriger Inhaftierung, Folterung und Ermordung.

»Heute wird die neue Leitung der *Beijinger Tages- und Abendzeitung* der Öffentlichkeit vorgestellt«, notierte ich in meinem Tagebuch. »Von früh an höre ich Trommeln und Pauken, Delegierte mit Flaggen kamen, der neuen Leitung zu gratulieren. Das ging bis spät in die Nacht. Die *Armeezeitung* veröffentlicht eine Kritik der Kulturpolitik der letzten 17 Jahre.« Ich selbst ließ mich dazu hinreißen, ein »Bekenntnis zur Revolution« in Gedichtform zu schreiben, das Hans Müller gefiel. Leider glaubte auch er zunächst an die guten Ziele dieser Revolution, die den »verfaulten Intellektuellen« die Macht nehmen würde. Nach der Säuberung würde es wieder Fortschritt geben. Wie sehr hatte auch er sich getäuscht!

Xiao Fei, Lions Freundin, die noch am Filminstitut studierte, erzählte empört, man hätte dem bekannten Regisseur und Kameramann Wu Yinxian, dem Direktor des Instituts, Zhang Ming, und zehn anderen Lehrern den Kampf erklärt. Man hätte den »Konterrevolutionären« hohe Hüte aufgesetzt und sie herumgeführt. Das machte mich stutzig, und allmählich fing ich an zu begreifen, daß hier etwas nicht mit rechten Dingen vor sich ging. Denn Wu Yinxian und Zhang Ming waren alte, erprobte Revolutionäre. Aber was sollte man gegen die Losung »Die Massen in Bewegung bringen« und Maos Überzeugung unternehmen, später werde das notwendige Durcheinander wieder ins rechte Lot kommen?

»Die Ereignisse überschlagen sich, das gesamte Schul- und Hochschulwesen wird reformiert. Es gibt keine Abschlußexamen mehr. Schulklassen haben an Mao geschrieben und in ihren Briefen gebeten, daß die Schüler nach dem Schulabschluß erst einmal aufs Land geschickt werden und die Bauern dann entscheiden sollen, wer auf die Universität kommt. Die Parole ›Die Worte des Vorsitzenden Mao lernen‹ wird Tag und Nacht ausgegeben. In der Stadt werden Umzüge mit dem Porträt Maos veranstaltet; dazu erklingen ununterbrochen Trommeln, Fanfaren, Trompeten. Für die ›Konterrevolutionäre‹ wurde ein neues Wort geprägt: Niu Gui She Shen, was soviel bedeutet wie Rinderteufel – Schlangengeister.«

Frau Wang vom Schriftstellerverband, die mir immer versprochen hatte, bei der Arbeitssuche behilflich zu sein, erschien eines Tages und bat Emi, zu Hause zu bleiben und sich »auszuruhen«. Seiner Frage, ob er in den Verband kommen und die Dazibaos lesen könne, wich sie aus: »Wir werden darüber nachdenken.« Eine typisch chinesische Antwort, wenn man sich um eine klare Stellungnahme drücken will. Als ich Frau Wang nach meinen Arbeitschancen fragte, reagierte sie ziemlich unwirsch und empfahl mir: »Kümmere dich lieber um den Genossen Siao San!« In diesem Moment hätte ich ihr am liebsten eine geklebt. Der ganze Besuch dauerte nur zehn Minuten.

Die Kulturrevolution

Am 1. Juli 1966 wurde der 45. Gründungstag der KP Chinas feierlich begangen. Das Radio brachte einen brausenden *Dongfang Hong,* eine Hymne auf Mao Zedong, die mit den Worten begann: »Der Osten ist rot!« Mit dieser Hymne begann der Tag im Radio, mit ihr endete er; im Grunde wurde die Hymne dauernd gespielt. In den Zeitungen erschien ein Artikel unter der Überschrift »Es leben die Mao-Zedong-Ideen«. Die Fröhlichkeit der Menschen in den Straßen, denen ich auf meinem Weg ins Schwimmbad begegnete, steckte mich an. Ich war zufrieden, im China Mao Zedongs zu leben. Doch die gute Laune sollte mir bald wieder vergehen. Lions Kollege berichtete, daß die gesamte Leitung der Dokumentarfilmabteilung als »Hei Bang« enttarnt worden sei. Hei Bang heißt »schwarze Bande«; das Wort wurde aber auch als Schimpfwort für einen einzelnen Menschen benutzt. Wer Hei Bang genannt wurde, war abgestempelt als »Konterrevolutionär«, mit schlimmen Folgen für ihn. Vitja schrieb von der Jilin-Universität, daß sich sein Schwiegervater als ein solcher »Konterrevolutionär« und Anführer der Hei Bang von Harbin entpuppt hätte und »erledigt« sei. (Natürlich zu Unrecht! Guang Sais Vater war von der Guomindang ins Gefängnis geworfen und gefoltert worden, ohne irgendwelche Geheimnisse zu verraten. Er wurde erst nach seinem Tod Anfang der 80er Jahre rehabilitiert.) Und von Shi Shaohua hörte ich, daß er ebenfalls Probleme hätte und die gesamte Agentur Xinhua überwacht werde.

In der Großen Halle des Volkes fand um diese Zeit eine Versammlung statt, an der 10000 Menschen teilnahmen und auf der Deng Xiaoping, Liu Shaoqi und Zhou Enlai über die Ziele der Kulturrevolution sprachen. Das sei etwas ganz Neues, mit dem man noch keine Erfahrung hätte; sie versicherten ihren Zuhörern, selbst unter das Volk zu gehen, um aus der Praxis zu lernen und Fehlentwicklungen abzustellen. Diese Ankündigung führte dazu, daß die Arbeitsbrigaden aufgelöst wurden, denn diese wurden von den Massen abgelehnt, weil sie angeblich die Fortentwicklung des Marxismus auf dem Land aufhielten, und daß Zhou Enlai die Qinghua-Universität besuchte. Dort war, wie ich von Heping erfahren hatte, der Teufel los. Die Schüler waren wie die Wilden, es gab ununterbrochen Streitereien und ideologische Auseinandersetzungen. Zhou Enlai sagte nach seiner Ankunft, er werde so lange bleiben, bis alle Probleme gelöst seien. Wäre man

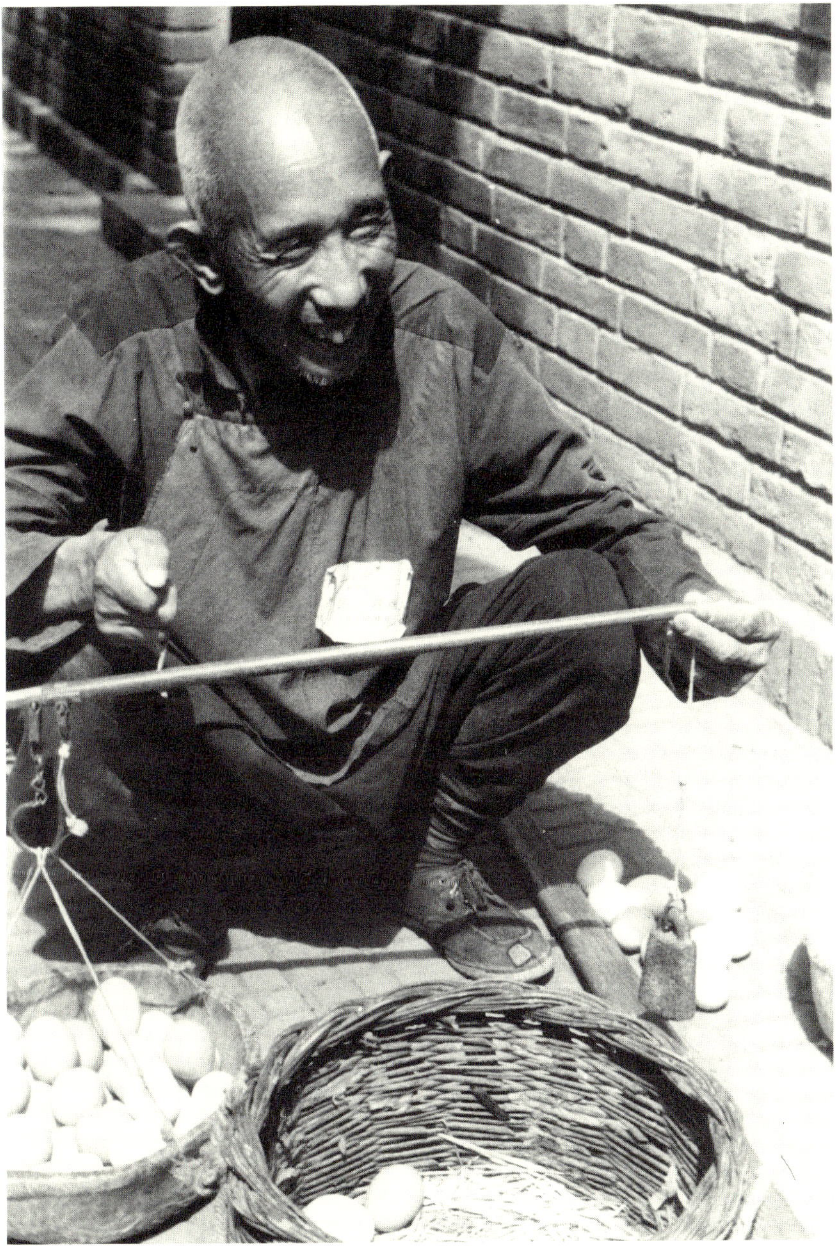

Jeden Monat kam ein Bauer in
unser Haus und bot frische Eier zum Verkauf an.
Beijing, Ende der fünfziger Jahre

Oben links,
oben rechts, unten:
Szenen aus der Altstadt von Beijing – auf dem Volksmarkt (oben links) und Verkauf von Emaillegeschirr (unten)

)ben: Platz
um Abstellen von
'ahrrädern an einer
;roßen Beijinger
Straße. Die Gebühr
dafür beträgt
jedes Mal zwei Fen
(zwei Pfennige).

Unten: Sommersonntag
im Behai-Park in Beijing

Links und unten: Tai Ji Quan gehört zu den traditionellen chinesischen Sportarten. Seit über vierzig Jahren erforscht und betreibt Meister Shi Ming, Vitjas Lehrer, Tai Ji Quan – hier im Bambuspark in Beijing. 1984

Rechte Seite: Bilder aus der Peking-Oper. Li Shaoshun als Affe in de Oper *Song Wukong* (oben links). Gao Yuqian in der Oper *Das Jadearmband* (oben rechts). Der Schauspiele Mei Lanfang war weltberühmt für seine Frauenrollen in der Peking-Oper. Unten links spielt er die Rolle einer militärischen Frau, und unten rechts sieht man ihn als Yu Zhoufeng in der gleichnamigen Oper. Mai Lanfang starb am 8. August 1961.

inke Seite:
npressionen aus Tibet –
ibeter (oben links),
?ntefest (oben rechts),
ama (unten links) und
Väscherin (unten rechts).
ie Fotos entstanden
ıf meinen beiden Tibet-
eisen in den Jahren
956 und 1959.

echts: Mit einem
eopardenbaby. Tibet,
eptember 1956

nten: Der 14. Dalai
ama (links) und Harald
auser im Gespräch.
er Dalai Lama hatte
ıs am 7. September
956 zu sich in seine
ommerresidenz Norbu-
ngka gebeten.

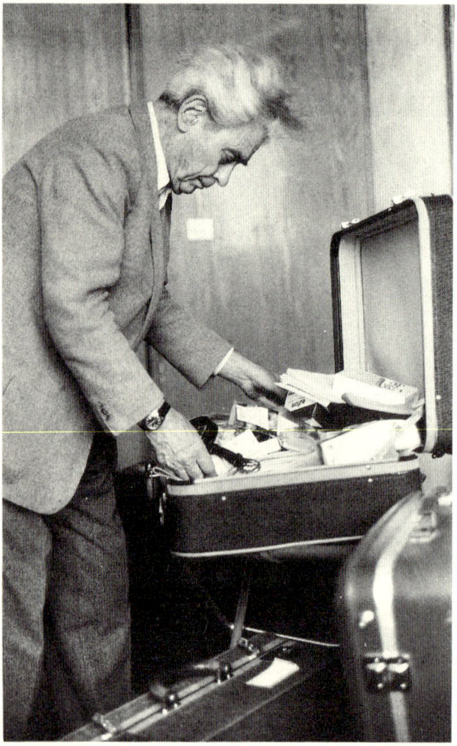

.inke Seite oben links: oris Ivens (1898–1989) annten wir den 'liegenden Holländer. 979

.inke Seite oben rechts: osé Venturelli (1924 bis 988), chilenischer Aaler, in seinem Atelier ı Beijing. 1960

.inke Seite unten: Emi nd John Heartfield :echts) in unserem Haus ı Beijing. 1957

Rechts: Filminterview nit Pu Yi (1906–1967), em letzten Kaiser von China, vor seinem Haus n Beijing. V.r.n.l.: Pu (i, E.S., Vitja, Pu Yis chwager, vorn sein Neffe. September 1961 Foto: Zhang Jianhua)

Unten: Bei Aufnahmen ür den Spielfilm *Legende von der roten Fahne*; hinter mir der Regisseur. Beijing 1961 Foto: Zhang Jianhua)

Links: Lion mit Heping auf der Schulter. Beidaihe 1956/57

Unten: Vitja (links) und Lion in Beidaihe. 1956/57

Rechte Seite: Johnny im Jahre 1960 in Beijing

Oben links: Zhou Enlai, Deng Xiaoping und Zhu De (v.l.n.r.) Anfang der sechziger Jahre auf dem Flughafen von Beijing.

Oben rechts: Anna Louise Strong (1885 bis 1971), amerikanische Journalistin; 1961 in ihrer Wohnung in Beijing.

Unten: Mao Zedong am 21. Juli 1963 auf dem Flughafen von Beijing, wo er eine Parteidelegation begrüßte.

Rechts oben: Meine Freunde Stephan Hermlin (links; Foto: Vitja Siao, 1985), Schriftsteller, und Konrad

Wolf (1925–1982; rechts), Filmregisseur und Präsident der Akademie der Künste der DDR. 1981

Unten: Im Kreise meiner Freunde in Beijing (v.l.n.r.): Rewi Alley (1897–1987), Schriftsteller und Journalist, Dr. Ma Haide (George Hatem/1910–1988), Arzt, Joris Ivens, Dr. Hans Müller, Arzt und seit Mai 1983 Mitglied der Politischen Konsultativkonferenz des Chinesischen Volkes, E.S. 1980 (Foto: Heping Siao)

Rechts: Unsere drei Enkel (v. l. n. r.) Xiao Jian (Genadi), Vitjas jüngster Sohn, Xiao Hu (Tigran), Lions Sohn, und Xiao Shi (Andrew), ältester Sohn von Vitja. Beijing 1978

Unten: Besuch der drei Söhne bei Emi im Gefängnis. V. l. n. r.: Heping, Emi, Lion, Vitja. Beijing 1973

Links: Zusammen mit Emi nach der Kulturrevolution. Beijing 1979

Unten: Heping, Lion und Vitja (v. l. n. r.). Beijing 1983. Unsere drei Söhne waren in den schwersten Jahren unseres Lebens unsere treuesten Freunde und Beschützer. Für mich sind sie es noch bis auf den heutigen Tag.

Eva Siao.
Zürich, 23. August 1988
(Foto: Nelly Rau-Häring, Berlin)

mit seiner Arbeit unzufrieden, könne man ihn hinausschmeißen. Hatte es so etwas je zuvor gegeben? Heping meinte, jedermann könne jetzt verlangen, Mao oder Zhou zu sprechen. Unterdessen nahm die Bespitzelung zu. So konnte man nicht ohne weiteres offen seine Meinung in Briefen äußern, da der Postverkehr überwacht wurde und das Geschriebene gegen einen selbst verwendet werden konnte.

Das Fernsehen übertrug eine Versammlung von Hunderttausenden von Menschen auf dem Tiananmen-Platz, an der Mao von Anfang bis Ende teilnahm. Mao, Zhou Enlai und Lin Biao standen eng aneinander gedrückt auf der Goldenen Brücke. Es war eine Art Glücksrauschversammlung zur Revolution, auf der die Roten Garden gegründet wurden, rote Schülersoldaten, die die Revolution weiter vorantreiben sollten. Nach Mao hatten sie die Avantgarde der Kulturrevolution zu bilden und die ideologische Revolution durchzuführen. In die Reihen der Roten Garden schlichen sich aber Rowdys, Banditen und echte Konterrevolutionäre ein, die Maos ursprüngliche Ideen pervertierten. Diese Elemente hetzten die Roten Garden, also die Schüler und Studenten, gegeneinander auf, zettelten Schlägereien an und sorgten für Verwirrung. Hinzu kam, daß bei der Verfolgung sogenannter Konterrevolutionäre faschistische Methoden angewandt wurden. Ein Leitartikel in der *Volkszeitung* »Man muß von der Armee lernen« sollte die Übereifrigen zur Ordnung rufen. Bekanntlich ist Papier sehr geduldig – der Artikel bewirkte nichts.

Innerhalb der revolutionären Bewegung bildeten sich zwei Richtungen: die Gruppe der Aufrührer (die Zaofanpai) und die Konservativen (die Baoshoupai). Die Auseinandersetzungen zwischen diesen beiden Gruppierungen waren oft handgreiflich, und nicht selten floß auch Blut. So hatte an der Qinghua-Universität ein Student namens Kuai gegenüber 1000 Kommilitonen die »richtige Linie« vertreten. Er wurde zwar bekämpft und eingesperrt, aber schließlich ging er als Sieger hervor. Danach nannte man ihn nur noch »Kuai siling« (Befehlshaber Kuai). Obwohl er nur eine Minderheit hinter sich geschart hatte, wurde er von Zhou Enlai unterstützt. In dieser Universität klebte man auch Dazibaos über Liu Shaoqi und seine Gattin Wang Guangmei an die Wände, weil sie in Maos Abwesenheit die Arbeitsbrigaden und das von diesen eingesetzte Revolutionskomitee unterstützt hätten. Damit zogen sie sich den Zorn der Roten Garden zu. Zhou Enlai stellte sich schützend vor die beiden Beschuldigten und sagte, die Studenten wollten zu hoch hinaus und müßten verstehen, daß es Grenzen gebe. Manche Fragen gingen die Studenten überhaupt nichts an, da sich Mao Zhuxi selbst mit ihnen beschäftigte. Man solle nicht Namen des ZKs in den Schmutz der Straße zerren – eine Warnung, die natürlich in den Wind gesprochen war.

Sobald die Roten Garden ihre »revolutionären« Handlungen zu übertreiben schienen, wurden korrigierende Anweisungen und Regelungen veröffentlicht. Mao schien die Fäden fest in der Hand zu halten. Nur befolgte niemand diese Anweisungen. Außerdem wurden die Garden von der Regierung mit dem Argument unterstützt, sie erledigten eine Menge Dinge, die das Amt für Öffentliche Sicherheit (Staatssicherheitsdienst) von Gesetzes wegen nicht in Angriff nehmen könne. Den Jugendlichen war somit alles erlaubt.

Im Gebäude des Rundfunks war eine Wandzeitung angeschlagen worden, in der verschiedene Frisuren und Bekleidungen als bürgerlich verurteilt wurden. Wenn Rotgardisten auf eine Frau oder ein Mädchen mit auffälliger Frisur trafen, wurde ihnen auf offener Straße das Haar abgeschnitten. Wer Jeans trug – ganz gleich, ob Junge oder Mädchen –, wurde angehalten, und man schnitt die Kleidung kaputt. Überhaupt durfte niemand in »halbstarken« Kleidern herumlaufen; was dafür galt, bestimmten natürlich die Roten Garden.

Die Jugendlichen zogen durch die Straßen Beijings und stellten die Stadt auf den Kopf. Straßen und Geschäfte versahen sie mit revolutionären Parolen. Die Läden, die Goldfische verkauften, schlossen sie, denn Goldfische wären etwas für Parasiten; und alles Parasitenhafte sollte abgelegt werden. Katzen und Hunde durfte man ebenfalls nicht mehr halten. Haushaltshilfen waren zu entlassen, denn man sollte seinen Haushalt selbst erledigen (was in China bis dahin unüblich war). Außerdem gingen die Jugendlichen in die Wohnungen und rissen Fotos von Jiang Jieshi sowie Fahnen der Guomindang von den Wänden. Bei Freunden durchsuchten sie das Haus und zerschlugen viel Mobiliar. Ihren Hund hatten diese Leute in Sicherheit bringen müssen, sonst wäre er getötet worden. Das war uns eine Warnung; man mußte auf alles gefaßt sein. Emi und ich räumten in unserem Haus gründlich auf und schmissen alles fort, was wir nicht mehr brauchten oder was gegen uns ausgelegt werden konnte. Mit Tusche schrieb Emi Worte des Vorsitzenden Mao auf grünes Papier, das wir dann an die Schränke klebten.

Die Maßnahmen erwiesen sich als gut, denn die Roten Garden vom Schriftstellerverband kamen auch zu uns nach Hause, um nachzusehen, ob es bei uns genügend revolutionär zuging. Die »Abordnung« bestand aus zwei schüchternen Kurieren und einer Krankenschwester, von der Emi früher sehr verehrt worden war. Nach der Inspektion wurde bemängelt, daß wir nicht genügend Worte des Vorsitzenden Mao aufgehängt hätten. Und bei einem Porträtfoto von Mao, das ich aufgenommen hatte, behaupteten sie, es sei zu grau. Damit waren wir noch ganz gut weggekommen. Schenkte man den Gerüchten Glauben, waren bei anderen Hausdurchsuchungen Schmuck, Wertsachen, Wein, Bier und anderes »gefunden« worden.

Vitja kam ganz unerwartet nach Beijing. Die halbe Uni war davongelaufen. Als er im Oktober zusammen mit Guang Sai, die beiden hatten in der Zwischenzeit geheiratet, nach Changchun zurückfahren wollte, sagten ihm Kollegen, die gerade von dort kamen, er solle bleiben, in Changchun sei nichts los. Das war typisch: Wie überall im Land war auch hier das Leben planlos geworden. Eines Abends kam Zhu Qing, um mit Emi über die Revolution zu diskutieren; aus Angst war sie sehr vorsichtig. In dem Moment, als ich mich darüber lustig machen wollte, rief Emis Schwester Siao Kun an. Sie habe zu uns kommen wollen, von einem Rotgardisten im Revolutionsmuseum jedoch erfahren, daß Emi ein Hei Bang sei. Da dürfe sie nicht kommen. Die eigene Schwester! Hinterher stellte sich heraus, daß die Vorwürfe nicht stimmten; aber in diesen Zeiten konnte man nie wissen, was einem alles angehängt wurde.

Emi besuchte seinen Freund Wang Yufei, den Direktor der Beijing-Bibliothek, und dessen Frau Nadja. Beide waren schon alt, Wang Yufei zudem schwer krank. Eine Rotgardistin hatte die Menge gegen die alten Leute aufgehetzt; daraufhin hatte man ihnen die gesamte Wohnungseinrichtung zertrümmert, die beiden auf die Straße geschleift und geschlagen. Die Tochter, ebenfalls Rotgardistin, wollte den Eltern helfen, kam aber nicht gegen die wütende Menge an. Nadja mußte stundenlang in der grellen Sonne stehen; dann zwang man sie, ihren eigenen Urin zu trinken. Mir grauste! Außerdem nahm man Nadja die Getreidemarken sowie das Buch für ihre Rente weg. Von nun an mußte sie jeden Tag das ganze Haus von oben bis unten fegen.

Emi ging wieder regelmäßig in den Verband. Trotzdem beklagten sich die »Massen« darüber, daß er nie zu sehen sei. Die »Massen« bestanden aus zwei Mitarbeiterinnen des Schriftstellerverbandes, die Emi eins auswischen wollten. Einmal kam Emi ganz zerknittert von einer Anklageversammlung gegen den Schriftsteller Liu Baiyu zurück: Man hatte ihn, Emi, neben »verdächtige Leute« gesetzt. Insgeheim hofften wir auf ein Machtwort von Mao, mit dem er dem ungezügelten Treiben der Roten Garden Einhalt gebieten würde. Aber nichts geschah! Auch Johnny geriet in die Schußlinie. Vorzeitig wurde er aus Guangzhou zurückberufen. In seiner Abwesenheit war im Studio eine Wandzeitung gegen ihn erschienen. Darin war ihm vorgeworfen worden, er dränge sich immer vor und nähme so den anderen die Arbeit weg – was nicht stimmte. Wahrscheinlich neidete man ihm seine Begabung und seine Fähigkeiten. Außerdem legte man ihm seine freundschaftlichen Beziehungen zu unserer Familie zur Last.

In eigentümlichem Kontrast zu den inneren Vorgängen stand das äußere Erscheinungsbild der chinesischen Hauptstadt: Rote Fahnen flatterten über Beijing, in großen Buchstaben stand an den Wänden und Häusern »Es lebe Mao Zhuxi! Es lebe die KPCh!«, und überall waren die Worte des Großen Vorsitzenden zu lesen. Beijing hatte ein neues, ein rotes Gewand angelegt.

»Heute – 10. Oktober 1966 – ist Emis 70. Geburtstag. Emi hat sich verändert, er ist optimistischer. Fast jeden Tag geht er in den Schriftstellerverband, ohne Stock, er ist gesprächiger, hat Vitja und Guang Sai ins Herz geschlossen und ist nett zu Xiao Fei. Häufig liest er uns aus seinen Aufzeichnungen vor. In diesen Tagen lernen wir ihn besser kennen als in den vergangenen Jahren. Ich wünsche ihm und mir, daß unsere Probleme gelöst werden und wir noch viele glückliche Jahre zusammen verbringen.«

Inzwischen hatte Mao sich etwas Neues einfallen lassen: Jeder Chinese durfte kostenlos mit den öffentlichen Verkehrsmitteln im Land herumreisen. Das nannte man »chuanlian«. Überall wurden die Menschen aufgerufen, die »Gäste« freundlich aufzunehmen und zu versorgen. Daraufhin waren Millionen unterwegs; es herrschte ein fürchterliches Durcheinander. Vitja nutzte die Gelegenheit und fuhr für ein paar Wochen aufs Land, nach Nanjing, Shanghai, Nanchang, Changsha, Jinggang Shan, Hankou. Die Züge waren total überfüllt, so daß man sich nicht rühren und nicht auf die Toilette gehen konnte. Ließen sich die Waggontüren nicht öffnen, krochen die Menschen durch die Fenster auf die Bahnsteige. Vitja machte das alles nichts aus, er genoß das spartanische Leben, schaute sich viele historische Plätze an und lernte eine Unmenge an Leuten kennen, mit denen er intensive Gespräche führte.

Diese und andere Maßnahmen steigerten das Ansehen Maos in der Bevölkerung, der Kult um seine Person nahm ständig zu. Plaketten mit Maos Bildnis und Anstecker mit seinen Worten – zum Beispiel »Dem Volk dienen« – wurden überall verkauft. Es gab kaum jemanden, der solch einen

Anstecker nicht trug. Auch die Versammlungen auf dem Tiananmen-Platz, auf denen sich der immer noch jugendlich wirkende Vorsitzende von den anwesenden Massen bejubeln ließ, fanden jetzt häufiger statt. Ich kann mich allerdings nicht genau erinnern, ab welchem Zeitpunkt Jiang Qing neben Mao Zedong, Zhou Enlai und Lin Biao in Erscheinung trat.

Heping erzählte von einem Mord: Ein Genosse vom Stadtkomitee, den die Gegenpartei in die Falle gelockt hatte, wurde in dem Zimmer tot aufgefunden, in dem man ihn verhört hatte. Diejenigen, die behaupteten, es sei Selbstmord gewesen, waren wahrscheinlich die Mörder, denn man fand sie nirgends, als man nach ihnen suchte. (Übrigens wurde der Mord nie aufgeklärt.) Heping war vollkommen durcheinander, hatte zwei Nächte nicht geschlafen, wankte hin und her, zitterte vor Aufregung, wollte baden. Als er nach längerer Zeit nicht aus dem Badezimmer kam, schaute Emi durchs Fenster und sah, daß sein Jüngster eingeschlafen war. Wir riefen, schrien, schlugen an die Tür – kein Lebenszeichen von Heping. Da bekam ich einen furchtbaren Schrecken, schlug das Fenster ein und kletterte ins Badezimmer. Erst nach einigem Rütteln wachte Heping auf; er wusch sich wie in Trance und schlotterte anschließend ins Bett. Ich war völlig durcheinander.

Xiao Fei schrieb schreckliche Dinge aus Shenyang, wo ihre Eltern lebten und Mord- und Totschlag an der Tagesordnung waren. Dabei war allerorten von einer Revolution ohne Blutvergießen die Rede! Bei einem späteren Besuch bei uns berichtete sie von weiteren Greueltaten in Shenyang. So waren in der dortigen Landwirtschaftsschule 26 Schüler der Minderheitspartei von den Gegnern aus einem Fenster im zweiten Stock hinausgeworfen worden: Zehn fanden dabei den Tod, 13 waren schwer verletzt und drei unauffindbar. Um Menschen öffentlich anzuprangern, zog man sie mit hohen Hüten auf den Köpfen durch die Straßen; Frauen hängte man einen Stiefel um den Hals, beschmierte sie und stempelte sie so als Prostituierte ab. Das sollte mehr Demokratie fürs Proletariat sein? Das war Demokratie für Verbrecher und Schweinehunde! Warum sagte Mao Zhuxi nichts dazu? War er blind und taub?

Um die kriminellen Energien der Roten Garden zu kanalisieren, sollten sie mit Maos Erlaubnis lange Fußwanderungen durch China unternehmen. Erwogen wurde auch, den Weg des Langen Marsches nachzugehen, damit sie die Tradition der Revolution nicht vergäßen. Trotzdem rissen die Schlägereien nicht ab, und Peng Zhen wurde in einer Nacht- und Nebelaktion von Studenten des Film- und Theaterinstituts verschleppt. Offenbar erfolgte diese Aktion mit Einwilligung von oben, denn die Wache leistete den Eindringlingen überhaupt keinen Widerstand. Wie es hieß, war Zhou Enlai gegen diese Entführung gewesen. Die Anklageversammlung gegen Peng Zhen und seine Frau fand im Arbeiterstadion statt, dort, wo er als Bürgermeister von Beijing oft Reden gehalten hatte. Wu De, der neue Bürgermeister, beschuldigte Peng Zhen des Verrats an der Partei und am Volk. Das zeige sich u. a. darin, daß Peng Zhen drei Autos und drei Landhäuser hätte und einen Koch beschäftige, von dem er Unmögliches verlange und den er überaus gemein behandelte. Er sei ein Karrieremacher, der schon in Yan'an versucht hätte, die Erfolgsleiter emporzuklettern. (Peng Zhen ist inzwischen rehabilitiert und wieder in Amt und Würden.)

Auch höhere Parteimitglieder wurden in den von Jiang Qing und ihren Kumpanen entfachten Strudel hineingerissen. So hieß es in einer Wandzeitung gegen Liu Shaoqi und Deng Xiaoping, sie seien bürgerliche Revolutionäre, die mit der sozialistischen Revolution nicht Schritt hielten, und Renegaten, die ihre falsche Haltung nicht aufgäben. Per Lautsprecher wurde in den Straßen verkündet: »Dadao Liu Shaoqi! Dadao Deng Xiaoping!« (Nieder mit Liu Shaoqi! Nieder mit Deng Xiaoping!) Es erschienen auch Wandzeitungen gegen den stellvertretenden Ministerpräsidenten Wang Zheng. Alle anständigen Menschen wurden auf einmal als Verbrecher entlarvt. Der gute Zhou Enlai, der sich in einer Rede gegen die grausamen Methoden der Roten Garden wandte und allen die Todesstrafe androhte, die noch prügelten, folterten und töteten, stand allein auf verlorenem Posten.

Xiao Fei berichtete aus Shanghai, daß dort der reine Anarchismus herrsche. Die Roten Garden hätten die Häuser der Kapitalisten geplündert, sich die Taschen mit Schokolade und Wertsachen vollgestopft. Das waren wohl *die* Kapitalisten, die Mao mit so viel Mühe und Liebe für den Sozialismus geworben hatte!

Von einer Bekannten, die an einer Versammlung gegen Liu und Deng teilgenommen hatte, erfuhr ich, daß Jiang Qing wie ein Marktweib auf Wang Guangmei – Lius Gattin – geschimpft und ihr vorgeworfen hätte, bei einem Staatsbesuch in Indonesien geschminkt und mit kostbarem Schmuck in der Öffentlichkeit aufgetreten zu sein. Auf Fotos und Karikaturen wurde Wang Guangmei verspottet, weil ihre Schönheit und ihr staatsmännisches Erscheinungsbild offenbar den Neid Jiang Qings geweckt hatten. Gegen Liu Shaoqi hingen sogar im Zhong Nanhai, der Residenz der chinesischen KP-Führung, dem Kreml Chinas, Wandzeitungen – trotz des Verbots von Zhou Enlai.

In der *Volkszeitung* erschien ein Leitartikel, der sich damit beschäftigte, daß Revolution und Produktion Hand in Hand gehen müßten, die Produktion zu steigen habe und die neue Welle bürgerlich-reaktionärer Politik endgültig zu brechen sei. Mit diesem Zeitungsbeitrag und gleichlautenden Aufrufen reagierte die Partei auf Bestrebungen der »Konterrevolutionäre«, die Produktion zu stören. Angeblich hätten sie die Werktätigen aufgehetzt, die Arbeit niederzulegen und nach Beijing zu fahren. Lion berichtete von entsprechenden Vorfällen in Shanghai: Dort hätte man Arbeitern, Studenten und Schülern viel Geld gegeben, damit sie nach Beijing fuhren und Uhren, Radios, Stoffe und andere Luxusgüter aufkauften. Daraufhin seien Mitglieder der Aufrührerpartei durch die Straßen gegangen und hätten an das Gewissen der Menschen appelliert, die Sachen zurückzugeben.

Auch diese Revolution fraß ihre Kinder. So wurde der stellvertretende Kulturminister Tao Zhu, der kurz zuvor noch Liu Shaoqi und Deng Xiaoping entlarvt hatte, nun selbst überführt, gegen Mao gearbeitet zu haben. Damit war Tao Zhu erledigt. Hinter dieser Politik stand Lin Biao (heute glaube ich aber, daß es Kang Sheng war), der alle Vertrauten um Mao – wie Peng Zhen, Luo Ruiqing, Lu Dingyi, Yang Shangkun – als Konterrevolutionäre bezichtigte und sie nach und nach aus seiner Nähe beseitigen ließ. Allerdings war sich seinerzeit darüber noch niemand so richtig im klaren. Die Verhaftung eines Sohnes aus Liu Shaoqis erster Ehe wegen »Verbindung zum Ausland« war der Beginn des Spionenwahns. Überall witterte man Agenten. Wir durften daraufhin keine Zeitungen und Zeitschriften mehr aus der Sowjetunion und der DDR beziehen. Die laufenden Abonnements wurden beschlagnahmt. Auf eine diesbezügliche Anfrage beim Zoll erklärte man mir, auf Grund eines neues Gesetzes dürften Druckwerke aus dem Ausland mit schlechtem Einfluß konfisziert werden. In diesem Fall handelte es sich um die DDR-Zeitschrift *Freie Welt*.

Durch die Straßen von Beijing zogen pausenlos Gruppen mit Pauken und Trommeln, die einen unbeschreiblichen Lärm machten. An allen Ecken standen Lautsprecherwagen, die einander überbrüllten. Vor den Ministerien versammelten sich immer wieder Menschenmassen, die Texte skandierten – was, verstand ich aber nicht. Auch auf dem Tiananmen-Platz fanden sich unübersehbare Menschenmassen ein, die irgend etwas schrien. Die Häuser waren mit Wandzeitungen vollgeklebt, und aus den

Fenstern regnete es Flugblätter. Das allgemeine Chaos machte vor den Schulen nicht halt. Dort kam es so weit, daß Schüler und Schülerinnen ihre Lehrer folterten und zum Teil auch umbrachten. Den Jugendlichen wurde kein Einhalt geboten, niemand bestrafte sie für ihre Untaten.

Der Rundfunk strahlte einen Leitartikel der *Roten Fahne* aus. Darin ging es um die Rückeroberung der Macht von den Feinden, wobei ich nicht verstand, welche Macht von welchen Feinden. War damit Marschall He Long gemeint, dieser großartige Mensch, den man als »Banditen« entlarvt hatte? Oder der Minister für Kultur, Xiao Wangdong? Ich fand mich einfach nicht mehr zurecht.

Lion kam mit der Neuigkeit, daß einem Militärbefehl zufolge das Herumreisen im Lande ab sofort eingestellt werden, jeder an seinen Wohnort zurückkehren und dort an der Revolution teilnehmen solle. Außerdem war es ab sofort verboten, Menschen mit hohen Hüten auf den Köpfen und umgehängten Tafeln durch die Straßen zu zerren. In einer Rede begründete Zhou Enlai dieses Verbot damit, daß Gut und Schlecht durcheinandergeworfen worden seien und daß man gute Menschen verprügelt und inhaftiert hätte, während die wahren Bösewichte noch frei herumliefen. Zhou schien über die gesamte Entwicklung zutiefst beunruhigt zu sein. Er hatte schon so viele kluge Worte gesagt, auf die aber niemand hörte, da Jiang Qing alle aufgehetzt hatte und den bewaffneten Kampf verteidigte. So gab es eine Losung in ihrem Sinne, die lautete: »Po jiu – li xin!« (Schlagt das Alte kaputt, um Neues aufzubauen).

Eines Tages im Februar 1967 kam Emi schrecklich aufgeregt nach Hause. Im Amt für Literatur hing eine Wandzeitung, auf der in Riesenbuchstaben stand: »Zerschmettert Zhu Qings Hundekopf!« Zhu Qing war verhaftet worden. Emi hatte damit seine engste Mitarbeiterin, Vertraute und Freundin verloren. In den ersten Tagen hörten wir nichts, niemand gab uns Auskunft. Das Amt für Literatur bestätigte nur immer wieder, daß Zhu Qing in ihrer Wohnung verhaftet worden sei. Auch die Öffentliche Sicherheit hüllte sich in Schweigen. In der Redaktion der Theaterzeitung, in der Zhu Qing gearbeitet hatte, hieß es, ihr Vater sei ein Konterrevolutionär gewesen und erschossen worden. Das glaubten wir aber nicht, denn Emi wußte, daß Zhu Qings Eltern bereits gestorben waren. Zhu Qings Mann konnte die Verhaftung nicht verwinden; er beging nach einiger Zeit Selbstmord. Nach ihrer Entlassung mußte Zhu Qing längere Zeit in einer psychiatrischen Anstalt verbringen; sie lebt heute in Beijing und wird immer wieder von schizophrenen Anfällen geplagt.

Und noch eine Schreckensnachricht ereilte uns: Xiao Gui (Teufelchen), eine ausgebildete Ballettänzerin und gute Freundin von Lion, Vitja und Johnny, war in Beijing. Seit einigen Jahren schon lebte und arbeitete sie zusammen mit ihrem Mann in Tibet. Sie war gekommen, um hier Material für ihre Tanzgruppe zu besorgen. Von dem Befehl, nicht mehr im Land herumzureisen, hatte sie nichts mitbekommen. Kaum waren sie und ihr Mann in Beijing, erfuhren sie, sie sollten sofort zurückfahren, um in Tibet Revolution zu machen. Ihre Gegner setzten ihnen gnadenlos zu, beschimpften sie als Konterrevolutionäre, ließen sie nirgendwo wohnen, gaben ihnen nichts zu essen, ließen sie nicht zu Wort kommen und schlugen sie. Der Anführer dieser Gruppe hatte in einem tibetischen Tempel Elfenbein gestohlen. Xiao Gui hatte ihn angezeigt. Das war die Rache. Nachdem sie drei Tage und Nächte nicht geschlafen hatten, wandten sich Xiao Gui und ihr Mann an uns. Sie blieben bei uns, wollten aber so schnell wie möglich zurück nach Lhasa.

Heping erzählte mir etwas von Kindern, die sich organisiert hatten. Das war so: In den Reihen der Roten Garden gab es viele junge Menschen unterschiedlicher Herkunft. So waren Kinder von ehemaligen Großgrundbesitzern dabei, deren Eltern im Bürgerkrieg umgekommen waren und die jetzt auf Rache sannen, oder Kinder von höheren Funktionären, die sich zu einer Gruppe namens Lian Dong zusammengeschlossen hatten. Sie protestierten gegen all die Greuel und Ungerechtigkeiten der Kulturrevolution. Daraufhin bezeichnete man sie als faschistisch und sperrte sie zu Hunderten ein, während denjenigen, die die Greuel begangen hatten, kein Haar gekrümmt wurde. Die Inhaftierten schrien im Gefängnis ununterbrochen »Es lebe Mao Zhuxi!«, sangen revolutionäre Lieder und schimpften schrecklich auf Jiang Qing, die sehr unbeliebt war. Nach kurzer Zeit wurden die Kinder auf Maos Befehl hin freigelassen. Jedem war klar, daß hinter dieser Verhaftungswelle Jiang Qing steckte.

»Fahre mit dem Rad zum Verlag der *Weltliteratur,* um ein Buch für Chen Bingyi, einen Freund von Emi, abzugeben. Ich treffe ihn, den Schriftsteller und Chefredakteur der *Weltliteratur* im Hof, wo er den Fußboden kehrt. Chen Bingyi ist Hei Bang! Ich gehe auf ihn zu und begrüße ihn. Etwas furchtsam nähert er sich mir. Ich gebe ihm die Hand und unterhalte mich mit ihm. Es ist empörend! Dasselbe Schicksal widerfährt auch Emis altem Freund Zhu Ziqi. Die besten Freunde und Genossen sollen Verräter sein?«

In der Form eines Briefartikels versuchte ich, meine Eindrücke über die

Kulturrevolution für die schwedische Zeitschrift *Marxistisches Forum* niederzuschreiben. Kurz vor der Jahreswende 1966/67 hatte mich mein alter Freund Nils Holmberg, der Führer der schwedischen Marxisten, darum gebeten. Ohne eine Ahnung, wie es in China aussah, und ohne Kenntnis meiner Lage bat er mich, meinen Bericht durch Fotos zu ergänzen und Filme für Schulen und Universitäten zu drehen. Doch die schrecklichen und widersprüchlichen Eindrücke wollten sich nicht zu Papier bringen lassen. Die Wahrheit konnte ich nicht schreiben – die hätte mir ohnehin keiner geglaubt. Und etwas gegen meine Überzeugung zu schreiben ging auch nicht. Ich bekam noch nicht einmal den Anfang zusammen. In meiner Not ging ich zu Hans Müller. Der entwarf ein düsteres Bild, das im wesentlichen meinem entsprach: Alles gehe drunter und drüber; es gebe keine Parteiorganisation mehr, und die Einheit des ZKs, um die uns selbst unsere Feinde beneidet hätten, sei dahin. Statt dessen glaube jede der rivalisierenden Gruppen, die rechte Linie zu vertreten und die Aussagen Maos richtig zu interpretieren. Politisch sei China isoliert, habe nur noch Albanien als Verbündeten. Alle seine früheren Freunde – die Sowjetunion, Indien, Indonesien, Korea, Vietnam – hätten uns verlassen, die USA China als Großmacht abgeschrieben. Alle Anordnungen, die wieder Ruhe und Ordnung herstellen sollten, erweckten den Eindruck, als seien sie mit einem Augenzwinkern erlassen worden, so, als wolle man sagen: Macht ruhig weiter! Die Schlägereien und Morde, zu denen die Roten Garden geradezu ermuntert würden, hätten mit Maos Lehren selbstverständlich nicht das geringste zu tun. »Wenn alle Kommunisten in der Leitung Verbrecher und Verräter sind, wo bleibt da die ›geniale‹ Führung von Mao Zedong?« schloß Hans seine Lageeinschätzung.

So einleuchtend mir diese Sätze auch waren, so wenig halfen sie mir für meinen Bericht weiter. Da klingelte am 31. März 1967 bei mir das Telefon. Am Apparat war Rita: »Ich habe eine Überraschung für dich« – und aus der Leitung ertönte Nils' Stimme! Mir fiel ein ganzer Sack Steine vom Herzen. Ich besuchte Nils sofort im Hotel Beijing. Er durchschaute die wirkliche Lage in China immer noch nicht und ermunterte mich zu schreiben. Außerdem wollte er den entsprechenden chinesischen Parteistellen mitteilen, daß es sich um einen offiziellen Auftrag handelte. Beschwingt radelte ich durch den Behai-Park, wo alles blühte, nach Hause.

Nur ließ Nils nichts von sich hören. Ich rief ihn an; er verhielt sich merkwürdig reserviert und ging auch nicht auf mein Angebot ein, uns zu besuchen. Wenige Tage später bat er mich zu sich ins Hotel. Dort eröffnete er mir, daß man ihm seitens der Partei gesagt hätte, ich hätte mich sehr schlecht aufgeführt und man pflege keinen Kontakt mehr zu mir. Obwohl ich das nach allem, was passiert war, eigentlich hätte wissen müssen, war ich doch wie vor den Kopf geschlagen. Nils riet mir, an Mao zu schreiben. Da sagte ich ihm, daß man Emi und mich seit Jahren verdächtigte, Spione zu sein. Nils war davon überzeugt, daß diese Verdächtigungen bald enden würden, was naiv gedacht war. Vor lauter Aufregung vergaß ich, ihn zu fragen, von wem die Informationen über mich stammten. Niedergeschlagen verließ ich das Hotel und heulte zu Hause den ganzen Tag.

Nachdem ich mich wieder etwas gefangen hatte, schrieb ich meinen Lebenslauf, um den Gerüchten über meine Person in der Partei ein für allemal ein Ende zu bereiten. Diesen Text wollte ich Zhao Yiming schicken, jenem Genossen, der mir seinerzeit die Reise mit den Hausers nach Tibet bewilligt hatte. Vielleicht konnte er mir auch dieses Mal helfen. Lion rief ihn an, um meinen Text anzukündigen; Zhao Yiming ließ sich jedoch verleugnen. Lion blieb hartnäckig und brachte mein Schreiben zu Zhao Yiming nach Hause, bekam ihn aber nicht zu Gesicht. Daraufhin rief Emi bei ihm an – und hatte mehr Glück. Zhao Yiming sagte am Telefon, er wisse nicht, wer sich gegenüber Nils Holmberg abfällig über mich geäußert habe; überhaupt verstehe er die ganze Hetzkampagne gegen mich nicht. Kang Sheng war Zhao Yimings Chef. Deshalb hatten wir ihn gebeten, die Unterlagen an Kang Sheng weiterzuleiten. Damals wußten wir nicht, daß Zhao Yiming das Wasser ebenfalls bis zum Halse stand; sonst hätten wir ihn natürlich in Ruhe gelassen. Auch wußten wir nicht, daß Kang Sheng der Urheber der Gerüchte gegen uns war.

Ein Freund von Lion, Jenia, der mit ihm zusammen im Kinderheim in Iwanowo gewesen war, wohnte damals bei uns. Sein Vater bekleidete einen hohen Posten in Harbin. Jenia erzählte uns, daß ein Mitglied des Politbüros seinem Vater gesagt hätte, ich sei eine internationale Spionin. Der Vater verbot Jenia daraufhin, mit uns zu verkehren. Der kümmerte sich aber nicht darum. Jenias Vater wurde bald darauf als Hei Bang abgesetzt und erst nach seinem Tode rehabilitiert. Kurz nach unserer Verhaftung verhaftete man auch Jenia in unserer Wohnung und sperrte ihn für ein paar Jahre ins Gefängnis.

Währenddessen überfiel mich Lion mit den immergleichen Phrasen, Mao hätte alles fest im Griff und werde die Unordnung leicht beseitigen. Ich konnte dem keinen Glauben mehr schenken, sondern hatte eher den Eindruck, daß Mao die Zügel längst aus der Hand geglitten waren.

In diesen Wochen und Monaten las Emi täglich Xiaozibaos (Zeitungen mit kleinen Buchstaben; eigentlich Zeitungen kleinen Formats). Diese Zeitungen, eine Errungenschaft der Revolution, erschienen jeden Tag und konnten von jedem gedruckt werden, der wollte – von Privatpersonen, Schulen und anderen Institutionen. Wenn sie nachmittags vor der Post verkauft wurden, holte Emi sie sich alle und las sie von A bis Z. Es waren richtige Klatsch- und Tratschblätter, in denen jeder über jeden herziehen konnte. Auch über Mao schrieben die Leute, was ihnen gerade in den Sinn kam, darunter nicht selten in Watte verpackte Lügen. Niemand ging dagegen vor. Wie sich die Zeiten geändert hatten! Ich erinnerte mich eines Vorfalls aus dem Jahre 1954. Emis Biographie der Jugendjahre Maos sollte herauskommen und war schon in einer Million Exemplaren gedruckt worden. Da erschien einer von Maos Sekretären bei Emi und sagte, das Buch dürfe nicht ausgeliefert werden, da es ein paar fehlerhafte Daten enthielte; Mao hätte sich abfällig darüber geäußert. Anstatt daß Mao seinen alten Freund Siao San zu sich bat und sich mit ihm über die Biographie unterhielt, wurden die gedruckten Bücher eingestampft. Welch ein Aufstand um nichts, denn Emis Buch erschien dann doch.

Bei seiner täglichen Zeitungslektüre stieß Emi einmal auf eine abgedruckte Rede Jiang Qings, in der sie über sich, Mao und die Kinder »bescheiden« berichtete. Offenbar wollte sie mit dieser Rede beim Volk um Sympathie werben, denn sie wußte wohl, daß sie in dessen Gunst nicht hoch stand. Uns konnte sie mit ihrer Schönfärberei aber nicht täuschen, denn uns war bekannt, wie schändlich sie sich zum Beispiel gegenüber Maos Tochter aus der vorhergehenden Ehe verhielt.

Mit drohendem Unterton rief jemand vom Schriftstellerverband bei Emi an und beorderte ihn zu einer Anklageversammlung (gegen wen, weiß ich nicht mehr). Außerdem sollte er jeden Tag zur Arbeit kommen oder ein ärztliches Attest vorlegen. Emi war so krank, er hatte einen überaus schmerzhaften Hexenschuß, daß er das Haus nicht verlassen konnte. Lion ging zum Verband und sagte, sein Vater sei krank. Da antwortete man ihm, die »Massen« würden Emi nicht kennen; er solle an allen Veranstaltungen teilnehmen, damit er bekannter werde.

In der Provinz Sichuan überschlugen sich die blutigen Ereignisse. Menschen wurden zu Tausenden mißhandelt, getötet, bei lebendigem Leib begraben und ohne Gerichtsverfahren ins Gefängnis geworfen. So hatte eine Kollegin von Johnny aus dem Dokumentarfilmstudio 51 Tage für nichts und wieder nichts im Gefängnis von Chengdu gesessen. Für die grausigen

Vorfälle machte man die Konspirativen, sprich Liu Shaoqi, verantwortlich. Ihm wollte man nun alles in die Schuhe schieben. Auch in anderen chinesischen Provinzen herrschten katastrophale Zustände. Eines Tages kam ein Anruf von Vitja aus Changchun. Sie wären von Gegnern umringt und könnten nicht aus der Universität heraus. Übrigens war Guang Sai schwanger. Sie wollte das Kind im August in Beijing zur Welt bringen, und ich hatte mir vorgenommen, es aufzuziehen, damit die beiden arbeiten konnten.

Nach wie vor redete ich mit Hans Müller über alles, was ich nicht verstand, wie dieses Herausstellen von Jiang Qing, das Theater um Mao. Seit Beginn der Kulturrevolution war der Kult um ihn ins Unermeßliche gestiegen. Überall hing sein Porträt, die Wände waren voll mit Worten des Vorsitzenden Mao. In den Straßen und öffentlichen Verkehrsmitteln wurden über Lautsprecher seine Losungen verbreitet. Das Studium der Werke Maos war nicht mehr freiwillig, sondern Zwang. Mir tat das weh. Alles, womit man in China Schluß gemacht hatte, kam nun wieder an die Oberfläche: Diebstähle, Anpöbelungen, Morde, Bandenterror etc. Wir sprachen auch über die Ausländer in Beijing. Hans, der nie schlecht über andere Menschen sprach, sagte unverblümt seine Meinung. Die »Revolutionäre« aus dem Freundschaftshotel, wo nur Ausländer wohnten, hackten auf Rewi Alley herum, weil er ihnen nicht revolutionär genug war. Und über Hans zerrissen sie sich die Mäuler, weil seine Kinder in der Lian Dong waren.

Ab dem 6. Juni 1967 fuhr ich jeden Morgen per Rad zum Jiao-Yutai-See schwimmen; manchmal begleitete mich eine Freundin, manchmal Heping. Der See lag außerhalb der Stadt, war von Wald umgeben und nicht überlaufen. Eine friedliche Atmosphäre lag über allem. (Heute ist die Gegend vollkommen mit Hochhäusern zugebaut; die ständig wachsende Stadt Beijing hat sich das ehemals malerische Dorf einverleibt.) Nach dem Schwimmen trank ich mit Emi Kaffee. Es war angenehm in dem großen kühlen Haus, das man Emi neidete. Auf Wandzeitungen im Verband hieß es, er führe – ganz im Sinne Liu Shaoqis – ein aristokratisches Leben. Das war der blanke Hohn! Emi lebte immer äußerst bescheiden. Selbst in Prag hatte er offizielle Einladungen und Porti aus der eigenen Tasche bezahlt. Im Gegensatz zu vielen anderen schmiß er nicht mit Staatsgeldern um sich. Das wollte nur niemand zur Kenntnis nehmen.

Man versuchte immer häufiger, uns in den Schmutz mit hineinzuziehen. Mehrmals kam jemand von der Agentur Xinhua und forderte mich auf, meine früheren Kollegen Jiang Qisheng und Shi Shaohua zu entlarven. Da waren sie bei mir aber an die falsche geraten! Und Emi wurde einem Verhör unterzogen, bei dem irgendein Lümmel etwas über seine Bekanntschaft zu Lu Dingyi, dem früheren Minister für Propaganda, und zu Shao Quanlin, dem Parteisekretär im Schriftstellerverband, herausbekommen wollte. Als Emi nicht sofort auf die Fragen zu Ereignissen von vor 40 Jahren antworten konnte, war man ganz empört.

Schon seit geraumer Zeit schlugen Freunde und Bekannte uns vor, an Jiang Qing zu schreiben und sie um Hilfe für mich zu bitten. In mir sträubte sich alles, denn ich konnte diese Person seit den Tagen in Yan'an nicht ausstehen; und ich wollte ihr in keinem Fall demütig schmeicheln. Aber alle redeten ununterbrochen auf mich ein, sagten, das sei die einzige Hoffnung für Emi und mich. Bestimmt würde es Jiang Qing mit Genugtuung erfüllen, wenn wir uns an sie wandten, und sie würde uns helfen. Emi war ebenfalls gegen diesen Plan, da er Jiang Qing ebenso widerwärtig fand wie ich. Ich würgte einen Brief hervor, bei dem ich kein gutes Gefühl hatte. Stets hatte ich mir geschworen, nicht gegen mein Gewissen zu handeln. Und nun tat ich es doch. Vitja kürzte den Brief, Heping schrieb ihn ab und Emi unterschrieb ihn.

Am 20. Juni fuhr ich zusammen mit Vitja zum Revolutionskomitee des ZK, das von Jiang Qing und Kang Sheng geleitet wurde, und gab den Brief ab. Jetzt hieß es warten.

»22. Juni 1967: Um sechs Uhr fahren Vitja, Heping, eine Freundin von mir und ich schwimmen. Das Wasser ist erfrischend, fast kühl. Wie wohl ich mich fühle in dem See, umgeben von Bäumen und Wiesen. Wie schön doch das Leben sein kann. Ich bin gierig, es ganz auszukosten. Um so älter ich werde, desto lebenshungriger bin ich...« Das war die letzte Tagebucheintragung für die nächsten zwölf Jahre.

Im Gefängnis. Erster Teil

Der 23. Juni 1967 begann wie ein normaler Sommertag: Die Sonne schien, und wie gewöhnlich ging ich morgens schwimmen. Anschließend verzehrten Vitja und Heping, die mich begleitet hatten, mit großem Appetit das mitgebrachte Schwarzbrot, die Gurken, Tomaten und Aprikosen, während ich meinen Morgenkaffee später zu Hause einnahm, wobei mir Emi wie gewöhnlich Gesellschaft leistete. Es war ein heißer Tag. Nachmittags ging Pascha, unsere Haushälterin, mit einer Freundin fort; Emi war ebenfalls unterwegs, und Lion auf dem Lande. Nur Vitja und Heping waren zu Hause. Ich wusch gerade Aprikosen für das Abendessen, das muß so zwischen drei und vier Uhr gewesen sein, da klingelte es. Heping machte auf und rief: »Mama, Genossen von der Miliz [Polizei] wollen dich sprechen.« Zehn sommerlich gekleidete Polizisten und Polizistinnen kamen ins Zimmer. Auf meine freundliche Aufforderung, sich zu setzen, sagte einer der Polizisten: »Du bist verhaftet!«

Voller Entsetzen rief ich Vitja auf russisch durch das geschlossene Fenster zu: »Man hat mich verhaftet!« Darauf einer der Polizisten: »Sprich Chinesisch!« Dann zeigte er Vitja den von Xie Fuzhi, dem Minister für Öffentliche Sicherheit, unterschriebenen Haftbefehl und sagte: »Das ist keine richtige Verhaftung, sondern du kommst nur in Untersuchungshaft, um deinen Fall zu klären.« Erleichtert atmete Vitja auf; in ein paar Tagen würde sich alles aufklären. Dann mußte ich die Schlüssel zu allen Schränken abliefern und Handtücher, Seife, Zahnbürste etc. einpacken. Heping stand stumm dabei. In seinen Augen spiegelte sich alles zugleich: Angst, Entsetzen, Schmerz und Trauer. Dieser Blick verfolgte mich jahrelang. Bevor wir losfuhren, ging ich noch einmal auf die Toilette, wohin mich zwei Polizistinnen begleiteten. Anschließend wurde ich in ein kleines Auto geschoben. Neben mir und dem Fahrer saßen Polizisten, die die menschenleere Gasse genau im Auge behielten, um herauszufinden, ob jemand den Vorgang beobachtet hatte.

Die Fahrt kam mir wie eine Ewigkeit vor. Ich wußte nicht, wohin und wie lange wir fuhren; niemand sprach ein Wort. Ich war wie versteinert, das Gehirn leer. Dann ging es durch ein großes Tor mit Militärwachen davor. Das Auto hielt vor einem Gebäude, in das man mich führte. Dort wurden einige Formalitäten erledigt. So mußte ich eine Quittung unterschreiben, daß ich eine Uhr, einige Kleidungsstücke und andere persönliche

Dinge abgeliefert hatte; die Unterwäsche und Schuhe durfte ich behalten. Von einem bösen Weibsstück, das mich nur unfreundlich anbrüllte, erhielt ich eine zerschlissene schwarze Hose und eine Jacke. Dann brachte mich ein junger Mann, er war freundlich, in die Zelle im vierten Stock und teilte mir mit, daß ich als Häftling ab sofort keinen Namen mehr hätte, sondern die Nummer 3767. (Das bedeutete, wie ich später erfuhr, daß ich die 37. Verhaftete im Jahre 1967 war.) Mein Begleiter instruierte mich, daß ich mich den Gefängnisregeln zu fügen hätte: Ich durfte weder reden noch singen, mußte auf Klingelzeichen zu Bett gehen und wieder aufstehen und durfte tagsüber nicht schlafen. Das änderte sich übrigens nach einem Jahr. Er sagte, es würde bald jemand kommen, um mit mir zu sprechen. Ob ich etwas essen wolle? Nein, ich wollte nicht. Dann ging er. Er verschloß das Eisengitter und die schwere Holztür mit einer kleinen Extratür, in deren Mitte sich ein Guckloch befand. Unten befand sich eine weitere Tür, durch die das Essen hereingereicht wurde. Ich war gefangen, saß hinter Schloß und Riegel. Schon seit meiner Kindheit fürchtete ich mich davor, in einem Zimmer eingeschlossen zu sein; allein die Vorstellung hatte mir immer wieder Alpträume verursacht.

In meiner Verzweiflung begann ich hemmungslos zu weinen. Umgehend wies man mich zurecht, heulen sei strengstens verboten. Hätte ich gewußt, daß an diesem Tag die große Verhaftungswelle begonnen hatte, daß unmittelbar nach mir Emi und viele meiner Bekannten verhaftet worden waren und sich alle in demselben Gefängnis befanden, ich hätte mein Schicksal mit mehr Gleichmut ertragen. Aber all das erfuhr ich erst nach sieben Jahren, am 5. Juli 1974, als meine Kinder mich zum erstenmal besuchen durften. Daß Emi auch verhaftet worden war, erriet ich erst nach langer Zeit. Zunächst dachte ich, ich sei als einzige ins Gefängnis gekommen, und hoffte naiv, Emi würde mich bestimmt bald hier rausholen.

Die Zelle, in der ich mich befand, war für eine einzelne Person recht groß; die Decke und die Wände waren weiß getüncht, der Steinboden glatt. In der Wand gegenüber der Tür befand sich ganz oben ein quadratisches, vierteiliges, vergittertes Fenster, das weit geöffnet war. Das Fenster blieb bis in den Herbst hinein offen, den ganzen Winter über war es hermetisch verschlossen. Darunter stand eine Holzpritsche mit weißer Matratze und einer Decke. Eine Tür führte in ein winziges Gelaß mit Toilette und Waschbecken mit fließendem Wasser. Alles war sehr sauber.

Die erste Nacht schlief ich schlecht. Am nächsten Morgen erschien eine junge Frau bei mir, die mir ein Handtuch und ein Stück Seife brachte. So ein Stück Seife bekäme man alle 45 Tage, meinte sie. Darauf ich: »45 Tage? Du glaubst, ich werde 45 Tage hier sein? Ich habe doch überhaupt nichts verbrochen!« Sie schwieg, brachte mir noch einen anständigen schwarzen Anzug – den verschlissenen ließ sie mir ebenfalls –, einen Besen und einen Lappen zum Aufwischen des Bodens. Den Besen mußte ich nach der Benutzung sofort zurückgeben. Wieder bekam ich zu hören, daß jemand zu mir käme, um sich mit mir zu unterhalten. Zehn Tage lang geschah jedoch nichts. Ich war allein zwischen vier leeren Wänden, hatte nichts zu lesen, nichts zu tun. Auf meine Fragen hieß es immer nur: »Warte und denke nach!« Außerdem sollte ich aufhören zu sagen, ich hätte nichts verbrochen. Ich dachte über tausend Dinge nach, nur nicht über das, was sie von mir verlangten, nämlich über »die schrecklichen Verbrechen«, die ich begangen haben sollte.

Ich dachte an ganz andere Dinge, so an Jiang Qing. Wie hatte ich es nur fertigbringen können, gegen mein Gefühl an diese Person zu schreiben, die für die grauenvolle Entwicklung in China mitverantwortlich war? Nur weil mir einige Leute dringend dazu geraten hatten? Übrigens hatte dieser Brief nichts mit meiner Verhaftung zu tun, da ich ohnehin verhaftet worden wäre. Wahrscheinlich standen Emi und ich schon seit langem auf der schwarzen Liste. In meinen einsamen Stunden dachte ich auch an die letzten zwei Jahre und an die Kulturrevolution zurück. Was hatten Jiang Qing, Lin Biao und Kang Sheng aus dieser ideologischen Revolution gemacht? Sie hatten Maos ursprüngliche Idee – mit Worten, nicht mit Waffen zu kämpfen – pervertiert, die Menschen gegeneinander aufgehetzt und unglaubliche Blutbäder angerichtet. Außerdem war diese Bande dabei, Chinas Wirtschaft und Kultur systematisch zu zerstören und einen großen Teil des Volkes – vor allem die Jugend – geistig zu zersetzen. Somit rächte sich Jiang Qing weidlich für das Verbot, sich politisch zu betätigen, das ihr rund drei Jahrzehnte zuvor bei ihrer Heirat mit Mao Zhuxi vom gesamten Zentralkomitee auferlegt worden war. Doch das durchschaute ich damals noch nicht so genau.

Nach zehn Tagen erhielt ich ein Exemplar des *Roten Büchleins. Die Worte des Vorsitzenden Mao* und meine Lesebrille – ein letzter Gruß von zu Hause. Am Abend des elften Tages wurde ich zum ersten Verhör gerufen. Dieses und die folgenden Verhöre fanden in verschiedenen Räumen statt, die sich alle sehr ähnelten. An den Wänden hingen jeweils ein großes Porträt von Mao und einige seiner Aussprüche. Hinter einem langen Tisch saßen zwei Frauen und ein Mann in Zivil. Eine der Frauen und der Mann stellten mir die Fragen, die andere Frau führte Protokoll. Ich saß auf einem Schemel in einiger Entfernung zum Tisch und wurde als erstes aufgefordert, meine Biographie zu erzählen. Als ich fertig war, fragte man mich erstaunt: »Ist das alles?« – »Ja.« – »Du mußt uns alles ehrlich erzählen.« – Ich: »Aber gewiß.« Warum auch nicht, denn ich hatte nichts zu verbergen! Dann wurde ich freundlich entlassen – es war schon spät –, und ein Wärter begleitete mich zurück zu meiner Zelle.

In den folgenden Monaten wurde ich zwei- bis dreimal die Woche verhört, manchmal am Vormittag, manchmal am Nachmittag, selten abends. Jede Sitzung dauerte etwa zwei Stunden. Ausführlich mußte ich meine Biographie erzählen, wobei die eine Frau immer mitschrieb. Dieses Mal gab man mir auch das Protokoll des ersten Verhörs zum Lesen und war verwundert, daß ich damit nichts anfangen konnte. Ich sagte, daß ich nur Gedrucktes, aber keine handschriftlichen Notizen in Chinesisch lesen könne. Daraufhin las man mir das Protokoll vor, und ich mußte unterschreiben. Allerdings war es schwer für mich, alles so schnell aufzufassen. Ich konnte mich zwar unterhalten, aber hier, wo es auf jedes Wort ankam, reichte mein Chinesisch nicht aus. Meinen Wunsch, mir einen Dolmetscher zu geben, schlug man mir mit dem Hinweis ab, mein Chinesisch sei hervorragend. Wie ich vorausgesehen hatte, entstanden Mißverständnisse, die weidlich ausgenutzt wurden. Auch wenn die drei Maos Ausspruch »Die Wahrheit in den Tatsachen suchen« laufend im Mund führten, ging es ihnen doch nur darum, mir mit allen Mitteln einen Strick zu drehen und eine Spionin aus mir zu machen. Das begriff ich aber erst nach und nach, da ich sie zunächst für Parteimitglieder hielt, denen daran gelegen war, die Wahrheit herauszubekommen.

Allmählich lernte ich auch das Gefängnis kennen, in das man mich eingesperrt hatte. Mehrere vierstöckige Gebäude und ein großer Komplex von nebeneinanderliegenden, durch hohe Mauern getrennten Vierecken ohne Überdachung standen in Obst- und Gemüsegärten. In den »Käfigen ohne Dach« konnte man täglich einzeln unter Bewachung eine Stunde herumspazieren und Luft schnappen. Wären nicht die vergitterten Fenster gewesen, kein Mensch wäre auf die Idee gekommen, daß sich hinter dem Ganzen ein Gefängnis verbarg. Auf den dicken, hohen Mauern ohne Stacheldraht, die das gesamte Areal umgaben, gingen Wachen auf und ab. In diesem Gefängnis gab es nur Einzelhaft. Da ich in den sieben Jahren, die ich hier einsaß, keinen einzigen meiner Mitgefangenen zu Gesicht bekam, dachte ich mir, daß ein solches System ziemlich viel Personal braucht.

Bevor das Gefängnis Ende Oktober 1967 von der Armee übernommen wurde, unterstand es zivilen Behörden. Die Ausgangszeiten, das Duschen, das Schneiden von Haaren und Fingernägeln wurden bis dahin sehr unregelmäßig gehandhabt. Ab Ende Oktober wurde dann alles straff organisiert: jeden Tag eine Stunde an die frische Luft, zweimal im Monat warme Duschen, solange man wollte, anschließend Nägelschneiden; einmal im Monat kam irgendein Wärter in die Zelle, um mir das Haar zu »schneiden«. Da ich es seit Jahrzehnten gewohnt war, mir das Haar selbst zu schneiden, setzte ich durch, das auch im Gefängnis machen zu dürfen. Offenbar hatte man Angst, ich könnte mir etwas antun, denn jedesmal, wenn ich mir die Haare schnitt, wurde ich von zwei Personen bewacht. Später war es nur noch eine, und erst nach Jahren reichte man mir die Schere durch das Türchen – ein Zeichen großen Vertrauens. An den Sonntagen konnte man um Nadel und Faden bitten.

Der Tagesablauf im Gefängnis war genau festgelegt: um sechs Uhr in der Frühe aufstehen, um halb zehn Uhr abends schlafen gehen. Ab 1968 *mußte* man nach dem Mittagessen zwei Stunden schlafen, weil der militärische Drill das so verlangte. Täglich gab es drei Mahlzeiten: um sieben, elf und siebzehn Uhr; sonntags zweimal: um zehn und um sechzehn Uhr. Das Frühstück bestand aus ein bis zwei Owotou (Maisbrötchen) oder Mantou (gedämpfte Brötchen aus Weizenmehl), aus einer Art Hefeklöße, Mais- oder Reisbrei. Mittags und abends erhielten wir Gemüse der Jahreszeit, manchmal auch etwas Fleisch und Reis oder Brötchen. Kranke erhielten zwischendurch noch Nudeln. An Feiertagen gab es Baozi – mit Fleisch gefüllte Brötchen. Zu jeder Mahlzeit wurde anfangs ein Becher mit kochend heißem Wasser serviert, später auch noch dreimal zwischen den Mahlzeiten. Das Essen war insgesamt sättigend und wurde im Laufe der Zeit besser.

Die Versorgung mit Kleidung war ebenfalls ausreichend. So hatte ich zwei schwarze Baumwollhosen und -jacken, zwei Paar kurze weiße Hosen und Hemden, Socken und Stoffschuhe. Im Herbst erhielt ich einen wattierten Anzug und gefütterte Schuhe. War etwas zerrissen, wurde es ersetzt. Aus den alten Sachen nähte ich mir etwas Neues oder machte Aufwischlappen daraus. Auf den Korridoren gingen Tag und Nacht wachhabende Soldaten auf und ab, die alle naselang in die Gucklöcher sahen. Im Turnus von drei Tagen wurden sie ausgewechselt, damit sie keinen Kontakt mit den Gefangenen aufnehmen konnten. Zu den Zellen hatten sie keine Schlüssel, nur die Wärter hatten welche.

Stück um Stück wurde in den Verhören mein Leben offengelegt. Aber die Inquisitoren waren immer noch unzufrieden damit, wollten endlich die Hauptsache hören. Auf meine entgeisterte Frage, was sie denn meinten, antworteten sie nur, ich wüßte schon. Ich wußte aber nichts und machte sie damit ärgerlich. Einmal sagten sie herausfordernd: »Du hast uns noch gar nicht erzählt, warum du Fotografin geworden bist.« Blöde Frage! »Hast du Freunde in der Komintern?« Als ich antwortete, daß diese Organisation mit Sitz in Moskau schon 1943 von Stalin aufgelöst worden war, sperrten sie ihre Mäuler auf. Frage: »Warum hat man dir nach Beendigung deines Studiums in München keine Arbeit zugeteilt?« Diese Frage zeigte mir, daß meine Verhöre von Leuten durchgeführt wurden, die keinerlei Kenntnisse über die Verhältnisse in einem kapitalistischen Land besaßen, und daß man froh sein mußte, wenn man Arbeit fand. Darauf die Frau, die mich verhörte: »Du lügst.« Frage: »Warum bist du ins Ausland gegangen?« Ich: »Ich bin zu meinem Bruder nach Schweden gefahren.« Frage: »War dein Bruder auch in Amerika?« – »Nein.« – »Warum nicht?« In diesem Stil zogen sich die Verhöre über Stunden hin, wobei man wissen muß, daß für diese ungebildeten Menschen der Begriff Ausland so etwas war wie für den Stier das rote Tuch. In ihren Augen kam eine Fahrt ins Ausland, ganz gleich aus welchem Grund, wohin und zu wem man reiste, einem Verbrechen gleich. Ins Ausland zu fahren konnte nur heißen, daß man ein Spion, eine Spionin war. Folglich waren alle Ausländer Spione. Daß man auf Reisen Freunde besucht, daß man am Reisen Vergnügen findet und fremde Länder kennenlernt, ging nicht in ihre beschränkten Hirne hinein. Zu guter Letzt verlangten sie von mir, eine Liste all der Ausländer anzufertigen, die ich kannte – ein nicht zu bewältigendes Unternehmen, da ich gut die Hälfte meines Lebens im Ausland zugebracht hatte.

Ende Oktober hatte ich das Gefühl, wirklich alles gesagt zu haben, was zu sagen war. Es gab keine Lücke mehr. Da wurde ich am 8. November 1967, meinem 56. Geburtstag, zum Verhör gerufen. Außer den drei bekannten Personen war ein Mann anwesend, der an diesem Tag das Verhör leitete. Je zwei Stunden am Vor- und Nachmittag wurde ich über völlig Belangloses ausgefragt, so zu meiner »Beziehung« zu einer Bekannten, einer richtigen Kaffeeklatschtante, mit der Emi und ich nichts zu tun haben wollten. Jedesmal, wenn sie unangemeldet bei uns zu Hause auftauchte, ließen wir uns verleugnen. Anfang der 60er Jahre verschwand diese »chinesische Kommunistin« mit ihrem Sohn in der Sowjetunion. Und nun versuchte dieser neue Kerl, ein Geständnis aus mir herauszupressen über die

»verteufelten Intrigen«, die ich mit dieser dummen Gans gegen China ausgeheckt haben sollte. Ich war völlig durcheinander und schrie die Kommission an: »Was wollt ihr eigentlich von mir? Ich habe mit dieser Parasitin nichts zu tun. In den fünfeinhalb Monaten, die ich hier bin, habe ich euch mein ganzes Leben erzählt. Wann laßt ihr mich endlich nach Hause?« Darauf der Mann, der mir die Fragen gestellt hatte: »Fünfeinhalb Monate, ist das nicht zum Lachen? Ein Jahr, zwei Jahre bleibst du hier, bis du die wichtigsten Dinge gestehst. Bisher hast du doch nur Nebensächlichkeiten erzählt. Wir verschwenden unsere Zeit mit dir, und du sagst uns nichts. Wir geben dir Zeit zum Nachdenken!« Damit war ich entlassen. Ich war verzweifelt. So verging wieder ein Monat.

Am 9. Dezember wurde ich am Vormittag erneut zum Verhör gerufen. Die Frau, die mir in den ersten Monaten meiner Haft die Fragen gestellt hatte und mittlerweile nur noch in Uniform erschien, eröffnete mir, sie hätten alle von mir unterschriebenen Protokolle ausgebessert und gekürzt. Was hieß das? Man würde mir alles vorlesen, und dann müßte ich erneut unterschreiben. Obwohl ich versuchte, mich so gut wie möglich zu konzentrieren und das Vorgelesene in meinem Gehirn wie auf Tonband aufzunehmen, begriff ich manches erst Tage später. Ich war wie unter Hypnose und kam nicht auf die Idee, mir die Teile, die mir unklar waren, so lange vorlesen zu lassen, bis ich sie verstanden hatte. Vieles kam mir merkwürdig vor, aber ich war zu aufgeregt, um zu protestieren – und unterschrieb. Dann fragte ich naiv: »Kann ich jetzt nach Hause?« Die Frage löste ungläubiges Staunen aus. Einer der Männer sagte: »Wir geben dir hier Zeit, über deine Probleme nachzudenken.« – »Aber ich habe euch doch schon alles erzählt, es gibt absolut nichts hinzuzufügen!« Darauf wieder der Mann: »Du hast eine ganze verdorbene Ideologie!« Dann wurde ich abgeführt. (Daß die Aussagen, die ich in den Jahren 1967 und 1968 gemacht und unterschrieben hatte, keinen Einfluß auf die Dauer meines Gefängnisaufenthaltes und den Zeitpunkt meiner Entlassung hatten, wußte ich damals noch nicht. Wahrscheinlich wußten das noch nicht einmal die Untersuchungsrichter.)

Ich schrie, tobte und heulte in meiner Zelle. Da erschienen zwei Wärter und brüllten mich an, ich verstieße gegen die »Diktatur des Proletariats« und sei ein verdorbenes Ding. Zur Strafe mußte ich mit gesenktem Kopf so lange stehenbleiben, bis sie wiederkamen und mir erlaubten, mich zu setzen. Ich weiß nicht mehr, wie lange ich so dastand; wahrscheinlich ein paar Stunden. Als mir das Abendbrot durch die Türklappe gereicht wurde, nahm ich es und aß. Kein Mensch kümmerte sich um mich; man hatte mich einfach vergessen.

Als ich wieder einen einigermaßen klaren Kopf hatte, kam mir langsam zu Bewußtsein, was ich am 9. Dezember unterschrieben hatte. Das, was mein Gehirn damals registriert hatte, wurde plötzlich lebendig – und ich war entsetzt. Die Aussagen, die zunächst wortgetreu niedergeschrieben worden waren, hatte man – absichtlich natürlich – verdreht und entstellt. Das hieß dann »kürzen«. Ich mußte die Leute unbedingt wiedersehen und sie berichtigen. Erst klopfte ich bescheiden an die Tür, dann donnerte ich. Daraufhin mußte ich ein Papier per Daumenabdruck unterschreiben, daß ich »die Diktatur des Proletariats« verletzt hätte. So trieb man Schindluder mit der Bezeichnung »Diktatur des Proletariats«! Trotzdem bat ich immer wieder, mich anzuhören; einige nette Wärter trösteten mich: »Warte nur, warte nur.« Und ich wartete.

Um mir die Zeit ein wenig zu vertreiben, hatte ich darum gebeten, mir Lektüre zu geben. Da hieß es dann: »Du kannst ja nicht lesen.« – »Doch, Gedrucktes kann ich sehr wohl lesen, zum Beispiel die Werke von Mao.« – »Wir haben keine Bücher hier. [Das war eine glatte Lüge!] Wenn wir es für nötig halten, werden wir dir etwas zu lesen besorgen. Du sollst hier nachdenken.« Wenn man monatelang nur ein Buch zur Hand hat, und dann auch nur das *Rote Büchlein,* und tagein, tagaus über etwas nachdenken soll, wo es nichts zum Nachdenken gibt, dreht man durch. In meiner Not wandte ich mich im Dezember an einen jungen Soldaten, der auf meinem Stock Dienst tat und einen freundlichen Eindruck machte; ihn fragte ich, ob er mir nicht etwas zum Lesen besorgen könne. »Ich werde verrückt hier ohne Bücher.« Er erklärte sich bereit dazu und fragte mich, was ich haben wolle. »Die *Vier philosophischen Abhandlungen* von Mao.« Fünf Minuten später hatte ich sie. Bei anderer Gelegenheit ließ ich mir noch Maos Yan'aner Rede *Über Kunst und Literatur* bringen, *Über die neue Demokratie* und andere kurze Schriften.

Irgendwann im Januar 1968 wurde ich eines Abends in einen kleinen Raum gerufen. An einem langen Tisch saßen fünf mir unbekannte Personen: eine Frau in einem grauen Kleid, die unentwegt das *Rote Büchlein* in der Hand schwenkte, ein junger Mann mit krausem Haar in Uniform mit vielen Orden, ein Militär und noch zwei andere, an die ich mich nicht mehr erinnern kann. Die fünf sahen mich erwartungsvoll an, und ich brachte meine Klagen vor. Alle fünf wurden unwillig, und die Frau sagte vorwurfsvoll: »Wochenlang hast du darum gebeten, uns zu sehen. Und nun? Wir dachten, du würdest dich endlich zu deinen Untaten bekennen.« – »Ich habe nichts Unrechtes getan. Die Dinge, die ich bei früheren Verhören erzählt habe, wurden völlig verdreht und entstellt. Ich bitte, das zu korrigieren.« Darauf gingen sie nicht ein. »Wir wollen von dir nicht hören, was du nicht getan hast, sondern was du getan hast.« Als ich abermals meine Unschuld beteuerte, sagte die Frau: »Wir wollen dich hier erziehen und deine verdorbene Ideologie verbessern. Du verschwendest nur unsere kostbare Zeit. Denk über dich nach!« Ich war keinen Schritt weitergekommen.

Beim nächsten Verhör irgendwann im Frühjahr fiel mir von den Untersuchungsrichtern einer besonders auf: ein junger Militär, der, wie die Guomindang-Offiziere in den chinesischen Spielfilmen, die Mütze schief auf dem Kopf sitzen, die Jackenärmel und Hosenbeine aufgekrempelt und die Beine übereinandergeschlagen hatte. Zuerst mußte ich die Worte Maos, die an den Wänden hingen, laut vorlesen. Dann sagte dieser Bengel, ich sei ein Kettenhund des Imperialismus, eine Spionin des Revisionismus. Zum x-ten Male wurde ich aufgefordert, über meine geheimen Beziehungen zur sowjetischen Botschaft zu berichten. Meinen Beteuerungen, es gebe keinerlei Beziehungen, wurde keinerlei Glauben geschenkt. »Wenn ich nach Deutschland fahre, hole ich mir ein Transitvisum durch die UdSSR. Sonst weiter nichts.« Da sagte doch dieser Lümmel: »Wenn du so weitermachst, wird es schlimm mit dir enden.« Dann wurde ich abgeführt. In der Zelle tobte ich wie eine Wilde. Soldaten und Wärter erschienen und meinten, ich sei eine Spionin, das wisse jeder, und ein ganz schlechter Mensch. Gute Menschen würde man hier nämlich gar nicht erst einliefern. Einer von ihnen deutete mit einer Geste an, daß man mich aufhängen sollte.

Da kam mir, ich weiß gar nicht mehr wodurch, die Idee, mir die Finger aufzuritzen und mit meinem Blut etwas zu schreiben. Mit ein paar Bambuszweigen, die vom Stubenbesen abgefallen waren, ritzte ich mir den Zeigefinger der linken Hand auf, nahm Klopapier und schrieb: »Genossen vom Gefängnis! [Eigentlich war mir die Anrede ›Genossen‹ untersagt.] Gute Menschen können hier auch landen, ich bin ein Beispiel dafür. Ich habe nichts Unrechtes getan und bitte deshalb um meine Rehabilitierung.« Dann unterschrieb ich. Mein Brief führte zu einem unglaublichen Krach. Eine Gruppe von Wärtern und Soldaten kam in meine Zelle und brüllte mich an, ich solle mich unterstehen, so etwas noch mal zu machen. Hier dürfe man nur schreiben, wenn man dazu aufgefordert werde. Ich solle gefälligst über mich nachdenken.

Im Juni bekam ich furchtbare Ischiasschmerzen im rechten Bein. Der Arzt behandelte mich anständig und verabreichte mir schmerzstillende Mittel und Injektionen. Die irrsinnigsten Schmerzen hatte ich nachts, da ich mit dem Gesicht zur Tür schlafen mußte. Ich wußte nicht ein noch aus und drehte und wendete mich auf der Pritsche. Sofort hämmerten die Soldaten an die Tür und befahlen mir, das Gesicht zur Tür zu wenden. Da waren sie stur. So ging das jede Nacht, aber schließlich war ich Ende Juni wieder geheilt: Der rechte Fuß hing nur ganz leblos herunter.

Am 1. Juli erschien ein widerlicher, untersetzter Kerl in Uniform bei mir in der Zelle und schnauzte mich an: »Komm mit, du sollst zum Arzt.« Der Kerl legte mir Handschellen an, führte mich aus dem Gebäude und schubste mich in ein Auto, das vor der Eingangstür stand. Er nahm vorne neben dem Fahrer Platz, während ich auf den Rücksitz zwischen zwei Soldaten geklemmt wurde. Es war ein zauberhafter Sommertag mit leuchtend blauem Himmel, unter dem die Menschen frei herumgingen. Ich war wie geblendet. Rote Fahnen und bunte Losungen gaben der Stadt zum heutigen 46. Jahrestag der KP Chinas ein besonders festliches Aussehen. Traurig versteckte ich meine gefesselten Hände unter meiner Jacke. Der Kerl, der mich abgeholt hatte, zog seine Jacke aus, weil es so heiß war. Zum Vorschein kam ein von Flicken übersätes Hemd. Wahrscheinlich wollte er den »braven Soldaten Lei Feng« – eine Musterfigur des korrekten Soldaten – spielen; das sind meistens die schlimmsten. Nach etwa 40 Minuten passierten wir das Tor eines Krankenhauses. Mein Bewacher nahm mir die Handschellen ab, redete aber kein Wort mit mir. Die Richtung, in die ich gehen sollte, deutete er mit kleinen Püffen oder der ausgestreckten Hand an. In einem großen Raum mußte ich unter Bewachung warten, bevor ich untersucht wurde. Anschließend ging es zum Gefängnis zurück. Es war schon spät. Trotzdem erhielt ich von meinem Gefängniswärter, der mich immer anbrüllte, wenn ihm etwas nicht paßte, einen vollen Teller mit duftenden Weizenbrötchen, eine große Schüssel mit Gemüse und etwas Fleisch. Nach gut zwei Wochen war mein Fuß mit Hilfe von Spritzen wieder völlig hergestellt.

Schon Ende Juni war ich auf die Idee gekommen, zum 1. Juli, dem Gründungstag der Partei, einen Brief an Mao Zhuxi zu schreiben. Auf Klopapier konnte ich das aber schlecht machen. Also nahm ich mein Exemplar des *Roten Büchleins,* in dem vorne und hinten leere Seiten waren, ritzte mir einen Finger nach dem anderen auf und schrieb mir meinen Kummer vom Herzen. Das war gar nicht so einfach, da ich ununterbrochen beobachtet wurde. Zum Schluß schrieb ich noch: »Lieber Mao Zhuxi, dieser Brief ist mit meinem Blut geschrieben. Sein Inhalt ist wahr. Helfen Sie mir!« Unter den Wärtern war ein junger netter Mensch – wahrscheinlich von der Öffentlichen Sicherheit –, der einzige, der sich mir gegenüber menschlich verhielt, mit mir sprach, mich selbst reden ließ und mir auch Mut zusprach. Ich will ihn Li nennen, da noch öfter von ihm die Rede sein wird. Als mir Li am 2. Juli das Essen brachte, sagte ich zu ihm: »Ich habe einen Brief an Mao Zhuxi geschrieben, bitte leite ihn doch weiter.« Ich gab ihm das Büchlein, und er schaute es sich aufmerksam an. »Wirst du das weiterleiten?« Ohne einen Vorwurf nickte er und steckte das Buch ein. (Dieses *Rote Büchlein* mit dem Brief darin erhielt ich im Frühjahr 1983 zurück.)

Es muß wohl im August 1968 gewesen sein, als ich wieder einmal zu einem Verhör gerufen wurde. Die Untersuchungsrichter, von denen ich keinen kannte, wollten Aufschluß über meine »Tätigkeit« im Tianjiner Kindergarten. Es war jener Kindergarten, der von der reizenden Genossin Gao geleitet wurde und über den ich einen Dokumentarfilm gedreht und ein Bilderbuch veröffentlicht hatte. Die Tatsache, daß ich mich unbegleitet in dem Tianjiner Kindergarten aufgehalten hatte, machte die Untersuchungsrichter stutzig, so daß sie mich jetzt fragten: »Warum bist du in Tianjin allein in den Kindergarten gegangen? Was wolltest du dort?« (Man stelle sich vor, Eva, die internationale Agentin, spioniert in einem chinesischen Kindergarten.) Leicht gereizt antwortete ich: »Was wollt ihr? Was soll ich als akkreditierte Film- und Fotoreporterin in einem Kindergarten schon machen? Ich habe einen Film gedreht und Aufnahmen von Kindern gemacht. Was ist daran verwerflich?« Da wurden sie ausfallend: »Du hast sehr viele schändliche Dinge begangen. Siao San hat schon alles gestanden. Du bist eine Spionin, und Siao San hat ebenfalls spioniert.« Ich war ganz außer mir: »Ich bin keine Spionin, so wenig wie Siao San ein Spion ist! Fragt doch unsere Kinder, die kennen uns beide gut.« Höhnisch wurde mir entgegengehalten: »Deine Kinder? Die haben schon alles über euch erzählt und gegen euch ausgesagt. Die würden dich am liebsten aufhängen.« Mir verschlug es für einen Moment die Sprache, aber dann war ich mir sicher, daß man nur bluffte. Ich wurde aufgefordert, auf russisch und auf chinesisch einen Bericht über meine »Tätigkeit« im Kindergarten und meine Beziehung zur Leiterin zu verfassen.

Zurück in der Zelle ritzte ich mir einen Finger auf und schrieb auf Klopapier: »Ich bin keine Spionin, und Siao San ist auch kein Spion. Unsere

Kinder kennen und lieben uns, die denken nicht daran, uns aufzuhängen. Ich bitte um Rehabilitierung!« Einer Warnung zum Trotz, alles, was ich schriebe, würde sofort verbrannt werden, gab ich dieses Zettelchen einem Wärter, den ich vorher und nachher nie wiedergesehen habe. »Stimmt es, daß alles verbrannt wird, was ich hier schreibe?« Darauf der Wärter: »Ach wo, nichts wird verbrannt, sondern alles weitergeleitet.« Auf meine Bitte hin brachte er mir ein neues *Rotes Büchlein,* in das ich aber nichts hineinschreiben durfte.

Dem Bericht, mit dem man bestimmt unzufrieden sein würde, fügte ich ungefragt eine Seite hinzu, auf der ich mich darüber empörte, daß ich fortlaufend irgendwelche Schandtaten gestehen mußte, die ich nicht begangen hatte. Ich bat um Nachprüfung meiner Angelegenheit und wieder um Rehabilitierung. Darauf folgte ein neunmonatiges Schweigen bis kurz nach dem IX. Parteitag im April 1969. (Auf diesem Parteitag wurde übrigens Lin Biao offiziell zum Nachfolger Maos ernannt, während Liu Shaoqi als Verräter, Verbrecher, Spion und Streikbrecher aus der Partei ausgeschlossen und aller seiner Ämter enthoben wurde. Im Herbst kam Liu Shaoqi unter grausigen Umständen ums Leben.)

Ab dem 1. November 1968, also nach etwas über 16 Monaten Haft, erhielt ich täglich die *Volkszeitung,* kurz darauf auch die Zeitschrift *Die Rote Fahne.* Auf meine Frage, ob ich nicht von zu Hause ein Lexikon haben dürfte, schüttelte Li nur bedauernd den Kopf. Einige Tage später brachte er mir ein Schülerlexikon, in dem die chinesischen Schriftzeichen mit lateinischen Buchstaben transkribiert waren und jedes Stichwort erläutert wurde. Dieses Lexikon wurde meine Gefängnisbibel. Mit seiner Hilfe frischte ich im Laufe der Zeit meine Allgemeinbildung auf; mit Begeisterung las ich Stichworte über die Gestirne und das Weltall, über Atome und Moleküle, über Ebbe und Flut und viele andere naturwissenschaftliche und geographische Gegebenheiten. Abends im Bett rekapitulierte ich das tagsüber Gelesene; das lenkte mich davon ab, ununterbrochen über meine Situation und die Emis und der Kinder nachzudenken. Zugleich erwies sich das Lexikon als wirkliche Hilfe bei der Zeitungslektüre. Hätte ich allerdings nicht gelernt, zwischen den Zeilen zu lesen, hätte ich nicht viel erfahren. Die Zeitungen waren voll mit mehr oder weniger unsinnigen Artikeln, vor allem aus dem kulturellen Bereich. Ein Beitrag *Von Balzac bis Tolstoi* zum Beispiel verdammte die Werke dieser Schriftsteller als bürgerlich und »revisionistischen Mist«. In einem Artikel unter dem Titel *Musik ohne Überschrift* wurde behauptet, daß alle Kompositionen, die nur eine Opus-Nummer tragen würden, den reaktionären Gehalt des Musikstücks verbergen wollten. Das wurde völlig unsinnig am Beispiel Beethovens »bewiesen«. All diese Artikel entsprangen der »Kulturpolitik« der Genossin Jiang Qing.

Nach wie vor propagierte man auch ein falsches Heldentum, zum Beispiel: Bei einer Überschwemmung ließ ein Mann seine ganze Familie – Mutter, Frau, zwei Kinder – ertrinken, um andere Menschen zu retten. Auf die Hilferufe seines kleinen Sohnes, ihn zu retten, antwortete der Vater: »Erst muß ich mich um die anderen kümmern.« Das nannte man dann Nächstenliebe. Oder ein anderes Beispiel: Der Vater eines jungen Soldaten lag im Sterben und wollte seinen einzigen Sohn noch einmal sehen. Der Sohn lehnte den ihm bewilligten Urlaub mit den Worten ab: »Ich muß für mein Vaterland Wache stehen.« Also starb der Vater allein. Solche und andere Heldentaten wurden in den Zeitungen beschrieben und gelobt. Bezeichnend war, daß viele der Sterbenden nach den Werken Maos verlangten, um vor ihrem Tod noch darin zu lesen; wahrscheinlich starb es sich mit ein paar Worten Maos auf den Lippen leichter.

Aus den Zeitungen erfuhr ich auch, daß Bauern und Arbeiter, die sich besonders bewährt hatten, ohne Vorbildung auf die Universität geschickt wurden. Natürlich hieß es, unsere Hochschulen sind für die Werktätigen da, auch wenn die so Ausgezeichneten rein gar nichts verstanden. Und es gab die sogenannten Barfußärzte, die ihr Handwerk im Handumdrehen erlernten, bei ein paar Operationen zusahen und dann selbst operierten. Die Situation an den Schulen mußte nach wie vor katastrophal sein: Die Kinder wurden ermuntert, »gegen den Strom zu schwimmen«, sich von den Lehrern nichts gefallen zu lassen, sondern zu rebellieren und das Lehrpersonal zu kritisieren. Über diese Dinge, die mir nicht in den Kopf wollten, konnte ich mich mit Wärter Li nicht unterhalten. Sprach ich ihn ab und zu darauf an, meinte er nur: »Du mußt an die Politik der Partei glauben.« Das war fast unmöglich angesichts solcher Verhältnisse und vor allem, wenn man wie ich ohne Grund inhaftiert war.

Die Monate vom 23. Juni 1967 bis Anfang Mai 1969 waren im Rückblick die schlimmsten der gesamten Gefängniszeit, da ich voller Ungewißheit über mich, Emi und die Kinder war, ohne jede Hoffnung. Die Wärterin, das Soldatenweib, und der Wärter, der »Böse«, drangen ohne Grund mehrmals am Tag in meine Zelle ein und beschimpften mich als Schwein, Verräterin, Verbrecherin, Spionin und dergleichen mehr. Auch wenn ich das Verhalten durchschaute, die täglich befohlene Erniedrigung ging mir auf die Nerven, schüchterte mich ein und belastete mich oft seelisch schwer. Man wollte meinen Widerstandswillen untergraben, doch das gelang nicht. Auch wenn ich mich gegen die Tiraden mündlich nicht zur Wehr setzen konnte, vom Schreiben ließ ich mich nicht abhalten. Nachts schlugen die Soldaten an die Türen, machten das Licht an und aus, nur damit ich keinen Schlaf fand. Die Wärterin schikanierte mich auf ihre Art, nahm mir meine eigene Wäsche weg, verbot mir, mich vor dem Zubettgehen umzuziehen (was ich aber doch tat), und tastete meinen Körper ab, wenn ich vom Spaziergang zurückkehrte. Wegen meiner morgendlichen kalten Abreibungen gab es dauernd Krach, aber da hielt ich eisern durch, bis ich nach einigen Jahren sogar eine offizielle Erlaubnis dafür erhielt. Außerdem wurde ich nach wie vor permanent beobachtet. Jede Gemütsregung – wie Weinen oder Lachen – war weiterhin untersagt. Sehr schlimm war für mich auch, daß ich die ersten Monate zum Nichtstun verurteilt war. Das Stillschweigen jedoch war die Hölle. Kein Lebenszeichen von außen – mir kam es so vor, als wäre ich in einem Grab versunken. Das änderte sich erst, als ich regelmäßig Zeitungen erhielt.

Im Mai 1969 wurde ich endlich wieder zu einem Verhör gerufen. Man führte mich in ein kleines Zimmer, in dem zwei Männer an einem Tisch saßen. Den einen, einen Militär, um die 50, breit gebaut mit vollem Gesicht, will ich XX nennen; der andere war ein jüngerer Mann in Zivil, hatte einen schiefen Mund und hieß, wie ich heute weiß, Shen. Beide waren freundlich zu mir. Sie wären gekommen, um meine Fragen und meinen Fall zu regeln. Ich sollte vollstes Vertrauen zu ihnen haben. Ich weinte vor Rührung. Daraufhin sagte XX zu Shen, ich sei ein sehr empfindsamer Mensch. Dann wollten sie hören, was ich über die Rede Lin Biaos auf dem IX. Parteitag dächte. Ich stotterte herum und wußte nicht, was ich sagen sollte. Da meinten sie, meine Ideologie sei doch noch nicht richtig umerzogen. Schließlich baten sie mich, einen Bericht über meine Beziehung zur Sowjetunion und zu meinen sowjetischen Freunden zu schreiben. Sie räumten mir, wenn ich mich recht erinnere, zwei Wochen Zeit ein. Erleichtert atmete ich auf.

Nachdem sie den Bericht gelesen hatten, wurde ich wieder gerufen. Beide waren noch freundlicher zu mir und boten mir sogar einen Stuhl statt eines Schemels an. Sie äußerten sich zufrieden über meine Niederschrift, die ausgezeichnet wäre und ihnen gezeigt hätte, daß ich keine Spionin sei. Ich solle auch weiterhin alles so aufrichtig erzählen – »wir suchen die Wahrheit in den Tatsachen«. Dann sollte ich noch etwas über meine Arbeit für den Deutschen Fernsehfunk schreiben. Als Wärter Li mich abholte, strahlte ich: »Nun wird alles gut.« Er fühlte sich darin bestätigt, was er mir immer gesagt hatte: »Ich habe dir doch gesagt, daß du an die Politik der Partei glauben mußt!«

Nach weiteren Berichten, worüber, weiß ich nicht mehr, wurde ich Ende Herbst 1969, zwei Monate waren seit dem letzten Schreiben vergangen, wieder gerufen. Bis dahin hatte XX auf mich den Eindruck gemacht, als sei er zufrieden mit mir. Nun aber schlug das Wetter mit einem Mal um. Als ich auf einige, mir tückisch erscheinende Fragen hin meine Unschuld beteuerte, donnerte XX los, ich glaubte wohl, trotz all der von mir begangenen Schandtaten ungeschoren davonzukommen. Shen stieß in das gleiche Horn und befand, der einzige Ausweg wäre ein Geständnis. Wahrscheinlich hatten sie einen auf den Deckel bekommen, denn es ging nicht darum, irgendwelche Fragen mit mir zu klären, was sie bis dahin getan hatten, sondern sie wollten eine Spionin aus mir machen und nichts anderes. Nun ging die Fragerei wieder von vorne los, und beide versuchten, mir aus allem und jedem einen Strick zu drehen. Meine Berichte waren gekürzt worden, beziehungsweise was sie kürzen nannten. Sätze waren aus dem Zusammenhang gerissen und ganze Kapitel umgestellt worden, so daß ein völlig falscher Sinn entstand. Protestierte ich gegen den »neuen« Inhalt, wiesen sie mich zurück wegen meines schlechten Chinesisch (was sie bis dahin gelobt hatten!). Die veränderte Fassung mußte ich nach Diktat schreiben, wobei ich keinen Fehler machen durfte. Unterlief mir dennoch einer, mußte ich die ganze Seite neu schreiben, selbst wenn ich auf der letzten Zeile war. Chinesisch nach Diktat fehlerlos zu schreiben, verlangte ein hohes Maß an Konzentration. Zum Schluß zwangen die beiden mich zu unterschreiben, mit dem Hinweis, den Text könne man auch noch später ändern. Wie schon vorher unterschrieb ich in einem tranceähnlichen Zustand.

Im Dezember bekam ich von XX und Shen zu hören, Emi und ich hätten in den 30er Jahren in Moskau verdächtige Dinge getrieben. Emi hätte schon gestanden. Auf diese plumpen Tricks fiel ich nun wirklich nicht mehr herein. Ich sagte lediglich: »Was nicht war, kann auch nicht gestanden werden!« Da gingen sie in die Details und erinnerten mich an einen Abend in Moskau, an dem wir russische und chinesische Gäste hatten und an dem ein chinesisches Gericht gekocht wurde. (Das konnten sie nur aus Emis Tagebuch wissen.) Und was wollten sie von mir hören? In welcher

Reihenfolge die Gäste zur Tür hereingekommen waren! Daran konnte ich mich beim besten Willen nicht mehr erinnern. Ich faßte mir nur an den Kopf.

Anfangs, bei der sanften Tour, sagten meine beiden Großinquisitoren, wenn ich mich an etwas nicht erinnern könne, sollte ich keine Angst haben, schließlich sei ein Gehirn ja kein Tonband. Nun, nachdem die schärfere Gangart eingeschlagen worden war, donnerte Shen mich an, ich hätte mich an alles zu erinnern, und zwar sofort. Sie hatten meine Tagebücher zumindest teilweise gelesen und übersetzt. Mit großer Ausdauer examinierten sie mich nun, was ich im Jahre X an diesem oder jenem Tag gemacht hatte, und verstanden nicht, wenn ich ihnen eine Antwort schuldig blieb. Daß man ein Tagebuch in der Absicht führt, um sich überhaupt erinnern zu können, wollte nicht in ihre Hirne. Auch hier rissen sie wahllos Sätze aus dem Text heraus, deuteten sie falsch und verfälschten somit meine Erinnerungen. Als ich später die Tagebücher zurückbekam, war alles, was ich auf russisch geschrieben hatte – wie Namen, Städte, Film-, Buchtitel –, rot unterstrichen. Schließlich hatten sie die Aufgabe, eine Spionin aus mir zu machen, und daran fleißig gearbeitet.

Im Laufe meiner Arbeit für den Deutschen Fernsehfunk traf ich oft Leute von der Botschaft der DDR. Im Tagebuch stand, daß ich den Kulturattaché der DDR-Botschaft samt Frau einmal zum Abendessen eingeladen hatte. Meine Gäste waren stärker an chinesischer Kunst und Antiquitäten interessiert als an Politik. Trotzdem sollte ich erzählen, ob wir uns an diesem Abend über China unterhalten hätten. Meine spontane Antwort lautete: »Bestimmt nicht!« (Da war ich mir ganz sicher.) – »Du lügst. Denk mal nach, was in jenem Jahr in China los war.« Mir fiel ein, daß zwei Artikel *Über die historischen Erfahrungen der Diktatur des Proletariats* aus Anlaß des XX. Parteitags der KPdSU erschienen waren. Nur um der lästigen Fragerei zu entgehen, sagte ich, wir hätten über diese Artikel gesprochen. »Aha!« meinte XX. »Schreib also: Am soundsovielten habe ich dem Kulturattaché der Botschaft der DDR die Ansicht der KPCh über den XX. Parteitag der KPdSU übermittelt.« Wieder hatten sie mich übertölpelt, und all mein Toben, daß das so nicht stimme, half nichts. Im Gegenteil, sie waren noch so unverschämt zu sagen: »Schwarz ist schwarz, und weiß ist weiß.«

Ein andermal war ich bei Gisela und Harald Hauser in Berlin zu Gast. Auch darüber hatte ich im Tagebuch Notizen gemacht. Warum ich bis Mitternacht dort geblieben wäre? Ich sagte, in Europa könne man auch bis zwei, drei Uhr nachts zusammenbleiben. Was wir an einem solchen langen Abend über China geredet hätten? Für sie bestand die Welt offenbar nur aus Gesprächen über China. Zufällig erinnerte ich mich an diesen Abend: Im Radio wurde ein Beitrag von Willi Lange ausgestralt, dem DDR-Rundfunkkorrespondenten in China. Da meinte Harald nur: »Ach laß doch, hören wir lieber Musik.« Daß man sich gegen eine Sendung über China entschied, hielten beide für unmöglich.

Die Reihe dieser unsinnigen Befragungen zu irgendwelchen Jahre zurückliegenden Ereignissen ließe sich beliebig fortsetzen. Nur eines dieser vollkommen absurden Beispiele möchte ich noch erzählen. Im Oktober 1961 traf ich mich mit dem Kulturattaché der sowjetischen Botschaft und unterhielt mich mit ihm unter anderem über den XXII. Parteitag der KPdSU, der seitens China heftig mißbilligt worden war. Das führte unweigerlich zu der Standardfrage, was wir über China geredet hätten, worauf ich wahrheitsgemäß nur antworten konnte: »Nichts!« Dann wollten sie wissen, was ich im Sommer 1961 gemacht hätte. »Ich habe im Süden einen Film gedreht!« – »Und wo?« – »In Schulen, Kindergärten, Fabriken, Volkskommunen.« Darauf XX: »Aha!« Meine Worte verdrehte er so, daß es sich folgendermaßen anhörte: Im Oktober 1961 hätte ich dem Kulturattaché der sowjetischen Botschaft über die Lage der Volkskommunen in Guangzhou »Bericht erstattet«. Auch das unterschrieb ich – in der trügerischen Hoffnung, man ließe mich frei, wenn ich »gestehen« würde.

Emis und mein Einsatz für China, wobei seiner natürlich viel größer war als meiner, galt nun als Spionage. Die vielen fremden Schriftsteller und Künstler, die bei uns zu Gast gewesen waren, die Emi liebten und verehrten und denen Emi China auf seine Weise nahegebracht hatte, waren auf einmal Spione. Meine Fotos und Filme, meine Reisen nach Tibet, ins Landesinnere, in die DDR und die Sowjetunion machten mich verdächtig. Alle Aktivitäten mußte ich lang und breit erklären, jeden meiner Schritte nachträglich begründen, obwohl sie von der Agentur Xinhua, später vom Informationsbüro des Außenministeriums genau festgelegt worden waren. Trotzdem wußten sie überall ein Haar in der Suppe zu finden. Dabei sprach aus jedem meiner Filme, Fotos, Bildbände, Aufsätze, aus allen meinen Briefen meine Liebe zu China.

XX und Shen versuchten, mich mal mit der weichen, mal mit der harten Tour weichzuklopfen. Natürlich glaubten sie selbst nicht an meine Schuld, da sie nur zu gut wußten, daß sie nichts als Lügen fabriziert hatten. Verfolgten sie die weiche Linie, hörte ich, daß meine ideologische Haltung sich zum Guten gewandelt hätte, ich fleißig sei und gut lernte. Das stimmte wirklich. In solchen Augenblicken versprachen sie mir sogar, daß ich später Arbeit bekäme. Zu den Verhören kam irgendwann eine dritte Person hinzu, ein jüngerer Militär namens Fan. Er half mir, wo er konnte, und diktierte mir sogar die Interpunktion auf russisch. Fan kümmerte sich nicht weiter um XX, der wohl sein Vorgesetzter war, und schon gar nicht um Shen. Furchtlos bekundete er mir sein Mitgefühl, jedenfalls schien es mir so, und immer, wenn ich ihm begegnete, was recht selten war, war ich optimistischer gestimmt.

Als ich im Frühjahr 1971 bei einem dieser Verhöre wieder einmal heftig mit dem Vorwurf, eine Spionin zu sein, bedrängt wurde, sagte ich: »Fragen Sie doch Anna Louise Strong, ob ich eine Spionin bin!« Kalt antwortete XX: »Anna Louise Strong ist gestern gestorben!« Mühselig verbarg ich mein Entsetzen und meinen Schmerz über diese schreckliche, traurige Nachricht. Erst später begriff ich übrigens, warum ich am 1. April 1971 keine *Volkszeitung* bekommen hatte (Emi übrigens auch nicht): In dieser Ausgabe wurde in Wort und Bild über Annas Trauerfeier berichtet, bei der viele unserer gemeinsamen ausländischen Freunde fehlten. Man hatte offensichtlich befürchtet, wir könnten uns einen Reim darauf machen, wer von ihnen alles verhaftet worden war. Erst die Trauerfeier zu Annas zehnjährigem Todestag versammelte uns alle wieder vollzählig.

Während der Haft zog ich einige Male um. Der erste Umzug fand in demselben Gebäude statt, in dem ich seit Juni 1967 war; beim nächsten wurde mir eine Zelle in einem anderen Trakt zugewiesen, die mir besser als die beiden vorhergehenden gefiel. Der Raum war größer und heller, Waschbecken und Toilette befanden sich zwar nicht in einem separaten Gelaß, waren aber sauber und funktionierten besser als in so manchem Beijinger Wohnhaus. Meine neue Zelle lag am Ende eines Gangs. Wie sich herausstellte, hatte das einen wesentlichen Vorteil: Die Wärter, die mir zugetan waren und das Essen austeilten, kamen immer zuletzt zu mir und gaben mir dann alles, was übriggeblieben war – manchmal eine ganz schöne Portion.

Einmal hatte ich ein recht lustiges Erlebnis mit einem der wachhabenden Soldaten. Es war heiß, ich zog die Jacke aus und wusch mich mit dem Rücken zum Guckloch. Plötzlich klopfte es an die Tür, und eine Männerstimme fragte, was ich da mache. Ich ging zur Tür und sagte: »Ich wasche mich.« Darauf er: »Du wirst dich erkälten.« Ich lachend: »Ich bin an kaltes Wasser gewöhnt.« – »Ach, das ist ja interessant! Wasch dich doch noch mal.« – »Bist du verrückt? Schämst du dich nicht, einer alten Frau beim Waschen zuzusehen?« – »Du und alt?« – »Natürlich, ich bin 60.« – »Das glaube ich dir nicht. Vielleicht ist deine Mutter 60 Jahre alt.« – »Nun mach aber mal einen Punkt!« In den nächsten Tagen knipste »mein« Soldat dauernd das Licht an und aus, um sich bemerkbar zu machen. Als ich ihn fragte, was das solle, meinte er lakonisch, er prüfe, ob das Licht in Ordnung sei. Dann plötzlich heftig: »Du hast so tiefe Augen.« Darauf ich: »Was soll denn das heißen? Willst du mich beleidigen?« – »Nein, nein, ich wollte nur sagen, du hast schöne Augen.« Ich dachte, der Kerl ist nicht ganz richtig im Kopf, und ging ganz nah an das Guckloch, was natürlich verboten war. Draußen stand ein junger Soldat. Ein paar Tage ging dieses Spielchen noch weiter, dann war er weg. In all meinen Gefängnisjahren kam es immer wieder einmal vor, daß Soldaten ein paar Worte mit mir wechselten – unerlaubterweise, versteht sich. Aber so etwas Verrücktes ereignete sich nie wieder.

Kurz vor dem IX. Parteitag erhielt ich Bücher auf chinesisch, russisch und deutsch, so von Karl Marx, Friedrich Engels, Lenin, Mao Zedong und anderen. Man gab mir vier Bände von Mao, *Das kommunistische Manifest*, den *Anti-Düring*, das *Gothaer Programm*, den *Bürgerkrieg in Frankreich*, *Staat und Revolution*. Ich ging mit mir zu Rate und sagte zu mir, setz dich hin und lerne. In deinem Leben wirst du nie wieder soviel Zeit zum Lesen haben. Nimm das wahr. Nur ein innerlich leerer Mensch kann Einsamkeit nicht ertragen. Jetzt beweise, was in dir steckt! Hartnäckig studierte ich daraufhin in drei Sprachen Wort für Wort. Ich lernte, dialektisch zu denken, die Welt und mich in dieser Welt zu analysieren und mich kritisch zu sehen. Ich machte mir Gedanken über die politischen Ereignisse, die ich miterlebt hatte, und über die aktuellen Meldungen in den Zeitungen. Im Laufe der Zeit bemerkte ich eine Veränderung bei mir: Ich fühlte, daß ich innerlich reicher geworden und gewachsen war, daß ich selbstbewußter und zuversichtlicher wurde. Die idiotischen Fragereien und Drohungen, die allerdings immer seltener wurden, konnten mir meine Hoffnung nicht nehmen, eines Tages wieder in Freiheit zu leben.

Im Gefängnis. Zweiter Teil

Mein Abhärtungstraining hatte ich wieder einmal übertrieben. Im Dezember 1971 machte ich auf dem kalten Steinfußboden mit nackten Füßen Gymnastik und zog mir prompt mein altes Ischiasleiden wieder zu. Die Schmerzen waren dermaßen stark, daß ich auch nachts Injektionen erhielt. Am Sylvesterabend waren die Schmerzen zwar fort, aber mein rechter Fuß hing wie schon drei Jahre zuvor leblos herunter; ich konnte ihn nicht nach oben bewegen. Daraufhin bat ich den Arzt, mir dieselben Injektionen zu verabreichen, die mir 1968 geholfen hatten. Als nach zwei Wochen keine Besserung eintrat, brachte mich der Arzt persönlich ins Krankenhaus – dieses Mal ohne Handschellen, aber mit einer schwarzen Brille, so daß ich nicht sehen konnte, wo es hinging. Der Krankenhausarzt schlug vor, mich in der Klinik zu behalten. So änderte sich mit einem Schlag mein bisheriges Gefängnisleben.

Das Zimmer, das mir zugewiesen wurde, hatte zwar ein vergittertes Fenster, war aber sonst recht angenehm: Ich hatte ein richtiges Bett, ein paar Schemel, Nachtgeschirr, eine Waschschüssel und Heizung. Vor dem Fenster hingen Gardinen, und in der Tür gab es kein Guckloch. Später wurde mir noch ein Nachttischchen ins Zimmer gestellt. Ich lag auf einer Station für die Zivilbevölkerung, hörte Gespräche und Kinderstimmen auf dem Flur, was mich mein Eingesperrtsein allerdings besonders schlimm empfinden ließ. Morgens sehr zeitig – auch hier durfte ich nicht nach der Uhrzeit fragen, ich vermutete aber gegen fünf Uhr – wurde ich zur Toilette geführt, wo ich mein Nachtgeschirr ausleerte und reinigte und einen Holzstock mit vielen Stoffetzen dran, einen Dunbu, zum Bodenaufwischen ausgehändigt bekam. Dann holte ich mir noch eine Schüssel Wasser. Diese zwei Wege hin und zurück waren meine einzige Bewegung am Tag; in den nächsten fünfeinhalb Monaten kam ich nicht ein einziges Mal ins Freie.

Das Leben im Krankenhaus war recht entspannt. Als Kranke konnte ich jederzeit an die Tür klopfen, wenn ich einen Wunsch hatte. Ich konnte auch so viel und so lange schlafen, wie ich wollte. In ihrer Sprache hieß das »bing shui« = krankschlafen. Das Essen war ordentlich; zwischen Frühstück und Mittagbrot wurde eine Schale Milch gereicht, zwischen Mittag- und Abendessen gedämpfte Eier, ein chinesisches Gericht, bei dem die Eier mit Wasser oder Milch und Salz in einer Schüssel gut verrührt werden. Die Schüssel wird im Wasserbad so lange erhitzt, bis die Masse steif geworden ist. Morgens und abends wurde die Thermoskanne mit kochend heißem Wasser gefüllt. Die Mahlzeiten – und Zeitungen – wurden mir von Soldaten oder Leuten der Öffentlichen Sicherheit gebracht, da das Krankenhaus in die Zuständigkeit dieses Ministeriums fiel; so stand es zumindest auf den Kopfkissen. (Von meiner heutigen Wohnung im 14. Stock eines Neubaus kann ich auf die Fenster der Zimmer sehen, in denen ich 1972 als Sträfling untergebracht war.)

Ich wurde sorgfältig untersucht, geröntgt, bekam täglich Injektionen sowie andere Medizin, und ein Arzt behandelte mich alle zwei oder drei Tage mit elektrischer Akupunktur. Dieser Arzt wechselte nur am ersten Tag ein paar Worte mit mir, danach nur ab und zu ein paar medizinische Fachausdrücke. Eine Ärztin, die manchmal nach mir sah, kümmerte sich nicht um irgendwelche Redeverbote, sondern behandelte mich genauso wie alle anderen Patienten auch.

Gleich in den ersten Tagen im Krankenhaus tauchten meine Untersuchungsrichter, XX und Shen, bei mir auf, erkundigten sich nach meinem Wohlergehen und beruhigten mich, ich bräuchte jetzt keine Fragen zu beantworten, sondern sollte nur an meine Gesundheit denken und mich ausruhen. Sie fragten, wie die Verpflegung sei und ob ich Wünsche hätte. Ich bat sie, mir meine Bücher und das Studienmaterial aus dem Gefängnis zu schicken, was auch umgehend geschah. Insgesamt machten beide einen besorgten Eindruck, und es schien ihnen viel daran gelegen, daß ich gesund wurde. Warum, weiß ich nicht, aber sie konnten den politischen Himmel besser sehen und abschätzen, was sich am Horizont abzeichnete, aber noch nicht in den Zeitungen stand. Am darauffolgenden Tag besuchte mich ein höherer Militär und unterhielt sich freundlich mit mir, wobei er mir versicherte, daß ich bald wieder gesund sei.

Von dem Druck der letzten Jahre fühlte ich mich befreit. Ich schlief stundenlang, ohne durch Schikanen des Wachpersonals aufgeschreckt zu werden. Als ich wieder einigermaßen beisammen war, nahm ich meinen gewohnten Tagesrhythmus auf: morgens kalte Abreibungen und Gymnastik, dann Lesen und Lernen. Und wenn ich müde war, machte ich das Zimmer sauber. So entdeckte ich bei genauerem Hinsehen, daß das Bettgestell furchtbar dreckig war. Die Bettwäsche wurde zwar oft gewechselt, um das Gestell kümmerte sich aber niemand. Zum Reinigen des Betts, des Nachttischs, des Fensters und der Schemel benutzte ich mein morgendliches Waschwasser. Hatte mal ein hilfsbereiter Soldat Dienst, wechselte er mir das Wasser ein- oder zweimal. Nach etwa zwei Wochen waren das Bett und das vollkommen verklebte Fenster sauber. Nun konnte ich auch ungehindert hinausschauen und nachts bei geöffnetem Fenster schlafen. Das ging nur, weil mich niemand beobachtete, die Gardinen stets vorgezogen waren und ich jeden rechtzeitig hörte, der zu mir ins Zimmer wollte.

Nachts brannte eine schwache Lampe, da ich auch hier nicht im Dunkeln schlafen durfte. Dann sah ich, wie die Wanzen die Wände hochkrochen und sich von der Zimmerdecke auf meine Bettdecke herabfallen ließen. Dort erwischte ich sie und schlug sie tot. Am Morgen zeigte ich den Schwestern meine Wanzenernte. Gleichgültig zuckten sie mit den Schultern. Trotz allseitiger Bemühungen und Injektionen wurde mein Fuß aber nicht besser.

Nach etwa zwei Monaten mußte ich mein Zimmer, in dem ich mich wohl fühlte, verlassen und umziehen. Auf demselben Stock gab es eine Sträflingsabteilung, in die ich verlegt wurde. Zu beiden Seiten eines kleinen Korridors lagen vier oder fünf Zimmer; Duschen und Toiletten für alle waren in einem Raum untergebracht. Beim Anblick meines neuen Zimmers fing ich an zu heulen: Die Wände und die Zimmerdecke waren schwarz, Fenster und Bett starrten vor Dreck. Ein Wärter tröstete mich, indem er mir Besen und Bürste gab. Als ich mitten beim Putzen war, erschien er im weißen Kittel mit einer Leiter, schloß die Tür vorsichtig ab und schrubbte mir die Zimmerdecke sauber. Dann brachte er mir meine Schemel und das Nachttischchen aus dem alten Zimmer. Über soviel Hilfsbereitschaft war ich ganz gerührt.

Die nächsten Tage schuftete ich wie verrückt. Ich durfte öfter am Tage frisches Wasser holen. Nach eingehender Säuberung zeigte sich, daß das Bett, der Fensterrahmen und die Verkleidung des Heizkörpers mit gelber Ölfarbe gestrichen waren. Und unter dem Dreck auf den Wänden kam dunkelgrüne Ölfarbe zum Vorschein. Ich kratzte und wusch die Tünche nach und nach ab, und bald hatte ich ein Zimmerchen, das sich in jedem Erholungsheim hätte sehen lassen können. Wenn ich auf meinem Bett lag, sah ich durch das geöffnete Fenster auf das Laub der Bäume, den blauen Himmel und die Festtagsdekoration in den Straßen anläßlich der Feierlichkeiten zum 1. Mai.

All das ging nicht ohne Streitigkeiten ab. Einige Soldaten und Wärter wollten mir die Arbeit verbieten, aber ich kümmerte mich nicht darum. Sie schimpften, daß das Chaos ausbrechen würde, wenn alle Patienten hier saubermachten. Ich entgegnete nur: »Dann hättet ihr wenigstens eine saubere Station!« Und als ich rote Fahnen mit Hilfe von Reisschleim an die

Wand klebte, sagten die Soldaten: »So ein bürgerlicher Quatsch!« Darauf ich: »Seit wann sind rote Fahnen bürgerlich? Ich dachte immer, das seien die Symbole der Revolution.« Mein hilfsbereiter Wärter hingegen war begeistert, betrachtete die roten Fahnen und sagte dann voll Bewunderung: »Das ist echte Kunst!«

Meine Vorliebe für körperliche Arbeit hatte sich mittlerweile auf der ganzen Station herumgesprochen. Eines Tages erschien die Ärztin bei mir und sagte etwas verlegen: »Weißt du, das Zimmer gegenüber ist ziemlich schmutzig, und am Nachmittag wird ein neuer Kranker eingeliefert. Hättest du nicht Lust, zusammen mit einer Hilfe das Zimmer zu säubern?« Und ob ich Lust hatte. Ich dürstete danach, mich zu betätigen. Ich wurde zwar eingeschlossen, aber ich bekam alles, was man zum Reinemachen benötigt, vor allem Wasser, soviel ich wollte, und bis Mittag hatten wir das Zimmer sauber. Als die Ärztin mich zum Essen abholte, sah ich wie ein Mehlmann aus: Ich war von der abgebürsteten Tünche über und über weiß eingepudert, und selbst im Haar hingen die Reste des alten Anstrichs. Die Ärztin zog mich in den Duschraum und gab mir frische Kleidung. Das anschließende Essen schmeckte himmlisch. Mit der Zeit säuberte ich alle Krankenzimmer in der Gefängnisabteilung.

Wenn ich frühmorgens mein Nachtgeschirr reinigte, begegnete ich den Wärtern in den weißen Kitteln mit Gummihandschuhen und Mundschutz – die ich für mich Maulkorb nannte –, wenn sie die Nachtgeschirre und Spucknäpfe der bettlägerigen Kranken reinigten. Ich sah, daß sie sich ekelten. Da erbot ich mich, diese Arbeit für sie jeden Morgen zu übernehmen. Das lehnten sie verlegen ab. Vielleicht hatten sie Angst, daß ich diese Tätigkeit gegen sie verwenden würde, in dem Sinne, daß sie mich zu dieser schmutzigen Arbeit gezwungen hätten. Ich konnte sie aber überzeugen, daß ich aus freien Stücken handelte. Sie übertrugen sie mir, und ich ekelte mich nicht. Bei dieser Gelegenheit lernte ich unter Anleitung eines Soldaten auch, richtig mit einem Dunbu umzugehen. Nachdem ich wieder einmal so einen richtigen Arbeitstag hinter mir und gerade meine gedämpften Eier gegessen hatte, ging die Tür auf, und mein hilfsbereiter Wärter brachte mir eine zweite Portion. Ich sagte ihm, daß ich schon gegessen hätte. Er aber drückte mir die Schale in die Hände und sagte geradezu liebevoll: »Na, dann ißt du heute eben zwei.« Bevor er das Zimmer verließ, drehte er sich in der Tür noch einmal um und sah mich mit einem traurigen Blick an. Als er fort war, wußte ich, daß er sich von mir verabschiedet hatte. Und tatsächlich sah ich ihn nie wieder.

Eines Tages kam ich auf die Idee, mir zur Schönheitspflege aus Reisschleim Gesichtsmasken zu machen. Als man mich fragte, was ich denn da tue, antwortete ich, das sei ein Hausmittel gegen Kopfschmerzen. Daraufhin ließ man mich gewähren, da die Chinesen vor allen Hausmitteln großen Respekt haben. In der übrigen freien Zeit lernte ich fleißig. An die Bücher, die ich damals las, kann ich mich aber im einzelnen nicht mehr erinnern. Und ich verfolgte das Geschehen außerhalb der Krankenhausmauern durch intensives Zeitungsstudium. Damals wurde im ganzen Land Sparen propagiert. So hatte ein Pfleger in einem großen Krankenhaus alle benutzten Wattebällchen, die sonst weggeworfen wurden, gesammelt, gewaschen, getrocknet und sterilisiert. Mit diesem Verfahren konnte täglich viel Watte gespart werden. Ich folgte seinem Beispiel und hob die Wattebällchen auf, die benutzt wurden, wenn ich eine Injektion erhielt. Als ich nach einiger Zeit der Ärztin ein Päckchen überreichte, schaute sie mich erstaunt an, öffnete es und fragte mich, als sie die Wattebällchen sah, ob ich verrückt sei. Dann schmiß sie das Päckchen samt Inhalt weg. Ich war aber überzeugt, daß man umsichtig mit Materialien und Rohstoffen – wie Wasser – umgehen muß. So schmissen die Soldaten die Stoffstreifen und -fetzen, die von dem Dunbu abfielen, regelmäßig fort. Ich hob sie aber auf, sammelte sie und nähte mir daraus Stoffballen in der Größe von Bürsten. Da ich im Gefängnis sonst nichts zum Bodenaufwischen hatte, kamen mir diese selbstgenähten Schrubber in den folgenden Gefängnisjahren sehr zugute.

Eines Abends, wohl Mitte April 1972, befahl mir ein Wärter: »Pack deine Sachen, du mußt hier fort.« Ich war zutiefst erschrocken, weil man mich so unvorbereitet aus meinem »Paradies« verjagen wollte, und wies auf meinen immer noch nicht geheilten Fuß. Er zuckte nur mit den Schultern. Also mußte ich meine Siebensachen nehmen und mich von dem Wärter in den Hof führen lassen, wo ein Auto bereitstand. Er setzte mich hinein, verschwand, und ich wartete – wie mir schien, eine Ewigkeit. Endlich kam der Wärter zurück. Er holte mich aus dem Wagen heraus und brachte mich zurück in mein Zimmer. Ich fragte ihn, ob ich nur vorübergehend hier bliebe oder länger. Er beruhigte mich und sagte: »Vorläufig bleibst du hier.«

Als ich schon im Bett lag, kam er noch einmal, setzte sich an mein Bett und fragte, ob ich irgendwelche Wünsche hätte. Ich wollte endlich die Untersuchungsrichter sehen, worum ich wiederholt schon gebeten hatte. Und siehe da, dieses Mal hatte ich Erfolg. Sie kamen zu dritt: XX, Shen und der nette Fan. Ich saß im Schlafanzug auf dem Bett, sie mir gegenüber auf Schemeln. Das war eine andere Atmosphäre als im Gefängnis. Wann ich wieder nach Hause könnte, wußten sie nicht; sie versicherten mir aber, daß meine Fragen gerecht gelöst würden und ich später bestimmt auch Arbeit bekäme. Ich erzählte von meiner freiwilligen Tätigkeit im Krankenhaus, von meinen Fortschritten beim Studium und von meinen zahlreichen Gedanken. Bei diesem freundlichen Gespräch sah ich XX zum letztenmal; an seine Stelle trat Fan – ein erfreulicher Wechsel.

Die Zeit im Krankenhaus verging schnell, ich genoß jede Minute. Nur der Fuß wollte nicht heilen. Am Nachmittag des 30. Juni 1972 teilte man mir mit, daß ich mein Zimmer räumen müsse – dieses Mal unwiderruflich –, da ein Schwerkranker eingeliefert werde und die anderen Zimmer alle belegt seien. Die Ärztin fand ein paar aufmunternde Worte für mich: »Wenn wieder Platz ist, kommst du zurück.« Ich wußte, daß dem nicht so war. Doch wer war der Schwerkranke? Diese Frage beschäftigte mich im Augenblick mehr als alles andere. Etwa Emi? Diesen Gedanken wurde ich einfach nicht los. (Erst in der Freiheit erfuhr ich, daß es nicht Emi war.) Als man den Kranken einlieferte, wurde ich in den Duschraum gesperrt, damit wir keinen Kontakt aufnehmen konnten oder uns sahen. Dann wurde mir mein Abendessen, bestehend aus Mantou, kalter, aufgeschnittener Leber und gekochtem Wasser, im Korridor serviert. Anschließend, es war schon später Abend, ging es zurück ins Gefängnis, wo ich meine Zelle genauso vorfand, wie ich sie verlassen hatte.

Anstelle des Arztes betreute mich nun eine Ärztin, die zurückhaltend, aber freundlich war. Sie behandelte mich mit Akupunktur, die jedoch ohne Wirkung blieb. Mit Hilfe der Ärztin konnte ich jedoch erreichen, daß ein Teil des Fensters Tag und Nacht geöffnet blieb, als man es im Herbst für die Winter abdichten wollte. Auch eine neue Wärterin war da, eine stille, kleine Frau Mitte 40, die mir, als sie merkte, daß ich Mantou und Reis nicht gerne aß, das übriggebliebene Gemüse und Fleisch der Angestellten jeden Tag in einem Eimer brachte. Sie machte die Klapptür auf und füllte mir mit einer Kelle ein-, manchmal auch zweimal die Schüssel mit den Köstlichkeiten.

Nur noch selten wurde ich zu Gesprächen und Verhören gerufen. Verschiedene, unbekannte Untersuchungsrichter fragten mich über meine Beziehungen zu allen möglichen Menschen aus, darunter auch zu der Regisseurin Xun Weishi, der Adoptivtochter Zhou Enlais, den Jiang Qing haßte wie die Pest. Der Fragestellung entnahm ich, daß man Xun Weishi ebenfalls zur Spionin abstempeln wollte. Ich hatte damals – im Jahre 1972 – nicht ahnen können, daß Xun Weishi zu diesem Zeitpunkt schon vier Jahre tot war und die ganze Fragerei im Grunde nur gegen Zhou Enlai gerichtet war. 1978 erschien anläßlich des zehnten Todestages von Xun Weishi ein Nachruf ihres Gatten Jing Shan in der *Volkszeitung*. Darin schrieb er unter anderem, daß Xun Weishi Jiang Qing ein Dorn im Auge war, da sie zu viel über ihre Vergangenheit gewußt und sich den unverschämten Forderungen nie unterworfen hatte, die Jiang Qing vor und nach der Befreiung an sie richtete. Schon in Yan'an hatte Jiang Qing zu Xun Weishi gesagt: »Ich bin die Gattin [Maos], du die Tochter [Zhous], laß uns gemeinsame Sache machen« – was nichts Gutes verhieß. Xun Weishi war herzkrank; trotzdem bekam sie Handfesseln bei ihrer Verhaftung angelegt. Sie muß Furchtbares durchlitten haben. Im Herbst 1968 starb sie unter Qualen. Als Zhou Enlai, der die Verhaftung seiner eigenen Tochter nicht hatte verhindern können, ohne sich selbst zu gefährden, den Leichnam anforderte, bekam er zur Antwort: »Spione werden sofort verbrannt.« Er, der so vielen Menschen das Leben gerettet hatte (später auch Emi), konnte seiner Tochter nicht helfen. So rächte sich Jiang Qing an den Menschen, die sie auf direktem Weg nicht vernichten konnte.

Ich erzähle diese Geschichte an dieser Stelle, damit man nicht meint, die Gefängnisse seien in der Zeit der Kulturrevolution bessere Erholungsheime gewesen. Die Behandlung der Gefangenen, aber auch der Menschen, die in Freiheit waren, hing ganz davon ab, wie sehr sie Jiang Qing und Kang Sheng verhaßt waren. Viele Ausländer und Funktionäre, die ich kannte, saßen jahrelang im Gefängnis, ohne Verhandlung, ohne Verhör oder daß sonst etwas passierte, nur weil diese Menschen den beiden egal waren. Aber wehe dem, der den von diesen Judassen aufgewiegelten Massen in die Hände fiel: Er wurde gequält, gefoltert, zu Tode geprügelt oder von einem oberen Stockwerk in die Tiefe gestürzt. Das Gefängnis, in dem ich mich befand, war eine Art Modellgefängnis; aber selbst da trugen sich schlimme Dinge zu. Manchmal drohte man mir an, mich in ein dunkles Verlies zu sperren. Ich dachte, man wollte mich nur erschrecken. Später erfuhr ich aber, daß es solche Verliese tatsächlich gab. In anderen Gefängnissen, vor allem in der Provinz, und in den Kaderschulen, die halbe Konzentrationslager waren, ging es nach Beschreibung derjenigen, die sie überlebt hatten, grauenhaft zu.

Eines Spätnachmittags, Ende August oder Anfang September 1973, wurden auf dem Gefängnisstock Lautsprecher aufgestellt. Da die Akustik schlecht war, verstand ich von der langen Rede, die übertragen wurde, nur wenig. Offenbar ging es um irgendeinen Kongreß. Danach erhielt ich von einer jungen Wärterin zwei Blatt Papier und einen Stift, um innerhalb von zwei Stunden meine Meinung zu dem eben Gehörten festzuhalten. Als ich der Wärterin sagte, daß ich nichts verstanden hätte und sie mir kurz den Inhalt der Rede wiedergeben solle, antwortete sie: »Lin Biao ist ein Verräter, da er Mao Zhuxi umbringen und ein eigenes Zentralkomitee bilden wollte. Nachdem seine Pläne durchkreuzt worden sind, ist sein Flugzeug auf der Flucht in die Sowjetunion über der Mongolischen Volksrepublik abgestürzt.« Ich war baff! Zuerst hatte ich gedacht, das mit dem Schreiben nicht zu schaffen; dann besann ich mich aber, rief die Wärterin zurück und sagte: »Gib mir das Papier, ich werde etwas schreiben, aber ich brauche mehr Zeit.« Wenn ich bis zum frühen Morgen fertig sei, wäre sie einverstanden.

Der *Volkszeitung* hatte ich entnommen, daß Lin Biao auf dem IX. Parteitag der KPCh am 1. April 1969 zum offiziellen Nachfolger Maos ernannt worden war; daß das noch zu Lebzeiten eines Parteiführers geschah, war für einen kommunistischen Staat eine unwürdige und ganz unerhörte Geschichte. In jeder Ausgabe der *Roten Fahne* wurden Fotos von Lin Biao neben Mao veröffentlicht. Der ganze Kerl mit seinen falschen Zähnen und seinem falschen Lächeln widerte mich an. Bereits Jahre zuvor hatte ich von einem maßgebenden Arzt erfahren, daß Lin Biao ein Psychopath und Hysteriker sei. Natürlich durfte man das nicht laut sagen. Wie er sich in Maos Herz eingeschlichen hatte, ist mir bis heute ein Rätsel. Vielleicht hatte er sich mit dem Götterkult, den er um den Großen Vorsitzenden trieb, eingeschmeichelt. Wenn sich zwei Menschen begrüßten, mußten sie erst Worte des Vorsitzenden murmeln, ebenso beim Abnehmen des Telefonhörers oder vor den Mahlzeiten. Unterließ man es, konnte man zum Beispiel als Konterrevolutionär denunziert werden. Lin Biao verstand es, mit seiner niederträchtigen Propaganda für Mao dem Volk eben diesen bis zum Erbrechen zu verekeln. Irgendwann im Herbst 1970 oder im September 1971 mußte ich alle Nummern der *Roten Fahne* abgeben. In den darauffolgenden Ausgaben der *Roten Fahne* war kein einziges Foto von Lin Biao mehr zu finden. Sein Name verschwand aus den Zeitungen. Daraufhin forschte ich, wer an offiziellen Empfängen, Kundgebungen etc. teilnahm und zu den Beerdigungen führender Funktionäre Kränze schickte. Lin Biaos Name war nie dabei; er war von der Bildfläche verschwunden. Daraus zog ich den Schluß, daß er entweder todkrank oder in Ungnade gefallen war. Und letzteres stimmte.

Meine Haßgefühle gegen diesen Intriganten sowie meine Gedanken und Überlegungen zu diesem Themenkomplex schrieb ich in jener Nacht auf. Ich schrieb mir meine Wut vom Leib, aber auch meine Erleichterung, daß diesen Elenden sein Schicksal ereilt hatte. Es war das erste Mal in sechs Jahren, daß ich etwas mit Vergnügen zu Papier brachte. Ehrlich öffnete ich mein Herz, und in diesem Fall konnte ich es ja auch wagen. Gründlich feilte ich an meinem Text, und im Morgengrauen gab ich zwei säuberlich beschriebene Blätter ab. Da ich die ganze Nacht gearbeitet hatte, erlaubte man mir, am Tag zu schlafen, was ich aber nicht tat. Statt dessen beschäftigte ich mich mit Zhou Enlais Rede auf dem X. Parteitag, jener Rede, die ich am Abend zuvor nicht verstanden hatte. Darin hieß es unter anderem, daß mit dem Tod Lin Biaos der Kampf zwischen dem Fortschritt und dem Rückständigen nicht beendet sei, da immer wieder neue Lin Biaos auftauchten. Jiang Qing, ging es mir in diesem Moment durch mein Gehirn, Jiang Qing wird sicher Maos Tod abwarten, um die Macht an sich zu reißen. Und so kam es auch: Im Oktober 1976, kurz nach Maos Tod (9. September 1976), wurde das Komplott Jiang Qings und ihrer drei Kumpane aufgedeckt und die Viererbande verhaftet.

Ende 1973 ließen mich Fan und Shen zu sich kommen. Shen überreichte mir *Die Dialektik der Natur* von Friedrich Engels auf chinesisch; ich hatte um dieses Buch gebeten. Außerdem erzählte mir Shen, daß Lion dieses Exemplar für mich gekauft hätte, da eine deutsche Ausgabe nirgendwo aufzutreiben gewesen sei, daß Lion seine Freundin Xiao Fei geheiratet hätte, mit der er schon seit zehn Jahren befreundet war, und daß Vitja zwei Söhne hatte und öfter von Changchun nach Beijing käme. Über Emi sprach er nicht. Kurz darauf überreichte mir eine Wärterin ein Exemplar der *Dialektik der Natur* auf deutsch. Die Besitzerin dieses Buches, deren Name auf der Innenseite des vorderen Deckels stand, war Ruth Weiß, meine alte Bekannte. Mir kam es so vor, als wehe ein Hauch aus einer anderen Welt in meine Zelle. Ich hatte das Buch schon ein paar Wochen, da entdeckte ich durch Zufall im grellen Sonnenlicht, das durch mein Fenster fiel, einen dunklen Fleck auf einer Seite. Ich untersuchte ihn genauestens und bemerkte, daß Vitja mit einem dünnen Bleistift eine Nachricht auf deutsch hineingekritzelt hatte: »Vater geht es gut, wir waren schon siebenmal bei ihm. Sei unbesorgt, alles wird gut!« Dieses erste Lebenszeichen nach über sechs Jahren brachte mich aus der Fassung.

Im März 1974 erhielt ich wieder ein Bücherpaket, dieses Mal drei Bände *Das Kapital* von Karl Marx. Sorgfältig untersuchte ich die Bücher und fand im ersten Band zwischen den Seiten zwei Fotos eingeklebt, die Lion, Vitja und Heping in unserem Gärtchen zeigten. Auf die Rückseite des einen Bildes hatte Heping auf russisch geschrieben: »Sieh mal, Mamotschka, wie gesund wir sind!« Die Fotos sagten mir, daß die drei Brüder in unserem alten Haus zusammen waren. Das beruhigte mich ungemein.

Mir wurde erlaubt, Zettel nach Hause zu schreiben, auf denen ich Wünsche äußern durfte. Ich erbat mir Bücher und Schokolade. Nach einigen Wochen erhielt ich eine ganze Reisetasche voll mit Schokolade, Keksen, Bonbons, Nüssen, Kaffee, Tee und ich weiß nicht, was sonst noch. Meine Reichtümer baute ich auf dem Fußboden entlang der Wand auf. Obwohl ich so viele Jahre keine Leckereien gegessen hatte und die Verführung groß war, teilte ich mir Rationen für jeden Tag ein und aß nur sparsam.

Die Atmosphäre im Gefängnis wurde zusehends besser. So ließ mich die Wärterin, eine sehr sympathische junge Frau, einmal allein baden. Außerdem hatte ich genug zu lesen, um mir sinnvoll die Zeit zu vertreiben. Das alles erfüllte mich immer wieder mit neuen Hoffnungen.

Der 5. Juli 1974 begann wie jeder gewöhnliche Tag im Gefängnis. Nach dem Frühstück wusch ich mir das Haar. Da ich mich seit einigen Tagen nicht wohl fühlte, hatte ich die Ärztin gebeten, mich vom täglichen Spaziergang zu befreien. Außerdem haßte ich es, in diesen Käfigen ohne Dach auf und ab zu gehen und zu sehen, wie die Wolken in die Ferne wanderten und die Vögel frei in den Lüften herumschwirrten. Ich hörte, wie eine Tür nach der anderen aufgeschlossen und die Insassen der Reihe nach an die frische Luft gelassen wurden. Ich zog meinen schwarzen Sommeranzug an, legte die Matratze und die Kissen auf den Boden und machte es mir bequem.

Plötzlich wurde meine Tür aufgeschlossen, und die Wärterin sagte: »Steh schnell auf, du hast Besuch.« – »Besuch?!« – »Ja, deine Familie ist hier!« In größter Hast zog ich meine neuen schwarzen Tuchschuhe an und ging ungeduldig hinter der Wärterin her. Wir gingen an prächtigen Obstbäumen und Gemüsebeeten vorbei in ein Gebäude, das ich zuvor noch nicht betreten hatte – und da standen sie: Heping, Vitja und Lion. Heping umarmte mich als erster, ich schluchzte vor Freude und stammelte: »Sieben Jahre!« Dann erst sah ich Xiao Fei mit dem Baby Xiao Hu auf dem

Arm und noch zwei kleinen Buben. »Jiao nai nai« (begrüßt Oma), sagte Vitja. Das waren seine beiden Söhne, der siebenjährige Xiao Shi und der vierjährige Xiao Jian.

Wir setzten uns an einen Tisch; man ließ uns allein. Das kam uns verdächtig vor, und Lion sagte leise: »Nebenan ist ein leerstehender Raum, da ist bestimmt ein Tonbandgerät installiert.« Wenn man sich sieben Jahre nicht gesehen hat, kann man nicht immerfort daran denken, belauscht zu werden, und so redeten wir einfach drauflos. Dabei erfuhr ich zum erstenmal, daß Tausende in »meinem« Gefängnis eingesperrt waren, darunter auch Emi und viele Bekannte. Jahrelang hatten wir also in ein und demselben Gefängnis gehaust, ohne voneinander zu wissen. Jetzt lag Emi im Krankenhaus. Ich erfuhr, daß Pascha, unsere langjährige »Njanja«, 1971 an einer Gehirnblutung gestorben war. Die Kinder erzählten, daß die »Tante« (Jiang Qing) sich in alles einmische und das Wohl und Weh der Menschen von ihr abhänge. Ich hielt mit meiner Ansicht über sie nicht zurück. So redeten wir zwei bis drei Stunden. Von den mitgebrachten »Delikatessen«, wie Kartoffelsalat, Fischkonserven, Brot, Butter, Sahne, konnte ich allerdings vor Aufregung kaum etwas essen.

Heping war 16, als ich verhaftet wurde, und jetzt 23, Vitja 32; Lions 36. Geburtstag war zwei Tage später am 7. Juli. »Das ist heute mein schönstes Geburtstagsgeschenk«, sagte er. Die Kinder wunderten sich beim Abschied über meinen Optimismus und ungebrochenen Geist und darüber, wie vergnügt ich war. Beruhigt verließen sie mich, obwohl es ihrer Meinung nach noch gut ein Jahr dauern könnte, bevor ich freikäme, da die Situation im Lande schwierig sei. Bestimmt würde man ihnen aber erlauben, mich in der Zwischenzeit ab und zu zu besuchen. Bepackt mit Schokolade, Kaffee, Keksen kehrte ich in meine Zelle zurück. Am meisten Freude machte mir aber ein Roman über die Oktoberrevolution, *Schwarzer Zwieback* (Tschornije Suchari) von Jelisawjeta Drabkina. Endlich mal wieder ein Roman, und nicht nur Zeitungen oder philosphische Werke!

Trotz dieser Hochstimmung ging es mir gesundheitlich nicht gut. Ich litt unter Schwindelanfällen – mir wurde beim Lesen schwarz vor den Augen –, so daß man mich per Auto wieder in das Krankenhaus brachte, in dem ich schon einmal gewesen war. Die Untersuchung, die normalerweise Tage gedauert hätte, war binnen drei Stunden abgeschlossen. Sie ergab nichts. Vorsichtshalber erhielt ich täglich Traubenzuckerinjektionen und monatlich zwei Pfund Traubenzucker als zusätzliche Ration.

Aus der Gefängnisbibliothek entlieh ich mir unter anderem *Erinnerun-*

gen an Lenin von Krupskaja und Mehrings Marx-Biographie. Ich war zufrieden und stolz, daß ich diese schwierigen Werke auf chinesisch lesen konnte und verstand. Mein Bett stellte ich mitten in die Zelle, so daß ich in den sommerlichen Himmel blicken konnte. Über das Moskitonetz vor dem offenen Fenster liefen Eidechsen. Mit ihnen sprach ich oft, denn sie waren an den langen Sommerabenden meine einzigen Gefährten. Ansonsten kümmerte sich niemand um mich. Es wurde August, und die Kinder kamen nicht; es traf auch keine Sendung für mich ein. Da bekam ich es mit der Angst zu tun. Hatte man vielleicht doch unsere Unterhaltung vom 5. Juli auf Tonband aufgezeichnet? War man wütend auf mich? Wollte man mich bestrafen? Kam ich hier überhaupt nicht mehr heraus? Ich zermarterte mir das Hirn, war der Verzweiflung nahe. Auf meine Bitte hin, mich zu einer Aussprache zu rufen, geschah nichts. Kurz entschlossen griff ich zu meiner altbewährten Methode, fertigte aus Toilettenpapier ein Heftchen, ritzte mir einen Finger nach dem anderen auf und schrieb mit meinem Blut eine – geheuchelte – Selbstkritik. Das war am 15. September 1974. Daraufhin wurde ich sofort gerufen.

Fan und Shen saßen an einem Tisch, ich in einiger Entfernung davon auf einem Schemel. »Wir haben gelesen, was du da geschrieben hast«, sagte Fan und schmunzelte in sich hinein. – »Ich wollte damit zum Ausdruck bringen, daß ich zu Unrecht etwas gegen Genossin Jiang Qing gesagt habe.« Kaum war mir dieser Name über die Lippen gekommen, funkelte mich Shen böse durch seine Brillengläser an, sein Mund war vor Empörung noch schiefer als sonst. »Wage nicht, Namen zu nennen! Willst du schon wieder Gift speien?« Man muß wissen, daß man, wenn man nach Meinung der Funktionäre etwas Konterrevolutionäres sagt, in ihrer Terminologie Gift aus sich herausläßt oder ausatmet. Beschwichtigend sagte Fan: »Du hast dein Unrecht eingesehen, das ist gut. Aber wir wußten ohnehin alles.« Ich spielte naiv: »Wieso denn?« Er sah mich lächelnd an; wir verstanden einander. Als Shen für einige Minuten den Raum verließ, sagte Fan: »Jetzt schmeiß den ganzen Kram einmal aus deinem Kopf. Du hast Selbstkritik geübt, das reicht. Damit ist die Sache erledigt. Was mich anbetrifft, hast du nie etwas gesagt. Hast du irgendwelche Wünsche?« Und ob ich die hatte! Ich wollte die Kinder wiedersehen, deutsche oder russische Bücher sowie Kaffee haben. »Warum habe ich von meiner Familie so lange nichts gehört?« Shen, der mittlerweile zurückgekommen war, antwortete: »Wir haben hier keine festen Besuchszeiten. Mal geht es schneller, mal dauert es länger.« (Emi lag zu dieser Zeit todkrank im Krankenhaus, und die drei Söhne hielten rund um die Uhr an seinem Bett Wache.) Damit war die Unterredung beendet. Da die Klingel nicht funktionierte, mit der sonst das Wachpersonal gerufen wurde, führte mich Fan zur Tür hinaus und sagte: »Geh selbst zurück, du kennst ja den Weg.« Nach ein paar Schritten hielt ich inne, ging zurück und sagte: »Selbst wenn sie sämtliche Türen und Tore öffneten, würde ich nicht fliehen, bis mein Fall gerecht entschieden ist.« Darauf Fan: »Ich weiß ja, ich weiß ja!« Leider habe ich ihn nie wiedergesehen, dagegen Shen noch unerwartet oft.

Das Gespräch mit Fan und Shen hatte mich gut gelaunt. Ich war voller Einfälle und wollte Emi etwas zu unserem 40. Hochzeitstag am 8. November 1974 schenken. Zufällig hatte ich Tinte, Feder und Papier bei mir, und so schrieb ich einen Brief an ihn, in dem ich ihm aus meinem Leben in den letzten Jahren erzählte, was ich gelernt und worüber ich mir Gedanken gemacht hatte. Ferner schrieb ich auf chinesisch über Lin Biao und eine Hymne auf Mao. Das entsprach der damaligen Zeit und hing auch damit zusammen, daß ich von der Außenwelt abgeschnitten war. Den Umschlag beklebte ich mit bunten Konfekttüten. Nun zerbrach ich mir den Kopf, wie ich mein Geschenk herausschmuggeln konnte, damit es Emi rechtzeitig erreichte.

Am 10. Oktober 1974 ging ich vormittags in dem Käfig im Freien spazieren. Es war ein zauberhafter Herbsttag. Da wurde die Tür vorzeitig aufgeschlossen. Ich fragte, was denn los sei, ob ich zum Zahnarzt müsse? »Komm!« sagte die Wärterin, »dein Fall ist entschieden!« Wie im Traum folgte ich ihr in ein mittelgroßes Zimmer, in dem vier Männer an einem Tisch saßen, darunter Shen. Alle machten strenge Gesichter. Einer der Männer, er war in Uniform, hielt eine lange Rede, von der ich nur soviel verstand, daß ich nachmittags nach Hause könnte. Mein Gesicht zuckte vor Aufregung. Wortfetzen wie »bescheiden anziehen«, »keine Feste feiern«, »nur mit Chinesen Umgang haben« gingen an meinen Ohren vorüber – ich hörte nur: »Nach Hause!« Zum Schluß fragte er mich, ob ich alles verstanden hätte, was ich bejahte, obwohl das Gegenteil der Fall war. Dann packte ich meine Sachen in der Zelle zusammen. Ich bedankte mich bei der Ärztin, die mir meine Wünsche hatte durchgehen lassen, und ging mit der Wärterin zum Ausgabeschalter. Ich bekam meine persönliche Habe und die von Emi ausgehändigt, denn er lag noch immer im Krankenhaus. Zum Abschied sagte ich noch: »Heute ist Siao Sans 78. Geburtstag. Das ist aber ein schönes Geburtstagsgeschenk!« Und die Wärterin: »Auf Wiedersehen.« Darauf ich: »Gerne, aber nicht hier.« Da lachte sie.

Im Auto, das mich nach Hause bringen sollte, saßen Shen, Lao Kang vom Schriftstellerverband und noch jemand, den ich nicht kannte. Mein fröhliches Schwatzen stieß auf eisiges Schweigen, so daß ich schnell verstummte. Was ist denn nun schon wieder los? dachte ich bei mir. Ob die mich wirklich nach Hause bringen? Aber dann sah ich aus dem Wagenfenster bekannte Straßen, wir bogen in unsere Gasse ein und standen endlich vor unserem Haus. Lion, Vitja und Heping erwarteten mich bereits; Shen und Lao Kang sprachen noch ein paar Worte mit ihnen – dann waren wir allein.

Die Sonne schien, es war ein herrlicher Herbstnachmittag. Wir saßen im Hof und unterhielten uns. Meine Söhne erklärten mir, daß Emi und ich zwar aus dem Gefängnis entlassen seien, wir aber die Schandkappe »Spione des sowjetischen Revisionismus« tragen müßten. Das bedeutete mehr oder weniger Hausarrest. Emi hatte im Gegensatz zu mir die Verabschiedungsrede sehr wohl verstanden und muß danach fürchterlich getobt haben, da dieses Urteil sämtlicher Beweise ermangelte. Als er schriftliche Beweise zur Einsicht anforderte, bekam er zur Antwort: »Die geheimen Dokumente eurer Schandtaten befinden sich im ZK und können von euch nicht eingesehen werden.« Dagegen war Emi machtlos. Unser Fall war ein exemplarisches Beispiel für die Auseinandersetzungen zwischen Zhou Enlai und Jiang Qing. Auf Zhous Befehl hin hatte man Emi das Leben gerettet, und ihm verdankten wir sicherlich auch unsere Freilassung. Diese Tatsache erregte Jiang Qing dermaßen, daß sie versuchte, uns mundtot zu machen, indem sie uns die Spionenkappe tragen ließ, was unsere Bewegungsfreiheit drastisch einschränkte.

Bis spät in die Nacht saßen wir zusammen. Als wir zu Bett gehen wollten, hatte ich auf einmal Angst, allein in einem Raum zu schlafen. War das nicht merkwürdig? All die Jahre im Gefängnis hatte ich davon geträumt, zu Hause zu sein, und befand mich beim Aufwachen doch nur in meiner Zelle. Lion schlief dann bei mir auf dem Fußboden.

Am 12. Oktober gingen wir alle zusammen zu Emi und brachten ihm mein Geschenk. Er saß mit übergeschlagenen Beinen auf dem Bett, sein Kopf war kahl geschoren, so daß er einem Buddha ähnelte. Das Wiedersehen kann ich nicht mit Worten beschreiben. Lange saßen wir schweigend nebeneinander, uns fest an den Händen haltend. Dann geschah etwas Seltsames: Emi sprach Chinesisch mit mir, was er früher nie getan hatte. Wir waren beide glücklich, daß wir uns wiedergefunden hatten, und froh, daß wir diese Stunde mit unseren drei Söhnen erlebten, die trotz aller Provokationen, Erpressungsversuche und allen moralischen Drucks in den sieben Jahren treu zu uns gestanden hatten – und auch in den vor uns liegenden schweren Jahren fest zu uns hielten.

In einem Gedicht, 1971 im Gefängnis entstanden, hatte Emi ausgedrückt, was uns beide in den endlos einsamen Stunden oft bewegte. Was er in den letzten Versen voller Angst nur zu fragen wagte, hatte sich in dieser Stunde erfüllt:

Als Mann und Frau im selben Netz gefangen,
gilt gleiche Not, das gleiche Leid.
Im selben Kerker sind wir eingesperrt,
uns nahe wie die Enden dieser Welt.
Letztlich vereint, ob Morgen oder Nacht,
doch man verwehrt, daß wir uns sehn.
Mir brennen Herz und Eingeweide –
ihr laufen Tränen übers Angesicht.
Die Erde – eine große Sehnsucht,
grotesk ist, denk' ich, diese Menschenwelt.
Wie werden Mann und Frau sich nochmals sehn,
wenn meines Lebens Tage ganz zu Ende gehn?

Frei – und doch geächtet

In den nächsten Tagen und Wochen erfuhr ich nach und nach, wie es unseren Söhnen in den Jahren ergangen war, als Emi und ich im Gefängnis saßen. Nach unserer Verhaftung wurde als erstes unser Haus durchsucht, und unsere Tagebücher, Briefe, Schriften, Entwürfe sowie die Kopien von meinen Filmen für das DDR-Fernsehen wurden konfisziert. Lion gelang es noch rechtzeitig, die Negative und Papierabzüge aller meiner Fotos in Sicherheit zu bringen. Auch die 10000 Yuan, die sich Emi von seinem Schriftstellerhonorar abgespart hatte und die auf einem Bankkonto lagen, wurden beschlagnahmt. Mein Sparbuch mit 7000 Yuan fanden unsere Verfolger jedoch nicht, so daß das Geld den Kindern in diesen schweren Jahren eine kleine Hilfe war.

Alle drei bekamen mehrmals von den Untersuchungsrichtern Materialien vorgelegt, die gegen uns aussagten und die sie unterschreiben sollten. Trotz aller Drohungen ließen sie sich dazu nicht bewegen. Allerdings mußten sie für ihre Standfestigkeit büßen. Lion, einer der wenigen ausgebildeten Kameramänner für Unterwasseraufnahmen in China, kam für ein Jahr hinter Schloß und Riegel. Vergeblich versuchte man dort, ihm ein Geständnis zu unserer Spionagetätigkeit abzuringen. Anschließend steckte man ihn in eine dieser konzentrationslagerähnlichen Kaderschulen, wo er vier Jahre lang Schweine füttern mußte. Da es Lion immer leichtgefallen war, mit den Menschen aus dem Volk, mit Arbeitern und Bauern umzugehen, hatten ihm diese Jahre viel Nützliches mit auf den Lebensweg gegeben. Vitja mit seiner Sensibilität hatte es von den drei Kindern bestimmt am schwersten. Er war seit 1964 Dozent für Russisch an der Jilin-Universität in Changchun. Nach unserer Verhaftung belegte man ihn mit Unterrichtsverbot und zahlte ihm auch kein Gehalt mehr. Daraufhin fütterten ihn seine Schwiegereltern für ein paar Jahre durch. Die schlimmen Erfahrungen dieser Zeit drückten Vitja ihren Stempel auf und führten später zu schweren Depressionen.

Heping wurde im Juni 1967 aus der Schwimmgruppe ausgestoßen, mußte den Boden fegen und das Bassin reinigen. Später wurde er in eine Motorradfabrik geschickt, in der er zehn Jahre lang an einer Werkbank arbeitete. Außerdem hatte ihn jemand denunziert, er hätte etwas gegen Jiang Qing geäußert. Auf einer öffentlichen Massenversammlung wurde er daraufhin zum Konterrevolutionär erklärt und geächtet. Erst nach einem

Jahrzehnt wurde er zusammen mit anderen rehabilitiert. Heping freundete sich in dieser Zeit mit seinen Arbeitskollegen an, die sich einen Dreck um all diesen Unsinn kümmerten und fest zu ihm hielten. Auch einige seiner Sportfreunde und deren Eltern standen zu ihm. Heping war von allen drei Kindern das verwöhnteste; er kannte keine Not. Trotzdem geriet er in der Kulturrevolution nicht wie viele Gleichaltrige auf die schiefe Bahn. 1981 schrieb er mir aus Amerika: »Die Kulturrevolution war schrecklich, aber ohne diese schlimme Erfahrung hätte ich mich hier nicht durchboxen können.«

Ab Oktober 1974 begann ein neues Leben für mich. Heping wohnte in Paschas ehemaligem Zimmer neben der Eingangstür; Lion lebte mit Frau und Kind in dem Zimmer, das er sich früher mit Vitja geteilt hatte. Ich bewohnte das Zimmer zur Glasveranda, von wo aus eine Tür in den Garten führte. Die Küche wandelten wir in einen Wohnraum um, und aus der Dunkelkammer wurde die Küche. Übrigens gab es mittlerweile Gasflaschen, mit denen wir die Kochplatten betrieben. Die Garage blieb Rumpelkammer. Emis Arbeits- und Schlafraum waren völlig verfallen. Die abbröckelnden Wände beklebten wir notdürftig mit Packpapier. Die übrigen Räume standen vorläufig leer.

Am 28. Oktober wurde Emi aus dem Krankenhaus entlassen. Er war noch sehr geschwächt. Der Winter wurde kalt. Die kleinen Eisenöfchen in Emis, Hepings und meinem Zimmer heizten wir mit runden, durchlöcherten Briketts, so daß es mollig warm wurde. Im Badezimmer war es allerdings eisig kalt. Wollte Emi auf die Toilette gehen, mußte er seinen Wintermantel anziehen, um sich nicht zu erkälten. Waschen konnte er sich aber nur in den beheizten Räumen. Mir machte die Kälte nichts aus, und ich duschte den ganzen Winter über täglich, wie gewohnt, kalt.

Da ich meinen Beruf nicht ausüben durfte, widmete ich mich ganz der Führung des Haushalts, was ich seit Tschimkent nicht mehr getan hatte. Morgens um fünf Uhr stand ich auf, brachte meinen Ofen in Ordnung – er konnte abends abgedeckt werden, so daß sich die Glut bis zum Morgen hielt –, machte Gymnastik, duschte mich, räumte mein Zimmer auf und wischte den Boden. Um sieben war der Frühstückstisch für Emi in meinem Zimmer gedeckt; meistens gab es Reis- oder Maisbrei mit Milch, Eier, Brot und eine Art Schokoladengetränk. Während Emi frühstückte, räumte ich sein Zimmer auf, richtete die Öfen bei ihm und Heping und wusch die Wäsche. Heping verließ das Haus frühmorgens und ging in die Fabrik. Gegen zehn Uhr hatte ich die Arbeiten beendet, und Emi leistete mir nach alter Gewohnheit bei meinem Kaffee Gesellschaft. Dabei erzählten wir oft von der Gefängniszeit. Emi war im Gefängnis einmal in Hungerstreik getreten, um gegen die Behandlung durch die Untersuchungsrichter zu protestieren. Die hatten nämlich einen seiner Berichte zerrissen, weil er darin nichts von seiner angeblichen Spionagetätigkeit berichtet hatte. Insgesamt war Emi ruppiger behandelt worden als ich; geschlagen hatte man ihn jedoch nie.

Monatlich erhielt Emi 90 Yuan vom Staat – im Gegensatz zu 300 Yuan vor der Inhaftierung. Ich bekam 40 Yuan im Monat von Emis konfisziertem Geld. Gemessen am Lebensstandard eines Durchschnittschinesen war das nicht schlecht; nur waren wir mehr gewöhnt. Der Deutsche Fernsehfunk hatte mir monatlich 600 Yuan gezahlt. Wir mußten uns also einschränken. Gott sei Dank waren die Lebensmittel in der Zwischenzeit kaum teurer geworden. Es gab erstaunlich viel auf dem Markt, so daß ich für das Mittag- und Abendessen täglich Huhn oder Rindfleisch, Fisch, Brühe, Gemüse, Obst und Säfte zubereiten konnte. Heping brachte mir außerdem noch bei, Fisch, bestimmte Saucen für Nudeln sowie all die Gemüsesorten, die Emi besonders mochte, auf chinesisch zu kochen.

Unsere alten Freunde – wie Ma Haide, Hans Müller, Rewi Alley – durften wir nicht sehen; auch ihnen war der Umgang mit uns ausdrücklich untersagt worden. Sie schickten mir durch unsere Kinder Kaffee und Schokolade. Aber selbst unsere Kinder zu treffen, war gefährlich für sie, da wir offiziell nur mit Chinesen, nicht mit Ausländern verkehren durften. Wer trotzdem zu uns kam, wurde registriert und verfolgt. Auch Johnny wurde der Verkehr mit uns verboten.

Am 8. November war mein 63. Geburtstag. Abends nahm mich Heping an der Hand und führte mich in sein Zimmer, in dem es stockdunkel war. Plötzlich ging eine starke, helle Lampe an – ich stand vor einem Tisch, der voll gepackt war mit Geschenken, darunter Kaffee, Schokolade, Schwarzbrot (eine Delikatesse für mich!), eine Torte und vieles andere mehr. Um den Tisch herum saßen Emi, Lion, Xiao Fei und einige von Lions und Hepings Freunden. Nur Vitja fehlte. Vor Rührung und Glück schossen mir die Tränen in die Augen.

Hepings Fürsorge tat mir gut. Er ermunterte mich, mit dem Rad durch die Stadt zu fahren; wir gingen oft in den Parks spazieren und sprachen über die politischen Neuigkeiten. Aus China gab es nichts Erfreuliches zu berichten: Jiang Qing hielt die Zügel fest in der Hand, sie war gefürchtet und wurde gehaßt. Einmal lud mich Heping zu Peking-Ente ein. Das Geld dazu hatte er sich von seinem Gehalt abgespart. So war Heping: Er war sparsam und konnte mit Geld umgehen, aber um Freunde zu bewirten oder jemandem eine Freude zu bereiten, gab er alles auf einmal aus. Von seinen 37 Yuan Gehalt zweigte er jeden Monat etwas für Unterkunft und Verpflegung ab.

Trotz unserer beinahe hoffnungslosen Lage ließ ich den Kopf nicht hängen. Ich glaubte an den Sieg der Wahrheit und Gerechtigkeit – im Gegensatz zu Hepings Freunden, die er mit nach Hause brachte und die jeden Glauben verloren hatten. Ich versuchte, ihnen einzuimpfen, daß man selbst in der aussichtslosesten Situation nicht aufgeben dürfe, daß man stets an den Sieg des Guten glauben und notfalls dafür auch kämpfen müsse. Ob ich mit meinen »Predigten« bei den jungen Leuten Erfolg hatte, weiß ich nicht; bei meinen Söhnen wohl schon.

Jeder Stadtteil von Beijing hat eine eigene Polizeistation (Paichusuo). Der Leiter, der für die Oststadt zuständigen Station, Dali, war ein junger Mann, der die Uniform des Amtes für Öffentliche Sicherheit trug. Kaum waren wir wieder zu Hause, kam er, um uns zu begrüßen und zu fragen, wie es uns ginge und wie wir uns fühlten. Er hatte offenbar noch nicht mitgekriegt, was los war. Nach ein paar Tagen tauchte er wieder bei uns auf. Dieses Mal wetterte er los und behandelte uns ganz im Stil der Untersuchungsrichter. Wir seien verdorbene Elemente, sollten einen Bericht über unsere ideologische Ausrichtung schreiben, uns bessern usw. Emi und ich schrieben, daß wir nichts verbrochen hätten, und verlangten, rehabilitiert zu werden. Da wir pro Monat einen solchen Bericht abzuliefern hatten, schrieben wir stereotyp dasselbe – kein Wort mehr und keines weniger.

Ende 1974 oder Anfang 1975, genau kann ich mich daran nicht mehr erinnern, teilte man uns mit, daß in unser Haus noch eine andere Familie einquartiert werde. Immerhin durften wir uns den Teil des Hauses aussuchen, in dem wir wohnen wollten. Dazu gehörten Badezimmer und Toilette. Die neuen Untermieter – ebenfalls Schriftsteller – bekamen die übrigen Räume mit Klosett im Hof. Das hintere Gärtchen benutzten wir gemeinsam. Diese Familie wurde nur deshalb bei uns untergebracht, um uns zu bespitzeln und der Polizei zuzutragen, wer bei uns ein und aus ging – was sie auch fleißig tat. Später erfuhren wir, daß viele sich geweigert hatten, diese Drecksarbeit zu übernehmen, obwohl auch sie dringend eine Wohnung gebraucht hätten. Die Neuen begegneten uns mit Verachtung, sprachen nie ein Wort mit uns, obwohl ich die Frau öfter im Gärtchen traf, und ließen die Türen, die von Emis früherem Arbeitszimmer und vom Speisezimmer auf unseren Korridor führten, zumauern. Das sollte uns nur recht sein, denn wir hatten für diese Leute auch nichts als Verachtung übrig.

Im Januar 1975 erschien eines Tages jemand vom Amt für Öffentliche Sicherheit bei uns und ließ uns wissen, daß am folgenden Morgen um neun Uhr in unserer Gasse eine Anklageversammlung, Douzhenghui, gegen uns stattfinden werde, auf der uns die Massen kritisieren sollten. Das würde uns helfen, unsere verdorbene Ideologie in Ordnung zu bringen. Wir sollten recht bescheiden auftreten. Diese Nachricht ließ uns vor Schreck erstarren, da wir uns noch gut daran erinnern konnten, wie die Massen sich in den Anfangszeiten der Kulturrevolution auf solchen Versammlungen benommen hatten. Und wir ahnten, welche Konsequenzen das für uns haben würde: Die Nachbarn, die unsere Rückkehr zur Kenntnis genommen hatten und bislang freundlich zu uns gewesen waren, würden uns nach einer solchen Versammlung zweifellos aus Empörung oder auch nur aus Angst meiden. Im Brotladen an der Ecke unserer Gasse erhielt ich jeden Tag Brot, ohne in der Schlange stehen zu müssen. Danach würde ich mich morgens ab fünf Uhr anstellen müssen, weil Brot knapp war. Xiao Fei tröstete uns und versprach, am nächsten Morgen mitzukommen. Als wir zur angegebenen Zeit warm angezogen erschienen, tauchte der Dali auf und meinte nur, die Versammlung werde vorläufig nicht stattfinden. Sie fand übrigens nie statt! Irgendwo hoch oben mußten wir einen Schutzengel haben, der uns vor dem Schlimmsten bewahrte.

Im März oder April besuchten uns zwei unserer Untersuchungsrichter – darunter Shen – sowie eine Frau aus dem Ministerium für Kultur. Emi, Lion, Vitja, Heping, Xiao Fei und ich saßen in Emis Zimmer, wo uns eröffnet wurde, daß so verderbte Geschöpfe wie Emi und ich nicht in Beijing leben dürften, da wir die Luft verpesteten. Das ZK der Partei hätte beschlossen, uns in Emis Heimatprovinz Hunan zu schicken. Dort bekämen wir in einem kleinen Ort ein Haus auf dem Gelände eines Krankenhauses, so daß Emi immer einen Arzt in der Nähe hätte. Wir erhielten genug Geld zum Leben, und überhaupt wären die Bedingungen dort viel besser als in Beijing. Ein Arzt würde uns auf der Reise in der zweiten (weichen) Klasse begleiten. Außerdem dürfte einer unserer Söhne in dem neuen Haus mit uns leben. Diesen verlockenden Versprechungen schenkten wir aber absolut keinen Glauben. Emi lehnte das »Angebot« kategorisch ab. Da wir nichts verbrochen hätten, dächte er nicht daran, Beijing zu verlassen. Auch auf Drohungen ging Emi nicht ein, sondern meinte nur: »Bitte schön, ihr könnt uns ja fesseln und wegschleppen. Freiwillig gehen wir nicht. Wir sind im Recht und uns keiner Schuld bewußt.« Daraufhin geschah nichts weiter.

Seit zehn Jahren war ich nicht mehr geschwommen, und ich war ganz verrückt darauf. Als es Emi wieder besser ging, so daß er sich sein Frühstück selber machen konnte, radelte ich einige Male in der Woche um fünf Uhr früh nach Shi Shahai, einem mit Weiden umstandenen See, in dessen Mitte eine kleine Insel lag. Hier schwamm ich jedesmal zwei Stunden lang und fühlte mich anschließend körperlich sehr wohl. Wie beflügelt machte ich den Haushalt. Ich konnte zwar schwimmen und radeln, aber beim Gehen hinkte ich stark. Eines Abends schlug Heping mir vor, mit ihm zu einem bekannten Arzt traditioneller chinesischer Richtung zu kommen (wobei er verheimlichte, daß er ab zwei Uhr nachts bei der Anmeldung angestanden hatte, um den Sprechstundentermin zu erhalten). Der könnte vielleicht meinen Fuß heilen. Am folgenden Tag radelten wir durch verkehrsreiche enge Gassen zu einer weit entfernt gelegenen Poliklinik. Nach der Untersuchung erklärte mir der Arzt freundlich, er glaube, meinen Fuß mit seiner Art Massage heilen zu können; ich sollte wiederkommen. Beim zweiten Mal fragte er Heping nach unserer Telefonnummer. Wir hatten kein Telefon. Ob ich ein Auto zur Verfügung hätte, um herzukommen? Nein, wir kämen mit Rädern. Da sagte er kühl, leider könnte er meinen Fuß nicht weiter behandeln; ich sollte zu einem Frauenarzt gehen, da meine Beschwerden vielleicht von einem Frauenleiden herrührten. Das war natürlich Unsinn. Der wahre Grund war: Eine Frau ohne Empfehlungsschreiben, ohne Telefon und ohne Auto war sehr verdächtig!

Später machten wir noch eine ähnliche Erfahrung. Hepings Freund Hao Ming, der am Krankenhaus der Beijinger Universität praktizierte, machte mich mit einer Ärztin bekannt, die glaubte, mich mit einer bestimmten Nadeltherapie heilen zu können. Nach einigen Konsultationen lehnte sie unvermittelt die weitere Behandlung ab. Hao Ming erhielt einen scharfen Verweis dafür, daß er sich mit einer Spionin abgegeben und sie auch noch ins Krankenhaus gebracht hatte. Hao Ming ließ sich aber nicht abschrecken und traf sich weiter mit Heping.

Auch andere Menschen verhielten sich uns gegenüber anständig, ließen sich von den angedrohten Repressionen nicht einschüchtern. Emis alte

Schriftstellerfreunde Chen Bingyi, Lo Shiyi und Ai Qing, der nach 20jähriger Verbannung nach Beijing zurückgekehrt, aber noch nicht rehabilitiert war, besuchten uns oft. Auch die Witwe von Lao She, der zu Beginn der Kulturrevolution Selbstmord begangen hatte, kam zu uns. Und eines Tages erschien Gao Tao und erbot sich, Emi bei der Arbeit zu helfen. Emi hatte Gao Tao und ihren Mann Anfang der 60er Jahre in Beidaihe kennengelernt; später gab sie Russischunterricht an einer Mittelschule. Jetzt arbeitete sie in einem Verlag an einer chinesischen Enzyklopädie. Ohne Furcht kam sie von diesem Tag an regelmäßig zu uns und brachte manchmal auch ihre beiden Söhne mit. Seitdem wir wieder zu Hause waren, schrieb Emi jeden Tag; er wollte die verlorenen Jahre aufholen. Allerdings fehlten ihm seine Tagebücher. Also wandte er sich an Marschall Ye Yianying, den er noch aus Yan'an kannte und der zu den Gegnern Jiang Qings zählte – einer der wenigen, an den sie nicht herankam; und siehe da, eines Tages erhielt Emi seine Tagebücher zurück. Das war ein kleiner Sieg!

Bei der Haftentlassung war uns strengstens untersagt worden, uns zu beklagen. Die Söhne durften zwar für unser leibliches Wohl sorgen, mußten sich politisch aber von uns distanzieren. Kaum waren wir jedoch zu Hause, ließen wir mit Hilfe unserer Söhne eine Eingabe nach der anderen los mit der Bitte um Rehabilitierung. Wir schrieben an Mao Zedong, Zhou Enlai und andere maßgebliche Persönlichkeiten, aber ohne Erfolg. Im Juni 1975 sagte Heping eines Tages, wir sollten uns noch einmal brieflich an Mao wenden, er, Heping, garantiere, daß Mao dieses Schreiben auch tatsächlich zu Gesicht bekomme. Heping hatte eine junge Ärztin – wir nannten sie Lili – kennengelernt, die ab und zu Mao betreute. Einmal fragte sie Mao, ob er sich noch an seinen alten Freund Siao San erinnere. Als er bejahte, fragte sie ihn, ob sie ihm zwei Briefe, einen von Siao San und einen von seiner Frau Eva vorlesen dürfte? Wieder stimmte Mao zu. Dann schrieb er mit zittriger Hand, daß man uns in Ruhe lassen sollte. Als Lili das Zimmer verließ, nahm ihr Maos Sekretärin die Briefe ab und sagte, sie würde das schon erledigen. Lili erhielt einen Verweis, daß sie ohne vorherige Genehmigung einer höheren Instanz Mao Briefe vorgelegt hätte. Trotz alledem hofften wir, aber es geschah nichts. Viel später erfuhren wir, daß die Sekretärin die Briefe und Maos Anweisung einfach hatte verschwinden lassen.

Ein anderer furchtloser Zeitgenosse war Wang Zheng, der stellvertretende Ministerpräsident. Ich hatte ihn in Yan'an kennengelernt, wo er großen Eindruck auf mich gemacht hatte, weil er geradeheraus war. Das bewies er jetzt wieder. Eines Tages – lange vor unserer Rehabilitierung – hielt ein Regierungswagen vor unserem Haus, mit dem Wang Zheng Emi zu sich abholen ließ. Im Laufe des Gesprächs munterte Wang Zheng Emi auf, er halte ihn nicht für einen Spion und er sollte Geduld haben. Außerdem ließ er sich zusammen mit Emi fotografieren. Das war eine große moralische Unterstützung für Emi. Wang Zheng lud Emi später noch einmal ein, was trotz seiner hohen Stellung ein riskantes Unterfangen für ihn war.

Am 9. Januar 1976 stand ich frühmorgens wie gewöhnlich unter der kalten Dusche. Plötzlich hörte ich Trauermusik im Radio, und eine dunkle Ahnung beschlich mich. Ich stürzte in Emis Zimmer und fragte: »Wer?« – »Zhou Enlai, gestern«, antwortete Emi. Schluchzend fiel ich ihm um den Hals. Obwohl wir Zhous Ableben schon lange befürchtet hatten, kam die Nachricht doch wie ein Blitz aus heiterem Himmel. Den ganzen Tag über ging ich wie betäubt herum, und während meine Hände mechanisch Essen zubereiteten, Geschirr spülten und Wäsche wuschen, wanderten meine Gedanken zurück zu den Augenblicken, in denen Zhou Enlai, den ich für einen der bedeutendsten Staatsmänner unserer Zeit halte, einige Worte mit mir gesprochen hatte.

Ich erinnerte mich an den Tag im Juli 1949, als Zhou Enlai Emi besuchte, um etwas über seine Reise in die Sowjetunion zu erfahren. Dann sah ich Zhou Enlai viele Jahre nicht aus der Nähe, sondern nur auf Fotos und auf dem Bildschirm. Ab 1958 hatte ich dann als Journalistin öfter Gelegenheit, Zhou Enlai bei Empfängen, Banketten, auf dem Bahnhof oder dem Flughafen zu sehen. Am 15. September 1958 schrieb ich in mein Tagebuch: »Zhou Enlai sprach auf dem Empfang aus Anlaß des 5. Internationalen Studentenkongresses. Ob er mich wiedererkennen würde, war fraglich. Er stieß mit allen Delegierten und Journalisten an. Als die Reihe an mir war, sagte ich: ›Auf Ihr Wohl, Zhou Zongli!‹ Nachdenklich sah er mich an und fragte: ›Sie sind doch keine Delegierte? Sind Sie Journalistin?‹ – ›Ja, ich bin die Frau von Siao San.‹ Worauf er erstaunt sagte: ›So jung wie ein junges Mädchen.‹ Das war das schönste Kompliment, das ich je gemacht bekam. Hinter mir fing man schon an zu tuscheln. Zhou ging weiter, drehte sich aber noch einmal freundlich lächelnd um.«

Am 30. September 1958 fand abends im Beijing-Hotel ein Empfang zum neunten Jahrestag der Gründung der Volksrepublik China statt.

Zhou Enlai war der Gastgeber und hieß die Gäste am Fuß der mit roten Läufern ausgelegten breiten Treppe willkommen. Als er mich begrüßte, erkannte er mich, seine Augen blitzten, und herzlich drückte er mir die Hand. Obwohl das Ganze nur Sekunden dauerte, war es für mich ein Erlebnis. Und dann verhalf er mir bei der Eröffnung des Allchinesischen Jugendkongresses am 21. November in der Beijinger Sporthalle zu einer Sternstunde in meiner Journalistenlaufbahn. Die Sporthalle wirkte wie eine riesige Bühne. Jugendliche, als Bauern, Ärzte, Köche, Soldaten usw. verkleidet, zogen mit Geschenken für Partei und Regierung zur Tribüne – Obst, Gemüse, Geflügel, Torten, Modelle von Autos, Maschinen, Seeschiffen, kurz alles, was China produzierte. Gruppen der nationalen Minderheiten tanzten in ihren farbenprächtigen Kostümen Volkstänze – die ganze Halle wogte in phantastischem Glanz. Trunken von dem Enthusiasmus, dachte ich, mit dieser Jugend kann man Berge versetzen. Ich schwirrte mit meiner Kamera in der Halle herum, wußte nicht, wohin ich mein Auge zuerst richten sollte – und hatte doch kein Aufnahmelicht. Denn alle Filmscheinwerfer waren wie üblich auf die Tribüne gerichtet. Die Reporter hatten nur Augen für die Prominenz, die sie schon tausendmal aufgenommen hatten; das hinreißende Volksschauspiel interessierte sie nicht. Also eilte ich auf die Tribüne, um von dort aus zu filmen, aber die Lampen blendeten mich. Da stand Zhou Enlai kurz entschlossen auf, drehte die Scheinwerfer mit ein paar Handgriffen auf die Halle, packte mich am Ärmel und wies mir mit der anderen, freien Hand die Richtung, so, als wollte er sagen, nun aber mal los. Überglücklich drehte ich ein paar eindrucksvolle Filmrollen. Anschließend beglückwünschten mich meine Kollegen zu diesem Husarenstück. Von diesem Tag an war ich für Zhou Enlai nicht mehr nur die Frau Siao Sans, sondern die Foto- und Filmreporterin Eva Siao.

Die Reihe der fotografischen und persönlichen Begegnungen mit Zhou Enlai ließe sich noch um einiges fortsetzen. Nur eine Begebenheit möchte ich noch erzählen: Am 17. Mai 1960 kehrte Zhou Enlai aus Indien zurück und wurde am Flughafen begrüßt. Vor lauter Begeisterung vergaß ich, daß ich mit Weitwinkel fotografierte. Als Zhou die Gangway herabstieg, knipste ich mehrmals hintereinander – und auf einmal stand er direkt vor mir. Völlig verwirrt streckte ich ihm meine Hand entgegen und sagte: »Willkommen Zhou Zongli, willkommen zu Hause!« Das war ein füchterlicher Fauxpas meinerseits, denn ich hatte gegen das Protokoll verstoßen. Aber Zhou ergriff unbekümmert die ausgestreckte

Hand und sagte, etwas spitzbübisch lächelnd: »Oh, Sie sind auch hier! Guten Tag«, und ging weiter, um diejenigen zu begrüßen, die ihn als erste empfangen sollten.

Mein jahrelanger Wunsch, Zhou Enlai noch einmal zu sehen, um ihm das zu sagen, was ich auf dem Herzen hatte, war nicht in Erfüllung gegangen. Jiang Qing und ihre Bande hatten ihn mit allen schändlichen Mitteln bekämpft. Sein Tod machte die Welt um vieles dunkler.

Den Abschied von Zhou Enlai und den Trauerzug vom Tiananmen-Platz zum Friedhof Ba Baoshan konnten wir – die Geächteten – nur am Bildschirm verfolgen. Jiang Qing nahm beim Abschied an der Bahre des Toten noch nicht einmal die Soldatenmütze vom Kopf. Den 15 Kilometer langen Weg des Trauerzuges säumten Hunderttausende verzweifelt weinender Menschen. Danach wurde es merklich still um Zhou Enlai, sein Name verschwand aus Presse, Rundfunk und Fernsehen. Zweieinhalb Monate schwieg auch das Volk – eine Stille vor dem Sturm.

Im Jahr 1976 fiel der Gedenktag an die Toten auf den 4. April. Schon Tage zuvor fanden große Demonstrationen statt, bei denen die Teilnehmer weiße Blumen auf der Brust und schwarzen Flor um den Arm trugen (was eigentlich verboten war), um ihren tiefen Schmerz und ihre unendliche Trauer über Zhou Enlais Ableben zum Ausdruck zu bringen. Am Denkmal der Volkshelden auf dem Tiananmen wurden Kränze über Kränze mit liebevoll beschriebenen weißen Schleifen niedergelegt. Auch ich fuhr jeden Tag mit dem Rad hin, um an diesem erschütternden, herzergreifenden Ereignis teilzuhaben. Dann wurden die »Wallfahrten« zum Tiananmen verboten, und da brach der Sturm los. Der Zorn des Volkes war gewaltig. Unübersehbare Menschenmassen strömten Tag für Tag von früh bis spät zum Tiananmen, aus hunderttausend Kehlen schallten revolutionäre Lieder über den Platz. Über den Köpfen der Menschen schwebten gelbe Luftballons, auf die Schwüre ewiger Liebe und Treue zu Zhou Enlai geschrieben worden waren. In den Sträuchern und Büschen hinter dem Denkmal hingen Gedichte, Pamphlete und Forderungen – zum Beispiel, Deng Xiaoping wieder in Amt und Würde einzusetzen. Die Flut der Kränze bildete mittlerweile ein in allen Farben schillerndes Meer, aus dem sich das Denkmal wie ein Leuchtturm in der Frühlingssonne erhob. Junge Männer trugen vom Denkmal aus Gedichte vor, die von flammender Liebe, aber auch von nie versiegendem Zorn handelten. Am Abend des 4. April verboten mir Lion und Heping, hinauszugehen, da, wie sie sagten, etwas in der Luft lag.

Und richtig: Am 5. April wurden die Kränze auf LKWs fortgeschafft und, wie ich hörte, verbrannt. Das Volk empörte sich darüber. Da schlug die Viererbande mit Jiang Qing an der Spitze los und veranstaltete auf dem Tiananmen-Platz ein Blutbad. Die Trauer um Zhou Enlai war in ihren Augen zur Konterrevolution geworden. Wieder wurden viele der besten Söhne und Töchter Chinas ins Gefängnis geworfen. Dies war der Gipfel jahrelanger grausamer Untaten, die China um Jahrzehnte zurückgeworfen hatten. Damals ahnte die Viererbande noch nicht, daß sie sich mit ihrem brutalen Vorgehen ihr eigenes Grab schaufelte. Denn nichts einte das chinesische Volk so sehr wie seine Liebe und Verehrung für den toten Zhou Enlai – und sein Haß auf die Tyrannen an der Spitze. Daran änderten auch verlogene Berichte in der Presse und angeordnete Sympathiekundgebungen nichts. Die Stimmung in Beijing blieb explosiv.

Am 28. Juli 1976 wachte ich morgens um vier Uhr auf, weil der Fußboden bebte, die Schränke tanzten, die Deckenlampen hin und her schwangen und die Couch wackelte, auf der ich schlief. Entsetzt lief ich zu Emi und zog ihn ins Gärtchen. Alle stürzten hinaus. Nach ein paar Minuten war der Spuk vorüber. Wie wir dann erfuhren, waren das die Ausläufer des schweren Erdbebens in Tangshan, bei dem in wenigen Minuten einige 100 000 Menschen ums Leben gekommen waren. Wir mußten alle aus den Häusern heraus, weil man befürchtete, das Beben könnte sich wiederholen. Gegen Abend gab es noch ein paar Stöße, die aber viel schwächer waren als die am Morgen. Trotzdem wurde den ganzen Winter hindurch vor einem neuen Erdbeben gewarnt. Da niemand in die Häuser zurückkehren durfte, übernachteten wir auf dem Sportplatz, der schräg gegenüber von unserer Gasse lag. Bei uns war Heping; Vitja war in Changchun und Lion auf Reportagereise im Süden. Unsere neue Behausung bestand aus Pfählen, über die man Plastikbahnen gespannt hatte. Einen Monat lang lebten wir dicht an dicht wie die Heringe.

Bald kam Ordnung ins Lagerleben, Latrinen wurden aufgestellt, Verkaufsstände aufgebaut; außerdem konnte man mittags und abends warmes Essen kaufen. Jeden Abend wurde per Lautsprecher verkündet, man solle wachsam sein, weil es möglicherweise in der Nacht wieder ein Erdbeben gäbe. Natürlich passierte nichts, aber auf diese Weise wurden wir in Spannung gehalten. Ich ging jeden Morgen nach Hause, räumte die Wohnung auf, machte Essen und brachte es Emi. Nach einigen Tagen übernachtete Heping zusammen mit seiner Freundin wieder zu Hause auf dem Fußboden. Sie hätten keine Angst, meinte er, da sie gut zu Fuß seien.

Trotz der drangvollen Enge herrschte auf dem Sportplatz eine gute Atmosphäre. Emi lag auf einer Art Feldbett fast im Freien, da er mit seiner Bronchitis die stickige Luft im Zelt nicht vertrug, und man gönnte ihm diesen Platz. Unsere lieben Spitzelnachbarn verbreiteten aber schon bald hinter vorgehaltener Hand, wir seien Spione. Da rückten die Leute ängstlich von uns ab. Einige wollten uns sogar von unseren Plätzen verdrängen. Da stellte sich Xiao Fei schützend vor uns. Sie machte einen furchtbaren Krach, beschimpfte die Leute mit einem deutlichen Seitenblick auf unsere Hausnachbarn und sagte, sie sollten sich schämen, daß sie zwei alte Menschen in Mißkredit brächten. Das wirkte, und wir wurden in Ruhe gelassen.

Das Lager auf dem Sportplatz galt als vorbildliche Einrichtung, als eine Art Modellstätte, die eine kleine Partei- und Regierungsdelegation eines Tages besichtigen wollte. Kurz vor deren Eintreffen erschien der Dali bei uns und sagte, wir sollten für kurze Zeit nach Hause gehen, da verdächtige Elemente wie wir in der Zeit der Besichtigung auf dem Sportplatz nichts zu suchen hätten. Diese Erniedrigungen konnten uns aber nichts anhaben, weil es auch andere Erlebnisse gab. So setzte sich eines Abends ein Mann um die 50 zu mir, ein Nachbar in unserer Gasse und auch hier auf dem Sportplatz. Der Mann erwies sich als alter Kommunist, der Emi kannte. Er war fest von unserer Unschuld überzeugt und redete seit diesem Gespräch ganz offen mit uns, ohne sich um die Leute zu kümmern. Auch nachdem wir Ende August wieder in unser Haus gezogen waren, besuchte er uns noch öfter.

Am 9. September wurde im Radio wieder Trauermusik gesendet, da Mao Zhuxi gestorben war. Trotz allem, was in den letzten Jahren geschehen war, erschütterte uns diese Nachricht. Schließlich war er der große legendäre Mao, der das Land befreit und die Volksrepublik China gegründet hatte. Was würde jetzt aus China werden? Das beunruhigte jeden. Die Trauerfeierlichkeiten auf dem Tiananmen, an denen wir ebenfalls nicht teilnehmen durften, waren nicht mit denen zu Ehren Zhou Enlais zu vergleichen. Alles war organisiert, der Platz hermetisch abgeriegelt. Und obwohl die Menschen schluchzten – natürlich, mit Maos Tod ging eine Epoche zu Ende –, wehte ein merkwürdig eisiger Wind über dem Ganzen, den wir selbst vor dem Fernsehgerät spürten. Jiang Qing erschien auf der Tribüne, von Kopf bis Fuß in Schwarz gekleidet, obwohl die Farbe der Trauer in China weiß ist. Ein langer schwarzer Schleier verhüllte ihr Gesicht – ein böser Dämon.

Anfang Oktober ging ich mit Vitja eines Tages auf der Wangfujing Dajie bummeln. Ich lästerte über Jiang Qing, so daß Vitja sagte: »Bist du verrückt? Willst du etwa wieder eingelocht werden?« Also hielt ich den Mund. Am nächsten Tag, ich kam gerade vom Einkaufen zurück, überraschten mich meine Söhne mit der geradezu unglaublichen Nachricht, daß die Viererbande verhaftet sei. Mir wurde ganz weich in den Knien – der Alptraum war zu Ende. Am nächsten Tag tauchte der Dali bei uns auf. Da wir noch nicht rehabilitiert waren, waren wir vorsichtig; wir wollten uns durch Fangfragen nicht provozieren lassen. Was wir dächten, fragte der Dali. »Wir denken gar nichts!« entgegnete Emi trocken. – »Aber ihr müßt doch eine eigene Meinung haben.« – »Wir denken nur, was in der Zeitung steht.« Da aus Emi nichts herauszukriegen war, zog der Dali unverrichteter Dinge wieder ab. Später suchte er uns in freundschaftlicher Absicht auf, ließ sich Zigaretten anbieten, trank Tee und meinte entschuldigend, es wäre nicht seine Schuld gewesen, wie er uns behandelt hätte, sondern er hätte nur Befehle von höherer Stelle ausgeführt.

Wenige Tage später kam ich aus dem Beijing-Krankenhaus, wo ich für Emi Medizin geholt hatte. Ich radelte drauflos und stieß auf der Changanjie auf von allen Seiten der Stadt herbeiströmende und sich auf dem Tiananmen-Platz vereinende, jubelnde Menschenmassen. Sie zogen mit Musik, Tanz, Gesang, mit Trompeten und Fanfaren zwischen Bussen, Autos und Fahrrädern durch Beijings Straßen. Hunderte blutroter Fahnen wehten im Wind. »Nieder mit der Viererbande!« donnerte es von allen Seiten. »Hoch lebe Hua Guofeng!« Das klang nicht organisiert, sondern alles war spontan; ein für China ganz ungewöhnliches Ereignis, denn nach 1949 hatte es nur eine einzige spontane Demonstration gegeben – die nach Zhou Enlais Tod. Hua Guofeng hatte zusammen mit Ye Yianying und anderen die Viererbande verhaften lassen. Meine Vorahnungen aus dem Jahre 1973, nach dem Tode Maos werde Jiang Qing versuchen, die Macht an sich zu reißen, hatten sich bewahrheitet. Es gingen sogar Gerüchte um, die »liebende Gattin« hätte Mao Zhuxi zu Tode gepflegt. Nun war diese Eiterbeule endgültig aus Chinas Körper beseitigt, und das Volk konnte wieder frei atmen. Zhou Enlai und die unzähligen Opfer der unmenschlichen Herrschaft waren gerächt. Jubelnd schloß ich mich ein Stück Weges dem Zug an.

In diese Zeit der Freude fiel Emis 80. Geburtstag am 10. Oktober. Bei der Feier waren Emi und ich ausschließlich von Jugend umgeben, von den

Freunden und Freundinnen unserer Söhne. Sie alle kochten, brieten, buken unentwegt. Abends saßen wir dann in meinem Zimmer an der festlich gedeckten Tafel, ließen Emi hochleben und genossen die köstlichen Speisen. Emi strahlte vor Glück. Wer hätte das vor zwei Jahren, am Tag unserer Entlassung aus dem Gefängnis, gedacht? Nun konnten wir wieder auf eine glückliche Zukunft anstoßen.

Unsere Rehabilitierung

Nach der Verhaftung der Viererbande wurde auch Kang Sheng, der frühere Leiter des chinesischen Geheimdienstes, entlarvt und an den Pranger gestellt. Kang Sheng war Mitglied des Politbüros der KPCh gewesen, hatte eine Reihe hoher Ämter bekleidet und war nach seinem Tod am 16. Dezember 1975 mit einem Staatsbegräbnis geehrt worden. In Wirklichkeit war Kang Sheng ein Judas, eine Bestie in Menschengestalt.

Ich lernte Kang Sheng im November 1934 in Gagri kennen, wo mich Emi mit ihm bekannt machte. Damals hieß er noch Kon Xin. Er und Wang Ming waren Vertreter des Komintern-Flügels in der KPCh. Von Anfang an umgab Kang Sheng eine Atmosphäre der Geheimnistuerei. Den Chinesen, die ich in Moskau traf, durfte ich nicht erzählen, daß ich ihn kannte, und von einem Foto, auf dem er neben mir und Emi abgebildet war, mußte ich ihn abschneiden. In Yan'an bin ich ihm einige Male begegnet, aber ich kann mich nicht mehr an Einzelheiten erinnern. Emi sprach stets mit einer gewissen Hochachtung von Kang Sheng und besuchte ihn in späteren Jahren manchmal in Beijing. Kang Sheng revanchierte sich mit kurzen Stippvisiten in Beidaihe. Er war immer furchtbar freundlich, erkundigte sich, ob »Madame« zu Hause wäre, und wollte mich sehen. Außerdem zeigte er Interesse an meiner fotografischen Arbeit, und so schenkte ich ihm ein Exemplar meines Peking-Bildbandes, worüber er sich zu freuen schien. Kang Sheng war mir zwar nicht sonderlich sympathisch, aber es sprach auch nichts Besonderes gegen ihn.

Nach Emis Tod erzählte mir die Witwe von Wang Jiaxiang, der in Yan'an eine hohe Position innehatte und in der Kulturrevolution umgekommen war, daß Kang Sheng in den Jahren 1942/43 geplant hätte, Emi meinetwegen in Ungnade fallen zu lassen. Der eigentliche Grund wäre aber Emis Freundschaft mit Mao Zedong gewesen, die Kang Sheng ein Dorn im Auge war. Jetzt erst klärten sich die vielen Rätsel auf. Kang Sheng kam damals nicht zum Zuge, weil einige Persönlichkeiten, die höher gestellt waren als er, darunter Wang Jiaxiang, gegen ihn stimmten. Also mußte er sich fügen; vergessen hat er das aber nie. Als Kang Sheng in den 50er Jahren uns gegenüber so freundlich tat, schliff er in Wahrheit schon den Dolch, den er uns eines Tages in den Rücken stoßen wollte.

Als wir im Jahre 1967 Kang Sheng über Zhao Yiming unseren Brief schickten, muß er gelacht haben. Denn niemand anderer als er war seinerzeit Nils Holmbergs Gastgeber. Er war es, der sagte, ich sei eine internationale Spionin. Er ließ über Jahre das Gerücht ausstreuen, Emi sei unzuverlässig. Er brachte uns – mit Zustimmung Jiang Qings – ins Gefängnis. Und obwohl Kang Sheng die Geheimpolizeimethoden in den 30er Jahren in Moskau genau studiert hatte und ein gelehriger Schüler Stalins war, entfachte er – natürlich hinter den Kulissen – eine wütende Kampagne gegen den sowjetischen Revisionismus. Im Verborgenen war er bis zu seinem Tod das neunköpfige Schlangenhaupt der chinesischen Geheimpolizei. Er war der geheime Drahtzieher, lenkte politische Entwicklungen in die von ihm gewünschten Bahnen und entschied selbstherrlich über Leben und Tod. Niemand gebot ihm hierbei Einhalt. Heute ist es ein offenes Geheimnis, daß er Jiang Qing seit Kindesbeinen kannte und sie, seine Geliebte, mit Mao Zhuxi verkuppelte, um sich so in Maos Vertrauen einzuschmeicheln. Seit der ersten Berichtigungskampagne Mao Zedongs 1942 in Yan'an verfälschte er jede der folgenden ideologischen Kampagnen, in deren Verlauf Tausende und Abertausende unschuldiger Menschen verschickt wurden, in Gefängnissen und Lagern landeten oder umkamen. In der Kulturrevolution klagte er 61 Mitglieder des Zentralkomitees zu Unrecht des Verrats und der Spionage an. Hunderttausende von hohen Funktionären und Intellektuellen, aber auch einfache Leute wurden erbarmungslos verfolgt, ihre Familien, Freunde und Bekannten kamen auf die schwarze Liste. Viele von ihnen wurden in den Tod getrieben, oder man versorgte sie nicht mit den notwendigen Medikamenten, so daß sie dahinsiechten und elendig krepierten – wie Staatspräsident Liu Shaoqi, General He Long und Marschall Peng Dehuai. Auf Veranlassung Kang Shengs sollen sogar Mao Zedong und Zhou Enlai bespitzelt worden sein. Wahrscheinlich hätten er und Jiang Qing nach Mao Zedongs Tod gemeinsam versucht, die Macht an sich zu reißen, wäre Kang Sheng nicht schon 1975 gestorben.

Die Verhaftung der Viererbande hatte konkrete Vorteile für uns: Emi erhielt monatlich mehr Geld, so daß unser Lebensstandard sich verbesserte, und ständig kamen irgendwelche Leute zu uns, die sich nach Emis Gesundheitszustand erkundigten und danach, wie es uns insgesamt ging. Sie waren über die räumlichen Verhältnisse entsetzt, unter denen wir leben mußten. Wir verbrachten die Jahre 1977 und 1978 in häuslichem Frieden. Emi ging es zeitweise besser, so daß er allein in die Buchhandlungen auf der Wanfujing Dajie gehen oder mit dem Bus zum Zahnarzt fahren konnte. Dabei geriet er einmal in einen Regenschauer. Die Menschen spannten ihre Schirme auf, um sich zu schützen. Ein ganz alltägliches

Ereignis. Nicht aber für Emi. Als er nach Hause kam, erzählte er ganz aufgeregt, was er auf den Straßen und im Bus erlebt hätte. Für Emi war alles deshalb neu, weil er vorher immer nur Auto gefahren war und vom Leben eines gewöhnlichen Bürgers keine Ahnung hatte. 1978 zog Vitja mit den Kindern nach Beijing um (seine Frau kam später), da er am Ersten Fremdspracheninstitut eine Stelle als Russischlehrer erhalten hatte. Und Heping wurde im Rahmen einer Massenversammlung zusammen mit vielen anderen rehabilitiert. Auf chinesisch sagte man dazu, daß ihm die Kappe des Konterrevolutionärs abgenommen wurde. Aber Emi und ich warteten weiter auf unsere Rehabilitierung.

Eines Abends fiel mir im Fernsehen ein Mann auf – offenbar ein höherer Funktionär, um die 60, mit kurzgeschorenem Haar, einfachem Äußeren und angenehmen Umgangsformen –, der ohne Notizzettel frei weg von der Leber auf einer Versammlung sprach. Die Art, wie er sich an seine Zuhörer wandte, gefiel mir, und ohne zu wissen, wer er war, dachte ich mir: Das ist *mein* Mann, der wird mich bestimmt verstehen und mir helfen! Ich fragte die Kinder, wer das sei, und mit leichtem Erstaunen in der Stimme antworteten sie mir: »Aber Mama, weißt du das wirklich nicht? Das ist Hu Yaobang! Vor der Kulturrevolution war er Generalsekretär des Kommunistischen Jugendverbandes, wurde dann von der Viererbande abgesetzt und stand jahrelang unter Hausarrest. Jetzt leitet er das Kaderministerium.« Wie sich herausstellte, kannten ihn meine drei Söhne persönlich und hatten ihn schon öfter besucht.

In meinem kümmerlichen Chinesisch schrieb ich ihm einen Brief, etwa so: »Lieber Genosse Hu Yaobang! Sie kennen mich nicht, ich kenne Sie nicht. Gestern habe ich Sie aber im Fernsehen gesehen und mir sofort gedacht, daß Sie Verständnis für meine Probleme haben werden. Deshalb wage ich es, mich mit der Bitte an Sie zu wenden, ob Sie mir nicht helfen könnten...« Kurz legte ich ihm unsere Leidensgeschichte dar. Dann bat ich meine Söhne, diesen Brief Hu Yaobang persönlich zu übergeben. Es verging einige Zeit, ohne daß ich etwas hörte. Da fragte ich Vitja: »Glaubst du, daß Hu Yaobang mir antworten wird?« Darauf Vitja: »Wohl kaum. Bei der Arbeit, die er zu erledigen hat.« Trotzdem gab ich die Hoffnung nicht auf. Nach gut einem Monat, es muß nachmittags gewesen sein und Emi schlief, hörte ich Schritte im Korridor. Ich ging hinaus und sah nach, wer es war. Ein junger Mann fragte: »Sind Sie Tante Eva? Ich bin der Sohn von Hu Yaobang, mein Vater hat mich geschickt.« Wir gingen in mein Zimmer und setzten uns an den Tisch am Fenster. Der junge Mann sagte: »Mein Vater war einen Monat lang verreist. Deshalb konnte ich ihm Ihren Brief erst vor ein paar Tagen geben. Meine Mutter hat ihn im Kreise unserer Familie vorgelesen, und alle waren zu Tränen gerührt. Mein Vater war ganz empört, wie man sich Ihnen gegenüber benimmt, und bat mich, Ihnen auszurichten, daß Ihre Probleme gelöst werden. Sie müssen nur etwas Geduld haben.«

Anfang Januar 1979 kam Emi ins Freundschaftskrankenhaus, wo er die nächsten anderthalb Jahre zur stationären Behandlung bleiben mußte. Das Krankenhaus war nicht weit weg von uns und lag inmitten eines großen Gartens. Emi hatte ein schönes, helles, warmes Zimmer mit Bad und einem Balkon. Wir besuchten Emi beinahe täglich, und wenn er sich nicht wohl fühlte, blieb jemand von uns bei ihm über Nacht.

Meine Geduld wurde reich belohnt. Im März erhielt ich eine Stelle als Fotografin bei der Xinhua, Abteilung Ausland, dort, wo ich 1950 angefangen hatte. Damit war einer meiner sehnlichsten Wünsche der letzten Jahre in Erfüllung gegangen. Im Mai hatte ich meinen ersten Einsatz: Ich fotografierte im Kindergarten des Freundschaftskrankenhauses. Das Fotografieren hatte nichts von seinem Reiz eingebüßt. Jedesmal, wenn ich mit irgendeinem Auftrag losgeschickt wurde, überkam mich ein prickelndes Gefühl, eine kreative Nervosität. Zum Internationalen Kindertag am 1. Juni war ich bei den Feierlichkeiten im Pionierpalast, den man in der Kulturrevolution als bürgerliche Einrichtung geschlossen hatte.

Nachdem ich mich der Sorgen um die Führung des Haushalts entledigt hatte – darum kümmerte sich nun unsere neue Hilfe Marusja, eine frühere Freundin der verstorbenen Pascha –, fuhr ich im August zusammen mit Vitja zum erstenmal nach 14 Jahren wieder nach Beidaihe ans Meer. Dort traf ich Sufei und Ma Haide wieder. Stumm und mit Tränen in den Augen umarmten und küßten wir uns. Es war der Viererbande nicht gelungen, unsere Freundschaft zu zerstören. Was hatte dieser Mann nicht alles für China getan, angefangen von seiner Teilnahme an der Chinesischen Revolution bis hin zu seinem Kampf gegen Haut- und Geschlechtskrankheiten? Die Verunglimpfungen in der Kulturrevolution hatte er ungebeugten Hauptes hingenommen. Nun, nachdem diese Zeit des Schreckens überstanden war, erhielt er die ihm gebührende Ehrung durch Partei und Regierung. Lao Ma hatte drei schwere Operationen hinter sich, von denen zwei ihm beinahe das Leben gekostet hätten. Erst die dritte, zu der ihm Hans Müller dringend zugeraten hatte, brachte Erfolg. Nun erholte er sich zusehends; er schwamm täglich im Meer, und wenn ich morgens kurz nach sechs an den Strand ging, hatte Ma Haide seine Übungen bereits beendet. Das Meer lag vor uns, spiegelglatt oder leicht gekräuselt. Chinas Himmel war wieder heiter und klar, denn die Wahrheit hatte gesiegt. Da standen wir – der Amerikaner und die Deutsche –, nicht mehr jung an Jahren, aber jung im Herzen und tief verbunden mit China in Freud und Leid. Das Leid lag hinter uns, vor uns lagen Freude und der feste Glaube an die Zukunft Chinas, für die wir uns jeder auf seine Weise nach allen Kräften einsetzen wollten. Über all das sprachen wir. Dann unternahm Lao Ma seinen Morgenspaziergang entlang der Küste, und ich stürzte mich ins Meer, dessen Fluten mich zärtlich umfingen.

Mitten in diesen Rausch hinein wurden wir nach Beijing zurückgerufen, da wir am 17. August 1979 rehabilitiert werden sollten. In einem Empfangszimmer des Freundschaftskrankenhauses saßen wir um einen großen Tisch – neben mir Vitja und neben Emi Heping und Lion. Außerdem waren zwei Mitarbeiter des Ministeriums für Öffentliche Sicherheit, zwei vom Schriftstellerverband und zwei von der Xinhua anwesend. Einer der Genossen von der Öffentlichen Sicherheit verkündete unsere Rehabilitierung und legte zwei Exemplare der entsprechenden Dokumente vor uns auf den Tisch – eines für Emi und eines für mich. Wir konnten die Urkunden für einige Tage behalten, um sie in Ruhe durchzulesen und dann zu unterschreiben. Emi weinte und schluchzte die ganze Zeit über vor Aufregung und Rührung. Die ihn betreuende Ärztin maß ihm zwischendurch vorsichtshalber den Blutdruck. Zur Feier des Tages sagte ich auch ein paar Worte, in denen ich meine Freude darüber zum Ausdruck brachte, daß die Wahrheit sich durch nichts und niemanden beugen ließ. Die Anwesenden gratulierten uns, auch das Klinikpersonal. Alle Freunde, Bekannte, Verwandte und Arbeitskollegen, die bislang unseretwegen hatten leiden müssen, wurden vom Ministerium für Öffentliche Sicherheit über unsere Rehabilitierung informiert.

Am 30. September, vier Tage nachdem wir die Urkunden unterschrieben hatten, wurde Emi zu dem großen Bankett aus Anlaß des 30. Jahrestages der Gründung der VR China in die Große Halle des Volkes eingeladen. Damit war ein jahrelanger Traum für ihn in Erfüllung gegangen. Am nächsten Tag erschien sein Name in der Zeitung. Die Rehabilitierung hatte weitreichende Folgen: Emi bekam nicht nur das konfiszierte Geld zurück, sondern man bezahlte ihm auch rückwirkend für die vergangenen zwölf Jahre die Gehälter aus. Er wurde wieder in die Partei aufgenommen und nach einiger Zeit zum Mitglied des ständigen Ausschusses der Politischen

Konsultativkonferenz des Chinesischen Volkes gewählt. Darüber hinaus wurden seine Gedichte und Schriften neu verlegt, und alles, was er nun schrieb, wurde ebenfalls veröffentlicht. Das spornte Emi ungemein an, er arbeitete trotz Krankheit unermüdlich, und sein Zimmer im Krankenhaus verwandelte sich immer mehr in ein Arbeitszimmer. Um ihn etwas zu entlasten, stellte man ihm einen Sekretär zur Seite, den jungen, intelligenten Liu Hezhong. Emi nahm auch am ersten Schriftstellerkongreß nach der Kulturrevolution teil, der vom 30. Oktober bis zum 16. November 1979 in Beijing tagte. Bei der Neugründung des Schriftstellerverbandes am 4. November hielt Emi eine Rede, die sehr viel Beifall fand und auf Grund derer man ihm tiefstes Mitgefühl entgegenbrachte. Bei dieser Gelegenheit sah Emi viele seiner alten Schriftstellerfreunde wieder, so Ding Ling, Ai Qing, Wang Zheng, Zhu Ziqi, Hu Yaobang und andere.

Emi hatte mir stets zugeredet, ich solle auch etwas schreiben. Lange wußte ich nicht worüber, bis ich eines Tages eine Idee hatte: Mir fielen die Kindheitserinnerung, mit der ich auch dieses Buch eröffnet habe, und meine Begegnung mit dem letzten Kaiser Chinas, Pu Yi, ein. Das alles schrieb ich eigentlich mehr aus Spaß nieder, bis die kleine Erzählung Ruth Weiß von *China im Bild* in die Hände fiel. Sie war begeistert und übersetzte sie ins Englische (ich übernahm die Übersetzung ins Chinesische) und veröffentlichte sie in der Novembernummer 1979 mit Fotos. Womit ich überhaupt nicht gerechnet hatte, war der Erfolg dieses kleinen Textes. Plötzlich war ich in aller Munde. Freunde, Bekannte und sogar wildfremde Menschen gratulierten mir und sprachen mich auf die Erzählung an. Als ich eines Tages im Laden bei uns um die Ecke einkaufte, fragte mich die Verkäuferin unvermittelt: »Wollen Sie nicht Zucker haben?«, obwohl ich meine Ration für diesen Monat schon gekauft hatte. »Sie können soviel Zucker haben, wie Sie wollen.« Wie sich herausstellte, hatte sie meine Erzählung gelesen. Der Fotograf Guo Jiqing, der für meinen Beitrag eine Aufnahme von Emi und mir gemacht hatte, erzählte mir, daß die Familie von Pu Yi hellauf begeistert wäre. Noch heute erinnern sich viele Chinesen an meine damalige Veröffentlichung. 1985 wurde mein Text in einen Band mit den besten Erzählungen aufgenommen, die seit 1950 in *China im Bild* erschienen waren.

Im Herbst traf ich bei Rewi Alley meinen guten alten Freund Joris Ivens wieder, den ich 15 Jahre nicht gesehen hatte und der mich überaus herzlich begrüßte. Er war schlank, hatte schlohweißes Haar und ein junges Gesicht. Joris sollte zwei Monate in China bleiben, da man ihn zum Berater für Spiel- und Dokumentarfilme berufen hatte. Nach der Begegnung schrieb ich in mein Tagebuch: »Joris ist 81, aber voller Feuer; er ist nach wie vor ein Fanatiker, von dem ich viel lernen kann. Wie gut tut ein Gespräch mit einem Menschen, der sein ganzes Leben der Revolution gegeben hat und sich trotz seines Alters nicht zur Ruhe setzt, obwohl er das könnte – vor allem in China. Man hat ihm schon mehrmals angeboten, seinen Lebensabend hier zu verbringen.« Am 18. November wurde der 81. Geburtstag von Joris feierlich mit einem Bankett begangen, das erste, an dem ich nach meiner Rehabilitierung teilnahm. Die Gastgeberin, Deng Yingchao, die Witwe Zhou Enlais, begrüßte mich herzlich. Das war die Rehabilitierung vor aller Welt! Zusammen mit ihr, Joris, dessen Frau Marcelline und anderen saß ich am ersten Tisch. Bevor Joris – der Fliegende Holländer, wie ich ihn nannte, da er ständig auf Achse war und aus seinen Koffern lebte – wieder abreiste, machte ich noch viele Fotos von ihm, so bei Gesprächen mit jungen Filmemachern in den Beijinger Filmstudios, bei der Arbeit, beim Schreiben.

Dieses Jahr 1979 hatte mir noch eine große Freude bereitet: das Wiedersehen mit Johnny nach zwölf Jahren. Er hatte mich zwar schon vor meiner Rehabilitierung besucht, da er es, wie er sagte, einfach nicht mehr ausgehalten hatte, aber von nun an konnte er zu uns kommen, ohne etwas befürchten zu müssen. Fortan sahen wir uns regelmäßig; manchmal begleiteten ihn seine Frau und seine beiden Söhne. Das Treffen mit Johnny beflügelte mich so sehr, daß ich wieder regelmäßig Tagebuch zu schreiben begann.

Im Jahr 1980 gab es ebenfalls einige bemerkenswerte politische Ereignisse, die mich erfreuten und zufriedenstellten. Als erstes wurde Liu Shaoqi rehabilitiert, den man nach seiner Verhaftung schlimmer als ein Stück Vieh behandelt und qualvoll hatte umkommen lassen. Damals hatte jemand Lius Asche aufbewahrt. Wir waren auf dem Militärflughafen, als Wang Guangmei, die Witwe Liu Shaoqis, mit ihren und Lius vier Kindern und der Urne, aus Kaifeng kommend, in Beijing eintraf. Es war ein erschütternder Anblick. Nach der Trauerfeier in der Großen Halle des Volkes begleitete Heping die Familie nach Qingdao. Liu Shaoqis Asche wurde – gemäß seinem Testament – von einem Dampfer aus ins Meer gestreut. All das wurde im Fernsehen übertragen.

Dann wurde Hu Yaobang, unser Helfer und Förderer, Generalsekretär der Partei. Und schließlich eröffnete man die Gerichtsverhandlung gegen die Viererbande und ihre wichtigsten Anhänger. Wie gebannt verfolgten wir die öffentlichen Sitzungen, die im Fernsehen übertragen wurden. Jiang Qing war einfach nicht kleinzukriegen und führte sich unverschämt auf. Von Bekannten, die auch an nicht-öffentlichen Sitzungen teilnahmen, erfuhren wir, daß sie sich dort noch unerhörter benahm und die Richter behandelte, als seien diese die Angeklagten. Aber das half ihr alles nichts, denn sie hatte den Haß des gesamten chinesischen Volkes gegen sich. Ein Jahr darauf konnte ich meine tiefe Genugtuung nicht verhehlen. In mein Tagebuch schrieb ich: »Am 25. Januar 1981 wurde das Urteil gegen die Viererbande verkündet. Jiang Qing und Zhang Qunqiao wurden zum Tode verurteilt, der Richterspruch aber für zwei Jahre zur Bewährung ausgesetzt. [Nach zwei Jahren wurde das Todesurteil gegen Jiang Qing in lebenslängliche Haft umgewandelt.] Wang Hongwen und Yao Wenyuan erhielten lebenslänglich, die anderen 15 bis 18 Jahre. Bei der Urteilsverkündung schrie und tobte Jiang Qing. Sie wurde gefesselt abgeführt. Das hatte sie wohl nicht erwartet.« Mit Jiang Qing hatte und habe ich keinen Funken Mitleid; schade nur, daß Kang Sheng diesen Untergang nicht mehr miterleben konnte. Ich habe nie jemanden persönlich gehaßt, aber diese beiden – Jiang Qing und Kang Sheng – hasse ich mit allen Fasern meines Körpers.

Der Erfolg meiner kleinen Erzählung hatte mich zum Schreiben angespornt. Zu Ma Haides 70. Geburtstag trug ich meine Erinnerungen an unsere lange Beziehung zusammen und verfaßte einen Text, *Eine 40jährige Freundschaft,* der in einer Hongkonger Zeitschrift veröffentlicht wurde. Und für eine schwedische Zeitschrift, die jährlich in Buchform erschien, schrieb ich einen Artikel über Emi: *Emi Siao (Siao San) – Dichter und Internationalist.* Als ich die Arbeiten an diesem Beitrag gerade abgeschlossen hatte, erfuhr ich, daß am 20. Mai auf Einladung der Chinesischen Freundschaftsgesellschaft mit dem Ausland eine westdeutsche Schriftstellerdelegation in Beijing erwartet wurde. Auf dem Empfang, den Xia Yan gab, lernte ich nicht nur einen der bekanntesten Vertreter der jüngeren chinesischen Schriftstellergeneration, Wang Meng, kennen, sondern auch Carola Stern, Hans Magnus Enzensberger, Gaston Salvatore und andere. Mit Carola Stern und Hans Magnus Enzensberger traf ich mich in der Folge noch öfter. Sie waren es auch, die, von meinem Schicksal berührt, mich ermutigten, weiterhin zu schreiben. Als ich ihnen meinen Artikel über Emi zeigte, meinten sie, dieser Artikel könne als Vorlage für einen Roman dienen. Ich sollte viele spannende Begebenheiten aus meinem Leben erzählen.

Unsere Rehabilitierung zog immer noch ihre Kreise. Auf Fürsprache von Deng Yingchao erhielten wir im 14. Stock eines Neubaus eine Siebenzimmerwohnung mit Balkon, Küche (mit Gasanschluß), Badezimmer, in dem es Tag und Nacht warmes Wasser gab, und mit einer zweiten Toilette. Nun hieß es, zu packen und die alte Wohnung zu renovieren, wobei uns Hepings Freunde tatkräftig unterstützten. Auch Marusja scheute keine schwere Arbeit. Sie und ihr Sohn putzten die neue Wohnung von oben bis unten. Endlich war es soweit. Am 6. Juni 1980 verließen wir unser Haus und die kleine Gasse, in der wir 26 Jahre lang gewohnt hatten. Beim Abschied war mir schwer ums Herz. Lion blieb mit Xiao Fei und Xiao Hu in dem Teil des Hauses wohnen, in dem Emi und ich zuletzt gelebt hatten. Auf dem vollbeladenen LKW fuhren wir aus der Gasse, über den Tiananmen-Platz und die verlängerte Changanjie entlang bis vor unsere neue Bleibe. Der Boulevard vor unserer neuen Wohnung war zu beiden Seiten von Bäumen und modernen Hochhäusern gesäumt. In der Nähe hatte sich jener idyllische See befunden, zu dem ich vor meiner Verhaftung jeden Morgen geradelt war, um zu schwimmen.

Wir waren kaum eingezogen, da brachte uns jemand vom Kaderministerium alle unsere konfiszierten Sachen zurück, wie Briefe, Tagebücher, meine Dokumentarfilme, die Materialien, die wir im Gefängnis geschrieben hatten, mein Exemplar des *Roten Büchleins* mit meinem mit Blut geschriebenen Brief an Mao und meine geheuchelte Selbstkritik. Die Briefe waren nach Jahren geordnet und geheftet, die Tagebücher mit Nummern versehen, was Heping zu der Bemerkung veranlaßte: »Mama, die haben dir schön vorgearbeitet!« Nachdem wir die Wohnung eingerichtet hatten, holten wir Emi nach Hause, und dann feierten wir Hepings Hochzeit mit seiner langjährigen Freundin Xiao Gong. Es wurde die erste richtige Hochzeitsfeier in unserer Familie. Emi und ich hatten in aller Stille geheiratet, was unserem Glück keinen Abbruch getan hatte. Vitja übrigens auch. Und Lion hatte geheiratet, als wir im Gefängnis saßen. Es war eine fröhliche, ausgelassene Hochzeit mit Wein und Tanz bis spät in die Nacht. Alle Freunde des jungen Paares waren gekommen, vor allem Hepings Sportfreunde und Arbeitskollegen, die in den schweren Jahren fest zu ihm gehalten hatten.

Heping und Xiao Gong hatten daran gedacht, anschließend zum Studium in die USA zu gehen. Sie besaßen schon Bürgschaften für die Einreise, und es bestanden berechtigte Aussichten, daß sie auch Stipendien erhielten. Am 25. August begleiteten wir Heping zum Flughafen, da er über

Hongkong, wo wir gute Freunde hatten, nach New York fliegen wollte. Dort sollte er zunächst bei der Tochter von Emis älterem, vor längerer Zeit verstorbenem Bruder und deren Mann wohnen. Xiao Gong sollte später nachkommen. Emi war bekümmert und weinte; der Abschied von Heping fiel ihm schwer. Vielleicht ahnte er unbewußt, daß er seinen jüngsten Sohn nicht wiedersehen würde. Ein Trost für Emi war seine Schwiegertochter, eine fröhliche, liebe, junge Frau, die viel mit ihm spaßte und bei jeder Gelegenheit versuchte, ihn zu zerstreuen, bis sie am 17. November 1980 Heping nach New York folgte. Für Emi war dies wie der Verlust einer lieben Tochter.

Zu meinem 69. Geburtstag schickte mir Heping aus New Haven eine Glückwunschkarte und einen Brief. Auf die geschmackvolle Karte mit Blumen und Schmetterling hatte er geschrieben: »Hier gibt es so viele schöne Karten, daß ich gar nicht wußte, welche ich für Dich auswählen sollte. Aber keine der Karten kann meine Gefühle für Dich wiedergeben.« Und im Brief hieß es: »Mama, meine liebe Mama! Obwohl wir nicht zusammen sind, glaube ich, daß das der freudigste Geburtstag seit 13 Jahren ist. Sieben Jahre lang gab es ihn überhaupt nicht, da konnten wir ihn nur heimlich ›feiern‹ – ohne Dich. Erinnerst Du Dich noch an Deinen Geburtstag 1974? Obwohl Du wieder in ›Freiheit‹ warst, Deine Söhne und einige Freunde um Dich waren und es Blumen sowie Musik gab, war uns allen schwer ums Herz. Dann kamen noch fünf schreckliche Jahre. Wie haben wir das alles nur durchgehalten? Weißt Du noch, wie wir kurz nach Deiner Entlassung durch den Sun-Zhong-Shan-Park radelten und von der Zukunft träumten? Und jetzt ist sie da, diese Zukunft! Ja, wir haben an sie geglaubt. Ohne diesen Glauben hätten wir nicht kämpfen können. Ein Traum nach dem anderen ist Wirklichkeit geworden. Aber wieviel mußten wir dafür opfern – besonders Du. Du mußtest für Papa und mich sorgen und Dich um den Haushalt kümmern, ohne eine Arbeit zu haben, die Dich befriedigte. Deine Ausdauer hat nicht nur Dir geholfen, sondern auch mir. Ich habe zwar nie darüber gesprochen, aber Dein Verhalten hat großen Einfluß auf mich gehabt. Mama, Du hast den heutigen Sieg wirklich verdient!«

Durch die weite Welt

Der Besuch von Carola Stern in Beijing führte dazu, daß wir in Kontakt blieben und sie mir Bücher schickte, nach denen ich hungerte – ihre eigenen, die von Heinrich Böll und anderen Autoren. Im März 1981 erhielt ich dann eine Einladung von ihr, nach Köln zu kommen, um dem Westdeutschen Rundfunk (WDR) Fernseh- und Rundfunkinterviews zu geben. Obwohl ich mich auf diese Reise unbändig freute, fühlte ich mich nach all den zurückliegenden verrückten Jahren auch etwas unsicher. Deshalb wollte ich, daß Vitja mich auf meine Kosten begleitete. Damit war Carola einverstanden.

Und wie schon so häufig in vergleichbaren Situationen war ich erfüllt von großem Elan. Zum erstenmal nach langen Jahren beschäftigte ich mich wieder mit meinem Fotoarchiv, das ziemlich durcheinandergeraten war und geordnet werden mußte. Ich klebte die alten und die neu vergrößerten Aufnahmen auf lose Blätter und stellte – nach Themen – eine kleine Ausstellung zusammen. Als diese mein alter Freund Shi Shaohua sah – er war mittlerweile ebenfalls rehabilitiert –, war er ganz begeistert und sagte: »Das ist ja ein wahrer Schatz, den du da hütest.« Einen guten Teil dieses Schatzes hatte ich ihm zu verdanken, denn stets hatte mich Shi Shaohua ermuntert, *alles* zu fotografieren. Beim Ordnen der Fotos kam mir die Idee, einen autobiographischen Bildband zu verfassen. Über diese Aufräumungsarbeiten und die Reisevorbereitungen verging der Sommer. Vitja und ich wußten zwar noch nicht genau, was wir nach dem Köln-Aufenthalt unternehmen wollten, aber vorsichtshalber besorgten wir uns Touristenvisen für die USA, was damals recht einfach war.

Emi ging es gesundheitlich mal besser, mal schlechter. Das Asthma, das er seit der letzten schweren Krankheit im Gefängnis hatte, verschlimmerte sich mit der Zeit. Er schrieb an seiner Autobiographie, war aber oft müde und ging fast gar nicht mehr aus. Es gefiel ihm gut in der neuen Wohnung. Die Briefe von Heping und Xiao Gong, in denen sie allerdings verschwiegen, wie schwer sie es hatten, in dem fremden Land mit dem Studium zurechtzukommen und sich nebenbei noch Geld zu verdienen, waren Emis einzige Kontakte zur Außenwelt. Xiao Gong studierte in Boston am Wellesley College Volkswirtschaft. Sie wohnte bei einer Familie, der sie den Haushalt führte. Mit dem Geld, das sie sich dabei verdiente, konnte sie die Kosten für Unterkunft und Verpflegung bestreiten. Ihr Studium beendete Xiao Gong an der Harvard-Universität mit Glanz und erhielt bei einem angesehenen amerikanischen Unternehmen eine Stellung. Heping lernte ein Jahr lang Englisch. Das war die härteste Zeit für ihn. Um seinen Unterhalt zu verdienen, arbeitete er oft bis zur totalen Erschöpfung als Tellerwäscher und Kellner in chinesischen Restaurants. Durch einen guten Bekannten erhielt er dann ein Stipendium für das Institut für Internationales Management in Glendale (Arizona), das er erfolgreich absolvierte. Anschließend wurde Heping von diesem Institut zu einem mehrmonatigen Kurs nach Oxford geschickt, wo er seine Dissertation zum Thema Handel zwischen China und dem Westen auf englisch zu schreiben begann. Daß er die Arbeiten daran innerhalb von zwei Jahren beendete, fand ich eine großartige Leistung. Nicht minder beeindruckend war, daß er zu den drei von 100 Absolventen zählte, die unmittelbar nach den Abschlußexamina eine Arbeitsstelle fanden. Er konnte sogar zwischen mehreren Angeboten wählen und entschied sich für eine Stelle bei der Continental Grain Company in New York. Inzwischen haben Heping und einige Freunde eine eigene Firma namens Ecoban gegründet.

Um Emis geistiges und leibliches Wohl sollte sich in meiner Abwesenheit unsere neue Haushaltshilfe Xiao Wang kümmern. (Marusja hatte uns wegen einer schweren Erkrankung verlassen müssen.) Xiao Wang war 40, kam aus dem Süden Chinas und wohnte bei uns. Sie war sauber, kochte ausgezeichnet und betreute Emi wie eine Tochter, so daß ich mir in dieser Hinsicht keine Sorgen zu machen brauchte. Ferner waren noch Lion, Johnny, dessen Frau A-Tie und die beiden Sekretäre da, die mir hoch und heilig versprachen, immer nach Emi zu sehen. Trotzdem plagten mich Gewissensbisse, ihn zurückzulassen. Andererseits mußte ich fort; ich brauchte frischen Wind für mein weiteres Leben, meine weitere Arbeit.

Am 24. August 1981 flogen Vitja und ich mit einem Zwischenaufenthalt in New Delhi nach Frankfurt am Main. Das war nach 18 Jahren meine erste Auslandsreise, und ich kam mir vor wie jemand, der aus einem früheren Jahrhundert direkt in die moderne Welt hineinplumpst. Deshalb wird man mir verzeihen, wenn ich Städte und Erlebnisse, die für meine Leserinnen und Leser etwas Selbstverständliches darstellen, wie eine Art Weltwunder beschreibe. Wer macht sich heute schon noch groß Gedanken, wenn er einmal schnell nach Hongkong, New York, Tokio oder Sydney fliegt? Für mich war damals, 1981, alles, was ich sah, faszinierend neu. In Frankfurt wohnten Vitja und ich bei einer befreundeten Frau, die wir aus Beijing kannten und die uns zu sich eingeladen hatte. Ihre Freunde und

Kollegen hatten uns zwei Zimmer zur Verfügung gestellt und bewirteten uns die ganze Zeit über. Sie weigerten sich beharrlich, auch nur einen Pfennig von uns zu nehmen. Für Vitja und mich war es einer der schönsten Eindrücke, von diesen Menschen, die uns überhaupt nicht kannten, so freundlich aufgenommen zu werden. Unsere neuen Freunde bestanden auch darauf, uns im Wagen nach Köln zu begleiten, obwohl wir schon Flugtickets dorthin gebucht hatten. Also fuhren wir den Rhein entlang und machten unter anderem Station in einem Café direkt gegenüber dem Loreley-Felsen.

Wir wohnten in dem schönen Haus von Carola Stern und ihrem Mann Heinz im Kölner Vorort Rodenkirchen. Heinz war pensioniert und erledigte alles im Haushalt, damit Carola – Carlchen, wie er sie zärtlich nannte – unbelastet ihrer Arbeit nachgehen konnte. Und sie arbeitete viel, setzte sich bei Menschenrechtsgruppen ein und schrieb Bücher. In ihrem letzten – *In den Netzen der Erinnerung* – hatte sie ihr Lebensschicksal und das von Heinz beschrieben. Die beiden liebten sich sehr, das sah und fühlte ich bei unserer Unterhaltung, die bis weit in die Nacht ging. Am nächsten Morgen nach unserer Ankunft überreichte mir Carola 2000 Mark. Ihre Freundin Lotte Löwenthal hatte von unseren finanziellen Schwierigkeiten gehört und sich zu dieser spontanen Geste entschlossen. Lotte, eine vermögende Jüdin, lebte in London, war geschieden und hatte keine Kinder. Carola traf sie öfter. Ich war einfach sprachlos darüber, daß jemand aus reiner Güte einer ihr vollkommen unbekannten Person ein solches Geschenk macht. In London hatten wir dann Gelegenheit, uns persönlich bei Lotte Löwenthal zu bedanken.

Gleich am ersten Tag gab ich im *Mittagsmagazin* des Westdeutschen Rundfunks ein Fünf-Minuten-Interview, in dem ich natürlich zu China befragt wurde. Zufällig hörte diese Sendung Else Wolfs Schwester, Grete Dreibholz, die in Essen wohnte. Grete freute sich über die Maßen darüber, mich wiedergefunden zu haben, so daß sie mich unbedingt sehen wollte. Ein paar Tage später stand die »junge« Dame – immerhin war sie 85 – im weißen Kleid, in weißen Schuhen und mit Hut sowie Tasche vor Carolas Haustür. Grete blieb zwei Tage und berichtete ausführlich, was mit den Wolfs in den letzten 20 Jahren passiert war, auch über Elses Tod. Auf unsere Frage, worin das Geheimnis ihrer Jugendlichkeit liege, antwortete Grete, wahrscheinlich darin, daß sie nie geheiratet und sich stets ihre Freiheit bewahrt hätte. Einmal im Jahr unternähme sie eine Weltreise, die sie nach Israel, in die USA und andere Länder führe, wo sie die Häuser von

Freunden hüte, die in Urlaub seien. Auf diese Weise sähe sie ohne große Kosten viel von der Welt. Von Beruf war Grete Heilgymnastikerin, was Vitja sehr interessierte. Überhaupt gefielen sich die beiden gut.

Carola und Heinz fuhren für drei Wochen in die Schweiz und überließen uns ihr Haus sowie ihre Fahrräder. In dieser Zeit wollte ich mich auf die weiteren Interviews vorbereiten. Außerdem unternahmen wir zahlreiche Radtouren am Rhein entlang. Wir lebten wie die Zigeuner, aßen, wann wir wollten, und sahen abends fern, wobei Vitja schnell sein Deutsch verbesserte. Dazu tranken wir aus bauchigen Flaschen roten Landwein. Hatten wir genug vom Fernsehen, legten wir Schallplatten auf und hörten klassische Musik, so das zweite Klavierkonzert von Rachmaninow, eines von Vitjas Lieblingsstücken.

Am 9. September fand mein Rundfunkgespräch mit Herrn Gembhardt (WDR) statt; im ersten Teil unterhielten wir uns über mein Leben in China und im zweiten über die Kulturrevolution. Auch Vitja, der schon recht gut Deutsch verstand, kam zu Wort. In einer Sendung für die Deutsche Welle wurde er zu seinen ersten Eindrücken von der Bundesrepublik befragt. Dabei betonte er immer wieder, daß er die Menschen großartig fände, denen er bisher begegnet sei. Allerdings liefen in den Straßen viel weniger Menschen herum – natürlich, im Vergleich zu den Millionen, die Chinas Städte bevölkern.

Nachdem Carola aus dem Urlaub zurückgekehrt war, wurde mein Fernsehgespräch mit ihr und Gerd Ruge am 13. Oktober 1981 aufgezeichnet und knapp ein Jahr später, am 30. August 1982, unter dem Titel *Eva in der Chinesischen Revolution* in allen dritten Programmen ausgestrahlt. Wie mir Gerd anschließend schrieb, sei die Sendung ein großer Erfolg gewesen. Das glaubte ich gerne, denn die Atmosphäre beim Interview war sehr locker. Carola, Gerd und ich saßen um einen runden Tisch, und die Fragen zu meinem Leben sowie zu China allgemein und meine Antworten gingen hin und her. Bei meinen beiden Gesprächspartnern fühlte ich mich frei und ungezwungen. Dieses Fernsehgespräch, es war mein erstes, besiegelte meine Freundschaft mit Carola. Am Abend saßen wir noch zusammen und feierten.

Dann fuhren Vitja und ich nach Berlin, wo ich Koni (Konrad) Wolf nach 18 Jahren wiedertraf. Und das war so gekommen: 1980 war ich in Beijing einem deutschen Filmregisseur begegnet, der Koni Wolf kannte und manchmal mit ihm zusammenkam. Ich gab ihm einen Brief für Koni mit und erhielt umgehend Antwort. »Liebe Eva! Deine Nachricht kam für mich wie aus heiterem Himmel – unverhofft und unbeschreiblich schön. (Manchmal beschert einem der Himmel ja auch etwas Gutes, nicht wahr?) Ich bin sehr glücklich darüber, daß es euch allen gut geht und daß Du an uns gedacht hast, insbesondere an Meni [Else]. Sie sprach noch oft von Dir, Eva, und Du warst für sie gewiß einer der ganz lieben und wertvollen Menschen. Schön, daß es die Möglichkeit gibt, wieder etwas voneinander zu hören... Ich mache Filme. Bisher sind es 15 zu verschiedenen Themen von heute und gestern... Ich finde es schön, durch meine Arbeit etwas Nützliches für viele Menschen machen zu können, damit sie sich besser im Leben zurechtfinden und auch etwas Freude gewinnen.« (30. September 1980)

Und im März 1981 schrieb mir Koni: »Vor kurzer Zeit erhielt ich Deine Nachricht und habe mich riesig gefreut – besonders darüber, daß... Du voller Pläne und so richtig in Deine Arbeit eingestiegen bist. Glaube mir, Eva, nicht allein mir, sondern vielen meiner Freunde und Angehörigen bedeuten diese Nachrichten voller Klugheit und Zuversicht sehr viel. Alles bekommt einen schönen Sinn und Wert... Und dann die Fotos, das war eine Überraschung! Ich gehöre ja auch – schon von Berufs wegen – zu den ›Augenmenschen‹, und deshalb sagen mir das Bildhafte, Gesichter und Haltungen bisweilen mehr als Worte. Die vier Bildchen liegen jetzt vor mir, und ihr alle seid mir ganz nah, trotz der Ferne. Darf ich Dir sagen, daß ich Dich gar nicht verändert empfinde, vom Ausdruck des Wesens? Auch Emi hat eine ganz wunderbare Ausstrahlung. Na und die Jungens – die müssen Dir doch viel Mut, Kraft und Freude geben. Besonders beeindrukkend der ›Kleine Tiger‹, Xiao Hu... Es ist ein großes Privileg, Künstler zu sein! Es gibt nichts Wichtigeres und Notwendigeres, als den Menschen Mut und Zuversicht zu geben.«

Natürlich hatte ich Koni, diesem wundervollen Menschen, dem ich mich geistig und künstlerisch verbunden fühlte, unser Kommen mitgeteilt. Als wir in Berlin eintrafen, erwarteten uns Koni und sein Freund, jeder mit einer langstieligen Rose in der Hand, am Flughafen. »Mein Gott, daß das wahr ist. Wie im Märchen. Könnte ich malen, ich würde ein Kunstwerk schaffen!« Bei unseren Treffen mit Koni erzählten wir einander unsere Erlebnisse der letzten Jahre, sprachen über seine Arbeit, über das Leben. Außerdem spielte uns Koni ein von ihm auf russisch besprochenes Tonband über die Troika (Dreigespann) vor, das heißt über sich, Lothar Wloch und Jura Fischer, seine besten Jugend- und Lebensfreunde. Am Abend dieses Tages lud uns Konis Freund in ein hübsches italienisches Restaurant ein, wo wir auf Emis und meine Wiedergeburt anstießen und Koni und ich unser glückliches Wiedersehen feierten.

Zum Programm gehörte auch der Besuch eines Filmstudios, wo uns Koni einige seiner Filme zeigte. Am meisten beeindruckte mich der autobiographische Film *Ich war neunzehn,* in dem er die Rückkehr eines emigrierten Deutschen als Leutnant der Sowjetarmee in sein Vaterland im Frühjahr 1945 schilderte. Da war echtes Leben auf der Leinwand. Und der große Farbfilm *Goya,* nach dem gleichnamigen Roman von Lion Feuchtwanger, war einfach hinreißend. An dem Film über Ernst Busch arbeitete Koni noch, so daß wir ihn uns nicht anschauen konnten. In mein Tagebuch schrieb ich: »Koni ist ein großer Künstler und Mensch. Ich bin stolz und gerührt, daß ich ihm eine Freundin sein kann.« Mit Koni sprach ich auch über meine Idee, einen Bildband *Mein Leben – ein wirkliches Märchen* zu machen. Er sah sich einen Teil der Fotos an und unterhielt sich mit mir über diesen Buchplan. Daraufhin meinte Vitja zu mir: »Jetzt stehst du vor Gottes Gericht.« Aber es war ein wohlwollendes Gericht, denn Koni gefielen sowohl die Aufnahmen als auch die Idee.

Ein frohes Ereignis war auch das Wiedersehen mit Stephan Hermlin. Er fand mich immer noch so naiv wie früher, worauf ich ihm sagte: »Kein Wunder, ich bin ja so eine Art Caspar Hauser – aus der Versenkung aufgestiegen.« Woher sollte ich wissen, was sich in der Welt und vor allem im Westen abspielte? Stephan erzählte von sich, den beiden Deutschlands und dem Ende des kalten Krieges. Wir sprachen von alten Zeiten, von der Friedensbewegung und längst verstorbenen Freunden. Die Zeit verflog.

Unsere nächste Reisestation war Paris, jene Stadt, in der ich mit meinem Freund Helmut den Jahreswechsel 1933/34 verbracht hatte. Stundenlang bummelten Vitja und ich durch diese Stadt, die sich so ganz anders als Berlin zeigte. Es herrschte eine wärmere, frühlingshaftere Atmosphäre, auf den Straßen war buntes Leben, und die Menschen waren vielfältiger angezogen, gaben sich unbekümmerter. Alles hatte etwas Leichtes an sich. Von den vielen historischen Plätzen und Museen, die wir besuchten, beeindruckte uns am meisten das Musée Rodin – und dort vor allem *La main du Dieu,* mit Adam und Eva, einer Hand voller Geist und Leben, aus Marmor gemeißelt. Die Frauenköpfe und Gruppen erinnerten mich unwillkürlich an die steinernen Wächter und Tiere der Ming-Allee in Beijing. Am Totensonntag fuhren wir zum Friedhof Père-Lachaise, wo die Großen Frankreichs aus Politik, Literatur, Kunst, Musik begraben sind. Und wir begaben uns zu der Mauer, vor der die letzten Mitglieder der Pariser Kommune erschossen worden waren und wo man die Einschußlöcher noch heute sehen kann. Außerdem sahen wir die Gräber der in deutschen Konzentrationslagern umgekommenen Widerstandskämpfer – alles unvergeßliche Denkmäler, die sich einem ins Gehirn einkerben. Alle Gräber waren mit frischen Blumen bedeckt.

Von Paris aus ging es weiter nach Stockholm, wo wir bei Herberts Tochter Irene wohnten. Irene arbeitete als Regieassistentin an der Königlichen Oper Stockholm; ihr Mann Lars, genannt Lasse, war Cellist. Zusammen mit ihren Kindern Marika und Daniel lebten sie in einem schönen Haus in Enebyberg, etwas außerhalb von Stockholm. In Stockholm, der schönsten Stadt, die ich kenne und die ein Stückchen Heimat für mich ist, feierte ich zusammen mit Vitja, Irene, Lasse und meiner Schwägerin Lisel meinen 70. Geburtstag. Abends gingen wir in die Vasa-Kirche und hörten das *Requiem* von Mozart. Für mich war es das erste Mal, daß ich einem Konzert in einer Kirche beiwohnte. Es war ein schöner Ausklang dieses Tages. Ich besuchte auch noch Aufführungen von *Così fan tutte* und *La Bohème*. Ich kam mir wie verwunschen vor, wieder in jenem Opernhaus zu sitzen, in dem ich vor rund fünf Jahrzehnten wie zu Hause gewesen war. Aber die Zeiten hatten sich geändert: Man sah Abendkleider und Jeans, Damen in hellgrünen Hosen und Herren im Smoking. Und im Gegensatz zu früher sprach man sich nicht mehr in der steifen dritten Person an, sondern jeder duzte sich mit jedem, und nicht nur hier, sondern überall. Während meines Stockholm-Aufenthaltes erschien in *Kina Rapport* mein ungekürzter Artikel über Zhou Enlai, und außerdem fand noch ein 20minütiges Fernsehinterview mit mir in der Sendung *Maganiset* statt.

Bevor wir den Atlantik überquerten, legten Vitja und ich einen Stopp in London bei Marion und Roy Gore ein. Sie waren dieselben lieben alten Freunde und luden extra für uns einige Bekannte aus der gemeinsamen Prager Zeit ein, darunter Nan Green und Ivor Montagu. Marion zauberte ein herrliches kaltes Buffet, und auf einmal war die Prager Zeit in diesem Londoner Zimmer. Roy und Marion gingen neben der Arbeit ihren Hobbies nach: Sie besuchten gemeinsam Yoga-Kurse, Marion wob schöne Teppiche, und Roy tischlerte. Sie zeigten uns London, wobei Marion ihr großes historisches Wissen auspackte; wir gingen in die Gemäldegalerien, da Vitja sich stark für Kunst interessierte. Auf dem Flughafen bedauerten Roy und Marion, daß wir so schnell wieder fuhren. »Nächsten Sommer kommen wir nach Beijing!« sagte Roy, und ich wußte, daß er das Versprechen halten würde.

In New York erwarteten uns Alma Uhse und ihr Sohn Joel am Flughafen. Ich hatte Alma vollkommen aus den Augen verloren, aber Heping war ihr zufällig zu Beginn seines New-York-Aufenthaltes begegnet; seitdem korrespondierten Alma und ich miteinander. Wir übernachteten in Stefans Zimmer, dessen tragisches Ende Alma uns erzählte. Stefan hatte sich zweimal aus dem Fenster gestürzt, um seinem Leben ein Ende zu bereiten. Beim ersten Mal konnte er noch gerettet werden, beim zweiten Mal kam jede Hilfe zu spät. Stefan war 27 Jahre alt, als er starb, und sein Tod bedeutete den härtesten Schlag in Almas Leben. In jenen Tagen traf ein großes Paket aus Ost-Berlin ein mit Dutzenden von Bodos Tage- und Reisebüchern. Ich las die halbe Nacht darin, fand viel Erstaunliches und begegnete einem Bodo, den ich so gar nicht kannte. Alma erzählte viel von sich und Bodo, aber leider unter großem Zeitdruck, denn sie mußte dringend nach Kalifornien fliegen. Beim Abschied sagte Alma zu mir: »Du kannst jederzeit wiederkommen.« Aber wir sahen uns nicht wieder, denn sie starb im September 1988 während eines Fluges an Herzversagen.

New York überwältigte mich, besonders die Tatsache, daß man in 58 Sekunden auf den 107. Stock des World Trade Center gelangte, von wo aus man eine atemberaubende Aussicht auf Manhattan, Brooklyn, den Hudson River, East River, den Atlantischen Ozean und – mittendrin – auf die Freiheitsstatue hat. Alles glitzerte in der Sonne. Von den Galerien beeindruckte mich besonders die Frick Gallery, eine Privatgalerie in der Villa des früheren Eigentümers mit auserlesenen Gemälden von Rembrandt, van Dyck, Gainsborough, Constable, Velázquez, El Greco, Goya und vielen anderen. Die Räume wirkten so intim, daß es mir vorkam, als ob alle Bilder für mich persönlich hier hingen. Ich war hingerissen. Am 8. Dezember waren Alma und ich bei Freunden zum Essen eingeladen. Als wir zurückkehrten, war es Viertel vor eins – 9. Dezember –, genau die Zeit, zu der Vitja vor 40 Jahren geboren war. Er lag auf dem Bett und las. Ich schenkte ihm den Bildband von der Frick Gallery, und Alma machte eine Verbeugung.

In diesen Wochen pendelten wir zwischen New York und New Haven hin und her, da Vitja und ich einen Vortrag (mit anschließender Diskussion) in der Asian Academic Society – co-sponsored by the Russian Club and Political Forum, Southern Connecticut State College – halten sollten. In der Vorankündigung zu dieser Veranstaltung stand, »Mrs. Eva Siao, photographer, and Prof. Vitja Siao... will talk on ›my life and experience in China and Russia‹«. Die Aussprache mit den Professoren und Lehrern war lebendig, und unseren Zuhörern imponierte besonders, daß wir unsere eigene Meinung vorbrachten, im Gegensatz zu sowjetischen Gästen, die kürzlich erst hier gewesen waren. Anschließend wurde ich gefragt, ob ich vorhätte, ein Buch zu veröffentlichen oder meine Autobiographie zu schreiben, da ich ja viel zu erzählen hätte. Ich fühlte mich geschmeichelt und sagte, daß ich mich in der Tat mit Buchplänen beschäftige. Für diesen Nachmittag erhielten wir 200 Dollar, und das war wichtig für uns, denn wir mußten auf dieser Reise für unseren Unterhalt selbst aufkommen. Vitja meinte irgendwann einmal, wir zögen wie arme Studenten durch die Lande.

In New York traf ich Fritz Lachmann wieder, Onkel Sallys Sohn und Herberts Jugendfreund. Ich hatte ihn seit 1933 nicht mehr gesehen. Fritz war 80 – ein elegant gekleideter alter Herr, der ein bewegtes Leben hinter sich hatte, das ihn ins Baltikum, nach Ungarn, Palästina, Südamerika und zuletzt nach New York geführt hatte. Er war Schriftsteller und hatte zuletzt eine Enzyklopädie über das Judentum veröffentlicht. Fritz gestand mir: »Ich schreibe zwar Werke zur Religionsgeschichte, bin aber nicht religiös.« Außerdem war er Chefredakteur der deutschsprachigen Zeitung *New York Herold.* Er machte ein Interview mit mir, das im Februar 1982 unter der Überschrift *Eines deutschen Mädchen Schicksal in China* in zwei Teilen abgedruckt wurde. Darin hatte Fritz mich unter anderem gefragt, ob ich in China zu Hause wäre, was ich entschieden bejahte. »Trotz allem?« – Ich: »Aber ja, natürlich.« Vitja und ich versuchten den Menschen immer wieder begreiflich zu machen, daß wir mit China und seinen Menschen verwachsen waren.

In Boston trafen wir uns mit Xiao Gong und flogen dann zu dritt nach Los Angeles, wo uns Heping am Flughafen abholte. Er hatte sich von einem Freund einen Wagen geborgt und war hierher gekommen, um mit uns Weihnachten und Neujahr zu verbringen. Wir fuhren zum Stillen Ozean, spazierten stundenlang am endlosen Strand entlang und genossen das angenehme Herbstwetter, das jetzt, mitten im Dezember, noch herrschte. Die weißen Häuser zwischen Palmen erinnerten mich an Gagri. Heping hatte viele Freunde hier, die uns einluden und Ausflüge mit uns unternahmen. So fuhren wir ins Disneyland; ein anderes Mal besuchten wir das Universal Center in Hollywood. Mit zehn hatte ich meinen ersten Hollywood-Film, *The Kid,* gesehen, mit Charlie Chaplin in der Hauptrolle. Hollywood schien mir damals ein unerfüllbarer Traum. Nun fuhren wir mit dem Zug durch die Filmstudios und sahen, wie Filme gedreht werden.

Ganze Kulissenstädte mit Straßen, Gewässern, Schneelandschaften etc. waren aufgebaut, und wir konnten auch Trickaufnahmen verfolgen. In einem Boot fuhren wir über einen Teich, und plötzlich krachten Kanonen los – Spielzeugkanonen natürlich, denn es wurde eine Seeschlacht inszeniert. Ansonsten verbrachte ich meine Zeit mit Schwimmen und Spaziergängen durch Downtown und Chinatown, wo es in den Läden mehr chinesische Gewürze und Delikatessen als in Beijing gab.

Den Sylvesterabend 1981 verbrachten wir im Haus eines Taiwaner Modefotografen in Hollywood. Ich war der letzte Gast, nämlich Nummer 100; jedem wurde ein Kärtchen mit seinem Namen an die Brust geheftet. Ein kaltes Buffet war aufgebaut worden, und alle Räume waren mit Girlanden und Luftballons dekoriert. Die Musik war so laut, daß man kein Wort verstand. Ich war die einzige »Betagte« im Kreise junger Leute, wurde von ihnen aber als gleichaltrig behandelt, mit »Happy New Year, baby doll« begrüßt und abgeküßt. Die meisten Gäste waren Chinesen aus Taiwan und Hongkong. Der Gastgeber, ein dürres Bürschchen mit einer lustigen Haarmähne und einer riesengroßen Brille, hatte seine Farbfotos von Modefrisuren überall an die Wände gehängt. Obwohl ich mich sehr wohl fühlte und viel tanzte, konnte ich mich des Eindrucks nicht erwehren, daß die Parties in meiner Jugend- und Studentenzeit netter waren. Schon »unsere« Tänze, wie Walzer oder Tango, bei schummerigem Licht, waren erotischer, mehr auf Gefühle und Anschmiegen abgestimmt, glühender und aufreizender als dieses verrückte Gehopse. Den Jahreswechsel verbrachten wir im Freien unter Palmen bei Regen.

Am 12. Januar 1982 flogen Vitja und ich über Tokio nach Hongkong. Beim Anflug lag die beleuchtete Millionenstadt direkt unter uns. Ich erlebte Hongkong, diese verteufelte Stadt, die von Menschen nur so wimmelt, in fünf gedrängten Tagen. Reichtum und Armut lagen hier dicht nebeneinander. Unten auf dem Meer hausten die Fischer in ihren Booten und erinnerten mich an meine Eindrücke von 1950 in Guangzhou, die ich seinerzeit gefilmt hatte; oben am Berg standen strahlend weiße Häuser, in denen die Reichen wohnten. Von den Bergen aus hatte man eine herrliche Aussicht über die Stadt, die Halbinsel Kowloon und das Meer; von dem brodelnden, hektischen Leben, von den vielen Menschen und der großen Armut war hier oben nichts zu bemerken. Die glatte Oberfläche verbarg alles, die zahllosen ökonomischen Widersprüche, das Aufeinandertreffen von Ost und West.

Diese Reise bedeutete für mich eine Wiederauferstehung, den Sprung in ein neues, produktives Leben. Bei unseren Gesprächen, in offiziellen wie in privaten Kreisen, stellte ich immer wieder erstaunt fest, wie wenig die Menschen im Westen über China wußten. Mein Bekenntnis zu China, das ich liebte und in dem ich trotz aller bitteren Erfahrungen leben wollte, weckte bei meinen Gesprächspartnern und Zuhörern Sympathie für dieses große Land. Was ich mir in den sieben Gefängnisjahren oft vorgestellt hatte, China wieder in die Welt tragen zu können, hatte sich verwirklicht, soweit es in meinen Kräften stand. In den verschiedenen Ländern, die wir besucht hatten, bin ich vielen Menschen begegnet, die nicht nur den Wunsch hatten, die Welt zu verbessern und menschlicher zu machen, sondern dies, jeder auf seine Art, auch praktisch taten, ob als Mitglied der *Liga für Menschenrechte* (wie zum Beispiel Carola Stern) oder des Tierschutzverbandes *Animals have Right too,* ob als Mitglied der Grünen oder als Karikaturist einer linken Zeitschrift. Solch ein Handeln imponierte mir sehr und entsprach meinem eigenen Wollen.

Auf dieser Reise waren mir – nicht zuletzt auf Grund der vielen Begegnungen mit jungen, aufgeschlossenen Menschen, die mich wie ihresgleichen behandelten – geistige Flügel gewachsen. Voll Inspiration und Tatendrang kehrte ich nach Beijing zurück. Dort erfuhren wir, daß Emi wieder im Krankenhaus lag – um sich auszuruhen, wie es hieß. »Emi kam mir etwas wackelig entgegen, freute sich mit uns. Er hatte Sehnsucht nach mir gehabt, hatte auf mich gewartet. Und nun war ich da – wieder zu Hause.«

Tod und Leben

Nach der Rückkehr von unserer Weltreise machte ich mich voller Schwung daran, meine Lebenserinnerungen niederzuschreiben. Ich wußte zwar noch nicht, welchen Titel ich dem Buch geben sollte, aber das störte mich nicht weiter, denn es machte mir einfach Spaß, auf mein Leben von den Windeln an zurückzublicken und es zu überdenken. So nahm das Jahr 1982 einen guten, produktiven Anfang für mich. Alles schien in Butter, aber es kam, wie so oft im Leben, ganz anders. Die Hiobsbotschaften ließen nicht lange auf sich warten. Die erste erreichte mich am 10. März in Form eines Telegramms, in dem mir mitgeteilt wurde, daß Koni Wolf drei Tage zuvor an Krebs gestorben war. Ich war wie vor den Kopf geschlagen. Bilder der Erinnerung an längst vergangene Zeiten – in der Sowjetunion, in Lehnitz oder vor kurzem in Berlin – stiegen in mir auf. Wie sehr hatte ich mich auf ein erneutes Wiedersehen gefreut, nachdem wir uns kurz zuvor erst wiedergefunden hatten.

Und dann machte mir Emis Gesundheitszustand zunehmend Sorgen. Nach unserer Rückkehr war er zwar nach Hause gekommen, leistete mir auch wie früher Gesellschaft beim Morgenkaffee und ließ sich gern von unserer Reise erzählen, aber er war furchtbar schwach, schlief oft mitten im Gespräch im Sessel ein. Am 29. März wußten wir uns alle keinen Rat mehr und brachten Emi wieder ins Krankenhaus. Das Asthma ließ ihn kaum noch zu Luft kommen, so daß er ganz schwer atmete und entsetzlich schnaufte. Im Krankenhaus, das der Armee unterstand, wußten wir Emi in guten Händen. Die Ärzte und Krankenschwestern kümmerten sich aufopferungsvoll um ihn. Aber das änderte alles nichts daran, daß es Emi immer schlechter ging. Am 8. Mai schrieb ich in mein Tagebuch: »Emi geht es heute sehr schlecht, ich bin ganz erschrocken. Die Ärzte meinen, es sei schlimmer geworden und Patienten in diesem Alter befänden sich immer in Lebensgefahr. Er ist arm dran, braucht die Liebe und Nähe von Menschen. Ich bleibe über Mittag. Außer Süßspeisen nimmt Emi fast nichts mehr zu sich. Betreten fahre ich nach Hause.« Eingehend beriet das Ärztekollegium, wie Emis Leben zu retten sei. Man beschloß, eine Kehlkopfoperation vorzunehmen, weil man keine andere Lösung wußte. Über den Ausgang der Operation gab es nur Vermutungen: Entweder sie gelang und schaffte Emi Linderung oder … Mir wurde angst und bang bei diesem Gedanken. In diesen schweren Stunden war der Vorsitzende Hu Yaobang an meiner Seite. Es war ein trauriger Anlaß, bei dem ich meinen »Retter« persönlich kennenlernte. Hu Yaobang blieb so lange, bis sich zeigte, daß die Operation erfolgreich gewesen war. Der ganze Eiter wurde aus dem Kehlkopf entfernt und Emi Sauerstoff eingeflößt. Erleichtert atmeten wir alle auf. Bevor Hu Yaobang ging, ordnete er noch an, daß die besten Ärzte und Schwestern stets um Emi sein sollten.

Mitte Mai ging es Emi besser, aber er war immer noch in Lebensgefahr. Dann erholte er sich langsam, aber nie mehr ganz. Zusammen mit den fünf Schwestern, die rund um die Uhr zur Betreuung Emis abgestellt worden waren, kümmerte sich die ganze Familie um ihn. Nachts Lion, Vitja und ab und zu auch Johnny; tagsüber die Schwiegertöchter und unsere Haushaltshilfe Xiao Wang. Besonders Lions Frau Xiao Fei, zu der unsere Beziehung nicht ganz problemlos war, verhielt sich vorbildlich. Die Ärzte und Schwestern lobten sie ob ihrer Unermüdlichkeit und Geschicklichkeit. Xiao Fei scheute keine Mühe, keine schmutzige Arbeit und verstand es, mit dem kranken Emi umzugehen. Wir waren gut miteinander, und ich konnte mich absolut auf sie verlassen.

So vergingen Tage und Wochen, in denen es mit Emi mal auf, mal ab ging. Er hing am Tropf, hatte nach wie vor fürchterliche Atembeschwerden und wurde ununterbrochen mit Sauerstoff versorgt. Es war ein Jammer zu sehen, wie er sich quälte. Ging es ihm eine Spur besser, wollte er arbeiten, schreiben, mit mir verreisen. Manchmal war er aber auch vollkommen verwirrt, wußte nicht, was er sagte. Als Roy und Marion Gore, wie versprochen, Ende Juli zu Besuch kamen und wir zu Emi ins Krankenhaus gingen, erkannte er die beiden nicht. Obwohl er an diesem Tag ganz wirres Zeug redete, mußte er von dem Besuch etwas mitbekommen haben, denn bei späterer Gelegenheit sagte er mir einmal, er hätte gedacht, die beiden seien noch ganz jung. Darauf ich: »Du hast sie doch vor 25 Jahren zum letztenmal gesehen.« In dieser Zeit war ich beinahe täglich bei Emi. Direkt neben dem Krankenhaus lag ein Club mit einem Swimmingpool. Dort ging ich jedesmal hin, wenn ich Emi verließ, um mich beim Schwimmen zu erholen und etwas zu beruhigen. Auch Johnnys Nähe beruhigte mich.

Am 26. August, dem 15. Geburtstag von Vitjas ältestem Sohn Xiao Shi, versammelte sich die ganze Familie an Emis Krankenbett. Emi sah blendend aus, war vergnügt und unterhielt sich mit uns. In ein Exemplar von *Geming Lieshi Shichao,* die Anthologie mit Gedichten der gefallenen Revolutionäre, die Emi zusammengestellt und mit einem Vorwort versehen hatte, schrieb er für Xiao Shi ein paar Zeilen – ganz deutlich und ohne irgendwelche Fehler, so, als hätte es die Zustände geistiger Verwirrung nie gegeben. Vitja machte eine Menge Fotos von Emi und mir. Es war das letzte Mal, daß wir Emi in so guter Verfassung erlebten. Danach ging es ihm immer schlechter. Um ihn zu schonen, hielten wir alle schlechten Nachrichten von ihm fern, so auch die, daß Vitja und Guang Sai sich hatten scheiden lassen. Die beiden hatten sich auseinandergelebt und trennten sich nun gütlich – für China etwas ganz Außergewöhnliches. Vitja hatte auf einer friedlichen Trennung bestanden, schon der Kinder wegen, die darunter nicht leiden sollten. Emi, der sein ganzes Leben lang ein Freidenker gewesen war, hätte diese Nachricht nur schlecht verkraftet. Denn seit Beginn seiner Krankheit zeigte er einen ausgeprägten Familiensinn. So fragte er jeden Sonntag, ob auch alle bei uns zu Hause wären, und wir besuchten ihn der Reihe nach.

Besonders schlimm war, daß Emi kaum noch etwas aß, und wenn, dann nur Mahlzeiten, die ich für ihn zubereitet hatte, wie Rindfleischsuppe, Fisch, Süßspeisen. Zuletzt nahm er nur noch geschlagene Zuckereier zu sich. »Emi sitzt leblos auf dem Bett. Dann bekommt er Sauerstoff, und gleich wird er lebendiger, spricht ein wenig. Ach, ich möchte ihm Wärme und Leben einhauchen.« Ein andermal schrieb ich in mein Tagebuch: »Emi sitzt kläglich in seinem Sessel und sagt nur: ›Mir geht es furchtbar schlecht!‹ Ich kann nicht mit ansehen, wie er langsam dahinstirbt.« Einmal begleitete mich Ma Haide ins Krankenhaus. Darüber freute sich Emi über die Maßen, so daß er über das ganze Gesicht lächelte. »Die beiden halten sich an den Händen. Emi will Ma Haides Hände gar nicht loslassen. Ich weiß, daß ihm dieser Besuch guttut. Daß Emi so schwach ist, beunruhigt mich. Ich weiß nicht...«

Ende 1982, Anfang 1983 wurden noch einige Versuche unternommen, Emis Leben zu retten. In Wirklichkeit war das aber nur noch eine Quälerei für ihn. Ab und zu erkannte er mich; sprechen konnte er nicht mehr. Am 4. Februar 1983 rief mich Vitja frühmorgens an und sagte, ich sollte sofort in die Klinik kommen, es stünde schlecht um Emi. Nach einer weiteren Operation war es kurz vor zehn Uhr aus, Emi war tot. Ich konnte es kaum fassen. Nachdem alle Geräte und Instrumente aus dem Zimmer weggeräumt worden waren, ging ich wieder hinein. Emi lag da allein im eiskalten Zimmer bei offenem Fenster, sein Gesicht war zugedeckt. Ich sah ihn mir noch einmal an. Er lag friedlich da und sah jung aus.

Am 10. Februar nahmen wir im Beijing-Krankenhaus Abschied von Emi. Er war inmitten eines Meeres von Blumen und Kränzen aufgebahrt.

Trauermusik erklang, und Hunderte von Menschen – bekannte wie unbekannte – erwiesen Emi die letzte Ehre, indem sie sich dreimal vor ihm verneigten. Anschließend wurde der Leichnam in einem Bus zum Friedhof Ba Baoshan überführt – Emis letzter Weg auf dieser Erde. Auf Ba Baoshan wurde Emi im Freien aufgebahrt, da viele mit ihm fotografiert werden wollten. Dann wurde Emis Leichnam verbrannt. Unsere gemeinsame Zeit – immerhin 48 Jahre und drei Monate – war unwiderruflich vorbei. Um mich herum tat sich ein großer leerer Raum auf, den ich nur mit Arbeit ausfüllen konnte.

An die Einäscherung auf dem Friedhof schloß sich eine ganze Reihe von Trauerfeierlichkeiten an. Zunächst wurden aber, und das erfüllte mich mit tiefer Freude, Heping und Allan vom Schriftstellerverband nach Beijing eingeladen. Womit niemand gerechnet hatte, wurde Wirklichkeit: Binnen zwei Tagen erhielt Allan sein Ausreisevisum aus der UdSSR. Es herrschte eben politisches Tauwetter, jenes Tauwetter, auf das Emi so sehnsüchtig gewartet hatte. Nach 20 Jahren sah ich Allan zum erstenmal wieder. Zu erzählen gab es jede Menge, auch über die Sowjetunion und China. In einem Punkt waren wir jedoch grundverschieden: Ich konnte mir ein Leben ohne Ideale, für die zu kämpfen sich lohnte, nicht vorstellen. Allan hingegen glaubte an nichts mehr, und oft stellte sich mir die Frage, wie man nur so leben könne? Am späten Abend des 17. Februar traf dann auch noch, aus San Francisco kommend, mein Pupsik in Beijing ein. Ich konnte es kaum erwarten, ihn endlich wieder in die Arme zu schließen. Mit meinen vier Söhnen saß ich diese Nacht durch bis in den frühen Morgen zusammen.

Emi hatte kein Testament hinterlassen. Selbst als es ihm schon entsetzlich schlechtging, wollte er das nicht wahrhaben und nicht an den Tod denken. Sprach man ihn darauf an oder fragte ihn, ob er irgendwelche bestimmte Wünsche hätte, meinte er nur: »Ich sterbe nicht.« Wir schrieben an das ZK und baten, Emi in aller Stille beizusetzen, weil das wohl in seinem Sinne gewesen wäre. Davon wollte Hu Yaobang aber nichts wissen. Er ordnete eine Trauerfeier im Großen Saal der Politischen Konsultativkonferenz des Chinesischen Volkes an, die am 19. Februar stattfand. Im Saal hing ein riesengroßes Porträt von Emi, eine der besten Aufnahmen von ihm, die ich 1952 gemacht hatte. Auf der Tribüne und an den Seiten lagen Kränze über Kränze – von Hu Yaobang, Ye Yianying, Chen Yun, vom gesamten ZK und Politbüro, von der sowjetischen Botschaft; vor der Urne lag ein Kranz von mir und den Kindern; links und rechts stand je eine

Vase mit Lilien. Der sowjetische Botschafter Schtscherbakow und zwei seiner Ratgeber nahmen an der Feier teil. Im Empfangszimmer schüttelten mir Hunderte von Menschen die Hand, darunter viele Unbekannte. Dann gingen wir auf die Tribüne, wo wir Wang Zheng, Hu Qiaomu, Yang Shangkun und andere begrüßten. Im Saal waren über 1000 Menschen. Wang Zheng präsidierte, Hu Qiaomu sprach die Abschiedsworte. Warum konnte Emi diese Ehrung ebensowenig miterleben wie die Früchte seiner Arbeit ernten, das heißt die Neueditionen seiner Werke, die Artikel, die über ihn geschrieben wurden? Das waren Gedanken, die mir durch den Kopf gingen auf dem anschließenden Weg nach Ba Baoshan, wo die Urne in eine Glasvitrine gestellt wurde. In demselben Raum befanden sich die Urnen mit der Asche von Mao Dun, Guo Moruo und Johnnys Vater. Auf dem Friedhof war es ungewöhnlich kalt. Wäre es nach mir gegangen, wäre Emis Asche in alle Winde verstreut worden. Meine Söhne und Johnny verstanden mich. Abends gab es ein großes Essen bei uns zu Hause, das Johnny und Xiao Fei vorbereitet hatten. Mir wurde das alles zu viel. Nach dem Essen zog ich mich auf meinen kleinen Balkon zurück und heulte wie ein Schloßhund. Lion und Heping saßen bei mir und trösteten mich, später Johnny und Allan. Nach und nach verzogen sich alle, und ich blieb allein mit meinen Gedanken.

Zu meinem 70. Geburtstag hatte mir Emi 1981 ein Foto von uns beiden nach Stockholm geschickt und auf die Rückseite geschrieben: »Wir beide sind unzertrennlich, wie auf diesem Foto. Ich warte voll Ungeduld auf Eure Rückkehr nach Beijing.« Ja, wir waren unzertrennlich gewesen, unsere Herzen gehörten trotz aller Widersprüche und Mißverständnisse zusammen. An dies und noch vieles andere dachte ich am Abend des 19. Februar. Wie kaum jemand seiner chinesischen Freunde und Bekannten hatte ich Emi gekannt, seine Großzügigkeit und Toleranz. So haben wir uns zu keiner Zeit um Geld gestritten, ob es uns nun gut- oder schlechtging. Hatten wir keins, ging es auch. Nie haben wir uns Geld geliehen. Manchmal verdiente Emi mehr, manchmal ich. Und als Emi kurz nach unserer Rehabilitierung sein erstes Honorar in Höhe von 1000 Yuan für die Neuausgabe eines seiner Bücher erhielt, spendete er die gesamte Summe für die Menschen, die bei einer Überschwemmung in Sichuan ihr Hab und Gut verloren hatten, obwohl wir das Geld dringend für uns selbst gebraucht hätten. Ich fand das in Ordnung. Emi nahm seine Arbeit sehr ernst. Obwohl er eher ein schweigsamer Mensch war, liebte er Geselligkeit und tanzte leidenschaftlich gern. Er ging auch gerne einkaufen – wie Pinsel,

Tusche, Papier, Bücher, Notizhefte –, war aber ansonsten sehr bescheiden in seinen Ansprüchen.

Die Zuschriften, die ich nach seinem Tod aus aller Herren Länder erhielt, zeigten mir, wie beliebt Emi bei jedermann gewesen war und daß seine starke Ausstrahlung die Sympathien anderer gleich einem Magneten anzog. Damals entstand bei mir der Wunsch, so über Emi zu schreiben, wie ich ihn kennengelernt hatte. Das soll mein nächstes Buch werden, mit vielen, vielen Bildern. Trotzdem quälten mich neben all meinen positiven Erinnerungen auch einige offene Fragen, die ich mit Emi nicht mehr besprechen konnte.

Am 2. Juni 1983 schrieb ich auf die letzte Seite meines Tagebuchs: »Das war das traurigste aller meiner Tagebücher. In ihm ist Emi gestorben, und er fehlt mir so. Ich möchte ihm so viel sagen, was unausgesprochen geblieben ist. Warum eigentlich? Um wieviel wäre es besser gewesen, wenn ich über alles mit ihm geredet hätte. Nun ist es zu spät, vieles bleibt ungesagt. Fragen können nicht mehr gestellt werden.«

Zumindest einer außer mir schien Emis Charakter und Mentalität voll erfaßt zu haben: Dr. Xu, der Direktor des Krankenhauses, in dem Emi ein Jahr gelegen hatte und in dem er auch gestorben war. Als ich mit Lion, Heping und Allan noch einmal ins Krankenhaus ging, um den behandelnden Ärzten und Schwestern für ihre bewunderungswürdige Fürsorge um Emi zu danken, sagte uns Dr. Xu, so einen Patienten wie Emi hätte er noch nie gehabt. Mit allen Fasern seines Herzens hätte er am Leben gehangen, um eine selbstgestellte Aufgabe zu vollenden. Hätte Emi nicht über diese Energie und diesen Lebenswillen verfügt, wäre er schon früher gestorben. Außerdem, meinte Dr. Xu, hätte er noch nie eine Familie erlebt, die so freundschaftlich miteinander verbunden gewesen wäre wie die unsere und die sich mit soviel Liebe um den Kranken gekümmert hätte.

Nachdem Allan am 4. August nach Moskau zurückgeflogen war, wiederholte Heping seine Einladung an mich, mit ihm in Urlaub zu fahren, damit ich auf andere Gedanken käme. Da aus Kalifornien nichts wurde, wohin mich Heping ursprünglich eingeladen hatte, schlug er vor, für ein paar Tage nach Conghua (Provinz Guangdong) im Süden Chinas zu reisen. Conghua ist ein Erholungsort mit Thermalquellen und liegt rund zwei Autostunden von Guangzhou entfernt. Zwischen Palmen, südlicher Vegetation, Wald, Wasserfällen und einem See verbrachten wir paradiesische Tage. Ich hatte Heping ganz für mich allein. Er war sehr aufgeschlossen, und wir sprachen über Freundschaft, Liebe und Ehe. Außerdem erzählte ich von Emi und mir. Es tat gut, mit meinem Pupsik über alles reden zu können. Ganz besoffen von der zauberhaften Landschaft, von Licht, Luft, Wasser und Sonne kehrten wir nach Beijing zurück.

Noch während Heping in Beijing war, wurden meine äußeren Lebensbedingungen von Hu Qiaomu, Mitglied des Politbüros und Emi sehr zugetan, entschieden. Die Wohnung wurde auf meinen Namen überschrieben, und die Miete, Wasser- und Stromverbrauch, die Heizung, das Telefon (mit Ausnahme von Auslandsgesprächen) sowie das Gehalt für eine Haushaltshilfe wurden von der Xinhua bezahlt. So stand mir mein Gehalt ohne irgendwelche Abzüge zur Verfügung. Das gab und gibt mir die Möglichkeit, da ich für mich nur wenig brauche, meinen Kindern, Enkelkindern und Freunden finanziell zu helfen. Beruhigt konnte Heping also am 1. April nach New York zurückfliegen.

Am 1. September 1982 begann der XII. Parteitag der KPCh, auf dem die Kulturrevolution, der Große Sprung nach vorn (1958/59), der viel Schaden angerichtet hatte, sowie die Volkskommunen, die sich als Fehlschlag erwiesen hatten, endgültig verurteilt wurden. All das spiegelte sich nach und nach in der Kunst, in Büchern, Spielfilmen und Theaterstücken wider. Die Menschen machten ihren Herzen Luft. Es gab ausgezeichnete, gute und weniger gute Romane, Erzählungen und Filme, die offen die grausamen Ereignisse der Kulturrevolution zeigten. Außerdem kam in Kunst und Literatur auch wieder das Thema Liebe vor, das, von der Viererbande als bürgerlich verpönt, zu zeigen verboten worden war. Die Beziehungen zwischen Männern und Frauen waren lockerer denn je.

Ein Land, das zehn Jahre lang tagtäglich mit Wunden geschlagen wurde, braucht mehr als ein Jahrzehnt, um sich von diesen Wunden wieder zu erholen. Daß man alle Verbrechen der Kulturrevolution und ihre Folgen so offen ans Licht der Sonne zog, war der Anfang des Heilungsprozesses. Es wächst eine neue Jugend heran – ich sehe das an meinen Enkelkindern und deren Freunden. Ich glaube, diese Jugend hat eine andere Denkweise als die Menschen, denen ich in den 40er Jahren in China begegnete. Sie ist kritischer, freier in ihrem Verhalten, viel offener in den Gesprächen. Ich bin überzeugt, daß China sich in einem Übergangsstadium zum Sozialismus befindet. Der direkte Sprung vom Feudalismus in den Sozialismus hat sich als unmöglich erwiesen. Die Bourgeoisie hat Jahrhunderte gebraucht, um sich durchzusetzen; der Sozialismus dagegen hat erst eine sehr junge Geschichte. Warum verlangt man von ihm (und die Sozialisten von sich!), daß dies reibungslos und ohne Irrtümer geschieht? China – ein Land mit über einer Milliarde Menschen – hat enorme Probleme. Nach den Erfahrungen der letzten Jahrzehnte muß man zugeben, daß China den ersten Schritt zum Sozialismus macht, wobei man den Sozialismus nur mit demokratischen Mitteln aufbauen kann. Zu dieser Demokratie kann man andererseits aber nur mit bewußten Menschen finden, mit Menschen, die begreifen, daß es keine absolute Freiheit gibt und daß man freiwillig Freiheit mit Disziplin verbinden muß, mit Menschen, die vor allem wissen, daß eine gesellschaftliche Veränderung Terror als Mittel nicht rechtfertigt, ja, daß jede Form von Terror eine Veränderung der Gesellschaft und erst recht der Menschen *unmöglich* macht. Seit 1949 habe ich den Zick-Zack-Weg, den China gegangen ist, miterlebt und Freud und Leid mit dem Volk geteilt. China befindet sich wieder auf einem Langen Marsch, zu dem bestimmt viele Zick-Zack-Wege gehören – mit Erfolgen, Niederlagen und wieder Erfolgen. Hoffentlich wird es mir vergönnt sein, die Erfolge dieses Marsches noch erleben zu können.

Im Mai 1983 wurde ich zusammen mit zehn anderen Ausländern mit chinesischer Staatsbürgerschaft zum Mitglied der Politischen Konsultativkonferenz des Chinesischen Volkes (PKKdCV) gewählt – eine große Ehrung. Zu diesem Gremium gehörten u. a. Ma Haide, Hans Müller, Lisa, Ruth Weiß, Epstein, Sid Shapiro. Da ich Mitglied dieser ehrwürdigen Organisation bin, möchte ich kurz ihren politischen Auftrag beschreiben.

Die PKKdCV ist die Organisation der volksdemokratischen Einheitsfront, in der alle Nationalitäten, Klassen, politischen Parteien, Massenorganisationen, parteilosen Persönlichkeiten sowie Auslandschinesen vertreten sind. Auf ihrer ersten Vollversammlung im September 1949 verkündete die PKKdCV die Gründung der Volksrepublik China, wählte den Zentralrat der Volksregierung, ernannte den Vorsitzenden des ZK der KPCh, Mao Zedong, zum Vorsitzenden der VR China und Zhu De zum stellvertretenden Vorsitzenden und nahm das gemeinsame Programm an, eine Art vorläufiger Verfassung des Landes. Bis zum Zusammentritt des Ersten Nationalen Volkskongresses im September 1954 fungierte die PKKdCV als vorläufiger Nationalkongreß. Damit war die ursprüngliche Aufgabe der Politischen Konsultativkonferenz erfüllt; sie blieb als die Organisation der volksdemokratischen Einheitsfront aber auch weiterhin bestehen. Heute fungiert die PKKdCV als beratende Körperschaft, die regelmäßig zusammentritt, um Staatsangelegenheiten zu besprechen und Vorschläge zu unterbreiten.

Nationaler Volkskongreß, als gesetzgebende Gewalt höchstes Organ im Staat, und Politische Konsultativkonferenz tagen einmal im Jahr zur gleichen Zeit in der Großen Halle des Volkes. Bisher habe ich an fünf Tagungen der PKKdCV teilgenommen. Die Mitglieder der Politischen Konsultativkonferenz wohnen ohne Stimmrecht den Plenartagungen des Nationalen Volkskongresses bei, hören dessen Rechenschaftsberichten zu und diskutieren sie eingehend. Nach eigenem Gutdünken können wir Ratschläge geben und kritische Anmerkungen machen. Auf der Basis eingehender Beratungen werden dann entsprechende Beschlüsse gefaßt.

In der Zeit zwischen den gemeinsamen Sitzungen arbeiten die Mitglieder der PKKdCV in kleinen Gruppen. Ich gehöre einer 30köpfigen Pressegruppe an. Wir treffen uns turnusmäßig in einem der Hotels, in denen die auswärtigen Mitglieder wohnen. Dort kann jeder sagen, was er auf dem Herzen hat. Alles wird protokolliert, überprüft und je nach dem Wichtigkeitsgrad auch noch persönlich mit einem besprochen. Wichtige Dinge können jederzeit auch schriftlich dargelegt werden, nicht nur im Rahmen der Tagungen. So habe ich mich einmal für eine Wissenschaftlerin eingesetzt, die auf dem Gebiet des Magenkrebses wichtige Erkenntnisse gewonnen hatte, von ihren Kollegen aber verunglimpft und verleumdet wurde. Wahrscheinlich gab man ihr aus Neid keine Möglichkeit, ihre erfolgreichen Versuche fortzusetzen. Die Sache wurde mit mir besprochen und anschließend eine Untersuchungskommission eingesetzt. Die Wissenschaftlerin, die ich gut kenne, arbeitet heute an einer anderen Universität – ohne Mißhelligkeiten und Druck von oben. Auch in andere Angelegenheiten, die mir ungerecht erschienen, habe ich mich als Mitglied der PKKdCV mit Erfolg eingemischt. Im allgemeinen finden alle fünf Jahre Neuwahlen zur Politischen Konsultativkonferenz statt. Beim letzten Mal, im Jahre 1988, wurden wir wenigen Ausländer mit chinesischer Staatsbürgerschaft erneut gewählt.

Ende Juli 1983 fuhr ich nach Beidaihe, da ich mich dringend ausruhen mußte. Ich schrieb an meinen Lebenserinnerungen weiter, las viel und ging frühmorgens sowie spät am Abend, wenn keine Leute am Strand waren, im Meer schwimmen. Das war mein Paradies auf Erden. Als ich Ende August nach Beijing zurückkam, war Vitja schwer erkrankt. Er hatte einen Nervenschock mit schweren Depressionen erlitten und befand sich in einem jämmerlichen Zustand. Die Ereignisse der letzten Zeit waren offenbar für den sensiblen Vitja zu viel gewesen: die Kulturrevolution, die unglücklich verlaufene Ehe, Emis Krankheit, die zahlreichen Nachtwachen und eine Arbeit, bei der er sich unterdrückt fühlte. So hatte Vitja neue Methoden zum Fremdsprachenunterricht entwickelt und auch auf unserer Weltreise 1981 in jedem Land viel Material zu diesem Thema gesammelt, doch an seinem Institut interessierte man sich nicht dafür. Man zwang ihn, Arbeiten zu übernehmen, die ihm nicht lagen. Vitja kann aber ebensowenig wie ich Zwang ertragen. All das hatte zum Zusammenbruch geführt. Noch vor meiner Abreise nach Beidaihe war Vitja mit seinen beiden Söhnen zu mir in die Wohnung gezogen. Zuvor hatten sie im Institut in dürftigen Verhältnissen gelebt. Nun waren sie alle drei in meiner Nähe, und ich konnte für sie sorgen.

Von vornherein war mir klar, daß Vitja längere Zeit nicht würde arbeiten gehen können. Da die Psychiatrie in China noch nicht sehr entwickelt war, ich Vitja andererseits auch nicht zu einem Scharlatan schicken wollte, bat ich Dr. Xu, der Emi so wundervoll betreut hatte, zu uns. Er unterhielt sich mit Vitja und schrieb ihn dann für ein halbes Jahr krank. Obwohl Dr. Xu kein Psychiater war, hatte ich richtig getippt. Vitjas Krankheit sollte noch über Jahre dauern. Mit der Zeit kurierte er sich aber selbst, und zwar mit Hilfe von Tai Ji Quan und Qi Gong. Sommers wie winters ging er bei jedem Wetter morgens um fünf Uhr in den Bambuspark, wo er einen ausgezeichneten Lehrer, Meister Shi Ming, gefunden hatte. Shi Ming, der Tai Ji Quan seit über 40 Jahren erforschte und betrieb, hatte 50 Schüler, zu denen nun auch Vitja zählte.

Tai Ji Quan gehört zu den traditionellen chinesischen Sportarten. »Tai Ji« leitet sich aus der chinesischen Philosophie her und ist die Lehre von der Vollkommenheit, vom Gleichgewicht, von der Harmonie – Harmonie von Seele und Körper, Harmonie zwischen Mensch und Natur; »Quan« bedeutet Faust. Tai Ji Quan gibt Kraft, stärkt das Selbstvertrauen und führt letzten Endes zu einer Verlängerung des menschlichen Lebens. Im Westen ist Tai Ji Quan unter der etwas irreführenden Bezeichnung »Schattenboxen« bekannt. Tai Ji Quan führt, wenn auf höchstem Niveau betrieben, zur Beherrschung der Kunst des Faustkampfes, das heißt zur Harmonie von Seele und Leib. Es geht dabei nicht um eine aggressive Sportart, bei der der Gegner zu Schaden käme, sondern um Verteidigung, um Selbstverteidigung. Tai Ji Quan bedeutet nicht Kampf der körperlichen, sondern der geistigen Kräfte – Kampf der Gehirne –, verbunden mit »Qi« (Energie). Tai Ji Quan, eine jahrtausendealte Errungenschaft der chinesischen Kultur, ist für die Wissenschaft nach wie vor Neuland. Erst seit kurzem beschäftigen sich Philosophie, Medizin, Physiologie, Biomechanik, Psychologie, Kybernetik und andere Wissenschaftszweige mit dieser Disziplin. Man ist dabei, Tai Ji Quan auf ein wissenschaftliches Niveau zu bringen, und Vitja hat dieser Aufgabe sein Leben verschrieben.

Mit Tai Ji Quan ist Qi Gong eng verbunden (»Gong« bedeutet Arbeit, »Qi Gong« Arbeit mit »Qi«). Jeder Mensch hat Qi in seinem Körper, er weiß sie nur nicht zu gebrauchen. Als ich einmal unter starken Schwindelanfällen litt, machte mich Vitja mit einem jungen Arzt, Xiao Wang, bekannt. Xiao Wang »behandelte« mich, indem er Qi in seine Hände bekam und diese, ohne mich zu berühren, von meiner Stirn über das Gesicht und den Körper bis zu den Fußspitzen führte und zurück. Von seinen Händen ging eine starke Wärme aus, gleich Sonnenstrahlen. Xiao Wang heilte mich mit seiner Energie, so daß ich fortan nicht mehr unter Schwindelanfällen litt. Er zeigte mir auch noch ein paar Arten von Qi Gong, die ich selbst praktizieren konnte. Jeden Tag stehe, sitze oder liege ich mindestens eine halbe Stunde mit geschlossenen Augen und denke an nichts, lasse mich völlig absorbieren und meine, im Weltall aufzugehen. Das ist leichter gesagt als getan. Dennoch habe ich es nach und nach erlernt. Qi Gong hilft mir, in eine gewisse Harmonie mit mir selbst zu kommen.

Tai Ji Quan ist ohne Qi Gong nicht denkbar; umgekehrt kann man Qi Gong ohne Tai Ji Quan machen. Tai Ji Quan besteht aus vielen mehr oder minder schwierigen Übungen und Bewegungen. In meinem Alter damit anzufangen, ist schwierig. Aber Qi Gong kann ich ohne weiteres trainieren. Außerdem kann ich mich mit Fragen der Philosophie beschäftigen. Qi Gong und das allmähliche Vordringen in die chinesische Philosophie änderten meine Lebensweise und meine Anschauungen. Sie machten mir den Kopf frei, auf neue Art die Menschen, die Welt und ihre Entwicklung zu betrachten und zu analysieren; und sie gaben mir eine Sicherheit, wie ich sie noch nie in meinem Leben verspürt habe. Außerdem vermittelten sie mir ein neues Bild vom Menschen. Denn erst wenn man seine eigene innere Harmonie gefunden hat, kann man auch in Harmonie mit den Mitmenschen leben. Und man kann anderen helfen, diese Harmonie zu erlangen. Die Verwirklichung dieser »Lehre« steckt zwar noch in den Anfängen, aber wenn diese Idee erst einmal in die Herzen der Menschen eingedrungen ist und bei den Völkern dieser Erde Wurzeln geschlagen hat, wird es den neuen Menschen geben, zu dem ich gerne selbst gehören möchte. Dieser neue Mensch wird sich aus eigener Überzeugung wandeln, wird aus eigenem Antrieb sozial denken und bereit sein, seinen Egoismus aufzugeben, um mit seinen Talenten und Idealen für die Gesellschaft zu wirken. Wenn die Welt von diesem Menschen regiert wird, dann wird das die Welt unserer Hoffnungen sein.

Die Jahre 1983 und 1984 brachten mir noch drei kleine angenehm-erfreuliche Ereignisse. Man hatte bei mir einen kurzen Beitrag bestellt, in dem ich meine Erinnerungen an Emi zusammenfassen sollte. Zunächst würgte ich ziemlich daran herum, es ging einfach nicht. Dann fielen mir irgendwann chinesische Worte und Wendungen ein, und der Knoten war geplatzt. Meinen ältesten Enkelsohn fragte ich immer wieder, wie man dieses oder jenes sagt, und nach bestimmten Ausdrücken; nach vier Wochen hatte ich einen Artikel von 6000 Schriftzeichen fertig. Er wurde dann unter der Überschrift *Ich und Siao San* in einer Broschüre der Politischen Konsultativkonferenz des Chinesischen Volkes veröffentlicht. Die nächste Überraschung bereitete mir Heping. Im Juli 1984 führte ihn seine erste Geschäftsreise nach China. Er lud mich zu einem Kurzurlaub nach Guangzhou ein, wo wir im vornehmen China-Hotel wohnten und ein Apartment mit jedem nur erdenklichen Komfort hatten. Das westlichem Standard entsprechende China-Hotel war fast eine kleine Stadt für sich, mit Restaurants im europäischen und orientalischen Stil, mit größeren und kleineren Läden, mit Gesellschaftsräumen, Sportanlagen und einem großen Swimmingpool. Mitte der 20er Jahre hatte ich das Ehepaar Blech darum beneidet, daß sie Sylvester im Hotel Adlon – damals das feinste vom feinen in Berlin – feierten und wir Kinder zu Hause bleiben mußten. Verglichen mit dem China-Hotel war das Adlon meiner Jugendzeit aber nur eine durchschnittliche Absteige. Heping und ich strolchten stundenlang durch den gesamten Hotelkomplex und entdeckten immer wieder etwas Neues. Während es im Hotel überall angenehm kühl war, herrschten draußen Temperaturen wie im Backofen. Natürlich lernte ich auch Hepings Geschäftsfreunde kennen, die ins Hotel kamen und mit uns aßen. Das waren Menschen einer ganz anderen Sphäre, Menschen, zu denen ich bis dahin keinen Kontakt gehabt hatte. Trotzdem fühlte ich mich in diesem Durcheinander der Nationen und Sprachen zu Hause. Hatte Heping irgendeine Sitzung, ging ich ins Kino, las, schlief oder aalte mich in meinen Ferien vom Ich. Abends führte mich Heping dann in ein nettes Café im Hotel, wo wir Eis aßen und einander unendlich viel erzählten. Die fünf Tage vergingen zwar wie im Schwups, aber sie bedeuteten für mich mehr Erholung als ein ganzer Monat in Beidaihe.

Im Jahr 1984 nahm ich auch alte Kontakte zu Menschen in der DDR wieder auf, die ich zwei Jahrzehnte zuvor, auf dem Höhepunkt der ideologischen Auseinandersetzungen zwischen China und der Sowjetunion sowie deren Verbündeten, jäh abgebrochen hatte. Heinz Adameck, der Vorsitzende des Staatlichen Komitees für Fernsehen und Intendant des Deutschen Fernsehfunks, kam nach Beijing, wo wir uns wiedersahen. Erst dachte ich, er würde mir böse sein wegen des blöden Briefes, den ich ihm 1964 geschrieben hatte. Aber zu meiner großen Überraschung begrüßte er mich nicht nur sehr herzlich, sondern lud mich und Vitja auch im Namen des Deutschen Fernsehfunks in die DDR ein. Wir könnten kommen, wann immer wir wollten, und bleiben, so lange wir Lust hätten. Ich war sprachlos angesichts dieser Großzügigkeit und entschuldigte mich wegen meines früheren Benehmens. Da lachte Heinz Adameck nur und sagte, ich könnte den Brief zurückhaben, wenn ich wollte. Mir fiel ein Stein vom Herzen. Das letzte Eis aus jenen schrecklichen Jahren war geschmolzen.

Am 3. Mai 1985 flogen Vitja und ich nach Berlin-Schönefeld, wo uns Heinz Grote und Vertreter von Heinz Adameck mit Rosen in Empfang nahmen. Heinz Grote umarmte mich zur Begrüßung – mich, die aus der Versenkung aufgetauchte alte Kollegin und Freundin. Untergebracht waren wir im Hotel Berolina. Ein paar Tage später erhielt ich im Fernsehfunk im Beisein von Heinz Grote und anderen Kollegen von Heinz Adameck den »Goldenen Lorbeer«, die höchste Auszeichnung des DDR-Fernsehens, verliehen samt einer Urkunde auf Kalbsleder, in der meine »langjährigen Verdienste bei der Berichterstattung aus der Volksrepublik China« ausdrücklich gewürdigt wurden. Diese Auszeichnung war verbunden mit einer Prämie in Höhe von 2000 Mark. Außerdem erhielt ich noch einen großen Strauß Rosen.

Den Aufenthalt in Berlin wollte ich auch nutzen, um Vitja einiges von dem zu zeigen, was mir hier früher wichtig gewesen war. So besuchten wir eine Matinee für Koni Wolf im Deutschen Theater, bei der Alexander Lang über eine Stunde aus Konis unveröffentlichten Tagebüchern der Jahre 1943 bis 1945 vorlas. »Tiefes Schweigen im vollen Saal. Es ist sehr bewegend. Die Lesung rührt mein Herz auf. Als wir Alexander Lang in der Garderobe aufsuchen, steht er am Fenster und weint…« Und dann fuhren wir auf den Sozialistenfriedhof und gingen zu den Gräbern von Friedrich, Else und Koni Wolf sowie zu dem von Elses Schwester Grete. »Es ist ein schmerzlicher Spaziergang. Aber wie schön ist der Friedhof, wie ein großer Garten. An jedem Grab – die Urnen sind eingemauert – befindet sich eine Tafel; überall sind frische Blumen. Ein tiefer Frieden herrscht hier.«

In Lehnitz zeigte ich Vitja das Haus der Wolfs, das einst ein Stückchen Heimat für mich gewesen war. Wir fuhren durch den Wald, bis wir zum Friedrich-Wolf-Gedenkhaus gelangten. Ich stöberte in Fotos und Briefen, ging in die Küche, wo früher Annemarie gewirtschaftet hatte, trank mit Vitja Kaffee im Eßzimmer, saß an meinem alten Platz, mir gegenüber der Gauguin an der Wand, schaute in das Wohnzimmer, von dem aus eine Tür in den Garten führte. Vitja wunderte sich, wie sehr ich hier zu Hause war. Ich saß in Elses Zimmer und am Schreibtisch von Friedrich Wolf, an dem er mitten in der Arbeit gestorben war. Eine tiefe Sehnsucht nach Friedrich, Else und Koni überkam mich da plötzlich. Draußen war blühender Sommer, aber im Haus war es kalt ohne die drei.

Freunde begleiteten uns ins ehemalige Konzentrationslager Sachsenhausen. Wir sahen einen 45minütigen Dokumentarfilm, der direkt nach der Befreiung gedreht worden war und das ganze Grauen von damals festhielt. Ein junger Bursche zeigte den sowjetischen Offizieren und Soldaten das Lager, die Folterkammern und -werkzeuge, die Galgen und Gaskammern, wo er durch eine Glasluke Hunderte von Malen zugeschaut hatte, wie Menschen vergast wurden. Er erzählte das alles mit der gleichgültigsten Miene: Man hätte ihnen gesagt, Kommunisten, Juden, Russen seien Untermenschen, die vernichtet werden müßten. Ich dachte, bestimmt war der Junge geistesgestört. Dann sahen wir uns das Museum an, das auf mehrere Baracken verteilt war. Es ist unfaßbar, wie ein Mensch diese Hölle überleben konnte. Wir gingen durch das Gelände mit Ausblick auf die Freiheit, die hinter dem elektrischen Stacheldraht lag. Ein grausiger Ort, an den jeder immer wieder erinnert werden sollte.

An einem anderen Tag besuchten wir meine frühere Wirkungsstätte, den Fernsehfunk in Adlershof. Auf dem Gelände des Funks war seit den 50er Jahren eine kleine Stadt emporgewachsen. Beim Besichtigen des Studios der *Aktuellen Kamera* kam ich aus dem Staunen nicht mehr heraus: Wenn ich daran dachte, unter welch primitiven Umständen ich seinerzeit hatte arbeiten müssen, mit einer 16-mm-Stummfilmkamera in der Hand, dann hatte sich hier alles grundlegend geändert, so daß ich einen Kurs hätte belegen müssen, um die modernen Aufnahme- und Vorführapparate überhaupt bedienen zu können.

Und dann traf ich alte Freunde wieder. Stephan Hermlin wohnte immer noch in demselben Haus in Niederschönhausen, in dem alles unverändert geblieben war, so, als sei die Zeit stehengeblieben. Aber unsere Gespräche bezeugten das genaue Gegenteil: Für uns beide war die Zeit nicht stehengeblieben, jeder von uns hatte stürmische Zeiten hinter sich. Abends las ich noch in Stephans Büchern, die er mir geschenkt hatte. Das Wiedersehen mit den Hausers war stürmisch. Der Streit zwischen uns war längst verjährt und vergessen! Harald, sportlich schlank, mit kurzgeschnittenem weißem Haar, sah man seine 73 Jahre überhaupt nicht an. Er war nach wie vor voller Feuer, Pläne, Ideale, er schrieb und reiste zusammen mit Gisela in der ganzen Welt herum, um überall im Namen der Kultur Freunde für die DDR zu gewinnen. Wir schwelgten in Erinnerungen an Tibet, deren es kein Ende gab.

Von Berlin aus fuhren Vitja und ich auf Einladung der Sowjetisch-Chinesischen Freundschaftsgesellschaft nach Moskau, wo wir mitten im Stadtzentrum im Hotel Peking an der Gorki-Straße untergebracht waren. Einen großen Teil der Zeit verbrachten wir mit Allan und seiner Frau Jenia. Allan war Leiter eines Sportverlages, und Jenia übersetzte Bücher aus dem Bulgarischen ins Russische. Sie hatten eine moderne, mit viel Geschmack eingerichtete Dreizimmerwohnung und einen Pudel namens Zosja, der die fehlenden Kinder ersetzte. Allan fuhr uns in seinem Wagen zu dem Schriftstellerhaus, in dem Emi und ich in den 30er Jahren zuletzt gewohnt hatten. Er erinnerte sich an den Hof, in dem er damals gespielt hatte, und an die Schule nebenan. Die Vorsteherin der Freundschaftsgesellschaft, Frau Kulikowa, erzählte uns, daß sie in den zurückliegenden Jahren trotz aller Meinungsverschiedenheiten zwischen China und der UdSSR immer wieder Abende für Emi veranstaltet hätte, auf denen seine Gedichte vorgetragen worden seien.

Moskau war zu einer modernen Großstadt herangewachsen, das Straßenbild sommerlich heiter. Die Menschen kleideten sich viel besser und modischer als 25 Jahre zuvor. Mir fiel auf, daß man keine Betrunkenen mehr auf den Straßen sah. Was die Menschen aber dachten und sich erhofften, haben wir in den fünf Tagen unseres Aufenthalts nicht herausbekommen. Eins war jedoch klar: Alle, die wir trafen und sprachen, freuten sich darüber, daß China »wieder da war«. Vor allem die alten Freunde hatten China nie vergessen und wie wir unter der erzwungenen Trennung gelitten. Das Tauwetter hatte das Eis fast überall zum Schmelzen gebracht. Als einer der Fahrer der Freundschaftsgesellschaft erfuhr, daß wir aus China waren, sagte er nur: »Na endlich, Gott sei Dank!«

Mit dem Zug fuhren wir weiter nach Stockholm; Vitja konnte so die zauberhafte Landschaft und die einmalig schöne Überfahrt über die Ostsee erleben. Wir wohnten bei meiner Nichte Irene im Keller und hatten eine Dusche und eine Sauna zur Verfügung. Der zehnjährige Daniel wollte sich gegenüber seinen Schulkameraden ein wenig hervortun und sagte: »Zu Hause haben wir Chinesen im Keller.« Das machte seine Freunde natürlich neugierig, und sie kamen, um uns zu bestaunen. Am meisten imponierten Daniel Vitjas Tai-Ji-Übungen frühmorgens auf dem Balkon. Ich schaute mir unter anderem eine Aufführung von *Orpheus in der Unterwelt* an, eine ganz neue, unkonventionelle Inszenierung. Das Orchester spielte auf der Bühne, die gesenkt und gehoben werden konnte, und die Götter probten die Revolution, wobei sie die *Marseillaise* sangen. Das Publikum ging begeistert mit. Herbert hätte diese Inszenierung bestimmt gefallen!

Hauptsächlich war ich dieses Mal aber nach Stockholm gekommen, um etwas mit meinen Fotos zu unternehmen, von denen ich 150 mitgebracht hatte. Dazu gibt es noch eine kleine Vorgeschichte: Im Sommer 1984 lernte ich in Beijing ein »schwedisches Ehepaar« kennen. Wie sich herausstellte, waren die beiden aber nicht aus Schweden, sondern Menachem Finkel war polnischer Jude, der 1945 als sowjetischer Offizier in Breslau gekämpft hatte, und Jessica Wilhelm eine in Palästina geborene deutsche Jüdin. Menachem und Jessica unterhielten sich auf hebräisch miteinander. Als Jessica meine Fotos sah, sagte sie, die müßten unbedingt ausgestellt werden. Dem entgegnete ich, das hätten schon viele vorgeschlagen, aber nie wäre etwas daraus geworden. Jessica versprach mir, das in die Hand zu nehmen, und sie hielt Wort. Sie machte mich mit der Oberintendantin des Kulturhauses, Beate Sydhoff, bekannt. Beate war von den Fotos, die ich ihr zeigte, ebenfalls begeistert und beschloß, im Herbst 1986 eine Ausstellung im Kulturhaus zu arrangieren. Ich staunte, daß eine einzige Person in so kurzer Zeit entscheiden konnte, ob und wann eine Ausstellung stattfand. Beates Ruhe, ihre Sicherheit und Klugheit faszinierten mich. An einem der nächsten Tage zeigte sie mir die Ausstellungsräume, die groß und zugleich intim waren, besprach einige Details mit mir und überreichte mir eine offizielle Einladung.

Zurück in Beijing verbrachte ich den ganzen Sommer und Herbst damit, die Ausstellung in Stockholm vorzubereiten. Ich suchte aus meinem riesigen Archiv die geeigneten Fotos heraus, traf eine Auswahl und schickte rund 400 Negative mit kleinen Kopien sowie Arbeitsfotos in den Größen 13 mal 18 und 18 mal 24 Zentimeter mit ausführlichen Kommentaren an Beate Sydhoff. Aus diesem Konvolut wählte sie etwa die Hälfte für die Ausstellung aus; es waren vor allem persönlich gehaltene Fotos aus den 50er und 60er Jahren. Sie zeigten meine Lieblingsplätze in Beijing, die Peking-Oper, Handwerker und Künstler bei der Arbeit, die Kinder beim Baden in Beidaihe, meine Familie und Freunde, das Leben in der kleinen Gasse, in der wir 26 Jahre lang gewohnt hatten, und meine Eindrücke von den beiden Tibet-Reisen in den Jahren 1956 und 1959. Damit sollte zum erstenmal in größerem Umfang eine Summe meines fotografischen Schaffens gezogen werden. Außerdem schrieb ich für den Ausstellungskatalog eine kurzgefaßte Autobiographie, was mir viel Kopfzerbrechen bereitete. Denn mein ganzes Leben auf zehn bis zwölf Seiten zu beschreiben, war ein kaum zu bewältigendes Unterfangen.

Am 20. September 1986 flog ich über Zürich, wo ich zehn Tage blieb, nach Stockholm. Obwohl ich dort am 1. Oktober, dem Chinesischen Nationalfeiertag, ankam, holte mich der Kulturattaché der chinesischen Botschaft am Flughafen ab. Er hatte extra meinetwegen das Bankett vorzeitig verlassen. Am Flughafen war auch Elisabet Haglund, die als Intendantin des Kulturhauses verantwortlich war für den Aufbau und die Durchführung meiner Ausstellung. Elisabet, eine reizende 40jährige Schwedin, die mit Jesús, einem spanischen Arzt, verheiratet war und eine Tochter im Alter von sechs und einen Sohn im Alter von 13 Jahren hatte, hatte für mich im Auftrag von Beate Sydhoff eine möblierte Zweizimmerwohnung in einem sehr schönen Haus angemietet. In demselben Haus befand sich im Parterre ein Supermarkt, in dem ich alles einkaufen konnte, was ich zum täglichen Leben brauchte. Außerdem lag die U-Bahn-Station direkt vor der Haustür, und mit der U-Bahn brauchte ich nur zehn Minuten bis zum Kulturhaus. Vom Wohnzimmer aus konnte ich auf eine Art Dachgarten gehen, wo ich mich abends oft aufhielt, um frische Luft zu schnappen und mich zu erholen. Ich hatte eine Wohnung ganz für mich allein, etwas, wovon ich schon seit langem geträumt hatte.

Gleich am nächsten Tag fuhr Elisabet mit mir in die Reproanstalt, wo wir uns die Vergrößerungen meiner Bilder ansahen. Jan, den man mit dieser Aufgabe betraut hatte, war ein richtiger Künstler. Was er aus meinen Bildern herausgeholt hatte, war einfach großartig. Dann fand eine Vorbesprechung zur Ausstellung statt, an der alle Beteiligten teilnahmen: Elisabet, der Däne Mogens, der Deutsche Peter, ihre Assistenten Johan und Stefan und ich. Sie waren alle noch ganz jung, so zwischen 30 und 40. Peter zeigte mir die Ausstellungsräume, die zur Straßenseite hin von oben bis unten verglast waren, so daß man von der Straße aus hineinschauen konnte.

Von nun an hielt ich mich täglich im Kulturhaus auf, nahm an Besprechungen teil und sah, mit welchem Eifer meine jungen Kollegen schufteten, malten, auf Leitern kraxelten. Ihr Treiben beobachtete ich durch meine Kamera. Als die Fotos probegehängt wurden, war ich ebenfalls dabei, und bereitwillig gingen alle auf meine Wünsche ein. Zusammen mit Elisabet besuchte ich den 81jährigen Kalligraphen Dr. Tian Long, der seit 50 Jahren in Europa lebte, davon 30 in Schweden. Er hätte sich, erzählte er mir, hier niedergelassen, da es in China – anders als in Schweden – genug Kalligraphen gäbe. Seine Schüler betrachtete er als seine Kinder. Tian Long war ein phantastischer Mensch, jugendlich, voller Arbeitseifer und Lebenslust. Er erklärte sich bereit, den Titel der Ausstellung *China – Mein Traum und meine Wirklichkeit* kalligraphisch zu gestalten, damit er am Eingang zur Ausstellung aufgehängt werden konnte. Obwohl er von der Kalligraphie und vom Unterricht lebte, war Tian Long um nichts in der Welt bereit, ein Honorar für diese Arbeit anzunehmen. Dann zeigte er uns noch einen recht hohen Bambus vor seinem Haus, den er selbst gepflanzt hatte. Auf einen kleineren Bambus weisend, sagte er: »In zehn Jahren wird der genauso groß sein wie der andere.« Dann ist er, Tian Long, 91, schoß es mir durch den Kopf. Die Zeit verrann, und sogar Elisabet wurde müde, von mir gar nicht zu reden. Quicklebendig begleitete uns Tian Long zum Auto; ihm merkte man keinerlei Anstrengung an. Ein paar Tage darauf kam er mit dem Bus ins Kulturhaus und brachte die Titel-Kalligraphie und einige große, wunderschöne Schriftzeichen.

Noch bevor ich nach Stockholm aufgebrochen war, hatte Beate Sydhoff mir nach Beijing geschrieben, daß Lars Ulvenstam, einer der bekanntesten schwedischen Journalisten, ein Fernsehinterview mit mir für die überaus populäre Sendung *Nyfiken på...* (Neugierig auf...) machen wolle. In einem Brief teilte Lars mir mit, daß ich auf eine Reihe von Bedingungen eingehen müßte, wenn er überhaupt mit mir ein Interview durchführen werde. Die Menschen müßten vom ersten Moment an gepackt sein, das Gespräch müßte so interessant und spannend sein, daß die Zuschauer in Tränen zerflössen. Im Mittelpunkt der Unterhaltung stünden die drei Themen Liebe, Leben, Tod. Kurzerhand schickte ich ihm eine verlängerte Version meiner Autobiographie, die ich *Mein Leben – ein wirkliches Märchen* nannte. Lars antwortete, daß er meinen Text in einem Atemzug gelesen hätte – wir würden das Gespräch zusammen machen.

In Stockholm saßen wir in Lars' Haus am Kamin, um das Interview vorzubereiten. Wir gingen die Fragen und Antworten im einzelnen durch.

Lars hätte mir am liebsten die Antworten diktiert, da wir nicht immer einer Meinung waren. Aber das ließ ich nicht mit mir machen. Am 23. Oktober 1986 wurde das Interview in meiner Wohnung aufgezeichnet. Die Mitglieder des Kamera- und Aufnahmeteams waren furchtbar nett zu mir. Die Stimmung war gut, und alles schien in Ordnung zu sein. Dann begann das Gespräch. Lars hetzte mich hindurch, ließ mich nicht zu Ende reden, obwohl er vorher zu mir gesagt hatte: »Rede soviel du willst, wir können ja noch herausschneiden.« Er fragte mich viel Nebensächliches, und das, worauf es mir ankam, ließ er mich nicht erzählen. Nach 45 Minuten war alles vorüber, ich atmete erleichtert auf, war zugleich aber auch etwas verstört. Das Interview mit Lars wurde am Abend des 3. November ausgestrahlt. Alle, die es gesehen hatten, waren begeistert und beglückwünschten mich anschließend dazu, mit welcher Souveränität ich das Gespräch absolviert hätte. Ich wäre die Ruhe selbst gewesen. Das Interview wurde zu einem vollkommen unerwarteten Erfolg für mich in Schweden.

»24. Oktober 1986: Heute wird am frühen Abend meine Ausstellung eröffnet. Elisabet, Peter, Mogens und Stefan erledigen die letzten Handgriffe. Für mich gibt es nichts mehr zu tun. Xiao Yao, ein junger Chinese, der die Idee hatte, das Gedicht von Emi aus dem Gefängnis auf die schwarze Tafel zu schreiben, die für die Zeit der Kulturrevolution steht, macht sich schnell an die Arbeit, um rechtzeitig fertig zu werden. Um ein Uhr kommt die Presse. *Svenska Dagbladet* hatte schon einen Bericht mit Fotos gebracht. Ich führe die Kollegen durch die Ausstellung und erzähle ein wenig über die Entstehung der Bilder. Obwohl ich furchtbares Lampenfieber habe, schließlich mache ich das zum erstenmal, bringe ich alles gut über die Runden.«

Um mich ein wenig auszuruhen, hatte ich mich in das Zimmer des Aufsehers zurückgezogen. Ich fand aber keine innere Ruhe, sondern wurde zunehmend nervöser, da Heping noch nicht eingetroffen war. Er hatte mir versprochen, zur Ausstellungseröffnung zu kommen und eine Woche zu bleiben. Mittlerweile war alles fertig, das kalte Buffet aufgebaut, die Stühle waren gestellt; das Ausstellungsplakat – es zeigte mein Foto von den Aufbauarbeiten am Tiananmen-Platz – lockte Menschen an, und vor der Eingangstüre bildete sich eine Schlange. Die ersten Gäste trafen ein. Mein Gott, wo blieb nur mein Pupsik? Endlich, endlich kam er, direkt aus New York. Vom Stockholmer Flughafen war er mit einem Leihwagen schnurstracks hierhergekommen. Jetzt ging es mir wieder besser. Der chinesische Botschafter in Schweden, Wu Jiagan, eröffnete die Ausstellung.

Da er 20 Jahre lang als Journalist und Diplomat in Norwegen gearbeitet hatte, sprach er fließend Norwegisch, was jeder Schwede problemlos versteht. Er sprach sehr herzlich über Emi und mich, über meine Stellung in China, über meine Arbeit und über die ausgestellten Fotos. Dann sagte Beate Sydhoff ein paar Worte; sie verwies auf mein Leben auf zwei Kontinenten und auf meine Verbundenheit mit China, die sich in den Fotos widerspiegele. Meine Fotos zeigten China von innen. Da ich immer verlegen bin, wenn ich vor vielen Menschen sprechen soll, sagte ich nur kurz und bündig: »Ich lasse die Ausstellung für mich sprechen.« An der Eröffnung nahmen rund 200 geladene Gäste teil, darunter der schwedische Minister für Kultur mit Frau, der Botschafter und der Konsul der DDR mit Frauen, der Kulturattaché der amerikanischen Botschaft, Schriftsteller, Maler, Fotografen, Journalisten und viele persönliche Freunde.

Daß meine Liebe zu China und seinen Menschen aus tiefstem Herzen kommt und echt ist, spürte das Publikum, das die Ausstellung besuchte. Jedesmal, wenn ich dort war, kamen Menschen auf mich zu, schüttelten mir die Hände und bedankten sich für ein großes Erlebnis. Viele hatten China schon einmal besucht und waren von den Fotos beeindruckt, weil sie das Land so lebenswahr zeigten. Und diejenigen, die noch nicht dort gewesen waren, sagten, sie würden China auf Grund meiner Bilder gerne kennenlernen. Über den Katalog schrieb der schwedische Journalist Lars Berglund unter anderem: »Ich bin überzeugt, daß ihre [Eva Siaos] positive Schilderung auf sehr starken Erlebnissen begründet ist, daß ihre Bilder zutiefst ehrlich sind... Ihre Fotos sind eine Huldigung auf das Alltagsleben in China, und sie ist offensichtlich dankbar, dazuzugehören. In dem Katalog finde ich etwas von der Harmonie, die ich erlebt habe, als ich das erste Mal nach China kam, und ich glaube, daß das viele andere Reisende auch erlebt haben... Die Wirklichkeit hat viele Gesichter, und die Wirklichkeit Eva Siaos findet man unter den Menschen in der kleinen Gasse, bei jenen, die anscheinend alle Krisen und Revolutionen überleben, bei den Handwerkern, Straßenverkäufern, den spielenden Kindern und Nachbarsfrauen. Manchmal porträtiert sie auch ›berühmte‹ Menschen, die sie kannte – den achtbaren Kulturminister, den einfachen Gärtner, der einst Kaiser von China war, den berühmten Schauspieler, den größten Maler unseres Jahrhunderts... Allen Bildern ist gemeinsam, daß sie etwas überaus Sympathisches bei den Menschen und ihrer Welt schildern, etwas, das man sehr nahe und zugleich distanziert fühlt. Vielleicht ist gerade das das wahrhaftigste Bild des ›ewigen China‹.«

Die schwedische Presse reagierte durchweg positiv auf die Ausstellung. Hier ein paar Stimmen: »Eva Siao, Europäerin und Chinesin, geht herum und zeigt ihre Fotos, zurückhaltend und doch lebendig, voll Enthusiasmus, wenn sie erzählt.« – »Klein von Wuchs, und doch eine große Fotografin! Eva Siao bewegt sich wie ein Wiesel, wenn sie durch das Labyrinth der Ausstellung läuft.« – »In Eva Siaos Fotos entdeckt man viel Freude, viele Kontraste zwischen dem Alten, Traditionellen und dem Neuen, das entsteht.« Und Göran Linderoth, Korrespondent des Jugendrundfunks, der ein Interview mit mir gemacht hatte, schrieb mir später: »Deine optimistische Haltung hat mich angesteckt, und ich will versuchen, sie auf meine Art der schwedischen Jugend zu vermitteln.« Und noch einen kleinen Erfolg konnte ich für mich verbuchen: Der Intendant des Königlichen Opernhauses Stockholm war von meiner Ausstellung und dem Fernsehgespräch mit Lars Ulvenstam so hingerissen, daß er mich spontan zu einer Aufführung von *La Traviata* in seine Loge einlud. »Wie in einem Glücksrausch genieße ich Verdis Musik. Nur Herbert fehlt dabei. Ich bin sicher, er wäre auf seine kleine Schwester stolz gewesen und hätte mir diesen Erfolg von Herzen gegönnt.«

Zu meinem 75. Geburtstag am 8. November luden Jessica und Menachem mich, Marion Gore, die aus London gekommen war, um sich die Ausstellung anzusehen, und Freunde zum Abendessen ein. Anschließend notierte ich in mein Tagebuch: »Was für eine Überraschung! Es gibt eine richtige Geburtstagsfeier für mich im Kreise meiner Freunde. Mir zu Ehren singen sie ›Lang soll sie leben‹; ich bekomme so viele Geschenke und Blumen, daß ich zu Tränen gerührt bin und keine Worte finde.«

Die letzte Frage, die Lars Ulvenstam mir im Fernsehinterview gestellt hatte, lautete: »Du hast ein langes Leben hinter dir. Was hast du in diesem Leben gelernt?« In den zurückliegenden Jahrzehnten habe ich gelernt, fest auf meinen beiden Beinen zu stehen und aus jeder Situation – mag sie auch noch so schlimm für mich gewesen sein – etwas Gutes, Nützliches für mich herauszuholen. Auch wenn ich viel Schweres habe durchmachen müssen, ich möchte keine der dabei gewonnenen Erfahrungen missen. Denn jedesmal bin ich stärker geworden – psychisch wie physisch. Und ich glaube, ich habe gelernt, kritisch zu sein und nichts zu tun, was ich vor meinem Gewissen nicht verantworten kann. Alles, was ich in meinem Leben stets im Sinne hatte und habe, ist, mit meiner Person ein klein wenig dazu beizutragen, daß die Menschen in Freundschaft und Frieden miteinander leben.

Ein schwedischer Journalist hat einmal über mich gesagt: »Die kleine Frau mit den großen Gedanken.« Wenn ich überhaupt große Gedanken habe, verdanke ich sie China, seinen Denkern – wie Mao Zedong – und einigen seiner alten Philosophen.

Feste soll man abbrechen, wenn sie am schönsten sind. Die Ausstellung und das Fernsehgespräch in Stockholm im Jahre 1986 brachten mir einen Erfolg, von dem ich nie zu träumen gewagt hätte. Sie waren der Höhepunkt meines bisherigen Lebens und die Krönung meiner jahrzehntelangen fotografischen Arbeit. Deshalb breche ich meine Erinnerungen hier ab, aber nur meine Erinnerungen, denn für die Zukunft habe ich den Kopf voll mit Ideen und Plänen. Was das Morgen jedoch mir – und China – bringen wird, weiß ich heute noch nicht zu sagen.

Von funkelnden Sternen
ist der Himmel voll,
je länger du schaust, desto voller.
Von Gedanken der Liebe
ist das Herz dir voll,
je länger du lebst, desto toller.

Die Sterne des Himmels zur Nacht
erzählen von heut und von kommenden Tagen.
Die Gedanken des Herzens, das liebt –
wie sollst du den Menschen es sagen?

Emi Siao, 1936

Bücher von Eva Siao

Eva Siao:
Peking. Eindrücke und Begegnungen.
Eingeleitet von Bodo Uhse.
Dresden: Sachsenverlag 1956.

Peking Opera.
An Introduction through Pictures by Eva Siao and Text by Rewi Alley.
Peking: New World Press 1957.

Eva Siao / Harald Hauser:
Tibet.
Leipzig: F. A. Brockhaus 1957.

Eva Siao / Harald Hauser:
Sterne über Tibet.
Leipzig: F. A. Brockhaus 1961.

Eva Siao:
Das kleine Teufelchen.
Halle (Saale): Postreiter-Verlag 1962.

Peking-Oper.
Text von Rewi Alley. Fotos von Eva Siao, Weng Naiqiang, Zhang Zudao, Di Xianghua u. a. 1. Aufl.
Beijing: Verlag Neue Welt 1984.

Eva Siao:
Kina. Min Dröm och min Verklighet.
Stockholm: Carlsson Bokförlag 1986.

Eva Siao:
China – mein Traum, meine Wirklichkeit.
Ministerium für Kultur der DDR. Zentrum für Kunstausstellungen der DDR. Ausstellung in der Fotogalerie Berlin, 22. Juli bis 3. September 1988.

Eva Siao:
China und seine Gesichter. Fotografien aus zwei Jahrzehnten.
Berlin: Verlag Dirk Nishen 1989.

Kurzbiographien ausgewählter Persönlichkeiten

(Zusammengestellt von Günther Drommer)

Alexander Afinogenow, 4. 4. 1904–29. 10. 1941, sowjetischer Dramatiker. Entstammt einer Intellektuellenfamilie, 1924 Abschluß des Studiums am Moskauer Institut für Journalistik. Nach vorübergehendem Einfluß des Proletkultes auf sein Schaffen und zunächst noch gehemmt durch schematische theoretische Vorstellungen der »Russischen Föderation proletarischer Schriftsteller«, der er in den 20er Jahren angehört, vertieft sich seine Dramatik psychologisch mehr und mehr; sie knüpft an die realistischen Traditionen bürgerlicher Dramatik an (Tschechow).
Hauptwerke: *Ein Punkt in der Welt* (1935); *Großvater und Enkelin* (1940); *Am Vorabend* (1941).

Ai Qing (Jiang Haicheng), *27. 3. 1910, chinesischer Lyriker. Entstammt einer Gutsbesitzerfamilie, Studium der Malerei, Frankreichreise, Lehrer, in Shanghai Anschluß an eine linke Künstlergruppe. 1932–1935 von den Guomindang-Behörden inhaftiert. 1941 Lehrer am Lu-Xün-Institut für Kunst und Literatur in Yan'an, ab 1945 Hochschullehrer und Funktionär im Kulturbereich. 1958 als »Rechtselement« nach Nordchina verbannt, 1979 Rehabilitierung. In seinen Gedichten stärkt er das Vertrauen des Volkes in seine eigene Kraft und verkündet den Anbruch einer neuen Zeit. Er durchbricht die konventionelle chinesische Gedichtform, ist ein Gegner des Formalismus und verwendet freie Rhythmen.
Gedichtsammlungen: *Liming de tongzhi (Verkündung des Tagesanbruchs); Xiang taiyang (Der Sonne zugewandt,* 1938); *Ai Quing Xuanji* (*Ausgewählte Werke*/Beijing, 1979).

Jorge Amado, *10. 8. 1912, brasilianischer Schriftsteller. Entstammt einer verarmten Großgrundbesitzerfamilie, Gelegenheitsarbeiter, Journalist, 1939 Anschluß an die Volksfrontbewegung unter Carlos Luis Prestes, Inhaftierung, 1941/42 argentinisches Exil. 1945 kommunistischer Abgeordneter im brasilianischen Bundesparlament. 1948–1951 erneutes Exil in Europa. In seinen Romanen realistische Schilderungen bedeutender gesellschaftlicher Prozesse und Wandlungen in Brasilien, insbesondere unter der afrobrasilianischen Bevölkerung, in späteren Werken kritisch-bissige Bestandsaufnahme der Lebensnormen des Kleinbürgertums.
Hauptwerke: *Bahía-Zyklus* (u. a. *Leute aus Bahia,* 1933; *Jubiabá,* 1935; *Tote See,* 1936; *Herren des Strandes,* 1937); *Kakao* (1943); *Katakomben der Freiheit* (1955); *Gabriela* (1958); *Doña Flor und ihre beiden Ehemänner* (1966).

Martin Andersen Nexø, 26. 6. 1869–1. 6. 1954, dänischer Schriftsteller und Publizist. Entstammt einer Steinhauerfamilie, Schuhmacher, Maurer, Lehrer, Reisen nach Italien und Spanien, 1923–1930 wohnhaft in Deutschland, 1938 Mitglied des ZK der Kommunistischen Partei Dänemarks, 1941 Verhaftung, 1943–1945 Exil in Schweden und der Sowjetunion, lebt ab 1951 in Dresden. Anfangs naturalistische und psychologisierende, später kritisch-realistische Darstellungsmethoden; die Helden sind im proletarischen oder bäurischen Milieu angesiedelt.
Hauptwerke: *Der Lotterieschwede* (1898); *Pelle der Eroberer* (4 Bde., 1906–1910); *Ditte Menschenkind* (4 Bde., 1917-1921); *Morten der Rote* (1945).

Louis Aragon (Louis Andrieux), 3. 10. 1897–24. 12. 1982, französischer Schriftsteller, Lyriker, Publizist. Unehelicher Sohn eines großbürgerlichen Politikers, Medizinstudent, Soldat im Ersten Weltkrieg. 1917 Freundschaft mit André Breton, gehört zum Kreis der Dadaisten und Surrealisten, 1927 Mitglied der Kommunistischen Partei Frankreichs, ZK-Mitglied 1954. 1932 Bruch mit Breton, organisiert die linke Schriftstellerbewegung in der Volksfront und in der Zeit der Résistance. Wichtigster Repräsentant der kommunistischen Literaturbewegung in Frankreich nach dem Zweiten Weltkrieg; nach dem XX. Parteitag der KPdSU (1956) relativiert sich seine Stellung zum Kommunismus.

Hauptwerke: *Freudenfeuer* (1920); *Pariser Nachtleben* (1926); *Die wirkliche Welt* (Romanzyklus, u. a. *Die Glocken von Basel,* 1934; *Die Viertel der Reichen,* 1936; *Die Reisenden der Oberklasse,* 1942); *Die Kommunisten* (6 Bde., 1949–1967); *Die Karwoche* (1958); *Spiegelbilder* (1965); *Blanche oder Das Vergessen* (1967).

ISAAK BABEL, 13. 7. 1894–17. 3. 1941(?), russisch-sowjetischer Schriftsteller. Sohn eines jüdischen Händlers, Besuch einer Handelsschule. 1915 druckt Gorki zwei seiner Erzählungen. 1920 Dienst in Budjonnys Reiterarmee.
Hauptwerke: *Die Reiterarmee* (1926); *Geschichten aus Odessa* (1926/1931); *Maria* (1935).

JOHANNES R(OBERT) BECHER, 22. 5. 1891–11. 10. 1958, deutscher Dichter und Kulturpolitiker. Beginnt 1911 ein Philosophie- und Medizinstudium, 1919 Mitglied der KPD, Mitbegründer und Erster Sekretär des Bundes Proletarisch-Revolutionärer Schriftsteller, geht 1933 ins Exil. Von 1933 bis 1945 ist er Chefredakteur der Moskauer Exilzeitschrift *Internationale Literatur,* ab 1943 Mitglied des Nationalkomitees Freies Deutschland, entfaltet nach 1945 in Berlin eine intensive kulturpolitische Tätigkeit, unter anderem Gründung des Aufbau-Verlages 1945, Mitbegründer der Zeitschrift *Sinn und Form* 1949, Präsident der Akademie der Künste von 1953 bis 1956, ab 1954 Minister für Kultur der DDR. Entwickelt sich in seinem ersten Schaffensjahrzehnt zu einem der bedeutendsten Lyriker des deutschen Expressionismus. Mit seiner Annäherung an den Marxismus und die Arbeiterklasse werden seine Werke zunehmend durch eine aufrüttelnde, kämpferische Art des Dichtens geprägt. Während des Exils gelangt er noch einmal zu einem poetischen Neuansatz, indem er an klassisch-humanistische Traditionen der deutschen Literatur anknüpft.
Hauptwerke: *Verfall und Triumph* (1914); *An alle* (1919); *Ein Mensch unserer Zeit* (1930); *Der Glückssucher und die sieben Lasten* (1938); *Abschied* (1940); *Auf andere Art so große Hoffnung* (1951); *Glück der Ferne – leuchtend nah* (1951); *Winterschlacht* (1953).

LEO BLECH, 21. 4. 1871–25. 8. 1958, deutscher Musiker. 1906–1937 Dirigent in Berlin (1913–1923 und 1926–1937 an der Staatsoper); 1937 Dirigat in Riga, 1941 Stockholm. Komponierte Lieder und erfolgreiche Spielopern. 1949 Städtische Oper Berlin.

BERTOLT BRECHT, 10. 2. 1898–14. 8. 1956, deutscher Dichter. Studiert Philosophie, Medizin und Literatur, 1918 Mitglied des Augsburger Soldatenrates, von 1923 bis 1926 Dramaturg in München und Berlin. Emigriert 1933 über Schweden in die USA, kehrt 1948 nach Berlin zurück, wo er zunächst Regisseur und Generalintendant am Deutschen Theater ist. Begründet 1949 mit Helene Weigel das Berliner Ensemble; 1953 wird er Präsident des deutschen PEN-Zentrums Ost und West. Entwickelt sich zu einem der bedeutendsten Schriftsteller des 20. Jahrhunderts, trägt wesentlich zur Entwicklung der sozialistisch-realistischen Literatur und des sozialistischen Theaters bei. Er bekennt sich zu einem kunsttheoretischen Programm, das auf die Erkenntnis sozialer Realität und Veränderung der Gesellschaft zielt.
Hauptwerke: *Die Dreigroschenoper* (1928); *Der Jasager und der Neinsager* (1930); *Die Rundköpfe und die Spitzköpfe* (1934); *Die Gewehre der Frau Carrar* (1937); *Leben des Galilei* (1938/39); *Mutter Courage und ihre Kinder* (1939); *Svendborger Gedichte* (1939); *Der aufhaltsame Aufstieg des Arturo Ui* (1941); *Herr Puntila und sein Knecht Matti* (1948); *Die Antigone des Sophokles* (1948); *Der kaukasische Kreidekreis* (1949); *Neue Kinderlieder* (1950); *Buckower Elegien* (1953).

WILLI BREDEL, 2. 5. 1901–27. 10. 1964, deutscher Erzähler. Stammt aus einer Arbeiterfamilie, 1919 Mitglied der KPD; nach dem Hamburger Aufstand von 1923 zu zwei Jahren Gefängnis verurteilt. Wird 1925 Seemann, ab 1930 Zeitungsredakteur und Mitglied des Bundes Proletarisch-Revolutionärer Schriftsteller. 1930 wegen »literarischen Hochverrats« zu zwei Jahren Festung verurteilt, dreizehn Monate KZ-Haft; 1934 Beginn des Moskauer Exils. Mitherausgeber der antifaschistischen Zeitschrift *Das Wort.* Von 1937 bis 1939 Kriegskommissar im Spanischen Bürgerkrieg, von 1943 bis 1945 Mitglied des Nationalkomitees Freies Deutschland, 1945 Rückkehr aus der Emigration. Von 1947 bis 1954 Herausgeber der Zeitschrift *Heute und Morgen,* von 1953 bis 1957 Chefredakteur

der Zeitschrift *Neue Deutsche Literatur*, von 1962 bis 1964 Präsident der Akademie der Künste der DDR. Vertreter der deutschen proletarisch-revolutionären Literatur.
Hauptwerke: *Maschinenfabrik N & K* (1930); *Rosenhofstraße* (1931); *Der Eigentumsparagraph* (russisch 1933, deutsch 1961); *Die Prüfung* (1934); *Verwandte und Bekannte* (1943–1953); *Ein neues Kapitel* (1959–1964).

NIKOLAI BUCHARIN, 27. 9. 1888–15. 3. 1938, sowjetischer Politiker, führender Wirtschaftsfachmann der Bolschewiki. Während der ersten großen Säuberungswelle durch Stalin hingerichtet.

ERNST BUSCH, 22. 1. 1900–8. 6. 1980, deutscher Schauspieler und Sänger. Maschinenschlosserlehre, 1916 Mitglied der Sozialistischen Arbeiterjugend, nach dem Krieg Mitglied der USPD. Nach seiner Entlassung von einer Kieler Werft Engagement am dortigen Theater. 1927 Auftritte am Proletarischen Theater von Erwin Piscator, im Kabarett und Rundfunk. Zusammenarbeit mit Brecht, Eisler und Weinert, Rolle in Slatan Dudows Film *Kuhle Wampe*. 1937 Aufenthalt in Spanien. Unterstützt mit seinen Liedern die Spanische Republik; während des Krieges Gefangener der Nazis. Nach dem Krieg Arbeit an Brechts Berliner Ensemble. Seit 1961 nur noch als Sänger tätig (»Barrikadentauber«).

CHEN YUN, *1905, chinesischer Politiker. Bereits 1934 Mitglied des Politbüros der Kommunistischen Partei Chinas, 1954 stellvertretender Ministerpräsident und Minister für Landwirtschaft. 1962 bemüht er sich mit anderen um die Beseitigung der Folgen des »Großen Sprungs nach vorn«; verliert in der Kulturrevolution alle Posten, bleibt lediglich nominelles Mitglied des ZK der KPCh. 1978 Mitglied des Ständigen Ausschusses des Politbüros und Vorsitzender des ZK der KPCh, Vorsitzender der Disziplinkontrollkommission des ZK der KPCh, 1979/80 stellvertretender Ministerpräsident, 1982 Mitglied des Ständigen Ausschusses des Politbüros und 1. Sekretär der Disziplinkontrollkommission des ZK; 1987 Vorsitzender der Beraterkommission des ZK.

NIKITA SERGEJEWITSCH CHRUSCHTSCHOW, 17. 4. 1894–11. 9. 1971, sowjetischer Politiker. 1938 1. Sekretär der Ukrainischen Kommunistischen Partei, 1939 Mitglied des Politbüros der KPdSU. Während des Krieges Mitglied des Kriegsrates und General, organisiert die ukrainischen Partisanen, entlarvt in seiner Geheimrede auf dem XX. Parteitag (1956) nach Stalins Tod dessen maßlose Verbrechen. 1953 1. Sekretär der KPdSU, 1958 Ministerpräsident, Verfechter der »friedlichen Koexistenz«. Differenzen mit Mao Zedong über die allein verbindliche Auslegung der Lehre des Marxismus-Leninismus. Wegen »Personenkults« am 14. 10. 1964 aller seiner Ämter enthoben.

DALAI LAMA, *6. 7. 1935, wird 1937 als Reinkarnation des 13. Dalai Lama entdeckt und zum 14. Dalai Lama berufen. 1959, nach Niederschlagung des Tibet-Aufstandes, Emigration nach Indien, Gründung einer Exilregierung. 1989 Friedensnobelpreis.
Hauptwerke: *Mein Leben und mein Volk* (1962); *Das Auge der Weisheit* (1966); *Logik der Liebe* (1984); *Das Auge einer neuen Achtsamkeit* (1985); *Die Gespräche in Bodhgaya* (1988).

DENG XIAOPING, *22. 8. 1904, chinesischer Politiker. 1920 Werkstudent in Frankreich, 1926 Student an der Sun-Yatsen-Universität Moskau, 1934 Teilnahme am Langen Marsch, 1952 stellvertretender Ministerpräsident, 1955 Mitglied des Politbüros der KPCh, 1956 Generalsekretär und Mitglied des Ständigen Ausschusses des Politbüros der KPCh, 1966 aller Ämter enthoben. 1973 erneut stellvertretender Ministerpräsident, 1975 stellvertretender Vorsitzender des Zentralkomitees (bis 1982) und Mitglied des Ständigen Ausschusses des Politbüros der KPCh und Chef des Generalstabes der Volksbefreiungsarmee, 1976 aller Ämter enthoben. 1977 Wiedereinsetzung in alle vorherigen Ämter, 1981–1983 Vorsitzender der Militärkommission des ZK und der staatlichen Militärkommission, 1982 Mitglied des Ständigen Ausschusses des Politbüros und Vorsitzender der Beraterkommission des ZK. 1987 scheidet er aus dem Politbüro aus, bleibt jedoch weiterhin Leiter beider Militärkommissionen. Im Dezember 1989 gibt er den Vorsitz beider Militärkommissionen ab.
Hauptwerke: *Ausgewählte Schriften. 1975–1982* (1985); *Grundlegende Fragen im heutigen China. Reden und Schriften 1985–1987* (1988); *Die Reform der Revolution* (1988).

Ding Ling (Jiang Bingzhi), *12. 10. 1904, chinesische Erzählerin. Entstammt einer Beamten- und Großgrundbesitzerfamilie. Besuch einer pädagogischen Anstalt für Mädchen, 1921 Universitätsstudium in Shanghai. 1926 Beginn der schriftstellerischen Arbeit, ab 1930 Mitglied einer Liga linker Schriftsteller. 1933–1936 von den Guomindang-Behörden inhaftiert; Aufenthalt in Yan'an. Nach 1949 leitende Funktionen im Kulturbereich. 1957 als »Rechtselement« und wegen »antisozialistischer Tätigkeit« zu körperlicher Arbeit nach Nordostchina verbannt, 1970–1975 inhaftiert, 1979 Rehabilitierung. Stellvertretende Vorsitzende des Schriftstellerverbandes. Ihr Stil ist auf Genauigkeit orientiert und ungeziert. Charakterdarstellung, Analyse von Gefühlen und Innenwelt, Atmosphärisches sind ihr wichtiger als eine spannende Fabel.
Hauptwerke: *Qingyunli de yijian xiao fangli* (*In einem kleinen Zimmer in Qingyun*, 1929); *Weihu* (1930); *Shui* (*Wasser*, 1931); *Taiyang zhao zai Sanggan-he shang* (*Sonne über dem Sanggan*, 1948); *Du Wanxiang* (1978); *Ding Ling Xuanji* (Ausgewählte Werke/ Beijing, 1952).

Jan Drda, 4.4.1915–29.11.1970, tschechischer Schriftsteller. Studiert bis 1934 slawische und klassische Philologie, danach von 1937 bis 1942 Kulturredakteur, 1948–1952 Chefredakteur der Literaturzeitschrift *Lidové noviny*. 1949–1956 Vorsitzender des tschechoslowakischen Schriftstellerverbandes. Bis 1962 Mitglied des ZK der Kommunistischen Partei der Tschechoslowakei.
Hauptwerke: *Das Städtchen Gotteshand* (1940); *Wasser des Lebens* (1941); *Die stumme Barrikade* (1946); *Das sündige Dorf* (1959).

Ilja Ehrenburg, 27.1.1891–1.9.1967, russisch-sowjetischer Schriftsteller und Publizist. Sohn eines Ingenieurs, lebt von 1908 bis 1917 in Paris, Rückkehr nach Rußland. Von 1921 bis 1934 sowjetischer Pressekorrespondent im Ausland; Mitinitiator des Internationalen Schriftstellerkongresses zur Verteidigung der Kultur in Paris 1935. Nach 1945 führende Position in der Weltfriedensbewegung. Blieb von den Stalinschen Repressionen weitgehend verschont.
Hauptwerke: *Der Raffer* (1927); *Die Verschwörung der Gleichen. Das Leben des Gracchus Babeuf* (1928); *Ohne Atempause* (1935); *Der Fall von Paris* (1941); *Die neunte Woge* (1951); *Tauwetter* (1954–1956); *Menschen, Jahre, Leben* (1960–1965).

Leonhard Frank, 4.9.1882–18.8.1961, deutscher Erzähler. Mechanikerlehre und Studium der Malerei in München; ab 1910 in Berlin. Während des Ersten Weltkrieges im Schweizer Exil, in der Novemberrevolution Mitglied des Revolutionsrates in München. Danach freischaffender Schriftsteller in Berlin. Von 1933 bis 1950 im Exil; 1950 Rückkehr nach München.
Hauptwerke: *Die Räuberbande* (1914); *Der Mensch ist gut* (1918); *Karl und Anna* (1927); *Das Ochsenfurter Männerquartett* (1927); *Links wo das Herz ist* (1952).

Maxim Gorki (Alexej Maximowitsch Peschkow), 28.3.1868–18.6.1936, russisch-sowjetischer Erzähler, Dramatiker und Publizist. Sohn eines Tischlers, Kindheit bei den Großeltern, Arbeiter, Mitglied revolutionärer Zirkel, Wanderungen durch Rußland, ab 1889 unter Polizeiaufsicht. 1900 Leitung des Petersburger Verlages der Schriftstellergenossenschaft »Snanije«, 1906 Emigration, bis 1913 auf Capri, Freundschaft mit Lenin. Nach der Oktoberrevolution Organisator eines neuen geistig-kulturellen Lebens. 1921 erneuter Auslandsaufenthalt aus gesundheitlichen Gründen, 1924 Sorrent, 1928/29 Reisen in die Sowjetunion, 1931 endgültige Rückkehr. Mitbegründer des sowjetischen Schriftstellerverbandes, Mitorganisator des 1. sowjetischen Schriftstellerkongresses 1934.
Hauptwerke: *Tschelkasch* (1894), *Foma Gordejew* (1899); *Drei Menschen* (1900); *Kleinbürger* (1901); *Nachtasyl* (1902); *Die Mutter* (1907); *Wassa Shelesnowa* (1910); *Meine Kindheit, Unter fremden Menschen, Meine Universitäten* (1913–1923); *Das Werk der Artamonows* (1925); *Jegor Bulytschow und die anderen* (1932); *Klim Samgin* (1925–1936).

Nordahl Grieg, 1.11.1902–2.12.1943, norwegischer Lyriker, Dramatiker und Publizist. Herausgeber und Hauptautor der antifaschistischen Zeitschrift *Veien frem* (Autoren sind Bertolt Brecht, Thomas Mann, Ludwig Renn, 1936/37); Seemann, Korrespondent in

China. Sein Schaffen bewegt sich vom Naturalismus zum sozialistischen Realismus. Begegnung mit Arbeitsalltag und Theaterkunst in der Sowjetunion (1933–1935); früher Tod im Einsatz als Frontberichterstatter.

Hauptwerke: *Um das Kap der Guten Hoffnung* (1922); *Barrabas* (1927); *Unsere Ehre und unsere Macht* (1935); *Die Niederlage* (1937); *Die Freiheit* (1942).

NICOLÁS GUILLÉN, *10. 7. 1902, kubanischer Lyriker, Journalist und Kulturpolitiker. Sohn eines Journalisten und Politikers; nach dessen Ermordung (1917) für den Unterhalt der Familie verantwortlich; Drucker, Abitur, Mitarbeiter an verschiedenen Zeitschriften, Beamter, Journalist. 1937/38 Teilnahme am Spanischen Bürgerkrieg, Mitglied der Kommunistischen Partei Kubas, Verhaftung in Kuba. 1954–1959 Exil. Nach Fidel Castros Revolution wieder in Kuba, Präsident des Verbandes der Schriftsteller und Künstler Kubas, Mitglied des ZK der Kommunistischen Partei. Guillén thematisiert in seinen Gedichten die ungelösten Probleme Lateinamerikas ebenso wie rassische Diskriminierung (er ist Mulatte) und soziale Ungleichheit.

Hauptwerke: *Spanien, Poem in vier Ängsten und einer Hoffnung* (1937); *Elegie für Jesús Mennéndez* (1951); *Ich habe* (1964); *Das Herz, durch das ich lebe* (1975); *Auf dem Meere der Antillen fährt ein Schiffchen aus Papier* (1977).

GUO MORUO (KUO MO-JO), 16. 11. 1892–12. 6. 1978, chinesischer Lyriker, Erzähler, Dramatiker, Historiker und Politiker. Entstammt einer Großgrundbesitzerfamilie. 1914–1924 Studium der Medizin und Literatur in Japan, 1924/25 Lehrer an der »Revolutionären Militärakademie« der Guomindang in Guangzhou (Kanton). 1927–1937 Emigration nach Japan; während des Krieges gegen Japan wieder leitende Funktionen in den Guomindang-Gebieten. 1949 Vorsitzender des Chinesischen Friedensrates und des Gesamtchinesischen Verbandes der Kunst- und Literaturschaffenden, Präsident der Chinesischen Akademie der Wissenschaften, prägt die kulturpolitische Leitlinie Mao Zedongs entscheidend mit und gehört zu den wenigen bedeutenden Dichtern der älteren Generation, die die Zeit der Kulturrevolution relativ unbeschadet überstehen. Während die frühe Lyrik impressionistisch geprägt und auf einen Ästhetizismus orientiert ist, beherrscht mit zunehmendem Einfluß des Marxismus auf sein Denken eine materialistische Auffassung sein späteres Werk. Betont und befördert als Übersetzer – zum Beispiel von Goethe und Schiller ins Chinesische – den ausländischen Einfluß auf die moderne chinesische Literatur.

Hauptwerke: *Nüshen* (*Die Göttinnen*, 1921); *Zhansheng ji* (*Stimme des Krieges*, 1938); *Hua song* (*Hymnus auf das neue China*, 1957); *Baihua qifang* (*Laßt hundert Blumen blühen*, 1957); *Moruo wenji* (*Gesammelte Werke*/17 Bde./Beijing 1957–1963).

HARALD HAUSER, *17. 2. 1912, deutscher Dramatiker und Erzähler. 1932 Mitglied der KPD, von 1933 bis 1945 im französischen Exil, aktiv in der Résistance, nach 1945 zunächst Journalist. Schreibt in der Folgezeit hauptsächlich Gegenwartsstücke mit aktueller politischer Thematik sowie Fernsehfilmszenarien mit meist kriminalistischem und politischem Hintergrund.

Hauptwerke: *Wo Deutschland lag* (1947); *Im himmlischen Garten* (1958); *Weißes Blut* (1959).

JOHN HEARTFIELD (Helmut Herzfelde), 19. 6. 1891–26. 4. 1968, deutscher Graphiker, Fotomonteur, Bühnenbildner, Maler. Emigrierte 1933 nach Prag, 1938 nach England; seine künstlerischen Fotomontagen wurden durch ihn in den Rang einer selbständigen Kunstgattung erhoben. Mitglied der Akademie der Künste der DDR.

STEPHAN HERMLIN (Rudolf Leder), *13. 4. 1915, deutscher Dichter und Essayist. Stammt aus einer großbürgerlichen jüdischen Familie, wird mit sechzehn Jahren Mitglied des Kommunistischen Jugendverbandes, beteiligt sich von 1933 bis 1936 am illegalen Kampf gegen den Faschismus in Berlin sowie 1937 am Spanischen Bürgerkrieg. Von 1940 an Internierung in Frankreich und der Schweiz, 1945 Rückkehr nach Deutschland. 1981 Initiator der »Berliner Begegnung zur Friedensförderung«. Vertritt eine poetische Konzeption, die das eigene Schaffen in den Kontext weltliterarischer Bezüge zur Vergangenheit und Gegenwart stellt.

Hauptwerke: *Zwölf Balladen von den großen Städten* (1945); *Der Leutnant Yorck von Wartenburg* (1946); *Die Zeit der Gemeinsamkeit* (1949); *Die erste Reihe* (1951); *Die Sache des Friedens* (1953); *Gesammelte Gedichte* (1979); *Abendlicht* (1979).

HU QIAOMU, *1912, chinesischer Politiker und Theoretiker. 1945 persönlicher Sekretär Mao Zedongs und Sekretär des Politbüros des Zentralkomitees der KPCh, 1948 Direktor der Nachrichtenagentur Xinhua, 1950 stellvertretender Leiter der Abteilung Propaganda des Zentralkomitees, 1954 stellvertretender Generalsekretär des ZK der KPCh. Mitarbeit am Entwurf der Verfassung der Volksrepublik China. 1978–1982 Präsident der Akademie der Wissenschaften der Volksrepublik China, 1978 als Mitglied ins ZK der KPCh kooptiert, 1982–1987 Mitglied des Politbüros der KPCh, 1987 Mitglied des Ständigen Ausschusses der Beraterkommission des ZK der KPCh.

HU YAOBANG, 1915–1989, chinesischer Politiker. 1934/35 Teilnahme am Langen Marsch, 1939–1945 Leiter der Allgemeinen Politischen Abteilung der Militärkommission des ZK der KPCh, 1957 1. Sekretär des ZK der Kommunistischen Jugendliga, 1967 als Anhänger von Liu Shaoqi gebrandmarkt. 1975 reaktiviert er als Verantwortlicher die Tätigkeit der Akademie der Wissenschaften. 1977 Mitglied des ZK der KPCh, 1977 stellvertretender Rektor der Parteischule des ZK der KPCh, 1978 Mitglied des Politbüros und Generalsekretär des ZK, 3. Sekretär der Disziplinkontrollkommission des ZK und Leiter der Abteilung Propaganda im ZK der KPCh. 1981 Vorsitzender des ZK der KPCh, 1982 Generalsekretär; im Januar 1987 als Generalsekretär wieder abgesetzt, verbleibt aber im Politbüro. Auf dem XIII. Parteitag im November 1987 zum Politbüromitglied wiedergewählt. Erliebt im April 1989 auf einer Tagung des Politbüros einem Herzinfarkt.

HUA GUOFENG, *1921, chinesischer Politiker. Sohn eines armen Bauern, zunächst Parteifunktionär in der Provinz Hunan, 1970 Vorsitzender des Revolutionskomitees und 1. Sekretär des Parteikomitees der Provinz Hunan, 1971 Versetzung nach Beijing, behält den Posten in Hunan zunächst noch bei, 1973 1. Politkommissar des Militärbezirks Hunan, 1975 stellvertretender Ministerpräsident und Minister für Öffentliche Sicherheit, 1976 Ministerpräsident. Wird am 7. 10. 1976 nach dem Tod Mao Zedongs dessen Nachfolger als Vorsitzender der KPCh, 1980 Rücktritt als Ministerpräsident, 1981 stellvertretender Parteivorsitzender, 1982 nominelles Mitglied des ZK der KPCh; als solches 1987 vom XIII. Parteitag bestätigt.

JOOP HUISKENS, *30. 4. 1901, niederländischer Dokumentarfilmregisseur. Arbeit für das DEFA-Studio in Berlin; seit 1961 Professor.
Hauptwerke: *Das entscheidende Jahr* (1953); *China – Land zwischen gestern und morgen* (1957).

VERA INBER, 10. 7. 1890–11. 11. 1972, russisch-sowjetische Lyrikerin. Tochter eines Lehrers, lebt von 1910 bis 1914 in Paris. In den Jahren 1941 bis 1944 als Berichterstatterin im belagerten Leningrad. Nach der Überwindung ästhetisierender und formalistischer Tendenzen setzen sich in ihrem Schaffen realistische Tendenzen durch.
Hauptwerke: *Trauriger Wein* (1914); *Der Platz an der Sonne* (1928); *Der Meridian von Pulkowo* (1942); *Fast drei Jahre. Aus einem Leningrader Tagebuch* (1945).

JIANG JIESHI (Tschiang Kai-schek), 31. 10. 1887–5. 4. 1975, chinesischer Politiker. Nimmt 1912 an der Revolution zum Sturz der Qing-(Mandschu-)Dynastie teil, 1923 Leiter der Militärakademie Whampoa (bei Guangzhou), 1926 Kommandeur der »Nordexpedition«, 1927 chinesisches Staatsoberhaupt, 1949 Flucht nach Taiwan. Von 1950 bis zu seinem Tod war Jiang Jieshi Präsident der Republik China auf Taiwan.

JIANG QING, *1914, chinesische Schauspielerin. Arbeitet 1933 in Shanghai, geht 1937 in die revolutionäre Basis Mao Zedongs nach Yan'an und wird 1938 die Gefährtin und Sekretärin Maos. 1963 beginnt sie gemeinsam mit anderen den Angriff auf »feudale und bürgerliche Konventionen« in Kunst und Literatur; 1965 gehört sie zu den ideologischen und organisatorischen Vorbereitern der Kulturrevolution. Sekretär des Politbüros der KPCh, 1968 Mitglied des Politbüros, 1970 Teilnahme an der Planung der Kampagne gegen Lin Biao. 1976 wird sie als Mitglied der Viererbande verhaftet, später zum Tode mit zweijährigem Vollstreckungsaufschub verurteilt; die Strafe wird später in lebenslange Haft umgewandelt. Weitere Mitglieder der Viererbande: Zhang Qunqiao (Journalist, 1969 Mitglied des Politbüros der KPCh, 1973 Mitglied des Ständigen Ausschusses des Politbüros des Zentralkomitees der KPCh, 1981 zum Tode verurteilt mit zweijährigem Haftaufschub, umgewandelt in lebenslange Haft); Yao Wenyuan (Journalist, Literaturkritiker, liefert mit seinem Artikel »Anmerkungen zum historischen Drama ›Die Entlassung von Hai Rui aus dem Amt‹« im November 1965 den Auftakt zur Kulturrevolution, 1969 Mitglied des Politbüros der KPCh, Verurteilung zu 20 Jahren Haft); Wang Hongwen (Arbeiter, Kader für Sicherheit, organisiert in der Kulturrevolution in Shanghai »Rebellenaktionen«, 1973 Mitglied des Politbüros der KPCh, stellvertretender Vorsitzender des Zentralkomitees, lebenslange Haft).

Frédéric Joliot-Curie, 13.3.1900–14.8.1958, französischer Atomphysiker. Seit 1943 Mitglied der Französischen Akademie der Wissenschaften. Entdeckte zusammen mit seiner Frau Irène Curie die künstlichen radioaktiven Isotope; dafür erhielten sie 1935 den Nobelpreis für Chemie. Wies nach der Entdeckung der Kernspaltung das Auftreten einer Kettenreaktion im Uran nach. Er war seit 1942 Mitglied der Kommunistischen Partei Frankreichs und wurde 1951 Präsident des Weltfriedensrates.

Kang Sheng, 1898–16.12.1975, chinesischer Geheimdienstchef. Begann seine Geheimdiensttätigkeit möglicherweise bereits nach 1925 in Shanghai, hielt sich in den dreißiger Jahren mehrfach in der UdSSR auf, wo er sich weiter mit dieser Arbeit vertraut machte. 1938 Sekretär des Politbüros der KPCh, 1945 Mitglied des Politbüros und Leiter der Abteilung Organisation des ZK der KPCh, 1949–1955 Mitglied der Zentralen Volksregierung, 1956 Kandidat des Politbüros der KPCh, 1962 Sekretär des ZK der KPCh, 1965 stellvertretender Vorsitzender des Ständigen Ausschusses des Nationalen Volkskongresses, 1967 Berater der Gruppe Kulturrevolution des ZK der KPCh, 1969 Mitglied des Ständigen Ausschusses des Politbüros der KPCh. Im Oktober 1980 wird Kang postum aus der KPCh ausgeschlossen.

Sergej Mironowitsch Kirow (Kostrikow), 27.3.1886–1.12.1934, sowjetischer Politiker. 1904 Mitglied der Bolschewiki, aktive Teilnahme an den Revolutionen von 1905 und 1917. Im Bürgerkrieg auf seiten der Roten (Astrachan, gegen Denikin). 1921 Kandidat, 1923 Mitglied des ZK der KPdSU, 1926 Parteisekretär von Leningrad, 1930 Mitglied des Politbüros der KPdSU, 1934 Sekretär des Politbüros, enger Mitarbeiter und möglicher Konkurrent Stalins. Seine Ermordung soll mit Wissen des NKWD und Stalins erfolgt sein; sie löste die erste große, auf Stalins Befehl durchgeführte Säuberungswelle in der Partei aus (1935–1938).

Otto Klemperer, 14.5.1885–6.7.1973, deutscher Musiker. Seit 1927 führend im Berliner Musikleben als Dirigent der Kroll-Oper. Mußte Deutschland 1933 verlassen, emigrierte in die USA. 1947–1950 Dirigat in Budapest, später in London; bedeutender Interpret von Gustav Mahler; komponierte auch selbst.
Hauptwerk: *Meine Erinnerungen an Gustav Mahler und andere autobiographische Skizzen* (1960).

Alexandra Kollontai, 31.3.1872–9.3.1952, russisch-sowjetische Publizistin und Schriftstellerin. Tochter eines Generals, seit den neunziger Jahren aktiv in der revolutionären Bewegung, 1917 Volkskommissar für soziale Sicherheit, 1920 Leiterin der Frauenabteilung beim ZK der Kommunistischen Partei. Ab 1922 diplomatischer Dienst als Gesandte in Norwegen, Mexiko und Schweden.
Hauptwerke: *Ethik und Sozialdemokratie* (1906); *Soziale Grundlage der Frauenfrage* (1909); *Wege der Liebe* (1923).

Michail Kolzow, 12.6.1898–4.4.1942, russisch-sowjetischer Journalist. Als langjähriger Mitarbeiter der *Prawda* mit zahlreichen Skizzen und Feuilletons einer der populärsten Repräsentanten der sowjetischen Satire. Opfer der Stalinschen Willkür.
Hauptwerk: *Die rote Schlacht. Chronik des Kampfes des spanischen Volkes und der Interbrigadisten gegen den Faschismus* (1938).

Alexander Korneitschuk, 25.5.1905–14.5.1972, ukrainisch-sowjetischer Dramatiker. Sohn eines Maschinenschlossers, bis 1929 Studium an der literarischen Fakultät des Kie-

wer Instituts für Volksbildung. Während des Krieges publizistisch bei verschiedenen Armee-Zeitungen tätig; ab 1959 Vorsitzender des Obersten Sowjets der Ukraine. Versucht in seinen Werken, den komplizierten Herausbildungsprozeß eines sozialistischen Bewußtseins zu gestalten.
Hauptwerke: *Untergang des Geschwaders* (1933); *Die Wahrheit* (1937); *In den Steppen der Ukraine* (1941); *Front* (1942); *Das Holunderwäldchen* (1951); *Eine Tagebuchseite* (1963).

LAO SHE (Shu Qingchun), 3. 2. 1899–24. 8. 1966, chinesischer Erzähler und Dramatiker. Entstammt einer Mandschu-Familie, Sohn eines armen Beamten, Besuch eines Lehrerseminars, 1917 Lehrer in Beiping und Tianjin, 1924–1929 Lektor für Chinesisch an der Londoner Universität, danach bis 1937 Lehrer an verschiedenen chinesischen Universitäten. Steht bis 1945 außerhalb jeder politischen Bewegung, wird dann jedoch Mitbegründer des »Gesamtchinesischen Verbandes der Kunst- und Literaturschaffenden zum Widerstand gegen Japan«. Nach 1949 wichtige kulturpolitische Funktionen. 1966 tragischer Tod als Opfer der Kulturrevolution. Das Prosaschaffen zeigt deutliche Einflüsse der altchinesischen Erzählertradition, aber auch der englischen Realisten; die Sprache ist bildhaft, klar und einfach.
Hauptwerke: *Lihun* (*Die Scheidung,* 1933); *Yueyar* (*Die Mondsichel,* 1948); *Chang'an* (*Der Blick westwärts nach Changan,* 1956); *Chagyan* (*Das Teehaus,* 1958); *Wenji* (*Gesammelte Werke*/bisher Bd. 1–7, Beijing 1980–1984).

LI KERAN (Li Ko-jan), *1907, chinesischer Maler. Studierte in Shanghai und Hangzhou, Professor an der Akademie der Bildenden Künste in Beiping. Während des Krieges mit Japan malt er zahlreiche Plakate und veröffentlicht Arbeiten in progressiven Literatur- und Kunstzeitschriften. Hauptmotiv seiner Arbeiten sind Darstellungen aus dem Bauernleben, zum Beispiel Büffel und Hirtenknaben.

LI LISAN, *1896, chinesischer Politiker. Einer der frühen Führer der KPCh, befürwortete revolutionäre Aufstände in den wichtigsten Städten, um so einen landesweiten revolutionären Aufschwung zu erreichen. 1931, nach dem Scheitern der Li-Lisan-Linie, als Parteiführer abgesetzt und aus dem Politbüro der KPCh ausgeschlossen. 1931–1945 Aufenthalt in Moskau; 1936 als angeblicher Trotzki-Anhänger für zwei Jahre inhaftiert; 1945 wieder Mitglied des Zentralkomitees der KPCh. Nach 1949 verschiedene staatliche Ämter, 1949–1954 Minister für Arbeit. Auf dem VIII. Parteitag Selbstkritik wegen »linksopportunistischer Fehler«, 1967 als »Drei-Anti-Element« gebrandmarkt. Soll Selbstmord begangen haben; wurde 1980 rehabilitiert.

LIN BIAO, 1907–1971, chinesischer Politiker. Militärische Karriere, ab 1950 Mitglied des Politbüros der KPCh, Kommandeur der chinesischen Volksfreiwilligen im Koreakrieg, 1958 Mitglied des Ständigen Ausschusses des Politbüros der KPCh, 1958 Minister für Nationale Verteidigung. Auf dem IX. Parteitag der KPCh (1968) wird er zum Nachfolger Mao Zedongs erklärt. Stürzt 1971 mit seinem Flugzeug bei einem Fluchtversuch unter noch ungeklärten Umständen über der Mongolei ab.

LIU BAIYU, *2. 9. 1916, chinesischer Schriftsteller. Entstammt einer Kaufmannsfamilie; während des Krieges gegen Japan Kulturfunktionär und Reporter in der Volksbefreiungsarmee, später Funktionen im Schriftstellerverband, Leiter der Kulturabteilung in der Politverwaltung der Streitkräfte der Volksrepublik China. Die Themen seiner Erzählungen, Reportagen und Essays findet er zumeist in der Armee.
Hauptwerke: *Huoguang zai qian* (*Flammen am Jangtse,* 1950); *Yige wennuan de xueye* (*Eine warme Schneesturmnacht,* 1958); *Women de zaochen* (*Unser Morgen,* 1958).

LIU SHAOQI, 1898–1969, chinesischer Politiker. 1927 Mitglied des Zentralkomitees der KPCh, Generalsekretär der »allchinesischen Arbeiterförderation«; nimmt 1934 zunächst am Langen Marsch teil, bleibt aber in den »weißen Gebieten« als Illegaler zurück. 1943 Leiter der Ausrichtungskampagne der Partei in Yan'an, 1959 Wahl zum Vorsitzenden der Volksrepublik China (Nachfolger Mao Zedongs als Staatspräsident). 1968 wird er aller Funktionen enthoben und aus der Partei ausgeschlossen, stirbt 1969 in der Haft; 1980 postum rehabilitiert.

LU DINGYI, *1906, chinesischer Politiker. 1945 Mitglied des ZK der KPCh und Leiter der Abteilung Propaganda des Zentralkomitees, 1956 Kandidat des Politbüros der KPCh, 1959 stellvertretender Ministerpräsident, 1962 Sekretär des Zentralkomitees der KPCh, 1965 Minister für Kultur. Im Juli 1966 als Leiter der Abteilung Propaganda und als Kulturminister, im August auch als Kandidat des Politbüros und Sekretär des Zentralkomitees abgesetzt, im Dezember vor ein öffentliches Tribunal der Roten Garden gebracht. 1979 als stellvertretender Vorsitzender des Nationalkomitees der Politischen Konsultativkonferenz reaktiviert, Nachwahl zum Mitglied des Zentralkomitees der KPCh; 1982 und 1989 Mitglied der Beraterkommission des Zentralkomitees der KPCh.

LU XÜN (Lu Hsün, Zhou Shuren), 25.9.1881–19.10.1936, Begründer der modernen chinesischen Literatur, Erzähler und Essayist. Entstammt einer verarmten Gelehrtenfamilie, ab 1902 Studium der Medizin in Japan, Sprachstudium, Beschäftigung mit Literatur und Naturwisenschaften, 1909 Rückkehr nach China, Biologielehrer, Abteilungsleiter im Erziehungsministerium in Beiping, Professor für Literatur, 1927 freischaffender Schriftsteller in Shanghai, Mitarbeit in literarischen Vereinigungen (»Gesellschaft ohne Namen«, »Gesprächsfäden-Gesellschaft«). Legt die Grundlagen für eine moderne Auffassung von der chinesischen Literatur. Mitbegründer der Liga linksgerichteter Schriftsteller Chinas und Wegbereiter des Realismus in der neueren chinesischen Literatur (»Gorki Chinas«).
Hauptwerke: *A Q zhengzhuan* (*Die wahre Geschichte des Ah Q*, 1921); *Zhufu* (*Das Neujahrsopfer*, 1924); *Panghuang* (*Ängstliches Suchen*, 1926); *Ye cao* (*Wilde Gräser*, 1927); *Gushi xinpian* (*Die Flucht auf den Mond*, 1936). *Lu Xun quanji* (*Gesammelte Werke*/20 Bde., Shanghai 1938, und 20 Bde., Beijing 1973).
Übersetzungen ins Deutsche: *Erzählungen aus China* (Berlin 1952); *Die Reise ist lang* (Düsseldorf 1955); *Morgenblüten, abends gepflückt* (Berlin 1958); *Der Einsturz der Leifeng-Pagode* (Hamburg 1973); *In tiefer Nacht geschrieben* (Leipzig 1981).

LUO RUIQING, 1906–1978, chinesischer Militär. Alter revolutionärer Kader, 1954 Minister für Öffentliche Sicherheit, 1959 stellvertretender Ministerpräsident und Minister für Öffentliche Sicherheit, 1959–1966 stellvertretender Minister für Nationale Verteidigung, 1962–1966 Sekretär des Zentralkomitees der KPCh. Während der Kulturrevolution Selbstmordversuch, danach mehrere gegen ihn gerichtete Massenkundgebungen. Wird 1975 reaktiviert, 1977 Mitglied des Zentralkomitees und stellvertretender Leiter der Politischen Hauptverwaltung der Volksbefreiungsarmee.

MAO DUN (Shen Dehong, Shen Yenbing), 4.7.1896–27.3.1981, chinesischer Schriftsteller, Kritiker, Literaturhistoriker und Kulturpolitiker. Entstammt einer Arztfamilie, Beginn eines Studiums an der Beiping-Universität, 1916 Arbeit in einem Shanghaier Verlag, Zeitschriftenredakteur, 1925/26 Sekretär der Propagandaabteilung im ZK der Guomindang, 1928 Emigration nach Japan, 1930 Rückkehr nach China. Mitbegründer der Liga linker Schriftsteller, 1937–1945 kulturpolitische Arbeit in den Guomindang-Gebieten, 1949–1964 Minister für Kultur der Volksrepublik China; Vorsitzender des Schriftstellerverbandes. In der Kulturrevolution ist er keinen direkten Angriffen ausgesetzt, seine Werke werden indirekt jedoch als revisionistisch gebrandmarkt. Sein literarisches Werk zeichnet sich durch das Streben nach Objektivität und Aktualität aus; Förderer des Realismus in der chinesischen Literatur.
Hauptwerke: *Shi* (*Verfall*, 1927/28); *Ziye* (*Shanghai im Zwielicht*, 1932); *Weiqu* (*Unrecht*, 1943); *Linjia puzi* (*Der Laden der Familie Lin*, 1953); *Mao Dun wenji* (*Gesammelte Werke*/Beijing 1978).

MAO ZEDONG (Mao Tse-tung, Mao Zhuxi), 26.12.1893–9.9.1976, chinesischer Staatsmann und Schriftsteller. Sohn eines wohlhabenden Bauern, nimmt 1921 am Gründungsparteitag der KPCh teil, vereinigt 1928 seine Truppen mit denen von Zhu De, wird Politkommissar, erringt 1935 auf der Konferenz von Zunyi die führende Position in der Partei. 1949 Vorsitzender (Staatspräsident) der Volksrepublik China, Vorsitzender der Militärkommission. Tritt 1959 nach der fehlgeschlagenen »Politik des Großen Sprungs nach vorn« vom Amt des Vorsitzenden der Volksrepublik China zurück. Initiiert 1966 die Große proletarische Kulturrevolution, in deren Verlauf er Liu Shaoqi, Peng Zhen, Deng

Xiaoping und andere Führungskader ausschaltet. Das im gleichen Jahr veröffentlichte *Rote Buch* mit einer Sammlung von Mao-Zitaten wird in der Kulturrevolution in über 350 Millionen Exemplaren verbreitet und in viele Sprachen übersetzt.
Hauptwerke: *Ausgewählte Werke* (4 Bde., 1968/69); *Gedichte* (1978); *Mao Zedong Texte. Schriften, Dokumente, Reden und Gespräche* (7 Bde., 1978–1982); *39 Gedichte* (1978); *Gespräch mit dem amerikan. Diplomaten John Service am 23. 8. 1944* (1979).

PIETRO NENNI, 9. 2. 1891–1. 1. 1980, italienischer Politiker. Seit 1921 Mitglied der Sozialistischen Partei Italiens (PSI), 1926 Emigration nach Frankreich, schließt 1934 im Exil einen Pakt mit der Kommunistischen Partei über die Aktionseinheit im antifaschistischen Kampf; 1936–1938 Mitglied der Internationalen Brigaden im Spanischen Bürgerkrieg. 1945–1947 stellvertretender Ministerpräsident, 1946/47 zugleich Außenminister Italiens. Kündigt im Oktober 1947 den Pakt mit den Kommunisten und leitet den rechten Flügel der Sozialistischen Partei. 1963–1968 stellvertretender Ministerpräsident, 1968/69 Außenminister. 1970 wird er Senator auf Lebenszeit, 1973 (Ehren-)Vorsitzender des PSI.

PABLO NERUDA (Neftalí Ricardo Reyes Basoalto), 12. 7. 1904–23. 9. 1973, chilenischer Lyriker. Entstammt kleinbürgerlichen Verhältnissen, ab 1921 Lehrerstudium, ab 1927 diplomatische Laufbahn, 1934–1937 Konsul in Spanien, Amtsenthebung wegen Eintretens für die Spanische Republik. 1939 Konsul der chilenischen Volksfrontregierung für die Einwanderung republikanischer Flüchtlinge aus Spanien, 1940–1943 Generalkonsul in Mexiko, 1945 chilenischer Senator, Eintritt in die Kommunistische Partei. 1948, unter der Regierung Videlas, Flucht ins Ausland, 1949 Mitglied des Weltfriedensrates, 1952 Rückkehr nach Chile. Mitglied des ZK der KPCh, 1970–1972 Botschafter der Regierung der Unidad Popular unter Allende in Frankreich, 1971 Nobelpreis. Der Militärputsch vom 11. September 1973 beschleunigt seinen Tod. Neruda ist der bedeutendste lateinamerikanische Lyriker des 20. Jahrhunderts.
Hauptwerke: *Zwanzig Liebesgedichte und ein Lied der Verzweiflung* (1924); *Aufenthalt auf Erden* (1933–1947); *Spanien im Herzen* (1937); *Der große Gesang* (1950); *Elementare Oden* (1954–1957); *Memorial von Isla Negra* (1964); *Ich bekenne, ich habe gelebt* (1974).

PENG DELMAI, 1899–1974, chinesischer Politiker. Entstammt einer reichen Bauernfamilie, bis 1927 Angehöriger der Guomindang-Armee, ab 1928 Karriere als hochrangiger Offizier der Volksbefreiungsarmee. 1945 Kandidat des Politbüros der KPCh, stellvertretender Oberkommandierender der Volksbefreiungsarmee, 1949 Mitglied der Volksregierung, 1951 Befehlshaber der chinesischen Volksfreiwilligen im Koreakrieg. 1954 Mitglied des Politbüros der KPCh, stellvertretender Ministerpräsident, Minister für Nationale Verteidigung, 1955 Ernennung zum Marschall. Kritisiert 1959 die Wirtschaftspolitik Mao Zedongs und wird daraufhin abgesetzt. 1966 Verhaftung durch die Roten Garden; im Dezember 1978 erfolgt postum seine Rehabilitierung.

PENG ZHEN, * 1902, chinesischer Politiker. Nach 1949 Bürgermeister und 1. KP-Sekretär von Beijing, Mitglied des Politbüros und Sekretär des Zentralkomitees der KPCh. Er versucht, die Kulturrevolution zu Beginn im Rahmen theoretischer Diskussionen zu halten; mehrfach Gegenstand von »Kampfmeetings«. Wird aller Funktionen enthoben, 1979 aber reaktiviert. Vorsitzender der Rechtskommission des Ständigen Ausschusses des Nationalen Volkskongresses, bis 1987 Mitglied des Politbüros der KPCh, 1983–1988 Vorsitzender des Ständigen Ausschusses des Nationalen Volkskongresses (Parlamentspräsident).

JAN PETERSEN (Hans Schwalm), 2. 7. 1906–11. 11. 1969, deutscher Erzähler. Von 1931 bis 1935 Leitungsmitglied des Bundes Proletarisch-Revolutionärer Schriftsteller, nach 1933 Herausgeber der illegalen Zeitschrift *Stich und Hieb*. Von 1935 bis 1946 in der Emigration, ab 1946 in Berlin. Widmet sein Schaffen dem Kampf der deutschen Arbeiterklasse gegen den Faschismus. Nationalpreis der DDR 1959.
Hauptwerk: *Unsere Straße* (1936).

WILHELM PIECK, 3. 1. 1876–7. 9. 1960, deutscher Politiker. Tischlerlehre, 1895 Mitglied der SPD, Bürgerschaftsabgeordneter in Bremen, bis 1914 Funktionär der SPD, Mitbegründer des Spartakusbundes (1917) und der KPD (1918/19). Mitglied des ZK der KPD, 1921–1928 und 1932/33 Mitglied des Preußischen Landtags. 1924 Leiter der Roten Hilfe, 1926 Pol-Leiter der KPD in Berlin, 1928 Mitglied des Exekutivkomitees der Kommunistischen Internationale (EKKI) in Moskau, 1931 Mitglied von dessen Sekretariat und Präsidium. 1928–1933 Abgeordneter des Reichstags, 1930–1933 Mitglied des Preußischen Staatsrates, 1932 Sekretär des Politbüros der KPD, 1933 Emigration nach Paris, 1935 Parteivorsitzender der KPD, 1938 Übersiedlung nach Moskau. Arbeit in der Komintern und beim Nationalkomitee Freies Deutschland. Nach 1945 Vorsitzender der KPD, später der SED. Von 1949 bis 1960 Staatspräsident der DDR.

PU YI, 7. 2. 1906–17. 10. 1967, letzter Kaiser von China. 1908 als Kaiser eingesetzt, lebt nach der Gründung der Republik China (1911) in der Verbotenen Stadt in Beiping. Muß 1924 den Kaiserpalast verlassen und stellt sich unter japanischen Schutz. 1934 Marionettenkaiser in Mandschukuo. 1945–1950 Gefangenschaft in der UdSSR, 1950–1959 Gefangenschaft in der Volksrepublik China. 1964 Mitglied des Nationalen Komitees der Politischen Konsultativkonferenz.
Hauptwerk: *Vom Kaiser zum Bürger* (1966).

LUDWIG RENN (Arnold Friedrich Vieth von Golssenau), 22. 4. 1889–21. 7. 1979, deutscher Erzähler. Nimmt nach einer zehnjährigen Offizierslaufbahn Anfang der zwanziger Jahre ein Geschichts-, Kunst- und Sprachstudium auf. 1928 Mitglied der KPD und Sekretär des Bundes Proletarisch-Revolutionärer Schriftsteller. Von 1933 bis 1935 Gefängnishaft, danach Flucht in die Schweiz. 1936/37 Führer des Thälmann-Bataillons und Stabschef der 11. Internationalen Brigade im Spanischen Bürgerkrieg. Von 1939 bis 1947 im Exil in Mexiko, ab 1947 kulturpolitische Tätigkeit und Professur in Dresden, ab 1952 in Berlin.
Hauptwerke: *Krieg* (1928), *Nachkrieg* (1930); *Adel im Untergang* (1944); *Trini* (1954); *Der spanische Krieg* (1955); *Der Neger Nobi* (1955); *Meine Kindheit und Jugend* (1957); *Anstöße in meinem Leben* (1980).

DIEGO MARIA RIVERA, 8. 12. 1886–24. 11. 1957, mexikanischer Maler, Entwurfszeichner für Mosaik und Glasmalerei, Graphiker, Bildhauer, Architekt und Schriftsteller. Ab 1906 zahlreiche Reisen durch Europa. In Paris Bekanntschaft mit P. Picasso, J. Gris, A. Modigliani u. a., gemeinsame Ausstellungen. Zunächst Vertreter verschiedener Richtungen der spätbürgerlichen Malerei, später entwickelt er sich zu einem Hauptvertreter des sozialistischen Realismus in Amerika.
Hauptwerke: Bilderfolge für die New Worker's School in New York; Dekoration im Sammelbecken des Lermawassers in Mexiko-City; Kolossalmosaik »Geschichte des mexikanischen Sports« an den Außenwänden des Stadions in Mexiko City.

PAUL ROBESON, 9. 4. 1898–23. 1. 1976, nordamerikanischer Sänger. Sohn eines ehemaligen Sklaven, studiert Jura und arbeitet eine Zeitlang als Anwalt im Negerviertel von New York. Erstes Konzert mit Negro spirituals 1925 in London; danach Konzertreisen durch Amerika und Europa. Lebt ab 1929 in London, anschließend in New York. Im Spanischen Bürgerkrieg singt er an der Front der Internationalen Brigaden. Vorkämpfer für amerikanisch-sowjetische Freundschaft und Mitglied des Weltfriedensrates. 1950 erhält er den Weltfriedenspreis.
Hauptwerk: *Mein Lied, meine Waffe* (1958).

ANNA SEGHERS (Netty Radvanyi), 19. 11. 1900–1. 6. 1983, deutsche Dichterin. Tochter eines Antiquitätenhändlers, von 1919 bis 1924 Studium der Geschichte, Kunstgeschichte und Sinologie, 1928 Mitglied der KPD und des Bundes Proletarisch-Revolutionärer Schriftsteller. Emigriert 1933 zunächst nach Frankreich, später nach Mexiko. Mitbegründerin der antifaschistischen deutschen Verlagsgenossenschaft »El Libro libre« (Das freie Buch) und Vorsitzende des antifaschistischen Heine-Clubs. 1947 Rückkehr nach Berlin; Gründungsmitglied der Akademie der Künste der DDR, Präsidentin des Schriftstellerverbandes der DDR, Präsidiumsmitglied des Weltfriedensrates.
Hauptwerke: *Der Aufstand der Fischer von St. Barbara* (1928); *Die Gefährten* (1932); *Der Kopflohn* (1933); *Der Weg durch den Februar* (1935); *Das siebte Kreuz* (englisch 1942, deutsch 1946); *Transit* (englisch 1944, deutsch 1948); *Die Toten bleiben jung*

(1949); *Das wirkliche Blau* (1967); *Das Vertrauen* (1968); *Sonderbare Begegnungen* (1973); *Steinzeit* (1977).

Grigorij Jewsejewitsch Sinowjew, 11.9.1883–25.8.1936, sowjetischer Politiker. Schon vor 1917 enger Mitarbeiter Lenins, 1919–1926 Sekretär der Petrograder (Leningrader) Parteiorganisation, Vorsitzender des Exekutivkomitees der Kommunistischen Internationale (EKKI) und Mitglied des Politbüros der KPdSU. Unterstützt zusammen mit Leo B. Kamenew (1883–1936) Stalin im Kampf gegen Trotzki, gerät mit Stalin in Konflikt und verliert als Exponent der »linken Opposition« alle Ämter. 1935 zu zehn Jahren, 1936 zum Tode verurteilt und hingerichtet.
Hauptwerke: *Gesammelte Schriften* (16 Bde., 1923/24).

Rudolf Slánský, 31.1.1901–3.12.1952, tschechoslowakischer Politiker. 1921 Mitglied der Kommunistischen Partei der Tschechoslowakei, ab 1929 Mitglied des Präsidiums, Emigration nach Moskau, 1944 Mitorganisator des slowakischen Nationalaufstands. Als Generalsekretär der KPČ wesentlich mitbeteiligt an der kommunistischen Machtübernahme 1948 in Prag. Wird 1951 verhaftet, 1952 mit zehn Mitangeklagten in einem Schauprozeß wegen »titoistischer und zionistischer Umtriebe« zum Tode verurteilt und hingerichtet. 1963 hob der Oberste Gerichtshof das Urteil auf.

Bodo Uhse, 12.3.1904–2.7.1963, deutscher Erzähler und Publizist. Entstammt einer preußischen Offiziersfamilie und stellt sich zunächst publizistisch in den Dienst rechtsradikaler und nationalistischer Bewegungen. Verläßt 1930 die NSDAP und tritt wenig später der KPD bei. 1933 Emigration nach Paris; nimmt als Kriegskommissar am Spanischen Bürgerkrieg teil, Redakteur der Zeitschrift *Freies Deutschland.* Kehrt 1948 nach Deutschland zurück. Von 1949 bis 1958 Chefredakteur der Zeitschrift *Aufbau*; von 1950 bis 1952 Vorsitzender des Schriftstellerverbandes der DDR.
Hauptwerke: *Söldner und Soldat* (1935); *Leutnant Bertram* (1943); *Die Patrioten* (1954); *Tagebuch aus China* (1956); *Sonntagsträumerei in der Alameda* (1963).

José Venturelli, *25.3.1924, †1989 in Beijing, chilenischer Maler und Grafiker. Ab 1938 Studium an der Akademie der Schönen Künste in Santiago de Chile. 1955–1960 in China, danach in Chile, Kuba und anderen Ländern. Schildert den politischen Kampf und das Leben des chilenischen Volkes in zahlreichen, von der europäischen Kunst beeinflußten Graphiken und Plakaten.
Hauptwerke: *Der 28. Januar* (1946); Illustrationen zu Werken von Pablo Neruda, u. a. zu *Der große Gesang* (1949); Wandbilder im Auditorium Maximum der Medizinischen Fakultät in Havanna (1961/62); Illustrationen zu Bodo Uhses *Sonntagsträumerei in der Alameda* (1963).

Wang Ming, 1907–25.3.1974, chinesischer Politiker. 1925 Studium an der Sun-Yatsen-Universität in Moskau, 1927 Führer der »28 Bolschewiki«, die gegen die damalige Führung der KPCh auftreten. 1931 Nachwahl zum Mitglied des Zentralkomitees und des Politbüros der KPCh, 1932–1937 Vertreter der KPCh bei der Komintern in Moskau; Mitglied des Exekutivkomitees der Komintern. Wird 1942 im Laufe der Parteiausrichtungskampagne wegen Kapitulantentums und Dogmatismus angegriffen. 1945 Wiederwahl zum ZK-Mitglied. Nach 1949 ohne hohe Ämter. 1956 Mitglied des Zentralkomitees. Nach Angriffen auf ihn 1966 Flucht in die Sowjetunion.

Erich Weinert, 4.8.1890–20.4.1953, deutscher Lyriker und Publizist. Zunächst als Grafiker und Kunstgewerbelehrer tätig, veröffentlicht ab 1921 zeitkritische satirische Gedichte und tritt in politisch-satirischen Kabaretts auf, schließt sich Mitte der zwanziger Jahre der Arbeiterbewegung an. 1928 Mitglied des Bundes Proletarisch-Revolutionärer Schriftsteller, tritt 1929 der KPD bei, emigriert 1933. 1937/38 Teilnahme am Spanischen Bürgerkrieg, 1939 in Frankreich interniert. Danach in der Sowjetunion unter anderem Mitbegründer und Präsident des Nationalkomitees Freies Deutschland. Nach der Rückkehr nach Berlin 1946 ist er Vizepräsident der Zentralverwaltung für Volksbildung in der DDR.
Hauptwerke: *Rufe in die Nacht* (1947); *Das Zwischenspiel* (1950); *Gedichte* (1950); *Camaradas* (1951).

Günther Weisenborn, 10. 7. 1902–26. 3. 1969, deutscher Dramatiker und Erzähler. Studiert Medizin, Germanistik und Philosophie; ab 1930 Aufenthalte in Argentinien und in den USA. Als Mitglied der antifaschistischen Widerstandsgruppe »Rote Kapelle« wird er 1942 in Berlin zum Tode verurteilt, jedoch 1945 aus dem Zuchthaus befreit. Nach dem Krieg als Chefdramaturg in Hamburg und Berlin tätig; schreibt daneben auch Drehbücher, Hör- und Fernsehspiele.

Hauptwerke: *U-Boot S4* (1928); *Die Illegalen* (1946); *Memorial* (1948); *Der Verfolger* (1961); *Am Yangtse steht ein Riese auf* (1961).

F(ranz) C(arl) Weiskopf, 3. 4. 1900–14. 9. 1955, deutscher Erzähler, Publizist und Nachdichter. Sohn eines Beamten, studiert ab 1918 Germanistik und Geschichte in Prag, 1921 Mitglied der KPČ, geht 1928 als Journalist nach Berlin. Mitglied des Bundes Proletarisch-Revolutionärer Schriftsteller, ab 1933 Chefredakteur der *Arbeiter-Illustrierten-Zeitung* in Prag. Emigriert 1938 über Frankreich in die USA. Von 1947 bis 1952 als Diplomat der ČSR in New York, Stockholm und Beijing tätig. Lebt ab 1952 in der DDR und ist zusammen mit Willi Bredel Chefredakteur der Zeitschrift *Neue Deutsche Literatur*.

Hauptwerke: *Umsteigen ins 21. Jahrhundert* (1927); *Die Versuchung* (1937); *Himmelfahrts-Kommando* (englisch 1944, deutsch 1945); *Unter fremden Himmeln. Ein Abriß der deutschen Literatur im Exil 1933–1947* (1948); *Abschied vom Frieden* (1950); *Des Tien Tschien Lied vom Karren* (1953).

Paul Wiens, 17. 8. 1922–6. 4. 1982, deutscher Lyriker, Erzähler, Filmszenarist und Übersetzer. Während der Nazizeit Verfolgungen ausgesetzt; von 1943 bis 1945 in KZ-Haft. Veröffentlicht in den fünfziger Jahren liedhaft-agitatorische Texte, in denen der Neuaufbruch mit dem Elan der jungen Generation besungen wird; fördert engagiert das Schaffen jüngerer Lyriker.

Hauptwerke: *Beredte Welt* (1953); *Leute mit Flügeln* (1960); *Dienstgeheimnis. Ein Nächtebuch* (1968).

Friedrich Wolf, 23. 12. 1888–5. 10. 1953, deutscher Dichter und Dramatiker. Stammt aus bürgerlichem Elternhaus, wird Arzt; 1918 Mitglied des Arbeiter- und Soldatenrates in Dresden, 1928 Mitglied der KPD und des Bundes Proletarisch-Revolutionärer Schriftsteller. Emigriert 1933 über mehrere Zwischenstationen in die Sowjetunion; 1943 Mitbegründer des Nationalkomitees Freies Deutschland. Von 1950 bis 1951 Botschafter der DDR in Polen. Zunächst dem Expressionismus verpflichtet, später Zuwendung zum Realismus.

Hauptwerke: *Der arme Konrad* (1924); *Cyankali* (1929); *Die Matrosen von Cattaro* (1930); *Professor Mamlock* (1934); *Beaumarchais* (1941); *Thomas Müntzer* (1953).

Xiao Wangdong, *1909, chinesischer Politiker. Bis in die sechziger Jahre als Politkommissar in der Armee tätig, 1965 stellvertretender Kulturminister. Nach »Säuberungsaktionen« Minister für Kultur. Verschwindet in der Kulturrevolution, wird 1976 als Politkommissar des Militärhauptbezirks Jinan reaktiviert. 1977 Kandidat des Zentralkomitees, 1982 Mitglied der Beraterkommission des Zentralkomitees der KPCh.

Yang Shangkun, *1907, chinesischer Politiker. Gehört zu den »28 Bolschewiki« (Gegner der damaligen Führung der KPCh). 1945 Generalsekretär der Militärkommission des ZK der KPCh, wird in der Kulturrevolution als »konterrevolutionärer Revisionist« gebrandmarkt und Objekt mehrerer »Kampfmeetings«. 1978 reaktiviert, stellvertretender Vorsitzender und Generalsekretär der Militärkommission des Zentralkomitees der KPCh. Wird unter Beibehaltung dieser Ämter 1988 Präsident der Volksrepublik China.

Ye Yianying, 1897–1986, chinesischer Politiker und Militär. 1928–1932 Studium der Militärwissenschaft in Moskau, Stabschef verschiedener Armeen der Volksbefreiungsarmee, Verbindungsoffizier zwischen KPCh, Guomindang und den US-Streitkräften. 1954 Mitglied des Ständigen Ausschusses des Nationalen Volkskongresses, 1966 Mitglied des Politbüros der KPCh, 1973 stellvertretender Vorsitzender des Zentralkomitees und Mitglied des Ständigen Ausschusses des Politbüros der KPCh, 1978 Minister für Nationale Verteidigung, 1978 Vorsitzender des Ständigen Ausschusses des Nationalen Volkskongresses; wird 1983 abgesetzt.

Zhou Enlai, 1898–8. 1. 1976, chinesischer Politiker, 1920–1924 Aufenthalt in Europa; nimmt am 1. 8. 1927 am Aufstand von Nanchang teil. Mitglied des Politbüros der KPCh (bleibt in dieser Funktion bis zu seinem Lebensende), Verbindungsoffizier zur Guomindang. Von 1949 bis zu seinem Tod Ministerpräsident und von 1949 bis 1958 Außenminister der Volksrepublik China. Unterzeichnet 1950 den Freundschafts- und Beistandspakt mit der UdSSR; Verfasser der »Fünf Prinzipien der friedlichen Koexistenz«, die er auf der Bandung-Konferenz (18.–24. 4. 1955) verkündet.

Zhu De, 1886–6. 7. 1976, chinesischer Politiker. Sohn eines armen Bauern, militärische Ausbildung, 1922–1926 Studium in Europa, danach Oberkommandierender der Streitkräfte der KPCh (bis 1954). 1934 Mitglied des Politbüros der KPCh, 1936 stellvertretender Vorsitzender der Militärkommission des Zentralkomitees der KPCh, 1945 Mitglied des Politbüros der KPCh, 1949–1954 stellvertretender Vorsitzender der Zentralen Volksregierung der Volksrepublik China, 1954–1959 stellvertretender Vorsitzender der Volksrepublik China und des Nationalen Verteidigungsrates der Volksrepublik China, 1956 stellvertretender Vorsitzender des Zentralkomitees und Mitglied des Ständigen Ausschusses des Politbüros, 1959–1976 Vorsitzender des Ständigen Ausschusses des Nationalen Volkskongresses (entspricht dem Staatsoberhaupt). 1967 als »großer Militärmachthaber, Karrierist und Mao-Gegner« angegriffen; 1973 Rehabilitierung auf dem X. Parteitag der KPCh.

Arnold Zweig, 10. 11. 1887–26. 11. 1968, deutscher Erzähler, Essayist und Dramatiker. Stammt aus einer jüdischen Handwerkerfamilie; nach dem Studium der Philologie, Psychologie, Geschichte und Kunstgeschichte von 1915 bis 1918 Soldat im Ersten Weltkrieg. Lebt danach als freier Schriftsteller vorwiegend in Berlin, emigriert 1933 nach Palästina, wo er von 1942 bis 1943 Mitherausgeber der Zeitschrift *Orient* ist. 1948 Rückkehr nach Berlin; von 1950 bis 1953 Präsident der Deutschen Akademie der Künste der DDR und Mitglied des Weltfriedensrates.
Hauptwerke: *Novellen um Claudia* (1912); *Der Streit um den Sergeanten Grischa* (1927); *Junge Frau von 1914* (1931); *Erziehung vor Verdun* (1935); *Das Beil von Wandsbek* (1947); *Die Zeit ist reif* (1957).

Personenregister

(*Kursiv* gesetzte Seitenzahlen verweisen auf einen Eintrag im Kapitel »Kurzbiographien ausgewählter Persönlichkeiten«, S. 429–442.)

Abramowitsch, Ilja 155, 158
Adameck, Heinz 265, 416
Afinogenow, Alexander Nikolajewitsch 151, *429*
Ai Qing (Jiang Haicheng) 86, 173, 198, 201, 246, 375, 388, *429*
Alejew, Leonid 89, 93 f.
Ali Aham (Wang Dacai) 82 f., 86
Alley, Rewi 196, 203, 216, 218, 221, 258, 296, 300, 333, 371, 388, 426
Amado, Jorge 184, 191, 203, 208, *429*
Andersen Nexø, Martin 160, *429*
Ansermet, Ernest 19
Apletin, Michail 50, 78, 126, 152, 160, 163
Aragon, Louis (Louis Andrieux) 190, 208, *429*
Aronschtam, Lazar 42 f., 49, 148, 151 ff., 157
Aronschtam, Mira 42, 148, 151–154, 157
Artjom (Nikolaj Karelski) 32, 34, 49, 57, 152, 157
A-Tie 394

Babel, Isaak 28, 35 ff., 39 f., 45, 49, 60, *430*
Bach, Grete 149
Bai Shuxiang 255
Basuhua (Arzt) 82, 87, 90
Becher, Johannes R(obert) 50, 147, 160, *430*
Berglund, Lars 423
Bernal 193
Beyer (Dr.) 213, 221 f., 238
Bi (Dr.) 82, 87
Blech, Leo 19, 67, 415, *430*
Blech, Lisel 19, 21, 67, 172, 194, 205 f., 241, 250, 277, 399
Blume, Isabelle 190
Böll, Heinrich 393
Borsari (Dr.) 183, 193
Brake, Ted 219
Brandt, Gustav 32, 35, 58
Brecht, Bertolt 68, 210, 213, 274, *430*
Bredel, Maj 50, 241
Bredel, Willi 50, 147, *430*
Brick, Daniel 70
Brik, Lilja 208
Bucharin, Nikolai 59, *431*
Busch, Ernst 213, 398, *431*

Ca Zhu A Wang Lo Sang 228
Cai He-sheng 30
Cartier-Bresson, Henri 252
Chaplin, Charlie 401
Chen Bingyi 329, 375
Chen Ming 163
Chen Xiuxia 257
Chen Yi 73
Chen Yun 407, *431*
Chruschtschow, Nikita Sergejewitsch 219 f., 237, 258, 262 ff., 270, 293, *431*

Dalai Lama (XIII.) 228
Dalai Lama (XIV.) 223, 229–234, 248, 257, 261, *431*
Dali (Polizist) 372 f., 380 f.
Deng Jie 82
Deng Tou 301
Deng Xiaoping 281, 304, 326 f., 378, *431*
Deng Yingchao 391
Di Xianghua 426
Dima (siehe: Ljubin, Dima)
Ding Ling (Jiang Bingzhi) 201, 208, 246, 388, *432*
Distelbarth, Paul 204
Drabkina, Jelisawjeta 364
Dragunow, Alexander 47, 54
Dragunowa, Katerina 47 f., 54
Drda, Jan 185, *432*
Dreibholz, Grete 395 f., 416
Du Jinfang 202

Eckleben, Walter 252
Eduardowitsch, Pjotr 111, 150
Ehrenburg, Ilja Grigorjewitsch 45, 50, 172, 188–191, 193, 201, 208, 220, 237, 239, 278, 293, *432*
Elisabeth II. 243
Endicott, James 172, 190
Enzensberger, Hans Magnus 390
Epstein, Israel 219, 411

Fadejew, Alexander 50, 157, 160, 172, 187, 191, 193, 208
Fan 352, 358, 362, 365 f.
Fang Zhilong 244
Farge, Yves 190
Fedin, Konstantin 160
Felix (siehe: Ljubin, Elik)
Felsenstein, Walter 205
Feng Feng 257
Feuchtwanger, Lion 61, 210, 398
Finkel, Menachem 419, 424
Fischer, Jura 397
Fisher, Louis 61
Fisher, Markuschka 61
Fjodor (Korrespondent) 85, 88, 90
Fjodorowna, Tatjana 107, 114 f., 117 f., 148, 150
Forsell, John 18
Frank, Charlott 205 ff., 212, 215
Frank, Leonhard 205 ff., 212, 215, 432
Frei, Bruno 187, 191, 253, 296
Freigang, Günther 277
Fu Zuoyi 162
Fung (Prof.) 198

Gao (Kindergärtnerin) 268, 345
Gao Tao 375
Geschonnek, Erwin 213
Goldstein, Henriette (gen. Henri) 32, 35, 50, 58
Gore, Marion 184, 203, 239, 242 f., 249 f., 399, 405, 424
Gore, Roy 183 f., 193, 203, 215, 239, 242 f., 249 f., 399, 405
Gorelow, Viktor Alexandrowitsch 85, 88, 93
Gorki, Maxim (Alexej Maximowitsch Peschkow) 207, 432
Grandt, Jens 51
Green, Nan 216, 219, 255, 399
Grieg, Nordahl 32, 432
Grote, Heinz 247, 249, 251, 253, 269, 277, 282, 284, 416
Guang Sai 283, 304, 323 f., 333, 406
Guillén, Nicolás 191, 433
Guljajew, B. 183, 192 ff.
Guo Jiqing 388
Guo Moruo (Kuo Mo-jo) 172, 190 f., 408, 433

Haglund, Elisabet 420 ff.
Han Serya 190
Hao Ming 374
Hatem, George (siehe: Ma Haide)
Hauptmann, Elisabeth 274
Hauser, Gisela 222, 225, 227, 229, 232 f., 235 f., 238, 296, 331, 350 f., 418
Hauser, Harald 222, 226 f., 229, 233, 235 f., 238, 247, 265, 296, 331, 350 f., 418, 426, 433
He Long 73, 83 f., 258, 328, 384
Heartfield, John (Helmut Herzfelde) 203, 213, 246, 252, 273 f., 284, 296, 433
Heartfield, Tutti 203, 213, 238, 246 f., 273 f., 284, 296
Helmut (Jugendfreund) 24–26, 398
Henschke, Erich 272
Hermlin, Stephan (Rudolf Leder) 185, 189, 191, 197 f., 205, 207, 210, 212, 214, 241, 243, 275, 398, 417 f., 433
Heym, Gertrude 185
Heym, Stefan 185, 208
Hikmet, Nâzım 31
Hindemith, Paul 250
Hitler, Adolf 17, 20, 23 f., 55, 67 ff., 86 f., 119, 126, 181
Hodann, Max 67, 70 f.
Hodann, Ruža 67, 71
Holmberg (Prof.) 70
Holmberg, Nils 330 f., 384
Hu Qiaomu 84, 408, 410, 434
Hu Yaobang 385, 388 f., 404 f., 407, 434
Hua Guofeng 381, 434
Huiskens, Joop 238, 243, 434

Igor (Berater) 89
Igor (Parteisekretär) 108–111, 114
Inber, Vera 24, 37, 40, 434
Isaakowna, Elena 28 f., 32 ff., 49, 57, 160, 162 f.
Ivens, Joris 186 f., 204 f., 213, 238, 248, 253, 272, 388 f.

Jakowljew, J. 209
Janka, Lotte 205
Janka, Walter 205
Jenssen, Ottar 67
Jerôme (Journalist) 274
Jiang Jieshi (Tschiang Kai-schek) 31, 62, 72–75, 98, 161, 322, 434
Jiang Qing 85, 94, 290, 300 f., 325 f., 328 f., 332 ff., 337, 347, 359 f., 362, 364 f., 367, 369, 371, 375, 378–381, 384, 390, 434
Jiang Qisheng 216, 334
Jiao Yulu 297
Jing Shan 197, 360

Johnny 266ff., 271f., 283, 296, 298, 324, 332, 371, 389, 394, 408
Joliot-Curie, Frédéric 172, 183, 189, 193, 239, 435

Kang Sheng (Kon Xin) 93, 301, 327, 331, 334, 337, 360, 383, 390, 435
Kang Maozhao 257
Karmen, Roman 66, 93
Kheir, Ahmed 298
Kheir, Rita 298f., 330
Kintscher, Hubert 247, 265
Kirow (Kostrikow), Sergej Mironowitsch 33, 36, 59, 435
Kirsanow, Semën Isaakowitsch 208
Kisch, Gisl 210, 213
Kleiber, Erich 19
Klemperer, Otto 19, 250, 435
Kollontai, Alexandra 37, 40, 435
Kolja (Berater) 89
Kolzow, Michail 24, 435
Konstantinow (Konsul) 79
Korneitschuk, Alexander 161, 435
Koslow (Offizier) 167, 170
Križek 183, 192
Krögh-Karlsson, Gertrud 67, 70
Krupskaja, Nadeschda Konstantinowna 365
Kühnke, Gertrud (Trude) 147f., 205, 207
Kulikowa 418
Kuo Mo-jo (siehe: Guo Moruo)

La Lu 259f., 265
Lachmann, Elfriede 10
Lachmann, Franz 10f., 13f.
Lachmann, Fritz 10, 13, 401
Lachmann, Sally 10, 13ff., 17, 23f., 401
Laffitte, Jean 183, 185, 192f.
Lammert, Will 61
Lang, Alexander 416
Lange, Willi 252, 257, 261, 351
Lao Cui 299
Lao Deng 245
Lao Kang 367
Lao Li 299
Lao Ma (siehe: Ma Haide)
Lao She (Shu Qingchun) 208, 375, 436
Lao Shen 299
Lao Xü 218, 245, 251
Lao Yan 82, 88, 90
Lao Yu 289
Lei Wen 299f.
Lenin, Wladimir Iljitsch 37, 207, 243, 264, 270, 365
Lenya, Lotte 274
Li (Agentin) 98–102
Li (Wärter) 345ff., 349
Li Fongbai 184
Li Fuchun 163
Li Hua 283
Li Keran (Li Ko-jan) 209, 244, 286, 436
Li Lisan 165, 436
Li Yisheng 87
Liao Mosha 300
Liepman, Ruth 242, 249
Lili (Ärztin) 375
Linderoth, Göran 424
Lin Biao 284, 301, 321, 325, 327, 337, 346, 348, 361f., 366, 436
Lipischinskaja (Tänzerin) 208
Liu Baiyu 246, 323, 436
Liu Hezhong 388
Liu Ningyi 281
Liu Shaoqi 162, 169, 228, 246, 256, 269, 281, 304, 321, 326f., 333, 346, 384, 389, 436
Ljubin, Dima 77, 148, 152, 155f.
Ljubin, Elik 57, 60, 63, 66, 77, 125, 148, 152, 155f.
Lo Shiyi 375
Lobsang Samten 230, 235
Löbner, Rudi 265
Löwenthal, Lotte 395
Lou Hong 166, 170
Lu Dingyi 220, 327, 334, 437
Lu Mang 277
Lu Xün (Lu Hsün, Zhou Shuren) 48, 55, 207, 281, 437
Luo Ruiqing 327, 437

Ma Haide (George Hatem) 81f., 87f., 90f., 93, 171, 196, 203, 271, 371, 386f., 390, 406, 411
Ma Shuying 262
Majakowskij, Wladimir 45, 208
Mao Dun (Shen Dehong, Shen Yenbing) 80, 282, 408, 437
Mao Zedong (Mao Tse-tung, Mao Zhuxi) 9, 30f., 62, 66, 70, 72–75, 84f., 87, 89, 91f., 94, 98, 100, 104, 162, 169, 219f., 223, 228, 241, 244ff., 254ff., 258, 261, 263f., 269, 272, 278f., 281, 283ff., 288f., 295, 300–304, 321–327, 333, 329–332, 337f., 342–347, 353, 360ff., 366, 375, 380, 383f., 391, 411, 425, 437
Mann, Thomas 212
Marusja 386, 391, 394

Mehring, Walter 365
Mei Lanfang 209, 273
Messerer, Asaf 24
Messerer, Sulamith 24
Michailkow 197
Mikojan, Anastas Iwanowitsch 219
Montagu, Ivor 193, 399
Müller, Hans 82, 91, 171, 196, 203, 271, 293, 294 ff., 300, 302, 330, 333, 371, 386, 411
Munblick, G. 36

Nenni, Pietro 172, *438*
Neruda, Pablo 160, 184 f., 191, 201, 203, 208, 297, *438*
Nikolajewna, Ekaterina 126

Orlow, Andrej 88
Ostrowskij, Nikolaj A. 178

Panchen Lama (Erdeni) 223 f., 232 ff., 256 f., 260 f.
Panova, Vera F. 208
Pascha 175 f., 180, 186, 204, 215, 251, 276, 335, 364, 370, 386
Paulus, Friedrich 160
Peng Dehuai 255, 384
Peng Delmai *438*
Peng Zhen 281, 301, 325 ff., *438*
Petersen, Jan (Hans Schwalm) 197, 210, *438*
Petrowitsch, Maxim 105, 108, 113 f., 118 f., 125, 127, 150
Picasso, Pablo 239
Pieck, Wilhelm 188, *438*
Prüwer, Julius 13
Pupsik (siehe: Siao, Heping)
Pu Yi 7 ff., 72, 388, *439*

Qi Baishi 198
Qü Qübo 281

Rachmanin, Oleg 270
Reich, Ernst 205, 211
Reiner, Martin 183 f., 203, 239
Reinerova, Magda 183 f., 192 f., 203, 239
Ren Bishi 63, 84
Renn, Ludwig (Arnold Friedrich Vieth von Golssenau) 198 ff., 210, *439*
Ribbentrop, Joachim von 68
Rivera, Diego Maria 191, 275, *439*
Riwkin, Anna 17 f., 23 ff., 27, 40 f., 67, 70, 218, 250
Riwkin, Joseph 27 f.
Robeson, Paul 161, *439*
Rösler, Marcella 13
Rogow, Wladimir 172, 176, 181
Romm, Alexander Iljitsch 50, 152
Rosen (Großmutter) 10
Rosenberg, Ethel 194
Rosenberg, Julius 194
Rosenthal, Franziska 9
Ruge, Gerd 26, 396

Salvatore, Gaston 390
Sand (Großmutter) 21, 24, 26
Sandberg, Herbert 7, 10, 12, 16–26, 34, 37, 39 ff., 58, 63, 65, 67, 69, 76 f., 125, 149, 172, 194, 204 f., 241, 250, 277 f., 298, 399, 401, 419, 424
Sandberg, Irene 21, 172, 277, 399, 418
Sandberg, Lisel (siehe: Blech, Lisel)
Sandberg, Richard 9
Sandor, Arpad 67
Sartre, Jean-Paul 190
Scharonow 151, 156
Scholochow, Michail 43, 300
Schostakowitsch, Dmitrij D. 18, 20
Schtscherbakow (Botschafter) 408
Schwarz, Vera 19
Seghers, Anna (Netty Radvanyi) 187, 190 f., 208, *439*
Serafimowitsch 50
Serjogin, Sergej Sergejewitsch 102 ff., 165, 175
Shao Quanlin 334
Shapiro, Sid 219, 411
Shen 348–352, 355, 358, 362, 365 ff., 373
Sheng Jingguang 244, 248
Shi Ming 413
Shi Shaohua 202, 218, 247, 251, 279, 293 ff., 304, 334, 393
Siao, Allan 29, 31, 35, 42, 51 ff., 56, 63, 67, 77, 148, 152 f., 155 f., 159, 161, 183, 269, 407 ff., 418
Siao, Emi (Siao San) 9, 29, 31–37, 39–45, 47–50, 52–66, 68, 71, 78, 80–95, 100, 103 ff., 119, 149, 151 ff., 156, 158 f., 160–177, 180–184, 186 ff., 192 ff., 196, 198 f., 201–204, 207 ff., 213, 215, 218, 220 ff., 235, 239, 243 f., 246 ff., 252 ff., 256, 263, 266, 268, 270 f., 273, 275 ff., 281 f., 290 f., 293–298, 303, 322 ff., 328 f., 331–337, 345 ff., 349, 351 f., 359 f., 362, 365–376, 379 ff., 383–388, 390, 392 ff., 397 f., 403–410, 413, 415, 418, 422 f., 425

Siao, Heping 178 ff., 184, 209 f., 215, 244, 292, 297, 301, 321, 325, 329, 333 ff., 363 f., 367, 369–375, 379, 385, 387, 389, 391–394, 400 f., 407–410, 415, 422
Siao, Jenia 418
Siao Kun 85, 323
Siao, Lion 61, 63, 65, 69 ff., 76–82, 87, 97, 103 f., 107, 112, 114, 117, 119 f., 147 f., 151, 156, 162 f., 166 f., 171, 175, 178 f., 183, 185, 196, 198, 209, 215, 240, 253, 264, 266, 268, 281 f., 284, 293, 296 f., 304, 327 ff., 332, 335, 362 ff., 367, 369 ff., 373, 379, 387, 390, 405, 409
Siao, Lion (Li-Ang) 56, 58
Siao, Vitja 7 ff., 87 f., 97, 103, 107, 114–117, 119 f., 147, 151, 162 f., 166 f., 171, 175, 178 f., 183, 185, 196, 198, 209, 215, 237, 244, 251, 253, 264, 267 f., 272, 276, 278 f., 281, 283 f., 294, 297, 304, 323, 329, 331, 333 ff., 362 ff., 367, 369 ff., 373, 379, 381, 385 ff., 390, 393–396, 398 f., 401 f., 405 f., 412 ff., 416 ff.
Simonow, Konstantin Michajlowitsch 50, 160
Sinervo, Elvi 160
Singermann 237
Sinowjew, Grigorij Jewsejewitsch 59, *440*
Sjan (Ljubin, Naum) 42, 44, 51, 53 f., 56 f., 60, 62, 66 f., 77, 152 f.
Slánský, Rudolf 192, *440*
Snow, Edgar P. 93
Song Qingling 168 f., 171 f., 174
Sorge, Richard 86
Sostschenko, Michail M. 40
Stalin, Jossif Wissarionowitsch 57, 59 f., 68 f., 74, 86, 188, 191, 219 f., 237, 270 f., 275, 293, 340, 384
Steffin, Margarete 68
Stern, Carola 26, 390, 393, 395 f., 403
Stern, Kurt 272
Strong, Anna Louise 257, 262, 295 f., 300, 352
Su Zhaozhen 42
Sufei Haide (Zhou Sufei) 81, 87 f., 93, 162, 171, 203, 386
Su-mama 42
Sun Zhong-Shan (Sun Yatsen) 30 f., 72, 168, 174, 392
Sunping (Wladimir, Pjotr) 88–90
Suslow, Michail Andrejewitsch 219
Sydhoff, Beate 419 ff., 423
Tao Zhu 327
Tian Long 421
Tidström, Skoglar 26, 32 f., 36
Tombrock, Hans 67 f.
Traven, B. 208
Triolet, Elsa 208
Trotzki, Leo 219
Tschiang Kai-schek (siehe: Jiang Jieshi)
Tschikarjow 160, 163

Uhse, Alma 205, 210, 212, 238, 241, 279, 400, 426
Uhse, Bodo 198–200, 204 f., 206 ff., 210 ff., 220 ff., 238, 241, 243, 274, 279, 400, 426, *440*
Uhse, Joel 205, 211, 280, 400
Uhse, Stefan 205, 210, 238, 280, 400
Ulvenstam, Lars 421, 424

Venturelli, José 184, 198 f., 204 f., 218, 267, 274, 291, 297, *440*
Vinakur 155, 161
Völker, Werner 272

Wang (General) 99 ff.
Wang Guangmei 256, 321, 326, 389
Wang Hongwen 390, 435
Wang Jiaxiang 383
Wang Meng 390
Wang Ming 74, 89, 383, *440*
Wang Mingli 82
Wang Moyi 287
Wang Roufei 84
Wang Yufei 323
Wang Zheng 84, 326, 375 f., 388, 408
Wassa (2. Frau Emi Siaos) 31, 35, 42 f., 51, 53, 57, 60–63, 66 f., 77, 125, 148, 152–158, 161, 183, 269, 273
Wassili 105, 127 f., 145 f.
Wassiljewskaja, Wanda 161
Weigel, Helene 68, 187, 213
Weinert, Erich 50, 147, *440*
Weisenborn, Günther 238, 242 f., 249, *441*
Weiskopf, F(ranz) C(arl) 178, 180, 203, 207, 210, *441*
Weiskopf, Margarete 178 ff., 203, 207, 210
Weiß, Ruth 362, 388, 411
Weng Naiqiang 426
Wiens, Paul *441*
Wilhelm, Jessica 419, 424
Willmann, Heinz 50, 189, 239
Wladimirow, Pjotr (siehe: Sunping)

Wloch, Erna 59, 61, 240
Wloch, Ernst 59, 61
Wloch, Lothar 61, 397
Wolf, Else 50f., 59, 61, 64, 77f., 125, 147, 156f., 163, 178, 185, 197, 207, 221, 239f., 269, 395, 397, 416f.
Wolf, Friedrich 50f., 58f., 86, 185, 189, 197, 222, 239f., 416f., 441
Wolf, Konrad (Koni) 50, 61, 186, 240, 396ff., 404, 416f.
Wolf, Markus (Mischa) 50, 61, 240
Woskobojnikow, Jakow 270
Wu De 326
Wu Han 300f.
Wu Jiagan 422
Wu Xiuqian 79
Wu Xiuquan 281
Wu Yinxian 302
Wu Zuoren 282

Xia Yan 390
Xiao Fei 302, 324ff., 362f., 371, 373, 380, 391, 405, 408
Xiao Gong 391–394, 401
Xiao Gui 329
Xiao Hu 363, 391, 397
Xiao Jian 364
Xiao Shi 364, 405
Xiao Wang 394, 405
Xiao Wang (Arzt) 414
Xiao Wangdong 328, 441
Xiao Xiong 289
Xiao Yao 422
Xie Fuzhi 335
Xu (Dr.) 409, 413
Xu Zhizheng (Schmidt) 50, 165
Xü Huang 263
Xü Yixin 166, 170
Xun Weishi 197, 221, 359, 360
XX 348–352, 355, 358f.

Yang Shangkun 327, 408, 441
Yao Wenyuan 390, 435
Ye Ting 73
Ye Yianying 86, 162, 375, 381, 407, 441
Yfors, Elli 71

Zeilinger, Helga 237, 241, 249
Zempelburg, Lutz 257
Zhang (Dr.) 255f.
Zhang Ding 244
Zhang Jingwu 257ff.
Zhang Ming 302
Zhang Qunqiao 390, 435
Zhang Zudao 426
Zhao Yiming 201, 221f., 331, 383
Zheng Jiarui 224, 229, 233, 235
Zhong Cun 171
Zhou Enlai 73f., 84, 94, 98, 164f., 168f., 172, 188, 197, 219, 228, 246, 256, 263, 269f., 275, 281, 292ff., 297, 304, 321, 325f., 328, 359f., 362, 367, 375–379, 381, 384, 389, 399, 442
Zhou Yang 246
Zhu De 66, 73, 84ff., 98, 156, 162, 169, 228, 256, 281, 411, 442
Zhu Lie 257, 263, 269
Zhu Qing 266, 282, 323f., 328
Zhu Ziqi 171, 184, 329, 388
Zweig, Arnold 185, 191, 210f., 220, 278, 442
Zweig, Beate 210f.

China seit Ausrufung der Volksrepublik am 1. Oktober 1949